EN BUSCA DEL SEÑOR JENKINS

Andrew Paxman

En busca del señor Jenkins

Dinero, poder y gringofobia en México

Traducción de
Sandra Strikovsky

En busca del señor Jenkins
Dinero, poder y gringofobia en México

Primera edición: noviembre, 2016
Primera reimpresión: febrero, 2017
Segunda reimpresión: mayo, 2017

D. R. © 2016, Andrew Paxman

D. R. © 2017, derechos de edición mundiales en lengua castellana:
Penguin Random House Grupo Editorial, S. A. de C. V.
Blvd. Miguel de Cervantes Saavedra núm. 301, 1er piso,
colonia Granada, delegación Miguel Hidalgo, C.P. 11520,
Ciudad de México

D. R. © 2016, Centro de Investigaciones y Docencia Económicas, A.C.,
Carretera México-Toluca, 3655
colonia Lomas de Santa Fe,
C. P. 01210, Ciudad de México

D. R. © Sandra Strikovsky, por la traducción

www.megustaleer.com.mx

Penguin Random House Grupo Editorial apoya la protección del *copyright*.
El *copyright* estimula la creatividad, defiende la diversidad en el ámbito de las ideas y el conocimiento,
promueve la libre expresión y favorece una cultura viva. Gracias por comprar una edición autorizada
de este libro y por respetar las leyes del Derecho de Autor y *copyright*. Al hacerlo está respaldando a los autores
y permitiendo que PRHGE continúe publicando libros para todos los lectores.

Queda prohibido bajo las sanciones establecidas por las leyes escanear, reproducir total o parcialmente esta
obra por cualquier medio o procedimiento así como la distribución de ejemplares
mediante alquiler o préstamo público sin previa autorización.
Si necesita fotocopiar o escanear algún fragmento de esta obra diríjase a CemPro
(Centro Mexicano de Protección y Fomento de los Derechos de Autor, http://www.cempro.com.mx).

ISBN: 978-607-314-848-1

Impreso en México – *Printed in Mexico*

El papel utilizado para la impresión de este libro ha sido fabricado a partir de madera procedente
de bosques y plantaciones gestionadas con los más altos estándares ambientales, garantizando
una explotación de los recursos sostenible con el medio ambiente y beneficiosa para las personas.

Penguin
Random House
Grupo Editorial

Índice

Prefacio 11

Introducción. La leyenda negra de William O. Jenkins 17

1. Mayoría de edad en Tennessee 31
   Los Jenkins del condado de Bedford 31
   Mary Street 38
   Estudiante y atleta en Vanderbilt 49
   Partida a Texas 62

2. Búsqueda de fortuna en México 67
   Monterrey, 1901 67
   El comerciante de Puebla 74
   Gringofobia 83
   El primer millón de Jenkins 90

3. Cómo hacerse rico en una revolución 101
   Los zapatistas y el pelotón de fusilamiento 101
   Tejer utilidades en tiempos de guerra 109
   A costa de los porfiristas 118
   Las nuevas oportunidades 126
   Redes y corrupción 130

4. Secuestrado, encarcelado, vilipendiado 139
   Un agente consular es secuestrado 139
   Lansing y Fall golpean el tambor de guerra 146
   ¿Era culpable Jenkins? 156

Comienza una leyenda negra 163
La gringofobia da un giro............................. 167

5. IMPERIO EN ATENCINGO 177
Una nueva interdependencia 177
Compra de Atencingo, venta de La Corona 181
El presidente Obregón tiende una mano 187
La década del caos en Puebla 196
Gobernadores: más amigos en posiciones importantes 202
Círculos concéntricos de protección................. 207
El imperio azucarero de Atencingo 212

6. RESISTENCIA EN ATENCINGO............................ 221
Sangre en los campos de azúcar 221
Los zapatistas y sus traficantes de influencias 226
Doña Lola.. 232
La Avispa.. 236
Poder blando y escuelas 244
Con Almazán, un populista izquierdista 252
Jenkins encarcelado de nuevo 261

7. CON MAXIMINO... 269
Conocer al general 269
Se compra una elección 273
La interdependencia se vuelve conveniente........... 277
El compromiso de Atencingo 281
Con Maximino, un populista derechista 290
Entra Espinosa: aventuras en el cine................. 295
El cacicazgo avilacamachista 304

8. EXPLOTAR LA ÉPOCA DE ORO DEL CINE MEXICANO....... 309
Crónica de un apuñalamiento........................ 309
El gringo y la Época de Oro 314
De provincianos a monopolistas..................... 318
La fuerza de los obreros y un *quid pro quo*............. 326
Tres muertes 331
El *quid pro quo*, segunda parte........................ 336
Los distintos usos del cine 343

9. Empresa, especulación y la muerte de
   la Época de Oro.. 351
   Acapulco.. 351
   Emisario de la empresa..................................... 356
   Atencingo de nuevo.. 361
   El monopolio cinematográfico de Jenkins: un ataque
      fallido.. 366
   Cómo disfrutar de la quiebra............................ 375
   El monopolio cinematográfico de Jenkins: un segundo
      ataque fallido.. 384
   ¿Quién mató a la Época de Oro del cine mexicano?.. 394

10. La Fundación Jenkins y la batalla por el alma
    del PRI... 399
    La política de la filantropía............................... 399
    La política de la banca...................................... 409
    Bill y Mary vuelven a México............................ 415
    La gringofobia y el alma del PRI....................... 420
    Sueños guajiros y protestas............................... 429
    El rey y sus hijas.. 439

11. El más allá terrenal de Jenkins........................ 447
    El legendario William O. Jenkins..................... 447
    La política de la filantropía, de nuevo.............. 453
    Espinosa tras la estela de Jenkins..................... 464
    Leyendas de Jenkins, blanca y negra................ 473

Epílogo. El legado mixto de William O. Jenkins............... 483

Agradecimientos... 491

Bibliografía básica... 495

Notas.. 513

Índice onomástico... 597

Prefacio

Un día de 1993, mientras trabajaba de reportero en *The News* de la Ciudad de México, un viejo estadounidense se me acercó por mis artículos. Su nombre era Richard Johnson y vivía en México desde los años treinta cuando su padre se reubicó para aceptar un puesto en General Electric. El señor Johnson me sugirió que escribiera más sobre la colonia de expatriados americanos. "Hay abundantes ejemplos de personas interesantes de las que nada se ha escrito. Por ejemplo, hubo un tipo llamado Jenkins, William Jenkins..."

El señor Johnson procedió a hilar una fascinante serie de anécdotas. Jenkins fue en algún momento uno de los hombres más ricos y poderosos de México, a pesar de haber llegado prácticamente sin un quinto. Radicó en Puebla, donde organizó su autosecuestro durante la Revolución y luego utilizó el rescate para construir su fortuna. Contrató a sus propios pistoleros para acosar a sus vecinos propietarios y convencerlos de venderle sus haciendas. Su pistolero de mayor confianza fue un tal Alarcón y con él mantuvo una cadena de cines. Tuvo otro socio, Espinosa, con quien asentó otra cadena. Espinosa era el cerebro del grupo Jenkins. Además, Jenkins fue amigo cercano del presidente Manuel Ávila Camacho. Cuando murió, donó todos sus millones a la beneficencia.

Le pregunté al doctor Alex Saragoza, un historiador de Berkeley que entonces vivía en México, si había escuchado de ese tal Jenkins. Desde luego, contestó, y citó más fragmentos, que había recogido en su investigación sobre el magnate Emilio Azcárraga Vidaurreta; Jenkins fue quien detuvo los intereses de Azcárraga en el cine. Fue un hombre enigmático. A pesar de su gran fortuna, mantenía una oficina destartalada con la ayuda de un solo secretario. Siempre vestía la misma ropa y se cubría con el mismo sombrero gastado. En ocasiones, mientras su mujer tomaba el tranvía, trotaba detrás para ahorrarse la tarifa de cinco centavos.

Saragoza me comentó sobre varios libros que debía buscar: *Atencingo*, que trata sobre las haciendas azucareras del magnate, algo llamado *El libro negro del cine mexicano*, que critica sus actividades en la industria del cine, y *Arráncame la vida*, la vida novelada de Maximino Ávila Camacho, hermano del presidente. Este hombre fue un infame gobernador de Puebla, para quien Jenkins y sus socios actuaron como chulos al proveerle de estrellas cinematográficas. También mencionó *El secuestro de William Jenkins*: "Es una dramatización del secuestro, que probablemente fue un montaje".

Pero cuando lo leí, encontré que planteaba que el rapto no fue un montaje. El libro no era una novela histórica cualquiera: contenía un ensayo sobre las fuentes archivísticas. Me comuniqué con el autor, Rafael Ruiz Harrell. "Fue un secuestro auténtico —me contó—. En ese momento, las relaciones entre México y Estados Unidos estaban en crisis. Para protegerse, el gobierno mexicano sostuvo que el evento fue una simulación." A Ruiz Harrell no le interesaba limpiar el nombre de Jenkins. Describió cómo el empresario otorgó prestamos con una tasa de interés altísima a propietarios que sabía jamás pagarían su deuda y luego se agenció las haciendas que dieron bajo garantía; cómo produjo alcohol en su ingenio durante la Ley Seca estadounidense y se lo envió a la mafia; y cómo rancheros poblanos fueron asesinados para que Jenkins pudiera expandir sus cañaverales.

Fue en ese momento cuando una semilla comenzó a germinar. Si la historia del autosecuestro en serio era falsa, ¿qué tan fidedignas eran las demás historias del tal Jenkins?

Mientras razonaba sobre esta pregunta, la prensa estaba en pleno debate acerca del Tratado de Libre Comercio de América del Norte (TLCAN). El presidente Carlos Salinas se jugaba su nombre en la liberalización económica y prometía una ola de inversiones extranjeras y creación de empleos. Como la prensa estadounidense, los comentaristas conservadores le echaban porras. Por otro lado, los críticos ridiculizaron la agenda de Salinas como un "sueño primermundista". Alertaron que dicho tratado era la puerta de entrada al sometimiento económico. Los columnistas recordaron a los lectores la guerra entre México y Estados Unidos. Los caricaturistas ilustraron empresarios rubios o pecosos conspirando para afanarse del petróleo mexicano. Mientras los mexicanos tenían razones históricas para ser cautelosos de sus vecinos, mucho de lo que se publicó sacó provecho de los prejuicios. Esa retórica, a mi juicio, consistía en la "gringofobia".

Me parecía que podía existir un vínculo entre lo que leía en la prensa y lo que me contaban de Jenkins. ¿Qué habría pasdo si en su momento Jenkins hubiera sido objeto de semejante alarmismo politizado? Las historias extraordinarias acerca de este hombre podrían ser más que la cosecha de décadas de plática informal; podrían ser una mezcla de embelesamientos e invenciones construidos por distintos grupos. Separar los hechos de la ficción y rastrear la evolución de la leyenda podrían ser una forma útil para examinar cómo el miedo exagerado hacia los norteamericanos había moldeado el debate político, económico y cultural de México.

Se plantearon otras preguntas enigmáticas. Por cada nueva lectura que hacía sobre Jenkins y su entorno, quedaba más claro que el hombre no era tan excepcional. Excepcionalmente rico sí, pero no tan distinto de la élite mexicana contemporánea en su forma de manejar los negocios y buscar protección política. ¿Podría ser que Jenkins fuera el blanco de críticas especiales porque era gringo?

Mientras indagaba, resultó que docenas de personas sabían algo acerca de Jenkins. Ron Lavender, decano de los agentes inmobiliarios de Acapulco, recordó la forma en que Jenkins anunciaba su llegada al club municipal de yates con una voz ensordecedora. Alfonso Vélez Pliego, de la Universidad Autónoma de Puebla, me contó cómo Jenkins intentó construirse una imagen para la posteridad a través de obras filántropas. Conocí a unos graduados universitarios que fueron beneficiarios de las "becas Jenkins". En los años siguientes conocería innumerables taxistas en México y Puebla que tenían una anécdota que contar; uno de ellos incluso había trabajado para él conduciendo camiones cargados de alcohol para contrabando. Pero los recuerdos sobre Jenkins eran anormalmente subjetivos (parecía inspirar aprecio o aversión), y los escritos sobre él estaban impregnados de un nacionalismo combativo.

Una semblanza de 1980 en *Proceso* encarnó esta tendencia. Titulada "Se perpetúa el nombre del 'extranjero pernicioso' expulsado por Abelardo Rodríguez", el artículo era un profundo cajón de agravios jenkinsianos. Ninguna de sus fuentes ofrecía una sola palabra positiva. Incluso en esta etapa temprana de mi investigación, era obvio que la semblanza estaba tapizada de rumores, exageración y errores básicos. Había leído acerca de la Leyenda Negra que pesa sobre la conquista española y la manera en que los historiadores anglosajones exageraron las atrocidades cometidas por Cortés y otros conquistadores con el fin de que la colonización británica en tierras americanas en contraste pareciera benigna. Había aquí otro ejemplo de historia manipulada y politizada: la leyenda negra de William Jenkins.

Surgió la oportunidad de coescribir una biografía de otro empresario controvertido: Emilio Azcárraga Milmo. Como éste aún estaba vivo, mis prioridades cambiaron durante un lustro.

Cuando volví a Jenkins, me topé con vacíos asombrosos en su historial. Lo peor de todo era que no existía un archivo empresarial de él. Un nieto conservaba algunos documentos, sobre todo unas cartas acerca de "viajes de pesca y tales cosas". Una nieta mantenía un baúl de escritos con recortes acerca del secuestro y paquetes de cartas de amor que Jenkins le escribió a su comprometida alrededor de 1900. Pero la correspondencia profesional era casi nula.

Segundo, existían pocos archivos del gobierno estatal debido a una tradición de los gobernadores poblanos de destruir sus documentos o negar su entrega al archivo del estado. Tercero, gran parte de la historia de Puebla en el siglo XX aún estaba por escribirse. Normalmente los biógrafos recurren a una amplia documentación secundaria que cubre el lugar y el momento en que vivieron los sujetos que investigan, pero en el caso de Jenkins eran pocos los libros académicos relevantes. Una buena parte del contexto de la vida de Jenkins tuvo que recuperarse a través de la lectura de décadas de periódicos.

Finalmente, gran parte de la historia moderna de los negocios en México seguía en blanco. Jenkins estuvo activo principalmente en tres industrias: la textil, la azucarera y la cinematográfica. Si bien la industria azucarera estaba bien documentada, el sector textil se había explorado sólo hasta 1930. La industria cinematográfica había atraído una enorme atención, pero la mayoría de los estudios se centraron en las estrellas, los directores y la interpretación de las películas. Aún falta una historia empresarial del cine mexicano.

Luego hubo obstáculos habituales: catálogos incompletos de archivos federales; la dificultad de encontrar a Jenkins citado debido a su negativa a conceder entrevistas; y el nivel abismal de la fuente de negocios mexicana, que (hasta los años noventa) solía confundir a los gerentes con los dueños y los ingresos con las utilidades, divulgaba inserciones pagadas enmascaradas como artículos, y se negaba a mencionar los nombres de las empresas en los titulares porque asumía que al hacerlo las promovía gratuitamente. Además, al consultar los archivos y los índices, existía el reto de anticipar variaciones de "Jenkins", nombre poco común para el oído mexicano. Entre las variaciones que encontré están Jenkin, Jenking, Jenkings, Jenkis, Jenquis y Jinkis, junto con otras menos obvias como Dinkins, Genkius, Llenquis, Tenchis, Yenkis, Yenquis y Yenquins.

La ausencia de archivos cruciales otorgó una importancia especial a las entrevistas. Comencé con los descendientes de Jenkins y continué, a menudo a través de presentaciones, con sus socios y sus hijos e hijas, sus empleados, sus críticos y los cronistas de Puebla. Realicé entrevistas en México, Puebla, Atencingo, Izúcar de Matamoros, y Apatzingán en Michoacán. En Estados Unidos, entrevisté a familiares en Tennessee y Los Ángeles.

Mi investigación tuvo un importante avance gracias a la voluntad de las dos hijas que le sobrevivieron a Jenkins, Jane y Tita, de compartir sus recuerdos. En el caso de Jane, que tenía 85 años cuando nos vimos por primera vez, su memoria en cuanto a fechas, nombres y lugares resultó sumamente certera a la luz de los informes escritos. Su explicación acerca de los momentos decisivos en la vida de sus padres coincidió con la evidencia de los periódicos y las cartas. Cuando no estaba segura de algo, lo decía. La fiabilidad de Jane no me dio carta blanca para tomar su palabra como verdad, pero me dio la confianza para seguir las pistas que me otorgó. Por ejemplo, Jenkins usó prestanombres para la mayoría de sus inversiones y en algunos casos la identidad de éstos habría permanecido desconocida sin la ayuda de la familia.

Si bien toda la información adquirida a través de las entrevistas tuvo que compararse con los registros escritos, los datos y conocimientos que obtuve me confirmaron la necesidad de fuentes orales para la historia contemporánea. Los detalles compartidos por los entrevistados me ayudaron a trazar los contornos profesionales de la vida de Jenkins. Sus recuerdos sobre nombres y fechas me dieron pruebas invaluables con las que regresé a los archivos. Sus opiniones sobre la personalidad y las motivaciones de Jenkins me permitieron un entendimiento del hombre como si lo viera de cerca, y con el que después tendría que conciliar la opinión predominante sobre Jenkins como un empresario nefasto.

Con frecuencia, los historiadores mexicanos han ilustrado a la élite empresarial con sombreros negros; les han dado el papel de villanos bidimensionales en una historia nacional de explotación y promesas revolucionarias incumplidas. Comprender al líder empresarial como un ser humano total sería considerar puntos de vista y motivos de acción alternativos. Durante la vida de un capitalista, la meta final no siempre es la utilidad: los sentimientos y las convicciones superarán a veces al afán de lucro. Observar de frente la humanidad del poderoso es entender que cuanto más nos acercamos a nuestro objeto de estudio, resulta menos honesto —y menos aleccionador— hacer categorizaciones en blanco y negro.

INTRODUCCIÓN

La leyenda negra de William O. Jenkins

En la ciudad de Puebla, hace medio siglo, vivió un viejo estadounidense tan rico como un Rockefeller. Iba y venía por las calles con paso decidido y la cabeza ligeramente inclinada, como si no quisiera que lo interrumpieran. Para las visitas diarias a su club de campo tenía un chofer que lo llevaba en uno de sus Packard de segunda mano. Pero también caminaba con tanta frecuencia que todos los que vivían o trabajaban cerca de su casa del centro lo reconocían: alto y fornido, con cabello corto bajo un sombrero de fieltro negro y con la impresión de que siempre llevaba la misma corbata negra y el mismo traje oscuro raído. Su cabeza era grande y sólida, como una bola de boliche de mármol, cuya redondez se veía interrumpida por una quijada firme y una fuerte barbilla. Sus ojos azules eran penetrantes.[1]

William O. Jenkins, de quien se decía que era el hombre más rico de México, era un madrugador. Trabajaba toda la mañana en la oficina que compartía el inmenso espacio de su casa: el ático sobre la principal tienda departamental de Puebla. Aunque sus bienes incluían varios centenares de cines, importantes propiedades rurales y urbanas, diversas fábricas textiles y el segundo banco más grande de México, todo su personal estaba integrado por un asistente, un contador y un secretario. Todas las personas que iban a su oficina para pedirle dinero (un ranchero con la esperanza de un préstamo, un empresario en busca de capital de riesgo, un gobernador deseoso de que financiara una escuela) tenían que subir los cuatro tramos de escaleras para llegar a sus habitaciones. Aunque ya sobrepasaba los 80 años, se negó a instalar un elevador, puesto que era un campeón de aptitud física y progreso por mérito. No fumaba ni bebía.

Y era frugal. En más de una ocasión, los visitantes que entraban a su oficina lo encontraron despegando de un sobre un timbre sin sellar. Solía explicar: "Odio ver que las cosas se desperdicien".

En las primeras horas de la tarde acostumbraba salir. Primero visitaba el cementerio donde estaba sepultada su mujer; había traído su cuerpo desde California, donde ella pasó sus últimos años. Durante media hora se quedaba sentado en una banca al lado de su tumba. Después se iba al Club Alpha a jugar tenis. Prefería jugar dobles, lo que le permitía asociarse con un as local y ganar. Más tarde visitaba su hacienda cercana, donde cultivaba verduras, o iba a ver una película en alguno de los cines que le pertenecían. Las comedias mexicanas eran sus favoritas; el público lo conocía por su risa estridente. En la noche solía cenar temprano, con su cocinera y sus sirvientes.

Los fines de semana, por lo general, se encontraba fuera de la ciudad. Tenía una finca a dos horas al sur, donde cultivaba melón y caña. Tenía tierras de algodón en la frontera con Estados Unidos y ahora estaba comprando tierras en el oeste para desarrollar una segunda finca de algodón. El anciano rara vez se sentía más feliz que cuando caminaba en los sembradíos, dando instrucciones. Hacerlo le recordaba su infancia, en las granjas de Tennessee. En el pasaporte de este titán industrial, la entrada para ocupación todavía decía "granjero". Otro placer era reunir a sus amigos y parientes, y volar a Acapulco en su avión de segunda mano. Ahí tenía una mansión en la cima, equipada con sillas de plástico y una alberca sin calefacción.

El observador casual quizá considerara a este anciano meramente como adusto y poco ortodoxo, y su parquedad e indiferencia respecto de las diferencias de clase, totalmente desfasadas con la élite de México. Pero en parte porque era tan rico y en parte porque era tan evidentemente estadounidense resultó ser el capitalista más odiado del país. En 1960 el clamor en contra de Jenkins estaba en su máximo auge.

México, como su vecino del norte, se encontraba en una encrucijada. Quince años de conservadurismo tras la posguerra se tropezaron con la opción de un giro liberal. La nación había adquirido recientemente un presidente de cuarenta y tantos años y Estados Unidos estaba a punto de elegir uno también. Ambos eran hombres con carisma y energía, dispuestos a viajar para fomentar alianzas. Con mayor urgencia, John Fitzgerald Kennedy y Adolfo López Mateos compartían el reto de la Guerra Fría en Cuba: ¿Cómo debían responder a un régimen socialista a menos de 160 kilómetros de las costas de ambos países? ¿Con confrontación, neutralidad o reconciliación? La diferencia clave era que, para Estados Unidos, la cuestión era de política exterior, con consecuencias para las relaciones con Rusia, el liderazgo hemisférico y la seguridad global. Para México, el asunto resonaba en el país.

Los gobernantes mexicanos se autonombraron el Partido Revolucionario Institucional (PRI), los eternos guardianes de una flama encendida en 1910, en los inicios de una guerra civil que duró una década. El PRI era un espectro político muy amplio. Su ala izquierda se preguntaba: ¿Cómo podía el partido de la Revolución mexicana no simpatizar con la Revolución cubana? Los objetivos de Fidel Castro eran tan similares: devolver la economía a manos nacionales, educación y asistencia médica gratuitas, mayor igualdad en tierras e ingresos. Para el ala derecha del PRI, dominante durante los últimos 20 años, Castro era un extremista peligroso que expulsaba a los inversionistas en vez de engancharlos, y erosionaba la empresa privada. Muchos se unieron al debate: los grupos empresariales pusieron advertencias en los periódicos; los obispos arremetieron contra el ateísmo marxista; los sindicatos, los maestros y los estudiantes tomaron las calles en solidaridad con Castro y a menudo exigieron que México reanudara su propio camino revolucionario. Atrapado en medio, López Mateos emitió señales contradictorias, reprimiendo la disidencia de los trabajadores y al mismo tiempo aumentando el gasto social e impulsando la reforma agraria.[2]

El debate en México sobre Cuba era un cuestionamiento de su propia identidad. Desde 1938, cuando el presidente Lázaro Cárdenas empujó el socialismo a alturas populares expropiando el sector petrolero de las compañías estadounidenses y británicas, el PRI renunció a las promesas de la Revolución. Negociadas en una nueva constitución, esas promesas habían intentado alejar las injusticias de la dictadura de Porfirio Díaz (1876-1911), cuando los extranjeros dominaban la economía y los terratenientes blancos devoraban los campos de los pueblos indígenas. Ahora, algunos de esos desequilibrios porfirianos estaban volviendo. Pese a un compromiso de sufragio efectivo, las elecciones en todos los niveles las ganaba el PRI. Pese a una política agraria que repartía las haciendas entre los pobres, aparecían nuevos latifundios. Durante un "milagro" económico de 20 años, la riqueza había fallado ampliamente en filtrarse. El censo de 1960 mostró que más de una tercera parte de los mexicanos estaba descalza y era analfabeta, y la mitad vivía en hogares con una sola habitación. A pesar de la promesa de México para los mexicanos y de décadas de proteccionismo, los inversionistas extranjeros estaban recuperando gran parte del mercado.

Para muchos en la izquierda, nadie encarnaba mejor lo que había salido mal que el señor Jenkins. Cárdenas lo describió como una reliquia del pasado: un "latifundista", un "monopolista" y un "capitalista extranjero". En el lenguaje de la izquierda, *capitalista* significaba "explotador".[3] Una influyente revista de actualidad hizo de Jenkins su chivo expiatorio, empezando con un reportaje fotográfico que lo inculpó por las condiciones infernales de trabajo en un ingenio azucarero de Puebla, que de hecho ya no le pertenecía.[4] Un cineasta publicó *El libro negro del cine mexicano*, que era una diatriba en contra de Jenkins y sus socios. El autor alegó enormes prácticas monopolistas en sus intereses cinematográficos: favorecer a Hollywood sobre la oferta local en las salas de cine, forzar a los productores a trabajar con presupuestos miserables, mandar asesinar a activistas sindicales. Afirmó que Jenkins, como incondicional del ala derecha del PRI, impuso a todos los gobernadores de Puebla. Declaró: "No hay ni puede haber en el mundo un Jordán bastante caudaloso para lavar a William O. Jenkins".[5]

La revista *Time* prestó atención. Una semblanza llamó a Jenkins "un misterioso empresario bucanero que había creado la fortuna personal más grande en México". Alegó que ganó poco dinero hasta la Revolución, cuando lo secuestraron y de alguna manera se embolsó el rescate. Insinuó que se hizo rico comprando haciendas azucareras en connivencia con políticos y contrabandeando alcohol a Estados Unidos durante la prohibición. Se burló de su "oficina miserable" y sus "corbatas amplias y a veces manchadas".[6] Los amigos de Jenkins estaban indignados. El rector de la Universidad de Vanderbilt, Harvie Branscomb, escribió a *Time* y protestó por el "número considerable de errores fácticos" del artículo.[7] Jenkins ignoró el asunto. Había sido injuriado y difamado durante más de 40 años.

Rico, famoso, estadounidense, distante (nunca hablaba con la prensa, nunca respondía a sus críticos), Jenkins era el coco universal. Para los mexicanos, servía como un símbolo incendiario con el cual conseguir apoyo para causas izquierdistas o buscar protección económica. Criticarlo era anunciar la posición de uno como revolucionario o el honor como patriota. Para los norteamericanos era un "barón ladrón". Había logrado prosperar en una tierra que aún toleraba los monopolios y el capitalismo de cuates, ¡muy diferente a Estados Unidos, desde luego!

Jenkins encapsulaba la ambivalencia mexicana hacia Estados Unidos: una actitud de sospecha, pero también de respeto cauto y deseo de cooperación económica. Después de todo, si Jenkins era culpable de una décima parte de las acusaciones en su contra, y si la voluntad política existía, cualquier presidente podría haberlo expulsado. Pero la voluntad no existía. El gringo tenía su utilidad.

En los años 1920 y 1930, la hacienda azucarera de Jenkins creó empleos para 5 000 personas y albergó uno de los ingenios más productivos de México. Sus préstamos y donativos reforzaron a un gobierno estatal crónicamente pobre en Puebla. En los años 1940 y 1950, sus cientos de salas de cine deleitaron a los cada vez más millones de habitantes urbanos. En una época en la que los trabajadores eran propensos a las huelgas, sus salas de cine calmaron los ánimos y ayudaron a hacer que las ciudades se sintieran como casa. Sus donativos de campaña ayudaron al ascenso de una familia política, los Ávila Camacho, que produjeron un presidente, dos gobernadores de Puebla, además de una docena de dependientes influyentes, entre los que se incluye la mano derecha del presidente de entonces, Gustavo Díaz Ordaz. Su financiamiento ayudó a construir carreteras, plantas de automóviles y una importante compañía farmacéutica. Su filantropía fundó escuelas para decenas de miles, construyó hospitales y mercados cubiertos, llevó agua potable a los barrios más pobres y ayudó a financiar excavaciones en el antiguo sitio de Monte Albán. Todo el tiempo, y particularmente en años recientes, Jenkins proporcionó un pararrayos para la crítica de la izquierda. Para el gobierno era mejor que los radicales tronaran contra un estadounidense, a que dirigieran su ira contra el propio régimen.

Pese a su carácter singular, William Jenkins ejemplificaba cuánto dependía el Estado "revolucionario" de la élite empresarial: al principio para su propia supervivencia y luego para el dominio y la supremacía de su ala conservadora, cuyos descendientes ideológicos siguen en el poder hoy en día.

Durante sus seis décadas agitadas, la carrera de Jenkins revela la sorprendente continuidad del capitalismo mexicano. Expone las rutas para hacer dinero, durante y después de la Revolución, disponibles para aquellos con conexiones políticas. Muestra los acuerdos que hicieron los regímenes de todo el espectro político con los empresarios. Y arroja luz sobre las dos grandes contradicciones de la experiencia mexicana moderna: que la Revolución de 10 años, en la que más de un millón de personas murieron o emigraron, y de la que surgió una de las constituciones más radicales del mundo, sería notable tanto por lo que no logró cambiar como por lo que sí, y que un partido de gobierno que se llamó a sí mismo revolucionario resultaría tan amigable con los ricos.

En ambos sentidos, la historia de Jenkins se ajusta a la lectura establecida por el historiador más influyente de México, Daniel Cosío Villegas, quien argumentó que la Revolución consiguió mucho menos en democracia política y desarrollo social de lo que sostenían los discursos de línea partidista y las historias oficiales.[8] Después de la masacre de estudiantes de 1968 en la Ciudad de México, la pregunta se expresó directamente: ¿Había habido de hecho una Revolución? Desde entonces, los historiadores han coincidido en lo comprometedor de su radicalismo, la represión de la democracia electoral y la persistencia de los oligarcas.[9] Una segunda vertiente divide el periodo socialista de Cárdenas (1934-1940) de los regímenes de derecha que siguieron. La tradición celebró ese periodo como la culminación de las políticas de la Revolución, después de la cual la mayoría de los políticos favoreció a los inversionistas y sus propias cuentas bancarias. Pero los revisionistas alegaron que el cardenismo logró menos de lo que sostenía la historia oficial, limitado ya sea por la dependencia del Estado al capital extranjero y local o por una falta de cohesión debido a la durabilidad de los caciques provinciales.[10]

La carrera de Jenkins apoya ambas relecturas. Subvierte la opinión aún popular de que los 30 años posteriores a 1910 fueron malos para los negocios. Una y otra vez, Jenkins encontró oportunidades lucrativas. Durante la Revolución especuló con gran éxito sobre las propiedades, además mantuvo en funcionamiento sus fábricas textiles. Al tiempo que los dos regímenes siguieron, acumuló enormes activos que incluyeron el emporio azucarero de Atencingo y se benefició de un respeto selectivo de derechos de propiedad que favorecía a los que tenían buenos contactos, práctica reminiscente del porfiriato. Asimismo, sus relaciones de apoyo mutuo con los políticos se remontaban a los vínculos entre capitalistas y los compinches de Díaz. Pese al radicalismo de Cárdenas, que confiscó su hacienda azucarera, fue capaz de usar su alianza con el gobernador de Puebla para conservar el ingenio de la hacienda y, por ende, sus utilidades. Luego, después de 1940, Jenkins afrontó diversos problemas con su fuerza laboral, que mostraron cómo un Estado famoso por favorecer a los empresarios a menudo se ponía del lado de los trabajadores y los defensores de la propiedad pública. Una vez más, la antigua división (radicalismo hasta 1940, conservadurismo después) parece simplista.

Aunque fue ciudadano estadounidense, Jenkins tipificó una nueva clase de empresario mexicano que surgió después de la Revolución. Estos trepadores de la clase media ayudaron a fomentar una aceptación del capitalismo industrial como la clave para la prosperidad. Eran emprendedores y modernizadores, pero también dados a las actividades de captación de rentas, los préstamos internos y las prácticas monopolistas. Despreciaban a los políticos, pero consentían el toma y daca con el Estado. A diferencia de los caciques autoenriquecidos de la época, se aventuraban menos en sectores de bajo riesgo, como el inmobiliario, y dedicaban más esfuerzos en innovar para el mercado nacional. Pero, como esos políticos, encarnaban una concentración de riqueza estimulada por privilegios especiales. Los protegidos de Jenkins encajaban en el mismo molde. Muchos observadores dicen lo mismo de los billonarios actuales de México.

Ésta es la segunda razón de la importancia de Jenkins: su carrera revela la profunda interdependencia entre el gobierno y las grandes empresas. El foco de casi todas las historias del México moderno (sobre los obreros, los campesinos y los rebeldes sociales y políticos) ha ocultado la importancia del capital en la política. Sin embargo, una simbiosis entre Estado y capital fue fundamental tanto para el éxito de la élite empresarial como para el dominio de 71 años del PRI. "Capitalismo de cuates" es la etiqueta común para este tipo de acuerdo, pero el término empaña las distintas dimensiones del vínculo: yo los llamaría un "imperativo simbiótico" entre Estado y capital, y una "conveniencia simbiótica" entre políticos individuales e industriales.[11]

Después de la Revolución, el Estado y el capital se necesitaron el uno al otro. El gobierno dependía de las élites empresariales para ayudar a reconstruir la economía a través de inversiones, creación de empleos, pago de impuestos y obtención de préstamos extranjeros. Los industriales, asimismo, dependían del Estado para restablecer el orden, construir carreteras, amansar a los trabajadores radicalizados, velar para que se cumplieran los derechos de la propiedad y promulgar leyes que moderaran el radicalismo de la nueva constitución. Cuando el presidente Cárdenas intensificó las expropiaciones y permitió que proliferaran las huelgas, desbarató el equilibrio simbiótico. Esto desencadenó una fuga masiva de capitales y puso en peligro la economía. Su necesidad de restablecer ese equilibrio lo obligó a dar marcha atrás, apoyar una legislación en favor de las empresas y elegir a un sucesor moderado.[12]

Dicho imperativo simbiótico, una unión de necesidad percibida, era diferente pero a menudo estaba vinculado con una conveniencia simbiótica. Como compromiso verdaderamente más amiguista, este tipo de vínculo supone el interés mutuo sin tener en cuenta a nadie más. Incluye favores como alianzas comerciales encubiertas, contratos de no competencia y la aplicación selectiva de leyes. Estas prácticas se difundieron durante el porfiriato, volvieron a surgir con nuevos actores en la década de los veinte y alcanzaron dimensiones espectaculares en el gobierno del presidente Miguel Alemán (1946-1952).[13]

Jenkins utilizó ambos tipos de interdependencia. En Puebla, hizo préstamos y donaciones a autoridades cortas de dinero, lo que ayuda a explicar cómo un estadounidense pudo salvaguardar montones de hectáreas en una época de xenofobia y confiscación de tierras. Invirtió grandes sumas para ayudar a reactivar el asolado sector azucarero poblano, justo cuando el presidente Álvaro Obregón (1920-1924) necesitaba reactivar la economía en su conjunto y, por ende, estaba dispuesto a proteger la agricultura a gran escala. En los años 1940 y 1950, el imperativo apuntaló el éxito de Jenkins por todo el país, a medida que brindó apoyo sin igual a la meta federal de contener las masas urbanas, construir y operar cientos de salas de cine, así como ayudar a financiar un cine nacional reaccionario. A su vez, se le permitió tener un monopolio legalmente cuestionable y lucrativo en la exhibición cinematográfica. El Estado no dependía de Jenkins *per se,* pero sus relaciones mutuamente beneficiosas ejemplificaban un vínculo: entre las élites que necesitaban salvaguardar sus bienes y un régimen que necesitaba hacer malabarismos con grupos clientelistas para mantener su legitimidad.

Los intercambios basados en la necesidad mutua suelen coexistir con negocios de conveniencia, y las transacciones de Jenkins tipificaron esta tendencia también. Ayudó a sus socios políticos a enriquecerse. Los favores y las empresas conjuntas entre capitalistas y políticos solían involucrar testaferros, por lo que son difíciles de verificar. Pero la historia de Jenkins ofrece muchos vistazos del tango infeccioso entre privilegio y corrupción.

La historia de Jenkins también expone la importancia de dichos vínculos fuera de la capital. La ayuda mutua tiende a empezar en el nivel local o estatal, donde los intercambios diarios entre comerciantes y políticos son más frecuentes. Además, lo que sucede en el nivel regional tiene importancia en el nacional. Las alianzas provinciales fueron clave para desarrollar la nación, porque el gobierno federal simplemente no podía pisotear los estados. Tenía que permitir cierta autonomía a los caciques y a las camarillas empresariales, sobre todo en las caóticas décadas de los veinte y treinta. El punto de vista básico del Estado mexicano de partido único como una "dictadura perfecta" ignora la naturaleza caótica de la política sobre el terreno, incluidas las elecciones locales con contiendas amargas.[14] Durante la época de Jenkins, Puebla (el estado fue su hogar de 1906 a 1963) ilustra vivamente estas tendencias.

Respondiendo a la bancarrota crónica de Puebla y las tomas recurrentes del gobierno por los radicales, la élite empresarial respaldó activamente a los conservadores en el poder. Las campañas reñidas, como la de 1936, en la que Maximino Ávila Camacho enfrentó a un rival izquierdista popular, muestran cómo los resultados locales necesitan tener en cuenta tanto la resistencia de las bases como las maniobras de las élites. Cuando Maximino (como se le conocía) vio que tenía que hacer una campaña denodada, solicitó fajos grandes de efectivo del sector privado. Con su victoria vino un afianzamiento del gobierno que privilegiaba a los empresarios, incluso en contra de la oposición federal. Hacer un estudio sobre Puebla en esta época es contemplar la "carcacha" del Estado socialista en toda su agitada complejidad. También es observar la fundación de un feudo local autónomo que perduraría durante los gobiernos de los Ávila Camacho hasta el año de la muerte de Jenkins.

La alianza entre Jenkins y Maximino no sólo dominó en Puebla, sino que ejerció una influencia hacia la derecha en el nivel nacional. El historiador Alan Knight sugirió alguna vez que los bastiones regionales de conservadurismo contribuyeron al cambio hacia la derecha de los últimos años de Cárdenas; Puebla corrobora este argumento aún incompleto.[15] La fuerza de los gobernadores partidarios de lo empresarial, como Maximino, dispuestos a imponer el conteo de votos en la elección de 1940, ayuda a explicar la decisión de Cárdenas de respaldar al hermano moderado de Maximino, Manuel, como su sucesor. La disminución de la revolución social de México se debió en parte a la resistencia de los estados como Puebla.

Si bien ésta no es exactamente una historia regional (el imperio de Jenkins se centró en la Ciudad de México a partir de los cuarenta), arroja luz sobre el pasado turbulento de Puebla. Debido a un lento crecimiento promedio desde 1900, cuando perdió su antigua clasificación como la segunda metrópolis de México, la ciudad de Puebla ahora está muy por detrás de las potencias económicas de Guadalajara y Monterrey. Durante décadas, la reticencia a innovar y modernizar la maquinaria atrofió el desarrollo de Puebla, sobre todo en su famoso sector textil. Cuando los márgenes de ganancia se redujeron, casi todos los dueños de las fábricas reaccionaron exprimiendo a los trabajadores. Jenkins tenía varias fábricas y también se negó a modernizar. El estancamiento económico se debió en parte al estancamiento político. La política se anquilosó durante el feudo de Ávila Camacho, que obstaculizó el debate y produjo gobernadores ineptos o complacientes. La camarilla le debió su durabilidad a patrocinadores retrógrados como Jenkins.[16]

Fuera de los círculos de la élite, Jenkins no era un tipo popular. Pero sus acciones cuestionables eran habitual y deliberadamente exageradas. El catálogo de hipérboles y críticas selectivas sobre Jenkins equivale a una leyenda negra moderna. Manifiesta la fobia mexicana predominante: la *gringofobia*. Es la cepa de xenofobia que vilipendia a los estadounidenses, sobre todo políticos y empresarios, como imperialistas, explotadores o culturalmente inferiores. A partir de la Revolución, las caricaturas antiamericanas en palabras, películas y canciones se volvieron herramientas retóricas comunes dentro de los debates sobre los caminos capitalistas frente a los socialistas para el desarrollo. En los últimos tiempos, la gringofobia ha seguido aflorando en los debates sobre el libre comercio, la influencia cultural, la guerra contra las drogas y la reforma del sector petrolero.

Para sus críticos, Jenkins encarnaba al capitalista estadounidense avaro y mañoso. Su infamia se remontaba a su secuestro, cuando era agente consular, en 1919. Enfrentando una crisis bilateral, el frágil régimen de México contrarrestó las acusaciones de Estados Unidos de ser un gobierno ineficaz alegando que Jenkins había planeado un "autosecuestro". La acusación pegó. Aunque fue exonerado, Jenkins siguió tan embarrado por el episodio que cada acusación posterior de embustes adquirió un público receptivo. Esto y otras controversias (sobre Jenkins como terrateniente, monopolista, intrigante político, incluso como filántropo) revelan un denominador común: la gringofobia como un componente de la retórica izquierdista o nacionalista.

Los observadores harían de Jenkins un sinónimo del capitalismo estadounidense inmoral, que ignoraba cómo sus acciones reflejaban a la vez su adaptación en México.[17] Jenkins contrató milicias privadas para defender sus haciendas; lo mismo hacían los mexicanos. Forjó amistades cómodas con gobernadores, generales y obispos; lo mismo hacían ellos. Sus préstamos predatorios a los hacendados ya era una táctica común desde el siglo XIX. Resistió a sindicatos, evadió impuestos y creó monopolios protegidos por el Estado. Todas eran prácticas habituales entre los empresarios mexicanos, todas se ganaban la ira de la izquierda. Sin embargo, nadie atraía tantas críticas como él. Dadas las similitudes entre Jenkins y sus colegas, junto con su reinversión en empresas locales y su cultivo de protegidos regionales, el estadounidense fue un miembro bastante típico de la élite empresarial de México, que afirma su utilidad como un estudio de caso. Se pueden decir cosas similares de otros capitalistas nacidos en el extranjero, como el libanés Miguel Abed, el sueco Axel Wenner-Gren, el español Manuel Suárez y el magnate azucarero estadounidense B. F. Johnston. Cada uno de ellos fue muy criticado, pero ninguno perduró en la opinión pública por tanto tiempo como Jenkins.

El vilipendio de Jenkins pertenece a una tradición gringófoba que se remonta como mínimo a 1848, cuando Estados Unidos se apoderó de la mitad del territorio mexicano. Después de la Revolución, la tradición mutó: lo que en algún momento fue una preocupación importante de la élite se convirtió en una práctica ampliamente popular; lo que alguna vez se centró en el Tío Sam, el horrible arquitecto de las intervenciones, igualmente evocaba a magnates empresariales. Entre ellos estaban los barones petroleros y Jenkins. Así como el nacionalismo británico se vio impulsado por la promoción del orgullo de no ser francés, el nacionalismo mexicano le debió mucho al agravio contra el gringo.[18]

Los ataques a Jenkins muestran no sólo la prevalencia, sino también los usos de la gringofobia. Se podía obtener beneficio político atacándolo, sobre todo durante la Guerra Fría, cuando una batalla por el alma del PRI enfrentó a su derecha partidaria de la empresa contra su izquierda nacionalista. Los líderes podían fortalecer sus argumentos a favor de un giro a la izquierda (o desviar las críticas de su propia conducta), señalando las maquinaciones empresariales de Jenkins. Los periódicos podían pulir sus credenciales izquierdistas (e impulsar las ventas) con revelaciones sobre este gringo "pernicioso". A su vez, la paliza a Jenkins contribuía a la polarización de la opinión que definió a la década de los sesenta, con su radicalismo estudiantil y su posterior represión sangrienta.

La retórica xenófoba plantea cuestiones sobre la diferencia nacional. Explorar el americanismo percibido de Jenkins ayuda a socavar las distinciones fáciles entre los dos países. *The Economist* escribió alguna vez: "Los monopolios son tan mexicanos como el mezcal e igual de embriagantes".[19] Pero también son tan estadounidenses como el pay de manzana, tal como lo demostraron alguna vez los "barones ladrones" de finales del siglo XIX. De igual modo, la carrera de Jenkins revela paralelismos en las culturas empresariales, los cuales son un correctivo útil dada la falta de historias comparativas entre México y Estados Unidos.

Algunos de los métodos cuestionables en los que Jenkins aparentemente emulaba a sus colegas tienen precedente y paralelismo en Estados Unidos. Buscó el dominio del mercado: primero en la bonetería de algodón, después en el sector azucarero, notoriamente en la industria cinematográfica. Pero no había nada excepcionalmente mexicano en dichos monopolios, que gracias a personas como Rockefeller y Carnegie ocupaban una posición destacada en la tierra de la que se había marchado. Su fortuna le debía mucho a las alianzas con los poderosos. Pero pese a todo el amiguismo de los políticos mexicanos, ¿eran estos vínculos tan diferentes de los lazos que los capitalistas estaban forjando con los alcaldes y los legisladores en Estados Unidos (como el "boss" Crump de Memphis en el Tennessee natal de Jenkins)?

Sin embargo, las diferencias de cultura empresarial sí existen. Mientras desinflan mitos como la "ausencia de espíritu emprendedor" en Latinoamérica, los historiadores ven tendencias que varían considerablemente de las empresas del Atlántico Norte: el crecimiento más lento del capitalismo gerencial, el mayor papel de los inmigrantes como empresarios, el surgimiento tardío de filantropía corporativa.[20] O considérese el autoenriquecimiento político: en Estados Unidos, esa práctica adquirió infamia durante la presidencia de Warren Harding (1921-1923) y el posterior escándalo Teapot Dome, que terminó con el encarcelamiento del senador Albert Fall. Dichas revelaciones y convicciones carecieron de paralelismo en México y siguieron siendo excepcionales hasta los años ochenta. Lo que resulta de comparar culturas es una necesidad no de negar contrastes, sino de evitar dicotomías. La diferencia es a menudo un asunto de tiempo y grado.

La gente de la época de Jenkins a menudo hacía contrastes burdos. Creían que los mexicanos eran así y los estadounidenses asá, y basaban sus reflexiones mayormente en prejuicios. El objetivo aquí, como con la biografía de cualquier aventurero en tierras lejanas, es entender la perspectiva de dichos actores del pasado (ese país extranjero, donde hacen cosas de otra manera) y decodificar sus palabras y acciones dentro de su mundo dos veces distante.

Ésta, finalmente, es la historia de un hombre en conflicto. Jenkins se dedicó a los negocios para complacer a una belleza sureña con la que se casó y demostrarle a la familia de ésta que no eran mejores que él. Con el tiempo, estos medios se convirtieron en un fin en sí mismos y Jenkins se volvió un empresario dinámico, pero un patriarca disfuncional. Desatendió a su familia y trató a sus empleados como niños. Sin embargo, fue notablemente filantrópico, aun más cuando le dejó casi todo su dinero a una fundación, al servicio de la educación, la asistencia médica, los deportes y el patrimonio cultural en México.

Por qué Jenkins le dejó su fortuna a la beneficencia es el enigma más persistente de su vida. Los críticos dijeron que lo hizo por su mala conciencia criminal. Otros dijeron que estaba tratando de limpiar su imagen. Y, sin embargo, estuvo ausente en la inauguración de casi todas las escuelas y hospitales que financió. Quizá la respuesta está en otra parte, en la compleja relación con su esposa. ¿Y realmente organizó su propio secuestro? ¿Efectivamente planeó el asesinato de sus adversarios? ¿Cómo un hombre con semejante conducta abstemia entabló amistad con Maximino, un déspota conocido por su estilo de vida lascivo? ¿Exactamente cuánta influencia política ejerció? ¿Y por qué nunca volvió a Estados Unidos?

A estos misterios se suma la ausencia de la mayor parte de los documentos de Jenkins. Su archivo empresarial se encontraba en un almacén de Puebla tras su muerte. Diez años después se produjo un sismo que tiró los archivadores y desparramó los documentos. El presidente de la Fundación Jenkins, Manuel Espinosa Yglesias, mandó apilar los documentos en un camión, que se los llevó a un terreno baldío donde fueron quemados.[21] Tampoco queda mucho de los registros estatales de Puebla. Cuando dejó el cargo como gobernador, Maximino vendió casi todo el archivo ejecutivo a una compañía de papel, que lo destruyó. Su hermano menor Rafael, gobernador en los años cincuenta, se deshizo de otro tesoro. Más tarde, lo que sobrevivió de los registros de Hacienda también fue vendido y destruido.[22] Tales acciones, y algunas maniobras similares desde entonces, reflejan el privilegio del régimen del PRI que se aferró al poder en Puebla por 81 años, una maquinaria adversa a la rendición de cuentas al público, propensa al autoenriquecimiento y experta en cubrir sus huellas.

Jenkins se hubiera alegrado de tales purgas. Siempre se resistió a que escribieran sobre él y rara vez compartió sus ideas del pasado. Incluso destruyó las cartas de su esposa. Los periodistas a veces se acercaban con peticiones para hacer una semblanza de él y siempre los rechazaba. Le escribió a uno, que hizo carrera adulando a los poderosos: "Sigo muy renuente a toda clase de publicidad". A otro que proponía una biografía completa le dijo: "Mi vida no le importa a nadie; además, nadie debe saberla".[23]

He aquí, pues, el libro que Jenkins esperaba que nunca saliera a la luz.

CAPÍTULO 1

Mayoría de edad en Tennessee

> Dios Todopoderoso... señaló al pueblo estadounidense como la nación elegida para impulsar en adelante la redención del mundo... Somos guardianes del progreso del mundo.
> Senador Albert J. Beveridge (1900)

Los Jenkins del condado de Bedford

Cuando Estados Unidos aún estaba en ciernes, un joven llamado William Jenkins se propuso una misión allende las montañas Apalaches. A caballo, viajó cientos de kilómetros. Iba con destino a un terreno bastante ajeno a él: decían que era un páramo, habitado en ocasiones por nativos hostiles. Algunos de su raza ya se habían establecido ahí y empezado a prosperar porque su tierra era abundante y fértil. Dinámico y capaz, Jenkins estaba lleno de confianza. Era cristiano. Viviendo con fe podía contar con el favor de Dios y los frutos de su trabajo sin duda se multiplicarían. Y así fue. Trabajó duro por más de 50 años y, al llegar a la vejez, era exitoso, rico y querido.

Jenkins era de Frederick, Maryland, una ciudad fundada por inmigrantes de la Renania-Palatinado antes de la Guerra de Independencia. Aunque principalmente era de linaje británico, Jenkins estaba tan empapado de la cultura alemana de la ciudad que cuando se decidió por el sacerdocio se formó como luterano. Después de cuatro años de estudios se fue a Salem, Carolina del Norte, para terminar su formación. Seis meses más tarde, fue autorizado por el sínodo del estado para ocuparse de los luteranos de Carolina del Norte que habían emigrado al condado de Bedford, en el centro de Tennessee. Fue mandado para servir como ministro en dos iglesias existentes y para establecer nuevas cuando lo consideraba conveniente. Tan sólo tenía 22 años.[1]

Dos generaciones después, otro William Jenkins emprendió su propio viaje.[2] Viajó de Tennessee a Texas, pero no se quedó mucho tiempo: a los tres meses cruzó a México. Alto y musculoso, tenía una mirada penetrante y una barbilla prominente, como las de su abuelo, del tipo que señalan hacia el futuro. Llegó con energía en abundancia y algo por demostrar. Tenía una esposa de buena cuna y muy pocos dólares. Tan sólo tenía 23 años.

México fue un capricho al principio: Jenkins quería complacer a su mujer con un viaje a Monterrey. Pasarían un par de noches en la ciudad y después volverían a San Antonio. Pero un encuentro fortuito lo cambió todo. En Monterrey, un ferrocarrilero le dijo que para los estadounidenses y europeos abundaba trabajo bien pagado. Para los hombres con educación e iniciativa, México era una tierra de oportunidades. Y así resultó ser. En su país de adopción, Jenkins trabajaría con grandes ganancias por 60 años.

Sin embargo, los obituarios de Jenkins serían distintos a los de su abuelo. El reverendo Jenkins fue agasajado como alguien que "mantenía firmemente los afectos y la confianza de su gente". En el centro de Tennessee se le sigue reconociendo como el padre fundador del luteranismo.[3] A William Oscar Jenkins también se le agasajaría: su muerte aparecería en la primera plana de los periódicos en todo México y su entierro atraería a 20 000 personas. Pero su legado fue menos evidente. Para algunos, fue un empresario sagaz y un gran filántropo. Otros alegaron que fue un explotador, un monopolista, un evasor de impuestos y que, pese a todas sus obras de caridad, no tuvo la simpatía de los mexicanos. Y otros más sintieron que fue sujeto de una "leyenda negra" difamatoria. Qué tanto esa leyenda se basaba en hechos o estaba impulsada por la envidia o el prejuicio, ¿quién lo sabía?[4]

En el centro de la vastedad verde del este de Estados Unidos se extiende un territorio alargado que los colonos llamaron Tennessee. Le dieron el nombre de un río que lo atraviesa dos veces antes de unirlo con el río Ohio y desembocar en el río Misisipi. En el centro de ese territorio yace una cuenca, de 130 kilómetros de largo y 80 de ancho, con cadenas de colinas en todos los lados. En la época de la revolución estadounidense, los colonos de ascendencia inglesa, también algunos escoceses y alemanes, empezaron a atravesar los Apalaches desde Carolina del Norte y dirigirse rumbo a esta llanura central. Sus numerosos ríos y su clima subtropical prometían una excelente labranza. En el extremo noroeste de la cuenca los colonizadores, en 1779, fundaron una ciudad en el río Cumberland a la que llamaron Nashville, que no tardó en prosperar como puerto y finalmente se convirtió en la capital del estado. Cerca del extremo sureste, 40 años más tarde, los colonizadores fundaron una ciudad en el río Duck a la que llamaron Shelbyville y que creció a un ritmo más lento. En toda la llanura, entonces totalmente boscosa, los colonos se pusieron a talar árboles. Criaron ganado bovino y plantaron maíz, trigo y algodón. Sea lo que sea que eligieran cultivar, se llevaron muchos esclavos para ayudarles.[5]

En 1824, cuando el reverendo Jenkins llegó, el condado de Bedford estaba lleno de empresas fronterizas. Él mismo fue parte de una oleada de inmigrantes que durante esa década ayudaron a doblar la población en 30 000 habitantes. Las granjas se multiplicaban y unos 7 000 esclavos trabajaban en ellas. Shelbyville ya tenía una taberna, una oficina de correos, una escuela y una iglesia presbiteriana. Había doctores y abogados, herreros y albañiles, sastres y zapateros. En el centro de la plaza pública había un juzgado de ladrillos, aunque las disputas menores se solían resolver a golpes. Luego vinieron los mayores desafíos de la frontera. En 1830 un tornado golpeó a Shelbyville. Destrozó casi toda la ciudad, incluido el juzgado. Tres años después, una epidemia de cólera azotó al condado y se llevó a una de cada 10 personas.[6]

El joven pastor recibió una cálida bienvenida.[7] Tenía miembros deseosos: dos congregaciones alemanas recién establecidas se regocijaron ante su llegada. También tenía un patrón adinerado. Martin Shofner (originalmente Schaeffner) había inmigrado de niño con sus padres desde Fráncfort y su familia prosperó en la región de Piedmont de Carolina del Norte. Aquí muchos de los lugareños tuvieron roces con las autoridades coloniales y estaban molestos, por lo que consideraban impuestos onerosos y una extorsión por parte de alguaciles deshonestos. Algunos se unieron como "reguladores" y lucharon contra los británicos en la batalla prerrevolucionaria de Alamance, cerca de la propiedad de miles de hectáreas de los Shofner. Martin tenía 12 años, era demasiado joven para luchar, pero ya tenía edad suficiente para estar convencido de que los impuestos eran algo que debía rechazar. Durante la revolución peleó en la Caballería de Carolina del Norte y recibió tierras en Tennessee por su servicio. Una vez en el condado de Bedford, adonde llegó con esposa y 10 hijos en 1806, se convirtió en un agricultor destacado. Poseía cientos de hectáreas, bien alimentadas por arroyos y manantiales, a 13 kilómetros al este de Shelbyville. En una parte de éstas estableció una capilla para los miembros luteranos, conocida más tarde como la Iglesia Shofner.[8]

Para Jenkins, los principales retos de la vida fronteriza eran logísticos. Las primeras dos iglesias en las que prestó servicio estaban situadas a 32 kilómetros de distancia, sus feligreses estaban desperdigados y su consejo de administración se reunía a 560 kilómetros al este. Al volver a visitar Carolina del Norte en 1825 para la reunión anual del sínodo, informó: "Desde el último sínodo viajé 4 830 kilómetros a caballo, prediqué 175 veces, bauticé a 84 niños y 14 adultos, admití como miembros de la iglesia a 34 personas e instruí 8 funerales". Finalmente prestaría servicio en 10 iglesias en el centro de Tennessee.

Una prueba más de su éxito fue el ingreso a la familia de su patrón por el matrimonio. El día del Año Nuevo de 1829 se casó con Mary Euless, una nieta de Martin Shofner. La predicación no era su única habilidad. Como casi todos los ministros de su época, Jenkins desarrolló un comercio del que podía obtener ingresos. Construía carruajes y el negocio prosperó. También creó una escuela, conocida simplemente como la Escuela de Jenkins.[9] La familia vivía en la aldea de Thompson's Creek, en una gran casa de dos pisos a menos de un kilómetro de la iglesia Shofner. Más tarde se dijo que Jenkins "atrajo a congregaciones más grandes en su vejez que en su juventud". En 1859 ayudó a organizar la primera iglesia luterana de Nashville. Para entonces, Jenkins era padre de 10 hijos y padre espiritual de cientos e incluso miles de personas.

Dos años después, Estados Unidos estaba en guerra consigo mismo. Tennessee encapsuló el conflicto más amplio y el condado de Bedford lo reflejó en un microcosmos. El convenientemente apodado Estado Voluntario contribuyó con más de 120 000 de sus hijos al Ejército de los Estados Confederados y otros 30 000 al Ejército de la Unión. Los soldados de este último provenían sobre todo de los condados del este donde había poca propiedad de esclavos. Tennessee vio más batallas que cualquier otro estado salvo Virginia. El condado de Bedford, donde los esclavos representaban una cuarta parte de la población, votó por la secesión, pero Shelbyville siguió siendo mayormente leal. Aunque las tropas federales ocuparon el centro de Tennessee desde abril de 1862, los ataques de las guerrillas rebeldes persistieron. El bandolerismo y el vigilantismo, los saqueos y los incendios provocados, muy generalizados en las zonas rurales, empeoraron aún más la vida diaria. Para el final de la guerra, gran parte de Tennessee estaba devastada. A los condados del centro, donde las lealtades estaban más divididas y donde la ocupación federal y los movimientos de las tropas duraron tres largos años, les fue peor que a todos.[10]

¿Cómo es que Jenkins, como líder espiritual, negoció una guerra "cuando hermanos peleaban contra hermanos"? El condado de Bedford suministró tropas a ambos ejércitos en más o menos igual medida, y sus feligreses se enrolaron en cada lado. La tradición familiar sostiene que su hogar estaba dividido, con el propio Jenkins a favor de la Unión. De hecho sus sentimientos pro yanquis casi le valieron un linchamiento, en el cual un gallardo abogado confederado intervino para salvarlo. Su cuarto hijo, Daniel, también respaldaba a la Unión. Cuando el 5° Regimiento de Caballería de Tennessee se congregó en Nashville, se apresuró a unirse a sus filas y sirvió en ellas hasta que su lado salió victorioso. La fuente de discordia más probable era Mary, la esposa de Jenkins, ya que el clan Shofner estaba en su mayoría del lado de la Confederación. Pero Jenkins era un moderado. Tenía un esclavo, posiblemente una ama de llaves, como era habitual entre las clases acomodadas del centro de Tennessee. Menos habitual era que, a pesar de tener una granja considerable con un valor de 6 000 dólares, no fuera dueño también de varios esclavos de campo. Cuenta la tradición popular que, en aras de la armonía entre los luteranos y con su familia política, el pastor Jenkins se negó a predicar la parcialidad.[11]

William y Mary engendraron seis hijos y cuatro hijas, y la familia sobrevivió intacta a la guerra. Al más joven de sus hijos, nacido en 1852, lo llamaron John Whitson Jenkins.[12] John crearía una familia grande por su parte, pero no parece haber heredado ni la perspicacia ni la suerte de su padre. Intentó ser granjero en Haley, un pueblo justo al norte de Thompson's Creek, pero recibió escasas recompensas. Su infortunio era en parte circunstancial: después de la Guerra Civil un boom agrícola (el fruto de la reactivación de la agricultura en el sur, el asentamiento de las Grandes Llanuras y el aumento de la mecanización) propició un descenso de los precios de los productos básicos. Los pequeños terratenientes de Tennessee sintieron el dolor tanto como los demás e incluso los buenos trabajadores perdieron sus granjas ante los acreedores.[13] Aunque Haley no le brindó prosperidad a John, sí vio su comienzo como padre de familia. En 1875 se casó con Betty Biddle, una joven local que aún no tenía 18 años, y si bien su primer hijo murió al nacer, el segundo demostró ser muy fuerte. Se trata de William Oscar Jenkins, nacido el 18 de mayo de 1878, y que comparte nombre con su abuelo.

El reverendo William Jenkins no vivió para ver a su hijo más joven engendrar un heredero porque murió el otoño anterior. Su obituario en el *Sentinel* local hablaba de los valores de la era tanto como del hombre. Eran valores con los que John criaría a William Oscar:

> Sus hábitos personales eran sobre todo notables para la energía y la industria [...] La ociosidad para él era un pecado. Cuando estaba en casa, constantemente se la pasaba leyendo o escribiendo, u ocupándose de los asuntos domésticos. Personalmente supervisaba sus actividades agrícolas y mostraba un gran interés por que las cosas se hicieran con pulcritud. Sus campos y terrenos se distribuían con precisión matemática [...] Era notablemente moderado en todo y, en consecuencia, con estricta atención a su salud y sus hábitos, le fue posible tener una larga carrera de trabajo y esfuerzos. Un rasgo muy atractivo en su carácter era su benevolencia sistemática, ya que era de los que creía religiosamente que el deber sagrado de un cristiano era dar la décima parte de su abundancia para la difusión del Evangelio y nadie supo jamás hasta dónde llegaban donaciones benéficas. La viuda, el huérfano, el joven predicador pobre, el funcionario de la iglesia tal vez en un condado vecino, todos iban a recibir una parte de su ayuda y simpatía cristiana. El padre Jenkins era enfáticamente un gran y buen hombre. Era autodisciplinado, autodidacta y artífice de su éxito.[14]

El padre Jenkins heredó sus bienes para que se dividieran en partes iguales entre sus hijos, así que aunque era bastante rico, su fortuna de 16 000 dólares más o menos se dividiría de 10 maneras.[15] En un codicilo expresó que deseaba que John tuviera su casa, siempre y cuando ofreciera a sus hermanos un precio justo; los motivaba a que dejaran a John pagar a plazos. El reverendo habrá visto que su hijo menor necesitaba una mano. Así que John administró la granja familiar en nombre de sus hermanos y buscó más ingresos. Dirigió la escuela privada que su padre creó. Hacia finales de la década de 1880, contaba con 65 niños y niñas, entre ellos su hijo William. Seis años más tarde obtuvo el primer lugar en la evaluación de profesores del condado de Bedford.[16] Pero la enseñanza estaba mal pagada y John tenía una familia numerosa. Se registró en el Servicio de Impuestos Internos como inspector fiscal, o "recaudador", y se convirtió en agente suplente para el Quinto Distrito de Tennessee.[17] Era afortunado que John encontrara nuevas fuentes de ingresos, ya que él y Betty tenían nueve hijos. Siete sobrevivieron a su infancia: después de William llegaron Percy (conocido como Jake), Mamie, Katherine, Joseph, Ruth y Anne.

William era un aprendiz veloz. Según la leyenda familiar, ya a la edad de cuatro años podía leer en voz alta la Biblia al mismo ritmo que su madre.[18] Su infancia tuvo todo lo necesario para ser idílica. Vivía en una enorme casa de campo con un huerto detrás. Era el hijo mayor, con un padre que era un amable maestro y una madre que le sostenía la mano en la iglesia. John alentaba su interés por los libros y Betty su amor por la naturaleza. Cuando terminaban las clases, jugaba descalzo con sus hermanos alrededor de la escuela y chapoteaba con sus amigos y primos en pozas para nadar. Su padre empezó a enseñarle el valor del trabajo alentándolo a despejar, cultivar y cuidar una parcela de sandías: podía mantener la producción por sí mismo.

Cuando William tenía 11 años dejó la escuela. Contrajo tétanos por una herida. Su cuerpo quedó destruido con espasmos y fiebre; había que usar un pedazo de madera para mantener su boca abierta y poder alimentarlo. En esa época los niños rara vez sobrevivían al tétanos, pero William de alguna manera lo logró. Para ayudar en su convalecencia, un doctor aconsejó a sus padres sacarlo de la escuela. En lugar de pasar largas horas dentro de un salón repleto, debía tener tanto aire fresco como pudiera. Así que lo pusieron a trabajar en la granja familiar.

William siguió siendo un ávido lector y devoraba cualquier libro que encontraba, pero también se volvió a activar bajo el sol de Tennessee. Pastoreaba vacas, reparaba cercas y veía crecer el maíz y el trébol. Aprendió a montar a caballo y conducir una calesa. Cortaba heno, trillaba trigo y cavaba pozos, y creció como un adolescente fuerte. Era una vida agotadora. El trigo, la sandía, la leche y las aves de corral daban escaso rendimiento pese a las largas horas de trabajo. Como W. J. Cash dijo del pequeño terrateniente sureño después de la Guerra Civil: "Debe él mismo, junto con todos sus hijos, poner la mano en el arado. Y sin importar si su condición era grande o pequeña, por lo general debe levantarse antes del amanecer… hasta que la oscuridad hiciera que todo esfuerzo ulterior fuera imposible".[19] Pero Jenkins tenía una pasión por la agricultura.

Pasaron nueve años. Para un joven con una mente curiosa y un cuerpo vigoroso, una vida al aire libre en la lejanía del Bedford rural sólo era satisfactoria en parte. Aficionado a la lectura de periódicos, William se habrá dado cuenta sin duda de que Estados Unidos se estaba enturbiando con una energía expansiva y adquisitiva. Los noventa fueron una "década imprudente". Un pánico financiero en 1893 desencadenó la depresión más profunda hasta entonces, que duró cuatro años, y aun así se seguían haciendo fortunas sin precedentes. Los magnates de la industria detentaban monopolios y asombraban al público con su poder señorial. El ilustre poderío de la agricultura, incluidas las millones de personas que trabajaban en sus propias granjas, parecía aún más opacado por el músculo de la industria: carbón, acero y petróleo. Durante los años de trabajo agrícola de William, los precios de los alimentos básicos de Tennessee como el maíz, el trigo y la avena se redujeron en un tercio, mientras que los costos de la producción agrícola aumentaron.[20] En contraste, en 1898, Estados Unidos se consolidó como un imperio global. Declararon la guerra a España y ocuparon Cuba, Puerto Rico y Filipinas. Ése fue el año en el que William Jenkins, a la edad de 20 años, decidió que después de todo quería una educación secundaria.

Mary Street

Cohibido, William llegó temprano y se sentó junto a la ventana su primera mañana en la escuela preparatoria.[21] Como se inscribió como bachiller, era cuatro años mayor que casi toda su clase y sabía que llamaría la atención de los demás. Miró a través de la ventana y pensó en su madre. Por primera vez estaba viviendo lejos de casa, hospedado por extraños en el pueblo de Mulberry del condado de Lincoln, donde el señor Henry Peoples dirigía su pequeña escuela. Estaba a más de 30 kilómetros accidentados de casa, como unas tres horas a caballo y calesa.

Los alumnos se sentaron durante algunos minutos cuando hubo una conmoción entre las chicas. William se volteó para ver a una joven subiendo por la escalera hacia el piso del aula. Alta y delgada, estaba toda vestida de blanco, y mientras se giraba para saludar a sus compañeros, él vislumbró una onda de cabello caoba dorado que caía sobre su espalda. Su cara ovalada estaba contorneada con gracia y tenía ojos azules vivaces. Su voz era suave y amable, su sonrisa dulce y positiva. "¡Qué cara!", pensó. Las chicas la rodearon y, por los fragmentos de conversación, entendió que era una vieja amiga de ellas, que se había separado por un tiempo. Estaba a una semana de cumplir 16 años y se llamaba Mary Lydia Street.

Mary había pasado un año en la escuela de Sawney Webb en Bell Buckle, no muy lejos de la casa de William. La Escuela Webb era famosa en todo el sur; probablemente cobraba demasiado para que el padre de William pudiera pagarla.[22] William pronto entendió que Mary era originaria de Mulberry. La observaba cada mañana con la esperanza de que intercambiaran una sonrisa. Si no lo lograba, consideraba el día aburrido y sin encanto, aunque durante casi dos años se lo guardaría para él solo. Mary era cortés con los desconocidos y se dieron cuenta de que tenían conocidos mutuos de Webb, por lo que se hicieron amigos. Se hicieron la costumbre de caminar juntos a la escuela y hablar sobre sus estudios y la belleza natural del condado de Lincoln. Él le cargaba sus libros. Mary, como pronto se dio cuenta, era extremadamente brillante. Mientras enfrentaba los retos del latín y la literatura, el álgebra y el griego, William encontró en Mary la compañía perfecta. Las escuelas preparatorias estimulaban la competencia: cada semestre publicaban los resultados de los exámenes por materia y una clasificación general. Y William era competitivo por naturaleza. Al final de su primer año, pese a su larga ausencia de la educación formal, obtuvo el primer lugar general en los exámenes. Mary, sólo uno por ciento atrás, quedó en el segundo lugar.

A pesar de toda la sociabilidad y destreza de Mary, William llegó a ver que había algo vulnerable en ella. La mediana de tres hermanos era hija de John William Street, un agricultor bastante pudiente, y de la adinerada Mattie Rees, una descendiente de la élite de plantadores de Lincoln.[23] Cuando Mary tenía tres años, su madre murió de tuberculosis. Al año siguiente su padre se volvió a casar, con la hermana mayor de Mattie, Ann, pero tres años después él contrajo la misma enfermedad infecciosa. Ann Rees Street crió con amor a sus hijos, Hugh, Mary y Donald, pero no por mucho tiempo. Para 1895 estaba luchando contra la tuberculosis ella también y pasó muchos meses intentando recuperarse en Florida. Dos años después, sucumbió. Entonces les tocó al tío de Mary, John Rees, y a su esposa, Bettie, adoptar a los niños. Esto implicaba pocas dificultades: había dinero de la familia y el señor Rees presidía un banco en Fayetteville, la sede del condado de Lincoln. Mary estableció una buena amistad con sus primos, y Annie Rees, un año mayor que ella, se volvió su confidente.

La tensión emocional de haber perdido a sus dos padres y después a una querida madrastra no era todo, ya que en la adolescencia Mary descubrió que la espantosa enfermedad la había atacado a ella también. No está claro cuándo aparecieron por primera vez los síntomas, pero su ausencia en el registro de la Escuela Webb de 1897 a 1898 sugiere que sufrió un ataque constante a los 14 o 15 años. La tuberculosis la perseguiría a intervalos irregulares por el resto de su vida.

En junio de 1899, antes de empezar el verano, William le regaló a Mary algunos de sus libros favoritos con la esperanza de iniciar una correspondencia. Su plan fue viento en popa. Durante tres veranos se mandaron cartas cada vez más frecuentes, casi 200 en total. Aunque las cartas de Mary se perdieron, las de William representan por mucho el grupo más grande de sus documentos personales que sobrevivieron. Iniciadas cuando tenía 21 años, las cartas muestran a través de su franqueza el joven ambicioso que era, y sugieren a través de su pasión el empresario afanoso en que se convirtió.[24]

William respondió a la primera carta de Mary con franco agradecimiento, y para la segunda el interés en su autora era evidente: "Decir que estuve encantado de recibir tu *muy agradable* carta no expresa mis sentimientos en lo más mínimo", empezó, y más adelante admitió que la leyó "una docena de veces". Hablaron de las expectativas de William de asistir a la Universidad de Vanderbilt y se burló de ella varias veces por "el casi imperdonable crimen de jugar a las damas un domingo". Ella contestó que estaba arrepentida. William tramaba hacer una visita. Tenía un trabajo de verano en una estación ferroviaria, por lo que el primer reto era hacer el viaje redondo de seis o siete horas sin irse de pinta, lo cual se rehusaba a hacer. El segundo era mantener las apariencias. Reacio a dejar claro para todos su interés, o de avergonzar a Mary, reclutó a un amigo como su acompañante, a quien recogería en su calesa en el camino. Hizo tres viajes ese verano, dos en domingo y uno en miércoles, que lo dejaron arrastrándose hacia la cama al amanecer.[25]

La primera de estas visitas inspiró a William a pensar en su futuro en términos más audaces.[26] En el largo camino a casa, dio rienda suelta a su caballo e hizo el balance del último año escolar. Transmitió sus cavilaciones a Mary: "Estoy seguro de que es el año más placentero y productivo que he tenido. El más productivo porque despertó en mí un deseo de hacer algo de mí mismo en el mundo; el más placentero porque tuvimos tantos momentos inolvidables juntos". La nota amarga era que el primo de Mary, Albert Rees, había desaprobado su correspondencia.

En septiembre William se enteró de que su madre había muerto. Entonces estaba en Fayetteville, ya que su escuela se había reubicado y fusionado para convertirse en la Escuela de Peoples y Morgan. Poco se sabe de la vida de Betty Biddle Jenkins, pero es posible que la noticia haya sido una conmoción, porque William no había hecho mención alguna en sus cartas sobre la salud de ella. Tenía 42 años y había dado a luz a Annie sólo tres años antes. Al llegar a casa, para lamentar y consolar a su familia, William no pensaba al principio en seguir estudiando. Esperaba que su padre le pidiera que se quedara y ayudara a su hermana de 16 años, Mamie, a criar a los más jóvenes. Mary le escribió varias cartas de condolencia y la experiencia los acercó más. Tras dos semanas, él le pidió su fotografía y ella accedió. Cuando, después de que hubiera pasado otra semana, su padre le dijo que debía volver pronto a la escuela, estalló de alegría. Ningún duelo ni un mes de clases perdidas podían detenerlo, ni tampoco podía el aumento en rivales resultante de la fusión de escuelas. Ese diciembre, William Jenkins volvió a sacar el primer lugar en los exámenes y el campeón estuvo encantado de enterarse de que el segundo lugar era otra vez para Mary Street. Llamó a los resultados "nuestra gloriosa victoria".[27]

Durante su educación rural en Tennessee, ¿qué pudo haber aprendido Jenkins de México, el futuro hogar que estaba más allá de sus horizontes imaginables? ¿Y qué pudo haber conocido sobre su propio país? En la escuela de su padre, como todos los alumnos de primaria, estudió con textos e historias cargadas de nacionalismo. Incluían contrastes de una bondadosa colonización inglesa de Norteamérica con la crueldad española en Latinoamérica. La mayoría de los estadounidenses veían a España como un país degenerado según los criterios europeos, pero el prejuicio tenía raíces más profundas que el racismo científico popular en el siglo XIX. Tres siglos antes, los propagandistas ingleses y holandeses crearon una narrativa protestante de la barbarie católica, más tarde llamada la leyenda negra por sus exageraciones y sesgo politizado con respecto a la Conquista española. Los libros de texto de la época de Jenkins lo perpetuaron. Uno decía: "Aunque los conquistadores de México y Perú hicieron gala de gran valentía y habilidad, estas cualidades fueron contrarrestadas por el engaño más mezquino, la traición más baja y la crueldad más implacable". Las geografías destacaban el "carácter nacional", siempre definido racialmente, con los latinoamericanos en el mismo saco como alegres, flojos e incompetentes. Dichos libros atribuían su menor prosperidad al mestizaje. Uno decía: "Estos mestizos son una clase ignorante".[28]

En Peoples y Morgan, Jenkins salió bien en historia.[29] Casi sin duda estudió sobre la guerra entre México y Estados Unidos, en la que tres ejércitos estadounidenses invadieron a su vecino occidental y sureño, de los cuales uno tomó la Ciudad de México. Fue una guerra magnificada en la mente del siglo XIX, superada únicamente por la Guerra Civil. El tratado de paz de 1848 selló la anexión de Texas e incorporó nuevas tierras de Colorado a California, lo que en total costó a México casi la mitad de su territorio. Un libro de historia de preparatoria muy difundido tenía esto que decir sobre la victoria de los Estados Unidos:

> México, la capital de los antiguos aztecas, la sede del imperio español en América, había pasado de los aztecas y de los españoles a los angloamericanos (el vikingo de los godos, el sajón de Alemania, el inglés de América), los mismos seres audaces, resistentes, enérgicos, ingeniosos, invencibles, ambiciosos y aventureros, cuyo genio no pueden confinar las formas de la civilización y para cuyo señorío los continentes son inadecuados. ¿A qué hora del tiempo, o límite de espacio, ha de encontrar este hombre moderno (este conquistador de tierras y mares, naciones y gobiernos) descanso, en la conclusión de su imponente progreso?

Como todas las historias norteamericanas de la época, el libro atribuía la guerra a la provocación de México. Desestimaba la mayoría indígena de México como "afeminada".[30] En la escuela primaria y secundaria, los estudiantes aprendían a ver a los mexicanos como un pueblo ineficaz, dominado por una élite indolente. El destino de estas personas estaba marcado por la inexorable marcha del progreso (es decir, por el Destino Manifiesto) para rendirse ante los anglosajones siempre que las dos culturas se enfrentaran. Si supieran qué era lo mejor para ellos, agradecerían la dirección de Estados Unidos.

Peoples y Morgan probablemente nunca cuestionaron el excepcionalismo estadounidense. Como la mayoría de los maestros de su época, se veían a sí mismos como tutores morales más que como educadores.

Su misión principal era inculcar las virtudes comúnmente asociadas a la primacía económica y política del protestantismo anglosajón: industria, ahorro, rectitud y fe en la providencia de Dios. Así como los oficios religiosos diarios, Morgan organizaba conferencias los domingos por la tarde, donde él o un invitado ensalzaban el carácter cristiano o explicaban los vicios de la bebida y el cigarro, las apuestas y la blasfemia. A veces William estaba lo suficientemente impresionado como para escribir a máquina resúmenes que compartía con Mary. "Vivir con el máximo esfuerzo", del doctor Ira Landrith de Nashville, aconsejaba lo siguiente: sé un cristiano ("Sé un faro de luz en las colinas morales para tu prójimo"); sé limpio; sé grande; sé maestro de algo (es decir, una habilidad); sé activo; sé sano; sé tú mismo. Concluía con una orden final: "Ten algo en que pensar y piensa en ello. Ten algo que hacer y hazlo. Ten algo que ser y sélo".[31]

Lo demás que aprendió Jenkins de México lo averiguó fuera del salón de clases. Una parte simplemente era un refrito de los estereotipos. Consideremos una joya de *Shelbyville Gazette*, titulada "La abeja haragana mexicana". Este frívolo párrafo único afirmaba: "La abeja de México no 'mejora cada hora estelar'. Como hace muy poco frío ahí, no es necesario almacenar reservas invernales de miel y, por lo tanto, la abeja es igual de floja que una cucaracha".[32]

Otros artículos (y los recuerdos de los lugareños) transmitían historias maravillosas de residentes de Tennessee que habían viajado a México. El más conocido era William Walker. Después de la Guerra entre México y Estados Unidos, California ingresó a la Unión como un "estado libre," lo que llevó a los sureños a considerar más tierras que podían colonizarse e incorporarse, tal como Texas, como "estados esclavistas". Las iniciativas privadas incluían expediciones de filibusterismo y Walker era el filibustero arquetípico. Hombre con celo religioso, con un don para la autopromoción, llegó a ser conocido como "el predestinado de los ojos grises". En 1853 Walker zarpó a la costa del Pacífico mexicano y declaró independientes a Sonora y Baja California. Las deserciones, la falta de apoyo local y la oposición por parte de los gobiernos de ambas naciones lo llevaron a renunciar. Dos años después lo intentó de nuevo, en Nicaragua, aprovechándose de una guerra civil. Como respaldó al vencedor, logró que lo eligieran presidente, proeza que mereció elogios de los políticos sureños. Siguieron las representaciones teatrales basadas en sus hazañas. Su mandato sólo duró un año y un intento en 1860 por recuperar la presidencia terminó en su ejecución. Su fama como héroe trágico perduró en los recuerdos y los poemas narrativos.[33]

Poco después, al final de la Guerra Civil, más de mil confederados que se negaban a rendirse cruzaron a México, que entonces estaba inmerso en una guerra propia. Napoleón III de Francia había impuesto como emperador a un archiduque austriaco, Maximiliano, con el apoyo de los conservadores locales, pero el régimen enfrentó resistencia armada por parte del líder liberal Benito Juárez. El principal partido confederado era una fuerza armada de varios centenares bajo el mando del general Jo Shelby. Incluía a cuatro ex gobernadores y diversos generales. Abriéndose su propio camino estaba el ex gobernador de Tennessee Isham Harris. Al llegar a la Ciudad de México, Shelby ofreció al emperador sus servicios, pero temiendo represalias de Estados Unidos, Maximiliano los rechazó. En su lugar, les dio a los confederados unas 200 000 hectáreas de tierra en Veracruz, ya que estaba interesado en atraer inmigrantes con conocimientos agrícolas. Al designar a Harris como su alcalde, los veteranos plantaron algodón, caña y café. Pero una confluencia de problemas los derrotó. La vegetación era densa, los vecinos hostiles y la prensa negativa que la colonia recibía en Estados Unidos dificultó el flujo de nuevos empleados necesarios. En 1867, cuando Juárez derrocó y ejecutó a Maximiliano, se acabó el juego. Los exiliados volvieron a casa.[34]

Jenkins también habría escuchado de los habitantes de Tennessee atraídos al sur por Porfirio Díaz, el dictador que gobernaba México desde 1876. Díaz atrajo capital extranjero para las minas y los ferrocarriles necesarios para transportar mercancías de exportación. La ley sobre terrenos baldíos de 1883 ofreció a los agrimensores un tercio de las tierras inexploradas que medían, y algunos de los que hicieron caso a este llamado fueron antiguos ingenieros del ejército confederado. Se atrajo a todo tipo de inversionistas y especuladores.[35] Entre ellos destaca Henry Cooper, alguna vez colegial de Shelbyville, más tarde senador de Estados Unidos. En vez de buscar la reelección, Cooper fijó su atención en el norte de México e invirtió en una mina en Chihuahua. Durante una visita en 1884, fue asesinado por bandidos, como conmemora su cenotafio en el viejo cementerio municipal de Shelbyville.[36]

Tal vez las historias de William Walker, Isham Harris y Henry Cooper sirvieron como una rectificación, tanto de los relatos épicos de la guerra entre México y Estados Unidos que se contaban en la escuela, como de las crecientes reseñas sobre cacerías de fortunas en México por gente como el magnate de prensa William Randolph Hearst. Los estadounidenses simplemente no podían pasar por ahí y hacer lo que quisieran. Se necesitaba una mezcla especial de agallas y providencia para conseguirlo.

William Jenkins se graduó de la Escuela de Peoples y Morgan en mayo de 1900. Completó cuatro años de estudio en dos, capitaneó el equipo de fútbol y fue el graduado con las mejores calificaciones de su clase. Así que sus planes para ingresar a la Universidad de Vanderbilt quedaron en peligro, porque los empleadores potenciales pretendían arrebatárselo. El verano anterior, le habían ofrecido un trabajo de tiempo completo en el Ferrocarril de Nashville y Chattanooga. Ahora su discurso de graduación atrajo el interés de un abogado de Shelbyville, Charles Ivie, que le escribió a su padre para felicitarlo. Dijo que el discurso eral "el mejor que había escuchado de un colegial". Durante más de un año, Ivie mantuvo correspondencia y se reunió con William, sin duda con la esperanza de reclutarlo. Más tarde ese verano, un banquero, Andrew Young, lo invitó a hablar sobre una sucursal en el condado de Bedford que estaba creando. Young, que ya dirigía varios bancos en el estado, le ofreció designarlo como su gerente general, si sólo renunciaba a la universidad. Él también persiguió a Jenkins durante más de un año.[37] Ningún puesto encajaba bien en la ruta que William estaba trazando.

Poco después de la graduación, William y Mary aclararon sus sentimientos.[38] William empezó su respuesta a la primera carta de Mary con una efusión inédita:

> Aunque el lunes pasado fue un día sombrío, aunque la lluvia cayó como si las mismas ventanas del Cielo se hubieran abierto, aunque el Sol se puso tras las colinas del oeste cubiertas con un manto de nubes amenazantes, todavía había luz del sol en *mi Corazón* y alegría en *mi Alma*. Los mismos pájaros parecían cantar de forma más dulce que de costumbre; las flores eran más hermosas para contemplar y todo el Paisaje tenía un aspecto más claro y brillante. Y todo esto fue porque recibí una *carta tuya*.

Si bien la respuesta de Mary se perdió, la siguiente carta de William muestra que ella escribió del mismo modo: "Ah, si tan sólo supieras el placer genuino y sincero que me produjo". Hablaba de "dedos temblorosos" y "alegría indescriptible". Le declaró su "amor eterno". Citó la promesa que ella le hizo ("Confiaré en ti, cueste lo que me cueste"), y siguió con una promesa él también: "Te prometo, con la ayuda del Cielo, que nunca te daré motivos para que creas que tu confianza estuvo mal depositada. Nunca te engañaré de ninguna forma".

Hechas sus declaraciones, William abandonó ya el "señorita" y se dirigió a ella simplemente como Mary. Pronto ella era mi sol, mi reina. Firmaba sus cartas con su segundo nombre, Oscar (los Williams eran demasiado comunes), y le ofreció usarlo libremente. Ella, con reservas dignas de una dama, siguió dirigiéndose a él como el señor Jenkins durante otros dos meses. Y en las contadas ocasiones que se vieron ese verano, accedió sólo, y sólo en privado, a tomarle de la mano. Tal como la sociedad esperaba de una belleza sureña, no debía haber besos. Además, si cedía, solía decir, él podía quererla menos.[39]

Vanderbilt hacía señas y, a medida que pasaban las semanas, crecía la determinación de William. Muchos de sus camaradas de Peoples y Morgan iban a esta universidad de Nashville, la mejor del estado, y Mary, pese a las reservas de su tío, tenía esperanzas de ir ahí también. La oferta de dos premios de admisión, uno en inglés y matemáticas, otro en latín y griego, picaron su naturaleza competitiva: empezó a estudiar para el primero. Ante todo, la perspectiva de una educación universitaria quedó vinculada con el sueño de una vida con Mary. Sentía que era una chica que estaba por encima de su posición social y para demostrar su valía necesitaba riquezas. Lo admitió con franqueza: "A veces quisiera ser alguien, tener riqueza abundante, poder merecerte más. Quisiera hacerte una Reina en nombre, ya que eres *la* Reina entre las mujeres".[40]

El amor desató en William Jenkins una floridez de autoexpresión. Empleaba no sólo los superlativos habituales que los jóvenes amantes usan, sino también citas literarias, alusiones bíblicas, su propio lirismo y fragmentos de francés y latín. Siempre que surgían obstáculos, había pasajes de gran dramatismo. Al reflexionar en el año anterior y su temor a otros pretendientes, escribió: "Construí castillos en el aire y en cada castillo tú eras mi reina. Pero ¡ay! Mi celosa imaginación siempre se hacía alguna terrible fantasía, mis castillos se caían y mis esperanzas quedaban enterradas debajo de sus ruinas desmanteladas".[41]

Sin embargo, el principal villano no era ningún rival potencial (Mary sólo hablaba con otros pretendientes para ser amable), sino el flagelo de su tuberculosis. Más amenazas surgieron del tutor de Mary, el tío John, y su hermano mayor, Hugh. Para la consternación de William, los tres alzaron la cabeza ante su primera visita ese verano. Mary le escribió brevemente después y le reveló que estaba enferma. También dijo que su tío y su hermano nunca consentirían a su unión, a menos que William… (dejó colgando la condición y él asumió que quería decir que necesitaba demostrar que era digno).[42] Siempre cortés, Mary no establecía ninguna relación entre su salud y las presiones de sus parientes.

La oposición del tío John y de Hugh perduró.[43] Parte del problema para William era la reticencia de Mary sobre su causa. En una ocasión habló de una "barrera inamovible", pero no la nombraría. Después de que le hiciera una tercera visita, Hugh se enfadó y ella no lo dejó volver. William después intentaría racionalizar que "su decreto" se debía a su necesidad de decoro, para proteger su nombre de los chismes. Pero su reacción inicial fue más reveladora: "¿Me dirás qué ha estado diciendo sobre mí la gente? ¿Acaso dicen que soy un falsificador o un estafador o un canalla? Si de mí dependiera, arrancaría la lengua mentirosa de cada chismoso injurioso de toda la creación y entonces las personas honestas podrían tener paz". Prosiguió: "Pero tal vez el *crimen* del que me acusan es que te amo. Si es así, soy el criminal más grande del mundo porque sé que muy pocas personas jamás veneran a alguien o algo como yo a ti".

Después declaró su ambición profesional: emprender un negocio. Escribió: "Una vida empresarial tiene una fascinación para mí que apenas puedo superar". Pero esto no era un fin en sí mismo: "Ahora quiero riqueza y fama y poder para ponerlo todo ante tus pies y hacerte feliz". Concluyó: "Seguiré creyendo hasta que oiga de tu boca que *no me amas* y aun así *te seguiré amando*". Aquí se trataba de Jenkins en bruto: su reacción agresiva a su orgullo herido, su elevación del amor al superlativo de veneración, su propósito de éxito en los negocios, aunque principalmente como un medio para satisfacer a su reina, la obstinación de su corazón y su fuerza de voluntad.

La paciencia se impuso. William sabía que presionar sobre su caso no le haría ningún favor con el tío John y con Hugh. Podía dañar la salud de Mary: temía por su tendencia a preocuparse y su propensión a los dolores de cabeza. Se esforzó por lograr que se sintiera cómoda. Mientras tanto, no podía hacer nada salvo trabajar en la granja, estudiar para su examen y esperar y soñar en lo que él y Mary empezaron a llamar "el después", un tiempo algunos años después cuando sus perspectivas fueran sólidas y pudieran estar juntos. Aunque no la volvió a ver ese verano, sus cartas recuperaron su humor. Bromeó sobre su mudanza con los Rees del pequeño Mulberry a Fayetteville, un pueblo de más o menos 2 000 personas: "¿Te sientes más importante desde que te convertiste en una belleza de *ciudad?* Supongo que no te importaría reconocer a tus amigos del *campo* cuando los veas en las calles, parados boquiabiertos, mirando con disimulo los escaparates".[44]

Debajo de la renovada compostura de William, su animadversión por el tío John y Hugh se agudizaba. Era demasiado orgulloso para expresar sus sospechas, pero podía adivinar que la raíz del problema era la clase. El prejuicio en juego probablemente era mutuo y tenía mucho que ver con la geografía.

Los habitantes del condado de Bedford se enorgullecían por ser más abiertos que los del condado de Lincoln, a quienes consideraban pedantes. La gente de Lincoln solía ver a la gente de Bedford con sospecha, dado la cantidad de hombres de Shelbyville que se habían unido al Norte durante la Guerra Civil. Bastante viejo para recordar la brutalidad, John Rees posiblemente haya escuchado que uno u otro de los antepasados de Jenkins se había "vuelto yanqui". De hecho, los condados tenían mucho en común. Ambos se contaban entre los más prósperos en agricultura de Tennessee. Bedford había votado por la secesión como Lincoln y su tradición esclavista era igual de fuerte: una cuarta parte de la población era negra. Aun así, había diferencias documentadas. Poco después de la guerra, el Ku Klux Klan se fundó en Pulaski, a pocos kilómetros al oeste del condado de Lincoln, y muchos hombres de Lincoln se unieron a sus brigadas. Sus economías también diferían: históricamente, Lincoln había albergado granjas más grandes y, por ende, una mayor concentración de riqueza y esclavos en manos de aquellos que se consideraban a sí mismos la alta burguesía del sur. En Bedford, un mayor número de negros habían sido esclavos en hogares de clase media, escenarios más propicios a la tolerancia entre las razas.[45]

John Rees y su familia sin duda encajaban en el molde de la alta burguesía. Como la progenie de las élites de la preguerra civil, siempre prestaban atención cuando la banda tocaba "Dixie". Su importancia local se remontaba a John "Peg-leg" Whitaker, un veterano de la Revolución estadounidense. Alrededor de 1800, Whitaker deambuló primero en el centro de Tennessee, donde fundó una hacienda y ayudó a establecer el condado de Lincoln. En su lecho de muerte, heredó su gran fortuna y muchos esclavos para que se dividieran en 11 partes iguales: a su viuda y sus 10 hijos. Su hijo mayor, John J. Whitaker, demostró ser un granjero suficientemente capaz por derecho propio, para 1850 su propiedad valía 12 000 dólares y contaba con 31 esclavos. Una década más tarde, con la viuda de John, Sarah, la propiedad había duplicado su valor y Sarah poseía otros 23 000 dólares de patrimonio personal. Su hija Mary se casó con William Harrison Rees, otro granjero exitoso, y éstos eran los padres de John, Ann y Mattie.[46] Héroe de guerra y próspero pionero, Peg-leg Whitaker fue por consiguiente el tatarabuelo de Mary Street, hecho que sin duda se le recordaba a ella con frecuencia.

Pese a todo el elitismo del tío John y a pesar de su propia tendencia conservadora, Mary no era esnob. William la amaba por su belleza, inteligencia y comportamiento "como real", pero también por su alegre devoción hacia otros y su falta de pretensión. Él le dijo: "Eres la persona menos fingida que he conocido. Eres la misma ayer, hoy y siempre".[47]

Estudiante y atleta en Vanderbilt

Vanderbilt en 1900 era una universidad que tan sólo contaba con 25 años de funcionamiento, pero que ya tenía reputación de ser uno de los principales centros de aprendizaje en el sur. Como el historiador del colegio Paul Conklin lo expresó: "La Universidad de Vanderbilt, como la mayoría de las universidades privadas de Estados Unidos, nació de un profano matrimonio entre la devoción y la plutocracia". Fundada por obispos metodistas, tomó su nombre en honor de una donación de un millón de dólares de Cornelius Vanderbilt, el titán naviero y ferrocarrilero de Nueva York. Así se convirtió en una de las varias universidades cuyos orígenes y valores de finales del siglo XIX estaban vinculados a distinguidos multimillonarios y el espíritu del capitalismo industrial protestante. En la lista figuraban la Universidad de Chicago, con el respaldo del magnate petrolero J. D. Rockefeller; la Universidad Stanford, creación del poderoso ferrocarrilero Leland Stanford; y las Escuelas Técnicas Carnegie, fundadas por el magnate del acero Andrew Carnegie. Debido a su enfoque de negocio aparentemente dudoso (poco controlado por escrúpulos hacia rivales o empleados y poco regulado por sus amigos en el Congreso), a esos hombres se les tildaba como "barones ladrones". Pero en 1900 inspiraban respeto en casi todas partes, incluidos los campus que habían donado.[48]

"No creo que haya ninguna otra cualidad tan esencial para el éxito de cualquier tipo que la cualidad de la perseverancia", declaró Rockefeller en esa época.⁴⁹ Cuando los ancianos artífices de su éxito como Rockefeller emitían opiniones, los jóvenes ambiciosos como Jenkins tomaban nota.

Perseverancia también pudo haber sido el lema de James Kirkland, quien estableció el tono orientado a la carrera para el campus al que ingresó Jenkins. Para 1900, Kirkland tenía siete años como rector de Vanderbilt y registraría un total de 44. Criado en una pobreza refinada, se había mostrado prodigioso y determinado. Nombrado rector a los 33 años, se hizo cargo de una institución que no llegaba a concordar con los sueños de una universidad de élite que tuvieron sus fundadores. La falta de fondos era un obstáculo y el conservadurismo de los obispos era otro. Así, con su respeto por el trabajo académico y su sensato enfoque de administración, Kirkland impuso mejoras. Cultivó un cuadro de jóvenes profesores de humanidades, con ganas de dejar huella. Convenció a un heredero de Vanderbilt para que financiara el primer dormitorio construido a tal efecto, Kissam Hall, y supervisó la admisión regular de mujeres. También tramó lo que demostraría ser una larga lucha por autonomía de la iglesia Metodista, con el fin de facilitar el financiamiento de los filántropos del Norte. Aún con tiempo de enseñar latín, Kirkland era popular entre los 750 estudiantes de Vanderbilt. Sus cualidades sobresalientes (rapidez de intelecto y acción, afición al poder y la influencia, sin aguantar tontos ni tampoco la adulación) encontrarían eco en el futuro William Jenkins. En cartas del siguiente verano, William se referiría a él afectuosamente como el "viejo rector".⁵⁰

En Tennessee, una institución progresista como Vanderbilt tenía una gran importancia, ya que concordaba con los objetivos de los Nuevos Demócratas del Sur. Eran élites políticas y empresariales que asociaban la expectativa del estado de recuperación de posguerra al comercio y la industria; recibían con beneplácito la inversión yanqui. Su visión contrastaba con la devoción a la agricultura, especialmente de algodón, favorecida por los Demócratas de Bourbon, que representaban la clase de plantadores aún poderosa. Entre las escuelas vocacionales de Vanderbilt (y a diferencia de muchas universidades fundadas a finales de los años 1800) la agricultura estaba ausente. "Se veían a sí mismos como una élite", escribe Conklin sobre el alumnado, "los futuros líderes y creadores de un nuevo Sur".⁵¹

Vanderbilt tenía una buena ubicación para los nuevos fines profesionales. Desde la guerra, Nashville había cuadruplicado su tamaño a 80 000 y ahora acogía una economía diversa: fundiciones de hierro y plantas de fabricación, así como molinos de algodón y de harina y aserraderos de madera. Cuando Jenkins llegó al campus, a tres kilómetros del centro de la ciudad, Nashville ostentaba modernos edificios y su primera tienda departamental. También albergaba guetos terribles, con nombres como Medio Acre del Infierno y Fondo Negro. Su surgimiento había ayudado a impulsar un incipiente éxodo blanco a los cada vez más numerosos suburbios comunicados con tranvías eléctricos. Aunque algunos blancos de viejas familias de Nashville mantenían una reverencia por la "causa perdida" de la Confederación, la ciudad se abría a recién llegados ambiciosos. A una optimista prensa local le encantaba retratar a los líderes empresariales que habían surgido, al estilo de Horatio Alger, de orígenes modestos. Estas vidas "tendían a encajar con fórmulas predecibles donde la riqueza y el prestigio eran las merecidas recompensas de virtudes personales: industria, innovación, autodisciplina moral": los mismos valores que se enseñaban en Peoples y Morgan.[52] Era un lugar donde los jóvenes de los pueblos pequeños podían construir grandes sueños.

Jenkins apenas podía cubrir el costo de Vanderbilt, aun con la tarifa especial que se le había concedido por ser hijo de un maestro. Sin decirle mucho a Mary, juntaba apresuradamente las colegiaturas y gastos mediante empleos de verano, préstamos y trabajo durante el semestre. Además estaba la perspectiva del premio de admisión en inglés y matemáticas. Después de tres meses de largas tardes de estudio, Jenkins hizo el examen y ganó. El premio de 50 dólares se destinó en cierto modo a sufragar los costos de su primer año.[53]

Llegó al campus una semana antes, para hacer el examen y hacer una prueba en el equipo de futbol americano. En la práctica en Dudley Field interactuó con otros estudiantes de primer año y varios se volvieron amigos a largo plazo. Uno de ellos era Frank Houston, un futuro presidente del Chemical National Bank. Juntos se unieron a Sigma Alpha Epsilon, una fraternidad con una identidad orgullosamente sureña en la que también estaban los primos de Mary, Ernest y Albert Rees. William tenía sentimientos encontrados sobre sus hermanos de la fraternidad: unirse a ΣAE era tal vez una apuesta por ganarse el aprecio del tío John. Un segundo amigo era John Tigert, que había asistido a la Escuela Webb, donde conoció a Mary. Tigert era prácticamente de la realeza de Vanderbilt, ya que era hijo de un miembro del profesorado, nieto del presidente de su primer consejo de administración y pariente de la familia Vanderbilt. Habría de volverse el presidente de la Universidad de Florida. Compartía con William la misma pasión por los estudios y el deporte, y ambos corrían en el equipo de atletismo. Tigert fue quien ganó el premio de admisión en latín y griego, y al ir a buscarlo para felicitarlo por su victoria paralela, Jenkins selló su amistad.[54]

Otro de sus primeros amigos era mexicano, probablemente el primer mexicano que Jenkins conoció. Le dijo a Mary que le parecía muy divertido. No se menciona su nombre, pero el alumnado de ese año incluía a dos mexicanos.[55] Como evidentemente había familias mexicanas suficientemente ricas para mandar a sus hijos a una universidad estadounidense privada, y como esos jóvenes hablaban un inglés lo suficientemente bueno para asistir, Jenkins seguramente empezó a modificar la impresión negativa que había cosechado de los mexicanos a raíz de los libros de historia y los periódicos.

Para coronar el regocijo de William en su nuevo entorno, Mary se matriculó después de todo. Una de las 10 mujeres de los 60 alumnos que había en la clase de artes y ciencias, dejó inmediatamente la impresión de una estudiante muy brillante y usó sus habilidades sociales para convertirse en la secretaria de clase del primer año.[56] El hecho de que su primo Albert Rees también se estaba matriculando debe de haber ablandado las reservas del tío John: su hijo podía vigilarla.

Durante su primer año en Vanderbilt, Jenkins siguió exhibiendo la fortaleza que había mostrado en Peoples y Morgan. Sus hazañas atléticas obtuvieron la mayor atención, puesto que los partidos de futbol americano ya eran los eventos sociales más populares de la universidad.[57] Entonces, con 22 años, entró al once inicial como *tackle* izquierdo y se ganó el apodo de *Bull* Jenkins. La primera mitad de la temporada transcurrió básicamente sin mérito e incluyó una paliza de la Universidad de Texas. Para noviembre el equipo era una máquina de marcadores impresionantes, a menudo gracias a los *touchdowns* de Jenkins. La prensa de Nashville ofrecía una alegre cobertura y Mary hizo recortes de periódicos. En una victoria sobre la Universidad Central de Kentucky: "Jenkins... un gigante en fuerza, detuvo la línea de golpe e hizo algunos de los juegos más contundentes del partido". Durante una pelea con el rival estatal, Sewanee, Jenkins dio el salto a la fama: "Con no menos de media docena de hombres que lo tironeaban y se colgaban de sus pies y de su cuerpo, portó la pelota y arrastró a los hombres por casi 30 metros en medio del clamor de los espectadores".

El último juego fue el clásico local en contra de la Universidad de Nashville. La rivalidad había provocado un disturbio cuatro años antes y 6 000 espectadores asistieron para ser testigos de la competencia de 1900. Las clases profesionales y recreativas de la ciudad llegaron en carruajes que hablaban de ligeras distinciones sociales: carretillas altas, carretas abiertas, landós, birlochos, diligencias y caballos de alquiler, Brewsters y Victorias. Todos hicieron cola a lo largo del lado este de Dudley Field, mientras que "el elemento de trabajo" se reunió del otro lado. Vanderbilt aplastó a su adversario 18 a 5. "La línea de muro de piedra tan cacareada de Nashville se derrumbó ante la embestida de los Vanderbilts", declaró el *Nashville American*; añadió que Jenkins anotó el último *touchdown* de la temporada.

En lo académico, Jenkins también sobresalía. Pese a su genialidad en los números, su amor por la literatura y los idiomas lo llevaron a elegir el programa de artes. En una licenciatura, los estudiantes de primer año tomaban latín, griego, inglés, francés y matemáticas, y él destacó en todas las materias. Décadas después, John Tigert recordaría: "Era el estudiante más brillante que conocí en Vanderbilt. Todas sus calificaciones eran 100, 99 o 98". La duración de sus días hacía que ese desempeño fuera aún mayor, ya que se levantaba a las cinco de la mañana cada día para hacer tareas menores y ganar un dinero extra.[58]

Después de las emociones del otoño y los placeres diarios de ver a Mary, a William le parecieron aburridas las vacaciones de Navidad. Mary, temerosa de hacer enojar al tío John y a Hugh, le prohibió visitarla. Escribió William: "Debo tener mi Sol. Sin él me siento eclipsado e incompleto". Cuando Mary respondió con garantías de su confianza y amor, él le contestó con las palabras que se estaban convirtiendo en un mantra: "Quiero trabajar para ti, hacerte feliz, hacer algo para demostrarte mi amor. Por eso, mi amor, el trabajo no será *trabajo*, sino *juego*, cuando lo haga para ti". Añadió: "Ahuyentaré esos terribles antiguos dolores de cabeza…"[59]

La primavera en Vanderbilt, sin futbol, implicó un programa más libre, y William empezó clases extra por sus propios medios. Tan grande era su deseo de "el después" con Mary que decidió meterle prisa a la universidad para terminar en tres años. Siguiendo este plan durante las vacaciones de verano, se llevó a casa libros de texto en francés y latín con el objetivo de terminar esas materias a través de exámenes especiales en julio. Esperaba saltarse su segundo año.[60]

El verano, no obstante, provocó el regreso de viejas frustraciones: la sombra del tío John y el fantasma de la tuberculosis. Una vez más se avecinaron al unísono, porque el descontento de su tutor por su amistad provocó en Mary angustia y un aumento en sus debilitantes dolores de cabeza. Aun así, William y Mary tenían aliados. Aunque rara vez se abría a otras personas, además de Mary, William encontró confidentes en su padre y su hermana Mamie. También obtuvo apoyo de una tal señora Stone de Fayetteville, con quien se había alojado mientras estuvo en Peoples y Morgan. Bautizándose a sí misma como "madre postiza", se dirigía a William como "mi querido ciclón". Lo animaba a controlar sus celos por la atención que Mary recibía de sus pretendientes potenciales. John Rees había estado animando a hombres socialmente más aceptables a interesarse en su sobrina.[61]

La gran cómplice de Mary era su prima Annie Rees. Como la recepción regular de correo podía levantar sospechas en el tío John, Annie aceptó ser una destinataria alternativa. Ésta era una de las distintas tretas: William inventó un amigo ficticio llamado Saidee, en cuyo nombre a veces escribía, le pedía a otros que escribieran la dirección en el sobre para disfrazar su letra y Mary alquilaba un apartado postal en Fayetteville, al que hacía visitas a escondidas. Cuando Mary estaba demasiado enferma para escribir, la prima Annie mantenía a William informado.[62]

La correspondencia de William era incesante. Había escrito 25 cartas el verano anterior; esas vacaciones escribió 60. También hizo llamadas telefónicas, aunque éstas no eran diarias, ya que el teléfono más cercano a la casa de Jenkins estaba en un pueblo a kilómetro de distancia.[63] Las cartas que redactaba en domingo se extendían a varias miles de palabras. Algunas veces faltaba a la iglesia para escribir una carta más larga: prefería venerar el altar de Mary. Era efusivo en sus declaraciones, apasionado en sus protestas, con frecuencia lírico y a menudo divertido.

William pasaba los días trabajando en la granja y no estaba por encima de burlarse de sus labores. Alguna vez escribió un informe detallado de cuando ordeñó a una vaca "embustera". Tras felicitarse a sí mismo por su estratagema para darle al animal algo de comer mientras lo ordeñaba, sufrió una desgracia cuando la vaca terminó de comer. Molesta porque no había terminado de exprimir, la vaca dio una violenta patada que lanzó la cubeta sobre él y lo empapó con el contenido. Otro día escribió una carta cuando ayudaba a colocar una carretera rural, garabateando durante descansos de 10 minutos mientras metía la grava con una pala a unos vagones. Era un día caluroso y había muchos mosquitos:

> Apenas puedo escribir por culpa de los mosquitos… Ya maté unos diez desde que empecé a escribir hace unos minutos, pero por cada uno que mato, creo que deben de llegar unos 50 a enterrarlo. ¡Anda! Aplasté uno que nunca enterrarán a menos que recojan sus restos esparcidos desde lejos. Si mañana recibes una copia del "Heraldo del mosquito", sin duda encontrarás una nota necrológica con un titular como este: "¡Cruelmente asesinado! Diente Afilado, el gran Mosquito guerrero, fue vilmente asesinado ayer mientras comía tranquilamente su desayuno de sangre humana".[64]

De vez en cuando, una nota amarga se colaba en su humor. Tenía un delicado sentido de la justicia y llevaba la cuenta de cuando se cometía un agravio. Una vez contó sobre sus esfuerzos de infancia con las sandías, que con gran orgullo cultivó. Cuando las frutas maduraban, desaparecían misteriosamente del huerto. Cuando desaparecieron todas las sandías, un colega suyo confesó el crimen porque pensó que era una gran broma. "Me reí con él de su brillante descripción de lo buenas y dulces que estaban —escribió—. Pero en lo más profundo de mi corazón juré venganza." Ese verano, ese mismo amigo estaba cuidando su propia parcela de sandías y William hurtaba alegremente un par cada día. Se regodeó: "Ayer lo oí quejándose de que alguien se las estaba robando. Cuando todas hayan desaparecido, le diré quién es el culpable y le recordaré de esa otra parcela de sandías cuando éramos niños. ¿No crees que es divertido?"[65]

William y Mary coincidían en muchos niveles: admiración mutua, amigos mutuos, amor por la naturaleza, amor por la literatura. William sazonaba su prosa con Tennyson y Shakespeare, así como con alusiones al mito romano, y por lo que cabe inferir, ella también lo hacía. Él le pasaba libros a ella, con especial énfasis en *John Halifax, Gentleman* de Dinah Craik (1856), en los que había marcado algunos párrafos. La novela, un *best-seller* de mediados de la era victoriana, contaba la historia de un huérfano inglés que con trabajo duro y honestidad se convirtió en un pudiente empresario textil. El héroe literario de Jenkins encarnaba bien lo que Max Weber llamaría pronto "la ética protestante del trabajo".[66]

A medida que Mary se acercaba a los 19 años, las cartas de William mostraron una mayor apreciación de su carácter. Seguía llamándola su Sol y su Reina, todavía admiraba su belleza y amabilidad, pero también hablaba de su naturaleza vivaz: una mente independiente, un porte imperioso, una lengua a veces afilada o sarcástica, así como convicciones firmes.

Al darle consejos sobre sus medicamentos, observó: "Me siento extraño *sermoneando*. Por lo general, yo soy el *sermoneado*". No le gustaba la novela popular *Alice of Old Vincennes* por su "heroína masculina", aunque sí creía en el valor de la educación para las mujeres y en que tuvieran opiniones propias. No quería una esposa sumisa: quería una compañera que lo mantuviera profesionalmente entusiasmado e intelectualmente estimulado.[67]

Aparte de las tensiones en torno al tío John, para William sólo había un punto espinoso: la actitud de Mary ante los negros. No le agradaba la compañía de negros, a menos que estuvieran ahí para atenderla. Y tratarlos como iguales implicaba un esfuerzo para su imaginación. Mary heredó todos los prejuicios comunes en su clase, en reverencia a un viejo sur semimítico de granjas prósperas y esclavos que tenían conciencia de su posición. Mientras que la canción favorita de William era "Annie Laurie," un lamento escocés que relata el amor de un hombre por una mujer cuyo padre se oponía a su matrimonio, la de Mary era "Old Folks at Home", una canción *minstrel* de Stephen Foster en la que un esclavo suspira por su antigua plantación. "En todo el mundo estoy triste y lúgubre —decía el estribillo— En todas partes deambulo; oh, negros, cómo se cansa mi corazón, lejos de los viejos amigos en casa."[68]

Para evitar la confrontación, William trabajaba con cautela. Le dijo a Mary que había empezado a estudiar el discurso y las canciones de los negros, y que estaba encontrando "sentimientos bellos". Citó uno de sus estribillos: "Anhelo el día por venir, cuando el predicador nos una", y dijo que cada vez que lo escuchaba su corazón latía al unísono. Algunas veces usaba su jerga. Después de oír a un trabajador agrícola negro hablar de su novia, llamó a Mary "Sugar Babe". Esperaba cultivar en Mary una mayor compasión a través del humor.[69]

Julio le presentó un "clímax en sus estudios". Un empleado negro de la familia de 19 años había faltado a su palabra de casarse con una chica y su padre reaccionó (tal vez porque ella estaba embarazada) haciendo arrestar al hombre. William se atrevió a visitar al infractor en la cárcel del condado. Cuando el joven admitió su engaño, William lo convenció de llevar a cabo la boda y después pagó su fianza. Anticipando este resultado, ya le había a dicho a la joven mujer que fuera a la ciudad y de inmediato los llevó a que se casaran. En la ceremonia, observó: "La Julieta de chocolate… se ruborizó de forma encantadora", mientras que "su Romeo… se veía feliz como un rey, aunque un poco nervioso". Concluyó triunfalmente: "¡Así que he contribuido a hacer felices a dos almas más!"[70]

O eso asumió. Había actuado, por supuesto, como mejor sabía. No consideraba a los negros como iguales. Pero vivía en medio de la cultura posguerra de las leyes "Jim Crow": como en el sur en general, las leyes de Tennessee habían consignado a los negros a vagones de tren de segunda clase, les habían concedido a los posaderos el derecho de rechazo, habían prohibido el matrimonio interracial y habían impedido de manera indirecta que los negros votaran. En 1896, la Suprema Corte dio su sello federal de aprobación a la segregación cuando defendió un derecho del estado para autorizar vagones de ferrocarril "separados pero iguales", principio que pronto se extendió a las escuelas.[71] En comparación con lo que era normal por aquellos días, el interés de un hombre de Vanderbilt en el bienestar de una pobre pareja negra y la felicidad con la que lo expresaba parecen bastante inusuales.

William juzgó el éxito de su ofensiva de simpatía en la reunión familiar de los Shofner. Era un evento de cinco días de campamento y actividades, al que estaban invitados todos los descendientes del pionero Martin Shofner junto con sus amigos. Durante semanas, William se la pasó molestando a Mary para que fuera y finalmente ella fue por un día, junto con Annie Rees y otra prima. Como sabía que la gente de Bedford, incluido su padre, consideraba pedante a la gente de Lincoln, William se había preguntado qué impresión causaría ella. En su siguiente carta su alivio y alegría eran palpables: "Parece que has cautivado al condado", cacareó. Y agregó que no podía decirse lo mismo de sus primas. Entre los Jenkins estaba la tía Louisiana, una antigua esclava que seguía siendo amiga de la familia. "Cuando subiste y le estrechaste la mano a la tía Louisiana ayer en la tarde, cautivaste a todos... Ese detallito de [tu] carácter capturó a papá. Dijo que eras una joven dama excelente."

Al día siguiente comunicó la impresión de la tía Louisiana: "Me dijo: 'Esa chica no es la típica engreída. Esa chica tiene sentido, lo tiene. No le da vergüenza hablar con una pobre mujer negra frente a todo el mundo. Las otras chicas no son como ellas. Mira, niño, es mejor que te quedes con esa chica si puedes. Es una pureza como un retrato y es lista, lo es'. Le aseguré a la tía Lou que haría todo lo posible por 'quedarme con ella'. Y después se rio y dijo: 'Seguramente se veía, la forma en que no te despegabas de ella ese día'". A todas luces, Mary podía poner la gracia antes que el prejuicio. Pero que pudiera vivir felizmente entre personas de color más oscuro estaba por verse.[72]

Para Mary también existía un problema. Siempre sometía a William a altos estándares, pero más aún con respecto al alcohol. Estaba del lado de aquellos que sostenían que el lugar apropiado de la palabra *licor* en una frase estaba con "males de". En la familia Jenkins, pese a su luteranismo, y aunque un movimiento nacional de moderación estaba ganando fuerza, no eran prohibicionistas. El segundo trabajo de John Jenkins como recaudador implicaba que durante las vacaciones escolares iba con una patrulla a la montaña a descubrir fabricantes de alcohol ilegal. Tenía reputación de honesto, lo cual en esta línea de trabajo no siempre daba popularidad. Ese verano les dispararon a dos miembros de su equipo. Pero la honestidad sí le valió la amistad de los productores autorizados. Uno de ellos, a 20 kilómetros al sur en Lynchburg, era un destilador exitoso llamado Jack Daniel.

Daniel, de 52 años y soltero, informó a John Jenkins de su necesidad de un joven inteligente y vigoroso para administrar su destilería Old Time. John pensó en su hijo mayor. En conversaciones sobre sus posibilidades, le dijo a William que aunque prefería que ejerciera una "profesión", tenía más madera para los negocios. Sin duda su hijo podía ganar más dinero de esa forma y John sintió que él satisfacía los requisitos de Jack Daniel. William estuvo fuertemente tentado: el empleo pagaba 1 800 dólares al año, con buenas perspectivas de un aumento. Un salario así aceleraría la llegada del "después". Pero se negaba a dejar Vanderbilt mientras Mary continuara ahí, superándolo en madurez intelectual, y sabía que ella desaprobaría el empleo. Sin divulgar su naturaleza, William tanteó a Mary sobre el principio básico de entrar al mundo empresarial. Cuando contestó con aprobación, le contó sobre Jack Daniel, presentando la noticia con advertencias sobre su desagrado por el negocio y su deseo de seguir en la universidad, pero reiterando su "impaciencia y ansiedad por el 'después'".[73]

Mary le disparó a su globo sonda con una ametralladora Gatling. ¡Antes muerta que casarse con un hombre en el negocio del licor! Expresó tal decepción y disgusto que William, perceptiblemente conmocionado, dedicó gran parte de su respuesta a decir lo lastimado que se sentía. Estaba desesperado ante su "incomprensión". Alegó que el negocio de Jack Daniel le parecía despreciable. Le dijo que admiraba su firmeza. Pese a ello, reveló una capacidad impresionante de racionalización frente al compromiso ético: "El director de este negocio —sostuvo— no está más conectado directamente con el negocio del whisky que cualquier agricultor en el condado que vende maíz para producir whisky, ni mi padre que recauda los ingresos de este. Su deber es solamente comprar maíz, reservas, etcétera, llevar las cuentas y mantener una supervisión general de los varios empleados del lugar".

En algo estaban de acuerdo: ella también estaba impaciente por "el después". A veces perdía las esperanzas de su llegada. Alimentar su aflicción era una caída en su salud. Creía que tal vez necesitaba descansar por un año, en vez de volver a Vanderbilt. No por primera vez, su enfermedad provocó un episodio de desprecio por sí misma. Le dijo a William que no era suficientemente buena para él.[74]

El problema era más grave de lo que William sospechaba. Le dio al tío John un pretexto para insistir en su separación. Durante todo el verano, el tutor de Mary fue una amenaza para su relación. Cuando Mary expresó miedo a una reprimenda por su primera visita, William se enfureció: "¿Ahora quién soy para que me miren e injurien como si fuera un ladrón común?" Admitió que su padre, al enterarse de las objeciones de los Rees, asumió que concernían a su posición social y emitió un torrente de "consejos terribles". Eludieron el tema por un mes, hasta que una llamada que hizo William para preguntar por su salud incitó a Hugh a sermonear a su hermana acerca de la impropiedad de este granjero. Incluso le advirtió sobre su probable interés en los bienes del tío John.

William echó humo. Sus acusaciones eran "idiotas". Si el tío John creía que la familia de Jenkins no era suficientemente buena para la suya, "mi padre estará encantando de discutirlo con él". Deseó que pudiera llevarse a Mary de una vez, para que "no volvamos a verlos nunca más mientras vivamos". Ofreció abandonar Vanderbilt y empezar a ganarse la vida cuanto antes para casarse con ella. Añadió: "Siempre he estado ansioso de llevar la paz con ellos y apaciguarlos. Ya no me importa. Soy tan bueno como cualquiera de ellos y me encantaría demostrárselo en cierto modo".

Cuando Mary se sintiera mejor, quería reunirse con ella para tener una "charla genuina y seria". Añadió: "Deja que los viejos den un grito de guerra si lo desean. Sólo están faroleando. Haré que cada uno de ellos se alegre algún día de estar emparentado con *nosotros*".[75]

Su siguiente encuentro sucedió en agosto, justo antes de la reunión Shofner. Cualquier cosa que se haya dicho ese día, William se atrevió a más. Ahora le escribió a Mary a su casa, en vez de usar su apartado postal. Le dijo que se casaría con ella tan pronto como se graduara si ella estaba de acuerdo, pero si deseaba que él se estableciera aún más, él estaba dispuesto a trabajar duro por años, como el patriarca bíblico Jacobo había hecho por Raquel. Proveer materialmente a Mary le preocupaba: "Me gustaría llevarte a una casa como aquella a la que estás acostumbrada".[76]

Durante la semana anterior a su regreso a Nashville, William hizo dos visitas. La primera fue al banquero Andrew Young, aún en busca de que Jenkins se uniera a él. Una vez más Young le prometió un empleo, obtuviera o no su título, y le ofreció prestarle dinero si lo hacía. La segunda visita fue a Fayetteville, a un entrenamiento previo a la temporada del equipo de futbol de Peoples y Morgan. Era un pretexto para ver a Mary. Su salud había dado otro giro y, justo antes de que él llegara, ella escribió que no le importaba morir. Estaba frágil y postrada en cama, y su despedida el 13 de septiembre fue la más triste que habían tenido. "Te amo más de lo que he amado en toda mi vida —escribió en el tren de regreso a casa—. Mi corazón está hecho trizas".[77]

De regreso en Vanderbilt, las cosas no marcharon según lo previsto. William había esperado tachar tres clases ese verano, pero la ausencia de su profesor de francés descartó un examen y un profesor de economía se rehusó a ajustarse, así que a pesar de haber aprobado su examen de latín, volvió como estudiante de segundo año después de todo.[78]

El día después de su regreso, William recibió de Mary la noticia sorprendente de que el tío John estaba "cambiando de opinión" con respecto a su relación. En su alegría, William lanzó un panegírico del "gran viejo", elogiando su "firme hombría, su integridad y su carácter cristiano". [79] No había ironía aparente en sus palabras. Si el tío John había pretendido infundir un falso sentido de seguridad, parecía haber dado en el blanco.

Ahí termina la correspondencia conocida. Una última carta, en un sobre con matasellos del 24 de septiembre, está extraviada. Lo que sucedió después debe reconstruirse a partir de un breve artículo de periódico y los recuerdos en el ocaso de su vida de amigos y familiares.

Una noche durante la cena en Kissam Hall, William se acercó a su compañero de fraternidad Frank Houston y le dijo que necesitaba hablar. Mientras caminaban por el campus a la Casa ΣAE, William rodeó con su brazo el hombro de Frank y se desahogó: iba a abandonar Vanderbilt, casarse con Mary Street y llevársela al oeste. Los médicos habían determinado que lo que más le convenía a Mary, para aliviar su tuberculosis, era el clima seco de Texas. John Rees le dijo que la mandaría a San Antonio y, cuando Mary transmitió la noticia a William, él supo que los motivos del tío eran más que medicinales. Su respuesta fue férrea: "Si tienes que irte a San Antonio, yo te llevaré".

Frank le preguntó qué iban a hacer para obtener el dinero. William contestó que entre los dos tenían lo suficiente para empezar de nuevo. Su hermana Kate recordaría después que el abogado Charles Ivie le prestó 300 dólares y tal vez también haya obtenido un préstamo de segundo año por parte del banquero Andrew Young. Sin duda, durante varios años después, Jenkins estuvo pagando las deudas contraídas en Tennessee. Cualquiera que sea la suma exacta, tenían más que suficiente para cubrir el viaje de 1600 kilómetros de tren a San Antonio y para alquilar vivienda cuando llegaran ahí.[80]

La discreción era primordial. William y Mary probablemente hablaban por teléfono, usando a la prima Annie como intermediaria cuando era necesario. El matasellos del sobre fechado el 24 de septiembre sugiere que William regresó por unos días a casa para recibir la bendición de su padre y despedirse de sus hermanos. Afortunadamente para William, tenía amigos en Nashville en los que podía confiar para recibir ayuda con los preparativos. Houston y Tigert eran dos de ellos, y su hermano mayor más próximo, Jake, se acababa de mudar ahí para asistir a una escuela de negocios.[81] Los Rees decidieron que Hugh acompañaría a Mary en el viaje a Texas. Como el semestre en Vanderbilt no había terminado, Mary le suplicó al tío John que la dejara volver a Nashville y despedirse de sus amigas. Hugh la alcanzaría en unos días. Mientras tanto William mantenía las apariencias, asistiendo al entrenamiento de futbol y cursando sus estudios. En la mañana del jueves 26 de septiembre, William fue elegido presidente de la clase de segundo año y en la tarde estaba de regreso en la práctica de futbol.

Esa noche temprano, William se escabulló de su dormitorio. Se subió a un tranvía rumbo al centro y se dirigió hacia la Iglesia McKendree. McKendree era la sede del metodismo en Nashville, la tradición religiosa de Mary. Tocó a la puerta de la casa parroquial, donde el reverendo John Mathews lo estaba esperando. Ahí en la casa parroquial a las 7 p. m., con un ministro presbiteriano como testigo, el reverendo Mathews declaró a William y a Mary marido y mujer.

La edición de *Nashville Banner* de la noche siguiente publicó esta "culminación de un romance muy bonito". Elogiaba "al intrépido campeón del campo de futbol americano y su linda novia", y daba detalles de cómo se habían zafado de Hugh. El artículo concluía: "Casi todo estaba preparado metódicamente y antes de que Kissam Hall y la 'Fila' dieran las noticias del acontecimiento, 'Jenks' y su novia estaban en camino a San Antonio. El suceso es una gran sorpresa para los estudiantes y el mayor pesar es que el equipo de futbol haya quedado tan debilitado materialmente por la ausencia de Jenkins".[82]

Partida a Texas

"Tennessee es la madre de Texas", suele decirse, al menos entre los habitantes de Tennessee. Para 1901, una tradición de unos 80 años había visto a personas del Estado Voluntario migrar al Estado de la Estrella Solitaria o su antecesor como territorio mexicano. Sam Houston, quien se desempeñó como gobernador en ambos lugares, y Davy Crockett se sumaron ilustremente a ellos. De los compañeros de Crockett en la batalla de El Álamo, los muertos incluían a más habitantes de Tennessee que hombres de cualquier otra ciudad natal. El flujo continuó tras la Guerra Civil. No obstante lo abundantes que eran las tierras agrícolas de Bedford y los condados vecinos, había lugareños entre los migrantes. El agricultor medio engendraba a tres o cuatro herederos hombres y si bien algunos hijos se iban a las ciudades, para los que se quedaban a menudo no había suficientes tierras para repartirse como propiedades independientes, sobre todo con los precios de los cultivos en declive. Un día en 1870, no menos de 15 caravanas de Bedford y Lincoln se unieron y salieron en convoy hacia Texas.[83]

Para los migrantes atraídos por la vida de la ciudad, San Antonio era una metrópoli bulliciosa. Aunque su tamaño era sólo dos terceras partes de Nashville, estaba creciendo muy rápidamente. Era la ciudad más grande de Texas y estaba prosperando como un centro comercial para la región fronteriza y el suroeste, con mercados para ganado y lana, así como tiendas de suministros para agricultores y migrantes hacia el oeste. Albergaba un complejo militar (el regimiento de los Rough Riders de Teddy Roosevelt se había reunido ahí en 1898) y los ferrocarriles iban en seis direcciones. Era más diverso que Nashville: una mezcla de nativos tejanos e inmigrantes mexicanos hacían que el español fuera una lengua común y el alemán también se hablaba ampliamente. El porqué John Rees había elegido San Antonio pudo haber tenido que ver con la familia: varios Whitaker y Rees se habían mudado de Tennessee a Texas, y un primo Street vivía en las afueras de la ciudad. Además, San Antonio ofrecía sanatorios para los pacientes de tuberculosis acomodados.[84]

El triunfo de la joven pareja al burlarse del tío John y de Hugh, su alegría por haber empezado "el después" mucho antes de lo imaginado debieron de haber llegado con bastante costo emocional. Mary seguramente luchó contra un cargo de conciencia. John y Bettie habían sido sus tutores durante 11 años y ella se había fugado. Eran pilares de la sociedad y ella les había causado un escándalo.

Sin duda, William tuvo su propia sensación de malestar. Él y su padre viudo, ahora de 48 años, se habían acercado a través de sus debates nocturnos. El trabajo arriesgado de John Jenkins persiguiendo fabricantes de alcohol ilegal preocupaba a su hijo. "Hay dos personas en el mundo a quienes si les sucede algo no podría soportarlo —le había dicho a Mary ese verano—. Si algo le sucediera a mi papá, me daría lo mismo seguir viviendo a menos que tú estuvieras aquí."[85] Indudablemente, William había considerado quedarse en Tennessee, pero la opción no era realista. La salud de Mary había estado tan delicada últimamente que apenas podía ignorar el consejo del médico de mudarse a climas más secos. Además, en Vanderbilt estaba prohibido el matrimonio entre estudiantes.[86] Aquí también había una causa de malestar: había insistido durante tanto tiempo en la importancia de su educación y ahora la había sacrificado. Pero en lo que sería un rasgo de toda la vida, William rara vez veía sobre su hombro. Había un futuro que hacer con Mary y una fortuna que forjar.

William encontró un empleo en una escuela de chicos, enseñando latín y ayudando a entrenar en futbol. Complementó sus ingresos trabajando como agente de boletos, también mal pagado, en la línea ferroviaria a Laredo. Como muchos de los pasajeros eran mexicanos, facilitó su trabajo aprendiendo un poco de español. Aprendía rápido: un profesor de Vanderbilt, impresionado con su capacidad, lo había motivado a especializarse en idiomas si alguna vez se hacía maestro, y su fluidez en francés y latín le dieron un amplio vocabulario de cognados y una idea de la gramática española. Al conversar con los mexicanos, se dio cuenta de que muchos eran mineros. Había mucho trabajo en los campamentos mineros de México y en algunos de éstos el sueldo era mejor que la miseria que recibía dando clases de Pliny y estampando boletos.[87]

Después de que los recién casados pasaron 10 semanas en Texas, surgió la oportunidad de un viaje a Monterrey.[88] La salud de Mary había mejorado de forma patente y, en vista del empleo de William en el ferrocarril, el pasaje les saldría barato. Planeó la visita para darle un gusto a ella. Los residentes de San Antonio viajaban regularmente a la metrópoli norteña de México, por lo que a menudo debió de haber escuchado que valía la pena visitar la ciudad (fundada en 1596 y ahora un hervidero industrial). El viaje de 500 kilómetros tomó casi todo un día, pero cruzar la frontera fue fácil y no necesitaron pasaportes.

Lo que les atraía a William y Mary de México era la Virgen de Guadalupe. Cada año, el 12 de diciembre se celebraba la legendaria aparición de una Virgen María de tez morena a un campesino indígena cerca de la Ciudad de México, episodio que parece haber ocurrido en 1531, 10 años después de la Conquista española. En honor a la santa patrona del país, surgió una fiesta nacional. Las iglesias se decoraban y se cantaban misas especiales.[89] En 1901 el 12 cayó en jueves, por lo que los Jenkins decidieron pasar un largo fin de semana y ver las atracciones de Monterrey.

¿Es acaso una coincidencia irónica o poética que William Jenkins pusiera un pie en México por primera vez el día de la Virgen de Guadalupe, una fecha impresa en la psique del pueblo como emblemática de la identidad mexicana? Podría suponer un presagio del imperialismo cultural del que se le acusaría más adelante. O tal vez en cierta forma simbólica, sugiere que este admirador de empresarios poderosos, este hijo del sur segregado, poseía una afinidad cultural con ese país semifeudal y racialmente dividido, así como un sentido intuitivo de sus oportunidades.

En Monterrey, una conversación casual con un inglés cambió la vida de Jenkins. El hombre era gerente en una compañía de ferrocarriles estadounidense. Muchas de estas empresas operaban en el norte de México, donde sus redes proliferaban y conectaban las minas, los ranchos ganaderos y las plantaciones del país con los mercados de Estados Unidos. El inglés convenció a Jenkins de que ésta era una tierra de oportunidades. No sólo los ferrocarriles, sino muchas de las minas, los bancos, los servicios públicos y los incipientes yacimientos petroleros dependían del capital extranjero, y sus dueños preferían encomendar todos los niveles de gerencia a sus congéneres. Sólo en Monterrey vivían cientos de extranjeros. La industria y el comercio hacían que la ciudad fuera el Chicago de México.[90]

De hecho, México en su conjunto estaba abierto a los negocios. Sus políticas económicas "liberales", que renunciaban al proteccionismo de sus primeras décadas como nación, atraían a los extranjeros y su liquidez, como lo hizo una estabilidad política ganada a duras penas en el régimen del presidente Díaz. Usando el modelo de crecimiento impulsado por las exportaciones, estas políticas vincularon el desarrollo del país con un mundo cada vez más globalizado. Las exportaciones, de plata a vainilla, ganaban los dólares y las libras esterlinas que se necesitaban para importar maquinaria de fundición desde Pittsburgh y telares mecánicos desde Manchester. La tendencia era bienvenida en Estados Unidos, cuya economía estaba creciendo a un ritmo más lento que la de su vecino. A partir de 1880, el descontento laboral, el aumento de costos, la disminución del consumo y las depresiones recurrentes causaron en conjunto un largo declive en las tasas de ganancia para la industria. El capital ahora buscaba mejores rendimientos en el extranjero. Más a menudo el primer puerto de escala era México.

Los banqueros como J. P. Morgan y James Stillman allanaron el camino, estableciendo vínculos con el Estado mexicano y ayudando a la inversión directa. Otros nombres famosos (los Guggenheim, los Hearst, William Cargill, Collis Huntington y Edward Doheny) compraron minas de cobre, ranchos de ganado y bosques de pinos; construyeron vías ferroviarias y arrendaron yacimientos petroleros. Miles de colonizadores, entre ellos mormones, buscaron un nuevo comienzo con las granjas al sur de la frontera. Para 1900, la mitad de toda la inversión extranjera estadounidense estaba en las empresas mexicanas y unos 30 000 estadounidenses llamaban hogar a México. Y a medida que sus enclaves crecían, ofrecían comodidades a los recién llegados: periódicos en inglés, hipódromos y bares. Los domingos por la mañana los expatriados estadounidenses asistían a las iglesias metodistas o presbiterianas, y por la tarde jugaban o veían partidos de béisbol.[91]

El inglés le ofreció a Jenkins un trabajo. La paga no era mucho mejor que lo que ganaba en San Antonio. De hecho tal vez era peor, pero las posibilidades de ascenso parecían excelentes. Presumiblemente tras consultarlo con Mary, aceptó. Y así, en los albores de lo que se llamaría "el siglo americano", William Jenkins echó su suerte con México. Nunca más volvería a vivir en Estados Unidos.

CAPÍTULO 2

Búsqueda de fortuna en México

> Los mexicanos de todas las clases y filiaciones coinciden
> en que su país está a punto de iniciar una revolución...
> JOHN KENNETH TURNER, "Los esclavos de Yucatán" (1909)

MONTERREY, 1901

Si México era Canaán para muchos expatriados estadounidenses, era Babilonia para su élite blanca y Gehena para casi toda su mayoría de piel oscura. El país estaba en medio de un periodo de tres décadas de estabilidad y crecimiento, una época sin precedentes desde que se obtuviera la independencia en 1821. De hecho, México parecía mucho más estable que su vecino del norte: desde el fin de las guerras civiles en ambos países, a mediados de los años 1860, México sólo había visto cuatro presidentes y un golpe militar. Estados Unidos había tenido 10 presidentes, tres recesiones y tres asesinatos presidenciales, incluido el magnicidio de William McKinley justo antes de que los Jenkins se fugaran. Sin embargo, la élite de México garantizaba que los frutos de la prosperidad cayeran principalmente a unos cuantos: los que ya eran ricos o los que tenían ascendencia política, junto con aquellos extranjeros capaces de caminar de su lado.[1]

Quienes hacían que esa prosperidad sucediera, gracias a su trabajo como mineros y obreros, peones de haciendas y ferrocarrileros eran los millones de mestizos e indígenas. Si bien una pequeña fracción aprovechaba sus habilidades para tener un salario decente y un nivel de clase media, la inmensa mayoría llevaba vidas tipificadas por el estancamiento de los salarios, un aumento del costo de vida, la segregación de facto y, para un número incalculable de campesinos, la pérdida de antiguas tierras comunales. Donde la llegada de una vía férrea hacía que el cultivo para exportación fuera rentable, los hacendados endosaban préstamos predatorios a los pequeños agricultores. Entonces los jueces corruptos otorgaban ejecuciones hipotecarias y los campesinos, ya sea rechazados por nuevos patrones que querían trabajadores leales o resentidos por su pérdida, a menudo se iban a buscar trabajo a otra parte. Para muchos, proseguía una vida fugaz, entre haciendas, campamentos mineros y los inmundos barrios de las ciudades en rápida expansión. Los 5 000 más o menos que llegaban cada año a la capital encontraban turnos de 12 horas en fábricas, empleos como sirvientas de planta con la amenaza intrínseca de que las violaran, o, para la quinta parte de las mujeres jóvenes y pobres, prostitución. Mientras tanto, los propietarios que les habían jugado sucio contrataban a nuevos trabajadores, a quienes solían encadenar con deudas en la tienda de raya. La policía arrastraba de nuevo a los prófugos. En el extremo sureste, los peones endeudados se compraban y vendían como esclavos.

Para garantizar a gran parte de las élites que todo esto era justo, estaban las filosofías predominantes del positivismo y el darwinismo social. Importado desde Francia, el positivismo sostenía que las sociedades funcionaban mejor cuando se regían con fundamentos científicos y utilitaristas, de ahí que sus principales defensores mexicanos vinieron a llamarse científicos. La modernización era el mantra, aun cuando significaba ignorar las libertades civiles y dejar atrás a algunas personas. Su apóstol mayor, Auguste Comte, resumió su prescripción: "El amor como principio, el orden como base, el progreso como fin". (Los gobiernos autoritarios que sus enseñanzas inspiraron, desde México hasta Brasil, minimizaban la parte sobre el amor.) Importado desde Inglaterra, el darwinismo social argumentaba que las élites aparecen de forma natural. Favorecía el gobierno que era *laissez-faire* excepto para acelerar la industrialización. Su principal profeta, Herbert Spencer, escribió: "Los rasgos intelectuales del incivilizado… son rasgos recurrentes en los párvulos del civilizado". Acuñó la frase "supervivencia del más apto" y la aplicó a las clases sociales y a sociedades enteras. Algunos tipos de éstas estaban condenadas a la extinción.[2]

Jenkins habría reconocido esas ideas. Spencer era muy popular en Estados Unidos. Un devoto de Spencer en Yale, William Graham Sumner, contestó insignemente el título de su tratado breve, *Lo que las clases sociales se deben unas a otras,* con "nada". Añadió: "Un borracho en la alcantarilla está justo donde tendría que estar". La mayor parte de los "barones ladrones", que nacieron en el seno de familias pobres o casi pobres, optaron por ignorar dicho consejo tan rigurosamente darwinista. Se dedicaron a la filantropía y fundaron universidades y bibliotecas públicas con un vigor sistemático. Pero para la mayor parte de la élite empresarial de México, que se consideraba a sí misma la cresta de una minoría blanca en un mar de rostros morenos, Comte y Spencer eran de su agrado. Su interés propio dio lugar a casas ostentosas, clubes sociales francófilos y matrimonios en camarillas, a veces entre primos. Sus aportaciones, a menudo impulsadas por el prestigio y la piedad, tendían a ser donaciones graduales a orfanatos y la Iglesia católica. Su renuencia a educar a sus compatriotas más morenos, ya sea a través de donaciones o impuestos, ayudó a mantener como iletrados a cuatro de cada cinco mexicanos. Miraban hacia abajo desde sus coches de caballos, conducidos por chofers con librea inglesa, y se referían a los pobres que llevaban huaraches y sombreros de paja como léperos. A veces los hacían arrestar por oler mal.[3]

Sin embargo, Jenkins no habría reconocido el sistema político de México. Todas sus clases sociales parecían girar alrededor de un Rey Sol. Porfirio Díaz era el amo y señor de México, cargo que desempeñó con un control endurecido desde que se apoderara de la presidencia en la revuelta de 1876. Al haberse ganado la fama como general en los años 1860, cuando los franceses invadieron México y finalmente los expulsaron, Díaz pertenecía a la tradición de los caudillos. Era un oficial del ejército devenido político, cuya popularidad dependía de batallas victoriosas y cuyo poder dependía más de la coerción y el patronazgo que de las elecciones justas. Para Jenkins, el concepto no era totalmente ajeno. Habría oído en la escuela cómo Andrew Jackson, héroe de la Guerra de 1812, se benefició de un halo aguerrido en su campaña para la presidencia, y todo el mundo sabía que Ulysses Grant había sido el jefe victorioso del Ejército de la Unión antes de alcanzar la presidencia. No obstante, después de ocho años en el poder ambos hombres dimitieron, empujados por la tradición de dos mandatos que George Washington había establecido. Díaz, en cambio, con la ayuda de caciques comprados, ganaría siete elecciones. Para garantizar cada reelección, encarcelaba a sus críticos y daba rienda suelta en las provincias a los responsables del cumplimiento conocidos como "jefes políticos". Su longevidad también se basó en un culto a la personalidad patriarcal que rayaba en un misticismo absolutista.

Poco de todo esto preocupaba a los expatriados. Para la mayoría de los residentes estadounidenses y europeos, Díaz era un gran anciano, garante no sólo del "orden y progreso", sino también de sus perspectivas y salarios elevados. Conocían bastante de la historia de México, una aparente cacofonía de guerras civiles e invasiones, junto con un zumbido constante de revuelta y bandolerismo, para alabarlo por la paz que impuso. La aclamaban como la *pax porfiriana*. En 1901 durante la fiesta del 4 de julio en la Ciudad de México, el embajador elogió a Díaz, pronto un invitado de honor anual, como el Washington de México. Los expatriados también elogiaron a su ministro de finanzas, José Limantour, por equilibrar el presupuesto de México por primera vez en la historia. Y se felicitaron a sí mismos, conscientes de que la paz porfiriana y el progreso dependían en gran medida de los ferrocarriles y las minas que ellos operaban. Más que nada, dependían de su generación de riqueza: no sólo por los impuestos y aranceles de importación, sino por los cargos directivos, las participaciones accionarias, las cuotas de cabildeo y las mordidas, que se otorgaban a los compinches de Díaz y la clase incansable de agentes regionales del poder.[4]

México bajo el gobierno de Díaz no era precisamente El Dorado de los expatriados. Eran más las empresas estadounidenses que fracasaban que las que tenían éxito, particularmente para los actores más pequeños. Los trabajadores calificados de México echaban humo porque los extranjeros que desempeñaban los mismos trabajos ganaban mejores salarios, y el enojo de los campesinos hervía a fuego lento sobre los propietarios arrogantes, muchos de ellos extranjeros. La crítica a la dictadura por parte de disidentes de las clases medias y altas aumentó después de 1900. Aun así, las malas noticias solían quedar enterradas. Casi toda la prensa era parcial a favor del régimen o resultaba suprimida mediante sus amenazas y encarcelamientos. El principal periódico en inglés, el *Mexican Herald*, gozaba de una fuerte subvención del Estado.[5] Cuando Jenkins puso un pie en México, había poca conciencia pública de que todo el edificio porfiriano estaba políticamente podrido y socialmente inestable.

Después de 1901 se extiende una docena de años de la cual casi no sobrevive correspondencia de Jenkins. Fueron años seminómadas, en los que William y Mary residieron en media docena de hogares. Lo que se puede encontrar son fragmentos: anécdotas transmitidas a través de la familia, menciones ocasionales en periódicos, el puntual registro en archivo de una transacción comercial o, más comúnmente, las acciones de hombres más establecidos con quienes Jenkins hacía negocios. Sólo conocemos con seguridad la identidad de un empleador de Monterrey porque escribió en papel membretado de la empresa a su hermana Mamie para su vigésimo quinto cumpleaños, y porque, si bien Mamie murió sin descendencia, la familia de su hermana Kate guardó la carta. Sólo conocemos el nombre de una empresa minera para la que trabajó en Zacatecas porque Mary guardaba un mechón de cabello de su madre en un sobre estampado en relieve con su título y ubicación, que de algún modo escapó a la destrucción de la mayor parte de sus documentos. Sin embargo, a partir de diversos fragmentos de pruebas y familiaridad con el joven de 23 años que salió de Tennessee, podemos conjeturar lo que lo llevó de un lugar a otro.

Monterrey seguramente le pareció una revelación. Era un México bastante diferente de la nación atrasada de los libros de texto estadounidenses y los cuentos de aventuras. Ciudad de 60 000 habitantes, Monterrey era comparable a San Antonio pero más industrializada. Así como una presencia considerable de inversiones extranjeras, ostentaba un sector manufacturero de rápido crecimiento, iniciado y controlado en gran parte por el capital local. Durante los años 1890, los líderes empresariales de la ciudad habían establecido una importante cervecería, fundidoras de hierro y fábricas de textiles, jabón, ladrillos y vidrio. También crearon bancos, tiendas departamentales y un montón de empresas mineras. El capital local era abundante porque Monterrey había obtenido enormes ganancias mediante el tráfico de algodón confederado durante la Guerra Civil. Después de que la Armada de Estados Unidos bloqueara los puertos del sur, los comerciantes de Monterrey surgieron como intermediarios, que importaban los cultivos comerciales por tierra y los enviaban a Europa, y después exportaban tejidos y otros suministros al Ejército confederado. A partir de 1867, las guerras de México, junto con el colapso en el sector minero, causaron en Monterrey 20 años de depresión, pero la élite comercial de la ciudad resistió. En los años 1880, una reactivación de las minas y la construcción de ferrocarriles con el apoyo de Estados Unidos, junto con una política de descuentos fiscales para empresas emergentes, preparó el terreno para un segundo auge más duradero.[6]

Pero la larga depresión no fue amable con los dueños de las pequeñas empresas y tiendas de Monterrey. La mayoría de ellas había cerrado y, dada la falta de asistencia social y educación pública, las clases medias de la ciudad (como en México en su conjunto) se redujeron en tamaño y medios. Cuando volvieron los tiempos de auge, el grupo de habitantes locales educados era escaso y, en consecuencia, las empresas tanto extranjeras como mexicanas buscaron gerentes y técnicos estadounidenses y europeos. Para 1895, alrededor de 900 norteamericanos vivían en la ciudad, junto con cientos de alemanes, británicos y españoles. Incluso había un periódico en inglés, *The Monterrey News,* cuyo fundador resultó ser un coronel confederado de Nashville.[7]

Jenkins no se quedó mucho tiempo en la compañía de ferrocarriles, donde una fuente afirma que trabajó como mecánico y ganaba sólo 50 centavos al día. En algún momento de 1902 se cambió a la Fundición de Fierro y Manufacturera de Monterrey. La compañía era el octavo empleador privado más grande de la ciudad, con una nómina de 120 empleados, y producía maquinaria para las empresas mineras. Ese año, a la edad de 24 años, se convirtió en padre. Mary dio a luz a Elizabeth el 9 de julio, la primera de cinco hijas que tendría en un periodo de 23 años, cada una en una ciudad distinta. Aunque su salario había mejorado desde sus épocas de maestro, William insistía en una existencia ahorrativa: tal era su determinación de saldar sus deudas en Vanderbilt. Vivían en una casa de huéspedes y fue durante esos años que desarrolló el hábito de meter a Mary y a su hija en el tranvía, mientras que él caminaba o trotaba detrás, para ahorrarse el pasaje de cinco centavos. Mary se adaptó valientemente al nuevo régimen. Aprendió a cocinar y a administrar austeramente el hogar. Hasta contaba las hojas del papel higiénico que usaba.[8]

En marzo de 1903 recibieron una visita de Mamie, la hermana a la que William era más cercano. Una carta ulterior revela una ironía más profunda en sus bromas de la que jamás mostró con Mary. Evocó el nacimiento de Mamie 21 años antes como la llegada del "bicho más negro, feo e insignificante que jamás había visto hasta entonces". (La inclinación de Jenkins por el humor irónico le caería bien a los mexicanos.) Sólo casi al final bajó la guardia y admitió sus lágrimas ante su partida ese marzo. De lo contrario, habló de un presente austero ("me gustaría comer pastel contigo hoy, pero en su lugar voy a comer frijoles aquí") y de un destino aún por forjar: "Hay muchas cosas que me preocupan y perturban ahora. Una familia propia por la cual trabajar, un futuro que construir y miles de planes que llevar a cabo si puedo..."[9]

En agosto de ese año, Mary cumplió 21 años y recibió una herencia de unos 10 000 dólares.[10] Con poca estima por la fortuna heredada, aparentemente William se negó a echar mano de ésta, pero el monto habría sido de ayuda para emprender un negocio. Mary podía ser su socia. Mientras esperaba la oportunidad adecuada, las ruedas de su imaginación giraban. Mary y él tenían la costumbre de sentarse fuera de su casa de huéspedes en la noche y mirar los trenes pasar. William descubrió que algunos de los vagones que iban hacia el norte llevaban algodón a Estados Unidos, mientras que el cargamento que iba hacia el sur incluía camisas, vestidos y medias.

Estas cosas llegan desde Nueva Inglaterra, caviló en voz alta William una noche. "Pagan derechos cuando cruzan la frontera… y apostaría que muchos otros cargos también."

"Absurdo, ¿no?", Mary estuvo de acuerdo.[11]

El siguiente año implicó otro cambio, ya que William encontró trabajo en las Minas Bonanza, a 130 kilómetros al suroeste en las montañas del norte de Zacatecas. Bonanza, una mina de cobre, estaba administrada por la empresa Guggenheim Exploration Company, parte del imperio de Meyer Guggenheim con sede en Nueva York. Tras haber hecho una fortuna en el sector de la minería y fundición en Estados Unidos, Guggenheim y sus hijos estaban buscando hacer otra en el dinámico sector de los metales mexicanos, donde se convirtieron en los principales operadores y emplearon a miles de personas. Bonanza estaba situada en la última estación de una línea que tipificaba las vías férreas construidas por Estados Unidos en esa época. Aunque transportaban pasajeros locales y conectaban mercados nacionales hasta un punto, dichos fines eran secundarios. Como si fueran popotes suspendidos a lo largo de la frontera, se construyeron básicamente para succionar el cobre, la plata y otras materias primas del país. Como Jenkins había observado en Monterrey, después transportaban los productos acabados estadounidenses a los mexicanos.[12]

El cambio de Jenkins no puede haber significado un gran avance con respecto a la fundidora, ya que si bien la minería pagaba relativamente bien, le salieron ampollas en el trabajo. Sin embargo, muy pronto consiguió un puesto gerencial, que llegó con una pequeña casa de estuco. Se habría dado cuenta de cómo el simple hecho de ser blanco y ciudadano estadounidense lo hacían un privilegiado. Habría visto cómo la relación salarial entre los directores y los mineros, normalmente de 2.5 a 1 en Estados Unidos, promediaba 20 a 1 en México. Aun así, su propio puesto era de categoría inferior, con un salario anual que apenas llegaba a las cuatro cifras. Sus aspiraciones le carcomían. ¿Cómo podía hacer más dinero?[13]

A Mary no le habría gustado vivir y criar a una hija en un enclave minero. No sólo lejos, Bonanza se encontraba en medio de cerros polvorientos donde se cultivaba poco, salvo los cactus que se agazapaban bajo el viento y el sol. Afortunadamente, no tuvo que padecerlo durante mucho tiempo. Un anuncio de periódico llamó la atención de su marido. Se refería a una fábrica de medias en la ciudad de Puebla, en el altiplano de México. El dueño estaba buscando un gerente. Mejor aún, ofrecía vender una participación de 50 por ciento.

En 1905 o 1906 (más tarde daría ambas fechas), Jenkins subió la apuesta de nuevo. Junto con su esposa y su hija pequeña, se dirigió a casi mil kilómetros más al sur, en el corazón de México.[14]

El comerciante de Puebla

Décadas después, los cronistas de Puebla harían un esfuerzo para recordar cómo ese extraño gringo Jenkins había emergido entre ellos.[15] Nadie pudo ubicar con precisión el año, ni tampoco relatar con exactitud sus actividades. Había poco que podían consultar como referencia, porque Jenkins, pese a toda su riqueza y fama, nunca contó a la prensa sobre su carrera. Se las tuvieron que arreglar con fragmentos y textos apócrifos. Una versión afirmaba que un grupo misionero estadounidense le prestó los fondos para empezar un negocio itinerante de ropa de hombre. Otros dieron testimonio de su inicio con un taller de bonetería en casa, administrado por su esposa. Se dijo que había incursionado en el corretaje de granos y bienes raíces. Se rumoreaba que había ganado un poco aparte vendiendo chatarra que se robaba de las líneas ferroviarias. En lo que coincidieron los cronistas era que Guillermo Jenkins, como lo llamaban, había demostrado una energía inusual para todas las clases de comercio y que a menudo se le veía en la calle, llevando equipo y mercancía de un lado a otro.

Hasta donde se puede decir, Jenkins empezó en Puebla asociándose con dos forasteros que eran productores de calcetines y medias. Uno de ellos era Arturo Thielheim, un inmigrante alemán. Cuando Jenkins llegó, la fábrica de Thielheim era la más productiva de los ocho fabricantes de bonetería en la ciudad de Puebla, ya que era la única que usaba electricidad (un motor de cinco caballos de potencia) en algunas de sus máquinas. Su plantilla de 50 mujeres y 15 hombres producía más indumentaria que las otras siete juntas. Posteriormente, Jenkins alegaría que llegó a Puebla con ahorros de 13 000 pesos, aproximadamente 6 500 dólares. El compromiso inicial que hizo con la empresa de Thielheim, por un tercio de las acciones, fue de 8 750 dólares, por lo que probablemente prometió compensar la diferencia a través de futuros salarios y beneficios, mediante la herencia de Mary como garantía.[16]

El segundo socio de Jenkins fue Leon Rasst, un empresario judío alemán de nacionalidad rusa. Faltan pruebas concretas de su asociación. Por otro lado, Rasst era conocido por operar en los márgenes de la legalidad, por lo que es posible que su asociación nunca se haya formalizado. Según una versión, se asociaron en una modesta fábrica que usaba máquinas rudimentarias de madera, pero también es posible que las fábricas de Rasst y Thielheim fueran la misma cosa, con Rasst como socio pasivo. Hay registros de que Rasst adquirió más tarde participaciones en la fábrica de Thielheim. De cualquier modo, es Rasst, un hombre con frecuencia demandado por deudas, quien sería recordado públicamente como el primer socio de Jenkins y esto no podía haber ayudado a la reputación del estadounidense.[17]

La industria textil era un buen negocio en el que Jenkins podía ingresar y el estado de Puebla, la sede de una cuarta parte de las fábricas de la nación, era un buen lugar para hacerlo. Era una industria en transformación: hacia 1890, habían florecido grandes fábricas en todo el país y gracias a una importación masiva de maquinaria, una mayoría entonces estaba automatizada. Cada vez más textiles mexicanos estaban desplazando las importaciones. Pero la bonetería perduraba como un nicho subcapitalizado y, por ende, como un negocio atractivo para la gente con visión y poco capital. Las empresas emergentes que usaban equipos manuales necesitaban sólo unos 1 000 dólares. Con la dependencia del sector de las máquinas de coser, los empleadores utilizaban mayormente a mujeres y, por consiguiente, mano de obra más barata. A principios del siglo XX, Jenkins era uno de varios recién llegados a Puebla para invertir en bonetería. También había españoles, que dominaban el sector, y libaneses, que huían de las imposiciones del Imperio otomano. También se involucraron mexicanos de ingresos medios, pero sus compatriotas más adinerados ignoraban el sector, ya que lo consideraban por debajo de ellos. Uno de ellos desdeñó el sector de bonetería por ser "una industria hecha para el ático".[18]

Puebla ofrecía suficiente estabilidad para darle confianza a un joven inversionista y suficiente flujo para hacerle pensar que podía beneficiarse. El gobernador del estado, desde 1892, era el general Mucio P. Martínez, un representante de Porfirio Díaz.[19] Oficial de carrera de orígenes humildes, Martínez había peleado junto a Díaz en contra de los franceses hacia 1860 y respaldado su golpe de 1876. Díaz le devolvió el favor imponiéndolo en Puebla (era un norteño), primero como diputado y luego como gobernador. Martínez seguía la línea del orden y progreso. Le respondía a la prensa con una mordaza y a la disidencia con un garrote. Mientras los cuatrienios pasaron, se dejó un frondoso bigote blanco como el de su viejo amigo, el presidente.

Como era su costumbre, Díaz consolidó la lealtad a largo plazo de Martínez concediéndole pedazos del pastel de Puebla. Por lo general, Martínez desviaba fondos de los proyectos de obras públicas. Controlaba una docena de casas de juegos ilícitas y un monopolio en el abastecimiento de carne a los carniceros. Una de las principales fuentes de ingresos fiscales de Puebla era la distribución de pulque, la bebida predilecta de los pobres, y Martínez y dos socios se embolsaban casi todo lo recaudado para ellos mismos. Sus excesos eran bien conocidos y había quejas frecuentes: hasta el presidente intentó jalarlo de las riendas. Un miembro del círculo más cercano a Díaz calcularía que Martínez se benefició de su cargo con alrededor de dos millones de dólares.

Martínez no era simplemente corrupto; de vez en cuando su ambición rayaba en lo empresarial. Sus intereses incluían varias sociedades anónimas, una de ellas M. Martínez y Cía., que era propietaria del ingenio azucarero de Calipam, en el sureste de Puebla. Un general veterano más tarde recordaría que Martínez amplió la propiedad confiscando tierras de los agricultores indígenas, mientras que otros campesinos fueron reclutados a punta de pistola para trabajos de temporada en los campos de caña de azúcar. En 1904, cuando Calipam necesitó una inyección de capital, cuatro familias poderosas de Puebla apoquinaron la mayor parte de los 220 000 dólares que se necesitaban. Durante la mayor parte de la primera década del siglo, el principal productor de azúcar del estado fue Calipam. Otra compañía de Martínez producía cemento. Con la multiplicación de contratos de construcción municipales, éste era un buen negocio en el cual participar. Para los socios en dichas empresas, el gobernador reclutó una mezcla de aristócratas mexicanos y textileros españoles, algunos de los cuales se unieron a su círculo más cercano de asesores.[20]

Dichas relaciones de conveniencia caracterizaron la era porfiriana posterior. Permitieron que los ricos se hicieran más ricos, en detrimento de los rivales comerciales con menos contactos y en beneficio cuestionable del consumidor. Este tipo de interdependencia diferia de los lazos imperativos que habían caracterizado los primeros años de Díaz, cuando para superar un legado de desorden político y estancamiento económico fue necesario el apoyo mutuo entre estas élites. Con su historial de incumplimiento de préstamos, al Estado mexicano le resultaba difícil pedir prestado, por lo que dependía de los banqueros y los empresarios para prestar e invertir. Díaz les dio la confianza para hacerlo otorgando concesiones de monopolios y aranceles proteccionistas, así como permitiéndoles ayudar a moldear la política. Estos privilegios, junto con las garantías de orden público y mano de obra sumisa, a su vez volvieron a los inversionistas dependientes del Estado. Los gobernadores cultivaban una reciprocidad similar en las provincias. Para comienzos del siglo XX, sin embargo, los sistemas diseñados para crear confianza mutua, como las participaciones accionarias y los escaños para políticos en los consejos de administración de las empresas, habían resultado en concentraciones espectaculares de riqueza.[21] Donde antes el principal beneficiario era el Estado como institución, los pactos llegaron a favorecer los bolsillos de individuos y a socavar la legitimidad del gobierno y de los políticos particulares por igual.

Martínez mantenía estable Puebla, pero era un promotor indiferente. En su turno de 18 años, la ciudad de Puebla perdió su clasificación histórica como la segunda metrópolis de México contra Guadalajara, y las tasas de alfabetización estatales sólo aumentaron lentamente de 12 a 15 por ciento y quedaron más atrás en el promedio nacional. La geografía de algún modo obstaculizaba el desarrollo, ya que Puebla se sometía a la fuerza de la cercana Ciudad de México, que atraía a los poblanos empresariales.[22] Pero también había factores humanos y no sólo la deshonestidad de Martínez. El afamado sector textil de Puebla, que databa del siglo XVI, creció más en el número de fábricas, pero menos en calidad. En Guadalajara y Orizaba, había plantas más grandes de más de 1 000 obreros, con el respaldo de capital francés y máquinas avanzadas que demostrarían ser más rentables. Sólo una de esas fábricas llegó al estado de Puebla. Puede que Martínez haya visto obstaculizada su capacidad para atraer inversionistas. Los magnates textileros de Puebla eran cautelosamente conservadores: no se asociaban tan fácilmente con forasteros ni les interesaba mejorar la tecnología; tenían una profunda preferencia por el proteccionismo. En este sentido, los innovadores tendían a ser forasteros (hasta el héroe local Estevan de Antuñano, que construyó la primera fábrica mecanizada, había llegado de Veracruz). Además, el sector entró en un terreno rocoso después de 1900, con una fuerte subida en el precio del algodón. A la llegada de Jenkins, casi todas las fábricas de Puebla estaban operando con márgenes escasos. Los obreros se estaban agitando con los recortes salariales.[23]

Un luchador como Jenkins habrá percibido un poco de vulnerabilidad aquí. La industria textil era un negocio con potencial de crecimiento (había visto que México seguía importando algunas de sus vestimentas), pero ocupado en Puebla por varias familias que parecían mantener sus fábricas en aras de la tradición o la posición social. Era posible hacer una modernización. Mientras tanto, el brazo largo y la mano codiciosa de Mucio Martínez ofrecían dos lecciones más. Obviamente, aquellos que salían adelante solían tener amigos en posiciones importantes. Y para Jenkins, hijo de un recaudador que alguna vez asoció la recaudación de impuestos con la honestidad de su padre, debió de haber sido una extraña epifanía que en Puebla era casi ridículo pagar impuestos.

Puebla era a la vez una tierra desconocida y una especie de retorno al hogar.[24] Después de cuatro o cinco años en el clima del norte de México, un paisaje desértico habitado de forma intermitente, el estado abundante y poblado les habrá traído a William y Mary el recuerdo de Tennessee. La cuenca central y templada de Puebla evocaba la cuenca de los condados del centro. Las precipitaciones subtropicales nutrían el paisaje, donde se cultivaba trigo, maíz y árboles frutales. Los días de verano, tan ardientes en el norte, eran soportables debido a la altura del estado, la mayor parte a 1 600 metros sobre el nivel del mar, y gracias a las lluvias de las tardes. Tennessee es tres veces más grande que Puebla, pero en diversidad geográfica también existían similitudes. Las zonas meridionales de Puebla albergaban plantaciones, aunque se cultivaba más el azúcar que el algodón, y lo hacía una considerable clase marginal de piel oscura. Las zonas septentrionales estaban pobladas por agricultores de la montaña, que querían tener poco que ver con el poder central o la clase conservadora de plantadores, al igual que sucedía con los montañeses del este de Tennessee.

Pero los volcanes hacían que el paisaje fuera muy distinto. Dos de ellos, el extinto Iztaccíhuatl y el semidormido Popocatépetl, conocidos localmente como Izta y Popo, separaban el estado y su capital de la Ciudad de México al oeste. Perpetuamente cubiertos de nieve (la cima del Izta con el aspecto de una mujer sobre el dorso en blanco y el cráter del Popo amenazante con columnas de humo), sus cumbres capturaban la imaginación, mientras que su falda albergaba pueblos con tradiciones de resistencia violenta.

La ciudad de Puebla, el nuevo hogar de Jenkins, tenía una antigüedad de casi cuatro siglos, pero ofrecía los ecos cosmopolitas de Nashville. Con una población correspondiente de 95 000 habitantes, estaba comunicada por tranvías (jalados por mulas, no eléctricos) y alumbrada con faroles, lo mejor para observar las galas de sus varias iglesias y mansiones. Si bien era orgullosamente católica, su principal comunidad protestante, como la de Nashville, era metodista. Una destacada iglesia de ladrillos rojos estaba situada a sólo tres cuadras de la plaza central. Una escuela adjunta educaría a los hijos de Jenkins.[25] El fervor porfirista por el mejoramiento urbano, exhibido en la Ciudad de México, se había arraigado recientemente. De hecho, 1906 fue un año excepcional en Puebla en cuanto a la meta sagrada de modernización. Se concluyó una larga remodelación del ayuntamiento y la construcción de dos monumentos, uno para conmemorar la Independencia y otro al héroe de la Reforma, Benito Juárez. Fue testigo de la construcción de una galería comercial con techos de cristal, sólo tres años después de que esta innovación italiana apareciera en Nashville, y la apertura del Pathé, la primera sala de imágenes en movimiento de Puebla. Francisco de Velasco, un descendiente de dos virreyes españoles que había recibido educación francesa, acababa de asumir el cargo de alcalde que ocuparía durante cinco años. Fervientemente eurófilo, y el primer poblano que tuvo un automóvil, Velasco invertiría toda su energía, junto con la insólita cantidad de cuatro millones de dólares en fondos públicos, en proyectos de embellecimiento, saneamiento y transporte. Éstos incluían luces eléctricas y pavimentación de calles en el centro de la ciudad.[26]

Pero 1906 fue también "el año de las huelgas". Estallaron disturbios en todo México y Puebla era un punto de conflicto. Surgió un disidente Partido Liberal Mexicano, que promovía sus ideas a través de un periódico clandestino. Un nuevo sindicato, el Gran Círculo de Obreros Libres (GCOL), tomó impulso en los pueblos fabriles de Puebla y Veracruz.

Y una huelga en la mina estadounidense de Cananea en Sonora se vio reprimida por pistoleros norteamericanos, lo que dejó un saldo de 18 mexicanos muertos. Junto con recortes salariales, todo esto provocó un aumento en la militancia de trabajadores textiles. Durante un otoño de huelgas, la élite poblana adoptó una postura común y expidió reglamentaciones para regir sus fábricas. Más ofensivo para los obreros eran las prohibiciones de introducir periódicos a las fábricas y recibir visitantes sin permiso en las viviendas proporcionadas por las empresas. Ambas medidas buscaban suprimir el reclutamiento sindical. En diciembre, el GCOL de Puebla reaccionó con una huelga en 30 fábricas. Los dueños de las fábricas en otros estados respondieron con un cierre patronal que paralizó a casi toda la industria. Porfirio Díaz negoció un compromiso e hizo concesiones al GCOL, mientras impuso una regla de que los obreros llevaran libretas en las que sus supervisores podían anotar su conducta; el artilugio evitaría que los "agitadores" se cambiaran entre fábricas. Si bien los obreros de Puebla aceptaron el trato, los de las fábricas de propiedad francesa en Orizaba, Veracruz, que ya estaban enojados por haber gastado su salario en las tiendas de raya a precios abusivos, se opusieron a la cláusula del cuaderno. El 7 de enero estalló una revuelta en la fábrica de Río Blanco; los supervisores abrieron fuego contra la multitud y la tienda de raya se incendió. Cuando el saqueo y la quema de tiendas se extendieron a las fábricas vecinas, Díaz envió tropas para responder con "medidas enérgicas". Por lo menos 70 huelguistas fueron asesinados a tiros. Seis líderes fueron ejecutados de forma sumaria.[27]

El progreso porfiriano nunca había parecido tan visible y el orden porfiriano nunca se había visto tan desafiado. Ciertamente, los disparos efectuados en Cananea y Río Blanco pusieron un freno a la disidencia a corto plazo. Pero crearon conciencia pública de la difícil situación de los obreros y llevaron agua al molino de los disidentes y conspiradores en contra del régimen.[28] También proporcionarían símbolos duraderos de la resistencia mexicana frente a los capitalistas extranjeros explotadores.

Es poco probable que dichos disturbios hayan disuadido a Jenkins. Toda desconfianza recién adquirida entre los textileros para comprometer capital nuevo seguramente le daba a Jenkins la esperanza de reforzar su posición. Lo que los perturbó a él y a Mary no era la agitación laboral, sino la clase alta. Puebla sólo tenía una diminuta colonia estadounidense y los británicos también eran muy pocos. Las clases empresariales y gerenciales eran predominantemente españolas. A través del impulso comercial y el apoyo comunitario habitual en los enclaves de inmigrantes, habían ganado predominancia sobre los ricos mexicanos de toda la vida, con cuyas familias a menudo se casaban. Lucían su identidad ibérica como una pesada capa roja: los aislaba y contribuía a su reconocimiento. Las élites establecidas se congregaban en el Casino Español, mientras que los comerciantes y gerentes se reunían en el Círculo Español. Se prestaban ayuda mutua y servicios médicos a través de la Sociedad Española de Beneficencia. Mantuvieron el ceceo de España a través de varias generaciones. Practicaban una devoción católica conspicua y les daban a sus fábricas nombres de imágenes sagradas y batallas cristianas en contra de los moros: Santiago, La Providencia, Covadonga.

Además se tenían a sí mismos en un muy alto concepto. Un anuario de 1901 del Círculo Católico, que agrupaba a los españoles y mexicanos más ricos, dio este testimonio sobre una fiesta: "Se dio cita todo lo que constituye la flor y nata de la sociedad angelopolitana. Allí estaba no sólo la aristocracia del dinero, sino la del talento y la de la honorabilidad".[29]

Las clases acomodadas de Puebla eran indiferentes a los forasteros, a menos que fueran españoles o franceses. Dicho desinterés era al menos la percepción habitual; las mismas acusaciones de prejuicio pueden formar un prejuicio. Hoy es común escuchar que se desestime a los poblanos como muy mochos o pipopes, acrónimo de "pinches poblanos pendejos". Los visitantes anteriores también alegaban el carácter distintivo poblano. Alrededor de 1840, Fanny Calderón, una escocesa casada con un embajador español, encontró la ciudad espléndida y más limpia que la capital, pero envuelta en una calma casi penitencial, y advirtió los modales reservados de los habitantes. Los visitantes del siglo XIX notaban la fina arquitectura (la elegante catedral, las fachadas de las mansiones con incrustaciones de azulejos coloridos), pero también la represión y la devoción de la gente. Un turista estadounidense resumió el sentimiento: "[Puebla] tiene fama de ser conservadora en cuanto al gusto social y a las costumbres, antiextranjera, católica romana en religión, reaccionaria en cuanto a la política".[30]

Las tradiciones religiosas, sociales y económicas ayudan a explicar la reputación reservada de la ciudad. Su mito fundacional, que data de 1531, sostiene que a un obispo lo visitaron en un sueño unos ángeles, que lo llamaron a crear una ciudad donde (a diferencia de la capital) no hubiera ya un pueblo indígena. Así lo hizo y le dio al lugar el nombre de Puebla de los Ángeles. Un decreto municipal prohibió que en el "territorio español" vivieran "indios" y les ordenó que se mantuvieran en la periferia. Aunque otros centros coloniales se regían por normas similares (y de manera similar se llegaban a infringir), la "españolidad" de la ciudad de Puebla sobrevivió durante siglos en las mentes de su élite. Hacia 1760, el intelectual jesuita Francisco Javier Clavijero se refirió a los poblanos como piadosos y apegados a sus iglesias. Aun después de la Independencia, la Iglesia católica era dueña de cuatro quintas partes de los bienes inmuebles de la ciudad y actuaba como el principal banco de la región. Para complementar la creencia de los poblanos de que vivían en un ámbito especialmente bendecido, estaba la autosuficiencia de la ciudad. Con su pujante industria, fundamentalmente en textiles pero también en cerámica, artículos de piel y harina, y una gran reserva de mano de obra indígena para trabajar en ella, la Puebla colonial rivalizaba con la capital como un centro económico. Era más grande que cualquiera de las capitales españolas en Sudamérica. Todo esto fomentaba la autonomía y la insularidad. Aun así, los poblanos no eran tan provincianos como para desairar a los colonizadores exitosos. Debido a las tradiciones comerciales de Puebla, la riqueza, incluso la que se ganaba rápidamente, daba acceso a los círculos de élites, siempre y cuando los recién llegados se atuvieran a los códigos sociales de la ciudad.[31]

Después de la Independencia de México, estallaron rebeliones y guerras civiles que enfrentaron a los liberales partidarios del libre comercio y la secularización contra los conservadores proteccionistas y adeptos a la Iglesia. Como era de esperar, la mayor parte de la élite poblana tomó partido por los segundos. Tras la derrota histórica de las fuerzas francesas invasoras el 5 de mayo de 1862 (conmemorada después como la Batalla de Puebla), el general Ignacio Zaragoza se quejó con Benito Juárez sobre el escaso apoyo que su ejército había recibido de la ciudad. Añadió: "Qué bueno sería quemar Puebla. Está de luto por el acontecimiento del día 5". Dos años más tarde, después de la conquista francesa, los notables de Puebla se contaron entre la minoría que dio la bienvenida al archiduque Maximiliano de Austria. La elección de Napoleón III para el emperador de México había tenido una gélida recepción a su llegada a Veracruz, pero Puebla lo agasajó: bailes de alta sociedad, fuegos artificiales, un *Te Deum* en la catedral. Otra explicación del conservadurismo poblano añade que a los forasteros se les miraba con recelo por su cantidad. Situada entre Veracruz y la capital, Puebla era una escala para los comerciantes, soldados y marineros con licencia. Los padres solían advertir a sus hijos sobre las aventuras con tipos de paso; las madres ocultaban a sus hijas de pretendientes que podían no regresar.³²

Gringofobia

Sin la proximidad de Monterrey a Estados Unidos y su masa crítica de anglófonos, y a diferencia de un enclave minero donde los anglosajones eran privilegiados, Puebla planteaba nuevos desafíos para la familia Jenkins. Su opinión de los norteamericanos era muy distinta, se basaba más en impresiones fugaces que en la familiaridad, y las impresiones no eran lindas. En tanto un hombre que se había casado con una pupila de la aristocracia sureña, que era rápido para percibir desprecio y era fiel al evangelio del progreso por mérito, Jenkins consideró sus primeros años en Puebla una prueba.

A los poblanos de edad avanzada, el nombre de Jenkins probablemente les haya evocado un recuerdo desafortunado. Durante la guerra entre México y Estados Unidos (la intervención norteamericana), Puebla sufrió una ocupación militar de tres meses, encabezada por un tal William Jenkins Worth. Los edictos del general incluían una recomendación de que las tropas no bebieran agua por temor de que los poblanos intentaran envenenarla, lo cual puso sal en la herida de los ciudadanos.³³ Más recientemente, la *pax porfiriana* había impulsado los orígenes del turismo de Estados Unidos, y Puebla destacaba en el recorrido habitual. El escritor Charles Macomb Flandrau, un visitante anual, observó que si bien los turistas eran bien educados, una minoría visible ("la excepción por quienes los demás, ¡ay!, son juzgados") era ruidosa en sus opiniones, desmañada en su vestimenta y propensa a fotografiar a los lugareños sin su consentimiento. Cuando Flandrau visitó Puebla, por la época en que Jenkins llegó, circulaba una historia sobre unos turistas estadounidenses que almorzaron dentro de la catedral. Dejaron cáscaras de naranja y latas de sardinas en el suelo y, antes de irse, se lavaron las manos con el agua bendita.³⁴

Los ministros de la iglesia, que eran hombres cuya opinión tenía un peso importante en Puebla, también desconfiaban de los estadounidenses. Desde finales de 1860, Juárez y Díaz habían abierto las puertas de México a los misioneros protestantes estadounidenses, ya que los consideraban buenos educadores, y estaban haciendo progresos pequeños pero significativos. No puede haber ayudado a la causa de Jenkins que su esposa fuera metodista, porque en Puebla los metodistas estaban abiertamente aliados con la minoría de personas educadas que eran liberales. Juntos organizaban conmemoraciones anuales del Cinco de Mayo y la muerte de Juárez (descritas por la élite eurófila de la ciudad como "disturbios") y tenían a sus hijos escolarizados en el Instituto Metodista Mexicano. La élite de Puebla se sentía más inclinada hacia los españoles y los franceses: eran católicos y venían del Continente de la Cultura.[35]

Además, Jenkins mostraba una imagen extraña para ser un extranjero. Siempre que acompañaba a su esposa al mercado, la metía al tranvía y él caminaba o trotaba detrás para ahorrarse el pasaje. Cuando sus conocidos hacían comentarios, solía decir que lo hacía por el ejercicio. En días hábiles, vestido con overoles sucios y un bombín abollado, se le veía pedaleando una bicicleta con una gran canasta llena de carretes de hilo o empujando una carreta de dos ruedas cargada de equipo, de ida y vuelta entre la fábrica de Rasst y su almacén.[36] A la mayoría poblana de piel oscura, forzada culturalmente a tratar a los blancos con respeto, que un hombre alto y de piel clara realizara un trabajo manual de manera tan abierta debió haberles parecido divertido. Puede que también le haya ganado algo de lealtad de los empleados, ya que demostraba sencillez. Para los ricachones textileros, no obstante, dichas actividades eran el trabajo de un peón indígena o mestizo. La "gente decente", como los blancos de México solían llamarse a sí mismos, no participaban en labores físicas.

Los españoles tenían un término para esto: "deshonor de trabajo", el deshonor de trabajar con sus propias manos. Al revisar la historia colonial de América, los historiadores anglófonos solían hacer demasiado de esta noción: complementaba contrastes superficiales entre los colonizadores españoles cargados de mentalidades feudales y los fuertes colonizadores británicos bendecidos con una visión capitalista. De hecho, los colonizadores españoles eran con frecuencia empresarios. Los miles de españoles que llegaron a la ciudad de Puebla desde Brihuega entre 1560 y 1620 aportaron sus conocimientos de textiles y, en muchos casos, fundaron plantas para la producción en masa de tela de lana. Con una plantilla de hasta 50 o 100 obreros, eran mucho más grandes que las tiendas artesanales que habían dejado atrás en Castilla, y ayudaron a convertir a Puebla en el principal productor de textiles de la Nueva España, operando en mercados de todo el virreinato y más allá. Por otro lado, su mano de obra típica consistía exclusivamente de no blancos: los trabajadores eran indígenas y los capataces eran esclavos. Hasta los gerentes eran a menudo mestizos. Los españoles eran dueños y ejecutivos.[37] Dichas distinciones perdurarían, con pocos cambios, durante siglos.

En la era porfiriana, la aversión al deshonor del trabajo se profundizó a medida que crecieron las oportunidades de ocio. Durante la ocupación francesa de 1860, la autollamada "clase divina" de Puebla, como otros urbanistas adinerados, había desarrollado una fijación con todo lo galo. Luego, cuando el boom económico porfiriano permitió todo tipo de importaciones, consagraron cada vez más tiempo a emular *la vie parisienne*. Ser moderno (el objetivo prescrito por Comte y sus discípulos) implicaba exhibir la modernidad propia tal como se haría en Francia. Las cenas de lujo se hicieron populares, así como los recorridos en bicicleta. El teatro, ahora considerado *déclassé*, perdió simpatía con respecto a la ópera y la orquesta sinfónica. Los hijos de los industriales asistían a universidades en Europa y volvían ahí para las vacaciones de invierno. Se inventaban casas de estilo francés, que llamaban *chalets*, mientras sus esposas hacían compras para modas parisinas. Estos hombres sí participaron en la ola de empresas emergentes de textiles a finales del siglo XIX, pero pasaban mucho más tiempo en actividades de ocio, haciendo ejercicio y consumiendo llamativamente. Alrededor de 1900, con la aparición del club atlético, la tienda departamental y el automóvil, se multiplicaron las posibilidades de diversión cosmopolita.[38]

Algunas de estas características sin lugar a dudas le traían a Jenkins el recuerdo de su familia política y sus compañeros más privilegiados de Vanderbilt. Las élites del sur, también, reverenciaban el "honor de las manos impolutas" y la indulgencia en hospitalidad que los ricos se permitían.[39] Si bien la Guerra Civil y la emancipación habían erosionado enormemente la riqueza y el tiempo libre de la aristocracia sureña, la afición por las largas reuniones sociales persistía. Los veranos de Mary habían estado salpicados de fiestas y visitas de amigos. Él le había justificado esas cosas, pero sentía poco respeto por los hombres holgazanes.

La dificultad de Jenkins para congeniar con los europeos artífices de su éxito y los mexicanos ricos de toda la vida de Puebla también se debía a su actitud. Sus cualidades insistentes y burdas ahuyentaban a quienes se sentían refinados. Hablaba español con acento gringo y, cuando se acostumbró a gritar instrucciones por encima del ruido de sus máquinas, su voz adoptó un notorio estruendo. Siempre llevaba el mismo traje y sombrero en sus días de descanso. Decían que su motor era el afán de lucro y además existía su asociación con Leon Rasst al que todos odiaban. Aún peor, no era del tipo amistoso. Para un amigo íntimo parecía haberse "esclavizado a sí mismo". No bebía, no jugaba dominó ni tenía amantes; no iba a misa, rara vez se divertía y se iba temprano a dormir. Su mejor amiga era su esposa.[40]

La estrechez mental y el amor propio de los poblanos no eran todo lo que enfrentaba Jenkins. Una sospecha por los norteamericanos quedó grabada en la cultura de la época. Pese a las galanterías constantes del presidente Díaz con los inversionistas estadounidenses, y en parte gracias a éste, los mexicanos educados veían a menudo a Estados Unidos con alarma o escarnio. Incluso aquellos que tenían una gran estima por la innovación de Estados Unidos (que usaban los ferrocarriles construidos con capital estadounidense o visitaban las imponentes ciudades de su vecino del norte) fruncían el entrecejo ante el Tío Sam y su descendencia. Dichos sentimientos eran tan generalizados y automáticos que bien podían llamarse una fobia.

Mientras que la xenofobia es ese miedo irracional a los extranjeros que produce una actitud defensiva nacionalista, la gringofobia es una variante mexicana que ve a Estados Unidos y sus ciudadanos como objetos de temor, desdén y culpa por los males del país. Durante gran parte del siglo XX dichos sentimientos se explotaron con fines políticos y económicos. Eran distintos a una sospecha histórica hacia Estados Unidos como una amenaza imperial que fue sumamente racional (aunque a menudo eran mezclados con ésta). Esto fue cierto desde el punto de vista político, a la luz de la guerra entre México y Estados Unidos, planeada y ejecutada por el presidente Polk, que dejó a México sin la mitad superior de su territorio.[41] También fue cierto desde el punto de vista económico, ya que en 1910 los privilegios ampliados por el régimen de Díaz dejaron a los norteamericanos como dueños de gran parte de la red ferroviaria, transportando casi toda su plata y cobre, en posición para explotar su petróleo y, según una estimación, como dueños de 27 por ciento de la superficie del país. Todo esto se hacía sólo con beneficios irregulares, a veces con perjuicio tangible, a la población.[42]

Pero la sospecha razonable puede caer en la fobia, particularmente cuando los educadores de una nación y los líderes de opinión promueven que los estereotipos queden arraigados. En lo que respecta a los empresarios estadounidenses, como Jenkins, una ambivalencia inicial se transformaría en una aversión absoluta. A medida que la presencia económica norteamericana se multiplicaba, las cualidades alguna vez admiradas, como la ingenuidad y el impulso, se sustituían en la imaginación de los mexicanos por la avaricia y la arrogancia. A medida que los medios de comunicación proliferaban, esta imagen negativa se hizo más notable en la cultura popular, donde tenía una carga emocional intensificada. La imagen también revelaba una fobia, ya que ignoraba cómo las prácticas y características "típicamente gringas", desde el acoso sindical hasta la avaricia desnuda, eran comunes entre las élites empresariales mexicanas también.

Durante casi un siglo, la gringofobia había sido básicamente un estado de ánimo entre las élites. Tenía sus orígenes en la década de 1820, el primer decenio de México como república. Los líderes nacionales tuvieron una buena causa para ser desconfiados, porque el primer embajador estadounidense, Joel Poinsett, se inmiscuía abiertamente en la política. Su apoyo al presidente liberal, Vicente Guerrero, le ganó la ira de los conservadores, lo que creó un precedente para su antipatía hacia el Tío Sam.[43] Pero los políticos conservadores adoptaron una retórica deliberadamente severa, por conveniencia política en su rivalidad con los liberales. Y la prensa conservadora, durante y después de la guerra entre México y Estados Unidos, intentó alimentar una fobia más allá de un llamado a defender la patria. El principal ideólogo Lucas Alamán distinguía a los estadounidenses de los mexicanos de este modo: "Nosotros no somos un pueblo de mercaderes y aventureros, hez y deshecho de todos los países, cuya misión es la de usurpar las tierras de los miserables indios…" Un panfletista alegó que el protestantismo llevaba a "la sedición, el desorden, la crueldad, la sangre y la muerte".[44]

En la década de 1860, sin embargo, la funesta alianza de los conservadores con el emperador Maximiliano impuesto por los franceses les costó su derecho a hablar por el interés nacional.[45] La subsiguiente época de liberalismo tuvo una buena predisposición a la inversión extranjera. Durante unos 40 años, los regímenes de Juárez y Díaz la atrajeron hacia los ferrocarriles y las minas. Los sentimientos encontrados sobre la afluencia resultante de capital y mano de obra estadounidense ciertamente encontraron una voz: las élites se quejaban sobre un "enjambre de hormigas" invasoras que blandían revólveres y frecuentaban cantinas. Hacían sátiras de los malos modos de los trabajadores yanquis con quienes a veces coincidían en los compartimentos de tren. Pero fuera de las zonas de contacto de los campamentos mineros y centros ferrocarrileros (donde los resentimientos locales a veces provocaban una quema carnavalesca de efigies gringas) la antipatía no era común. Los niños de escuela absorbían un nacionalismo contradictorio, que combinaba historia patriótica con la lección general de que las sociedades norteamericanas y europeas eran modelos superiores a los que aspirar.[46]

Cuando la gringofobia se asomaba en el nivel nacional, era esencialmente política por naturaleza, en particular porque los eventos en otras partes del hemisferio reavivaron los miedos de expansión estadounidense. Dos episodios fueron cruciales: la guerra hispano-estadounidense de 1898, que llevó a Cuba y Puerto Rico bajo el control de Estados Unidos, y la Revolución de Panamá de 1903, una guerra fabricada por Estados Unidos que permitió a los norteamericanos construir un canal en una zona custodiada por ellos en lo que había sido territorio colombiano. En respuesta, los autores se refirieron a los constructores de imperios estadounidenses como "los bárbaros del Norte", "las chusmas borrachas", "salvajes". Una caricatura en un semanario satírico exacerbó los miedos contemporáneos con su representación del presidente Theodore Roosevelt: engalanado con un traje de *rough rider*, se anexaba el norte de México frente a la inútil protesta de Díaz.[47]

Las sospechas del presidente sobre la fuerza yanqui dieron origen a su doctrina Díaz, una defensa de la soberanía latinoamericana. A partir de 1898, cuando Díaz favoreció al británico Weetman Pearson sobre sus rivales estadounidenses con un importante contrato ferroviario, hubo tensiones en la esfera económica también. Algunos en el gabinete se preocuparon de que la presencia norteamericana estaba creciendo demasiado rápido, aunque dichas preocupaciones no detuvieron a Estados Unidos de dejar atrás a Gran Bretaña como la principal fuente de inversión de México.[48]

A medida que aumentaba la preocupación por el imperialismo yanqui, las élites latinoamericanas se tornaban cautelosas de la cultura estadounidense también. Esta cautela adquirió una voz elocuente en el ensayo *Ariel*. Escrito en 1900 por un periodista uruguayo, José Enrique Rodó, la obra usó personajes de *La Tempestad* de Shakespeare como metáforas opuestas para América anglosajona, retratada como el materialista y poco refinado Calibán, y Latinoamérica: el espiritual, idealista y cultivado Ariel. Las sociedades anglosajonas eran consideradas innovadoras pero desalmadas, mientras las sociedades hispanas estaban motivadas por valores desinteresados de la familia y la religión. Una declaración de independencia cultural, *Ariel* alcanzó una enorme influencia en toda la región.[49]

Los mexicanos que viajaban allende la frontera del norte ofrecían sus propias dicotomías. La versión más conocida de la época era *En tierra yankee* de Justo Sierra, que se volvió el ministro de educación de Díaz. Sierra expresó asombro y deleite ante el progreso material de Estados Unidos, sus grandes universidades, el arte de vivir que ofrecía Nueva York. Pero su impresión subyacente era negativa. Un encuentro temprano con la segregación en los vagones de tren texanos estableció el tono: Sierra denunció la práctica como antidemocrática y a la vez insinuó alivio por no tener que sentarse junto a los negros. Estados Unidos, este bastión autoproclamado de libertad, parecía tan dedicado al trabajo que a Sierra le parecía opresivo: "el efecto que diez arrobas de acero sobre el pecho". Volvió a México con alivio, donde una vida lenta y feliz bajo el sol le pareció una mejor opción que el hormiguero yanqui.[50]

Rodó, Sierra y otros dotaron de respetabilidad intelectual a lo que no obstante seguía siendo una fobia. Las imágenes desagradables que evocaron se entretejían bien con el panorama aterrador de México de anexión estadounidense, ya sea que tomara la forma de otra mutilación territorial o, como parecía cada vez más probable, de subyugación económica.[51]

La propiedad se estaba volviendo el foco de la angustia nacionalista. La preocupación se veía en un nuevo vilipendio de los tecnócratas del régimen de Díaz, los científicos, a quienes se acusó de vender los activos de México a los extranjeros y de enriquecerse en el proceso.[52] Esta transición de temor a Washington a temor a Wall Street sería vacilante: mientras, en 1909, el "gran garrote" de Roosevelt abrió paso a la "diplomacia del dólar" de William Taft, las intervenciones regionales de las fuerzas estadounidenses siguieron sucediendo. Pero la galería de canallas yanquis del futuro incluiría a menos presidentes y generales, y a más inversionistas y directores. También hallaría una expresión más popular y generalizada, en la prensa y en la protesta pública, en las canciones y en las películas.

William Jenkins estaba todavía a unos años de entrar a esa galería, pero el lenguaje que los cronistas de Puebla usarían para hablar de él reflejaba algunos de los prejuicios de *Ariel*. Se le describía como "un hombre inculto", a pesar de que su dominio de cinco idiomas y conocimiento de los clásicos antiguos y del siglo XIX, junto con su primer lugar al graduarse de bachillerato y su año de estudios en Vanderbilt, hacían que Jenkins estuviera mucho más instruido que todos los poblanos, excepto los más privilegiados. También lo describían como "muy pobre", una interpretación errónea de su vestimenta modesta y sus hábitos frugales. Un narrador llegó al extremo de decir que este anglosajón insensible se había casado con Mary por su dinero.[53]

A Jenkins le fue bien en los negocios durante dos años en Puebla para permitirse llevar a su familia (que ya incluía a una segunda hija, Margaret) a pasar la Navidad de 1907 en Tennessee. El único documento del viaje a casa que sobrevive, un retrato de familia con vestimenta formal en un estudio fotográfico, muestra a un Jenkins satisfecho. Con la cabeza ligeramente ladeada y los brazos en jarras, mira deliberadamente a la cámara. El ligero desenfado se ve intensificado por su bigote espeso. Fue la única vez que se dejó crecer el bigote y era igual al de su padre, como si le estuviera haciendo un cumplido. "Pappy" John Jenkins está sentado en medio, cargando a las dos niñas, mostrando el ceño fruncido, una postura rígida y una complexión curtida de un agricultor que no está habituado a esos rituales. Mary, elegante pero de algún modo matronal, luce ligeramente inquieta, como si estuviera preocupada de volver a México.[54]

William tenía muchas ganas de un hijo, pero era bueno con las niñas y los niños pequeños por igual.[55] Como el mayor de siete hermanos, había tenido mucha experiencia con los niños pequeños. El mes en que se fugó, Ruth tenía ocho años y Anne sólo cuatro. Tenía predilección por Anne en particular y la dejaba treparse a su regazo mientras escribía sus cartas. Estaba encantado por la forma en que ella y Ruth simpatizaron rápidamente con Mary. Tener hermanas pequeñas le enseñó algo de paciencia y aprendió a mantener a los niños entretenidos con juegos e historias simples.

El viaje a Tennessee no fue solamente una visita social. Ese año, el hermano menor de Mary, Donald, había cumplido 21 años, lo que significó que él también recibió su herencia. A diferencia de su hermano mayor Hugh, que se había casado y mudado a Seattle, Donald nunca se había opuesto a la relación de Mary. William tenía grandes planes para el negocio textil e invitó a Donald a que se le uniera.[56]

El primer millón de Jenkins

El 20 de noviembre de 1910, está escrito, empezó la Revolución mexicana. La fecha se conmemora anualmente como si ese día todo el edificio porfiriano se hubiera derribado. Sin embargo, sucedió lo mismo que con

Estados Unidos al declarar su independencia en las Trece colonias: la presencia británica no se esfumó el 4 de julio de 1776; tampoco el porfiriato. Se hizo una declaración; aún había una larga guerra por luchar; algunos de los cimientos del edificio perdurarían. Sin duda hubo un cataclismo: la Revolución derrocaría a Díaz tras cinco meses y seguiría sacudiendo a México durante otros nueve años, con réplicas hasta la década de 1930. Pero albergaría motivaciones muy dispares y lo que sucedió el 20 de noviembre, la fecha decretada por Francisco Madero para una revuelta nacional, causó menos que un temblorcito.

Madero era un terrateniente adinerado y eminente crítico de Díaz que en el verano se había postulado a la presidencia, solo para terminar encarcelado por sus esfuerzos. Al encarcelar a Madero y después arrasar con los votos por un sexto mandato, Díaz sólo legitimó el reclamo de su adversario de "Sufragio efectivo" y "No reelección". Estas consignas formaron la base de la revolución de Madero, que fue fundamentalmente política y atrajo a la pequeña media clase y aquellas élites resentidas contra el estilo dictatorial de Díaz. En el norte, los pobres rurales y urbanos estaban furiosos por la falta de oportunidades en una sociedad amañada a favor del ganadero de gran escala y las compañías mineras y petroleras extranjeras. En el centro y en el sur, los agricultores indígenas aborrecían a los hacendados, que se las arreglaban para apropiarse de gran parte de sus tierras y suministro de agua para expandir sus cañaverales y campos de trigo. Y en la Ciudad de México y los pueblos febriles, los obreros echaban chispas contra los empleadores explotadores, las medidas severas contra los sindicatos, las jornadas de trabajo de doce horas y una caída del salario real. Más que un polvorín en espera de un chispazo, México en 1910 era una serie de polvorines. Los líderes locales golpearían sus piedras de fusil en diferentes momentos y por diferentes motivos.

Así que no es sorprendente que los poderes de convocatoria de Madero hayan recibido una respuesta poco entusiasta ese día de noviembre. Cruzó el Río Grande, con la esperanza de que lo recibieran hordas de insurgentes. Cuando sólo diez hombres se presentaron, volvió cabizbajo a Texas. Las acciones en contra del régimen de Díaz tuvieron lugar en otra parte, pero no había ningún indicio de un levantamiento de masas. Pasarían seis meses antes de que el movimiento se cohesionara.[57] En consonancia con este inicio errático en el episodio más importante del México moderno, la primera oscilación se había sentido dos días antes. Sucedió en Puebla.

El gobernador Mucio Martínez se había enterado de un componente local del plan de Madero. Sus fuerzas policíacas empezaron a buscar en las casas de los disidentes conocidos, y Aquiles Serdán, el hombre clave de Madero en Puebla, recibió un aviso de que eran un blanco. Rechazando la oportunidad de huir, Serdán convocó a dos docenas de conspiradores y corrió la voz entre los aliados en todo el estado: en Puebla la revolución empezará con dos días de anticipación. La mañana del 18 de noviembre, cuando el odiado jefe policiaco de la ciudad cruzaba el umbral de la casa de Serdán, el rebelde lo mató a tiros. Siguió un tiroteo mientras la policía asediaba el lugar. Veinte rebeldes murieron. Los últimos sobrevivientes presionaron a Serdán para que se escondiera en un cuchitril, pero al día siguiente le dispararon a sangre fría.[58]

Pronto se supo en Puebla que se estaban intensificando los levantamientos regionales. El llamado de Madero empezaba a encontrar respuestas locales después de todo. En Chihuahua, un aparcero convertido en bandido que se llamaba a sí mismo Pancho Villa había movilizado a un ejército de 300 personas, y un arriero llamado Pascual Orozco había capturado una serie de pueblos. En Morelos, el estado vecino de Puebla, el alcalde de un pequeño pueblo indígena, Emiliano Zapata, estaba fortaleciendo su posición en contra de los magnates del azúcar que habían estado engullendo tierras comunales. Una revuelta abierta era inminente. Fuera de la ciudad de Puebla también hubo enfrentamientos: grupos aleatorios de campesinos y trabajadores textiles tomaron las armas, una hacienda azucarera fue atacada, la fábrica Covadonga fue incendiada. Estos primeros actos sentaron un precedente local: con Serdán, el movimiento había perdido a su líder urbano más eficaz; en adelante, la revuelta florecería en el campo.[59]

Para febrero, aparecían grupos rebeldes en todo Puebla salvo la capital. Pese a su mano dura, Martínez estaba perdiendo el control y perdiendo la confianza del presidente. Díaz ya había criticado a su amigo por no capturar con vida a Serdán: su asesinato les había dado a los rebeldes un mártir. Martínez fue a México para consultar con Díaz y abogar por autoridad sobre las tropas basadas en Puebla. En su lugar, Díaz lo obligó a renunciar. Antes de dimitir el 4 de marzo, el gobernador Mucio P. Martínez publicó una declaración de que deseaba pasar más tiempo con su familia. Luego echó mano de un último costal de billetes del erario.[60]

La violencia rural se intensificó. Las haciendas odiadas eran un blanco frecuente y en abril un incidente en una de ellas tendría una gran consecuencia para Jenkins. En el tórrido suroeste de Puebla, no muy lejos de Morelos, estaba la lucrativa hacienda azucarera de Atencingo. Esta hacienda pertenecía a una familia acaudalada de nombre Díaz Rubín, que era dueña de la desafortunada fábrica de Covadonga. Para la gente de los pueblos cercanos, Atencingo era triplemente un blanco. Durante años había desviado más de su parte justa de agua del río para irrigar sus cañaverales, se había apoderado de tierras del pueblo a lo largo de sus fronteras y sus dueños y administradores eran españoles altaneros. Inspirados en las primeras victorias de Zapata, un grupo de campesinos atacó la hacienda fuertemente armada y tomó por la fuerza su casco. Encontraron a diez administradores españoles, a quienes pusieron contra la pared y dispararon; murieron siete. La atrocidad provocó un alboroto en la capital y relaciones tensas con Madrid. Marcaría solo un momento en lo que se volvió una letanía de venganza en contra de los españoles, a quienes el fervor revolucionario solía distinguir a cambio de años de abuso con matriz racial. (A diferencia de la gringofobia, la hispanofobia estaba generalizada entre los pobres).[61] Marcaría también el primer ataque de varios en Atencingo. Tras pocos años la hacienda quedó devastada. Con el fin de reactivarla, los Díaz Rubín (su fortuna estaba mermada por la guerra y los bancos ya no les prestaban) necesitarían un préstamo considerable de un prestamista privado dispuesto.

Para Porfirio Díaz, la masacre de Atencingo palideció en comparación con lo que sucedió a principios de mayo. Pascual Orozco hizo un sorprendente ataque en la tan bien defendida ciudad fronteriza de Juárez y la capturó. Una insurrección que durante seis meses fue fragmentaria y estuvo confinada a zonas rurales ahora reivindicaba un premio urbano más importante: una base en la que Francisco Madero pudiera nombrar un gobierno alternativo, importar armas y dirigir la Revolución. Díaz ya había hecho concesiones al despedir a gobernadores como Martínez y deshacerse de miembros del gabinete poco populares, pero en vano. El 25 de mayo, al darse cuenta de que su control del poder se estaba desvaneciendo, el dictador octogenario dimitió. Entonces hizo preparativos para su exilio y como era de esperar optó por Francia. Su famosa última palabra fue acertadamente escéptica: "Madero ha soltado el tigre. A ver si puede domarlo".[62]

Para el estallido de la Revolución, y después de sólo nueve años en el país, Jenkins estaba en el buen camino para volverse rico. Lo que lo colocaba ahí era su motivación personal, su transferencia de tecnología y una inusual voluntad (para Puebla) para asociarse con quienquiera que se adecuara a sus metas, independientemente de su nacionalidad o ubicación. Además tenía el don de los emprendedores de estar en el lugar indicado en el momento indicado. Dicho de otra manera, las circunstancias que no eligió él mismo (en este caso, un sector de bonetería poco desarrollado) se prestaron a que hiciera historia empresarial.

En 1908, parece, Jenkins había comprado la parte de Rasst en la fábrica que poseían conjuntamente. Puede que lo que inclinó a Rasst a vender haya sido el estado de su negocio de importaciones y exportaciones. En 1907 un pánico en Wall Street había provocado un colapso en la economía estadounidense, y como el modelo de desarrollo de Díaz dependía de las exportaciones, la economía de México se desbarató con este. La depresión de dos años que siguió, acompañada de hambruna debido a varias malas cosechas, intensificó las desigualdades y las tensiones originadas por el progreso porfiriano. Esas resultaron causas importantes de la Revolución.[63]

Cuando Jenkins hizo su compra, el sector de bonetería de Puebla aún estaba fragmentado. No sólo casi todas las fábricas eran pequeñas, sino que todas salvo la que Jenkins tenía en copropiedad con Thielheim dependían de máquinas manuales. (Se desconoce lo que sucedió con la asociación). Por la misma época, probablemente como una extensión de su viaje a Tennessee, Jenkins visitó Nueva Inglaterra y adquirió tres máquinas eléctricas de segunda mano para el hilado de algodón y tejido para bonetería. El precio de venta incluía un curso de su operación y mantenimiento. Cuando Jenkins volvió a Puebla, acompañado de sus valiosas máquinas en el tren, llevaba consigo dos ventajas tecnológicas sobre sus competidores: podría tejer su propio hilo y producir prendas a toda velocidad. Su iniciativa era típica de una tendencia más amplia de automatización en la industria textil, pero dentro del nicho del sector de la bonetería él estaba un paso adelante.[64]

Ahora necesitaba una nueva ubicación, ya que su negocio estaba dejando pequeño al taller que le había comprado a Rasst. En mayo de 1908 pagó 2 000 dólares por una propiedad en el extremo sur de la ciudad (supuestamente reportó sólo la mitad de su valor para ahorrar en impuestos) y ahí desarrolló su propia fábrica. Con parte del dinero de su herencia, Mary y Donald Street se volvieron sus socios. Donald adquirió una participación de 25 por ciento.[65] Según una versión, Jenkins era tan entusiasta que la fábrica llevaba el sello de su ambición y con la ayuda de Donald estableció los cimientos él mismo. Jenkins operaba una de las nuevas máquinas, su cuñado la segunda y un empleado la tercera. Probablemente, las obreras traídas de la primera fábrica continuaban el trabajo de ensamblado, con las mismas máquinas de coser que antes. La diferencia era que, al tener la capacidad de producir tejido de punto con mucha mayor rapidez, Jenkins podía contratar muchos más empleadas para ensamblar las prendas y aumentar la producción considerablemente. Uno o dos años tras la puesta en marcha, le dio a la fábrica el nombre La Corona. Cinco años después, La Corona se capitalizaba en 300 000 dólares. Podía presumir un generador de 72 caballos de potencia y una plantilla de más de 200 trabajadores.

Como era habitual en el sector de la bonetería, ya que casi todos los procesos suponían una labor minuciosa en máquinas pequeñas, la gran mayoría de sus empleados eran mujeres.[66] Jenkins construyó una casa al lado de La Corona para su familia y, cuando no estaba cuidando a sus hijas, Mary mostraba interés por las "niñas" de la fábrica. Los Jenkins adoptaron una actitud típicamente paternalista, pero para los estándares de la industria de la época, en la que pocos salvo los más pequeños operadores vivían junto a sus fábricas y los administradores formaban un amortiguador excluyente entre dueños y trabajadores, la disposición era progresista.

Jenkins era práctico en todos los sentidos, principio que funcionaba bien en su negocio. Asumía personalmente la responsabilidad de llevar el producto acabado a los minoristas. Cuando las condiciones de los caminos sin pavimentar hacían que no fuera práctico usar su bicicleta, cargaba los paquetes de prendas en su espalda. También manejaba la compra de algodón bruto. Pese a su apariencia burda, se ganó la reputación de pagar sus facturas a tiempo, lo que lo distinguía de Rasst, entre otros. Les pagaba a sus trabajadores mayores el salario más alto que ofrecía cualquier fábrica en Puebla, lo que sin duda beneficiaba la calidad de su producto. Los negocios florecieron y La Corona se expandió. Jenkins aumentó su capacidad y agregó una sala separada para producir hilo. Siguiendo el ejemplo de Rasst, mandó pavimentar el camino que conectaba la fábrica con el centro de la ciudad por su propia cuenta. Tras ocuparse de su propia calle, Rasst buscó exención de los impuestos municipales de pavimentación, petición que probablemente Jenkins también hizo. Si así fue, aquí había un precedente: en los próximos años, Jenkins preferiría financiar él mismo obras públicas que pagar impuestos, para evitar fraudes por parte de los funcionarios públicos.[67]

Como prueba de su éxito creciente, Jenkins pudo aliarse en México con un actor importante en la escena de la confección, Sébastien Robert y Cía. Fundada por uno de los varios inmigrantes franceses que establecieron tiendas departamentales en ciudades importantes, la compañía era dueña de El Centro Mercantil, un emporio minorista que ofrecía importaciones de París, que se encontraba en el Zócalo de la capital. Robert adquirió después La Hormiga, una fábrica grande y recientemente modernizada con su propia planta hidroeléctrica. En 1910, esta fábrica compró la parte de un rival menor que estaba quebrando y Jenkins llegó a un acuerdo con La Hormiga para producir bonetería en la fábrica adquirida. Muy probablemente el arreglo le dio a Jenkins acceso a la red minorista de Robert. Después Jenkins construyó o compró una tercera fábrica de calcetines, 300 kilómetros al noroeste en Querétaro.[68]

Las familias de élite de Puebla rara vez invertían fuera de su estado. La operación de tres fábricas de Jenkins no sólo era señal de ambición, sino también de un buen olfato comercial. El rápido aumento de los precios del algodón les dio a las economías de escala aún más importancia. Jenkins podía comprar en mayor cantidad y por consiguiente con descuento. Sus conocimientos prácticos de ferrocarriles y minas le brindaron familiaridad con la logística de transporte de materias primas y productos acabados, así como con la demanda potencial en diversos mercados urbanos. A medida que se multiplicaban los trastornos de la Revolución, tener centros de producción dispersos se volvió todavía más ventajoso.

Jenkins recordó más tarde: "cuando traje máquinas de tejer automáticas y cuando sólo había viejas máquinas manuales de tejer en el país en esa época, pronto pude hacer crecer el negocio de manera extraordinaria... Para el año 1910, prácticamente yo controlaba el mercado barato de bonetería en todo el país". Si bien la afirmación es anterior a su dominio por unos años, la mayor parte de sus competidores poblanos efectivamente se salieron del negocio. En 1914 el *Mexican Herald* publicó que La Corona era la fábrica de medias más grande de México. Jenkins también recordó que en 1913 tenía en su cuenta un millón de dólares en utilidades. Esta declaración suena verdadera, ya que se corroboraría en los préstamos y transacciones inmobiliarias que hizo poco después. En total, La Corona le dio a Jenkins su primer bocado de monopolio. En su país natal, el gobierno se había estado moviendo para "destruir los monopolios", como la Standard Oil de Rockefeller. Pero en México aún se favorecía la concentración de propiedad: el acceso limitado al capital y, por tanto, a maquinaria importada significaba que las economías de escala quedaban en pocas manos, mientras que una clase limitada de consumidores requería muy pocos productores grandes para satisfacer la demanda. Y el Estado no se interponía en el camino.[69]

Sentando otro precedente para sus acciones, en 1912 Jenkins empezó a diversificarse, con una inversión de 225 000 dólares en la Compañía Comercial de Puebla. Fundada por estadounidenses y suecos, la empresa era un distribuidor destacado de pieles de animales y alimentos exportables, y contaba con varios extranjeros adinerados entre sus accionistas.[70] Su asociación con ellos le proporcionó a Jenkins contactos y socios potenciales para proyectos futuros, mientras que su generosa participación anunciaba que se acercaba al nivel superior de la comunidad de empresarios expatriados.

Jenkins también gastaba en hacer arreglos para que casi toda su familia se mudara a California. Cuando era niño, su tío Joseph Biddle se había ido al oeste a la ciudad de Hanford, en el Valle de San Joaquín, donde crió ovejas y se volvió banquero. William pensó que en California había oportunidades que faltaban en el condado de Bedford. Su padre tan trabajador nunca tuvo tanto éxito y su mala suerte se agravó cuando su casa quedó destruida por un incendio en 1912. Poco después, William convenció a su padre, que entonces tenía sesenta años, de que se mudara al área de Hanford. También convenció a tres de sus hermanas, Mamie, Ruth y la joven Annie, que todavía no se graduaba de la Escuela Webb, para que los acompañaran. William gastó entonces 125 000 dólares para comprarle a su padre un viñedo. Mamie, que se casó antes de salir de Tennessee, estuvo de acuerdo en administrar el lugar con su esposo.[71]

El gesto de William era una forma de honrar a su padre. Siempre lo admiró por su honestidad y su voluntad de trabajar muchas horas para ganar lo suficiente para sus siete hijos, y por hacerlo como un viudo. Le había escrito a Mary, el día que su padre cumplió cuarenta y ocho años: "Que se le concedan muchos años más de vida para darle a su niño más grande la oportunidad de pagarle la deuda infinita de gratitud que tiene con él".[72] Quizás inconscientemente, William sugirió a través de su compra su ascenso como patriarca de la familia. A lo largo de las décadas que siguieron, movería a los miembros de su familia de aquí para allá. Sentía que sabía que era lo mejor.

Jenkins estaba bien encaminado para cumplir sus sueños de riqueza y para demostrar a los Streets y Rees que era digno de Mary. En 1912 la acompañó en una visita a su hermano Hugh en Seattle. ¿Habría viajado tan lejos para ver a un hombre que siempre lo desagradó si no fuera para hacer que se tragara su orgullo? (Cualquiera que haya sido su reacción, Hugh nunca se le unió en ninguna de sus inversiones). En Puebla, sin embargo, el éxito de Jenkins aún no le facilitaba la aceptación dentro de las altas esferas de la sociedad. Los empresarios lo ridiculizaban como un "usurero estadounidense que se enriquecía a costa del sudor de los mexicanos". Semejante esnobismo e hipocresía debió de recordarle los viejos tiempos con el tío John y Hugh, y con un efecto similar: un estímulo para demostrar que era igual o mejor que ellos.[73]

Una noche, cuando los Jenkins salían de una representación de ópera, un miembro de una de las familias de élite de Puebla chocó con Mary e hizo que se cayera de la banqueta. Probablemente fue un accidente, pero eso no le importó a Jenkins. Su sentimiento de injusticia personal ya estaba exacerbado por sus modales. Le aseguro a su esposa: "Algún día van a pagar por eso".[74] Diez años después, un número considerable de miembros de esa misma "clase divina" estarían buscando financiamiento de Jenkins, debiéndole una enorme cantidad de dinero o resentidos porque él había confiscado su propiedad por incumplimiento de pagos de deudas.

Para 1913, Jenkins podía autodenominarse un ganador. Sus tres fábricas trabajaban al máximo de su capacidad y tenía varios centenares de empleados. Tenía en su cuenta un millón de dólares y, junto con Mary y Donald, tenía al menos otro millón en activos de la empresa. En marzo de ese año, llegó desde Tennessee la noticia de que el tío de Mary, John Rees, había fallecido.[75] Jenkins debió de haber experimentado sentimientos encontrados. Sin duda se sintió triste de ver a Mary hacer duelo por su segundo padre, el hombre que la cuidó desde que tenía siete años hasta que se fugó a los diecinueve años. Pero seguramente se congratuló de que aquel sangre azul del condado de Lincoln había vivido para que el niño granjero del condado de Bedford le probara que estaba equivocado.

La Revolución se hizo mucho más sangrienta en 1913. Como presidente, Francisco Madero demostró ser bastante incapaz para satisfacer a todos los votantes y combatientes que lo habían llevado al poder. Madero era un idealista dócil, con una visión para México basada en el "sufragio efectivo, no reelección" y una rectificación de los errores porfirianos que se resolvería tranquilamente en los tribunales. Pero el país que Díaz había administrado apenas existía como una nación. No había una sola comunidad que imaginara un interés común y que practicara una cultura compartida. Como Alan Knight lo expresó, México era "un mosaico de regiones y comunidades, introvertidas y celosas, étnica y físicamente fragmentadas".[76] La mayor parte de las quejas eran locales y el régimen de Madero era demasiado débil para satisfacerlas. En algunas regiones la lucha nunca cesó. Después de la mano dura de Díaz, el enfoque conciliador y legalista de Madero para muchos parecía una debilidad.

Sin duda esta era la opinión de Victoriano Huerta, un general otrora leal a Díaz a quien Madero había nombrado comandante del ejército. Huerta, un soldado de carrera mestizo con una larga y brutal trayectoria en el sofocamiento de rebeliones, era un creyente recalcitrante del Orden y progreso. No tenía tiempo para las concesiones que Madero estaba planeando en cuanto a Emiliano Zapata y su chusma de campesinos sin tierra. Impulsado por las élites porfiristas y un embajador estadounidense entrometido, Huerta ejecutó un golpe de estado el 18 de febrero. Por añadidura, cuatro días después, entregó a Madero a un oficial de rango medio que, simulando que lo llevaría a la cárcel, le disparó atrás de la cabeza. La imprudencia de Huerta sólo creó un mártir y aumentó la actividad rebelde, incluso entre aquellos como Zapata que habían despotricado contra el ritmo de las reformas de Madero. Estados Unidos rechazó el reconocimiento del gobierno de Huerta. Las cosas se deterioraron aún más cuando Huerta asesinó a sus adversarios políticos y, en una elección amañada en octubre, se impuso como presidente.[77]

La ciudad de Puebla quedó en gran medida intacta durante estos primeros tres años de guerra, pero el deterioro de las condiciones en otras partes cobró un precio a sus residentes más susceptibles. A los norteamericanos en Puebla, las noticias de ataques en propiedades privadas en otros estados, sobre todo en el norte pero también en el estado vecino de Veracruz, los hacía preguntarse si el contagio de la rebelión podía infectarlos a ellos también. En todo el país, un montón de sus compatriotas estaban volviendo a los Estados Unidos; otros buscaban refugio en la capital. Las almas delicadas de Puebla aparentemente incluían a tres agentes consulares estadounidenses consecutivos, que se fueron de México en noviembre de 1911, enero de 1913 y septiembre de 1913. Dos de ellos alegaron motivos de salud de miembros de su familia. Desde luego, Mary Jenkins también era frágil y vulnerable, pero eso no impidió que su esposo se ofreciera cuando el último de los tres se marchó.[78]

Arnold Shanklin, el cónsul general en la Ciudad de México, había oído hablar bien de Jenkins. Al escribirle al Departamento de Estado para apoyar su candidatura, expresó un mayor entusiasmo que con los dos nombramientos anteriores: "Al señor Jenkins me lo han recomendado mucho personalmente varios americanos representativos de aquí... Como podrán apreciar por su declaración tiene independencia económica y creo que desea el puesto sólo por el servicio que puede prestar al gobierno americano".[79]

Si sabía tanto sobre Jenkins como afirmaba, Shanklin no estaba siendo sincero. Si bien era un puesto honorario y no remunerado, que normalmente se le daba a un miembro superior de una comunidad de expatriados, un agente consular principalmente promovía el comercio. Ayudaba a los importadores y exportadores con permisos y otros trámites: todo poblano que deseaba hacer negocios con Estados Unidos y toda empresa estadounidense en busca de agentes en Puebla le escribía al consulado. Las cámaras de comercio, como la de Chicago, enviaban su directorio de negocios; los exportadores potenciales, como Dodge Brothers Motor Cars de Detroit, solicitaban información de mercado; los compradores norteamericanos y mexicanos de tejidos de algodón también escribían. En otras palabras, un agente consular era un recopilador de información y un facilitador de comercio, funciones bastante propicias a la creación de redes y generación de más dinero.[80]

William Jennings Bryan, el Secretario de Estado, remitió su aprobación con una advertencia: como un nombramiento oficial era inviable, Jenkins debía prestar servicio a título provisional.[81] El problema no era con Jenkins sino con Huerta. Dado que Estados Unidos no reconoció su gobierno, no podían solicitar formalmente el *exequatur* de Jenkins, es decir, el documento de reconocimiento del país de acogida. En 1913, la distinción parecía un asunto sin importancia. Para la gente de Puebla, Jenkins simplemente se conocería como el cónsul estadounidense.

México estaba ahora en plena guerra. Con esta llegaron fuga de capitales, devaluación de la moneda, cierres de bancos, saqueos de haciendas y quiebras. Cualesquiera que sean los trastornos al negocio que el conflicto haya ocasionado, las perspectivas de ventaja se multiplicaron para aquellos con liquidez, conexiones y osadía. Para Jenkins, una revolución significaba oportunidad.

CAPÍTULO 3

Cómo hacerse rico en una revolución

> El mejor momento para comprar
> es cuando la sangre corre por las calles.
> BARÓN NATHAN M. ROTHSCHILD (1815)

LOS ZAPATISTAS Y EL PELOTÓN DE FUSILAMIENTO

Un par de años después, frente al pelotón de fusilamiento, el agente consular William O. Jenkins había de maldecir la Revolución mexicana. La guerra prolongada, sin fin a la vista, había transformado a los trabajadores dóciles y los campesinos en "soldados ebrios... animales sin corazón... demonios aulladores". Durante tres semanas la ciudad de Puebla estuvo ocupada por los zapatistas, los rebeldes leales a Emiliano Zapata. Pero como Jenkins escribió después, los disturbios sólo comenzaron cuando los zapatistas se empezaron a ir.[1]

Tras el llamado a las armas de Madero en 1910, Zapata se había erigido en el héroe de los campesinos oprimidos, particularmente en su nativo Morelos y en el estado vecino de Puebla. Las primeras victorias de Zapata en contra de las fuerzas federales ayudaron a echar a Porfirio Díaz y permitieron que Madero se convirtiera en presidente. Cuando Madero fue asesinado, Zapata se alió con los líderes del norte, Venustiano Carranza y Pancho Villa, para expulsar al usurpador que lo mató: Victoriano Huerta. Con ese objetivo cumplido, sin embargo, la alianza con el aristócrata Carranza se disolvió. Villa y Zapata, creyendo que Carranza tenía muy poco interés en la difícil situación de los pobres, derrocaron a los gobernadores de Carranza en la Ciudad de México y Puebla a finales de 1914. Sin embargo, la ocupación de la ciudad de Puebla nunca formó parte del proyecto de tierra y libertad de los zapatistas para sus pueblos. Muy pronto, hasta la alianza entre Villa y Zapata se desmoronó, erosionada por terceros intrigantes y la vacilación de Villa. De modo que cuando el ejército de Carranza se acercó a Puebla ese invierno, los zapatistas se prepararon para volver a casa.²

La mañana del 5 de enero de 1915, cuando las fuerzas de Carranza recorrieron la ciudad desde el norte y los zapatistas salieron hacia el sur, el trabajo en La Corona se realizó como de costumbre. Era un martes y el total de 300 mujeres de la fábrica trabajaron duro en sus máquinas de tejer y coser, mientras que aproximadamente una docena de obreros estaba haciendo hilo. Pese al sonido ocasional de los disparos, muchos zapatistas evacuaban sin pelear, como Jenkins podía ver desde la ventana de su oficina. Pasaban en grupos grandes y se desvanecían en el paisaje del campo, que empezaba detrás de la fábrica y descendía a las tierras bajas calientes que eran el verdadero territorio zapatista.

La retaguardia zapatista no se marchó tan fácilmente. Por elección o por necesidad lucharon para salir y tuvieron su última batalla en La Corona. Posteriormente, Jenkins observó que esto fue un evento fortuito: alguna unidad debió encontrarse acorralada fuera del edificio porque el tiroteo siguió más de una hora. Cuando los disparos se acercaron, Jenkins dio órdenes a sus empleados de que se cubrieran. Balas perdidas pasaron zumbando por las ventanas, pero ninguno de los obreros quedó herido. Algún tiempo después de que los disparos cesaron, Jenkins se aventuró afuera y contó a 27 carrancistas muertos, más uno que seguía con vida. Tras enviar al hombre herido al hospital, examinó los cadáveres y vio que los zapatistas habían acabado con muchos de sus enemigos muy de cerca, acuchillándolos o volándoles la cabeza con balas expansivas.

Esa tarde, cuando los carrancistas patrullaban la ciudad y recogían a sus muertos, Jenkins se alarmó al oír la afirmación de que los zapatistas habían librado una batalla tan exitosa disparando desde su casa. Temprano a la mañana siguiente se despertó con un golpeteo en la puerta principal. Treinta soldados estaban ahí para arrestarlo. Primero, insistieron en registrar la casa, incluidas las habitaciones de su esposa y dos hijas. Cuando Jenkins exigió saber de quién estaban siguiendo órdenes, le dijeron que sus rifles eran sus órdenes. Arrastrado a la fuerza con seis de sus empleados a un segundo cuartel, Jenkins se vio sometido a "las maldiciones y los vituperios más viles conocidos sólo para los mexicanos, a abusos e incluso golpes". Lo encerraron en una celda y mandaron a un grupo para arrestar a Donald, a quien le dieron una paliza y encarcelaron en otra parte. Pronto le dijeron a Jenkins que lo iban a fusilar, de inmediato, por haber ayudado a los zapatistas. Lo ataron afuera en un patio, lo pusieron de pie contra una columna de piedra y se mofaron de él mientras preparaban sus rifles. Perdiendo todas las esperanzas de salvación, Jenkins pidió permiso para escribirle una nota de despedida a su esposa. Las burlas no hicieron sino empeorar.

En ese momento pasó un capitán y le preguntó al sargento encargado qué estaba sucediendo. Aprovechando la oportunidad, Jenkins se dirigió al capitán: tenía 300 empleados que podían dar fe de su inocencia. El sargento admitió que no tenía órdenes de ejecución, sólo instrucciones generales de disparar a los francotiradores. El capitán le dijo que sería un asunto peligroso ejecutar a un cónsul estadounidense sin instrucciones específicas. Después acompañó a Jenkins a su celda. Mientras tanto, Mary había corrido a buscar a William Hardaker, el vicecónsul británico. Hardaker buscó a los generales al mando de los carrancistas: Francisco Coss, que además era el gobernador del estado, y su superior militar, el renombrado Álvaro Obregón.[3] Cuando se le informó de los arrestos, Obregón ordenó la liberación de Jenkins, sus empleados y Donald. Esa misma tarde los dejaron libres y Obregón hizo que le llevaran a Jenkins. El general, relataría Jenkins, "me hizo ofertas de protección y garantías plenas, me aseguró que lamentaba sinceramente el incidente y ofreció castigar a los culpables de semejante acto. Fue muy amable al respecto..." Jenkins quedó tan impresionado con la gentileza y sinceridad de Obregón que más tarde ese mismo día le escribió para agradecerle.

A la mañana siguiente, Jenkins se sentó frente a su máquina de escribir y le contó el episodio a Arnold Shanklin, cónsul general en México, quien lo reenviaría al Departamento de Estado. Impulsado por la ira de lo que le había acontecido, y por la frustración por la Revolución en su conjunto, sacó ocho páginas bien repletas de papel membretado del Servicio Consular, e incluyó diatribas contra los zapatistas y los carrancistas por igual. Denunció robos por parte de los zapatistas en su fábrica el día que entraron a la ciudad, aunque admitió que había acordado con un capitán zapatista alojar a su pelotón ahí durante varios días para garantizar la protección. Denunció a Pancho Villa por el robo, en la Ciudad de México, de 800 000 pesos en pieles de animales de la Compañía Comercial de Puebla, en la que era un inversor destacado. Tras detallar cómo estuvo a punto de ser ejecutado por los carrancistas, abogó por una intervención armada de Estados Unidos como la única solución al continuo caos. Se mostró furioso por la forma en que los soldados regulares se habían degradado en "animales", que saqueaban y asesinaban; lamentó el desperdicio de recursos de México; observó la escasez de comida y pronosticó hambruna; incluso criticó al gobierno de Estados Unidos por permitir la venta de armas a los mexicanos. Predijo que la violencia y los trastornos empeorarían con más ataques zapatistas en Puebla y una intensificación de tensiones entre Zapata y Villa. Dijo que por mucho tiempo se había opuesto a la intervención, por razones de soberanía de México, pero que ya no había otra solución. Alegó que las tres cuartas partes de los civiles mexicanos con quienes había tenido contacto "rogaban por la asistencia de Estados Unidos para ayudarle al país".

En cuanto al presidente interino de México, Eulalio Gutiérrez, instalado en el mes de octubre anterior, Jenkins adoptó una actitud muy negativa. Dos semanas antes, había ido a México a visitar a Gutiérrez, sólo para reconocerlo como un antiguo subordinado suyo en las minas de Zacatecas. Jenkins quedó estupefacto. Se trataba de un hombre "totalmente incapaz de comprender siquiera la posición que ocupa, mucho menos de entender los mil y un problemas difíciles a los que debe enfrentarse". Éste era otro argumento a favor de la intervención. El presidente Gutiérrez, añadió, "no tendría ningún otro propósito más que probablemente causar problemas cuando fuera separado de su cargo".[4]

La guerra había convertido a México "en un infierno". Los soldados "hace tiempo que perdieron toda concepción de privilegios personales o derechos de propiedad, y aceptaron como autoridad sólo a alguien a quien temen". La revolución era "un tráfico a sangre fría de vidas de hombres y nada más". Lo único que quería Jenkins era irse y abandonar su exitoso negocio textil, pero el tipo de cambio y el clima empresarial obstaculizaban su liquidación. Un amigo suyo, que entregó esta carta directamente a Shanklin, informó que a causa del trauma, Jenkins parecía haber envejecido "veinte años en esas largas horas". Había dejado a Mary "totalmente postrada".[5]

La carta de Jenkins para Shanklin, una de las más largas que sobrevivieron, ofrece una mirada vívida de la intromisión de la Revolución en la ciudad de Puebla y varias apreciaciones sobre la mente agitada de su autor. Fuera de la retórica acalorada de Jenkins y su estilo para lo dramático, su narrativa no parece poco fiable. Al testificar ante la Comisión de Relaciones Exteriores del Senado, cinco años después, un pastor bautista con sede en Puebla durante la guerra dio una versión similar de los acontecimientos.[6]

Uno de sus elementos más llamativos es el funcionamiento ininterrumpido de La Corona, incluso el día en que los carrancistas estaban peleando para expulsar a los zapatistas. A Jenkins le avisaron de la batalla. Admitió que durante varios días antes había observado a los jefes zapatistas abandonar la ciudad con sus hombres, anticipando una embestida que no podrían resistir. La noche del 4 oyó disparos. No obstante, el día 5 no cerró su fábrica, acción que podría sugerir una desconsideración con respecto a la seguridad de sus empleados, pero desde luego muestra una negativa a dejar que la Revolución interfiriera más de lo que ya había hecho. Esta obstinación la compartían la mayoría de los poblanos, ricos y pobres. Los dueños de las fábricas como Jenkins estaban determinados a continuar para compensar las pérdidas incurridas mediante las interrupciones del suministro, el robo de mercancías y los retrasos en los envíos salientes. Los obreros de las fábricas, al carecer del derecho legal a la recompensa cuando los turnos se suspendían o los trabajadores eran despedidos, necesitaban la seguridad de un salario regular, más aún cuando los alimentos básicos estaban escaseando.[7]

También resulta sobresaliente el tono emotivo de Jenkins. Tenía una tendencia a recibir las pérdidas materiales con una aflicción exagerada, por lo que los lamentos como "perdí ingentes sumas… y sin duda alguna perderé el resto de lo que he ganado", eran ordinarios. Lo que era inusual, ya que las cartas que sobrevivieron arrojan pocas pruebas de intolerancia, era su total desdén por los combatientes de la Revolución y por extensión a los indígenas pobres que en gran medida conformaban su mayoría. En repetidas ocasiones retrató a los soldados como menos que humanos: eran "perros ebrios", "demonios insensatos", "animales sin corazón, conciencia o inteligencia", que sólo querían "satisfacer sus propios apetitos y pasiones".

Jenkins no era un extremista. El prejuicio en contra de los campesinos era común, a pesar de cierta idealización de los zapatistas por parte de la izquierda educada. La creencia generalizada de que muchos eran bestias que necesitaban domesticarse había dado lugar al "México bronco", un término porfiriano para las zonas propensas a la violencia. Félix Palavicini, el primer secretario de Educación de Carranza, afirmó: "Los ignorantes, los esclavos de los apetitos sensuales y las bestias del campo" persistirán en sus "absurdas esperanzas" y "perversas pasiones" si se les niega una educación. Los soldados de a pie de la Revolución se amoldaban a las opiniones cosmopolitas de los "pueblos descontentos, mitad demonios y mitad niños", como calificó célebremente Rudyard Kipling a los no blancos del mundo. En su carta Jenkins se refirió dos veces a los rebeldes como "demonios". Su compatriota en Puebla, la terrateniente Rosalie Evans, una enérgica viuda que odiaba a los peones que querían sus tierras, se refirió en repetidas ocasiones a ellos como "demonios"; añadió que su líder mestizo tenía "los pequeños ojos negros más crueles, como una serpiente lista para atacar".[8] Hasta en los mejores momentos, Jenkins escribió, los campesinos eran unos "niños", que necesitaban aprender. Su paternalismo siguió en marcha: los soldados eran "mentalmente incapaces hasta entonces de entender cualquier ideal posible que pudieran tener"; el presidente Gutiérrez era "un buen minero para ganar dos o tres pesos al día"; México necesitaba "un poco de asistencia para resolver este enredo".

La solicitud de Jenkins de intervención también era muy típica tanto de la época como del momento. Hacía eco del llamado de Kipling de 1899, en el cual Estados Unidos debía "asumir la carga del hombre blanco" quedándose en las recientemente ocupadas Filipinas y civilizando a la población. Los recuerdos de la guerra hispano-estadounidense, motivo del poema de Kipling y de una prolongada ocupación de Cuba, influyeron en los reportajes estadounidenses sobre México. Al menos hasta 1914 favorecían claramente el envío de tropas. Como Jenkins, los periodistas no abogaban por la intervención con una intención anexionista, sino por fe en la superioridad y el deber de la civilización anglosajona. El Ejército de Estados Unidos podía hacer por México lo que había hecho por Cuba: ayudar a las personas desplazadas por una guerra, mejorar la infraestructura y erradicar las enfermedades letales.[9]

Algunos estadounidenses simpatizaban con los pobres de México, como los periodistas de izquierda John Kenneth Turner, que exhibió a los hacendados abusivos, y John Reed, que acompañó a Pancho Villa. Pero se trataba de una minoría progresista y hasta Reed consideraba a los rebeldes "personas amables y sencillas", "divinamente irresponsables". Más comúnmente, los norteamericanos retrataban la ferocidad de la Revolución como un reflejo del carácter nacional de México. Un reportero afirmó que la guerra expuso el salvajismo latente de los rebeldes y que los transformó en "la encarnación de la lujuria y la ferocidad". El novelista Jack London escribió un cuento ("El mexicano") sobre un boxeador profesional que dedica sus victorias a la Revolución; sus ojos son "venenosos y parecidos a los de una serpiente", mientras que un personaje ve al boxeador como un "lobo salvaje". En 1914, cuando el presidente Woodrow Wilson intentó debilitar al presidente Huerta enviando a las fuerzas armadas para tomar Veracruz, London cubrió la ocupación. Pese a sus tendencias socialistas, contrastó de manera favorable las fuerzas vigorosas estadounidenses con los pobres miserables locales y concluyó que los mexicanos "anhelaban el dichoso día en que los americanos los volvieran a conquistar".[10]

Cuando estaba en Tennessee, Jenkins se había llevado bien con los negros, como su padre. Según las normas locales de la época, su actitud era progresista. Su experiencia de la Revolución endureció su corazón. En años venideros, sus puntos de vista sobre las enormes clases marginales de México y casi todos sus empleados (con la notable excepción del interés en su educación) reflejarían el conservadurismo de la opinión de las élites. Sólo en la vejez volvería a descubrir la tolerancia que alguna vez aprendió en el condado de Bedford.

El lenguaje de Jenkins revelaba un choque de culturas, un desencuentro de opiniones entre las élites y los desfavorecidos que estaba generalizado en la sociedad en la que vivía. Dado que no consideraba a los rebeldes como racionales, Jenkins nunca se detuvo a tener en cuenta su punto de vista. Dos veces registró la afirmación de que "sus rifles les daban órdenes". Para un peón convertido en soldado, alguna vez privado de derechos y sin tierras y ahora un revolucionario que combatía con la bandera zapatista de tierra y libertad, esta afirmación era una declaración exuberante de un poder sin precedentes. Para Jenkins, era el canto de un idiota. Asimismo, mientras estaba seguro de que le iban a disparar aquella mañana de enero, parece que sus captores no tenían ninguna prisa por levantar sus fusiles una vez que lo pusieron contra la columna. Sus constantes burlas y modos displicentes sugieren que su objetivo era divertirse un poco con un gringo arrogante, más que ejecutar a un enemigo de la Revolución. Jenkins declaró, con exactitud, que la alianza entre Villa y Zapata se estaba desgastando, pero añadió que el conflicto entre ellos era inevitable, ya que "ambos quieren lo mismo y están en el camino del otro". Para Jenkins, cada una de las facciones revolucionarias buscaba el control de la República. Pese a su contacto con varios líderes zapatistas, no pudo percibir que las ambiciones de este movimiento eran locales.

En cuanto a la intervención norteamericana, la aseveración de Jenkins de que la mayoría de los mexicanos que él conocía estaba a favor no suena totalmente falsa. La élite de la ciudad de Puebla tenían una historia de acoger a las potencias extranjeras con la esperanza de que instauraran el orden: los estadounidenses en la década de 1840, los franceses en la de 1860. Pero incluso si su afirmación fuera cierta, las opiniones que Jenkins emitía eran seguramente las de las clases acomodadas. ¿Qué pensaban las obreras de La Corona, o los rebeldes zapatistas, sobre una ocupación norteamericana? ¿Pensó alguna vez Jenkins en preguntarles?

Como muchos periodistas estadounidenses de la época, Jenkins no podía entender ningún motivo racional para la Revolución. Para el reportero veterano de guerra Richard Harding Davis, a favor de la intervención en 1914, como había estado respecto a Cuba en 1898, la lucha entre Villa y Huerta no era una revolución, sino "una riña entre ladrones de ganado".[11] Jenkins escribió: "Si la guerra tuviera una causa o una razón… si fuera por la libertad de los hombres, o una herencia para sus hijos, todos nosotros, que conocemos México tan bien, diríamos que es para bien". Para Jenkins, la libertad sólo podía definirse en un sentido literal: ser libre de esclavitud u ocupación colonial. La libertad del peonaje por deudas, la libertad para vivir sin miseria, la libertad para elegir líderes, la libertad que viene con la autonomía municipal, todas esas libertades eran, en distintos grados, parte de los planes de los revolucionarios. Pero Jenkins sentía que sabía mejor que nadie, porque conocía México *tan bien…*

A pesar de sus prejuicios, exacerbados por haberse sentido al borde de ser ejecutado, Jenkins siguió siendo pragmático. Su acuerdo admitido con un capitán zapatista para emplazar tropas en su casa (un acuerdo de acantonamiento y pensión a cambio de protección de la propiedad) demuestra su capacidad para conseguir aliados insólitos. En otra parte de su carta menciona haber entregado un mensaje de la legación brasileña en México (que representaba brevemente los intereses estadounidenses) al secretario particular de Zapata en Puebla. También conversó con los líderes de la ocupación zapatista. Unos meses después, Jenkins se hizo amigo del joven y educado Gildardo Magaña, que ya era un asistente de alto rango de Zapata y posteriormente su sucesor político.[12]

Como agente consular de Estados Unidos, Jenkins obtuvo acceso a las altas esferas. Un puesto interino y honorario era una carta de poco valor nominal, pero la jugó con ostentación.[13] Se refería a su casa como "el Consulado", ondeaba la bandera de Estados Unidos, omitía mencionar su estado provisional y usaba su título para obtener audiencias con la legación brasileña, el presidente Gutiérrez y el general Obregón. Naturalmente jugaba su pequeña carta con los zapatistas. Al lidiar con los brasileños sobre el robo de Villa de sus pieles de animales, Jenkins también buscaba la devolución de unas pieles confiscadas por el comandante de Zapata en la ciudad de Puebla. En respuesta, el secretario general zapatista instó al comandante a devolver la mercancía, ya que la empresa comercial de Jenkins no era "un enemigo de la Revolución" y convenía a todos evitar dificultades con el gobierno de Estados Unidos.[14]

En conjunto, sus acuerdos con los zapatistas muestran que Jenkins tenía motivos y a la vez medios para intercambiar favores con ellos. Dado que su hogar y su fábrica estaban en el extremo sur de la ciudad, eran vulnerables a las incursiones de los rebeldes o bandidos. Muy factiblemente, incluso antes de la ocupación, Jenkins llegó a un acuerdo con algún oficial zapatista (tal vez por medio de Magaña) a cambio de la seguridad de su familia y negocio. De ser así, el saqueo que sufrió ese diciembre simplemente reflejaba la vaga coordinación de las tropas convergentes a favor de Zapata. En 1919, Jenkins admitiría haber pagado dinero para protección mensual durante varios años a un zapatista con base en Atlixco, que salvaguardó una hacienda que había adquirido. Los rumores indicaban que tenía acuerdos similares con otros. Para entonces también había entablado amistad con el agente zapatista en la ciudad de Puebla. Estas amistades y maniobras encubiertas no eran extraordinarias: varios terratenientes e industriales poblanos pagaban a los rebeldes que amenazaban con destruirlos o robarles.[15]

En el caso de Jenkins, por lo menos, dichos acuerdos sentaron precedente para cuando la guerra terminó. Las décadas siguientes confirmarían sus habilidades en el politiqueo promiscuo, cuando lisonjeaba y compraba influencias a los gobernadores y generales de diversas filiaciones.

Tejer utilidades en tiempos de guerra

La Revolución mexicana empezó y terminó en el estado de Puebla. El 18 de noviembre de 1910, el gobernador Martínez se adelantó al levantamiento planeado por Aquiles Serdán. El 21 de mayo de 1920, en un pueblo de la sierra, Venustiano Carranza escapaba hacia Veracruz cuando se encontró con una muerte innoble en manos de unos asesinos. El homicidio de Carranza fue el último de los cinco cambios violentos de régimen de la Revolución. Con su colega convertido en adversario, Álvaro Obregón, el tigre liberado por Madero quedó enjaulado.

Durante la mayor parte de la década transcurrida, Puebla fue un campo de batalla: entre las fuerzas de Porfirio Díaz y Madero, entre las de Huerta y los herederos de Madero, y entre la alianza Villa-Zapata y los ejércitos de Carranza. Puebla también presenció luchas por el poder local, a menudo divorciadas de los movimientos nacionales. Las tropas leales a Zapata en el suroeste, Domingo Arenas en el noroeste, los caciques de la sierra en el noreste y el sobrino de Díaz, Félix en el sureste frecuentemente combatían a cualquiera de los ejércitos que ocupaban la ciudad de Puebla. En ocasiones luchaban entre sí. Los zapatistas, ante todo, sembraban el caos: destruían ingenios azucareros, quemaban cosechas, atacaban trenes, cortaban el suministro de electricidad y las líneas telefónicas. Las fuerzas de Carranza, en principio al mando de Puebla desde septiembre de 1914, fracasaron al someter una tercera parte del estado y alienaron a sus súbditos urbanos con impuestos y medidas en contra de la Iglesia. Para 1920, cuando los carrancistas huyeron, el gobierno de Puebla estaba en bancarrota y sus municipios arruinados por la inestabilidad política y el bandolerismo.[16]

William Jenkins no se ató las manos. Convirtió la tormenta en treguas y cuando el ruido y la furia golpeaban aprovechaba su energía. En conjunto duplicó con creces su fortuna. Al escribir mucho tiempo después al Servicio de Impuestos Internos de Estados Unidos (IRS, por sus siglas en inglés), recordó: "La gran Revolución mexicana empezó en 1910, pero no afectó gravemente la vida y el negocio en mi sección del país hasta 1913, y yo pude seguir trabajando con grandes utilidades". Continuó para dejar constancia de que para 1913 tenía un millón de dólares en ahorros y aproximadamente 1.5 millones en activos, y que tras otros cuatro años su valor neto se había duplicado a más de cinco millones. De esto, una tercera parte reflejaba el valor accionario y las reservas de sus tres fábricas de bonetería, pertenecientes a la compañía La Corona; otra tercera representaba sus propiedades urbanas en Puebla y México, así como tierras agrícolas en los estados de Puebla y San Luis Potosí; y una cuarta constaba de préstamos a un grupo de familias distinguidas.[17]

Aunque el motivo de la carta de Jenkins, una petición de clemencia al IRS durante una auditoría, pone en entredicho algunos de sus detalles, no hay duda en cuanto a la escalada de tiempo de guerra en su riqueza. Dos investigadores estadounidenses que lo visitaron en 1918 hicieron comentarios al respecto, enfáticamente y en desaprobación.[18]

Entonces, ¿cómo se volvió tan rico Jenkins durante el periodo más turbulento de la historia de la nación, años de inestabilidad crónica, depresión económica y, a través de la suma de muertos en el campo de batalla, muertes por enfermedades, nacimientos perdidos y emigración, un descenso demográfico de dos millones de personas?[19] La respuesta tiene dos partes: Jenkins tuvo ganancias pese a la Revolución, a través de la operación casi constante de su negocio de textiles. Y tuvo ganancias gracias a la Revolución, explotando las fluctuaciones monetarias y aventurándose en un mercado fluido de bienes inmuebles rurales y urbanos.

En el comercio textil, la experiencia de Jenkins confirma una opinión revisionista de la Revolución: la industria demostró su extraordinaria maestría en el "aquí no pasa nada" durante gran parte de la guerra y salió prácticamente intacta del conflicto. La mayoría de los historiadores han descrito la guerra como una de "destrucción incalculable" o como una "década pérdida" para México, lecturas heredadas de las versiones de la Revolución escritas o patrocinadas por sus vencedores, a quienes les gustaba pensar en ella como un viento poderoso que arrasó con el orden antiguo.[20] Lo que le sucedió a Jenkins y al sector textil de Puebla también confirma cómo el daño estaba mucho menos extendido de lo que las víctimas indignadas reclamaban en esa época. Además, confirma cómo las experiencias individuales de una revolución pueden variar enormemente, desde la desolación hasta la supervivencia tenaz y el beneficio insólito.

En la mayor parte de México, los primeros tres años de la Revolución tuvieron poco efecto en la economía. La industria textil de algodón, como Jenkins recordó de su propia experiencia, apenas se vio afectada. Entre 1910 y 1913, la producción anual promedio fue sólo ligeramente inferior que antes.[21] Pero luego, cuando los ejércitos se movilizaron por gran parte de México tras el asesinato de Madero, la actividad disminuyó. Los industriales se vieron obstruidos por la ocupación de las ciudades; las perturbaciones en las redes ferroviarias, viales, telegráficas y telefónicas; la escasez en el suministro de energía, así como la fragmentación de la moneda a medida que las facciones en pugna emitían sus propios billetes.

Los suministros de algodón provenientes del norte se vieron interrumpidos o simplemente se los robaban. Jenkins se quejó de que en marzo de 1914 le confiscaron una gran cantidad de su algodón en el centro ferroviario de Torreón.[22] Por otro lado, como guardó sus primeras ganancias en bancos estadounidenses, Jenkins contaba con la ventaja competitiva de acceso a dólares. Después de que las facciones beligerantes hicieron caer el valor del peso, pudo cambiar divisa fuerte por dinero local y reducir sus costos operativos hasta en 90 por ciento. En algún momento, estuvo pagando sólo un dólar por vagón de ferrocarril en gastos de flete desde la Ciudad de México.[23]

Para 1917, cuando inició una reactivación de la industria, la mano de obra del sector textil de la nación ya se había reducido en casi una tercera parte. Aun así, los daños al sector fueron limitados y la recuperación relativamente rápida. Para 1920, había en funcionamiento tantas fábricas como cuando Porfirio Díaz dejó el cargo. En comparación con las haciendas y las plantaciones, que habían sido el foco del resentimiento a fuego lento durante varias décadas, simplemente no convenía a las facciones rebeldes destruir fábricas. Éstas podían proporcionar una fuente constante de efectivo con la cual mantener y equipar sus ejércitos. Las fábricas podían ser expropiadas, gravadas o extorsionadas a cambio de protección.[24] Las pocas que se quemaron y dañaron probablemente sufrieron porque sus dueños se negaron a pagar o sus empleados se resistieron.

Las fábricas de Puebla fueron objeto de ataques en ocasiones. Metepec en Atlixco, la fábrica más grande del estado, fue totalmente saqueada en enero de 1915, lo que causó un cierre de cuatro años, la pérdida de 2 000 empleos y un rechazo entre los obreros locales para engrosar las filas de los zapatistas responsables. Varias fábricas fueron incendiadas y pasaron años para que se reconstruyeran. Durante la escalada de incursiones zapatistas, la mayoría de las fábricas de Puebla fueron atacadas.[25] Sin embargo, los daños se exageraron. En noviembre de 1914, el cónsul estadounidense en Veracruz informó al Departamento de Estado de 16 fábricas extranjeras en Puebla y Tlaxcala que habían sido "saqueadas y quemadas" en un periodo de dos días. Los ataques supuestamente involucraban la ejecución de casi todos los empleados y pérdidas materiales de 45 millones de pesos. Pero los asesinatos quedaron sin confirmar. Jenkins presentó un informe sobre los mismos ataques y mencionó el saqueo de unas 20 fábricas, pero confirmó la destrucción de sólo dos.

En mayo de 1917, la asociación local de propietarios de fábricas informó que 40 de las 54 fábricas de la región Puebla-Tlaxcala estaban en funcionamiento. El hecho de que el sector se haya reactivado tan rápidamente (en una época en la que el crédito necesario para mayores reparaciones o para las importaciones de maquinaria era limitado) confirma que el robo de nómina y mercancía era el objetivo habitual de los ataques de los rebeldes, no los incendios provocados ni los destrozos de máquinas.[26]

Más grande que las incursiones zapatistas era la amenaza de disturbios internos. En un principio las huelgas eran aisladas, pero desde finales de 1911 se generalizaron.[27] Esperando una recompensa por su ayuda en la victoria de Madero sobre Díaz, los obreros albergaron resentimiento por el fracaso del gobierno federal para implementar reformas o hacer cumplir las que anunció, como la jornada laboral de 10 horas acordada en enero de 1912 cuando Madero se reunió con los representantes de la industria textil. Las huelgas en todo el sector paralizaron desde la mitad hasta casi todas las fábricas de Puebla, durante semanas enteras, entre diciembre de 1911 y septiembre de 1912.

Ese marzo una suspensión afectó a La Corona. Fueron los hombres quienes entraron en huelga, junto con una docena de mujeres, en protesta por el incumplimiento de Jenkins para reducir la jornada laboral de 12 horas al nuevo límite de 10. El acuerdo que Madero había negociado no era jurídicamente vinculante: un número considerable de dueños de fábricas se negaron a implementarlo, lo que provocó un paro de casi la mitad de la mano de obra textil del estado en febrero. La respuesta de Jenkins fue buscar ayuda del jefe político local, un amañador nombrado por el gobierno federal con el poder de resolver toda clase de problemas. Al visitar La Corona, el jefe político instó a las mujeres restantes a no unirse al nuevo sindicato, al que pertenecían los hombres huelguistas, y les dijo que la industria estaba muy deprimida para que Jenkins pudiera permitirse concesiones. Su intervención aparentemente impidió que la huelga proliferara y terminó con la derrota de los obreros cuando Jenkins remplazó a la docena de mujeres huelguistas y amenazó con contratar a otras mujeres, capacitadas como hilanderas, para remplazar a los hombres en huelga.[28]

Dada la respuesta inflexible a este malestar por parte de la élite textil poblana, Jenkins demostró ser tan terco como sus colegas. Vio cómo los veteranos de la industria se salían con la suya, ignorando las directrices federales, y optó por hacer lo mismo. Cuando la situación se hizo difícil, consiguió ayuda del antiguo apoyo de la élite, el jefe político. Este hombre evidentemente era parcial, porque su afirmación de que la industria estaba "muy deprimida" para concesiones se contradice con la posterior admisión de Jenkins al IRS de que hasta 1913 "pudo seguir trabajando con grandes utilidades". En ciertos aspectos, Jenkins ya se estaba adaptando a las reglas del juego local, emparejándose a los ardides de los otros dueños de fábricas. Presumiblemente así es cómo Jenkins veía y justificaba sus acciones.

Pero no había nada que fuera necesariamente mexicano en la tajante respuesta de Jenkins. En la cultura de sus años formativos, los sindicatos estadounidenses disfrutaban de pocas protecciones legales, sobre todo los grupos más radicales que intentaban organizar a los obreros menos cualificados. La mano de obra norteamericana vio muchas protestas reprimidas con medidas encubiertas y violentas, entre las que destacan la huelga de Homestead de 1892 en contra de la Carnegie Steel Company, cerca de Pittsburgh; la huelga de Pullman de 1894 en Chicago, y la huelga en la mina Lattimer de 1897 en Pennsylvania. En cada una de éstas hubo masacres de trabajadores. Por todo el país dichos episodios acapararon los titulares de una prensa que por lo general se ponía de lado de la dirección, al menos hasta que hubo disparos y muertos. La época progresista que siguió vio un auge de la organización sindical, pero en la época en que los mexicanos hacían su revolución, continuaron los intentos ilícitos y violentos por disolver las huelgas en Estados Unidos, en particular en las industrias mineras y textiles, los mismos sectores con los que Jenkins estaba más familiarizado.[29] Puede que Jenkins haya emulado a sus colegas mexicanos en los métodos que usó para debilitar la huelga en La Corona, pero la mentalidad de libre mercado y antisindicalismo que lo motivó a hacerlo, una que privilegiaba el derecho de un propietario a obtener utilidades sobre el derecho de un trabajador a la salud, la seguridad y el contrato colectivo, era de igual modo anglosajona.

En otros modos, Jenkins estaba a la vanguardia de las prácticas administrativas. Para 1915, se había convertido en uno de los primeros dueños de fábricas en Puebla que redujo los turnos de trabajo a ocho horas.[30] Tras haber resistido antes a las presiones federales para implementar jornadas laborales más cortas, se dio cuenta de que el recién decretado límite de ocho horas permitía tres turnos al día, lo cual suponía un formato potencialmente más productivo que el estándar de dos turnos de 10 horas. ¡Podía exprimir otras cuatro horas cada día en La Corona!

Mientras tanto, casi todas las patronales textiles de Puebla estaban regateando con el gobierno: se oponían obstinadamente al decreto y ofrecían reducir cada turno de 10 a nueve horas. Después de la Revolución, la rotación de tres turnos llegaría a ser común.

La decisión de Jenkins de contratar mayormente a mujeres seguía el precedente en las fábricas de bonetería. También se adecuaba a su convicción (típica de la época) de que las mujeres eran sumisas. Le gustaba referirse a sus trabajadoras como sus "niñas". La Corona en realidad sufrió menos suspensiones que la fábrica promedio, pero eso se debió al menos en parte a otros dos factores. Uno fue la clarividente decisión de Jenkins de que La Corona debía tejer su propio hilo; esta capacidad, que no se encontraba en la mayoría de las fábricas de bonetería, la protegió de las huelgas en las fábricas que suministraban el hilo. Otro fue el hecho de que Jenkins no fuera miembro de la principal cámara poblana de comercio, el Centro Industrial Mexicano (CIM), que representaba a cerca de 50 fábricas textiles. Cuando los trabajadores hicieron huelga, los propietarios tomaron represalias varias veces con cierres patronales masivos, coordinados a través del CIM. El más largo, durante tres meses en la primavera de 1918, implicó la participación de casi todas las fábricas de Puebla en un intento concertado de ahogar a la recién nacida Federación de Sindicatos. Pero La Corona no estaba entre ellas.[31] Ya fuera que simplemente rechazó al CIM o que solicitó su adhesión y la nobleza de España se negó a admitir al estadounidense arribista, sin duda Jenkins sintió que con un área de producción conformada principalmente por mujeres, y lo que consideraba su gestión imparcial, no necesitaba al CIM para mantenerse a raya de las huelgas. Seguramente sus "niñas" no intentarían sindicalizarse. Durante el episodio de 1912, alegó que la docena de mujeres de La Corona que se habían unido a la huelga fueron engañadas por los hombres.

Su actitud de "papá lo sabe todo" no era puro alarde. Contrariamente a la oscura reputación que más tarde adquirió, Jenkins era un empleador bastante benévolo que se enorgullecía de administrar una fábrica modelo. Tras meses de trastornos de guerra en el mercado textil, un funcionario del CIM informó al Departamento de Trabajo que si bien La Corona estaba operando de forma irregular, seguía pagando a sus mujeres una parte de su sueldo los días que estaba cerrada, hecho que no habría mencionado si las prácticas fueran generalizadas. Siete veces durante la guerra, el Departamento verificó que las fábricas textiles respetaran una ley de 1912 en la que se establecía un salario mínimo, y en cada ocasión La Corona y su fábrica hermana de Querétaro estaban en conformidad con la ley. Casi un tercio de las fábricas incumplían.[32] Varios visitantes elogiaban a Jenkins por su forma de tratar a los empleados. Un ministro metodista encontró que los obreros estaban bien vestidos, bien alimentados y contentos, y que trabajaban en una "fábrica muy moderna... bien iluminada e higiénica". Un antiguo socio comercial informó que la fábrica estaba equipada con baños y una escuela.[33]

La escuela era poco común. Preocupado por un sistema educativo debilitado y una tasa de analfabetismo de 75 por ciento, el gobierno de Puebla aprobó una Ley de Educación Primaria en 1919 que obligaba a las haciendas y fábricas a construir escuelas *in situ* para los hijos de sus empleados, pero la violencia, la falta de liquidez y la intransigencia entre la élite empresarial significó que el mandato no se cumpliera de forma generalizada hasta que se aprobó una ley similar en el plano federal en 1931.[34] Jenkins se adelantó a la mayoría de sus colegas al ayudar a educar a los menos privilegiados, característica que distinguiría su carrera.

La Corona no sólo se administraba de forma distintiva, sino que también era una empresa con una estructura distintiva. Jenkins ya había desarrollado ingeniosamente su dominio del mercado: identificando un nicho donde la producción estaba fragmentada, aplicando nueva tecnología y economías de escala, erigiendo a La Corona como la fábrica de bonetería más grande del país y estableciendo otras dos fábricas que suministraban en distintas regiones. Casi todo el círculo industrial de Puebla, provincianos en actitud, tenían fábricas tan sólo en Puebla.[35]

Sin saberlo, el sistema de tres fábricas preparó a Jenkins para sacar el máximo provecho de la Revolución. Tener fábricas a su disposición en Puebla, la Ciudad de México y Querétaro le permitió una flexibilidad en tiempos de guerra que muy pocos gozaban en el sector textil, ya que podía mover suministros y pedidos entre fábricas. Si las pacas de algodón no pasaban a Puebla desde las plantaciones en el norte, la fábrica de México podía dar un poco. Si las conexiones ferroviarias se interrumpían entre la capital y los minoristas en Guadalajara, la fábrica de Querétaro podía atender el pedido. Para citar un ejemplo concreto, la ciudad de Puebla sufrió una agitación sin precedentes durante la segunda mitad de 1914, con invasiones por parte de los carrancistas y los zapatistas.

Ese semestre la fábrica de Querétaro, que había estado facturando cerca de la mitad de las ventas de La Corona, generó 50 por ciento más que ellos.[36]

En febrero de 1913, Jenkins hizo otra maniobra poco ortodoxa, cuando registró La Corona como una sociedad anónima de responsabilidad limitada (S. A.). Fue sólo la cuarta entre las aproximadamente 40 fábricas textiles de Puebla que asumieron este estatuto legal.[37] El registro de una S. A. (la compensación por la que Jenkins estaba un paso adelante al aprovechar) implicaba el sacrificio de un mínimo de privacidad y control, principalmente en tener que divulgar los estados financieros, a cambio de una responsabilidad limitada para todos los socios y un mayor acceso a capital y préstamos nuevos.

Que Jenkins optara por este modelo legal se debía en cierto modo a las circunstancias. A principios de 1913, el régimen de Madero parecía frágil; pronto podía surgir una necesidad de rápido acceso a créditos. La maniobra fue profética. El 22 de febrero, sólo tres días después de que La Corona se convirtiera en una S. A., Madero fue asesinado, en un crimen que arrastraría a México a la fase más sangrienta de la Revolución. Pero la voluntad de Jenkins de adherirse a la S. A., por delante de casi todos sus colegas, también tenía que ver con su cultura formativa. Jenkins venía de una nación en la que la sociedad anónima de responsabilidad limitada surgió en los años 1810, siete décadas antes de que naciera en México. En cambio, la élite textil poblana pertenecía a una cultura bastante cerrada en la que las redes de parentesco, el matrimonio endogámico y el origen nacional (en su mayoría español) creaban lazos de confianza y facilitaba préstamos privados, por lo que la mayoría sentía poca necesidad de protección de riesgos o créditos independientes.[38] El cambio de la base legal de La Corona también era una muestra de la ambición de Jenkins. En 1919, mientras otras fábricas volvían a la normalidad, Jenkins construiría dos salas adicionales en La Corona, lo que permitió más espacio para sus trabajadores al separar el hilado y el tejido del área de costura y aumentar el número de telares de la fábrica.[39]

En los próximos años, Jenkins fundaría docenas de sociedades anónimas y la práctica le aportaría otra ventaja más enrevesada. Designaría socios y parientes como accionistas en su lugar, para así poder esconderse de los documentos de registro. Una vez que fue lo suficientemente rico para comprar protección del gobierno estatal, ya no necesitó los derechos legales otorgados por un documento notarial. Después de todo, en cuestiones de propiedad, lo que importaba era la posesión física de los títulos de acciones anónimas. Y así se liberó del Tío Sam: el Servicio de Impuestos Internos no podía cobrar impuestos por lo que no poseía legalmente. Para Jenkins, la sociedad anónima significaba anonimato en todos los aspectos.

La Corona salió de la Revolución como la mayoría de las fábricas: con rasguños pero no con huesos rotos. Sin embargo, aunque eran típicas en algunos aspectos, las operaciones de Jenkins eran excepcionalmente ventajosas en otros y más resistentes a las desgracias de la guerra que la empresa promedio. Jenkins tenía una base de producción flexible y un nicho de mercado monopolístico. Tenía una fuerza de trabajo conformada en gran parte por mujeres a las que trataba bien en comparación con lo que era normal por aquellos días, y que eran menos propensas a hacer huelga que la mayoría. Tenía una compañía que operaba como una S. A., lo cual facilitaba el crédito.

El suyo era un enfoque mucho más aventurero y menos estrecho de miras que el de casi toda la élite poblana, para quienes el negocio textil era una actividad de varias generaciones, redes dependientes que confinaban la confianza mutua a sus enclaves étnicos. Dado que Jenkins no tenía hijos ni sobrinos a los que capacitar, su actitud también era menos sentimental. Si la actividad sindical se aceleraba en el sector, como sucedería después de 1920, podría vender La Corona y usar los activos para expandir su fortuna en otro lugar.

A COSTA DE LOS PORFIRISTAS

Cuatro meses después del incidente del pelotón de fusilamiento, Jenkins por fin puso a salvo a Mary y las niñas en Estados Unidos. Puebla sólo se había vuelto más peligrosa, como gran parte de la República, en medio de una guerra intensiva entre Carranza y Pancho Villa. El conflicto entre facciones era un problema; el bandolerismo, otro. Los estadounidenses eran víctimas frecuentes, a veces objetos de ataques por un sentido de nacionalismo revolucionario, más habitualmente por conveniencia. Algunos eran secuestrados; otros, asesinados.[40]

Ya había una alternativa más saludable que Tennessee, con el calor del verano y la humedad que tanto habían molestado a Mary: el norte de California. La mayoría de la familia de William ya se había mudado ahí, y en 1913 los Jenkins habían enviado a su hija Elizabeth, que ya tenía 11 años, a la escuela en Berkeley. Todos proporcionarían una comunidad para Mary, junto con su segunda hija, Margaret. Y más o menos nueve meses después de la partida de William, en un hospital de San Francisco el 20 de marzo de 1916, Mary daría a luz a su tercera hija, Jane.[41]

Durante más o menos un año, Jenkins fue liberado de sus dependientes. Sí le preocupaba la salud de Mary, pero no puede habérsele escapado que sin ella en casa y ansiosa, él era más libre para moverse por el país. La gestión de las operaciones diarias en La Corona ahora estaba en manos de su cuñado Donald, que estaba disfrutando de la vida como recién casado. Una prima de Jenkins, Annie Wells, había llegado para quedarse en septiembre de 1914, y ella y Donald se casaron el siguiente junio.[42] Y así, en medio del caos de la Revolución, Jenkins empezó a diversificar sus activos, impulsando su fortuna y, quizá de manera inconsciente, profundizando sus raíces en su tierra adoptiva.

En un momento dado, Jenkins escribió a la Secretaría de Relaciones Exteriores para informarle de sus tratos con tres damas distinguidas: Lucrecia Lara de Miera, Loreto Galicia de Pérez Salazar y doña Josefina González de la Vega de Zevada.[43] Todas estas mujeres se habían tornado deudoras del estadounidense, que tenía hipotecas de sus casas en México y Puebla. Siguiendo un nuevo requisito legal para los extranjeros que adquirían propiedad, Jenkins renunciaba al derecho de recurso ante el gobierno de Estados Unidos en caso de dificultades legales y solicitaba certificación de los préstamos.

Los detalles de los acuerdos son pocos pero relevantes. Los nombres de las mujeres hablan de un alto rango social: evidentemente el largo apelativo de doña Josefina y los infrecuentes nombres de Lucrecia y Loreto evocan cierta posición. Una se refería a sí misma como viuda, que probablemente era cierto para las tres. Dos de las hipotecas, que valían 23 000 y 21 000 pesos, sólo podían respaldarse con casas de tamaño o ubicación deseables. La historia de sus deudas también era reveladora. En 1911, doña Josefina primero obtuvo una hipoteca por su casa de un inmigrante judío, que posteriormente la vendió a un tercero, quien a su vez se la vendió a Jenkins. Lucrecia Lara garantizó una hipoteca de su propiedad con un hombre que, de nuevo, se la vendió a Jenkins.

Durante la Revolución, muchas mujeres con propiedades se vieron en la necesidad de efectivo: quizá sus haciendas estaban invadidas; quizá sus esposos habían fallecido, muerto en batalla o huido al exilio.

A menudo identificadas con el *ancien régime*, dichas damas estaban expuestas a la insistencia de los gobiernos revolucionarios de que los impuestos inmobiliarios se pagaran en su totalidad. Durante mucho tiempo, los ricos subestimaron sus mansiones y fincas con fines fiscales y las autoridades porfiristas se hicieron de la vista gorda. Peor para estas mujeres, la mayoría de los bancos se mostraron reacios a prestar, con lo que muchos negocios se clausuraron o se vieron obligados a suspender actividades. Para llenar el vacío, los prestamistas privados ofrecieron crédito contra el valor de las propiedades. Así surgió un mercado informal de hipotecas.[44]

No se sabe lo que sucedió con las casas de las tres damas. Pero como Jenkins reconoció más tarde que especuló en el mercado inmobiliario durante la guerra y ejecutó hipotecas vencidas después de ésta, y dada la incapacidad de muchas familias para pagar sus impuestos, muy probablemente estas casas terminaron en sus manos.[45] Así que las transacciones ofrecen un vistazo de un aspecto importante de la Revolución: la caída de una élite social, en la que las mujeres se distinguían por la longitud de sus nombres, en beneficio de una nueva y dura clase empresarial. Entre ellos había un número significativo de expatriados e inmigrantes (libaneses, judíos y lobos esteparios como Jenkins) cuyas aptitudes empresariales y falta de lazos sentimentales con la alta sociedad les permitían vivir a costa de los porfiristas necesitados.[46]

Jenkins adquirió muchos bienes urbanos en esa época, incluido un teatro en la Ciudad de México y el sitio de la plaza de toros de la ciudad de Puebla.[47] Pero las propiedades citadinas no eran su especialidad. Donde el antiguo niño granjero especulaba con mucho éxito, y con una audacia inusual, era en el campo devastado por la guerra.[48] Durante la Revolución, Jenkins compró y vendió haciendas a un ritmo espectacular. Combinando su conocimiento del territorio de la nación (que obtuvo gracias a su red de ventas de textiles) con los ingresos de su negocio y su acceso a dólares, hizo compras especulativas a lo largo de un eje de 650 kilómetros: San Luis Potosí, la Ciudad de México y el Estado de México, Tlaxcala y el sur de Puebla.[49] En 1918, Jenkins le dijo a un visitante estadounidense que sus activos ya incluían 40 000 hectáreas de propiedad fuera del estado de Puebla. Para esa época o poco después también poseía seis haciendas de trigo en el Valle de San Martín en Puebla, al noroeste de la capital del estado, y una enorme hipoteca en la hacienda azucarera de San José Atencingo, en las llanuras del suroeste.

La bonanza de Jenkins comenzó en 1913, el año del golpe de Huerta, cuando las facciones rebeldes empezaron a imprimir sus propios billetes. El peso, que valía 50 centavos de dólar, se devaluó poco a poco. Ese otoño, debido a la creciente agitación, así como a los préstamos forzosos y las onerosas políticas fiscales de Huerta, los bancos sufrieron una fuga masiva de capitales. Esto originó un aumento de la demanda de crédito por parte de los prestamistas privados.[50] Jenkins estaba preparado para sacar provecho: sus tres fábricas seguían funcionando plenamente y tenía un millón de dólares depositados en Estados Unidos. Cuando el tipo de cambio del mercado negro cayó de dos pesos el dólar a cinco, Jenkins cambió sus dólares por billetes mexicanos para comprar propiedades o hipotecas con ellos. Cuando la moneda alcanzó su mínimo en 1916, pudo comprar pesos por tan sólo dos centavos de dólar. "Era demasiado bueno para ser creíble", diría a un visitante. Sintiéndose obligado a compartir su suerte, viajó dos veces a Estados Unidos para exhortar a sus amigos a que se unieran a la fiebre inmobiliaria. Por alguna razón (informes de batallas campales, explosiones en trenes, estadounidenses secuestrados), ninguno se la jugaría, por lo que Jenkins siguió por su cuenta. Se dio cuenta de que normalmente podía comprar propiedades al valor que tenían antes de la guerra. Sólo casi al final de su compra masiva, cuando la inflación aumentó, tuvo que pagar un precio más alto en pesos, pero expresado en dólares todavía encontró gangas. En los últimos años de la guerra, cuando el peso recobró su fuerza, empezó a vender sus propiedades. Más tarde recordaría: "Incluso al precio más barato, obtuve utilidades enormes en las transacciones".[51]

En 1939, Jenkins alegaría que su patrimonio neto alcanzó el máximo en diciembre de 1917, a saber de 5.4 millones de dólares. Sus datos suponen que en cuatro años casi duplicó su fortuna a través de la especulación inmobiliaria y ganó unos 2.5 millones. Como estaba recopilando estos datos para el IRS, le sirvió para maquillar los hechos, exagerando sus primeras ganancias para poder mostrar una pérdida neta a lo largo de las siguientes dos décadas. Sin embargo, los registros de archivos confirman que él era propietario de los activos incluidos. Lo torcido es su cronología, ya que siguió comprando y vendiendo después de 1917. Posiblemente reportó con una fecha anterior algunas de sus ganancias para que quedaran fuera del alcance de la auditoría del IRS.[52]

Jenkins adivinó que durante la guerra nadie más invertiría tanto en el campo y posiblemente tenía razón.[53] Su voluntad para hacer tratos con los terratenientes en el territorio infestado de rebeldes (terratenientes que estaban perdiendo control sobre el mismo terreno que pretendían vender o hipotecar) revela mucha de su audacia para hacer fortuna. Estos tratos no eran simplemente una cuestión de firmar documentos ante un notario urbano, sino que se aventuró también en los campos. Cuando Chester Lloyd Jones, un investigador contratado por el magnate petrolero Doheny, visitó Puebla en 1918, Jenkins lo llevó una tarde a recorrer 50 kilómetros de campiña del Valle de San Martín. Aquí había "salvado", como lo dijo él mismo, unas 5600 hectáreas de tierras fértiles de trigo. Pasaron por los restos incendiados de las mansiones de las haciendas y los campos dorados confiscados por los insurgentes, algunos de los cuales estaban trillando trigo en medio de la carretera. Jenkins, quizá disfrutando el malestar de su huésped, le dijo a Jones que no había ningún peligro "siempre y cuando no molestaran a los indios". Malinterpretar el sentimiento local podía resultar muy costoso. Un año más tarde, los revolucionarios indígenas saquearían una de las haciendas que Jones visitó y matarían al hermano de un español que estaba arrendando la propiedad de Jenkins. Los informes señalaron que los familiares se habían convertido en un blanco debido a su postura firme en contra de los rebeldes en busca de tierras.[54]

La forma en que estas propiedades quedaron disponibles se debe no sólo a la carnicería de la Revolución, sino también al consumo excesivo que la precedió. Como informó Jenkins a Jones, muchos terratenientes estaban profundamente endeudados y habían tenido que pedir prestado para comprar y dirigir sus haciendas. Algunas de estas propiedades eran las recientes adquisiciones de los españoles que habían tenido éxito en los textiles.[55] Poseer una permitía a estos inmigrantes confirmarse como alta burguesía, con todo el caché social y atractivo ocioso que implicaba una gran propiedad y una mansión rural. Pero a muchos de esos ranchos les costaba trabajo generar utilidades. Mientras que la región de San Martín era famosa como un granero, el trigo ya había demostrado ser un producto poco fiable para los inversionistas que buscaban rentabilidad. El azúcar, para molerse y refinarse, así como cultivarse, necesitaba mucho capital. Así es que cuando en 1916 el gobierno confiscó muchos bancos importantes, los terratenientes aún endeudados a menudo intentaron vender. Necesitaban saldar sus préstamos y adquirir un poco de efectivo valioso. Si no vendían, el Estado (que con la Ley de Carranza de 1915 tenía un mandato revolucionario y una base legal para redistribuir tierra a los pobres) podía ejecutar la hipoteca sobre la hacienda, demorar la compensación del saldo e infravalorar el total. Si tomamos el ejemplo de Santa Clara y Santa Ana Portales en el Valle de San Martín, su dueño era un inmigrante español que le vendió las dos haciendas a Jenkins. Para la fecha en que pasó el acuerdo, el vendedor ya había vuelto a Madrid.[56]

Con o sin deudas acreditadas por bancos intervenidos, muchos terratenientes se vieron obligados a vender o buscar préstamos privados. Durante la guerra, tales preocupaciones pragmáticas, como la adquisición de efectivo para un ejército, a menudo no impedían que los rebeldes devastaran haciendas, que eran objetos comunes de aversión entre los campesinos. Esto se daba sobre todo en las regiones azucareras de Morelos y el suroeste de Puebla, donde los zapatistas habían ejecutado una terrible venganza hacia los hacendados por décadas de abuso y robo de tierras de elección. Los insurgentes asesinaron a varios propietarios y gerentes, y encarcelaron o ahuyentaron al resto. Quemaron la mayor parte de sus cultivos y destruyeron muchos de sus ingenios azucareros. El suroeste de Puebla tenía mucho en común con su vecino del oeste, pero después sus caminos divergieron. En Morelos, el centro zapatista, los revolucionarios por lo general se aferraron a las tierras que habían capturado, y más tarde el presidente Obregón adoptaría la medida políticamente astuta de formalizar su posesión. En Puebla, donde el liderazgo zapatista estaba fragmentado, el modelo se parecía a la tendencia nacional: a partir de 1917, motivados por un gobierno carrancista que entonces veía la necesidad de alimentar a la nación, los terratenientes volvieron a sus propiedades saqueadas e intentaron reanimarlas.[57]

Entra Jenkins. El estadounidense podía ofrecer el efectivo que les faltaba a los terratenientes. Lo necesitaban debido al agotamiento de sus reservas (algunos habían pasado la guerra en un exilio costoso), a la escasez de préstamos bancarios y a la enormidad de la reconstrucción por delante. Algunos vendieron directamente a Jenkins; otros obtuvieron préstamos de él, aportando sus propiedades como garantía, o le arrendaron sus tierras.

Sin duda las élites porfiristas, con su alta autoestima, se mostraron reacias a pedirle limosna a este arribista norteamericano. Sin embargo, para acortar la distancia social entre las dos partes había amigos mutuos, entre ellos los notarios públicos de Puebla.[58] Como sus contrapartes estadounidenses, los notarios tenían licencia de los gobiernos estatales para autenticar documentos legales, como estatutos de empresas y transacciones inmobiliarias. Pero en México eran muy pocos (tan sólo 10 de ellos atendían al millón de habitantes de Puebla) y además de aportar una firma, ofrecían una red de contactos y el sello del honor de la comunidad. Durante el porfiriato, cuando los bancos eran pocos, los notarios actuaron como intermediarios financieros y usaron sus relaciones para reunir a prestamistas y prestatarios. Se les denominó después las microfinancieras originales de México. Un notario procedía de una "buena familia" y tenía reputación de honesto. A diferencia de los jueces, que podían ir y venir con cada gobernador y a menudo apreciaban los sobornos, los notarios tenían su licencia y mantenían su reputación de por vida. El acuerdo que dos partes hacían ante un notario era en efecto una promesa de honor a toda la élite. Durante la Revolución, Jenkins trabajó con varios notarios. Dado que eran tiempos difíciles, seguramente valoraban su negocio.

Para 1920 Jenkins le había prestado a la flor y nata de Puebla por lo menos tres millones de pesos. Entre los beneficiaros se incluyen los inmigrantes franceses que construyeron la tienda departamental más elegante de Puebla. Otro era el gigante grupo empresarial Viuda de Conde, llamado así por la rica viuda española Ángela Conde de Conde (quien en un triunfo de estrechez poblana se había casado con su primo). Pero el préstamo más grande, de 1.2 millones de pesos, fue para un Díaz Rubín y se garantizó con "la hacienda azucarera de Atencingo".[59] Esta propiedad se volvería la piedra angular del tercer esquema lucrativo más importante de Jenkins, después de la industria textil y la especulación: la producción de azúcar y alcohol.

La historia empieza con la muerte prematura del inmigrante español Ángel Díaz Rubín, a la edad de 43, en 1913.[60] Junto con su hermano mayor José, que falleció antes que él, Ángel había hecho una fortuna rápida en la industria textil y llegó a ser dueño de tres de las fábricas más importantes de Puebla. En 1894, José compró Atencingo, una plantación de azúcar mediana en el suroeste de Puebla, que los hermanos convirtieron en el segundo productor más grande del estado después de la que pertenecía al gobernador Martínez. José legó sus bienes a Ángel, quien a su vez se los dejó a su hijo mayor, Álvaro. Para entonces, los zapatistas habían atacado Atencingo varias veces. En 1914 los rebeldes volvieron y la devastaron al destrozar la fábrica.[61] Cuando las hostilidades disminuyeron, Álvaro tuvo pocas posibilidades de reactivar la propiedad, ya que él también murió, víctima de la pandemia de gripe española de 1918. Su segundo hijo, Pedro, que recientemente había vuelto de estudiar ingeniería en Cambridge, se quedó como el jefe de familia. La Revolución, que había provocado que sus fábricas cerraran por un tiempo y había causado tres años de ataques en Atencingo, había agotado severamente las reservas de la familia. Así que el joven Pedro se dirigió a Jenkins para pedirle un préstamo.

El acuerdo estipulaba que Pedro Díaz Rubín empezaría a pagar el crédito tras la siguiente cosecha. Pero en 1920, Pedro recayó en morosidad. Quizá había subestimado el daño que Atencingo sufrió. O quizás estaba confundido por la forma en que, en ausencia de su familia de la hacienda, los pobladores locales habían tomado muchas de sus tierras para producir alimentos básicos, tal como sucedió en toda la región azucarera. Además, Atencingo había perdido parte de su suministro de agua tras una antigua disputa con el pueblo vecino de Chietla.[62] El hecho de que Atencingo no produjera una cosecha decente durante otros tres o cuatro años revela el alcance de su error de cálculo. Cuando las condiciones políticas fueron propicias, tras la caída de Carranza y una vez que se ganó la amistad del nuevo gobierno estatal, Jenkins empezaría a ejecutar la hipoteca sobre Atencingo.[63]

Los detractores han citado los negocios de Jenkins con Díaz Rubín y otras élites como una evidencia de su naturaleza perniciosa al convencer a los vulnerables de aceptar préstamos que nunca podrían reembolsar.[64] En un contexto más amplio, no obstante, no tenía nada de raro que las haciendas cambiaran de dueño. Los registros coloniales muestran familias sucesivas dueñas de cualquier plantación dada, donde la turbulencia se debía en gran parte a la sensibilidad del precio del azúcar a la oferta y la demanda desde el extranjero. A medida que las deudas se incrementaban y las fortunas se desplomaban, las haciendas se vendían o se perdían por ejecución hipotecaria, más aun durante los periodos de deterioro prolongados del mercado para los productores mexicanos. Durante el sangriento siglo XIX, Puebla fue con frecuencia un campo de batalla y sitio de epidemias, lo que redujo más la riqueza. Las propiedades rara vez quedaban en manos de una familia por más de una generación o dos. Las haciendas siguieron cambiando de dueño con frecuencia durante el régimen de Porfirio Díaz, tanto en Puebla como en todo el país, incluso cuando la *pax porfiriana* permitió la aceleración de los cultivos y el aumento del consumo. Los inmigrantes que hicieron fortunas en el sector textil, como los Díaz Rubín, destacaron entre los compradores ávidos.⁶⁵

Tampoco eran raros los préstamos predatorios. Aunque el presidente Díaz había fomentado un sector bancario formal, gran parte de los préstamos seguían siendo una actividad de persona a persona. Los prestamistas privados cobraban tipos de interés elevados de 12 por ciento, o peor. Muchos terratenientes sentían que pedir préstamos era vergonzoso, por lo que estaban de acuerdo en pagar una tasa más alta si el prestamista mantenía en secreto la transacción. Cuando los dueños de las haciendas y los ingenios no lograban hacer los pagos, normalmente los prestamistas los embargaban y agregaban estos activos codiciados a sus carteras.⁶⁶

De este modo, las actividades de Jenkins, aunque éticamente cuestionables, seguían un precedente local. Puede que también apelaran al persistente sentido de honor sureño que tenía, que confería un alto valor a ser un acreedor. Como el historiador sureño Betram Wyatt-Brown lo expresó, obtener y conceder préstamos entre los ricos era una manera de cimentar relaciones sociales y para el acreedor implicaba prestigio. Añade: "Un hombre rico ganaba autoridad, así como intereses devengados, si permitía que el número de personas que le debían aumentara".⁶⁷

Si Jenkins tramó o no activamente despojar a tantos aristócratas poblanos como pudo, el resentimiento que tenía por su esnobismo inicial hacia él y Mary sin duda endureció su corazón de acreedor. En cuanto a los Díaz Rubín y su clase, cargados con una deuda y humillados por la guerra, no tuvieron otra alternativa que pedir prestado a los prestamistas privados y éstos, por supuesto, exigían que las propiedades se entregaran como garantía. Después de todo, en 1916 el gobierno federal había cerrado el principal banco de Puebla, el Banco Oriental, con lo que sus activos se liquidaron y sus reservas se incautaron. Para la desventurada familia Díaz Rubín éste fue un golpe en particular, ya que se incluían entre los socios fundadores del banco.⁶⁸

Las nuevas oportunidades

La historia del capital mexicano a partir de 1911, cuando muchas familias adineradas empezaron a verse desplazadas, es en cierta medida una historia de trepadores económicos que corrieron el riesgo por medios legales o ilegítimos. Esto ocurrió poco en la industria pesada, pero era un rasgo marcado en la posesión de terrenos, tanto urbanos como rurales. También era común en la industria incipiente. Donde el Estado revolucionario otorgaba concesiones o dictaba sentencias, el campo de juego era favorable a los que estaban bien conectados.

Los empresarios prometedores que convirtieron la guerra en una ventaja para ellos eran por lo general de tres tipos. Primero estaban los funcionarios, que utilizaban el prestigio, las conexiones y los feudos regionales que forjaron durante la violencia para entrar al negocio. A menudo pasaban tiempo en la política durante el camino, consiguiendo licencias y contratos. Otras veces el gobierno federal promovía su enriquecimiento, sobornándolos de forma eficaz en lugar de arriesgarse a que se rebelaran.[69] Podríamos llamarlo "el modelo de Artemio Cruz", por el antihéroe ficticio de Carlos Fuentes, que se casa con la hija de un terrateniente porfirista, cuelga su uniforme en el armario junto con sus ideales revolucionarios y se lanza de lleno en una gama de empresas, algunas de ellas éticamente sospechosas.[70] Entre ellos destacaban hombres ambiciosos de los estados fronterizos del norte, una región de lazos y afinidades con el capitalismo estadounidense. Generales todos, incluían a varios presidentes: Álvaro Obregón (agroindustria, distribución de autos), Plutarco Elías Calles (agroindustria, sector bancario) y Abelardo Rodríguez (agroindustria, turismo, mariscos, sector bancario, cines y mucho más). Se incluían secretarios de Estado como Benjamín Hill (agroindustria, ferrocarriles), Aarón Sáenz (azúcar, sector bancario, aviación) y Juan Andreu Almazán (construcción, turismo). Y se incluían decenas de gobernadores de estados, aunque tantos de estos hombres perseguían sólo la venalidad y el robo como los que pretendían crear empresas.[71]

Además estaban los inmigrantes: judíos de Europa del Este y, de forma más destacada, hablantes de árabe de Medio Oriente, sobre todo de Líbano, la mayoría de los cuales se establecieron en México entre 1900 y la década de 1920. Entre estos últimos llegó un muchacho de 14 años llamado Julián Slim, que junto con un hermano mayor fundaría en la Ciudad de México una mercería, donde se vendían los calcetines de La Corona de Jenkins a precios mayoristas. Durante la Revolución, Slim invirtió en propiedades urbanas. Éstas fueron las semillas de la fortuna de su tercer hijo, Carlos Slim, quien más o menos un siglo después de la inmigración de Julián se convirtió en la persona más rica del mundo. En los treinta llegó otra ola: los españoles que huían de la guerra civil y del dictador fascista Francisco Franco. Lo que todos estos grupos de inmigrantes trajeron consigo, así como la histórica ética del trabajo y las prácticas de ayuda mutua características de enclaves étnicos en todo el mundo, fue una educación decente y (en relación con la mayoría de los mexicanos) una complexión blanca: dos palancas poderosas para la movilidad social y económica en un país tan estratificado por la clase y la raza. Al carecer de los prejuicios sociales de las élites antiguas, los inmigrantes estaban dispuestos a intimar con los generales convertidos en políticos. Las relaciones clientelistas demostraron ser muy beneficiosas para ambos.[72]

Y además estaban los jóvenes y enérgicos empresarios de clase media, que multiplicaban su capital explotando oportunidades en tiempos de guerra. Apostaban por las fluctuaciones en el tipo de cambio peso-dólar y sacaban provecho de las necesidades de los porfiristas con poca liquidez. Dado que sus actividades eran encubiertas, esos casos tendían a emerger de manera anecdótica. Los hermanos Azcárraga Vidaurreta, posteriormente señores de la radio y la televisión, aparentemente obtuvieron gran parte de su capital inicial del contrabando de oro y joyas porfirianas, que compraban a precio barato a las familias desesperadas y vendían en Estados Unidos.[73] Emilio Azcárraga, el más exitoso de los hermanos, gozaba de las ventajas de una educación en Texas y años como viajante de comercio, por lo que tenía un buen dominio del inglés, una amplia red de contactos y la capacidad de moverse con facilidad entre ciudades y en la frontera estadounidense.

Jenkins tenía cosas en común tanto con los luchadores de clase media como con los inmigrantes. Al haber heredado poca riqueza, fundado sus propias empresas y encontrado compradores en todo el país para sus productos de bonetería, Jenkins era el artífice de su éxito con un extraordinario olfato para los negocios. Como muchos inmigrantes, poseía una notable ética del trabajo, que en su caso compensaba las desventajas sociales de no ser hablante nativo de español, católico y bebedor (el último probablemente como una concesión a Mary). También estaba dispuesto a intercambiar favores con los poderosos, en su caso la docena de oficiales militares que predominaron en el gobierno de Puebla entre 1913 y 1941.

Otros expatriados estadounidenses se comportaban de manera similar: el plantador de azúcar radicado en Sinaloa, B. F. Johnston, y el comerciante de hierro en la Ciudad de México, Harry Wright, entre los más conocidos. Johnston y Wright estaban mejor establecidos que Jenkins para la caída de Díaz, pero la historia de Johnston, en particular, ofrece un paralelo. Durante la Revolución jugó en ambos lados e incluso suministró armas a los rebeldes yaquis. Compró la parte de los vecinos a través de préstamos predatorios, y cuando los rivales sufrieron estragos, vio sus ganancias multiplicarse. No obstante, las historias de Jenkins, Johnston y Wright son inusuales. Durante la guerra y la reforma agraria que siguió, la mayoría de los inversionistas norteamericanos sufrieron graves pérdidas.[74] La excepcional naturaleza de las experiencias de estos tres hombres supone una importante advertencia a la máxima del Barón Rothschild. La sangre por las calles puede crear oportunidad, pero es necesario ser un temerario natural para explotarla.

De hecho, a pesar de recurrir con frecuencia a conexiones políticas, los empresarios prometedores no eran una mera horda de aprovechados. Muchos de ellos tenían un enfoque tan empresarial como oportunista. A menudo prevalecían en los sectores que eran incipientes y por tanto requerían algo de una apuesta, como el turismo, el transporte motorizado y los bienes raíces residenciales. Los inmigrantes demostraron ser expertos en entrar a industrias establecidas, aplicar habilidades de innovación y de marketing, y emerger tras una generación o dos como líderes, tal como sucedió con los libaneses en el comercio textil de Puebla. Jenkins prosperó en ambos aspectos, al destinar más tarde grandes sumas al sector emergente de capital intensivo de la industria cinematográfica y, de manera más inmediata, al innovar en el sector azucarero.

En la guerra, describir la especulación como el opuesto del espíritu empresarial es invocar una falsa dicotomía. Hacer negocios mientras las balas vuelan y los adversarios se alternan en los centros de poder conlleva mucho riesgo, así como la imaginación en el tejido de la red de relaciones necesarias para evitar todo tipo de amenazas. El riesgo y la imaginación ayudan a explicar las cuestiones clave sobre el éxito de Jenkins: ¿cómo podía un extranjero advenedizo ejecutar hipotecas en las propiedades de los porfiristas destacados? ¿Cómo podía hacerlo dada una tradición judicial que favorecía a los terratenientes establecidos, la misma tradición que había ayudado a las élites inescrupulosas a adquirir gran parte de las tierras comunales de México? Más tarde, ¿cómo fue capaz de proteger dichos activos de las expropiaciones de los años veinte y treinta? Las complejidades de cada ejecución hipotecaria son difíciles de determinar. Esos asuntos rara vez se publicaban en la prensa y los registros del sistema judicial estatal de la época están en espera de catalogación.[75] Pero el ámbito político de la época, cuando los derechos de propiedad eran débiles, favorecía a la audacia y el ingenio. Los movimientos de Jenkins en ese ámbito revelan una estrategia enérgica: se congraciaba con una variedad de camarillas políticas de Puebla.

Redes y corrupción

Poco afecto prevalecía entre los vencedores de la Revolución y la élite poblana. En parte la antipatía era política: los líderes liberales desdeñaban a los compinches del antiguo régimen. En parte era provincial. A partir de 1914, los primeros tres gobernadores que Carranza impuso eran originarios de su estado natal, Coahuila. El cuarto y último gobernador nombrado por Carranza, Alfonso Cabrera (1917-1920), era poblano, pero de la especie inadecuada. Era de la Sierra, un bastión de liberalismo en desacuerdo con la capital del estado, y estaba asociado con la Ciudad de México, donde su hermano Luis era secretario de Hacienda. A los residentes de la ciudad de Puebla les sacaba de quicio ser gobernados por forasteros, hombres que para colmo eran anticatólicos y, a su vez, el esnobismo de la élite sacaba de quicio a los gobernadores. En medio de esas tensiones, había motivos sobrados para un sistema judicial nombrado a modo por los funcionarios de Carranza para fallar en contra de aquellos a quienes les había ido bien con Díaz. Y en una época en la que a los funcionarios se les remuneraba irregularmente, había motivos sobrados para que dichos jueces buscaran lucrar. Como observó un diplomático británico de la era carrancista: "Los veredictos se venden y se compran diariamente, como cualquier otra mercancía".[76]

Aun así, en los litigios, Jenkins no podía depender por completo de los jueces locales. El sistema funcionaba lentamente; las decisiones que se tomaban en los tribunales estatales solían postergarse por amparos emitidos en los tribunales federales.[77] Además, si bien los nuevos gobernadores de Puebla no tenían por los estadounidenses el desprecio que tenían por los españoles, Jenkins seguía siendo un extranjero. Tampoco podía depender de mucha ayuda por parte de Estados Unidos. Era sólo un inversionista menor en relación con aquellos como William Randolph Hearst y Edward Doheny, que tenían poder de presión real, y a partir de 1917, según la nueva Constitución de México, los ciudadanos extranjeros tenían que renunciar al derecho de recurrir a sus gobiernos al adquirir propiedad.[78]

Lo que Jenkins necesitaba era una variedad de amigos en una variedad de posiciones importantes, para ayudarle en todas las eventualidades. Así que tejió una extraordinaria red de relaciones que podían protegerlo de las vicisitudes de la Revolución y ayudarle a navegar por o alrededor del sistema judicial. En cierto grado, estas relaciones también le daban respetabilidad, lo cual en la sociedad deferente y jerárquica de la ciudad de Puebla equivalía a poder.

Antes incluso de que los carrancistas tomaran Puebla, Jenkins estaba trabajando en su red. El puesto de agente consular interino le abrió puertas comerciales y políticas. Entabló amistad con expatriados establecidos, hombres con influencia y conocimientos locales. Uno de ellos era William Hardaker, el vicecónsul británico, cuyo negocio de importación de maquinaria textil lo llevó a conocer a muchos de los ricos de Puebla. Su intervención en 1915 le había ayudado a salvar a Jenkins del pelotón de fusilamiento carrancista y se unió a su amigo americano para hacer préstamos predatorios a terratenientes vulnerables o en bancarrota.[79] Con Diego Kennedy, un exigente hacendado estadounidense, Jenkins creó una compañía de importación de tractores Emerson-Brantingham. Sus clientes seguramente transmitieron información valiosa sobre las propiedades en las que era favorable comprar o hacer un préstamo de interés alto. Kennedy era asimismo útil como un expatriado de gran reconocimiento en Tlaxcala, donde Jenkins adquirió varias propiedades. Incluso había encabezado una coalición de terratenientes en una puja por el gobierno del estado en 1912. La reputación severa de Kennedy radicaba en que era un guardián vigilante, en ocasiones militante, de la propiedad privada, y durante la Revolución contrató fuerzas privadas para proteger sus tierras.[80] Más tarde, con la ayuda de la familia de Kennedy, Jenkins copiaría esta estrategia.

También se hizo amigo de mexicanos ricos e influyentes. Ya sea por suerte o una interpretación astuta de carácter, se ganó la amistad de hombres con suficiente destreza para emerger de la guerra con su riqueza y su posición más o menos intactas. Uno era Sergio B. Guzmán, un cirujano dentista formado en Estados Unidos; su padre era un médico que había prestado sus servicios en la legislatura porfirista del estado de Veracruz y más tarde en el congreso carrancista como senador de Puebla.[81] El que tenía mejores conexiones era Eduardo Mestre, un abogado tan cercano a la vieja guardia como nadie, que se había casado con la hija del ex gobernador de Puebla Mucio Martínez y fungido como diputado federal. Sorteó la década de 1910 trabajando para sucesivos gobiernos estatales como negociador de préstamos y entablando amistad con el principal general de la Revolución, Obregón. Ofreció asesoría jurídica a Jenkins cuya utilidad sólo puede imaginarse.[82] Como Guzmán, Mestre poseía afabilidad de la cual el estadounidense carecía, pero de la que se benefició indirectamente. Defendían su nombre en círculos sociales cuando otros lo mancillaban y, como estaban bien considerados, su opinión tenía importancia. Mestre, en particular, tenía don de gentes y, en gran parte gracias a él, Jenkins se unió al Club Alpha.

Decididos a actuar como si nada extraordinario estuviera en marcha más allá de las murallas de sus castillos, algunos de los millonarios de Puebla reunieron recursos en julio de 1914 (el mes sangriento que fue testigo del derrocamiento del presidente Huerta y del estallido de la Primera Guerra Mundial) y fundaron un club de campo. Ubicado en el moderno extremo occidental de la ciudad, el Club Alpha reunió a una mezcla de élites textiles, mexicanos ricos de toda la vida y veteranos expatriados. La riqueza y ser blancos los unía. Era una idea de Mestre, pero su participación era de sólo 10 por ciento. Los hermanos Conde y Conde, dueños de dos grandes fábricas y enormes propiedades inmobiliarias, se suscribieron a más de una cuarta parte de las acciones; otros textileros poseían otra cuarta parte. Jenkins compró su primera acción en julio de 1915.[83] Si algunos miembros de la "clase divina" no estaban muy satisfechos con la posibilidad de que este estadounidense desaliñado ingresara a la lista, Jenkins podía contar con la amistad tanto del presidente del Alpha, Mestre, como de su vicepresidente, Diego Kennedy. No podía hacer daño que sobresaliera en el tenis, la principal actividad deportiva del club.

En el Alpha, Jenkins podía codearse con quien quisiera. Podía hablar de negocios con los demás socios, algunos de los cuales (los Díaz Rubín, Conde y Conde y el ilustre ex alcalde Francisco de Velasco) se contaban entre las familias que perderían con él sus haciendas azucareras. Aunque no era gregario, la crianza de Jenkins en Tennessee lo había expuesto a personas adineradas que valorizaban las relaciones sociales de la misma forma que la élite poblana lo hacía, y si la compañía se volvía pesada podía retirarse a la cancha de tenis. Como llegó dos años después de su nombramiento consular, la membresía del Alpha no sólo apoyó su aceptación en círculos altos, sino que también implicó un pacto social entre Jenkins, sus deudores y el club como institución. Si un Díaz Rubín o un

Conde se negaba a tener que perder una propiedad ante el norteamericano, afrontaba el deshonor de incumplir un acuerdo con un miembro del Alpha.

La habilidad de Jenkins para integrarse en la élite, y durante la Revolución, lo distinguió de la mayor parte de los expatriados estadounidenses. Muchos se fueron durante la guerra; muchos que se quedaron perderían tarde o temprano sus bienes, ya que un nuevo Estado nacionalista confiscaba propiedades.[84] Para sobrevivir era necesario, entre otras cosas, confraternizar con una nueva clase política. Dado que los generales victoriosos de la Revolución a menudo se sentían atraídos por la alta sociedad, buscando aceptación social y quizás a la hija de un industrial, el ingreso a los clubes adecuados seguía siendo importante. Un coetáneo estadounidense de Jenkins, el comerciante Harry Wright, sacó el máximo provecho a su presidencia del Club Campestre de la Ciudad de México. Pese a sus nexos anteriores con Porfirio Díaz, cultivaría una amistad con Obregón y otros presidentes en el campo de golf, a la vez que se convertía en un magnate siderúrgico.[85]

La amistad abría algunas puertas; otras necesitaban un empujón más tangible. Confiando en el anonimato, Jenkins le dijo a Chester Lloyd Jones, el investigador de Doheny, que había "hecho acuerdos" con el jefe de la Comisión Local Agraria para minimizar la cantidad de tierra que sacrificaría a los campesinos radicalizados. (Establecidas por la Ley Carranza, las Comisiones Locales Agrarias trabajaban con los gobernadores de estado y el gobierno federal para restaurar o conceder tierras de haciendas a las comunidades indígenas.) Observó: "Sólo es una opción para ellos ocupar tus tierras o las de alguien más, y la mayoría de los hombres piensan que en esos casos sería mejor que ocuparan las tierras de otro hombre. Se necesita un chanchullo. Todo el mundo lo hace". Sólo en 1918, para mayo, había pagado al comisionado la cantidad de 2 400 de dólares. Jenkins añadió: "De nada sirve recurrir a los tribunales para obtener justicia; tienes que comprarlos. No es una norma moral muy alta, pero es una cuestión de vida o muerte".[86]

La corrupción era igualmente esencial para la operación de su negocio de importaciones, Jenkins le dijo a Jones. Para vender tractores al gobierno estatal, necesitaba pagar tres partidas de sobornos: a los agentes aduaneros en la frontera mexicana, a los funcionarios ferroviarios para bajar los tractores y, por último, una "enorme tajada" al secretario de Gobierno de Puebla. Durante lo peor del enfrentamiento, las mordidas necesarias para el transporte eran altas. Había pagado hasta 300 pesos por vagón de carga entre Puebla y México, y hasta 1 000 pesos entre la capital y la estación norte-centro de Celaya. Ahora las cosas se habían calmado y los jefes de patio sólo pedían de 10 a 15 por vagón. Jenkins dijo que estaba seguro de que el mismo gobernador Cabrera estaba recibiendo cuotas de protección de los terratenientes; y Jones añadió que estaba seguro de que Jenkins era uno de los que pagaba esos sobornos.[87]

Sus declaraciones encajaban perfectamente con la imagen posterior de Jenkins de capitalista gringo deshonroso. Pero ¿eran inusuales esas prácticas? La descripción frontal de Jenkins del soborno como una necesidad sugiere que no. También lo sugiere el importante historial de chanchullos yanquis durante el porfiriato: tanto las mordidas regulares como el fraude absoluto (los pequeños inversores en su país de origen eran las víctimas habituales). Un embajador, David E. Thompson (1906-1909), pasó mucho de su tiempo en México ampliando su cartera personal y encubriendo la corrupción de otros. El magnate azucarero con sede en Sinaloa, B. F. Johnston, sobornó a jueces para que le ayudaran a incautar las propiedades de sus vecinos.[88]

Es difícil decir si los expatriados estadounidenses se involucraban en actos de corrupción más que sus contrapartes mexicanas. El escritor de viajes Charles Macomb Flandrau pensaba que sí, pero su conclusión puede reflejar su indignación ante algunos compatriotas que se comportaban mal. Gregory Mason, uno de los de una minoría de corresponsales que reportó sobre la Revolución desde dentro de México (y no desde un bar en El Paso), sostuvo que la mayoría de los residentes norteamericanos eran "del tipo [...] que no queremos en casa: plutócratas, gente en busca de privilegios y gentuza de las minas". Pero a Mason le gustaban las declaraciones grandilocuentes.[89] Tal vez los gringos no estaban más inclinados al fraude y el soborno que los lugareños, pero las pretensiones estadounidenses de autoridad moral, anunciadas desde que el presidente Monroe emitiera su "doctrina" de custodia latinoamericana en 1823, expusieron sus transgresiones a acusaciones de arrogancia e hipocresía.

Para 1918, Jenkins era amigo tanto de los expatriados como de algunos de los mexicanos indicados. Ese año organizó en La Corona un almuerzo con champaña el 4 de julio, para una mezcla de empresarios estadounidenses y europeos, junto con mandatarios locales.[90] Sabía cómo sobornar, tanto en el sector privado como en el gobierno del estado. El tejemaneje con los funcionarios públicos, aconsejó a Jones, "generalmente necesita una larga conversación". Pero en la piadosa Puebla de los Ángeles, la red de contactos de Jenkins no estuvo completa hasta que se hizo amigo de la Iglesia. Después de todo, pertenecía a una ínfima minoría protestante en una ciudad conscientemente católica; a varios de sus ancestros estadounidenses convertirse les había resultado positivo para los negocios.[91] Conseguir la amistad de un arzobispo significaba adquirir una carta de referencia eclesiástica y una importante bendición social. Hasta los ricachones de la industria textil tomarían nota.

Con su conservadurismo y su apoyo a escuelas y hospitales, Jenkins era una especie de aliado natural de la Iglesia. Entre sus beneficiarios se incluía el Hospital Latino Americano de Puebla (una institución bautista), su escuela metodista, la escuela de negocios de la Cámara de Comercio y Vanderbilt. Para el hospital, Jenkins donó el terreno y los edificios. En su alma máter, pagó las colegiaturas de varios muchachos y donó 6000 dólares a un fondo conmemorativo de egresados para un centro de estudiantes a fin de conmemorar a los muertos de Vanderbilt en la Gran Guerra, donación que se describió en 1919 como el donativo más grande hasta la fecha.[92] Para este nieto de un predicador pionero, esa filantropía era antes que nada una cuestión de *noblesse oblige*. Al igual que los "barones ladrones" en cuya época en Estados Unidos había alcanzado la madurez, como protestante rico Jenkins donaba lo que debía. "Porque a todo aquel a quien se le haya dado mucho, mucho se le demandará", señalaba el Evangelio de Lucas. Los "barones ladrones" también habían sentado un precedente filantrópico menos altruista: hicieron grandes donaciones a las iglesias, incluso a los católicos, puesto que consideraban estas instituciones como apoyo para el orden social mediante la pacificación de la clase obrera.[93]

Jenkins debió haber sabido que sus donaciones llamarían la atención de la Iglesia. Ciertamente fue así en 1918, cuando Puebla se enfrentó a la gripe española. El contagio afectó a un tercio de la población del estado y mató a cerca de 45 000 personas. Sin una respuesta eficaz del gobierno del estado, y con una cifra de muertos en la capital que se elevaba a 100 cada día, los grupos católicos, las asociaciones empresariales y los cónsules reunieron una Comisión Central de Caridad (CCC), que recaudaba fondos para pagar doctores, medicamentos, vestimenta y ambulancias. Jenkins pidió medicinas al gobierno de Estados Unidos. En una muestra de eficiencia que avergonzó al gobernador Cabrera, el CCC organizó la limpieza de las calles de la ciudad, la inspección de hogares y la instalación de servicios de electricidad y teléfono de emergencia. El CCC recaudó 54 000 pesos durante la epidemia de dos meses y el mayor donante individual, con 3 000 pesos, fue Jenkins. Esa suma era cuatro veces el tamaño de la factura anual de impuestos estatales de La Corona.[94]

La reputación de Jenkins era ambivalente. Chester Lloyd Jones lo etiquetó como un empresario prepotente, "no particularmente popular con los mexicanos". Otro investigador estadounidense alegó que la colonia norteamericana de Puebla lo consideraba "un hombre que garantizaba su respeto y amistad". Si así fue, la terrateniente Rosalie Evans disentía, ya que después de un encontronazo con sus despiadadas prácticas empresariales lo llamó "un personaje horrible". Pero su posición social era suficiente en 1919 para que Jenkins pudiera conseguir que el arzobispo de Puebla, Enrique Sánchez y Paredes, diera un servicio de bendición en su recién ampliada fábrica. Respetuoso de las costumbres locales, Jenkins fue a pedírselo en persona y llevó a Mary con él. Aunque ella era metodista, Mary admitiría que el arzobispo le pareció "encantador" y "de mente abierta", y que la familia quedó encantada cuando él aceptó la invitación.[95]

La visita del prelado tuvo lugar el sábado 18 de octubre y Jenkins les dio a sus obreras el día libre para que pudieran decorar.[96] Adornaron La Corona con flores y hojas perennes y listones largos de algodón cardado que parecían líneas flotantes de nieve. El arzobispo apareció con su carruaje y caballos a las cuatro, saludado por 12 chicas vestidas de blanco con velas altas. Las chicas lo acompañaron a la sala principal, donde cientos de mujeres estaban arrodilladas esperando. Dijo una oración ante el altar de la fábrica y después siguió a las chicas por toda la sala, rociando con agua bendita las máquinas; Jenkins, su esposa y sus hijas, y las costureras y los mecánicos principales iban detrás de él. La procesión cruzó las nuevas salas de tejido e hilado, donde los hombres estaban arrodillados, y los bendijo por igual. Después volvieron todos a la sala principal, donde el arzobispo pronunció una homilía. Finalmente se unió a Jenkins en su casa para tomar té, pastel y helado. Cuando se marchó, las mujeres se amontonaron para tocar el manto de su excelencia. Más tarde se quedaron con los hombres hasta las nueve, celebrando la visita con sorbetes y pastel, música y bailes.

"Es lo más lindo que he visto y soy un fanático del arzobispo", se entusiasmó Jenkins al día siguiente. Le escribía a su hija Elizabeth ("Mi querida *Piggy-Wiggy*"), que ya estaba en la Escuela Marlborough en Los

Ángeles. "Efectivamente es muy agradable y no es un engreído por su posición alta y gran poder, pues ya sabes que es el tipo más importante en estos lugares."

Sánchez y Paredes fue el primero en la sucesión de arzobispos con quienes Jenkins entabló amistad.[97] Eran relaciones de conveniencia hasta cierto punto, políticamente ventajosas para Jenkins y financieramente beneficiosas para la Iglesia, pero también eran amistades. Aunque ya no era feligrés, Jenkins disfrutaba de la compañía de los clérigos. Ofrecían intercambios bien informados de opiniones y tenían poco interés en sus negocios, por lo que podía bajar la guardia un poco. William Jenkins todavía podía ser simpático cuando se lo proponía.

CAPÍTULO 4

Secuestrado, encarcelado, vilipendiado

Is Mexico Worth Saving? (*¿Vale la pena salvar a México?*)
Título de libro estadounidense (1920)

Mueran los gringos
Título provisional de libro mexicano (1927)

Un agente consular es secuestrado

Eran aproximadamente las nueve de la noche ese domingo, el día después de la visita del arzobispo, cuando Mary tuvo la sensación de que algo no estaba bien. Las niñas estaban durmiendo y los sirvientes estaban en sus cuartos. Los naipes se habían guardado y su cuñada Anne Jenkins, que estaba de visita, se retiró a su habitación. Mary también se preparaba para ir a la cama, pero algo estaba retrasando a su marido. A William le gustaba hacer una inspección nocturna de la fábrica. Insistía mucho en la eficiencia, por lo que todo debía estar en orden para un comienzo rápido el lunes. Además, parecía prudente ser vigilante en esos tiempos de constante agitación y bandolerismo. Ahora, ya había pasado media hora.[1]

"¡Mary!", se asustó con el grito, que llegó desde fuera.

"¡Mary! ¡Ven a la oficina! ¡Te necesito!", en la voz resonante de William, normalmente tan seguro de sí mismo, podía escuchar un dejo de tensión.

Mary salió en la noche de octubre, con un chal alrededor de sus hombros. No había rastro de su esposo. Se dirigió a la casa de la fábrica, atraída por la luz que se deslizaba debajo de la puerta de la oficina. Al abrir el pestillo y entrar a la oficina, encontró a William en compañía de tres extraños, vestidos con harapos. Sus rostros oscuros estaban disfrazados con pañuelos. Llevaban pistolas y apuntaban a William, que estaba de pie con las manos atadas. En el suelo estaba sentado el vigilante, maniatado y amordazado.

Mary no era de las que montaban escándalos, pero esto era una pesadilla hecha realidad. Desde que la Revolución hizo sus primeros disparos, no había dejado de crecer su determinación de que su familia debía marcharse. Nunca se acopló mucho a México. Las tensiones aleatorias de la vida en el extranjero parecían agravar su tuberculosis. La guerra sólo había empeorado las cosas. Puebla había cambiado de manos siete veces, William había tenido ese encontronazo con el pelotón de fusilamiento y su hermano Donald había pasado una temporada en la cárcel. Después, tras haber tenido a su tercera hija, Mary volvió de California a mediados de 1916, cuando oyó que la violencia había disminuido. Carranza era seguro como presidente y las facciones rivales se estaban debilitando. Pero los grupos de disidentes seguían rondando y a menudo recaudaban dinero secuestrando a los ricos. Los estadounidenses eran víctimas frecuentes. La familia Jenkins era particularmente vulnerable, ya que vivía en el perímetro de la ciudad de Puebla, y William ya era entonces un multimillonario. Finalmente, en julio último, Mary lo convenció de hacer una búsqueda de propiedades en Los Ángeles: ahí compró un terreno y prometió que construiría en él una mansión a la medida de su reina. Sus palabras hicieron eco del compromiso que hizo cuando se enamoraron, 20 años atrás.

Mientras Mary miraba entre los cañones de las pistolas el rostro de su marido y los ojos de sus captores, oyó la voz de William que se dirigía a ella. Se esforzó en escuchar. Estos hombres saquearon la caja fuerte de la compañía y se robaron 50 000 pesos. Dos de su banda ya se habían ido con el botín. Ahora pretendían tomar a su esposo como rehén, pero querían que el gobierno mexicano pagara. Lo habían elegido a él porque era un agente consular, lo cual les daba confianza de que el gobierno americano ejercería presión. Su objetivo no sólo era recaudar 300 000 pesos (es decir, 150 000 dólares) en dinero del rescate, sino también demostrar que Carranza era incapaz de mantener el orden.

Mary se serenó y empezó a protestar. ¿Por qué llevarse a su esposo? ¿No les bastaba con haberle robado a un agente consular? Si querían tesoros y publicidad, podían saquear la casa también. William protestó de igual forma y añadió que la tensión de no saber sobre su paradero pondría en riesgo la delicada salud de su mujer. Pero el líder de la banda, que se distinguía por su complexión robusta y una pañoleta roja, dijo que sólo si lo tomaban como rehén, podrían dar un golpe contra Carranza. William le dijo a Mary que debía dar aviso a la Embajada de Estados Unidos y a la comunidad consular local. Cuando estaban por irse, Mary tuvo la presencia de ánimo de pedirles que esperaran mientras traía el abrigo de su marido. Al marcharse, el líder le advirtió que cualquier intento de seguirlos o rastrearlos resultaría en la ejecución de Jenkins. Después, los cuatro hombres se esfumaron en el frío y la oscuridad.

Siguió un maremágnum de actividad, cuando la embajada, las autoridades de Puebla, la prensa nacional e internacional, los empresarios colegas de Jenkins y los gobiernos de México y Estados Unidos se involucraron.[2] El secretario de Gobernación de Carranza envió 25 policías militares a Puebla para investigar. El secretario de Estado Richard Lansing y el senador Albert Fall, dos de los funcionarios a quienes Mary envió telegramas para pedir ayuda, se interesaron activamente y emitieron declaraciones contundentes. La embajada envió personal a Puebla, que adoptó una actitud típica de llevar el timón, y dio instrucciones a la policía de suspender su búsqueda, negó a los oficiales acceso a la correspondencia con los raptores y presionó al gobernador para que pagara el rescate. Los amigos de Jenkins, encabezados por el abogado Eduardo Mestre, organizaron una investigación privada para localizar a los secuestradores.

Todo el mundo tenía una opinión en el asunto y sobre quién era el culpable, y muy pronto Mary percibió que todos tenían intenciones ocultas. Había quienes, como Lansing, Fall y los periódicos de William Randolph Hearst, atacaban a Carranza para desestabilizar a un régimen que consideraban antiamericano; otro senador, Henry Myers de Montana, presentó una resolución para que Estados Unidos movilizara sus fuerzas armadas para rescatar a Jenkins, mientras que el representante J. W. Taylor de Tennessee propuso con ligereza la anexión de una franja de 160 kilómetros de territorio mexicano "como indemnización por los estragos pasados". Había los que como el líder de los secuestradores, Federico Córdoba, atacaban a Carranza porque detestaban su liderazgo autócrata y centralizador; muchos revolucionarios habían luchado por la autonomía regional, que el gobierno ahora intentaba limitar. Luego, lo que pareció alarmante a Mary, había quienes atacaban a su marido, para apoyar a Carranza en su negativa de cumplir las demandas de sus raptores y la insistencia de Washington de que pagara el rescate. Al mantenerse firme, Carranza estaba desairando a Estados Unidos, pero esto fue menos que una sorpresa: la resistencia nacionalista era una fibra sensible que el presidente de México tocaba con regularidad.[3]

Lo más sorprendente para Mary fueron las acusaciones en algunos periódicos poblanos de que su esposo había planeado su propio secuestro. Otro artículo alegaba que ella estaba loca y su testimonio era poco fiable. Para el martes, dos días después del rapto, estaba postrada en la cama con los nervios de punta. El miércoles el médico de cabecera la visitó y tras encontrarla muy débil, la hospitalizó. Más tarde ese día recibió una carta de William. Al menos estaba vivo. Esa noche le escribió a su hija mayor, Elizabeth, en el internado en Los Ángeles: "Papá está en una cueva en las montañas de algún lugar, él mismo no tiene idea de dónde está, ya que le vendaron los ojos y lo mueven de un lugar a otro". Pero, añadió, dijo que lo estaban tratando bien. Siguieron más cartas, en las que su esposo ponía buena cara a una situación cada vez peor. Forzado a dormir al aire libre tres de sus noches de cautiverio, y sorprendido por la lluvia cada vez, se estaba enfermando y su pierna derecha desarrolló un agudo dolor reumático.

El viernes Mestre estableció contacto con Córdoba, quien acordó dejarlo ver a Jenkins al día siguiente. Al llegar al campamento de Córdoba a caballo, Mestre encontró a Jenkins muy débil y su condición parecía agravada por intoxicación alimentaria. Abogado afable con el don de hacerse amigo de todos, y negociador experimentado en asuntos de finanzas, Mestre persuadió a Córdoba de aceptar un pago de terceros por el rescate.[4] También le dijo que nadie tenía acceso fácil a la suma de pesos oro que quería, por lo que el pago tendría que hacerse en cuotas. Consciente de que Carranza se negaba a negociar, y con temor de que su prisionero muriera antes de que el presidente cediera, Córdoba aceptó.

Los coinversionistas de Jenkins en la Compañía Comercial de Puebla, junto con el vicecónsul británico William Hardaker, juntaron apresuradamente la primera cuota. Mediante la firma de un juramento promisorio, avalaron con sus vidas pagar el resto. El 26 de octubre, una semana después del secuestro de Jenkins, Mestre viajó de nuevo para encontrarse con Córdoba, cargado con 34 000 pesos en monedas de oro y 20 000 en letras de cambio. Por temor a los bandidos, iba vestido con una vieja gabardina, y cuando se acercó al punto de encuentro, desmontó y ocultó sus bolsas debajo de un maguey. Cuando encontró a Córdoba, volvió por el dinero.

"Sé quién eres —le recordó Córdoba—. Si no entregas el resto, haré que te saquen del tren a México y te cuelguen del poste de telégrafos más cercano."

Córdoba amenazó con hacer lo mismo con los demás que habían avalado a Jenkins. Mestre prometió que el pago se completaría en cuanto Jenkins pudiera reunirlo. Después Córdoba le hizo un recibo. En un encuentro aparte, en una casa con teléfono, se le permitió a Jenkins llamar a sus amigos para que lo recogieran. Lo llevaron directamente al Hospital Latino Americano, donde Mary seguía convaleciente.

La alegría de Mary por la liberación de su esposo disminuyó a la vista de su condición. Estaba al borde del colapso: desnutrido, con una pierna inflamada, con diarrea y con un intenso dolor en el colon. El médico diagnosticó sus males como "postración nerviosa, reumatismo articular agudo y colitis por exposición y privación", y lo hospitalizó por cinco días.[5] Mary le confió a Elizabeth que los nervios de su marido parecían machacados y que las pesadillas de su calvario interrumpían su sueño. Añadió: "Parece demasiado malo ver frágil a un hombre fuerte, y cuando recién volvió simplemente se ponía a llorar". Aunque era un hombre musculoso de 41 años, necesitaba un bastón para caminar. Pasó otros 15 días recuperándose en casa.

Para el público, Jenkins mantenía una fachada de acero. Siempre había despreciado a Carranza, desde que su pelotón había amenazado con dispararle para ayudar a los zapatistas. Desde entonces, Carranza había respaldado la Constitución de 1917, que amenazaba a la empresa privada. Su gobierno había confiscado algunas de las tierras de Jenkins para redistribuirlas a los campesinos. Y su apoderado más reciente como gobernador, Alfonso Cabrera, era excepcionalmente ineficaz. Distante, autoritario, sin idea sobre cómo tender puentes con las élites poblanas, Cabrera había logrado alienar a casi todos.[6] Jenkins había intentado mantener buenas relaciones con él; le dijo a la Embajada de Estados Unidos que varias veces le había prestado "ayuda valiosa" (posiblemente préstamos a su gobierno, una práctica habitual suya en los próximos años). Pero Cabrera parecía estar creando una teoría de conspiración en su contra. Todas las declaraciones de que Jenkins había escenificado su secuestro, que lo habían espiado disfrutando una cerveza con sus raptores, que estaba tramando algo con los "reaccionarios" de Puebla y que quería provocar una invasión de Estados Unidos aparecieron en los periódicos conocidos por bailar al son que les tocara Cabrera. Precisamente el día después del secuestro, Cabrera le dijo al juez que iniciara una investigación, no de los secuestradores, sino de Jenkins.[7]

El 31 de octubre, mientras salía del hospital, Jenkins fue detenido para un interrogatorio. Para entonces, los funcionarios de Cabrera estaban diciendo abiertamente que creían que Jenkins había conspirado con sus secuestradores.[8] En lo que se convertiría en un patrón de comportamiento displicente hacia las autoridades locales, Jenkins sólo dio respuestas vagas. Dijo que no podía estar seguro de quién lo había secuestrado y negó saber cuánto habían pagado por su liberación. Lo único que aclaró es que sus raptores lo habían elegido por su posición oficial, de modo que hacía responsable al gobierno mexicano de su reembolso.

Cabrera siguió bajo presión de la Secretaría de Relaciones Exteriores de México y la Embajada de Estados Unidos para capturar y enjuiciar a los secuestradores, pero alegó que debido a la falta de cooperación de Jenkins no podía hacerlo. Jenkins a su vez dijo que no podía confiar en el sistema judicial estatal para tener una audiencia justa. Su apreciación probablemente era acertada. A principios de noviembre, como descubrirían las investigaciones de la embajada y un diario de la Ciudad de México, las autoridades estatales encabezadas por el juez Fernando Guzmán detuvieron a varios peones de una hacienda que pertenecía a Jenkins cerca de Atlixco, Santa Lucía, y los instaron a testificar que lo habían visto interactuar amigablemente con sus secuestradores. Cuando se resistieron, sacaron a tres de ellos sucesivamente, tras lo cual se oyeron disparos y un soldado informó de cada ejecución a la asamblea. Los peones restantes aceptaron testificar, pero más tarde descubrieron que sus amigos estaban vivos.[9]

Jenkins insistió en que el gobierno de Carranza debía cubrir el rescate y las pérdidas. El secretario de Relaciones Exteriores interino, Hilario Medina, rechazó de forma bastante razonable la petición de Jenkins e informó a la embajada que pagar fomentaría otros secuestros. Añadió que ni México ni Estados Unidos pagarían un rescate en tales circunstancias. A lo largo del otoño de 1919, a medida que se desarrollaba la crisis diplomática, la prosa moderada, aunque a veces taimada, de Medina contrastaba con la indignación arrogante de su contraparte Lansing.[10]

Las tensiones escalaron a otro nivel el 14 y 15 de noviembre, cuando la policía de Puebla volvió a llamar a Jenkins para un interrogatorio. Se enfrentó con el testimonio de los peones de Santa Lucía que lo habían visto socializando con sus secuestradores; añadieron que había amenazado con tomar represalias si denunciaban esto. Cuando Jenkins negó furiosamente las acusaciones, fue arrestado durante dos horas, con cargos tentativos por perjurio (por negar su presencia en Santa Lucía), pago de dinero a los rebeldes e intento de defraudar al Estado conspirando con sus secuestradores. Se fijó una fianza, pero Jenkins se negó a pagarla, ya que creía que hacerlo implicaba admisión de culpabilidad. Insistió en la exoneración total. Por el momento, Cabrera decidió autorizar que Jenkins volviera a casa.[11]

Jenkins estaba furioso y no le importaba quién lo supiera. Sintió que Cabrera era negligente en primer lugar por fracasar en poner guardias en las carreteras que conducían a la ciudad de Puebla; los bandidos podían ir y venir como les daba la gana y los incidentes de robo eran comunes. Estaba resentido con los ataques de la prensa, que también había calumniado a Mary. Los funcionarios de Cabrera eran torpes; incluso habían intentado sacarlo del hospital y sólo desistieron cuando un médico designado por el Estado confirmó que realmente estaba enfermo. También arrestaron a su amigo Mestre y tres de sus empleados, como parte de una investigación que un funcionario de la embajada denominó "inquisitiva". Los cónsules europeos de Puebla compartían su creencia de que el juez Guzmán y el procurador general de Puebla Julio Mitchell estaban fabricando pruebas contra él, y varios diarios de la Ciudad de México publicaron sospechas de que los funcionarios de Puebla estaban coaccionando a los testigos. Después de su interrogatorio, Jenkins volvió varias veces al tribunal con 20 testigos para su defensa, sólo para que le dijeran que el juez estaba "demasiado ocupado" para recibirlo.[12]

A medida que los acontecimientos se desarrollaban, la impaciencia de los líderes de opinión estadounidenses ante la negativa de Carranza de reembolsar el rescate de Jenkins, y ante la duda del Departamento de Estado para forzar el asunto, dio lugar a la prensa provocativa. "Si las autoridades mexicanas a menudo han sido negligentes y a veces impotentes —señaló el *New York Times*—, [el caso de Jenkins] debe presionarse ante el gobierno de México para que proporcione indemnización y reparación." El *Toledo Blade* resopló: "Es posible que el gobierno americano esté utilizando [a Jenkins] como una especie de experimento para ver cuánto maltrato puede soportar un americano en manos de una pandilla de *greasers* criminales". El *Salem Statesman* de Oregon chilló: "México no es un gobierno. Es un desorden". Los de la línea dura estaban más dispuestos que de costumbre a creer lo peor sobre México, porque Carranza ya estaba intensificando su defensa nacionalista del sector petrolero, ordenando al ejército que tomara los pozos que las compañías estadounidenses habían empezado a perforar sin permisos.[13]

Siempre sensible a las injusticias personales, Jenkins menospreciaba abiertamente a las autoridades locales y su actitud a su vez se ajustaba a las nociones mexicanas de arrogancia estadounidense. Sin duda esto contribuyó a la imagen negativa que los periódicos carrancistas construían alegremente. Según una historia, supuestamente estaba planeando abandonar el país para evadir al sistema judicial poblano; según otra, se dijo que había recibido la ciudadanía mexicana del desacreditado presidente Huerta.[14] La conducta de Jenkins lo hacía parecer incluso más culpable para los mexicanos. Inconscientemente, estaba sentando las bases para su propia mitificación.

Lansing y Fall golpean el tambor de guerra

Exactamente un mes después del plagio, Jenkins fue encarcelado en la penitenciaría estatal. El 19 de noviembre, los funcionarios de Cabrera formalizaron sus primeros cargos por perjurio y amenaza de testigos. Aquél de haber actuado en connivencia con los secuestradores, del que les faltaban pruebas suficientes, fue abandonado. Se fijó una fianza de sólo 1 000 pesos, pero Jenkins se volvió a negar a pagarla.[15] No sólo pensaba que pagar fianza implicaba admisión de culpabilidad, sino que también parecía calcular que al quedarse en la cárcel ganaría apoyo en su queja contra Cabrera y su demanda de reembolso. Hacerlo también levantaba fuego sobre Carranza. Pero si Jenkins estaba subiendo la apuesta con la esperanza de que el régimen cediera, Carranza parecía dispuesto a igualarlo. Dejar a este gringo insolente en la cárcel le serviría para su reputación nacionalista.

Los halcones en Washington volaron en círculo. El secretario de Estado Lansing, un demócrata, y el senador Fall, un republicano, habían estado intentando derrocar a Carranza desde hacía un tiempo. Ahora tenían su mejor posibilidad de hacerlo. Manifestaron indignación porque los mexicanos encarcelaran a una víctima norteamericana de secuestro y encima un agente consular. Lansing envió una protesta formal en la que solicitaba que Jenkins fuera puesto en libertad de inmediato. Conociendo a Carranza como lo conocía, Lansing seguramente tenía poca fe en que satisficieran su demanda. Su nota, que inmediatamente se dio a conocer a la prensa, era más bien un paso hacia la construcción de consenso sobre algún tipo de intervención. De igual modo le dio a los periódicos la larga narración de Jenkins sobre su secuestro. Mientras tanto, Fall se preparó para presionar por una ruptura diplomática: si no provocaba la intervención armada, al menos podía darles a los enemigos de Carranza el ímpetu para unirse y derrocarlo. Esa noción no era inverosímil. En septiembre cuatro disidentes principales, Pancho Villa, Gildardo Magaña (el nuevo jefe de los zapatistas), Manuel Peláez (el superior del secuestrador Córdoba) y Félix Díaz (un sobrino de Porfirio), emitieron conjuntamente un manifiesto. Prometieron unir sus movimientos para formar un gobierno si Estados Unidos lo reconocían y le ayudaban. Para esta fecha, los cuatro grupos habían perdido mucha de su fuerza, pero seguían siendo atractivos para Fall por su compromiso con la propiedad privada.[16]

Una ruptura diplomática significaría un paso hacia una invasión estadounidense. En esta etapa, Lansing y Fall estaban quizá menos dispuestos a una batalla de lo que parte de su retórica sugería. Según un cálculo del Departamento de Guerra, una ocupación de México necesitaría 400 000 tropas. Lansing habló muchas veces de guerra, pero probablemente como parte de una estrategia de amenaza a Carranza para que hiciera concesiones, menos con respecto a Jenkins que con respecto a derechos sobre el petróleo y daños a la propiedad. En un pasaje de su diario escribió que esperaba una solución pacífica. Fall había sido por mucho tiempo partidario de la intervención, pero seguramente reconocía que el cambio de régimen se efectuaba mejor con fuerzas locales con intenciones amistosas hacia Estados Unidos.[17] Pero la agudización de los dos hombres del ánimo del público, a través de comunicados oficiales y una sección complaciente de la prensa, hizo que la guerra pareciera una probabilidad cada vez mayor. También lo hizo el hecho de que el Ejército de Estados Unidos, incluso después de casi todas las desmovilizaciones de la posguerra, podía contar con unos 200 000 soldados endurecidos por el servicio en Europa.[18] Todo esto sólo añadió presión en Carranza, mientras auxilió a sus enemigos.

Generalmente, las inclinaciones de Lansing eran intervencionistas y durante años tuvieron un paralelismo con las de su presidente. Woodrow Wilson había enviado al ejército a Haití, la República Dominicana, Cuba y Panamá, por lo general con el pretexto de proteger intereses económicos. Pero durante la primera mitad de 1919, mientras intentaba ejercer influencia en la Conferencia de Paz de París que siguió a la guerra, el presidente democrático propuso una Sociedad de las Naciones que salvaguardara los principios de soberanía nacional e igualdad entre las naciones. Este pacifismo moderno no era del gusto de Lansing, que se opuso a la Sociedad. También se molestó con Wilson por ponerlo a un lado en las pláticas de París. Sin embargo, Wilson ahora estaba postrado en cama, recuperándose de una extenuante gira para venderle la Sociedad de las Naciones al público norteamericano. El presidente había sufrido un derrame cerebral que le paralizó el lado izquierdo. Lansing vio entonces la oportunidad de colocar un sello más grande en la política exterior. Mediante amenazas de guerra, podría penetrar en la "cabeza dura" de Carranza (como escribió en su diario) y obligarlo a satisfacer las demandas estadounidenses con respecto a los derechos de propiedad.[19]

La queja de Lansing sobre el encarcelamiento de Jenkins se encontró con una respuesta artera. Su contraparte Medina escribió que el gobierno mexicano no tenía más derecho a interferir en los procesos judiciales de Puebla que el presidente Wilson en los procesos de un estado estadounidense. Incluyó una amplia explicación del procedimiento penal de México para la enseñanza de Lansing. Lansing se enfureció. Les dijo a sus colegas en el gabinete de Wilson que Estados Unidos necesitaba "enderezar" a México. Con un lenguaje que recordaba a los argumentos de la guerra hispano-estadounidense de 1898, añadió que la invasión de México devolvería la unidad y la estabilidad a la sociedad norteamericana, que ya estaba asediada por huelgas, disturbios raciales y temores de una agitación "roja" entre las crecientes filas de desempleados. Lansing después llamó al embajador de México, Ignacio Bonillas. "La paciencia de este país está casi agotada", le dijo a Bonillas. Añadió que una marea de indignación entre el pueblo americano podría impedir más debate y forzar una ruptura en las relaciones diplomáticas, la cual se traduciría "casi inevitablemente en una guerra".[20]

El gabinete de Wilson estaba dividido. El secretario de la Marina, Josephus Daniels, era uno de los varios ministros que intentó persuadir a Lansing de seguir una línea moderada. Otros eran tan beligerantes como los principales republicanos. El secretario del Interior Franklin Lane aseguró a Lansing que los mexicanos eran "niños malcriados que estaban ejerciendo todos los privilegios y derechos de los adultos"; por lo tanto, necesitaban la gestión de "una mano dura".[21]

El poderoso senador Fall compartía la aversión de Lansing por Carranza. Fall era tan cercano a la industria petrolera que se ganó el apodo de *"Petroleum Fall"*. Pero estos sentimientos sobre México no nacieron únicamente del amiguismo. En años recientes las armadas de las grandes potencias habían estado abandonando el carbón por el petróleo, que era más liviano, más fácil de manejar y les daba a los barcos un mayor alcance; también resolvía el problema del humo denso del carbón, que llamaba fácilmente la atención del enemigo. Fall creía que el control de los suministros clave de petróleo determinaría la nación que adquiriría supremacía global. De ese modo, Carranza planteaba un obstáculo estratégico: muchas veces había aumentado los impuestos en los yacimientos de petróleo, había respaldado una Constitución que amenazaba su misma posesión y, la primavera anterior, había enviado tropas para impedir que las compañías petroleas perforaran nuevos pozos.[22] Fall consideraba a Carranza malas noticias para los estadounidenses en general. Cientos habían sido asesinados durante la Revolución, principalmente durante el mandato de Carranza, y Jenkins era sólo la víctima más reciente en un catálogo de secuestros.

Para la consternación de Fall y sus compinches en la industria petrolera, Wilson no parecía dispuesto a abordar este "problema mexicano", incluso con la guerra finalizada en Europa. Pero la marea en Washington se estaba volviendo adversa al presidente, y no sólo debido a su fallida gira por la Sociedad de las Naciones y posterior mala salud. En noviembre de 1918, los republicanos habían recuperado el control del Congreso; forzaron a Wilson a cederles el control de la poderosa Comisión del Senado de Relaciones Exteriores, ahora presidida por el peor enemigo de Wilson en relaciones exteriores, Henry Cabot Lodge. Surgieron dos poderosos grupos de presión que esperaban empujar a Estados Unidos a derrocar a Carranza: la Asociación Nacional para la Protección de los Derechos Americanos en México (NAPARM, por sus siglas en inglés) y la Asociación de Productores de Petróleo. Edward L. Doheny, magnate petrolero y amigo cercano de Fall, ayudó a dirigir la primera y presidió la segunda. El 1º de julio de 1919, NAPARM empezó a emitir comunicados sensacionalistas que complacían la xenofobia en Estados Unidos y retrataban al México de Carranza como un Estado fallido y salvaje, plagado de bandidos y hogar de un bolchevismo ateo que amenazaba con filtrarse en Estados Unidos.[23]

En septiembre, Fall había iniciado una investigación en el Senado sobre los asuntos mexicanos, con audiencias en Washington y las ciudades fronterizas. Este "comité Fall", como lo llamó la prensa, solicitaría testimonio de 257 testigos sobre el régimen de Carranza en general y sobre el daño a las vidas y propiedades de los estadounidenses en particular. Fall motivó a aquellos que atacaban la Revolución y acosó a los que la defendían. El comité, que se reuniría durante nueve meses, era en parte un arma contra Carranza y en parte una herramienta para ayudar a romper las relaciones. También era un foro republicano para ventilar el descontento por las políticas de Wilson respecto a México y, por lo tanto, influir en la opinión pública antes de las elecciones presidenciales de 1920. En opinión de Fall y Cabot Lodge, la relación ideal con México reflejaría la que se tenía con Cuba: un protectorado, en el que las políticas estaban subyugadas a los intereses de Estados Unidos.[24]

Tras el encarcelamiento de Jenkins, los periódicos y los políticos metieron su cuchara. De ninguna manera todos estaban a favor de la intervención: entre los moderados cabe destacar a *New York World* de la familia Pulitzer, que esperaba que "si se llega a considerar necesario que adoptemos medidas firmes al sur del río Grande, debemos tener una provocación más fuerte que un caso policiaco". Pero las voces más enérgicas eran extremistas. El representante del distrito natal de Jenkins en Tennessee le dijo al *New York American* de Hearst: "El honor de Estados Unidos está involucrado en el caso Jenkins. Debe ser vengado". A los americanos en México "se les trata como perros", gritó el *Detroit Free Press*. Los caricaturistas se imaginaban mexicanos sombrerudos agotando la "paciencia" de Estados Unidos o ridiculizaban al gobierno de Wilson por su inacción. Carey Orr del *Chicago Tribune* caricaturizó al Tío Sam con un niño mexicano sobre su regazo boca abajo para recibir unas nalgadas y una telaraña adherida a la mano en alto del anciano. Los diarios provincianos recurrieron a estereotipos para sacar a relucir sus improperios. "Ningún matador en un ruedo mexicano jamás acosó a un toro de forma más irritante como el propio México molesta constantemente al Tío Sam en el caso Jenkins", explotó el *Grand Rapids Herald*. "¡Cuando los forajidos mexicanos puedan obtener el rescate de 150 000 por un cónsul gringo, sin medio intento, no será ningún misterio que a esos *greasers* no se preocupan por trabajar para ganarse la vida!", rabió el *Key West Citizen*.[25]

Para finales de noviembre, lo que había sido una noticia de la tercera página en el *New York Times* llegó a los titulares de primera plana.[26] Temiendo lo peor, el dirigente sindical Samuel Gompers y el gobernador de Nuevo México, Octaviano Larrazolo, exhortaron a Carranza a dejar a Jenkins en libertad. La afirmación del gobierno de Carranza de que no podía intervenir en un asunto del estado de Puebla era bastante falsa. Carranza desautorizaba habitualmente a las autoridades provinciales y nombraba gobernadores como le placía. Cuando convocó a Cabrera a la capital para deliberar, podía haber considerado obligar al gobernador a liberar a Jenkins con el pretexto de salvar las apariencias. Pero por el momento, semejante idea quedó anulada por la insistencia del hermano del gobernador, Luis, que era el secretario de Hacienda y un ideólogo del apasionado sentimiento antiamericano. Al hacer frente a Estados Unidos, Carranza también recibía apoyo en todo el mundo hispanohablante. Los periódicos desde Colombia a España se unieron a él en contra de la mano dura de Estados Unidos. No obstante, el gobernador Cabrera y el jefe de asuntos exteriores Medina exhortaron a Jenkins, a través de terceros, a aceptar su libertad bajo fianza.[27]

Jenkins, por supuesto, se negó a cooperar. En parte veía su difícil situación como una cuestión de honor. En ocasiones, su comportamiento orgulloso incomodaba a todas las partes. En vez de actuar como víctima inocente de un delito, escribía cartas y daba entrevistas en las que dejaba que su franqueza y desdén por el gobernador prevalecieron. Le escribió a un amigo (quien hizo llegar la misiva a la prensa) que el manejo de los mexicanos de su caso era una farsa. Se jactó con el *New York Times* de que había ganado mucho dinero durante la Revolución. Dijo que al quedarse en la cárcel esperaba causarle problemas a Cabrera.[28]

La guerra se sentía en el aire y había mucho más que palabras. Unas 60 000 tropas, desplegadas en agosto para proteger las ciudades fronterizas, se prepararon para la acción; con ellas tenían aviones y 100 tanques ligeros. Texas movilizó su Guardia Nacional. Se puso en alerta a la Armada. Los vuelos de reconocimiento estimaron un fortalecimiento de las tropas mexicanas a lo largo de la frontera y la inteligencia militar descubrió que México planeaba dinamitar los puentes de ferrocarril entre Nuevo Laredo y Monterrey. El 1° de diciembre el blando *Baltimore Sun* admitió que la guerra era ahora más probable que en cualquier otro momento desde que Wilson reconoció el régimen de Carranza en 1915. Fall ahora estaba listo para apostar que tenía el impulso para obligar al debilitado presidente a ejecutar acciones. Como deseaba moverse más rápidamente que Lansing, jugó su mano. El 3 de diciembre, citando las actividades del Departamento de Estado y las pruebas reunidas por su comité de que los cónsules mexicanos estaban difundiendo propaganda comunista en todo Estados Unidos, Fall presentó una moción: el presidente debía retirar el reconocimiento de Carranza y suspender las relaciones diplomáticas. Los aliados de Fall presentaron después más mociones: que se enviaran más tropas a la frontera, y que Wilson autorizara al Ejército y la Armada a forzar el pago de las reclamaciones realizadas por los estadounidenses en la Revolución.[29]

A medida que el redoble de Estados Unidos subía su volumen, los periódicos mexicanos publicaban rumores y noticias de cañoneros en dirección a Tampico y Veracruz y aviones sobrevolando sobre las ciudades fronterizas. Aunque un funcionario del Departamento de Guerra de Estados Unidos le dijo a *Los Angeles Times* que una invasión a gran escala tomaría otros seis meses de preparación, para gran parte de la prensa mexicana una intervención armada parecía inminente.[30]

Tres cosas estaban claras ahora. En Estados Unidos, en medio de las tensiones crecientes con un vecino considerado ampliamente como retrógrada y bárbaro, un incidente tan pequeño como el encarcelamiento de un agente consular podía convertirse en una *cause célèbre* y un pretexto para redefinir la política exterior. En México, el objetivo de las incursiones estadounidenses durante más de 70 años, las advertencias de los políticos de Washington, las amenazas de los periódicos de Hearst y los movimientos preliminares de tropas podían hacer que una invasión pareciera más probable de lo que era. Y William Jenkins se había apoderado de la imaginación de los mexicanos como el gringo arquetípico: retorcido, arrogante y dispuesto a hacer lo que fuera por dinero.

Mary Jenkins le escribió a Elizabeth el 4 de diciembre: "Te quejas tanto de que nuestro gobierno no hace nada; no sé de dónde sacas eso, porque mi temor es que hagan demasiado y no estoy del todo preparada para que me asesinen, y nosotros seríamos el blanco".

Sus temores estuvieron a punto de cumplirse. La resolución de Fall para romper relaciones con México, aún en revisión del comité el 5 de diciembre, habría permitido que siguiera una declaración de guerra o autorizado una presencia masiva de "vigilancia policial" del tipo aun en vigor en Haití y la República Dominicana. Como mínimo habría podido provocar otro largo capítulo en la Revolución cargada de facciones. El presidente Wilson había estado fuera de la mirada del público por tanto tiempo que abundaban los rumores del estado débil de su mente. ¿Podía semejante inválido resistir al tren intervencionista de Fall? Lansing era más cauteloso que Fall, sin la certeza de que el caso Jenkins fuera un pretexto políticamente viable para una ruptura con México. Los demócratas del Congreso (el partido de Lansing, después de todo) estaban reacios a respaldar la intervención. Aun así, consideraban a Carranza una "vieja mula terca" y se hubieran alegrado de verlo derrocado. En una carta a un amigo ese día, admitió lo difícil que le había sido "tragarse el orgullo y seguir dándole jarabe calmante a esos *greasers* mientras sonreían sarcásticamente y continuaban con sus insultos".[31] Pero Fall y Lansing erraron en sus cálculos. Wilson estaba menos decrépito de lo que habían imaginado y Carranza era menos inflexible.

El presidente mexicano sin duda sentía que había exprimido el episodio por todo su valor nacionalista, porque el 4 de diciembre un hombre desvinculado a Jenkins pagó su fianza y un juez de Puebla ordenó su liberación. A la medianoche, el jefe de la policía despertó a Jenkins en la penitenciaría y le dijo que lo necesitaban urgentemente en el tribunal. Al principio se negó a ir. El oficial no ofrecería más motivos y Jenkins no podía concebir que un tribunal trabajara a esas horas. Por un momento temió que pudieran someterlo a la ley fuga y que le dispararan "mientras intentaba escapar". Cuando el oficial lo llevó afuera, no fueron al tribunal sino a la casa de Jenkins. Le dijo que era libre, pero no le informó por qué.[32]

Woodrow Wilson, aunque postrado en cama durante dos meses, sintió que su salud había mejorado bastante el 5 de diciembre para aceptar la insistencia de Fall de una reunión. Como el presidente sabía bien, Fall podía pedir que escuchara su postura sobre México, pero estaba igualmente interesado en medir la capacidad física de Wilson para cumplir sus obligaciones. Fall se decepcionaría doblemente. Aunque el presidente estaba en cama, estaba más alerta de lo que el senador esperaba, el apretón de manos fue firme.

"Y bien, senador —empezó Wilson—, ¿cómo van sus inversiones mexicanas?"

Fall cambió el tema. "Bueno, señor presidente, todos hemos estado rezando por usted."

"¿En cuál sentido, senador?", respondió Wilson con una sonrisa.

Evidentemente era un presidente no propenso a que lo presionaran. Después, a media discusión sobre la situación de México, el médico de Wilson irrumpió en la habitación con la noticia de que habían puesto en libertad a Jenkins. "Parece que esto ayudó un poco", se rio el presidente. Las infladas esperanzas de Fall de una ruptura rápida con México fueron pinchadas. Siguió adelante y presentó el caso de su comité contra Carranza, pero el tema de la intervención no se abordó. Tres días más tarde, Wilson respondió con un memorando prometido, que también se dio a conocer a la prensa, en el que declaró que le "preocuparía profundamente" ver que el Congreso aprobara la resolución de Fall para romper relaciones con México.[33]

Luego, uno de los asistentes de Fall escribió que el régimen de Carranza, en su arreglo encubierto del pago de la fianza de Jenkins, "había sido más listo" que el Departamento de Estado. De hecho, la malinterpretación de Fall con respecto a México se extendió más. Sin saberlo, su coalición disidente se estaba deshaciendo, en parte por la torpeza de él y de Lansing. Los titulares que advertían sobre una invasión norteamericana incitaron al líder zapatista Magaña a garantizar a Carranza su suspensión de hostilidades. Una reunión secreta entre los dos el 28 de noviembre selló la tregua y, durante el siguiente mes, una serie de jefes zapatistas en Morelos y Puebla se rindieron. Los líderes republicanos siguieron fanfarroneando sobre una ruptura y volvieron a poner al petróleo como su motivación principal, pero el 17 de enero Carranza desinfló esa burbuja también al conceder a las compañías estadounidenses los permisos suspendidos durante mucho tiempo para la perforación de nuevos pozos. Durante otros cuatro meses, Fall seguiría con sus audiencias en el Senado y sumando ofensas contra los estadounidenses, pero su mejor oportunidad para precipitar un cambio de régimen había pasado. Para el momento en que terminó, los mexicanos se habían hecho cargo de Carranza en sus propios términos.[34]

Para entonces, asimismo, Wilson había obligado a Lansing a renunciar, en parte por su beligerancia. De hecho, el caso Jenkins marcaría un punto de inflexión en las relaciones entre Estados Unidos y México. La oposición de Wilson a la intervención, incluso a un rompimiento de las relaciones diplomáticas, contrastaba con su aprobación de la ocupación de Veracruz en 1914 y la fallida incursión de Pershing para capturar a Pancho Villa en 1916. Ningún presidente estadounidense volvería a mandar tropas a México. El episodio ofreció a Wilson una primera oportunidad de poner en práctica local los principios de soberanía que famosamente había pedido en París. La evolución en su pensamiento anticipó la política del buen vecino hacia Latinoamérica desarrollada por Herbert Hoover y Franklin Roosevelt más o menos una década después.

El propio Jenkins se enfureció al enterarse de que su libertad no indicaba que le hubieran retirado los cargos. De hecho, un estadounidense llamado J. Salter Hansen, que afirmó actuar en aras de la paz, había pagado la fianza en su nombre. Jenkins nunca había oído habar de Hansen. Asumió que el gobierno federal lo había mandado a Puebla. Evidentemente la jugada fue diseñada para detener el belicismo de Lansing y de Fall sin dañar la imagen firme de Carranza. Cuando Jenkins se enteró del ardid, exigió durante varias semanas que lo regresaran a la prisión.[35]

La amenaza de una guerra se desvaneció, pero el caso contra Jenkins se prolongó. El gobernador Cabrera evidentemente sintió que se podía obtener más capital político, porque se convocó a Jenkins ante el tribunal varias veces más para escuchar a los acusadores. En su primera reaparición se consternó al ver que Cabrera había remplazado al presidente del tribunal, que finalmente había escuchado el testimonio de sus testigos, con su antagonista de Atlixco, Fernando Guzmán. Pronto se haría evidente que el registro de peones que se retractaron de sus declaraciones contra Jenkins "había desaparecido". Federico Córdoba le dijo después al *New York Tribune* que le habían ofrecido 200 000 pesos para testificar en contra de Jenkins. En enero, después de que la Secretaría de Relaciones Exteriores cesó el reconocimiento de la condición consular de Jenkins, Cabrera declaró en su informe que el norteamericano no tenía escrúpulos y era ya manifiestamente culpable. El procurador general Mitchell anunció nuevos cargos contra Jenkins por sobornar a testigos y fomentar la rebelión. En una conferencia de prensa juró que "enterraría a Jenkins en la cárcel".[36]

Jenkins luchó del mismo modo. Le dio al *New York Tribune* una larga narración sobre su secuestro. Se reunió varias veces con Gerald Brandon, de *Los Angeles Times*, a quien el régimen de Carranza pronto expulsaría por sus reportajes. En una divertida serie publicada en marzo de ese año, Brandon informó que Mitchell le pidió que transmitiera a Jenkins una oferta para desechar el caso. Fue un chantaje. Brandon citó la respuesta franca de Jenkins: "No le daré un centavo al...", respondió con una palabrota en inglés. En el tribunal, Jenkins apenas cooperó, respondió a las preguntas con desafío y se negó a una muestra de escritura. Acusó a Guzmán de sobornar a los testigos y, cuando el juez lo multó por desacato, se negó a pagar.³⁷

Mientras tanto, Jenkins y Mestre estaban buscando que el caso se transfiriera fuera del sistema judicial politizado de Puebla. Mestre argumentó que la oficina del imputado como agente consular, que Lansing había ascendido de interino a su estado real en 1918, necesitaba un juicio federal, pero la decisión de Relaciones Exteriores del 30 de enero debilitó su caso. La Suprema Corte seguía deliberando sobre la solicitud en mayo de 1920 cuando el régimen de Carranza cayó.³⁸ Álvaro Obregón, al sospechar que su antiguo comandante en jefe deseaba imponer una dictadura de facto, se alzó en una rebelión en abril que rápidamente cobró impulso. Provocó la fuga de Carranza, que pronto dio lugar al asesinato del presidente. El gobernador Cabrera también huyó.

En agosto, la Suprema Corte dictaminó que la condición consular de Jenkins era suficiente para concederle una audiencia federal. Ese diciembre, poco después de que Obregón llegara a la presidencia, el juez federal Daniel V. Valencia exoneró a Jenkins de los cargos por perjurio y amenaza de testigos, los únicos que tenía a nivel oficial. Dos meses después, sus diligentes verdugos en Puebla, el ex procurador general Mitchell y el juez Guzmán, fueron arrestados y acusados con pruebas de manipulación y coerción de testigos. No se puede conceder demasiada importancia a esas revocaciones, ya que aun los tribunales federales tenían sus lealtades, pero Valencia, a quien Jenkins debía su exoneración, era lo suficientemente respetado para que posteriormente el presidente Cárdenas lo nombrara jefe de justicia de la Suprema Corte.³⁹

¿Era culpable Jenkins?

Determinar lo que realmente pasó en una disputa legal de hace mucho tiempo es un asunto resbaladizo. Lo que la gente escribía o decía debe leerse a contrapelo, para comprobar si hay sesgo o contradicciones y, cuando las versiones están en conflicto, deben tenerse en cuenta los motivos. Durante el caso Jenkins, todos los actores principales tenían motivos para usar la disputa para sus propios fines, cualesquiera que fueran los méritos del caso contra el estadounidense. Muchas de las docenas de testigos que declararon eran probablemente parciales o los habían sobornado, y el sistema judicial era susceptible a las presiones políticas, particularmente en Puebla.[40] Por ello, vale la pena dejar de lado las acusaciones, las contraacusaciones e incluso los dictámenes de los jueces para reconsiderar la autenticidad del secuestro sobre la base de la lógica.

Jenkins se había mostrado una vez a favor de una intervención estadounidense. Lo dijo mucho en sus informes consulares en 1914 y 1915. Ahora sus indicios eran desiguales. Tras su liberación, Jenkins le dijo a la prensa que no estaba a favor de la intervención. Durante la investigación sobre su complicidad, parte de las pruebas en su contra parecían bastante condenatorias, en particular su primera carta a Mary durante su cautiverio, en la que la instaba a presionar al gobierno estadounidense para ocuparse del secuestro junto con el mexicano. Había añadido: "Queremos que se entienda claramente que se trata de un grupo de rebeldes que entraron a Puebla y me raptaron, y no son 'apaches' [es decir, bandidos]. Quiero hacer al gobierno responsable y esto puede hacerse si los rebeldes son la causa. Por ello, no dejen de aclararlo".[41] El deseo que sus palabras revelaron de perjudicar al régimen de Carranza, junto con sus arrogantes declaraciones en público y su negativa a cooperar con las autoridades poblanas, hicieron fácil para el gobernador Cabrera darle a Jenkins el papel del villano de la obra. Después salió a la luz que Jenkins conocía al segundo al mando de los secuestradores, un zapatista con sede en Atlixco llamado Juan Ubera. Jenkins admitió que le había estado pagando el modesto importe mensual de 50 pesos para proteger la hacienda Santa Lucía.[42]

Pero la simpatía con los secuestradores por el deseo de quitarle autoridad a Carranza no es una prueba de conspiración. Igualmente plausible es que Ubera supiera que Jenkins odiaba al presidente y que lo haya visto como un blanco maleable. También es posible que, una vez cautivo, Jenkins viera que tenía una mejor oportunidad de volver a casa, pronto e ileso, si ayudaba a sus raptores a lograr sus objetivos. Si se llevó bien con ellos, como algunos testigos alegaron, eso simplemente pudo haber reflejado su capacidad de sacar lo mejor de una mala situación y su valentía entre los insurgentes, ambos rasgos muy arraigados. Sus palabras hacia Mary sobre los rebeldes y los apaches se explican considerando que Cabrera tenía la costumbre de negar que en Puebla hubiera fuerzas anticarrancistas, pese a la abundancia de pruebas de lo contrario.[43]

Que Jenkins le había estado pagando a Ubera dinero a cambio de protección se explica de igual forma. Los zapatistas a menudo obligaban a los grandes terratenientes a pagar por protección; las dos partes rara vez se reunían, puesto que los pagos se hacían mediante los administradores de las haciendas. Un ejecutivo de una compañía estadounidense de tractores que había visitado a Jenkins justo antes de su secuestro, informó a su regreso: "Aquellos que viven en territorio rebelde tienen que pagar tributo a las fuerzas rebeldes a cambio de protección y libertad para trabajar sus campos".[44]

Sin embargo, el jefe de los secuestradores, Federico Córdoba, podía parecer un probable conspirador con Jenkins, y no sólo por la falta de animadversión de Jenkins hacia él después de su liberación. Córdoba rendía cuentas a Manuel Peláez, el rico cacique de la región petrolera del norte de Veracruz. Peláez detestaba a Carranza por su estilo autocrático y sus imposiciones en las provincias. Su carrera, como la de Zapata, es un recordatorio de que muchos líderes revolucionarios luchaban principalmente, incluso exclusivamente, por el bienestar de su patria chica, no por algo tan nebuloso como la nación. Peláez tenía mucha experiencia lidiando con los norteamericanos y británicos, y durante gran parte de la Revolución impuso en sus enclaves petroleros un impuesto de protección de facto. El principal de sus clientes era el magnate petrolero Edward Doheny.[45]

Aquí es donde la teoría de conspiración del "autosecuestro" adquiere más credibilidad circunstancial. El secuestrador de Jenkins seguía órdenes de un general que era cercano a los inversionistas más activos del sector privado, que a su vez tramaba algo con el senador Fall. Además, se informó que Jenkins había visitado a Fall mientras estuvo en Estados Unidos el verano anterior.[46] ¿No podían estos cinco hombres haber urdido todo el episodio entre ellos?

Como suele suceder con las pruebas circunstanciales, otros factores sugieren una coincidencia más que una conspiración. Por ejemplo, más tarde resultó que Peláez le había encargado a Córdoba que se uniera a las fuerzas rebeldes en Puebla y sus alrededores (de ahí su asociación con el oficial zapatista Ubera) y asestara un golpe a la credibilidad de Carranza tan duro como fuera posible. Al inicio, Córdoba había planeado secuestrar al embajador estadounidense; luego buscó raptar a varios cónsules en Puebla, incluido el de Gran Bretaña, Hardaker, pero se echó para atrás en el último momento por razones prácticas. La residencia de Jenkins en las afueras de la ciudad la hacía un blanco fácil.[47]

Además, el secuestro de ciudadanos estadounidenses por dinero no era nada extraño. Desde julio, había habido un recrudecimiento en el norte y centro de México, con al menos 13 norteamericanos supuestamente raptados. Para agosto, la tendencia era lo suficientemente pronunciada para que Carranza ordenara a los gobernadores que tomaran más medidas para proteger a los residentes extranjeros y el diputado estadounidense Fiorello LaGuardia propusiera al Departamento de Estado una investigación.[48] Probablemente no es casualidad que la tendencia al lenguaje intervencionista y el antiamericanismo mexicano fueran en aumento.[49] Ni Peláez ni Córdoba eran notablemente antiamericanistas, pero habrán visto que los secuestros se llevaban a cabo fácilmente.

Es mucho más probable que se haya tramado una conspiración contra Jenkins que con él. El gobernador Cabrera tenía buenos motivos para sospechar de Jenkins, el empresario prepotente cuyas actividades éticamente sospechosas había observado durante dos años, pero también tenía buenos motivos para fabricar un caso en su contra. Como sus antecesores impuestos por Carranza, Cabrera era un forastero en la ciudad de Puebla, profundamente impopular. Para octubre de 1919, estaba más aislado que nunca. El secuestro de un agente consular de la capital del estado en manos de rebeldes era una gran causa de vergüenza; Cabrera ya era sensible a la imagen infectada de crimen de Puebla. Que la Embajada de Estados Unidos haya pisado su pasto, que Jenkins haya recuperado su libertad sin ayuda de los funcionarios públicos y que los perpetradores siguieran libres eran vergüenzas adicionales.[50] Pero Jenkins era un personaje polémico, propenso a los sentimientos intervencionistas y las prácticas rapaces, por lo que el episodio también ofrecía una oportunidad para que el gobernador reparara su imagen.

Dos días después de que se llevaran a Jenkins, Cabrera le mandó un telegrama a Carranza, en el que le comunicaba sobre acusaciones "anónimas" de que el secuestro era una simulación y que Jenkins se había escondido para provocar un conflicto. Unos días después, el diario poblano *La Prensa* redactó un artículo especulativo que vinculaba a Jenkins con la principal facción de oposición del estado, el partido "reaccionario" de Ignacio Zaragoza, que supuestamente quería que Estados Unidos invadiera México. Un periódico subvencionado por la administración de Cabrera, *La Prensa,* también especuló que Jenkins bien podía estar en su casa entonces, disfrutando un coñac y riéndose del gobierno.[51] Al final de la semana, un propagandista de Cabrera le envió un memo a Carranza en el que nombraba a los supuestos conspiradores: no sólo Jenkins, Mestre y Córdoba, sino también Hardaker, el alcalde de Puebla Francisco

Lozano Cardoso, el legislador local Rafael Rojas, el empresario Ernesto Espinosa Bravo y el jefe de correos Baraquiel Alatriste. Si bien algunos eran amigos de Jenkins, todos eran enemigos de Cabrera.[52]

Cabrera y sus aliados siguieron haciendo acusaciones tras el regreso de Jenkins de su secuestro. Aunque se hicieron en correspondencia privada, *La Prensa* las hizo públicas. El procurador general Mitchell publicaba comunicados de prensa diarios sobre su investigación, para darle su propio enfoque a la historia. El valor propagandístico continuo de Jenkins para Cabrera ayuda a explicar por qué el gobernador dedicó gran parte de su informe estatal de enero de 1920 al episodio y por qué *La Prensa* siguió vilipendiándolo. Un día afirmó que Jenkins había dicho que hasta que estableció su fábrica los mexicanos no usaban calcetines. En conjunto, las autoridades poblanas lucharon obstinadamente, durante seis meses, para mantener el control jurídico del caso.[53]

Cabrera albergaba una animadversión personal hacia Jenkins y no sólo porque era un extranjero especulador en medio de una revolución nacionalista. Estaba su historia de negociaciones con los zapatistas, el flagelo de los gobernadores de Puebla. Después, en mayo de 1918, al responder a una consulta de Relaciones Exteriores sobre la reputación del agente consular, Cabrera afirmó con indignación que Jenkins estaba realizando actividades de "espionaje absoluto" en el estado y difundiendo propaganda de los aliados (de la Primera Guerra Mundial).[54] Como uno de los principales donantes participantes en la Comisión Central de Caridad en 1918, Jenkins había ayudado en la lucha contra la gripe española, acciones que habían puesto de manifiesto la incompetencia de Cabrera. Y en julio de 1919, Jenkins había tomado partido cuando, junto con otros poblanos adinerados, compró un anuncio en *El Monitor*, el principal órgano de la oposición, en el que felicitaba al periódico por su primer aniversario.[55]

Los motivos de Carranza se parecían a los de Cabrera. Ambos estaban inicialmente avergonzados por el episodio; ambos podían beneficiarse de que se convirtiera en una crisis. Ciertamente, el secuestro primero pareció una señal preocupante de que Carranza todavía tenía que restaurar el orden en México. Pero durante todo el año, el adusto "primer jefe de la Revolución" había visto decaer su popularidad, ya que las promesas de la Constitución no se convirtieron en leyes, y mucho menos se pusieron en práctica. Mientras tanto, el gran héroe militar de la guerra, el carismático Álvaro Obregón, había adquirido una mayor estima. En junio, Obregón formalizó su candidatura para la presidencia. Temiendo que su antiguo aliado resultara otro Porfirio Díaz (un dictador militar que se reeligiera a sí mismo), Carranza buscó un protegido alternativo. En el fondo, la elección de 1920 enfrentaría al mayor político de la Revolución con su mayor general.[56] Finalmente, al término de octubre, Carranza se decidió por su nuevo embajador en Estados Unidos, Ignacio Bonillas. Que Bonillas no tuviera una base de apoyo significativa provocó que mucha gente asumiera que Carranza había buscado a un títere y que trataría de imponerlo.[57] Así que una crisis que implicaba a un estadounidense polémico le daría a Bonillas, incluso cuando permanecía en Washington, la oportunidad de construir un poco de credibilidad pública.

Los periódicos de la Ciudad de México más cercanos a Carranza, *El Demócrata* y *Excélsior*, fueron los primeros en llamar al secuestro de Jenkins un posible "autosecuestro", que apuntaba a causar problemas con Estados Unidos. Haciendo referencia a la gran cantidad de dinero que tomaron de la caja fuerte de Jenkins, *El Demócrata* añadió la calumnia de que se rumoraba que Jenkins era un jugador compulsivo.[58] Tras la liberación de Jenkins, cuando Cabrera repitió el alegato del autosecuestro a los funcionarios federales, el secretario de Gobernación Manuel Aguirre Berlanga lo instó a continuar con el rumor. El secretario escribió: "Es de interés para la nación y el buen nombre y prestigio del gobierno que este asunto se resuelva de tal modo que cualquier cargo que se pudiera haber hecho en contra del gobierno quede desprovisto de su fuerza".[59] Contrarrestar el reclamo creciente de que el régimen de Carranza carecía de autoridad y competencia implicaba intentar todos los medios para socavar la credibilidad de Jenkins.

Con Jenkins rescatado y ahora bajo sospecha de conspiración, el caso le daba a Carranza la oportunidad de batir el sentimiento nacionalista y presentarse (nuevamente, siguiendo la cacería de Pancho Villa por parte de Estados Unidos) como el primer jefe de la soberanía mexicana. También permitía que su candidato Bonillas brillara en los periódicos, al actuar en la defensa pública del honor del país.[60]

La beligerancia que mostraron Lansing, Fall y gran parte de la prensa norteamericana, con sus insinuaciones de una guerra inminente, sólo facilitaron la tarea del presidente. De hecho, Jenkins era el instrumento perfecto para los fines de Carranza. No sólo tenía amigos extremistas en las altas esferas, que hacían de él una amenaza política, sino que también tenía reputación de hacer préstamos predatorios, lo que hacía de él un símbolo de amenaza económica. No habían pasado cinco días del secuestro cuando el secretario de Relaciones Exteriores le mandó un telegrama a Cabrera y le dijo que investigara la conducta de Jenkins como empresario.[61]

¿Y qué hay de J. Salter Hansen (el "banquero", como lo llamaban los periódicos carrancistas) que había desactivado la bomba de tiempo del senador Fall con el pago de la fianza de Jenkins? Dos días antes de hacerlo, tres mexicanos adinerados con residencia en Nueva York, ansiosos por los rumores de una posible guerra, le mandaron un telegrama al secretario de Hacienda Luis Cabrera para sugerirle que un tercero resolviera el *impasse* pagando la fianza. Más tarde, Lansing descubrió que cuando Hansen pagó la fianza de 500 dólares de Jenkins, sólo tenía 59 centavos en su cuenta bancaria neoyorquina. Fall hizo algunas indagaciones también: su personal descubrió que Hansen había sido enjuiciado una vez por agresión sexual a una niña de 12 años en un cine. También había ofrecido sus servicios de mediación a dos abogados de la industria petrolera, pretendiendo ser cercano a Carranza y Luis Cabrera. Lo rechazaron.[62] Escasamente un altruista adinerado, Hansen había fungido como un peón de Carranza.

En cuanto a los motivos del propio Jenkins, David LaFrance, el principal historiador de la Revolución en Puebla, plantea dos preguntas de peso: dado que todos sus negocios anteriores demuestran que era calculador y astuto, ¿por qué Jenkins se habría puesto a sí mismo en peligro físico por un complot cuyo resultado podía generar poca o ninguna ventaja política? ¿Y por qué arriesgarse en una implicación cuyo descubrimiento comprometería su gran fortuna, gran parte de ésta inmovilizada en préstamos difíciles de liquidar y propiedades fácilmente confiscadas?[63]

Uno podría seguir preguntando: ¿es factible que un hombre casado y padre de tres asumiría los riesgos inherentes de un secuestro, como un rescate chapucero por la policía estatal? ¿Es posible que un multimillonario con un negocio floreciente, una bonanza en la negociación de propiedades y una expansión reciente en su fábrica, se sintiera tan incómodo con el régimen de Carranza como para querer formar parte? ¿Acaso un estadounidense que consideraba a los zapatistas como "animales sin corazón" les encomendaría su bienestar durante una semana o más? ¿Es posible que un hombre con semejante perspicacia haya planeado su secuestro tan mal como para exponerse a la intemperie en los fríos campamentos de la ladera? ¿Habría planeado semejante aventura justo después de que su cuñado Donald regresó a Estados

Unidos y habría dejado a Mary, su hermana, y sus hijas solas?[64] ¿Habría puesto en peligro la frágil salud de su esposa?

Con pocas excepciones, las numerosas versiones publicadas del caso han ignorado este montón de improbabilidades. Pero la teoría de conspiración planteada por el gobierno de Cabrera, motivada por Carranza y alimentada por una prensa nacionalista se arraigó y aún florece.

En cuanto al rescate, los mexicanos nunca lo pagaron y Jenkins nunca lo recuperó. En 1921, Jenkins luchó por una compensación del régimen de Obregón, sin éxito. Después presentó una queja con la Comisión de Reclamaciones bilateral, establecida para atender los daños a la propiedad estadounidense durante la guerra. Solicitó 285 000 dólares, que cubrirían el importe del rescate, el efectivo que se habían llevado de su caja fuerte, las facturas jurídicas y hospitalarias, junto con los activos textiles robados con anterioridad. Pero su demanda fue a medias tintas, puesto que no la respaldó con documentos. Tal vez sintió que los meses de cobertura de prensa y correspondencia con la embajada constituían prueba suficiente; tal vez, tras haber visto gran parte de su tiempo absorbido por el episodio, estaba reacio a invertir más esfuerzo. En 1930 se rindió y le escribió a la Comisión de Reclamaciones que desistía de emprender ulteriores acciones.[65]

Comienza una leyenda negra

En Puebla, y más tarde en la escena nacional, el secuestro y el encarcelamiento de William O. Jenkins, las acusaciones del gobernador Cabrera y el furor diplomático resultante se combinaron para plantar las semillas de una leyenda negra. La leyenda negra original, que nació en el siglo XVI y propagaron durante siglos los británicos y angloamericanos sobre las atrocidades de España en su conquista de las Indias, sí tenía de hecho una base, pero presentaba una lectura selectiva y exagerada de los acontecimientos. Lo mismo podría decirse del mito de Jenkins. Lo configuró como un estereotipo: el empresario estadounidense retorcido, manipulador, arrogante y explotador. No se podía confiar en él. Era capaz de los actos más atroces. Siempre ponía sus intereses por encima de los de su país de adopción. Para muestra, sólo es necesario recordar sus actividades durante la Revolución: organizó su propio secuestro, puso a México al borde de la guerra con Estados Unidos y, en el proceso (como afirmaba el mito en evolución), forzó al gobierno a pagar un rescate que compartió con sus secuestradores y que formó la base de su fortuna.

La historia fundacional dentro del mito se desarrolló rápidamente. El régimen de Cabrera empezó a plantar las historias difamatorias en la prensa tan pronto como tuvo noticias del secuestro. Después de que encarcelaron a Jenkins, un diario a favor de Carranza causó sensación al imprimir una carta, firmada por "Federico Córdoba", que decía que Jenkins había propuesto su propio secuestro. El mismo Córdoba inmediatamente denunció la carta como falsa y posteriormente demostró al *New York Tribune* que la firma impresa no coincidía con la suya y acusó a las autoridades poblanas de haber filtrado la carta. Pero el daño adicional a la credibilidad de Jenkins ya estaba hecho. Para diciembre, los diplomáticos mexicanos estaban diciendo que Jenkins no sólo se había autosecuestrado, sino que lo había hecho para enriquecerse.[66]

La acusación se volvió parte de la sabiduría popular, que a su vez se engalanó. Esto se transmitió al principio de boca en boca.[67] Poco a poco, la leyenda llegó a publicarse. En 1932, *Excélsior* publicó un artículo de fondo sobre secuestros que abordó el caso Jenkins y concluyó que "a la postre no resultó un plagio, o fue un plagio bastante dudoso". En 1943, un rival de la industria cinematográfica intentó conseguir oposición contra Jenkins a través de una inserción de periódico que reiteró que se había autosecuestrado. Un volante sindical publicado en Puebla en 1956, que se quejaba de la influencia política de Jenkins, lo llamó un "filibustero, nefasto para nuestra Patria, [quien] se autoplagió". Una semblanza de periódico en 1959 empezaba citando "su famoso y teatral, episódico y cinematográfico autoplagio". El año siguiente incluso el *Time* se subió al tren: su semblanza de Jenkins llamaba al secuestro "un afortunado golpe de mala suerte" que terminó con Carranza pagando el rescate y Jenkins supuestamente recibiendo "la mitad del botín". Ya por esta fase, las referencias periodísticas a un autoplagio o autosecuestro eran comunes y corrientes.[68]

Si los reporteros y los columnistas se sintieron libres de calificar el incidente de una treta, y de adornar su supuesto resultado, eso fue posible gracias al silencio persistente de Jenkins. Ofendido por muchos de los artículos sobre él, rechazó otras peticiones de entrevistas, política que mantuvo hasta su muerte.[69] Era como si tras luchar por defender su honor y perder ante el *crescendo* de rumores, hubiera decidido enfocarse hasta el final en lo que hacía mejor: ganar dinero. Fue de gran ayuda que viviera en una ciudad tan conservadora como Puebla, donde la autocensura generalmente predominaba. También había, sin duda alguna, temores a represalias por criticarlo, dada su posición dominante en la economía de la ciudad y sus relaciones estrechas con los gobernadores más autoritarios del estado. En Puebla, las semblanzas negativas se publicaron ampliamente sólo después de su muerte.

En 1965 Enrique Cordero y Torres, decano de los cronistas poblanos, registró en una entonces historia local estándar que el rescate de Jenkins marcó el "comienzo de su fantástica fortuna". El mito no era de su invención (su aparición en *Time* y un obituario local demostraron que ya existía como rumor), pero la decisión de Cordero de afirmar que era un hecho permitieron que los escritores futuros hicieran lo mismo. Más tarde, la ficción de la "fortuna del secuestro" se propagó más ampliamente a través de la novela *Arráncame la vida*, de Ángeles Mastretta.[70]

Estas versiones adornadas ignoran lo rico que ya se había hecho Jenkins, gracias a La Corona, sus otros negocios y la especulación de propiedades. No registra cómo los 75 000 dólares de los que supuestamente se benefició al repartir el rescate con sus secuestradores (suponiendo una división equitativa del botín) se volvieron casi insignificantes en comparación con su valor neto: cinco millones de dólares más o menos según sus propias estimaciones posteriores y al menos tres millones según fuentes de inteligencia recopiladas por la Secretaría de Defensa de México. Incluso en esa época, un periódico poblano señaló lo absurdo del alegato del autosecuestro por dinero, dado que Jenkins había pagado recientemente un importe más elevado que el rescate por una participación en la principal tienda departamental de la ciudad de Puebla. El mito de la "fortuna del secuestro" además ignora el hecho de que el gobierno no pagó ni reembolsó el rescate.[71]

A medida que el relato de la Revolución se volvió menos del dominio de periodistas y cronistas y más una ocupación de los historiadores profesionales, surgió una divergencia llamativa en las lecturas del caso. Los historiadores estadounidenses se abstuvieron de hacer juicios o dedujeron que el secuestro fue genuino.[72] Todas las historias mexicanas, con una notable excepción, describieron el episodio como un autosecuestro.[73]

La disparidad de las interpretaciones podría sugerir sólo los prejuicios patrióticos en las versiones estadounidenses y mexicanas de lo que sucedió. Pero las versiones estadounidenses exhiben una lectura más amplia de los registros de los periódicos y los archivos, y las que tratan el tema con mayor detalle son precisamente aquellas que fallan a favor de la inocencia segura o probable de Jenkins. Y el tono cauteloso de las versiones norteamericanas ("tanto la lógica como las pruebas indican, aunque no demuestran, inocencia", señala Charles Cumberland) contrasta con el tenor condenatorio de los historiadores mexicanos. Bertha Ulloa termina su relato con un toque dramático: "Jenkins nunca pudo demostrar su inocencia en el secuestro".[74] Las versiones mexicanas también muestran poca disposición a ponderar las agendas políticas de Carranza y Cabrera, como si sólo buscaran reparar un gran mal. A Jenkins se le asigna el papel de villano yanqui de repertorio y la atención a las complejidades del caso parece considerarse innecesaria.

El único estudio mexicano que se benefició del acceso a archivos estadounidenses, así como mexicanos, escrito por Rafael Ruiz Harrell, concluyó que el secuestro sí fue genuino. El hecho de que Ruiz Harrell formulara su relato como una novela histórica no disminuye su valor, puesto que su dramatización se limita esencialmente a imaginar conversaciones, y su material de origen se basa en un ensayo bibliográfico de 24 páginas.[75]

Más allá de las pruebas circunstanciales, lo que ayudó a que el alegato del autosecuestro pegara en primer lugar fue una disposición del público a asumir lo peor de este gringo. Desde su llegada a Puebla, Jenkins había mostrado una imagen extraña. Se había asociado con el inescrupuloso Leon Rasst. Había desafiado las convenciones de la gente "decente" y había hecho una gran riqueza de forma sospechosamente rápida. Sus préstamos predatorios sin duda lo hicieron detestable en algunos círculos. Es fácil creer lo peor acerca de un hombre que no encaja, un hombre cuya ropa, costumbres, idioma y afiliación religiosa difieren de la norma. Y es más fácil aún cuando su fortuna se haya incrementado a costa de la élite de una sociedad. El franco desprecio de Jenkins por los funcionarios locales simplemente exacerbó los prejuicios existentes.

Después de diciembre de 1919, cuando la crisis cesó, el secuestro no parecía tener una importancia duradera. Justo antes de la liberación de Jenkins, el embajador Bonillas minimizó el episodio como una "tormenta en un vaso de agua" y desde la perspectiva a largo plazo de la historia diplomática de Estados Unidos bien pudo haberlo sido. O al menos fue un asunto incidental dentro de una disputa bilateral mucho más grande y duradera por la soberanía mexicana y las compensaciones estadounidenses, en la que el tema más controvertido era por mucho el petróleo.[76]

Para mediados de 1920, los principales adversarios de Jenkins durante la saga habían muerto (Carranza), se habían ido (Cabrera) o habían desaparecido de la vista pública (Mitchell). La controversia sobre el petróleo perduraría.

En un nivel simbólico, no obstante, el caso Jenkins ayudó a promover una figura semimítica y duradera que se cerniría en la imaginación de una nación: Jenkins como el coco gringo arquetípico. Durante las décadas posteriores, una variedad de personas en conflicto con Jenkins (desde activistas rurales y líderes sindicales hasta rivales comerciales y adversarios políticos) alegarían que había cometido toda clase de crímenes, especialmente nefastos. Pero las acciones y las tendencias que denunciaban eran similares a lo que otros hombres con riqueza y poder estaban haciendo: comprar la amistad de los políticos y el clero, armar a justicieros para ahuyentar a los campesinos en busca de tierras, disolver huelgas y cooptar a los dirigentes sindicales, traficar con alcohol, evadir impuestos, incurrir en prácticas monopólicas. Lo que distinguía a Jenkins para las críticas más ásperas es que era enemigo de la Revolución y estadounidense. Para realzar cualquier caso que estuvieran discutiendo, sus adversarios se apropiaban de la leyenda negra de Jenkins y a menudo la ampliaban, de modo que su infamia se volvía un arma retórica para cualquier ocasión.

Pero el arma era de doble filo. La creencia de que Jenkins se autosecuestró, en asociación con el recuerdo de la reacción de Estados Unidos al encarcelamiento de su cónsul y su posterior exoneración en el tribunal federal, dieron la impresión de que Jenkins estaba por encima de la ley, tenía protección diplomática y era potencialmente peligroso.[77] La noción de que se había asociado con los rebeldes para ganar dinero en el proceso, siendo más listo que el gobierno federal, lo hacía sumamente astuto, quizá de manera admirable. Esta imagen maquiavélica le funcionaría bien a Jenkins cuando construyó su imperio empresarial en Puebla. Aquí había un hombre a quien no sería prudente contrariar. Si uno se ganaba su favor y entablaba una alianza, había grandes probabilidades de recompensas.

La gringofobia da un giro

Aunque la suspicacia mexicana sobre los estadounidenses prácticamente se remonta al nacimiento de la nación, su desconfianza del poder económico norteamericano llegó mucho después. Empezó durante el auge de inversión con Díaz y no se fusionó hasta el final de la Revolución. Por la misma época, la gringofobia empezó a ramificarse de los textos de los intelectuales y las protestas de los enclaves mineros y petroleros, y se volvió un fenómeno popular y nacional. De manera cíclica, persiste desde entonces. La infamia de Jenkins ayudó a impulsar ambos cambios.

Con la Revolución llegaron los casos infames de intervención de Estados Unidos. En 1913, su embajador animó a destituir a Madero. En 1914, su fuerza naval bombardeó y ocupó Veracruz para evitar que las armas llegaran a Huerta, con la pérdida de 200 vidas. En 1916 el general John Pershing dirigió una brigada al otro lado del río Bravo para iniciar una búsqueda inútil de Pancho Villa. En esa época, los incidentes antiamericanos se dispararon, pero no se convirtieron en un movimiento.[78] Los principales objetivos de la ira xenófoba siguieron siendo los españoles, incluidos los administradores de las haciendas y las tiendas de raya. En 1919, con el caso Jenkins, la amenaza de una incursión a gran escala alcanzó un punto álgido, pero Carranza era incapaz de sacar suficiente partido del episodio para mejorar las posibilidades de Bonillas en la elección de 1920 o la viabilidad de su régimen. Cada instancia revelaba el limitado poder persuasivo de la gringofobia en su formato político.

A medida que la guerra se transformó en una paz turbulenta, la figura larguirucha del Tío Sam, así como el español desdeñoso, llegaron a ser relegadas por el inversionista yanqui como el extranjero más vilipendiado. Fueron años en los cuales los titulares alarmistas sobre una intervención armada de Estados Unidos se vieron superados por los que se preocupaban por la presencia y los privilegios de sus empresas. Al principio se enfocaron en la riqueza petrolífera y mineral de México; más tarde supusieron el poder del comercio estadounidense.[79]

Si hubiera un punto de inflexión para el cambio generalizado de los temores políticos a las preocupaciones económicas, probablemente sería el año 1919. El caso Jenkins marcó la última oportunidad realista para los intervencionistas norteamericanos de lograr su cometido. El año también marcó un punto intermedio entre los primeros decretos nacionalistas de Carranza que regulaban el capital extranjero (1915) y la aprobación controversial de Obregón de los tratados de Bucareli (1923), que permitieron a las compañías extranjeras seguir explotando los yacimientos petrolíferos establecidos.

La propia trayectoria de Jenkins reflejaba este cambio. Lo secuestraron en virtud de su puesto político, como agente consular. Fue su condición diplomática la que impulsó a la embajada estadounidense a involucrarse, la que incitó a Lansing a presionar por su liberación y la que motivó a Fall y la prensa de Hearst a exagerar el caso como una *cause célèbre*. Después de la crisis, lo que mantuvo a Jenkins bajo la lupa de la opinión pública fueron sus actividades empresariales. Fue el terrateniente y monopolista sinuoso, más que el agente retorcido de Washington, el que alimentó la leyenda negra de Jenkins.

Además, el caso Jenkins tuvo un impacto en la xenofobia mexicana, que la asoció más con una *gringo*-fobia. Ayudó a establecer un vehículo popular para una retórica cargada políticamente: el empresario estadounidense chueco. Lo que había empezado como un desdén localizado se generalizó. Y a partir de mediados de los años veinte, cuando Edward Doheny dejó de invertir, probablemente no había norteamericano tan conocido en México como William O. Jenkins.

Para alimentar ese desprecio y proporcionar un terreno político complicado para las hazañas de Jenkins en la posguerra, había un creciente nacionalismo económico. Incluso antes de la Revolución, se estaban sembrando las semillas, con una política industrial concertada que incluía aranceles selectivos, un programa de industrias nacientes y una nacionalización parcial de los ferrocarriles. Tras la caída de Díaz, emergieron ideas más radicales y retórica más visceral. Un criticismo relativamente constante de la actividad empresarial de Estados Unidos venía de las élites revolucionarias. Nuevas publicaciones surgieron en todo el país y criticaron el viejo orden de cosas, como la industrialización que pareció beneficiar a los extranjeros primero. Las declaraciones de los presidentes y los generales tenían un enfoque cada vez más económico.[80]

Carranza era consistentemente nacionalista; basó sus políticas en una objeción apasionada de la condición privilegiada de los inversionistas extranjeros y una convicción de que todas las naciones eran igualmente soberanas. Tenía una buena causa para irse contra los inversionistas estadounidenses en los sectores de minería y petróleo, ya que su carga impositiva era muy inferior que en Estados Unidos, y habían tratado a los empleados norteamericanos y mexicanos de forma desigual. Aun así, el lenguaje con el que su régimen los reprendía solía ser incendiario. Un editorial de 1915 en un periódico apoyado por el gobierno, *El Pueblo*, insistió en que Estados Unidos no había terminado su expansión imperialista y acusó al presidente Wilson de respaldar a los traidores ricos, ladrones, banqueros y latifundistas.[81]

¿En qué grado esos sentimientos eran compartidos por la población? Para algunos historiadores, la Revolución fue una guerra de liberación nacional.[82] Alrededor de una tercera parte de la superficie de México pertenecía a extranjeros y los estadounidenses eran dueños de tres cuartas parte de ese total. Pero la posesión de tierras a menudo estaba encubierta y las pruebas de ataques de los rebeldes a las compañías y propiedades norteamericanas eran escasas. Las víctimas de asesinato y robo generalmente eran atacadas como propietarios, no como estadounidenses. Los españoles sufrían mucho más.[83]

Ésta fue también la experiencia de Jenkins. En su relato de 1915 del arresto por parte de los carrancistas, no hay ningún indicio de que lo hayan insultado como norteamericano, aunque la bandera de Estados Unidos estuviera ondeando fuera de su casa. Dos meses antes, en cambio, denunció el saqueo de las fábricas españolas y la negativa de un gobernador hispanófobo a hacer algo al respecto. Como Alan Knight lo resumió: el impacto de la Revolución en los estadounidenses fue "notablemente limitado, pese a las afirmaciones varoniles de tumulto". El nacionalismo económico seguía siendo un problema minoritario.[84]

La tirria generalizada hacia los capitalistas estadounidenses llegó con el fin de la Revolución. Las demandas de los insurgentes de tierra y propiedad nacional de los recursos naturales se trató en la Constitución de 1917. Cuando el humo se disipó, los mexicanos anticiparon el cumplimiento de la carta magna, junto con recompensa por sus esfuerzos en la lucha. Pero los años pasaron y dichas promesas apenas comenzaron a respetarse. En la mayoría de los estados, el reparto de tierras de las haciendas se realizaba a paso de tortuga. Los magnates petroleros extranjeros se aferraban a sus pozos. Los gringos como Jenkins conservaban, o incluso expandían, sus latifundios. La brecha de indignación entre las esperanzas y los resultados, después de años de guerra y sacrificio, era un terreno fértil para la gringofobia económica.

Si fueran políticos o maestros, escritores o artistas, muchos de los vencedores y simpatizantes de la Revolución celebraron la guerra y pulieron sus credenciales a través de una retórica patriótica. Pero el nacionalismo al que se adhirieron no siempre fue antiamericano. En los años veinte, el Estado promovió un sentido comunitario que celebraba la identidad mestiza y eludía la confrontación. Pese a todo, el "coloso del norte" era un vecino necesario: como fuente de importaciones, de inversiones y, para tener acceso a préstamos internacionales, de reconocimiento oficial. La gringofobia coexistía con la gringofilia, ya que los líderes buscaban modernizar a México de maneras inspiradas en Estados Unidos. Esto significaba automóviles y aviones, radio, pasta de dientes y Coca Cola.[85]

Sin embargo, una retórica revolucionaria sobre los gringos explotadores se empezó a impregnar en la opinión pública después de 1917, cuando la Constitución consagró la noción antaño marginal de México para los mexicanos. Su progreso se oía en los discursos políticos y se veía en los medios de comunicación: literatura popular, libros de texto, arte muralista, cine, canciones folclóricas y caricaturas políticas en los diarios de circulación masiva. Se confirmó en la recurrencia de la gringofobia en la protesta popular, entre ella el clamor campesino contra Jenkins y otros terratenientes norteamericanos.[86] La ira dirigida a los inversionistas, gerentes y latifundistas reveló una inconformidad creciente con el poder económico de Estados Unidos y la arrogancia e insensibilidad percibida de sus agentes.

En la arena política, la voluntad de Obregón en 1923 de hacer concesiones a las compañías petroleras estadounidenses para obtener el reconocimiento diplomático provocó una reacción violenta. Los críticos lo acusaron de "traicionar los principios" de la Constitución. La inconformidad y la retórica antiamericana asociada ayudaron a avivar la rebelión sangrienta de Adolfo de la Huerta ese diciembre. En 1927, el funcionario federal Ignacio Muñoz anunció una crítica de la "diplomacia del dólar" con el título *Mueran los gringos*. Después de que la Embajada de Estados Unidos se quejó, Muñoz eligió el título casi igualmente provocativo *La verdad sobre los gringos*. El libro fue un bestseller.[87] Con la depresión, la xenofobia aumentó en general. El asunto de la deuda externa de México, de la cual 29 por ciento estaba en poder de bancos estadounidenses, era particularmente espinoso. El secretario de Relaciones Exteriores José Manuel Puig se posicionó como un franco crítico del sistema bancario internacional, que consideraba un monstruo despiadado, hecho en Estados Unidos.[88]

Mientras que los políticos por lo general se veían limitados en cuanto a lo que podían decir, los escritores daban rienda suelta a sus sentimientos. Un vituperio literario del comercio yanqui proliferó en

México, así como en toda América Latina. En novelas con temas antiamericanos, las compañías petroleras, mineras y fruteras eran los blancos preferidos. A diferencia de los ciudadanos estadounidenses ordinarios, a quienes los novelistas solían absolver, los empresarios eran estereotipados como fríos, racistas, inmorales, hasta lujuriosos. Se coludían con los políticos y explotaban a los trabajadores. En México el villano habitual era el sector petrolero, ya que durante la década hasta 1923 la negativa de Estados Unidos a reconocer el gobierno de México se debió en gran parte a la voluntad de la industria petrolífera. Las novelas y las obras teatrales sobre petroleros explotadores se multiplicaron.[89]

La obra literaria más importante fue *La raza cósmica* de José Vasconcelos (1925). Escrito por un hombre que ya era conocido como el enérgico jefe de la Secretaría de Educación Pública (SEP), este ensayo adaptó la dicotomía anglo/latino popularizada por el *Ariel* de Rodó. Celebrando la "raza cósmica" que resultó de la fusión de los pueblos ibéricos e indígenas, Vasconcelos estampó la superioridad espiritual de los hispanoamericanos sobre los angloamericanos materialistas de manera firme y duradera en la conciencia de su país.[90]

Todavía más influyentes eran los libros de texto. Al inicio, en los libros aprobados por la SEP, Estados Unidos mantuvo los cumplidos sobre la productividad y la libertad personal común en las primeras historias. En los años treinta, debido a una política de "educación socialista", los libros de texto de la SEP adoptaron nociones marxistas de explotación y lucha. Las lecciones de geografía estudiaban el impacto de los inversionistas imperialistas en los recursos naturales de México. Los libros de historia delataban la avaricia estadounidense como la causa de la guerra entre México y Estados Unidos y hacían énfasis en el control extranjero del porfiriato.[91]

En el ámbito de las artes plásticas, Vasconcelos fomentaba murales politizados mientras buscaba predicar la Revolución a las masas. La exhibición destacada de estas obras enormes (alrededor de los patios de los edificios federales, en los muros de los mercados cubiertos y las universidades) les daba un público masivo instantáneo. Las reproducciones en revistas y libros de texto les otorgaba más popularidad. Los tres principales muralistas, Diego Rivera, David Alfaro Siqueiros y José Clemente Orozco, despreciaban el capitalismo internacional y algunas de sus obras más conocidas satirizaban a los capitanes de la industria de Estados Unidos. En la serie de murales de Rivera en la SEP, varios paneles contrastan provocativamente los ideales revolucionarios con algunos de sus detractores más famosos, entre ellos John D. Rockefeller, J. P. Morgan Jr. y Henry Ford, que recién había inaugurado una planta armadora en la Ciudad de México. Rivera pintó a los tres hombres como amigos marchitos, cenando unas cintas de comunicaciones financieras, en lo que un diplomático estadounidense llamó un "'himno de odio' contra los capitalistas […] marcado por un odio virulento y flagrante de Estados Unidos". Jenkins también experimentaría la denigración por muralistas.[92]

Las caricaturas popularizaron más al "americano feo". Los magnates petroleros se hacían acreedores de las críticas habituales, a veces por su nombre (Doheny, desde luego), a menudo como una clase. Una caricatura de 1920 en *El Demócrata* dibujó a cuatro inversionistas gordos, engalanados con varios anillos de diamantes y sombreros de copa con barras y estrellas, regodeándose mientras veían a dos peones enfermos excavar un pozo de petróleo para ellos. Barrigas grandes, sonrisas burlonas y enormes anillos de diamantes se volvieron habituales como símbolos del exceso capitalista en las décadas por venir. Jenkins sería sujeto de esas caricaturas, igual que otros magnates, incluidos los locales; los ataques satíricos contra los inversionistas estadounidenses a veces eran tan antimagnates como antiamericanos.[93] En el medio del cine, el "explotador estadounidense", normalmente un empresario, apareció en los años treinta como un estereotipo recurrente. A medida que los productores satisfacían los gustos cambiantes del público, las representaciones del norteamericano rapaz se volverían cada vez más comunes.[94]

El más popular de todos era el corrido, una canción tradicional diseñada para el lamento, la crítica, la burla o la celebración. Entre la Revolución y 1942, cuando México se unió a los Aliados contra Alemania y Japón, casi todos los corridos cuyo tema era Estados Unidos se burlaban de los norteamericanos por su falta de valor y hombría, su avaricia y crueldad, su desprecio por los trabajadores mexicanos. Un "Corrido minero" calificaba a los jefes estadounidenses de animales. Para otro baladista, "el gringo es muy desgraciado / y es nuestro enemigo eterno". Las compañías petroleras eran de nuevo un blanco favorito, en los corridos ricos en alarmismo. Uno afirmaba que los norteamericanos deseaban explotar todas las cosas mexicanas, desde el petróleo y la plata hasta "las bellas mujeres del país". Otro alegaba que los magnates petroleros estadounidenses tramaban la caída de Obregón mediante la contratación de generales corruptos para rebelarse. Un lamento hablaba por los petroleros despedidos en Tampico: estaban tan enojados, decía una copla, "quieren comer puros gringos, crudos y también asados". Inevitablemente, en vista de un perfil empresarial que creció por el decenio, alguien con un interés personal escribiría una balada contra Jenkins: "El corrido del cine mexicano".[95]

Los norteamericanos no eran los únicos explotadores. La acusación por lo general dirigida a los indeseables no nativos era "extranjero pernicioso". Se la lanzaba con prejuicio igualitario contra los estadounidenses y otros extraños desconfiables: españoles, chinos, árabes y judíos. Las palabras derivaban del artículo 33 de la Constitución de 1857, que permitía al Estado expulsar a los extranjeros que no pagaran impuestos o respetaran a las autoridades. El conocimiento del artículo y el uso de la frase, durante mucho tiempo confinado a las élites urbanas, se amplió después de la Revolución. Los campesinos citaban "el 33" cuando denunciaban a los extranjeros que se resistían a sus proyectos de tierra y sus peticiones solían incluir "pernicioso" u otros epítetos similares.[96] Llegaron a usar dicho lenguaje independientemente de su queja, como el propio Jenkins descubriría. En otras palabras, "extranjero pernicioso" se convirtió en un recurso retórico estándar.[97] Irónicamente, esta frase no reapareció en la Constitución de 1917. El hecho de que su retractación oficial no pesara en su popularidad afirma su atractivo xenófobo.

Gran parte de la crítica radical de la época era en primer lugar anticapitalista y en segundo, nacionalista. Cuando la revista fundada por la SEP *Mexican Folkways* reprodujo el panel de Diego Rivera que satirizaba a Rockefeller y compañía, suministró la leyenda "los ricos conspirando para duplicar su dinero" e identificó a las personas representadas no por su nombre, sino simplemente como capitalistas estadounidenses y mexicanos.[98]

Sin embargo, a medida que la influencia europea se debilitó tras la Primera Guerra Mundial, los gringos se convirtieron en los "otros" habituales. Antes de la Revolución, aunque los norteamericanos eran los principales inversionistas extranjeros en México, rivalizaban de cerca con los británicos. Posteriormente, ocuparon una posición de mayoría general. Antes ejercían poca influencia cultural, ensombrecidos por los franceses; después, con el auge de Hollywood, Tin Pan Alley, Detroit y Madison Avenue, las películas, la música y los productos de consumo estadounidenses se combinaron en una avalancha cultural sin precedentes.

Antes los norteamericanos ocupaban un lejano segundo lugar con respecto a los españoles como los extranjeros más desconfiados o injuriados; ahora acortaban la distancia.

La creciente gringofobia hizo que el embargo de propiedades estadounidenses fuera una medida política cada vez más popular. A lo largo de los 20 años que siguieron a la Revolución, la inversión norteamericana en México cayó de 1 200 millones a 300 millones de dólares. La confiscación de tierras causó gran parte de la disminución. Al mismo tiempo, en las ciudades pujantes, el Estado permitía de nuevo el acceso de los yanquis. Ford, General Motors y otras compañías importantes fundaron subsidiarias en los años veinte y treinta, y cuando inauguraron sus plantas, los políticos asistieron como invitados de honor. El doble rasero era lógico. Para poder reconstruir la economía asolada por la guerra y proseguir la industrialización, el gobierno sintió que necesitaba financiamiento y conocimientos especializados de Estados Unidos. Pero también necesitaba proteger su legitimidad. Al promover el discurso y las imágenes gringófobas (uno de los diversos géneros de teatro político a su alcance), ayudaba a mantener una fachada del nacionalismo revolucionario.[99]

El estereotipo del explotador estadounidense surgió gradualmente. Es difícil precisar cómo y cuándo alcanzó una masa crítica de aceptación pública. Pero la extrema popularidad de la nacionalización de la industria petrolera en 1938 (cuando miles de ciudadanos comunes se formarían con donativos para ayudar al Estado a compensar a las empresas afectadas) sugiere que el nacionalismo económico gozaba entonces de un nivel amplio de aprobación emotiva.[100]

Aunque nunca estuvo involucrado en el sector petrolero, ningún extranjero fue considerado tan pernicioso (tan seguido o durante tanto tiempo) como Jenkins. Otros capitalistas controvertidos habían ganado previamente protagonismo, en particular el contratista británico Weetman Pearson. Pero Pearson y otros que llegaron a México durante el gobierno de Díaz, como los promotores petroleros estadounidenses Edward Doheny y William F. Buckley, así como el magnate de prensa William Randolph Hearst, fueron residentes temporales o visitantes ocasionales, y eran poderosos en una época en la que los canales de la crítica eran limitados. En los años veinte, su influencia disminuyó, cuando las liquidaciones y las expropiaciones causaron estragos. Los compradores de sus activos fueron las multinacionales sin rostro de la era ejecutiva: Standard Oil, Royal Dutch Shell.[101]

Jenkins, en cambio, hizo de México su hogar. Permanecería en el país hasta su muerte. Sus negocios, junto con la controversia que generaba, seguirían expandiéndose y su repudio por la prensa sólo avivaría la desconfianza. Cualquier controversia en la que se viera implicado estaría acompañada de presunciones de culpabilidad. Esto no significa que dichos juicios siempre eran falsos, ya que con frecuencia Jenkins quebrantaba o torcía la ley, pero no lo hacía más que sus pares mexicanos. Sin embargo, la gringofobia garantizaba que atrajera más fuego.

CAPÍTULO 5

Imperio en Atencingo

> ¿Dónde transcurre la verdadera vida de la mayoría de los hombres americanos? ¿En el salón de una mujer o en su oficina? [...] El auténtico *crime passionnel* en Estados Unidos es un "gran robo".
> EDITH WHARTON, *Las costumbres nacionales* (1913)

UNA NUEVA INTERDEPENDENCIA

El verano anterior a su secuestro, Jenkins viajó para reunirse con su esposa en Los Ángeles, donde esperaban encontrar un nuevo hogar.[1] Dieciocho años de arduo trabajo en México le habían dado la fortuna que siempre quiso. Ahora empezaba a vender sus activos, contar sus ganancias y considerar su promesa de una vida de comodidad para Mary. Al oeste de lo que entonces era la relativamente compacta ciudad de Los Ángeles, en gran parte de una franja de 25 kilómetros que llega hasta el océano Pacífico, el terreno estaba surcado de caminos ocasionales, pero seguía siendo un paisaje agreste. A lo largo de Wilshire Boulevard, que conducía desde la salida de la ciudad por los frijolares hacia el mar en Santa Mónica, el señor y la señora Jenkins se decidieron por un lote en la esquina de Irving. El lugar, sintieron, estaba suficientemente lejos de la bulliciosa Los Ángeles, que ya albergaba a medio millón de personas. Contrataron a un arquitecto reconocido, T. Beverly Keim, que empezó a diseñar una sofisticada mansión de estilo italiano.

En el otoño de 1920, Mary se fue definitivamente de Puebla, o eso supuso. Se mudó a California con Margaret de 13 años y Jane de cuatro, y ahí las alcanzaría Elizabeth, que se acababa de graduar de la escuela Marlborough. Por fin Mary pudo olvidar todos los disgustos de la última década. En California, estaría lejos de la humedad que agravaba su tuberculosis. También podría vigilar a Elizabeth. En el último año, su hija mayor había mostrado un espíritu libre y rebelde, escribía pocas cartas a su familia y hacía pocos esfuerzos en sus estudios. Su acceso a dinero y la falta de supervisión de sus padres, en una ciudad con una animada vida social, parecían presagiar problemas para las sensibilidades de alta burguesía sureña de Mary. Era una preocupación que persistiría, ya que cada una de sus hijas creció con criterio independiente. Pero Los Ángeles le ofrecía a William grandes perspectivas y los acercaba mucho a sus parientes en Hanford. Así es que Mary rentó una casa en el distrito de Wilshire y supervisó la construcción de su casa palaciega.

En Puebla, Jenkins le dio prioridad a la liquidación de propiedades y el cobro de deudas. Al menos ésa era su intención. Sus activos eran muchos y muy diversos (fábricas de bonetería, edificios urbanos, préstamos a numerosos agricultores y comerciantes, haciendas de miles de hectáreas en varios estados), pero los tiempos no eran propicios. Los compradores eran escasos, puesto que los préstamos bancarios eran casi imposibles de obtener y pocos tenían la liquidez para hacer grandes adquisiciones. Legiones de campesinos pobres, empoderados por la Revolución, estaban seleccionando haciendas para incautarlas por medios legales e ilegales, poniendo en riesgo su valor de reventa. Complicando las cosas aun más, el estado de Puebla, donde radicaba casi toda la riqueza de Jenkins, estaba atravesando un grado inusual de caos de posguerra. Ni siquiera empezaría a salir de la violencia o insolvencia crónica durante otros siete años.

Como era un mal momento para vender, podía que fuera un buen momento para seguir prestando y comprando. El que la mayoría de los bancos siguieran inactivos significaba una demanda constante de crédito privado, que podía dar paso a participaciones en las fábricas de textiles que verían tiempos mejores. El auge del activismo campesino significaba que los terratenientes reacios a separarse de sus haciendas pronto se sentirían forzados a hacerlo o se verían embaucados mediante algún préstamo predatorio. Las terribles finanzas de Puebla sugerían que sus gobernadores necesitaban amigos ricos: gente con liquidez y disposición a hacer préstamos. Esa disposición se podía negociar con favores: particularmente, en esos tiempos de radicalismo, protección contra las huelgas y confiscación de tierras. A lo largo de los años veinte y bien entrados en la década de 1930, la debilidad de muchos hacendados e industriales porfiristas, la militancia de los campesinos y la quiebra del gobierno de Puebla se combinarían para permitir oportunidades insólitas para los temerarios.

Entonces, ¿fue Jenkins poco sincero en sus promesas a su esposa de que pronto la alcanzaría? Cuando menos, le venía bien que su arquitecto en Los Ángeles iba a tardar cinco años en terminar la mansión.

Más que nada, lo que explicaría el extraordinario auge de Jenkins como terrateniente fueron las relaciones que entabló con políticos. Estos acuerdos ilustraban el regreso de una interdependencia entre el gobierno y las empresas privadas, tras un cataclismo que supuestamente se había llevado el orden antiguo, con sus relaciones cómodas entre las élites. Semejante cambio había sido el objetivo de los héroes de la Revolución, ya fueran radicales, como Zapata y Villa, o moderados, como Madero y Obregón, y ésa fue la conclusión de la "historia oficial", los trabajos sesgados de los testigos e historiadores que proliferaron durante décadas, festejando las ganancias progresivas de la Revolución. De hecho, gran parte del edificio económico porfiriano sobrevivió.[2]

En la médula de esta interdependencia se encuentra el sistema bancario.[3] En los veinte, el secretario de Hacienda, Alberto Pani, resucitó el lazo mutuo entre la Secretaría y los banqueros privados que se había formado a finales del siglo XIX. Como necesitaban reactivar la economía, Obregón y Calles (ambos confiaron la Secretaría a Pani) se vieron obligados a hacer adaptaciones. Las promesas de la Revolución difícilmente se podían cumplir si la base fiscal industrial seguía siendo escasa y los pocos bancos existentes eran incapaces de conceder préstamos. La estabilidad política y las políticas sociales estaban en juego. La reactivación significaba restaurar la confianza de los inversionistas, sacudidos seriamente por el saqueo de depósitos bancarios y la emisión frenética de dinero en tiempos de guerra. Pani respondió con una ofensiva seductora. Permitió que los banqueros se beneficiaran de elevadas barreras de acceso, las cuales minimizaron la competencia; les permitió redactar su propia legislación reguladora, y los invitó a ayudar a crear un banco central. La generosidad de Pani también surgió del hecho de que eran los banqueros los que tenían la relación con los prestamistas internacionales. Los préstamos extranjeros eran considerados fundamentales para la recuperación.

De este modo, la interdependencia de los albores del porfiriato —ese vínculo entre Estado y capital basado en la necesidad mutua— resurgió. Los principales industriales financieros y el círculo de Pani crearon una alianza de banqueros; ésta dominaría la política económica hasta principios de los años ochenta. El Estado trató del mismo modo con la élite de la manufactura, lo que ayudó a revitalizar la producción, permitiendo monopolios y duopolios y protegiéndolos con aranceles comerciales.

Esos acuerdos permitieron un sistema económico no muy diferente al modelo norteamericano. Así como los excesos de la edad dorada se vieron atenuados por la era progresista con Theodore Roosevelt y Woodrow Wilson, los del porfiriato se vieron atenuados por la Revolución. Ahora había una división más visible entre las élites bancarias y políticas; ya no se veían miembros del gabinete en el consejo del principal banco privado, Banamex. El sector bancario tampoco estaba tan concentrado como antes. Sin embargo, en ambas naciones, los indicios de una conveniencia clientelista persistieron. En Estados Unidos, el secretario del Tesoro de 1921 a 1933 fue nada menos que Andrew Mellon, un banquero de carrera que se había convertido en uno de los estadounidenses más ricos y el tercer contribuyente del país.[4]

Las relaciones de necesidad mutua (y posteriormente de conveniencia mutua) también prevalecieron en la provincia mexicana.[5] En Puebla, William Jenkins cultivó la protección de sus activos amenazados, tanto por alegar su valor como empresario con el gobierno federal como por hacer préstamos a la tesorería del estado eternamente descapitalizada, gracias a lo cual los gobernadores sucesivos se endeudaron más con él. En los primeros años, cuando el gobierno de Puebla era altamente inestable e impredecible, el vínculo de Jenkins con el presidente Obregón, una suerte de espíritu afín, demostró ser más útil. Después del periodo de Obregón, Jenkins se acercó más a los gobernadores de Puebla, sobre todo los conservadores. Como debían mucho al apoyo de Jenkins y otros poblanos adinerados, los conservadores pudieron permanecer en sus cargos durante más tiempo que sus contrapartes radicales. Mientras tanto, Jenkins completó su estrategia al hacerse amigo de más agentes del poder: jefes militares, arzobispos y caciques bien armados.

Compra de Atencingo, venta de La Corona

El principal préstamo pendiente de Jenkins incluía los 1.2 millones de pesos que había otorgado a los Díaz Rubín, para ayudarles a reactivar la hacienda azucarera de Atencingo. Las perspectivas de su rápido reembolso eran débiles. Los hermanos Díaz Rubín eran jóvenes e inexpertos, y debido a la asociación de sus antepasados con el antiguo orden porfirista, eran vulnerables. Hicieron frente a retos prolíficos al tratar de reconstruir un ingenio devastado y reactivar una hacienda completamente incendiada. Era necesario comprar maquinaria nueva. Había que desatascar la red amplia de canales de riego. Aun así, una cosecha de azúcar tardaría al menos 18 meses en crecer.

Independientemente de los sueños que Los Ángeles pudiera encerrar, la hacienda San José Atencingo habrá exaltado la imaginación de Jenkins. Enclavada en el valle de Matamoros al suroeste de Puebla, la mayor región azucarera del estado, Atencingo era una de las nueve haciendas grandes cuyos cañaverales disfrutaban del cálido sol de la llanura. La sed se satisfacía gracias a los ríos que descendían de las montañas al norte, los majestuosos volcanes del Popocatépetl y el Iztaccíhuatl. Atencingo abarcaba aproximadamente 6500 hectáreas, de las cuales casi la mitad eran terrenos llanos irrigables, y el Ferrocarril Interoceánico lo atravesaba convenientemente.[6] La mayoría de las haciendas azucareras vecinas estaban igualmente devastadas y también en espera de reparación. Como los Díaz Rubín, las élites que las poseían encontraban que la vida era complicada después de la guerra. Un día se les podría convencer de que las vendieran.

El valle de Matamoros era más de lo que el antiguo niño granjero podía resistir. A mediados de 1920, Jenkins debió sentirse atraído por un torbellino de oportunidades. Algunas eran sentimentales: volverse agricultor por cuenta propia, despojar a los españoles arrogantes de Puebla de sus haciendas y enseñarles quién era quién, demostrarles a sus parientes políticos adinerados que él también podía dirigir una plantación. La dinámica social le resultaba conocida. Las haciendas y las grandes granjas del Tennessee que dejó atrás empleaban a muchos negros como peones o aparceros, y algunos de ellos eran antiguos esclavos. Incluso su padre había contratado a varios trabajadores negros para que le ayudaran con la granja de la familia. Las haciendas de Puebla dependían para su mano de obra de los "indios", es decir, los indígenas, de los cuales muchos eran antiguos peones endeudados. En ambos casos, pese a los respectivos triunfos de emancipación y revolución, las relaciones entre los terratenientes blancos y sus trabajadores de piel oscura seguían siendo segregadas y profundamente paternalistas. Después de crecer en una sociedad semifeudal, Jenkins estaba a punto de asumir el control de otra.

Los tiempos favorecieron una adquisición. Ese mayo, el presidente Carranza se había subido a su último tren y el gobernador Cabrera se había exiliado. El sistema judicial estatal pronto sería remplazado por un gobernador sin un interés personal en el secuestro de Jenkins, lo cual reduciría a su vez los obstáculos legales para la ejecución hipotecaria de Atencingo. Después de la elección de septiembre, Obregón sería presidente; era mucho menos antiamericano que Carranza. Las condiciones globales también eran tentadoras. En enero, los gobiernos de Estados Unidos y el Reino Unido habían suprimido los controles de tiempos de guerra de los precios del azúcar, lo que provocó una espiral especulativa en los mercados mundiales. En mayo, el precio alcanzó un precio récord de 23 centavos la libra. Se hicieron fortunas en cuestión de semanas, en lo que se etiquetó como "la danza de los millones". Aunque el precio caería a menos de cinco centavos para diciembre, se quedaría sustancialmente por encima de su nivel anterior a la guerra.[7]

En octubre, respondiendo a los rumores de que iba a vender y marcharse, Jenkins anunció que se quedaría e invertiría más. Ese mismo día, dijo, había cerrado un trato para comprar la hacienda de Atencingo, con un pago de un millón de pesos, e invertiría otro millón para mejorarla.[8] Ese anuncio sorprendente, una de las raras veces que hablaría con los medios después del escándalo del secuestro, era una declaración desafiante. Era como decir que con todo lo que los carrancistas le habían lanzado, con toda la mala prensa que había soportado, retaba a México a que respetara sus esfuerzos como empresario.

De hecho, el acuerdo de Atencingo no estaba cerrado. La hacienda valía mucho más que los 1.2 millones de pesos del préstamo y Jenkins deseaba cubrir la diferencia intercambiando granjas más pequeñas en vez de pagar efectivo. Las negociaciones con los Díaz Rubín no llegarían a una conclusión legal durante un año más o menos. Pero Jenkins no esperó a que los detalles quedaran amarrados antes de empezar a reactivar la hacienda. Al principio trabajó en conjunto con la familia

Díaz Rubín.[9] Luego, a finales de 1921, los Díaz Rubín quedaron obligados por una sentencia judicial a aceptar un acuerdo que cedía Atencingo a Jenkins, junto con un gran anexo llamado Lagunillas. A cambio, obtuvieron la cancelación de la deuda, tres casas en la ciudad de Puebla y tres haciendas de trigo.[10]

Lo que Jenkins necesitaba en primer lugar era ayuda profesional. Su socio importador de tractores, Diego Kennedy, murió durante la guerra, pero convenció a su hijo, Diego Jr., para administrar temporalmente la hacienda. Kennedy sabía cómo mantener a raya a los activistas agrarios, y probablemente fue él quien aconsejó a Jenkins que contratara pistoleros para defender sus linderos, tal como los Kennedy habían hecho.[11] Sin embargo, Diego Jr. era productor de trigo y el azúcar necesitaba conocimientos específicos. De este modo, pronto Jenkins empleó a un agrónomo especializado en azúcar, un estricto español llamado Manuel Pérez.

Lo que Jenkins necesitaba en segundo lugar era dinero. Como su riqueza estaba inmovilizada en propiedades, tuvo que buscar compradores. Entre los primeros activos que salieron a subasta estuvieron La Corona y su fábrica hermana de Querétaro. Jenkins encontró un cliente dispuesto en William Hardaker, el vicecónsul británico, que dirigía una empresa de importación de maquinaria textil. En un inicio, Hardaker y su hijo entraron a La Corona S. A. como socios de Jenkins y administradores de la empresa. Jenkins se quedó un rato como presidente, pero dejó de supervisar la fábrica y se mudó a una casa en el centro de la ciudad.[12] No se habrá despedido tan fácilmente de La Corona, que había desarrollado durante 15 años, ni de su plantilla de 400 trabajadores, que no sólo eran sus empleados sino también sus vecinos.

Pero en lo que sería un sello distintivo de su carrera, Jenkins eligió un buen momento para vender. La mano de obra urbana había empezado a exhibir su fuerza con una cohesión sin precedentes, motivada por las huelgas durante la Revolución, incentivada por la Constitución y las relaciones estrechas con Obregón. Probablemente la carta de derechos de los trabajadores más radical del mundo en esa época, el artículo 123 de la Constitución, fijó la jornada laboral en ocho horas y garantizó a la fuerza laboral los derechos de sindicación, negociación colectiva y huelga. En 1918, delegados de la capital y de 17 estados fundaron la poderosa Confederación Regional Obrera Mexicana, conocida por su acrónimo CROM. Bajo el liderazgo del corpulento y acicalado Luis Napoleón Morones, que tenía talento para la retórica radical y gusto por la buena vida, la CROM llegaría a ser vista en un momento dado como una máquina corporativista y corrupta al servicio del Estado. Pero durante sus primeros 10 años su impacto en la mano de obra del sector textil fue estimulante, lo que ayudó a garantizar mejores condiciones de trabajo y una casi duplicación del salario promedio. En Puebla, las seis fábricas de Atlixco se organizaron en un plazo de dos meses en 1919. Las huelgas proliferaron, al igual que los enfrentamientos sangrientos entre trabajadores sindicalizados y no sindicalizados. Durante gran parte del próximo lustro, el sector textil poblano sería un caos.[13]

Jenkins sufrió la nueva militancia en noviembre de 1920. Hizo una interrupción en la producción, aduciendo escasez de algodón y exceso de producto sin vender. Algunos en La Corona alegaron que la interrupción era un pretexto para eliminar selectivamente a los trabajadores recién sindicalizados por la Confederación Sindicalista del Estado de Puebla (CSEP), afiliada a la CROM. El reclamo era creíble. Jenkins había mostrado su intolerancia al activismo durante la huelga de 1912. Los cierres eran ahora un mecanismo probado de regateo que usaban los dueños para expulsar a los cabecillas sindicales. Donald Street había vuelto a Tennessee y Jenkins tenía un nuevo administrador llamado J. C. Riach. Cuando Riach volvió a abrir La Corona después de unos días, sólo permitió que regresaran 50 trabajadores, ninguno de ellos sindicalizado. Estalló un conflicto entre los trabajadores que entraban a la fábrica y los miembros de la CSEP que intentaban detenerlos. A Riach le lanzaron piedras y otras cuatro personas resultaron heridas. A diferencia de 1912, las personas involucradas eran en su mayoría mujeres. Muchas de las subordinadas "dóciles" de Jenkins ya no estaban dispuestas a ser deferentes. En respuesta al disturbio y las peticiones de la CSEP, el Departamento del Trabajo en la Ciudad de México empezó a mediar. Con las manos atadas, Jenkins volvió a contratar a los casi 80 trabajadores sindicalizados. Hacia el final del año, todos menos ocho o 10, probablemente los "alborotadores", estaban de regreso en sus máquinas.[14]

El genio radical ya estaba afuera de la lámpara. Sintiéndose empoderadas, las mujeres de La Corona solicitaron un aumento salarial; el asunto volvió una vez más al Departamento del Trabajo, donde

Jenkins aceptó 10 por ciento. Aliadas con la CSEP, las mujeres militaron por la reincorporación de los demás miembros del sindicato. En febrero de 1921, la CSEP organizó una huelga y una marcha de fábricas de toda la ciudad. Los manifestantes, en su mayoría mujeres, llevaban pancartas que decían: "Somos víctimas de la explotación extranjera", "Si sois mexicanos no compréis calcetines de La Corona" y "Sólo las bestias llevan la yunta". No obstante, esta acción, típica de la nueva firmeza de la fuerza laboral, revelaría los límites del poder de la confederación. Los dueños amenazaban con cerrar sus fábricas y alegaban que la agitación constante significaba que no habían funcionado durante una semana completa en seis meses. En unas cuantas horas, el gobierno del estado obligó a la CSEP a ceder.[15]

Pese a la turbulencia y las promesas del artículo 123, la protección de los sindicatos de Puebla no había llegado todavía. El equilibrio de poder entre dueño y trabajador cambiaría de forma más decisiva en 1925, cuando la influencia de los sindicatos alcanzó su cenit. La CROM había organizado a casi toda la industria textil, junto con otros sectores, y Morones ahora hacía las veces de secretario de Industria, Comercio y Trabajo. Morones reunió a los propietarios y los sindicatos en una convención textil nacional (1925-1927). Pasó 18 años negociando una distensión de la industria que les otorgó a los trabajadores diversas protecciones, junto con un salario mínimo de dos pesos, y les concedió a los propietarios un entorno menos conflictivo. Los días de los márgenes de utilidad de 100 por ciento habían llegado a su fin, advirtió un observador de Estados Unidos. Los propietarios optimistas previeron utilidades de 40 por ciento y los pesimistas ninguna en absoluto. Además, las ineficacias del sector y la reticencia a modernizarse lo hicieron vulnerable a las recesiones hasta el boom de la Segunda Guerra Mundial.[16]

Incluso en este sector turbulento, las actividades de Jenkins no coincidían con su plan maestro. En lugar de salirse, estableció nuevos vínculos, aunque a menudo tenía las manos atadas, cuando sus préstamos resultaban mal y se sentía obligado a ejecutar hipotecas. Para 1923, era propietario y copropietario de otras tres fábricas locales. Cada una era pequeña, pero representaba una conexión útil. Los Ángeles era una planta de acabados para la importante fábrica de La Trinidad en Tlaxcala, cuyos dueños, Manuel M. Conde y Compañía, habían acudido a él para un préstamo de 300 000 pesos durante la Revolución.

Jenkins probablemente consideró Los Ángeles como garantía subsidiaria: ciertamente, los Conde tuvieron problemas para devolver el préstamo, por lo que más tarde se quedaría con La Trinidad también. En cuanto a La Paz, la arrendaba a varios operadores, uno de los cuales, Miguel Abed, se convertiría en el hombre más poderoso del enclave libanés de Puebla. San Joaquín la obtuvo en un intercambio aparente de favores con otro libanés.[17]

La persistencia de Jenkins en el sector textil, como la presencia creciente de los libaneses, era una ironía típica de una época en la que un aumento de la propiedad extranjera o de inmigrantes desmentía la retórica nacionalista del gobierno. Para 1930 sólo 75 de las 205 fábricas textiles de México eran íntegramente propiedad de los mexicanos. Desde luego, muchos de los "no mexicanos" eran inmigrantes que ahora eran ciudadanos; como Jenkins, repatriaban pocas o nada de utilidades. Pero la Revolución realzaba las susceptibilidades étnicas. Los enclaves se consideraban "extranjeros": respetados por sus capacidades, desconfiados por sus diferencias.[18]

Mientras tanto, Jenkins seguiría cambiando de foco hacia el sector azucarero. Revelaría una jugada astuta. Los sindicatos de activistas estaban en las ciudades, no en el campo. La gran mayoría de los campesinos eran analfabetos, por lo que estaban menos expuestos a las ideas radicales. En Puebla, al menos, los trabajadores de los ingenios azucareros no empezarían a organizarse de forma independiente hasta finales de los años treinta, y los peones, aquellos que cortaban la caña y excavaban los canales, carecerían de un sindicato eficaz hasta mediados de los años cuarenta.

En cuanto a la promesa que le hizo a Mary, su maleabilidad se confirma con un dato curioso de 1921. Jenkins le escribió a United Artists para solicitar una franquicia de distribución mexicana. Este estudio hollywoodense recién había sido fundado por cuatro de los mayores talentos del cine: Douglas Fairbanks, Mary Pickford, Charlie Chaplin y D. W. Griffith. United Artists prefirió establecer su propio distribuidor que usar un contratista, por lo que rechazó la solicitud de Jenkins.[19] Pero su solicitud auguró sus intereses de dos décadas después: ya sentía que las películas eran un negocio del futuro y que México era un terreno fértil para estos entretenimientos tan urbanos. Y ya empezaba a poner su afán de nuevas empresas por encima de su interés por su esposa y sus hijas.

El presidente Obregón tiende una mano

El héroe militar más importante de la Revolución era el general Álvaro Obregón. Las batallas que ganó en los años intermedios de la guerra ayudaron a derrocar a Huerta y marginalizaron a Villa. (Sólo perdió 200 hombres frente a los 10 000 de Villa asesinados o capturados en la crucial batalla de Celaya.) Había posibilitado que Carranza obtuviera la presidencia. Para demostrar sus hazañas le faltaba el brazo derecho, lo que se convirtió en una insignia de honor. Pero pese a todas sus acciones heroicas en el campo de batalla, Obregón era mucho más accesible que el distante Carranza. Reconocido anecdotista y bromista, también podía reírse de sí mismo y de las tendencias codiciosas de muchos de sus compañeros oficiales. De ahí su célebre frase: "No hay ningún general que pueda resistir un cañonazo de 50 000 pesos".[20]

Obregón también era un pragmático. Su nación devastada necesitaba ingresos fiscales, su gente necesitaba empleos, también necesitaban alimento: tres motivos para tener cautela respecto a los productores de azúcar. Durante su presidencia, las confiscaciones de tierras sólo ocurrirían donde la política las hacía necesarias. Pero en octubre de 1920, cuando Jenkins declaró que se quedaba, Obregón sólo era presidente electo y, aunque su manifiesto había favorecido la inversión extranjera, el fuerte nacionalismo de la Constitución seguía siendo una preocupación.[21] Así es que Jenkins apostó por que el general recibiría con beneplácito la ayuda de un gringo para reactivar el sector azucarero.

En enero de 1922, un mes después del cierre de Atencingo, Jenkins le escribió a Obregón para solicitarle protección contra los campesinos radicalizados. El pueblo de Chietla había obtenido provisionalmente extensiones de los terrenos de Atencingo. Los habitantes del pueblo estaban reclamando la promesa constitucional de que se redistribuyeran las tierras de las haciendas para crear o ampliar los ejidos. De este modo, Jenkins buscó garantías para los cañaverales de la hacienda. Por lo que parece, el recurso marcó su primer quite en una batalla de más de 20 años en contra de los campesinos activistas. Se trata de los agraristas, el nombre que recibieron (y llevaron con orgullo) aquellos que buscaban tierras por todos los medios posibles.[22]

Para Jenkins, era una batalla librada en nombre de la propiedad privada, el orden social y el progreso material, valores que los porfiristas habían sacralizado y que al Estado revolucionario, fuera cual fuera su retórica socialista, le resultaría difícil renunciar. Para los agraristas, era una batalla librada por la "tierra y libertad", para citar el lema zapatista. "Tierra" significaba los campos que les habían arrebatado a sus antepasados. "Libertad" significaba liberación de la garra de los terratenientes opresivos y autonomía para gobernar sus pueblos con interferencia mínima del Estado.[23]

Jenkins empezó su carta ensalzando el potencial de Atencingo. Era una hacienda que alguna vez produjo entre nueve y 11 millones de kilos de azúcar al año, y generó impuestos significativos. Ahora empezaba a producir su primera cosecha desde su destrucción en 1914. Hasta la fecha había gastado 1.5 millones de pesos en su reconstrucción y tenía la intención de gastar más. El problema era la gente de Chietla. Habían solicitado tierras de Atencingo, pero no cultivaban sus propias tierras. Estaba a favor de la redistribución en principio, como una forma de crear una clase media; había dividido por voluntad propia dos de sus haciendas entre pueblos y había cedido partes de otras propiedades. Además, había muchas tierras abandonadas en otros sitios de la zona. Negó que se estuviera defendiendo como extranjero, pero aun así pedía la misma protección que Obregón le había otorgado a El Potrero, una hacienda fuertemente capitalizada en Veracruz, propiedad de inversionistas estadounidenses.[24] La propia vida de la gran industria azucarera de México estaba en manos del presidente.

La carta de Jenkins era un ejercicio en exageración y cabildeo provocativo. Infló la producción histórica de Atencingo, multiplicando los totales por más de dos. Toda redistribución había sido totalmente pragmática: la entrega de tierras que él mismo elegía o su negativa a litigar contra su confiscación era una táctica para rechazar los designios de los agraristas sobre tierras más fértiles e irrigadas.[25] Las tierras abandonadas eran una astuta alusión a las haciendas vecinas, cuyos dueños carecían de capital para reactivarlas. Si se veían más debilitadas por las incursiones agraristas, tal vez optaran por vendérselas a él. La carta de Jenkins también estaba concebida por una mentalidad francamente capitalista. Cuando alegó que los habitantes de Chietla no podían cultivar sus propias tierras, Jenkins estaba pensando en su agricultura de subsistencia; para él, "cultivar" significaba generar un excedente y acumular capital. En cuanto a estar a favor de la redistribución, una clase media más grande era la única justificación que él podía ver. Era ciego al vínculo rural entre posesión de tierras e integridad personal. No podía concebir que ningún campesino quisiera seguirlo siendo.

Además de presentar su caso por escrito, Jenkins le pidió a su abogado, Eduardo Mestre, que visitara al presidente y defendiera su caso. La respuesta de Obregón fue enfática y le dijo a Mestre: "Me encantaría que todas las cosas que quemamos mientras luchábamos los unos contra los otros se pudieran reconstruir. Sin duda le daré mi aprobación". El doble enfoque, una señal de deferencia, resolvió el problema: Jenkins consiguió una audiencia. Obregón le aseguró que Atencingo tendría protección y añadió que las reglamentaciones pronto formalizarían los derechos de los grandes terratenientes.[26] Las acciones de Obregón no eran especialmente una cuestión de favor, puesto que Carranza ya había establecido una norma de proteger a las haciendas azucareras del reparto. Pero la atención personal del presidente le dio a Jenkins la confianza para seguir invirtiendo. También mandó un mensaje de advertencia al gobernador de Puebla, el simpatizante de los agraristas José María Sánchez, que estaba haciendo concesiones de tierras provisionales en otra parte del valle de Matamoros. Cinco meses después, las garantías de Obregón con respecto a Atencingo se hicieron públicas.[27]

La alianza de Jenkins con Obregón se basaba en la compatibilidad ideológica, el pragmatismo y la pura suerte. Fue una casualidad que el futuro presidente haya estado en Puebla el 6 de enero de 1915, el día que Jenkins enfrentó al pelotón de fusilamiento, del que Obregón le ayudó a salvarse. Fue fortuito que su secuestro haya ocurrido poco más de un año antes de que Obregón empezara a buscar el reconocimiento diplomático de Estados Unidos; ésta fue una tarea ardua debido a las condiciones previas del combativo Albert Fall, ahora miembro del gabinete de Warren Harding, quien insistía que los inversionistas norteamericanos en México gozaran de garantías. Esa tarea se volvería más dura si el famoso agente consular de Puebla sufría de más privaciones. En cierto modo, también fue por azar que Jenkins tuviera un defensor en el genial Mestre, que se hizo amigo de Obregón durante la Revolución e intercedió por él en los conflictos laborales durante su presidencia.[28]

Pero toda esta suerte habría valido para poco si Obregón no hubiera sido un realista y un partidario de la agroindustria privada. Él mismo era un agricultor y había hecho una pequeña fortuna en garbanzos. En un debate legislativo justo antes de su toma de posesión, explicó con claridad: conceder tierras a los campesinos era un noble objetivo y lo autorizaría hasta cierto punto, pero llevado al extremo promovido por Antonio Díaz Soto y Gama, el principal legislador zapatista, provocaría la destrucción del crédito agrícola, una gran pérdida de ingresos fiscales, riesgo de hambruna y la fuga de capital extranjero, "que en este momento necesitamos más que nunca". No, las reformas rurales más necesarias eran avances técnicos y una mayor productividad. Otros países habían visto tales cambios y aprovechaban un aumento de los sueldos de origen agrícola y una disminución del precio de los alimentos. Citó el ejemplo de Estados Unidos.[29]

Había otra conexión: Jenkins y Obregón tenían mucho en común, tanto si pasaron o no suficiente tiempo juntos para descubrir cuánto. Ambos eran hijos de agricultores que habían pasado momentos difíciles; ambos fueron criados entre pequeños pueblos y el campo; ambos habían trabajado duro en tareas manuales (Obregón como carpintero, mecánico y, casualmente, en un ingenio azucarero). Ambos mostraban calma frente al peligro. La descripción de Alan Knight de Obregón como un "'artífice de su éxito': práctico, ágil, oportunista, capaz de ver las mayores oportunidades", podría aplicarse por igual a Jenkins. Para el historiador Jean Meyer, Obregón fue a la vez "un nacionalista y un americanófilo [...] y llegaría a dirigir el país como una gran empresa".[30]

Aunque no era una interdependencia entre iguales, Jenkins representaba la clase de inversionista que Obregón necesitaba, igual que los dueños de El Potrero. Era un emprendedor, dispuesto a arriesgar su capital, y estaba proponiendo un esquema ambicioso para ayudar a reactivar un sector vital y crear muchos empleos. No representaba una concentración de riqueza políticamente incómoda. Pese a la admiración del presidente por Estados Unidos, es poco probable que la ciudadanía de Jenkins fuera un factor decisivo, porque Obregón expropiaría varias propiedades estadounidenses, entre ellas varias cuyos dueños eran esos intereses de alto perfil como Cargill Lumber.[31]

Obregón mostró su agradecimiento a Jenkins estando atento a sus necesidades. Un caso involucraba su hacienda Pozo de Acuña en San Luis Potosí, que ese autócrata militar del estado, Saturnino Cedillo, había incautado para dársela a sus soldados. Las valoraciones de las Secretarías de Guerra y Agricultura ofrecieron 300 000 pesos en compensación. Jenkins sintió que valía más, por lo que él y Mestre le pidieron al presidente que arbitrara. Obregón envió a un tercer experto, que arrojó una estimación de 325 000 pesos. Jenkins argumentó que 340 000 sería más justo. Obregón aceptó enseguida y dio instrucciones para que se pagara esa cantidad. Ingeniosamente, Jenkins había solicitado que se le pagara no en bonos públicos, la compensación habitual y poco deseada para las tierras expropiadas, sino con el derecho de obtener una hipoteca garantizada por un banco estatal sobre la hacienda Tatetla en el valle de Matamoros en Puebla. De este modo, Obregón y Jenkins se hicieron un favor mutuo. El Estado se quitó de encima un préstamo que bien podría haber sido difícil de cobrar, mientras que Jenkins se volvió acreedor de otra hacienda azucarera, cerca de Atencingo, lo que le permitiría luego asumir el control.[32]

Mientras regateaba con el presidente, Jenkins se sintió con confianza para pedirle otro favor. Pese a la promesa de protección de Obregón, los agraristas seguían sacudiendo Atencingo. En julio de 1922, una disputa por una extensión de 20 hectáreas produjo un disturbio en el que murieron tres hombres de Jenkins. En diciembre, resultó que la Comisión Local Agraria de Puebla recomendaría la expropiación de algunas tierras de Atencingo que incluían cultivos de caña de azúcar.[33] De este modo, Jenkins le contó a Obregón sobre su petición ante la Comisión Nacional Agraria (CNA), para que Atencingo se declarara como una Unidad Agrícola Industrial, que eximiría legalmente de embargo a sus campos de caña de azúcar. Como deseaba dedicarse "con mayor entusiasmo" al desarrollo de la hacienda, le pidió al presidente que apresurara a la CNA con la certificación. Obregón envió un telegrama al director de la CNA al día siguiente. Pocas semanas después, los agraristas se quejaron del nuevo estado de exención de Atencingo: ignoraba la "obligación del gobierno de dar tierras a los mexicanos antes que a los gringos". Obregón respondió con impertinencia que la ley respetaba los derechos, independientemente de la nacionalidad.[34]

Otros terratenientes poblanos quedaron más a la merced de los agraristas. Los españoles, víctimas de la peor xenofobia, eran más vulnerables.[35] Tras renunciar a Atencingo, los Díaz Rubín tuvieron mala suerte con las haciendas de trigo del valle de San Martín que recibieron de Jenkins. Este trío de haciendas estaba erosionado por la redistribución, lo que hizo pensar a la familia que Jenkins los había engañado para que aceptaran propiedades preseleccionadas para su embargo.[36] Pero Pedro Díaz Rubín, de veintitantos años y ahora el patriarca de la familia, no tenía ni las conexiones políticas de Jenkins ni la destreza maquiavélica de Marcelino Presno, un magnate industrial español que era el latifundista más grande del valle. Presno usó toda clase de estratagemas para mantener a raya la expropiación: transferir propiedades a miembros de su familia, vender terrenos a crédito a los habitantes locales y esparcir rumores de que la reforma agraria era una promesa falsa y de que todos los que cayeran en la trampa sufrirían consecuencias desastrosas. Como Diego Kennedy, armó a sus empleados para que expulsaran a los agraristas y ahuyentaran a los agrimensores del gobierno. También llegó a un acuerdo con el comandante de la guarnición de San Martín. En un enfrentamiento en 1921, sus tropas dispararon contra los agraristas y dejaron un saldo de seis muertos y muchos más heridos.[37]

En mayor situación de riesgo se encontraban los productores de azúcar de Puebla. Con la destrucción de sus ingenios, gran parte de su propiedad estaba sin cultivar, de modo que los agraristas podían reclamar los terrenos aduciendo a un decreto de 1920, la Ley de Tierras Ociosas. Los productores tenían pocos aliados en la región, ya que en su gran mayoría habían descuidado su relación con los dirigentes comunales que hubieran podido proteger sus propiedades en su ausencia. Algunos ni siquiera podían confiar en sus propios peones, ya que varios se habían unido a los zapatistas.[38] Mientras tanto, tenían que hacer frente a elevados impuestos prediales. Para dos viudas adineradas, Herlinda Llera de la Hidalga y Ángela Conde de Conde, las pérdidas aumentaron hasta el punto en que corrieron el riesgo de perderlo todo.

Bajo el mando de Porfirio Díaz, los De la Hidalga se habían convertido en los principales terratenientes del valle de Matamoros. Controlaban tres haciendas con un total de 35 000 hectáreas: Colón, Rijo y Matlala. Como los productores de azúcar de Morelos, Vicente de la Hidalga y sus vecinos extendieron sus dominios mediante el juego sucio, así como el juego limpio, ampliaron su control sobre ríos, dejaron a sus cañeros prácticamente en la esclavitud del peonaje por deudas y alteraron la población del valle trayendo mano de obra extra de otras partes. Estas acciones ayudaron a promover los varios resentimientos que explotarían en la rebelión zapatista. A pesar de su asociación con Morelos, el movimiento zapatista estaba bastante cómodo en el suroeste de Puebla, como zona de reclutamiento y santuario frecuente.[39] Así como sucedió a los productores de Morelos, los De la Hidalga sufrieron la ira de los zapatistas. Los rebeldes destrozaron sus ingenios y torturaron a muerte al administrador de Matlala.[40]

Para 1922, Herlinda Llera de la Hidalga estaba en un aprieto. Los alcaldes municipales estaban alentando a los agraristas a ocupar sus propiedades, aduciendo a la Ley de Tierras Ociosas. José María Sánchez, el gobernador radical, autorizó estas maniobras e hizo concesiones de tierras provisionales. Supuestamente, los beneficiarios se estaban excediendo de las partes a las que tenían derecho. Según el abogado de Llera, siete de las haciendas azucareras de Puebla estaban sufriendo apropiaciones ilegales de tierras, pero el jefe militar de la región sólo estaba protegiendo a una de éstas: Atencingo de Jenkins. También alegó que los agraristas estaban incendiando las casas de los peones leales a los terratenientes e incluso los estaban asesinando. El administrador español de Colón añadió que los pueblos limítrofes de las haciendas de Llera estaban cortando su suministro de agua, mientras que un grupo de 500 hombres armados con máuseres estaban amenazando a todos los peones que se negaban a declararse en huelga y unirse a ellos. Los agraristas cabildearon por su parte y acusaron al administrador de usar tropas federales para disparar a los habitantes locales y asesinar a uno de los líderes.[41]

Las cosas mejoraron poco bajo el mando del sucesor moderado de Sánchez, Froylán Manjarrez. Repartió más tierras de Llera entre los habitantes locales, que también se apoderaron de gran parte del suministro de agua. Un llamamiento al gobierno por cinco millones de pesos en daños a la propiedad, que databa de la Revolución, produjo sólo un millón. Aún peor, Hacienda le informó que el valor de sus tierras no era suficiente para cubrir sus deudas fiscales. En octubre de 1924, con acreedores que le pisaban los talones y cuatro niños que cuidar, Llera acudiría a un hombre capaz que aceptó arrendar las haciendas: William Jenkins. Pero dos meses más tarde la joven viuda seguía angustiada y le contaba sus penurias al presidente. El acuerdo con Jenkins implicó una pérdida de gran parte de sus utilidades. Muchos de sus aparceros no estaban trabajando, debido a las amenazas de muerte de los agraristas. Las tierras corrían el riesgo de un abandono total y, con ello, de su confiscación legal. Cada vez era más probable que tuvieran que vender.[42]

Ángela Conde de Conde era la vecina de Llera en el valle de Matamoros. O más bien lo habría sido si alguna de ellas hubiera vivido ahí. (Llera había cabildeado al presidente, en un telegrama de cinco páginas que se negó a economizar mediante el uso de elipsis, desde una dirección en el Paseo de la Reforma en la capital). Ángela Conde poseía las haciendas azucareras de Tatetla y Teruel. A través de un *holding* empresarial, también tenía participaciones en al menos seis otras haciendas, diversas propiedades urbanas, dos grandes fábricas textiles y muchas cosas más. En 1922, los activos del conglomerado se valoraban en unos 10 millones de pesos, lo que quizá la hacían la empresa de propiedad local más grande del estado. De modo que causó sensación en junio de ese año cuando dejó de hacer pagos a sus acreedores. Aquejada por la contracción en el sector textil, la destrucción de sus ingenios azucareros y varias expropiaciones de tierras, el *holding* empresarial estaba en quiebra. Una liquidación de sus activos de dos años produciría un acuerdo con 131 acreedores.[43]

Uno de ellos era Jenkins, gracias a su pacto con Obregón sobre la hacienda de San Luis Potosí. La hipoteca que tenía garantizada en Tatetla no era suficientemente grande para ejecutarla. Pero en 1927 Tatetla también saldría a subasta tras no poder cubrir una deuda bancaria. De Teruel se encargó temporalmente otro español. Como síndico de las empresas de Conde, continuó la restauración de la hacienda. Logró volver a poner en funcionamiento el ingenio, pero fue una batalla difícil. En enero de 1923, al comienzo de la zafra, los agraristas tomaron por asalto los campos y quemaron toda la caña. Según se dice, su objetivo era despejar las tierras para que pudieran alegar que estaban vacías y después invocar la Ley de Tierras Ociosas para solicitar su expropiación.[44]

Para verano de 1923, los únicos ingenios azucareros del valle de Matamoros que se habían reactivado con éxito eran Raboso, de la familia Maurer, y Atencingo, de Jenkins. Este último era el más impresionante, ya que producía 5000 toneladas de azúcar, casi el triple que el rendimiento de Raboso y por encima del máximo de 4000 toneladas bajo el mando de los Díaz Rubín.[45] Los poblanos seguramente se cuestionaban el éxito de Jenkins. ¿Había llegado a un acuerdo con el gobierno estatal también? ¿Lo habría hecho con los agraristas?

Después de varios años, Jenkins necesitaba reconsiderar. El mandato de Obregón terminaría en diciembre de 1924 y se estaba volviendo claro que su sucesor sería el secretario de Gobernación, Plutarco Elías Calles. Jenkins no conocía a Calles, y a su amañador Eduardo Mestre le pareció que este severo ateo era mucho menos accesible que el titular.[46] Independientemente de las protecciones que Obregón había proporcionado, incluido el estado de Atencingo como una Unidad Agrícola Industrial, el estado de Puebla seguía envuelto en el caos y la autoridad federal sobre éste, como en la mayoría de las provincias, seguía siendo endeble. Jenkins tenía que contar con alianzas en el nivel estatal y local si quería conservar todos sus cañaverales (aún más si quería comprar a los vecinos de Atencingo, y eran tenaces en aferrarse a sus propiedades). Lo que había logrado hasta entonces era significativo al llevar la productividad de Atencingo a niveles récord. Tal vez, después de todo, era hora de vender y retirarse.

Su casa en Los Ángeles, en 641 Irving Boulevard, estaba casi terminada. La mansión ofrecía un espacio suntuoso, aunque un poco menos de tranquilidad de lo que William y Mary habían proyectado. Fuera de los muros del jardín, el recién ampliado Boulevard Wilshere se había convertido en una carretera, ya que la ciudad se extendía apresuradamente hacia el oeste. Durante los cuatro años desde que Jenkins había comprado su terreno, otros construyeron cerca. Los tranvías pasaban zumbando a 80 kilómetros por hora. Los angelinos siguieron proliferando, debido a una emergente industria cinematográfica y otro boom petrolero. Con el auge del automóvil y nuevas fuentes de suministro de agua, los desarrollos inmobiliarios se multiplicaban en toda la llanura costera. En los vacíos entre los árboles, uno podía mirar al norte hacia las colinas donde unas inmobiliarias con visión de marketing recién habían erigido un letrero con mayúsculas blancas, de 15 metros de alto, iluminado de noche con 4000 bombillas. Las letras decían HOLLYWOODLAND.[47]

La mansión de Jenkins reflejaba el optimismo extravagante de Los Ángeles de los años veinte. Más que un hogar, era una declaración, un anuncio neorrenacentista de una fortuna ganada rápidamente.[48] Los altos muros de la propiedad rodeaban casi una hectárea de zonas ajardinadas y una cancha de tenis. La residencia ostentaba 14 habitaciones y seis baños, cada uno con su propia forma única. Había un amplio vestíbulo al que bajaba una escalera extensa y curvada. Había un invernadero y un salón de baile. Los pisos eran de roble de mosaico, el recubrimiento de nogal y las alfombras eran chinas. Los baños estaban cubiertos de azulejos importados de suelo a techo. Los libreros estaban cubiertos de rejas de hierro forjado a mano. El personal, compuesto por 10 miembros incluía tres jardineros, un mayordomo y una cocinera inglesa. Decidido a darle a Mary el estilo de vida de reina que siempre le prometió, Jenkins gastó 250 000 de dólares en el lugar, tres millones en términos actuales. Nunca llegaría a vivir ahí.

La década del caos en Puebla

"El fecundo estado de Puebla se ha visto arruinado por una sucesión de gobernadores atroces: asesinos, ladrones y borrachos." Así escribió el periodista norteamericano de izquierda y futuro senador Ernest Gruening, en su clásico tomo *Mexico and Its Heritage* (México y su herencia).[49] En los años veinte, el otrora editor de *The Nation* pasó muchos meses en México, ansioso de corregir la visión negativa que los estadounidenses comúnmente tenían de su vecino sureño. Con cartas credenciales de Obregón y Calles, entrevistó a políticos, intelectuales, industriales y líderes sindicales. Consideró admirable al gobierno federal, pero a los poderes provinciales mucho menos. Visitó 24 estados y registró toda clase de fraudes y juegos sucios: imposiciones de gobernadores por parte de los titulares que iban de salida, saqueo de las arcas del estado, violencia durante las elecciones, asesinatos. Puebla, le pareció, era prodigiosa en su disfunción. Continuó:

> [...] el gobierno ha ido de mal en peor: el general José María Sánchez, autor del intento de asesinato de Morones en la Cámara de Diputados en noviembre de 1924, en cuya reyerta fue asesinado un inocente diputado transeúnte; Froylán Manjarrez, que tras saquear el estado se unió a la rebelión delahuertista en busca de más botines; Alberto Guerrero, un borracho; Claudio N. Tirado, que se robó por lo menos un millón de pesos mediante el simple recurso de no pagarle a nadie y quedarse con los ingresos del estado, y buscó la inmortalidad tallando su nombre en cada nueva piedra erigida en el estado durante su mandato; y el general Manuel P. Montes, el agitador agrario. En marzo de 1927, intoxicado, entró al Palacio de Cristal y empezó a pelear escandalosamente con sus enemigos políticos que comían ahí. Cuando sacó su pistola se retiraron, pero para no perder la diversión el gobernador disparó a los espejos que le daban su nombre al restaurante [...]

Pese a su tono satírico, Gruening capturó una situación típica de la posguerra en México, sobre todo en los estados más populosos del centro.[50] Si bien el gobierno federal era relativamente ordenado, la inmensa mayoría de gobernadores no lograban terminar sus mandatos de cuatro años. Pero el hogar adoptivo de Jenkins era particularmente turbulento. Durante los años veinte, Puebla fue dirigida por 16 gobernadores, más que cualquier otro estado. Algunos ejercieron el poder por apenas unos días.[51] Unos meses después del esbozo de Gruening, Montes no sólo fue derrocado, sino que también estaba muerto; su asesinato se atribuyó a su sucesor impuesto desde el gobierno federal, Donato Bravo Izquierdo, un hombre "famoso por su brutalidad".[52]

Esto fue el caos político a través del cual Jenkins aumentó su cuantiosa fortuna y su poder. El desorden acentuó la vulnerabilidad de gran parte de la élite de Puebla. Al mismo tiempo, aumentó la dependencia financiera del gobierno estatal hacia el sector empresarial, en particular aquellos empresarios prometedores cuyos ingresos se multiplicaban. Permitió un ambiente en el que el progreso industrial exigía resistencia, astucia y, en ocasiones (en la opinión de aquellos que la soportaban), una voluntad de responder a la violencia, o la amenaza de ella, con violencia.

Si bien la corrupción y la incompetencia que Gruening observó tenían mucho que ver, el desorden político de Puebla tenía orígenes más fundamentales. Una lucha de poder impulsada por facciones enfrentaba a los moderados de las élites con las fuerzas agraristas desatadas por la Revolución, y estas mismas eran fragmentadas por filiaciones regionales. En segundo lugar, los gobernadores eran vulnerables a la intromisión federal, en tanto que Obregón y Calles moldeaban su base de apoyo regional para manipular las elecciones presidenciales o intentaban imponer el orden cuando la autoridad provincial se debilitaba. Luego persistió la bancarrota, debido a la incapacidad del estado de recaudar suficientes impuestos. Por último, Puebla estaba acribillada por la violencia constante, desde el bandolerismo prolífico hasta la agresión entre la gente con tierras y sin tierras. Mientras en la ciudad de Puebla prevalecía un gobierno de puerta giratoria, la ley de las armas prevalecía en las zonas rurales.

Los agraristas hallaron sus defensores en José María Sánchez y Manuel P. Montes, ambos agentes del poder rurales. Convertirse en gobernadores les ofrecía la oportunidad de acelerar el reparto de tierras y obtener más autonomía para sus terruños. Pero sus bases estaban limitadas geográficamente y sus aliados eran volubles. Sus intentos torpes de imponer políticas radicales, como su aprobación de las apropiaciones de tierras de los agraristas, en lugar de dirigir las peticiones a través de los canales oficiales, se topaban con una resistencia concertada y a menudo violenta.[53] Los terratenientes como Jenkins usaban mandatos judiciales, cabildeo político, pagos a los militares y sus propios pistoleros para reclamar sus tierras. Aquejada por semejante retroceso, agraviada para la mayoría de los poblanos por su liderazgo de mano dura y agotando la paciencia del presidente, la autoridad de estos gobernadores demostró ser efímera. Sánchez duró en el poder de junio de 1921 a marzo de 1922. Tras una peregrinación a la Rusia soviética, su intento en 1924 de reafirmarse como gobernador fracasó tan sólo unas semanas después. Montes no tuvo mejor suerte y duró de noviembre de 1926 a julio de 1927.[54]

Igualmente frágil era la influencia de las élites moderadas. El primer gobernador posterior a la era carrancista, el general Rafael Rojas, hijo de una familia porfirista adinerada, fue víctima de las maquinaciones electorales de Obregón dos meses después. Obregón impuso al aristócrata sindicalista Vicente Lombardo Toledano (cuatro meses en 1923-1924), pero luego lo destituyó cuando su mandato pareció ineficaz. Claudio Tirado (la mayor parte de 1925-1926), aunque con el apoyo de Calles, carecía de suficiente popularidad para resistir las maquinaciones del radical Montes, que conspiró en su destitución para ganarse su propio puesto.[55] En resumen, los gobernadores de Puebla no podían crear una coalición suficiente, o mantener suficiente respaldo presidencial, para resistir una salida imprevista.

Tanto la causa como el efecto de esta fragmentación era una escasez debilitante de efectivo. Los carrancistas, tras cerca de seis años de gobierno, legaron un estado en quiebra a los regímenes futuros, que puso en un dilema a todos los gobernadores nuevos. Era un círculo vicioso: los gobernadores heredaban arcas vacías, luchaban por administrar eficazmente, fallaban en recompensar o comprar la lealtad de suficientes simpatizantes y, sucumbiendo a sus rivales ávidos de poder, con frecuencia se llevaban el contenido de los cofres del estado cuando se iban. Los esfuerzos para recaudar ingresos encontraban toda clase de obstáculos. El estado carecía de contadores calificados. Los registros se habían destruido para encubrir el fraude. El secretario estatal de Hacienda empleaba a tan sólo 21 recaudadores de impuestos para atravesar un estado montañoso donde había pocas carreteras. El sueldo miserable que se les pagaba a estos hombres, que no superaba los dos pesos diarios, con el que ellos tenían que pagar sus gastos y alimentar a sus mulas, les daba muchos motivos para malversar fondos o aceptar sobornos.[56]

La dudosa legitimidad de cada gobernador ponía más trabas a la recaudación de impuestos. A medida que estos funcionarios iban y venían, los poblanos retenían sus pagos. La posibilidad de que un régimen no sobreviviera era un fuerte factor disuasorio para pagar, incluso entre sus partidarios.[57] Muchos nuevos titulares alimentaban sin querer esta poca disposición cuando anunciaban que sus predecesores habían dejado poco o nada en las arcas públicas.[58] Las acusaciones de malversación se veían impulsadas por espectáculos de nueva riqueza. Lamentablemente para los campesinos, cuyos intereses representaban, los gobernadores agraristas estaban entre los peores culpables (aunque tal vez sería más justo decir que, con pocos amigos en la comunidad empresarial, eran menos capaces de ocultar su botín).

Sánchez, después de su segundo mandato, fue acusado con insólita franqueza de llevarse 72 000 pesos a casa. Adquirió varias propiedades, incluido un rancho colindante con la ciudad de Puebla. Montes integró su equipo ejecutivo con sus amigos, quienes adquirieron nuevos automóviles. Él mismo compró una hacienda de 240 000 pesos en el valle de San Martín y, al marcharse, hurtó los registros del erario para cubrir sus huellas.[59] Esta corrupción era típica de la época. Aunque es un rasgo persistente de la era porfiriana hasta nuestros días, el enriquecimiento de los gobernadores fue particularmente evidente en los años veinte y treinta.[60]

En total, la carga tributaria anual promedio de Puebla a mediados de los años veinte era 2.5 míseros millones de pesos: alrededor de un dólar per cápita. Diez años después, la suma era apenas más respetable, en 4.1 millones, que en vista de la devaluación de la moneda aún significaba poco más de un millón de dólares. Más allá de las cuestiones de legitimidad gubernamental y deficiencia administrativa, había dos problemas fundamentales. El primero fue que, después de la Revolución, el gobierno federal erosionó gradualmente la capacidad de los estados de recaudar impuestos. Ésta era una política deliberada para ayudar a alinear a los gobernadores y centralizar la autoridad en la Ciudad de México.[61]

El segundo problema de fondo era una base fiscal lamentablemente insuficiente. Las principales fuentes de ingresos (licor, azúcar, textiles, propiedades) estaban reprimidas de una u otra forma. Tradicionalmente, los inmuebles habían sido valorados en una tercera parte o incluso una décima parte de su valor. En el caso del azúcar, ya que muchos campos e ingenios fueron quemados o destruidos, pasaron muchos años antes de que el sector volviera a ser una fuente de impuestos importante.[62] Cuando empezó a serlo, a partir de 1923, los gobernadores estaban divididos entre cultivar su potencial fiscal y satisfacer las demandas de los agraristas. Tenían que sopesar las preocupaciones sobre la productividad de los ejidos (las granjas comunales favorecidas por la mayoría de los agraristas) con el capital político que podían obtener si otorgaban tierras de las haciendas a los antiguos oficiales, soldados y aliados de Zapata. La paz y la estabilidad hicieron señas, pues de lo contrario los zapatistas eran dados a las apropiaciones de tierras y la confrontación sangrienta. Esos eran los cálculos que enfrentaban los gobernadores cuando meditaban sobre confiscar tierras de Jenkins. Tal era la necesidad de Jenkins, para quien la superficie para cultivo de caña era sacrosanta, de influir en la forma de pensar de los gobernadores.

La violencia revistió diversas formas. De ninguna manera toda la matanza dentro del dominio azucarero de Jenkins le era imputable a él o sus secuaces, como algunos han alegado.[63] En todo el estado, había violencia entre los jefes de los pueblos, conocidos como caciques. Había violencia entre sindicatos rivales. Había pugnas entre pueblos con orígenes remotos que la Revolución había reavivado. Había asaltos por parte de bandidos a los viajeros y por parte de locales sospechosos a los visitantes bien intencionados. Había violencia que se sufría como parte de las rebeliones generales contra el gobierno federal.[64] En medio de todo esto tuvieron lugar enfrentamientos entre los terratenientes y los agraristas. Algunos propietarios como Presno, Kennedy y Jenkins defendían sus tierras armando a sus empleados, creando ejércitos privados e incluso convocando destacamentos de tropas federales, mientras que los antiguos generales zapatistas y otros caciques incitaban a los campesinos armados a reivindicar su recompensa legítima invadiendo campos convenientes, o peor.

Un día caluroso de 1925, Roberto Maurer fue asesinado a sangre fría por los agraristas. Maurer era uno de los seis hijos de un inmigrante francés a quien pertenecía la hacienda azucarera de Raboso, no lejos de Atencingo de Jenkins, y su asesinato provocó un acalorado debate en el Congreso federal. El respetado radical Soto y Gama defendió el asesinato, que algunos atribuyeron al general Fortino Ayaquica, un cacique zapatista. Alegó que los Maurer habían explotado y aterrorizado la región de Atlixco durante generaciones; la muerte de ese hombre era un acto de justicia divina. Contra los deseos de Soto y Gama, el Congreso aprobó un comité para investigar. Durante un banquete esa noche en la embajada soviética, al que asistió como invitado de honor, Soto y Gama le informó al presidente Calles de su firme deseo de proteger al general Ayaquica: "Mi general, primero nos cortan los huevos antes que permitir que castiguen a nuestro hermano".[65]

Con la agitación crónica que había en Puebla, los terratenientes se sintieron justificados para armarse. Los extranjeros eran víctimas frecuentes y los políticos radicales tendían a exonerar a sus agresores. En tan sólo cinco años, entre las víctimas de asesinato se incluyeron Maurer, un terrateniente alemán, un terrateniente libanés, al menos tres administradores españoles de haciendas y la combativa viuda estadounidense Rosalie Evans. Una tarde de agosto de 1924, mientras viajaba con su chofer en una calesa tirada por mulas, Evans se topó con una emboscada agrarista. En ese momento resultó que ella estaba recitando un poema de Goethe y apenas pudo alcanzar su pistola antes de morir en una cacofonía de balas.[66]

De este modo, Jenkins tenía motivos de sobra para portar un arma. Pero optó por no hacerlo, ni siquiera cuando transportaba sacos llenos de dinero desde Puebla para pagar la nómina de Atencingo.[67] Era un motivo de orgullo, incluso una proyección consciente de su intocabilidad, que no se viera intimidado a portar un arma por la amenaza de los diversos campesinos, que llevaban rifles o machetes y estaban resentidos.

Sin embargo, el propio Atencingo estaba bien fortificado. El administrador y los subgerentes siempre estaban armados, y durante casi toda la era de Jenkins un grupo de tropas federales estaba acuartelado en el ingenio, lo cual era un privilegio excepcional. Atencingo también empleaba a pistoleros de tiempo completo para patrullar los sembradíos y protegerse contra el sabotaje y las apropiaciones de tierras.[68] Irónicamente, tales ejércitos privados, comunes en todo México durante y después de la Revolución, a menudo incluían a antiguos agraristas. La reputación de estas milicias por su violencia paramilitar, y su desafío evidente a la competencia del estado, llevó a los gobernadores a negar su existencia de forma repetida y poco convincente.[69]

En ausencia de un caudillo local, un líder militar carismático del estilo que impusiera el orden en otros estados, la violencia y el caos en Puebla provocaron que la élite empresarial implorara la influencia política.[70] Deseando un retorno del "orden y progreso" porfiriano, los ricos de toda la vida y los trepadores como Jenkins intentaron conformar un resurgimiento conservador. Lo que deseaban por encima de todo era una mano de hierro en la oficina del gobernador, que frenara a los bandidos, los sindicatos radicales y los agraristas por igual. La clase política, mientras tanto, necesitaba complementar los ingresos deficientes del estado para promulgar políticas y consolidar su poder. Las condiciones eran propicias para la interdependencia.

Gobernadores: más amigos en posiciones importantes

Diez días después de que el gobernador Cabrera huyó, en mayo de 1920, la prensa reveló que las arcas del estado estaban prácticamente vacías. Cabrera y sus burócratas se habían llevado el contenido y, con la quijotesca esperanza de un regreso al poder, intentaron establecer una capital temporal en la sierra. La noticia era una ominosa bienvenida para Rafael Rojas, que asumió el cargo de gobernador interino el día de la noticia. No obstante, tras siete semanas, Rojas pudo anotarse un excedente de 70 000 pesos. Ese balance saludable fue posible gracias a su éxito exhortando a las empresas para que anticiparan el pago de sus impuestos. Entre estos pagos se incluían sumas de William Jenkins.[71]

A diferencia de los gobernadores carrancistas, Rojas era algo conocido en la ciudad de Puebla, un empresario local y revolucionario moderado que venía de una familia aliada con los porfiristas. Con mucha experiencia política, Rojas reforzó las relaciones de confianza de las élites resolviendo huelgas y devolviendo propiedades confiscadas a la Iglesia. Pero resultó que el pasado conservador del general se usaría en su contra en un juego de poder de Obregón, que deseaba emplazar a sus aliados personales en los gobiernos estatales antes de la elección presidencial, dispuestos a amañar los resultados en caso necesario.[72] Pero el breve mandato de Rojas sentó un precedente fundamental: los titulares podían asegurar un grado de estabilidad obteniendo crédito de las élites empresariales.

Los gobernadores de Puebla buscaron con frecuencia la ayuda de los industriales, a medida que la insignificante carga fiscal se enfrentaba con demandas desproporcionadas. La burocracia consumió casi todo el presupuesto y era necesario asignar nuevas cantidades para el mantenimiento de las tropas federales. Esto dejaba poco para realizar el mantra de la modernización: construir carreteras, pavimentar calles, suministrar servicios de saneamiento y agua potable, y crear escuelas y dotarlas de personal. Ninguna estadística capturaba mejor la tarea gigantesca que la tasa de analfabetismo de 82 por ciento que había en Puebla.[73] En respuesta, la clase empresarial dio apoyo financiero a los titulares conservadores, alcanzó compromisos con los moderados y retuvo la ayuda a los radicales. Al hacerlo así, reforzaba selectivamente el mandato del gobernador. Los gobernadores conservadores y acomodadizos demostraron cada vez más que podían satisfacer las necesidades de Puebla y llegar hasta el final de sus mandatos. Durante los años por venir, Jenkins se volvería el más importante participante privado en el cambio conservador de Puebla.

Los acuerdos entre los políticos y los empresarios por lo general eran encubiertos y quedaban sin investigar por una prensa tímida. Así que las pruebas son parciales y a menudo sólo salen a la luz décadas después. Sabemos del préstamo de Rojas sólo porque Jenkins lo mencionó en un comunicado a la Embajada de Estados Unidos. Obtenemos otro vistazo en la entrevista que se le hizo en sus últimos años de vida a Vicente Lombardo Toledano. Al relatar su breve periodo como gobernador, el líder sindicalista veterano contó cómo, cuando era un joven idealista, estaba decidido a impulsar la reforma agraria, pero vio su camino obstruido por Jenkins. El problema era que Puebla estaba en deuda con el norteamericano porque él le había estado prestando dinero.

Si bien esta apreciación del dominio político del norteamericano es una exageración, la forma en que se dio su encuentro sugiere que Jenkins ya se consideraba en igualdad de condiciones con cualquier gobernador. Un día, recordó Lombardo, estaba trabajando en su oficina cuando se abrió la puerta y un extraño entró. Anunció: "Yo soy William Jenkins".

"¿Quién le dio a usted permiso de entrar?", dijo Lombardo, incrédulo.

"Es que yo siempre tengo la puerta abierta en el gobierno de Puebla", contestó Jenkins.

"La tuvo. Hoy no es posible. Yo no puedo recibirlo a usted sin haberlo citado previamente". Lombardo pulsó un timbre para llamar a un asistente. "Saque de aquí a este hombre."

Si bien triunfó la bravuconería del radical de 29 años (aunque adornada en su relato), las fuerzas se estaban organizando en su contra. A tan sólo cuatro meses de tomar posesión, impedido para llevar a cabo las reformas agrarias y laborales por los diputados locales y la élite textil española, así como por Jenkins (pero también tras fastidiar a Obregón integrando su oficina con sus camaradas sindicalistas), Lombardo renunció a su cargo bajo presión presidencial.[74]

En cuanto a la arrogancia de Jenkins, era más un reflejo de actitud hacia la política en general que una expresión de elitismo racial. Nunca le agradaron los políticos, mexicanos o estadounidenses. Su estrecha cercanía con unos gobernadores posteriores la atribuiría a la necesidad.[75] En su desconfianza hacia los políticos, no pudo haber dejado de constatar cómo, justo cuando estaba tratando con Lombardo, su conocido intervencionista Albert Fall estaba profundamente inmerso en el escándalo Teapot Dome. Teapot Dome fue una turbia historia de petróleo y sobornos, que desembocaría en el encarcelamiento de Fall por tráfico de influencias. Según destacados críticos sociales, en el mar frío de la política norteamericana, Fall era sólo la punta de un iceberg de pacotilla. Poco antes de que estallara el escándalo, el ensayista H. L. Mencken dijo esto sobre el típico congresista estadounidense: "Es incompetente e imbécil, y no sólo incompetente e imbécil, sino también irremediablemente deshonesto".[76]

El apoyo del sector privado al erario a veces aparecía en los periódicos. En 1925, justo después de su toma de posesión, Claudio Tirado consiguió un préstamo de 300 000 pesos de los industriales, equivalente a 12 por ciento del presupuesto. Cuatro meses después, Jenkins salvó del cierre a la universidad del estado. Al reubicar una de sus empresas en Puebla, se aseguró de que los 30 000 pesos devengados en impuestos permitieran al estado cubrir los salarios de los profesores. A finales de los años veinte, Donato Bravo solicitó que los productores de azúcar y alcohol, entre los cuales Jenkins era de lejos el líder, hicieran la mitad del pago de sus impuestos anuales cada otoño anterior. Tirado y Bravo, ambos conservadores, duraron mucho tiempo en el poder: 22 y 19 meses respectivamente, tres veces el promedio de un gobernador de Puebla en esa década.[77] Los negocios ya estaban moldeando la política en su propio beneficio.

Para el programa de modernización del Estado mexicano era esencial la construcción de carreteras para unir a la nación y sus comunidades distintas, y los gobernadores necesitaban ayuda con esta costosa tarea. En 1927, con el objetivo de detener la desviación de fondos públicos para pavimentar las calles llenas de baches de la ciudad de Puebla, Bravo creó un comité de "ciudadanos distinguidos". La llamada Junta de Pavimentación incluía a Jenkins, varios otros cónsules extranjeros y jefes de la cámara de comercio, que propusieron juntos un impuesto especial a las empresas para apoyar la obra. Un año más tarde, los líderes empresariales elogiaron a Bravo por la Junta y por poner su presupuesto, una cantidad vigorosa de 100 000 pesos, fuera del alcance de los funcionarios públicos. Mientras tanto, Jenkins y otros industriales recurrieron a sus bolsillos para subvencionar nuevas carreteras, incluidas las que llevaban de Puebla a Matamoros y a la segunda ciudad del estado, Tehuacán.[78]

Jenkins adquirió más capital con actos de beneficencia cívica. Dos salieron a la luz en diciembre de 1929, cuando donó para una caseta de seguridad en un parque de la ciudad y un comité que planeaba el 400° aniversario de Puebla. Un año antes, tras registrar cómo ayudó a una asociación de trabajadores del estado a comprar una mansión para su sede, convenciendo al banco que la poseía de que bajara el precio, un diario afirmó que Jenkins "siempre anda a caza de las buenas obras para realizarlas con su poderosa influencia comercial, sin hacer alardes de ningún género".[79] La afirmación de su enfoque de discreción suena a verdad. Jenkins se aparecía rara vez en las inauguraciones u otros eventos públicos y prefería mandar a un representante. A diferencia de su colega arribista libanés, Miguel Abed (que daba ayudas a sus trabajadores, y que incluso se los llevaba con sus familiares a la playa, en cada caso esperando que su generosidad despertara el interés de la prensa), a Jenkins le importaba poco lo que la opinión pública pensara de él.[80] Lo importante era cumplir con la *noblesse oblige*, sus obligaciones como protestante acaudalado en la tradición de Carnegie y Rockefeller, y que las autoridades estuvieran de su lado.

Al hacer esos favores, es poco probable que Jenkins y sus colegas se beneficiaran de un *quid pro quo* directo, aunque pudo haber existido un ejemplo de eso en el arreglo con Tirado, de quien se reportó que a cambio de los anticipos de impuestos prometió edictos contra los agraristas. En la mayoría de los casos, los tratos probablemente contribuían a una anticipación permanente de favoritismo, un entendimiento común de que cuando el estado escribía leyes o emitía un fallo, los intereses de las empresas eran lo más importante. En vista del nuevo sentido de privilegio revolucionario entre los campesinos y trabajadores, los industriales y los terratenientes de Puebla necesitaban menos para obtener garantía de un gobernador sobre la solución de determinada huelga o apropiación de tierras (después de todo, el hombre podía irse en pocos meses) que para cultivar un clima de obligación recíproca, un clima que trascendiera los cambios de régimen.

Primero como acreedor, luego como terrateniente y, más tarde, como magnate industrial, Jenkins necesitaba protección de la burocracia y el sistema judicial de Puebla, y todos esos funcionarios normalmente estaban sometidos al gobernador. Jenkins necesitaba que las condiciones de sus préstamos se hicieran valer cuando los deudores incumplían, de modo que pudiera ejecutar las hipotecas de sus propiedades sin un pleito largo. Necesitaba que sus haciendas estuvieran protegidas de los izquierdistas que gravitaban hacia la Comisión Agraria de Puebla. Con la lentitud del gobierno federal para controlar las provincias, los funcionarios locales tendían a tener más influencia en la reforma agraria que sus contrapartes de la Ciudad de México.[81] A medida que la violencia y las controversias relativas a la propiedad se recrudecían, necesitaba que sus tierras y su personal se resguardaran de los bandidos y los invasores agraristas. A partir de finales de los años veinte, cuando Jenkins se diversificó asignando capital de riesgo a la fabricación de cemento y el montaje de automóviles, y reinvirtiendo en el sector textil, necesitó fallos favorables de la Junta de Conciliación y Arbitraje del estado en los momentos de descontento laboral.

Aparentemente, dichas protecciones aparecían. Las versiones de la acumulación de propiedades de Jenkins no mencionan batallas legales extensas. Esto sugiere la complicidad de los jueces locales, que eran nombrados por el gobernador.[82] Los jueces eran considerados por muchos como comprables. El fallo de Atencingo en 1921 bien puede dar un ejemplo. Un mes después, un periódico afirmó osadamente que un impuesto de 43 000 pesos en la compra no había llegado al erario. El reportaje dio a entender que el gobernador Sánchez, a quien sarcásticamente llamó "un Quijote en asuntos de honor", se había robado o dispensado el impuesto. Una dispensa que involucraba un soborno, para el juez y el gobernador, parecía lo más probable. Pero es improbable que los favores financieros fueran los únicos factores. Cuando los jueces se ponían de parte de Jenkins en las controversias sobre deudas, tal vez también se dejaban arrastrar por la historia de vínculos entre los deudores y el *establishment* porfirista. Los antiguos dueños de Atencingo, la familia Díaz Rubín, como muchos magnates textileros, habían mantenido buenas relaciones con el desacreditado gobernador Mucio Martínez, quien había mimado a dichos inversionistas y compartido en su generación de riqueza.[83]

Las acciones oficiales contra los agraristas eran más flagrantes. Cuando los campesinos invadían los campos pertenecientes a Atencingo o una propiedad hermana sin el debido proceso legal, los gobernadores normalmente enviaban oficiales y tropas para desalojarlos. Tres gobernadores diferentes, en 1922, 1924 y 1925, intervinieron por la fuerza para revertir las usurpaciones de los campesinos en las tierras de Jenkins.[84]

Círculos concéntricos de protección

Jenkins también cultivó una relación con los siguientes hombres más poderosos de Puebla: el jefe militar y el arzobispo. Los jefes militares eran los generales a cargo de las zonas en las que Carranza había dividido México, para asegurar su victoria. Más adelante los presidentes mantuvieron las zonas para asegurar la paz. Las relaciones de Jenkins con estos generales son difíciles de precisar, ya que el cargo se rotaba prácticamente cada año. Sin embargo, muchos de ellos creían que la Revolución les había concedido privilegios. Dos jefes militares originarios de Coahuila, Cesáreo Castro (1917-1919) y Fortunato Maycotte (1920-1921), establecieron el tono cleptocrático. Pasaron sus periodos adquiriendo haciendas, criando ganado y, por lo menos en el caso de Castro, produciendo licor.[85] Eran hombres con los que uno podía hacer negocios.

Es revelador que un grupo de tropas federales estuviera estacionado permanentemente en Atencingo, alojado dentro del complejo del ingenio. (Para principios de los años treinta, cada una de las haciendas azucareras de Jenkins tenía protección militar.)[86] También es revelador que muchas otras haciendas intentaran fallidamente asegurar servicios similares. Dado que el presupuesto del ejército era limitado, una compañía de soldados *in situ* podía obtenerse con la oferta de un acantonamiento, tortillas y frijoles. Pero la severidad de la violencia rural significaba que nunca había suficientes tropas para proteger todas las haciendas que las querían. Lo que podía marcar la diferencia era una disposición de pagar efectivo. Jenkins, como más tarde atestiguaron dos generales, pagaba bien.[87] Desde luego, la extensión que controlaba a mediados de los años veinte, hasta 81 000 hectáreas a lo largo de un eje de 40 kilómetros, significaba que no podía depender de un solo pelotón. En ocasiones, los refuerzos bajo el mando del jefe militar y las fuerzas regionales bajo el mando del gobernador desempeñaban papeles suplementarios, mientras que en el día a día Jenkins implementaba una fuerza vigilante privada.

Con el arzobispo, Jenkins reforzó el vínculo que había establecido en 1919 durante la visita de Sánchez y Paredes a su fábrica. El año siguiente, ofreció contribuir en lo que fuera necesario para completar las renovaciones del Palacio del Arzobispado. La Unión de Damas Católicas, a cargo de la recaudación de fondos, comunicó alegremente la noticia a la prensa. Como muestra de agradecimiento, Sánchez y Paredes le dio a Jenkins un libro de sermones de un jesuita inglés, con esta dedicatoria: "Al muy apreciable caballero y Exmo Sr. Consul D. William Jenkins con particular afecto".[88]

Después de que Sánchez y Paredes murió en 1923, la familia Jenkins se ganó la amistad de su sucesor, Pedro Vera y Zuria. El nuevo arzobispo presidiría durante dos periodos de persecución religiosa: la Guerra de los Cristeros de 1926 a 1929 y una represión más legalista a mediados de los años treinta. Ambos reflejaban el anticlericalismo de la élite política de la nación, para quien la Iglesia católica era un enemigo de la Revolución y un obstáculo para el progreso social. En 1927, cuando las tensiones entre el Estado y la Iglesia estaban en su apogeo, Vera tuvo que exiliarse en Estados Unidos. En poco tiempo, varias dependencias de la Iglesia se clausuraron, incluido el orfelinato de la ciudad de Puebla. Mary acudió al rescate y se llevó a muchas de las huérfanas y las monjas a la casa espaciosa que Jenkins ahora ocupaba en el número seis de la calle Porfirio Díaz, una de las mansiones señoriales del centro de Puebla. Después encontró y rentó un hogar dedicado para ellas. Entre las niñas a las que hospedó estaba Amelia García, conocida como Mía, que se incorporó al hogar de forma permanente como sirvienta y llegó a ser niñera, cocinera y, finalmente, el pilar doméstico de la residencia Jenkins. William hizo una contribución clave durante el segundo periodo de represión pagando a los hombres del clausurado Seminario Palafoxiano para que continuaran sus estudios en el Seminario Montezuma de Nuevo México.[89]

Pese al auge del anticlericalismo y los episodios de persecución, en la piadosa ciudad de Puebla la Iglesia seguía siendo un símbolo venerado y una potente fuerza social. Esto llevó a Calles, en su gira de campaña presidencial, a decir con desdén que la ciudad era "levítica". La piedad popular era muy evidente en la víspera de la investidura de Vera, cuando miles saludaron su tren y lo escoltaron desde la estación hasta la catedral, incitando a que la prensa capitalina comentara sobre el "profundo catolicismo" de Puebla.[90] La ayuda que esta familia protestante estadounidense prestó a la Iglesia durante sus momentos críticos era una señal de que, independientemente de su fe en la Iglesia como una herramienta de control social, Jenkins se tomaba en serio sus obligaciones como poblano rico. En el arzobispo Vera tuvo al más destacado de sus defensores. Vera podía convencer a una viuda española de que este norteamericano sería un acreedor confiable; podía informar a un gobernador con convicciones de izquierda que este terrateniente mostraba una verdadera preocupación por los pobres (bastaba con voltear a ver su ayuda a los orfanatos y las escuelas) y que por ello no debía ser seleccionado para una revisión fiscal o confiscación de tierras.[91]

Entre los defensores de Jenkins faltaba el Tío Sam. Por un lado, la Constitución de México prohibía la intromisión de otras naciones en los litigios sobre la propiedad. Por otro lado, Jenkins era bastante consciente del fracaso de su vecina Rosalie Evans para reclutar a los gobiernos norteamericanos y británicos con buenos resultados: esas estrategias para defender su hacienda sólo la habían antagonizado a Obregón.[92] Además, algunos en la Embajada de Estados Unidos reprobaban a Jenkins. Desaprobaban su desinterés social. Un embajador estaba molesto por la compra de haciendas de Jenkins; ignorando la amistad de Jenkins con Obregón, malinterpretó las adquisiciones como una afrenta a las autoridades mexicanas. Para 1927, exasperado por una disminución de las diligencias consulares de Jenkins, el cónsul general clamaba por que se rescindiera su nombramiento. El embajador de Franklin Roosevelt en México, el izquierdista Josephus Daniels, también expresaría una opinión negativa sobre Jenkins.[93]

Muy probablemente, Jenkins sintió que su notorio juego de la carta consular durante el episodio de su secuestro y encarcelamiento no le ayudó; le costó financieramente y en su reputación, y permitió que los políticos nacionalistas lo utilizaran como un saco de boxeo. En cualquier caso, el Departamento de Estado y otros registros revelan poco contacto entre Jenkins y su embajada después de 1920 y ninguno que involucrara solicitudes de ayuda.

Alrededor de Atencingo, Jenkins tejió círculos concéntricos de protección. Sólo unos cuantos involucraban el estado de derecho y las garantías de derechos de propiedad que supuestamente se aplicaban a todos. Ciertamente, dos de los círculos eran salvaguardias institucionales: la condición de protegida de Atencingo como una Unidad Agrícola Industrial y su identidad legal como una sociedad de responsabilidad limitada. Varios más involucraban la fuerza, no sólo del gobernador, con su sistema judicial, sus tropas y su policía, sino también los jefes militares y el ejército privado de la hacienda. Otros implicaban un "poder blando", como su amistad con los arzobispos, los donativos a la beneficencia y la construcción de escuelas rurales.[94] Estaba la Comisión Local Agraria, cuyos agrimensores, aunque solían ser más comprensivos con los agraristas que sus contrapartes federales en la Comisión Nacional, también eran proclives a aceptar sobornos. Había líderes locales destacados, herederos políticos de Zapata y procónsules de la reforma agraria, que a veces demostraban estar dispuestos a llegar a un compromiso. Y estaban las cadenas de cerros y tierras de secano que rodeaban el centro del cultivo de azúcar, una gran cantidad de terreno periférico que podía cederse poco a poco por medio de apaciguamiento.

La capacidad de Jenkins para defender el corazón de Atencingo sin duda le debía algo al ritmo intermitente de la reforma agraria durante los años veinte, cuando ni Obregón ni Calles estaban comprometidos con el proceso. Pero seguiría protegiéndolo en los años treinta, cuando un liderazgo más radical redistribuiría tierras privadas con fervor revolucionario. Básicamente, la estrategia múltiple de Jenkins, una dependencia en una gama de relaciones de beneficio mutuo y prácticas hegemónicas, explica cómo un norteamericano consiguió desarrollar una hacienda inusualmente grande y productiva en una era en la que la mayoría de los grandes terratenientes, sobre todo los extranjeros, sufrían reducciones. Retener la propiedad era un juego darwinista. Favorecía a aquellos que tenían en igual grado dinero, conexiones y voluntad para suspender sus escrúpulos.

El éxito de Jenkins contrastaba fuertemente con el destino de muchas familias cuya identidad como élites porfiristas, y a menudo como españoles, persistió como un lastre; ahora eran blanco de los agraristas, los gobernadores radicales y los asesores de impuestos. Con el sector textil también muy flojo, sus deudas aumentaron. Su prestigio social valía para poco en el nuevo orden político. La desafortunada familia Díaz Rubín no pudo evitar la erosión de las haciendas que recibieron como parte del pago de Atencingo. A principios de los años treinta, se quedaron sin nada más que las casas principales de las haciendas.[95] Siguieron las quiebras, como la de la familia Conde y Conde. Hasta el astuto Marcelino Presno, principal propietario del valle de San Martín, vio cómo su vulnerabilidad como antiguo porfirista le pasaba factura. En 1932, para pagar sus deudas cada vez mayores, se vio obligado a vender la lujosa casa en el centro de Puebla que había comprado justo antes de la Revolución. Perdió una batalla de nueve años para conservarla y murió cinco meses después.[96]

El ascenso de Jenkins contrastaba también con el declive de las familias cuyas fortunas eran urbanas. En 1921 la viuda española Adela Méndez de Gavito, dueña de tres fábricas textiles, se declaró en bancarrota. En 1924 la familia Matienzo, destacada desde la era colonial, perdió su histórica fábrica El Patriotismo frente a Miguel Abed, que recibió ayuda con un préstamo de Jenkins.[97] Debido a otra quiebra, Jenkins reclamó la joya de la corona minorista de Puebla, La Ciudad de México.

A un paso de la plaza central, esta tienda departamental de propiedad francesa era el paradigma de la opulencia porfiriana, una maravilla de la *modernité*. Con una planeación de 16 años y construida con puntales de hierro forjado importados de París, La Ciudad de México tenía dos espaciosas plantas, conectadas a través de una gran escalera bifurcada. La tienda estaba engalanada con diseños franceses y británicos, junto con productos de belleza, enseres domésticos, muebles y alfombras orientales. Toda la élite poblana hacía compras ahí. Desafortunadamente para sus patrocinadores, este palacio se había inaugurado durante el siniestro año de 1910. El próximo año, atemorizados por la guerra, la mayoría de los inversionistas se retiraron. Adrian Reynaud se quedó, y aunque era un hombre muy rico necesitaba un socio. Leon Signoret, uno de los franceses más ricos del país, llegó primero al rescate, pero tras siete años de pérdidas también se echó para atrás. Sin bancos capaces de prestar, Reynaud acudió a Jenkins, quien en 1919 le prestó 500 000 pesos. Luego Reynaud cayó víctima de desfalco por parte de un compatriota francés, y en 1927, en quiebra, tuvo que cerrar la tienda y ceder el edificio a Jenkins. Finalmente Jenkins encontró otro negocio de ropa a quien arrendar el espacio. Para entonces, había registrado el *holding* empresarial con un nuevo nombre, cuya desenvoltura no pudo haberse perdido ante los poblanos con dinero: Imperial Building, Inc.[98]

El imperio azucarero de Atencingo

A mediados de los años veinte, Jenkins se encontraba en una encrucijada. Aunque su protector, Obregón, estaba dejando el cargo, las redes de protección que había tejido en torno a Atencingo parecían suficientemente fuertes para frenar a los agraristas. Algunas redes dependían de relaciones, pero su estatuto como una Unidad Agrícola Industrial protegía su feudo de una confiscación, como también su importancia para el erario de Puebla. Así, la hacienda bien podía parecerle suficientemente segura a algún comprador. Si Jenkins todavía era sincero en cuanto a vender y alcanzar a Mary, indudablemente ése era el momento para hacerlo. Por otro lado, Atencingo empezaba a satisfacer su potencial como un gigante muy rentable de la industria azucarera.

En una visita a Los Ángeles en 1924, Jenkins vio por primera vez en años a su viejo amigo de Vanderbilt, John Tigert, y una vez de regreso en casa escribió: "Si puedo organizar mi negocio de tal modo que me permita dejar México de una manera más definitiva de lo que he podido hacer hasta ahora, intentaremos ocasionar reuniones más frecuentes". En abril siguiente le dijo a Tigert que si bien su trabajo había estado "particularmente pesado esos últimos meses", él y Mary planeaban mudarse a su casa de California "más tarde ese año". En 1927 admitió que no había visitado Los Ángeles en dos años. Añadió que "con toda probabilidad" se mudarían el "próximo año".[99]

Jenkins sí intentó encontrar compradores para Atencingo, o eso dijo después, pero evidentemente no encontró compradores al precio que consideraba justo. Había invertido alrededor de cinco millones de dólares, por lo que probablemente quería al menos esa cantidad a cambio.[100] No queda claro exactamente quién, más allá del gobierno o un inversionista extranjero, tenía suficiente capital para semejante compra. Los generales con buenas conexiones como Aarón Sáenz y Abelardo Rodríguez podrían haber mostrado interés (hubieran podido comprar con acceso interno a las finanzas públicas), pero es posible que la política volátil de Puebla los haya disuadido.

El mayor obstáculo para que Jenkins vendiera era que las cosas simplemente estaban marchando demasiado bien. El rendimiento y la productividad estaban en auge. Atencingo había superado a Calipam al volverse el principal productor de azúcar de Puebla. Jenkins era un agricultor por naturaleza y el crecimiento de Atencingo, en tamaño y rendimiento, debe haberle entusiasmado.[101] Doblemente, ya que sus vecinos elitistas empezaban a renunciar.

Uno por uno, arruinados por los agraristas, la quiebra y la competencia de Atencingo, los peces gordos españoles de Puebla (o con más frecuencia sus viudas) cedieron sus propiedades al estadounidense. Más adelante William y Mary les dirían a sus hijas que había justicia en todo esto, puesto que eran los mismos esnobs que alguna vez los desairaron. Del suroeste al noreste, a lo largo del amplio valle de Matamoros, Jenkins llegó a poseer nueve haciendas contiguas. Éstas empezaron con Lagunillas, un anexo de Atencingo, luego el propio Atencingo y, después, Jaltepec, que compró en 1924. Los vendedores eran dos españoles que habían perdido interés después de que a siete pueblos se les concedieran pedazos de ésta. De hecho, Jaltepec era típica de la nueva fluidez en el mercado inmobiliario: los hermanos sólo la habían adquirido el año anterior, al ejecutar una hipoteca de Francisco de Velasco, el último alcalde porfirista de Puebla.[102]

Al noreste desde Jaltepec estaban Colón y Rijo. Éstas se las arrendaba a Herlinda Llera en 1924 y, siete años después, las compró. Después de Rijo vinieron Tatetla y Teruel, que Jenkins obtendría pronto gracias a la quiebra de Ángela Conde de Conde.[103] Al oeste de Jaltepec estaban otros dos blancos, que más tarde completarían las principales haciendas de lo que llegó a conocerse como el Sistema Atencingo. La más cercana era Tolentino, alguna vez propiedad de un diplomático que murió en el exilio en París durante la Revolución y que le dejó la hacienda a su esposa. Después de ésta estaba la hacienda Raboso, de la familia Maurer, que habían comprado por menos de la mitad de precio durante la guerra.[104]

Es difícil definir de qué tamaño era el área que controlaba Jenkins. Como cedió franjas de algunas de sus haciendas antes de adquirir otras, el Sistema Atencingo nunca alcanzó el tan citado total de 123 000 hectáreas. Un total más probable es la cifra todavía impresionante de 90 000 hectáreas, en propiedad o en arrendamiento en un momento u otro. De ahí, 15 000 hectáreas eran cultivos de caña irrigados, lo que deja una cantidad muy grande de tierras de secano que Jenkins podía ceder poco a poco, en negociaciones con los agraristas, con poca pérdida de ingresos. La afirmación repetida de que Atencingo representaba "la mayor concentración de tierra en manos de un solo propietario en la historia de Puebla" no se ha probado, pero es factible. En todo el país se estaban dando concentraciones similares de haciendas azucareras, ya que los productores aprovechaban la voluntad federal de poner la producción de alimentos por encima del reparto de tierras.[105]

Con politiqueo y sus préstamos predatorios, Jenkins demostró instintos monopolísticos, pero sus esfuerzos en la agricultura eran resueltamente emprendedores. Dado el gran tamaño de la propiedad en su conjunto, Jenkins y su administrador, Manuel Pérez, llevaron a cabo una labor colosal. Para empezar, en lugar de reconstruir todos los ingenios que los zapatistas habían destruido, concentraron la molienda y la refinación en Atencingo, rescatando maquinaria de otros para mejorar el ingenio central. Para transportar la caña desde los anexos al ingenio, construyeron un ferrocarril de vía angosta y compraron tres locomotoras y material rodante de segunda mano. La línea privada discurría paralela al Ferrocarril Interoceánico y se conectaba con él, pero tener su propia vía férrea ayudaba a reducir los costos operativos. Por un lado, ya no tenían que sobornar a los jefes de estación con tanta frecuencia para garantizar los servicios.[106]

Algunas de las otras inversiones de Jenkins ofrecían sinergias. Su compañía de maquinaria agrícola le daba acceso barato a tractores de vapor. Adquirió una importante participación en la Compañía de Luz y Fuerza de Puebla, que probablemente le daba tarifas económicas de electricidad. Esta compañía tenía un negocio secundario que vendía bombas de riego, que le habrá vendido a Jenkins con descuento. La acumulación de tierras de Jenkins dio lugar a economías de escala en varios niveles. Dicen que compró fertilizante (nitratos provenientes de Chile) en grandes cantidades.[107]

De todos los activos que Jenkins aplicó en Atencingo, el más importante fue su lugarteniente español. Manuel Pérez hacía las veces de administrador y jefe agrónomo. Nacido en Galicia en 1874, Pérez zarpó rumbo a Cuba cuando era adolescente y trabajó en la floreciente industria azucarera de la isla. Reclutado por el ejército español durante la Guerra de Independencia de Cuba y forzado a irse tras la derrota de España, Pérez trabajó después en haciendas mexicanas.[108] La asociación de Jenkins con Pérez empezó alrededor de 1921. La combinación fue decisiva para el fenomenal crecimiento duradero de Atencingo, para el empleo de casi toda la fuerza laboral del valle y, como se revelaría después, para la represión de esa fuerza laboral y de los agraristas locales.

Los conocimientos de Pérez, junto con su dirección severa (algunos dirían despótica), le valieron la fama del mejor agrónomo de caña de México. De inmediato sabía lo que se necesitaba hacer. Para ayudarlo a reactivar el ingenio y sus cultivos, y más tarde las tierras que Jenkins anexó, Pérez contrató de las haciendas rivales a un grupo de mecánicos, herreros y carpinteros. Jenkins incorporó un equipo de técnicos de azúcar que venía de Luisiana para cada zafra, y Pérez empleó a diversos extranjeros a tiempo completo: un norteamericano y un británico para ayudar a reconstruir la refinería, un químico azucarero canadiense, un belga para operar las locomotoras, varios españoles como administradores de los anexos, otro español como jefe de mecánicos y un alemán, que "bebía cerveza como agua", para supervisar los tractores.[109]

Pérez reparó los sistemas de irrigación de las haciendas, alimentados por ríos y pozos, y los amplió construyendo acueductos y pequeñas presas. Otros campos, demasiado pantanosos para usar en el pasado, los drenó construyendo zanjas con excavadoras mecánicas; otros, plagados de rocas volcánicas de las antiguas erupciones, los despejó e irrigó. Experimentó con especies de caña para obtener el mejor rendimiento por hectárea. Esto dependía de factores que no podía controlar, como la regularidad de las lluvias y el equilibrio químico del suelo, y de otros que sí podía controlar, como la irrigación y los fertilizantes. Importó variedades de caña superiores y nuevas en México, desde Hawái, Indonesia y Filipinas. Jenkins le pagó para que visitara Cuba, Luisiana y Hawái, para aprender de los nuevos desarrollos y traer las mejores semillas. Su uso masivo de fertilizantes a base de nitrato no tenía precedentes en México y ayudó a lograr resultados espectaculares. Para principios de los años treinta, estaba cosechando el doble del rendimiento que dio Atencingo antes de la Revolución. Como administrador del Sistema Atencingo durante 25 años, Pérez la convirtió en la hacienda azucarera más productiva de México.[110]

Jenkins acompañaba con frecuencia a Pérez mientras que el español modernizaba el ingenio y los cultivos. A diferencia de muchos antecesores, él no era partidario de dejarle todo el trabajo a su administrador. Un fin de semana de 1922, en una carta a su ama de llaves de Los Ángeles, Mary se lamentó de sus ausencias regulares: "El señor Jenkins está en esa vieja y fastidiosa finca; de hecho, está ahí o en la Ciudad de México tanto tiempo que yo bien podría estar en Los Ángeles". Cinco años después, Mary había desarrollado un entusiasmo reticente por el lugar: "Tengo que bajar tan a menudo como puedo, ya que hay tanto que ver ahí". Pero con su marido que aún pasaba la mitad de su tiempo en la hacienda, las visitas de Mary eran en parte una cuestión de no querer quedarse sola.[111]

Incluso en los años treinta, cuando Jenkins visitaba sólo una vez a la semana, lo hacía por todo el día. Tras entregar las bolsas de dinero al pagador y deliberar con Pérez en su oficina, pasaba el resto del día con los gerentes de los cultivos, montando a caballo alrededor de los cultivos de caña y caminando junto a los canales de irrigación. No creía en el honor de las manos impolutas.[112]

Pero el punto fuerte de Jenkins era reunir protección para sus haciendas y obtener financiamiento para su desarrollo. Para financiar la reactivación de Atencingo necesitaba vender haciendas en otras partes, junto con propiedades urbanas y La Corona. Atencingo estaba probablemente generando ganancias desde 1924, pero los nuevos retos que planteó la reactivación de Jaltepec, Rijo y Colón, así como la adquisición de otras haciendas azucareras, requerirían nuevas sumas. Afortunadamente, la necesidad de Jenkins de pedir prestado coincidió con los avances en los mercados financieros de México, gracias al reconocimiento diplomático de Estados Unidos y la fundación de un banco central. Durante los años veinte, los bancos privados aumentaron de 10 a 50 más o menos, incluidas las sucursales del Banco de Montreal, National City Bank y Chase Bank. Las tasas de interés dolorosamente altas de hasta 36% que prevalecieron hasta 1925 empezaron a caer y alcanzaron el 12% en 1928.[113] Para obtener ventaja, Jenkins cambió su hacienda de un negocio privado a una sociedad anónima, cuyas acciones (emitidas "al portador") se podían depositar como garantías para préstamos. En enero de 1926, estas inversiones del valle de Matamoros —el ingenio central, las haciendas y la fábrica de alcohol— se convirtieron en la Compañía Civil e Industrial de Atencingo, con un valor de cinco millones de dólares.[114]

La Compañía de Atencingo era también un resguardo, ya que Jenkins desconfiaba de Calles. En una carta a John Tigert el año anterior, expresó preocupación por el presidente: "Es absolutamente cierto que las tendencias presentes aquí son muy radicales y mientras que algunos pretenden ver en el nuevo gobierno determinada reacción contra esos principios, no puedo decir que yo lo haga".[115]

Fuera del apoyo de Calles a los trabajadores y la represión de la Iglesia, en su radicalismo era más un perro que ladraba y no mordía, pero Jenkins no era el único norteamericano que confundía su nacionalismo con metas políticas.[116] En todo caso, convertir su empresa en una sociedad le dio base jurídica como empresa mexicana, lo cual podía resultar útil si Atencingo aguijoneaba el interés de uno de los burócratas izquierdistas de Calles. La sociedad era un resguardo en un segundo sentido también: protegía las utilidades de Jenkins de la mirada del Tío Sam. Aunque siguió siendo ciudadano estadounidense (como era habitual con estos expatriados), no pagaba impuestos en Estados Unidos por sus ingresos mexicanos. La sociedad le daba un pretexto oportuno: podía argumentar que reinvertía todas sus utilidades en la empresa, que nunca pagaba un dividendo y que el valor neto de la compañía estaba en realidad en constante declive debido a las expropiaciones de extensiones de sus tierras.[117]

Un año después, Jenkins hizo otra jugada inteligente al establecer una corporación para que llevara la mayoría de sus otras actividades: la Compañía Inversiones de Puebla, S. A. Fundada con la modesta cantidad de un millón de pesos, Inversiones de Puebla fungiría como el vehículo de capital de riesgo e inmobiliario de Jenkins. Participaría en diversos sectores, desde el desarrollo urbano hasta la joven industria química. También ostentaba propiedades en California: la mansión que había construido para Mary, edificios de departamentos en el centro de Los Ángeles y el rancho frutal de Hanford que había comprado para su padre. Como el rancho perdió dinero y las propiedades de Los Ángeles se podían amortizar con el tiempo, y como algunas de las inversiones mexicanas de la corporación se financiaban por préstamos, Jenkins podía alegar que Inversiones de Puebla no podía producir dividendos y, por ende, no debía pagar impuestos.[118]

Con respecto a las ventas, Jenkins vio que la inestabilidad en los precios —sujetos a mercados globales y las incertidumbres meteorológicas, así como la competencia de otros estados— podía atenuarse a través de un fideicomiso regional. En 1926 se asoció con Harold Skipsey, un productor inglés en Veracruz, para crear un *trust* de ventas al por mayor para ambos estados. Aunque Skipsey era el presidente, Jenkins tenía el control. La necesidad de alianzas era apremiante, ya que el azúcar estaba en medio de una superabundancia de tres años y los ingenios del sur enfrentaban competencia barata de los productores en el norte y el oeste. El *trust* no fue un gran éxito, ya que la aparición de otros cárteles regionales fomentó la competencia entre ellos y empujó a la baja los precios de toda la industria.[119] Aun así, Atencingo quedó más que compensado por las oscilaciones de precios con su producción en auge.

Con Jenkins, el Sistema Atencingo se convirtió en la empresa más grande de Puebla, lo cual se medía en inversiones y fuerza de trabajo. Para 1927, tenía una nómina de 3500 empleados: capataces, técnicos, obreros del ingenio y, los más numerosos, cañeros. Mayoritariamente indígenas, estos hombres cortaban los gruesos tallos con sus machetes bajo el sol tropical durante cinco meses; después, algunos se quedaban para despejar los canales y excavar nuevos.[120] En 1928, Atencingo se convirtió en el segundo productor de azúcar más grande de México, superado solamente por Los Mochis de Sinaloa, la propiedad de B. F. Johnston. El rendimiento era ahora de 12000 toneladas y se había duplicado con creces en cinco años. Las cosechas sucesivas siguieron creciendo y alcanzaron las 29000 toneladas en 1931. Cuanto más crecía la operación Jenkins-Pérez, más difícil era para los vecinos competir. Así fue de hecho para la familia Maurer. Cuando Jenkins ejecutó un juicio hipotecario contra Raboso en 1935, su rendición señaló el fin de los ingenios independientes del valle.[121] El imperio azucarero de Atencingo estaba completo.

Más allá de toda la visión y el arduo trabajo, más allá de todos los intercambios de Jenkins con Obregón y las negociaciones calibradas con los agentes del poder locales, había otro factor detrás del éxito de Atencingo: la amenaza y perpetración de la violencia. En el mejor de los casos, esto significaba una disposición de parte de Jenkins, Pérez y sus hombres de responder a las armas con armas. En el peor, significaba asesinato premeditado. Casi nadie de los que han escrito sobre Atencingo ha omitido mencionar las amenazas o los asesinatos instigados por Jenkins o Pérez. Se dice que esta violencia, ejercida por milicias privadas y asesinos a sueldo, servía tanto para incitar a los terratenientes vecinos para que vendieran como para intimidar o eliminar a los alborotadores: líderes agraristas, organizadores sindicales o peones que se negaban a alinearse.[122]

Queda claro de los periódicos y registros de archivo que muchas personas fueron asesinadas en el valle de Matamoros y la mayoría de ellas eran pobres. También es cierto que con frecuencia Jenkins tenía algo que obtener. Pero es igualmente cierto que, como objeto de una creciente leyenda negra, Jenkins tendía a ser sospechoso de complicidad siempre que se hallaba un cadáver, independientemente de lo que pudieran sugerir las pruebas. Además es cierto que la región de Atencingo, como gran parte de Puebla, estaba llena de armas de fuego y hacía eco de violencia: levantamientos, bandolerismo, agresiones xenófobas; pugnas antiguas y modernas por tierra y agua; y los asesinatos cotidianos que las personas cometen en cualquier lugar, provocadas por celos, adulterio, embriaguez o insultos.

No queda claro cuánta violencia se debía en realidad a Jenkins. El registro archivístico de las acusaciones es mucho menor de lo que cabría esperar de un hombre con esa mala reputación. Tampoco está claro cuándo la violencia beneficiaba a la Compañía de Atencingo ni dónde en la cadena de mando se originaban las órdenes; algunos ataques podían haber sido una acción especulativa de jóvenes duros con la esperanza de ganarse un favor. De hecho, tampoco está claro que un campesino acribillado fuera siempre y solamente una víctima. El asesinato era moneda corriente en el valle de Matamoros. Los campesinos estaban alejados los unos de los otros en toda clase de líneas: el peón de hacienda contra el agrarista, el soldado acuartelado contra el poblador local, el partidario de un cacique contra el partidario de un rival, el miembro de un sindicato contra el miembro de otro.

Décadas después de que se fuera Jenkins, un antiguo peón de 90 años recordó: "Hubo harta matazón. Estábamos bien divididos".[123]

CAPÍTULO 6

Resistencia en Atencingo

> Don Manuel: "¿Y las 11 000 arrobas, señor Conde?
> Tendré que redoblar el latigazo.
> Y poner a muchos negros en el cepo".
> El Conde: "¿Y por qué me dice usted eso a mi?
> ¡Eso es asunto suyo, no! ¡Es usted el mayoral!"
> Tomás Gutiérrez Alea, *La última cena* (1976)

Sangre en los campos de azúcar

Un día de verano en 1922, Jenkins vio a tres de sus hombres asesinados a tiros por los agraristas.[1] Se había producido un conflicto a principios de junio, seis meses después de que cerró la compra de Atencingo, cuando los habitantes de Lagunillas se apoderaron de una extensión de 20 hectáreas después de que el presidente municipal de Chietla las declarara sin utilizar. Según la nueva Ley de Tierras Ociosas, esos terrenos podían ser repartidos a los campesinos. La ley ofrecía garantías para los terratenientes, como la exención para las tierras dejadas en barbecho entre siembras, y las peticiones tenían que proceder a través de los canales estatales y federales. Entonces Jenkins apeló contra el edicto de Chietla, y el gobernador Froylán Manjarrez, que quería un procedimiento debido, ordenó a los pobladores que abandonaran las tierras de Jenkins. Éstos se negaron y siguieron plantando su maíz. Tras un mes de estancamiento, Manjarrez mandó a su hermano a resolver el problema.

David Manjarrez llegó a las tierras en disputa el 3 de julio con una comitiva intimidante. Con él estaban Jenkins, el administrador de Atencingo, Diego Kennedy Jr., diversos empleados con armas y varios otros conduciendo tractores. Manjarrez anunció que iba a interrumpir el trabajo en el campo y los hombres de Jenkins empezaron a medir el área que ya estaba cultivada para que los campesinos pudieran recibir una compensación. Más tarde, sus tractores labraron los terrenos para destruir las plantas de semillero. Entre los lugareños presentes estaba Celestino Espinosa, un ranchero de Chietla que se había ganado la reputación de defensor de los derechos de los campesinos.[2] Él y otros dos presentes, Margarito Rodríguez y José Campos, a menudo trataban con la Comisión Agraria de adjudicación de tierras del estado. Los tres defendieron el caso de los lugareños, pero Manjarrez se mostró inflexible. Luego llegó un antiguo general zapatista: Gil Vega. Alegando que era el representante principal de Lagunillas, Vega se unió a la discusión, pero Manjarrez se negó a reconocer su autoridad.

Lastimado por la reprimenda de Manjarrez (y, según un informe, impulsado por el alcohol), Vega sacó su pistola, y Rodríguez y Campos sacaron las suyas. Les dispararon a los hombres de Jenkins y se lanzaron en persecución de Kennedy. Cuando las cosas se tranquilizaron, uno de los hombres de Jenkins estaba muerto, dos tenían lesiones mortales y los agresores habían huido a Chietla. Los informes no mencionaron ninguna baja entre los agraristas.

Sorprendentemente, el relato más detallado viene del mismo Vega. Vega le escribió a su antiguo comandante, Francisco Mendoza, para pedirle que llevara su caso ante el presidente Obregón. Anteriormente uno de los altos oficiales de Zapata, Mendoza era ahora general en el ejército federal. Al solicitar la ayuda de tal hombre, Vega debe de haber sentido que la honestidad era la mejor política. Se hizo responsable de las tres muertes. Admitió la intención de Manjarrez de compensar a los campesinos desalojados. Incluso admitió que la resolución de que las tierras eran ociosas sólo provino del presidente municipal de Chietla. A su vez, Mendoza retrató a Vega como un hombre honorable que había luchado bien bajo su mando durante la Revolución. Obregón respondió que no podía perdonar a Vega: sentaría un mal precedente de impunidad por decreto para aquellos que consideraban el proceso judicial inferior al uso de la fuerza.[3] Pero aparentemente el presidente tampoco insistió en que fuera juzgado. Catorce años después, Vega sería el presidente municipal de Chietla.

Las tensiones persistieron. Los campesinos de Lagunillas siguieron buscando tierras desocupadas, ahora a través de canales formales. Luego había personas que ocupaban las tierras cercanas al ingenio, que habían llegado durante la guerra cuando Atencingo estaba en ruinas, y se mudaban a chozas construidas por sus trabajadores. Jenkins quería despejar las chozas para ampliar los cañaverales. Pero para el otoño vio que Froylán Manjarrez, un gobernador inusualmente imparcial, estaba menos dispuesto a ayudarlo. También sufrió un revés cuando la legislatura del estado aprobó la petición de Lagunillas para obtener la condición de "pueblo", una mejora política que le daría una base jurídica para buscar tierras de haciendas. En una jugada estándar entre los terratenientes, Jenkins reaccionó obteniendo un amparo contra el fallo.[4]

Muy pronto, se derramó sangre del otro lado de la balanza. Ese otoño, un agrarista llamado Ramón Ariza fue asesinado. Ariza representaba a los campesinos de la región Atencingo-Chietla en sus esfuerzos para obtener concesiones de tierras y se dice que tenía malas relaciones con Jenkins. Su asesino era peón de Atencingo.[5] ¿Habían Kennedy o su sustituto, Manuel Pérez, enviado al trabajador a cometer ese acto? ¿O el pistolero había actuado por iniciativa propia para congraciarse con sus jefes? Tal vez actuó por un interés propio más amplio, preocupado de que si confiscaban una parte de la hacienda de Atencingo, él y sus amigos quedarían despojados de sus empleos y hogares. Cualquiera que fuera el detonador (y todas estas respuestas son factibles), el homicidio de Ariza no fue más que un anticipo de los asesinatos políticos que vendrían, dentro y alrededor de los campos del imperio azucarero de Jenkins.

Al menos desde los tiempos de Colón, el cultivo de azúcar originó un legado de desigualdad y una historia de violencia.[6] Durante cuatro siglos, la mayor parte de las azucareras de América (desde Cuba hasta Brasil, desde Luisiana hasta la costa de Perú) incluyó grandes cantidades de capital, aplicado por pequeños círculos de terratenientes, que dependían del trabajo de los esclavos. Donde la esclavitud con el tiempo se declaraba ilegal, los hacendados seguían subyugando a sus trabajadores. Para conseguir las economías de escala que dicho capital requería, y para satisfacer la creciente demanda europea, los inversionistas buscaban cada vez más tierras donde cultivar. Si las lluvias sólo eran intermitentes, buscaban cada vez más aguas fluviales para irrigarlas. Y así, en el cálculo supremo de los colonos blancos y sus herederos, el azúcar exigía no sólo una mano de obra cautiva, sino también el desarraigo de los pueblos y el robo de sus recursos.

En 1524, apenas tres años después de conquistar a los aztecas, Hernán Cortés estableció el primer ingenio azucarero de México en Veracruz. En una generación, la caña estaba creciendo en el suroeste de Puebla, y las haciendas se extendieron en gran parte del país durante los siguientes 250 años. En el siglo XIX, con la aparición de la remolacha europea, el precio de la caña de azúcar tendió a la baja. A partir de la década de 1870, no obstante, el régimen de Díaz permitió que los hacendados cosecharan utilidades nuevamente: la *pax porfiriana* impulsó las inversiones rurales; la multiplicación de las vías férreas aceleró los productos a granel en los mercados y los puertos, y una ley preexistente que privatizó las tierras comunales ahora alentaba los préstamos predatorios a los campesinos. Situada entre la capital y Veracruz, Puebla estaba en una buena ubicación para beneficiarse, y en 1890 una línea secundaria del Ferrocarril Interoceánico se extendió desde Atlixco al centro azucarero de Izúcar de Matamoros. La demanda de tierras adecuadas para la producción de caña se intensificó, al igual que la sed de agua para irrigarlas. Los campesinos indígenas, quienes habían trabajado sus tierras de forma comunal desde tiempos inmemoriales, tendieron a perder en ambos frentes, hasta la Revolución.[7]

Durante los años veinte y treinta, en la búsqueda de crecimiento y utilidades que hizo eco de sus predecesores porfiristas, Jenkins encontró resistencia por todos lados. Con frecuencia motivados por resentimientos que databan del siglo anterior, los campesinos buscaban el reparto de sus tierras. La Revolución les dio las herramientas legales para solicitarlas: la Ley Carranza de 1915 y sus diversas mejoras, la creación de las comisiones agrarias, la Ley de Tierras Ociosas. Estas reformas les dieron una sensación de empoderamiento que venía de la lucha bajo el mando de Zapata, aunada al saqueo de haciendas y la breve ocupación de las capitales de la nación y del estado. También les dio autoridad moral: la Revolución prometió poner fin al abuso de su clase por parte de los ricos y un México para los mexicanos. Sin embargo, en el valle de Matamoros, los señores españoles estaban haciéndole sitio a un norteamericano y el reparto de tierras era muy lento y burocrático.

Los agraristas tenían una paciencia limitada con la ley. Con frecuencia, dirigidos por antiguos caciques zapatistas, respondían al letargo de la reforma agraria como "invasores de tierras" y acaparaban cultivos o con cautela o por la fuerza de las armas. Jenkins, para quien los derechos de propiedad eran sagrados, consideraba indignantes estas jugadas. Pero los líderes agraristas eran buenos tácticos. Preferían las tierras que ya eran objeto de estudio de la Comisión Agraria del estado, con la esperanza de que su posesión acelerara un proceso que podía tardar cinco o 10 años. A veces el gobernador los sacaba, pero a menudo no tenía los recursos o la voluntad para hacerlo. Así, una invasión de tierras era una maniobra inteligente, sobre todo en los primeros años, antes de que Manuel Pérez organizara por completo su milicia. Si no eran desalojados, los agraristas podían usar la posesión como una pieza de negociación. Como eran muchos, lo que Jenkins hacía era negociar.

Jenkins también encontró resistencia en los niveles superiores. Los gobernadores radicales hacían la vista gorda frente a las invasiones de tierras, ya que favorecían al sector rural y odiaban a los hacendados con una justa ira. La mayoría de los populistas eran amigos de los campesinos también: nada mejoraba más el prestigio de un gobernador que la concesión masiva de tierras. Pero dada la penuria fiscal de Puebla, reconocían su necesidad de mantener relaciones cordiales con la iniciativa privada. Finalmente, a mediados de los años treinta, cuando su riqueza se había vuelto evidente a nivel nacional, el norteamericano enfrentaría retos con dos presidentes: Abelardo Rodríguez y Lázaro Cárdenas. El primero lo confrontaría con respecto al contrabando de alcohol; el segundo amenazaría a todo el Sistema Atencingo.

La protección que Jenkins obtuvo a través de sus relaciones de interdependencia (con Obregón, los gobernadores de Puebla, sus mandos militares, sus arzobispos) explica gran parte de su éxito en la consolidación de Atencingo y el mantenimiento de su centro de cultivo de azúcar. Pero tales apoyos sólo explicaban en parte su productividad, su control de los trabajadores y su neutralización de los sindicatos. Las utilidades dependían de prácticas bien equilibradas de disciplina y negociación, caridad e intimidación, siempre frente al activismo y la resistencia de los campesinos.

Ésta es la historia de lo que sucedió sobre el terreno.

Los zapatistas y sus traficantes de influencias

Los campesinos del valle de Matamoros con frecuencia se hacían llamar zapatistas. Muchos lucharon bajo el mando de Zapata, o líderes afiliados, pero sus quejas se arrastraban desde generaciones. Gran parte de los disturbios eran una herencia de la Ley Lerdo de 1856. Creada por el secretario de Hacienda, Miguel Lerdo, y respaldada por Benito Juárez, ambos liberales comprometidos, la ley intentaba impulsar la agricultura mediante la privatización de las tierras corporativas: los bienes de la Iglesia católica y las tierras agrícolas de propiedad comunal de miles de pueblos indígenas. Los liberales esperaban que al incorporar grandes cantidades de tierras arables a la economía de mercado y animar a los campesinos a cultivar para obtener excedentes y no sólo para la subsistencia, los rendimientos aumentarían y se estimularía el crecimiento económico que había eludido su nación devastada por la guerra desde la Independencia. Esperaban convertir a los campesinos mexicanos en pequeños propietarios rurales al estilo estadounidense, que generaran utilidades, y utilizarlas para volverse consumidores.

La Ley Lerdo tenía dos errores. Intentaba desmantelar un sistema de posesión de tierras que era común entre los pueblos indígenas desde antes de la conquista española; la propiedad comunal, al igual que otras prácticas colectivas, como los festivales religiosos, ocupaba un lugar central en su cultura. La "modernización", un proyecto elitista para reformar la economía de México a semejanza de Estados Unidos, Francia o Gran Bretaña, no era un objetivo compartido por la mayoría de los campesinos. Aún peor, la Ley Lerdo llegó a ser explotada por las élites agrarias y los inversionistas extranjeros, que a través de compras o préstamos predatorios, y a menudo con ayuda de un juez corrupto, obtenían grandes cantidades de tierra. La explotación alcanzó su punto álgido con Porfirio Díaz. Las cifras son inciertas pero, según una estimación, los pueblos comunales vieron su propiedad colectiva de las tierras arables del país reducirse de 25 por ciento en 1850 a dos por ciento en 1900.[8]

Los historiadores atribuyeron por mucho tiempo la participación rural masiva en la Revolución a la ira por las pérdidas de tierras y el peonaje por deudas. Pero gran parte de la creencia popular sobre el régimen de Díaz se debe a las historias "oficiales", que veían la

Revolución como una inevitable respuesta masiva a la explotación. Las razones para sumarse a la lucha fueron de hecho bastante diversas; en algunos casos, la autonomía era una cuestión mucho más apremiante que las tierras.[9] Sin embargo, los pobladores del valle de Matamoros tenían resentimientos por las tierras y el agua que corresponden a las narrativas tradicionales de despojo.

La aldea de Lagunillas, cuya cruzada por 20 hectáreas propició la sangrienta confrontación de 1922, había estado buscando este terreno en particular desde antes de la Revolución, cuando le pertenecía a Ángel Díaz Rubín. Evidentemente él lo había adquirido de sus antepasados por medios tramposos. Vicente de la Hidalga y su hijo Agustín, los latifundistas más poderosos del valle de Matamoros, aprovecharon de igual modo la Ley Lerdo para ampliar sus haciendas. También obtuvieron el control de varios de los ríos del valle y se aseguraron de que sus peones estuvieran obligados con sus haciendas por medio de deudas.[10]

La historia más detallada del valle en la era Jenkins, del antropólogo Francisco Gómez, revela numerosos casos de terratenientes que compraron extensiones de pequeños agricultores y adquirieron derechos de agua de los pueblos en el porfiriato. En cuanto a la legalidad o la ética de dichas maniobras, las pruebas documentales son más sugerentes que concluyentes. Gómez especula, por ejemplo, que Agustín de la Hidalga pudo comprar los derechos de aguas fluviales de tres pueblos con tanta rapidez porque el gobierno estatal obligó a los líderes locales. Teniendo en cuenta la amistad de De la Hidalga con el gobernador Mucio Martínez (eran coinversionistas en el ingenio de Calipam), esa deducción es bastante creíble. De igual modo, la adquisición frecuente de tierras por los habitantes de clase media en Izúcar o Chietla, que a su vez vendían sus extensiones a los latifundistas, revela jugadas que, aunque no eran ilegales, privaban a los campesinos de un precio justo. De hecho, es posible que estos especuladores hayan sido prestamistas abusivos. Los Díaz Rubín eran otra familia que explotó la Ley Lerdo. Antes de adquirir Atencingo, el hermano mayor de Ángel, José, compró varios campos y huertos de dos pueblos indígenas.[11]

Las pruebas de abuso son a veces más concretas y más incriminatorias. En un caso de 1896, confirmado por el gobierno federal, la hacienda Raboso alteró de forma ilícita el caudal de un río para incrementar su porción de agua en detrimento de los moradores de un barrio al límite de Izúcar. En 1912, la hacienda San Nicolás Tolentino cortó gran parte del suministro de agua del pueblo de Tatetla, simplemente porque el administrador consideró que este suministro superaba sus necesidades.[12] Aun cuando los pobres lograban recuperar sus derechos, como sucedió en el caso de Izúcar, dichos episodios sólo pudieron crear desconfianza y odio entre las haciendas y las comunidades vecinas.

Desde la perspectiva de William Jenkins, la historia de la tierra y sus aguas era irrelevante. Pagó un buen dinero por sus propiedades, tenía los documentos jurídicos para probar su titularidad y, si había cualquier problema, tenía a más de una autoridad de su lado.

Después de que Zapata se levantó a principios de 1911, muchos pobladores del valle de Matamoros se unieron a su movimiento. En sus objetivos se parecían a sus vecinos de Morelos: recuperar tierras y ríos antiguos y reclamar venganza sobre las haciendas donde se les había forzado a trabajar por medio de privaciones o deudas. Pero en su enfrentamiento había una diferencia importante. Aunque Zapata coqueteaba con un programa nacional, en el fondo sus objetivos estaban vinculados a su estado natal.[13] Esta estrategia dejó a sus aliados poblanos en el limbo político. Tendrían que forjarse su "tierra y libertad" por sí mismos.

El problema para los zapatistas de Puebla era que el suyo era un estado mucho más grande que Morelos, con una economía más diversa y un terreno más fragmentado. Las sierras del norte, las llanuras del centro y la región azucarera que era la base de los zapatistas arrojaban distintos líderes, desarticulados tanto por la ideología como por la geografía. Además, debido a la resistencia a las órdenes desde Morelos, Zapata no pudo nombrar un capitán general para Puebla.[14] Como pocos líderes contaban con lealtades más allá de una cabalgata de un día, el mapa de la posguerra en el suroeste comprendía docenas de feudos bien armados. La mayoría de ellos estaban dirigidos por un "general," cuyo poder bien podía depender de gran parte de su estatus social antes de la guerra y sus victorias durante ésta. Estos líderes, que se encontraban en los pueblos de todo México, eran los caciques.[15]

Originalmente un término caribeño, cacique llegó a ser empleado por los conquistadores para designar a cualquier jefe indígena en América. Estos hombres (existían las cacicas mujeres, pero eran inusuales) mediaban entre el Estado colonial y la gente. Algunos se casaron con españolas y le dieron a su linaje la distinción de una piel más clara.[16] Después de la Independencia, cuando se eligieron alcaldes en los pueblos, el término evolucionó a una etiqueta más amplia para los traficantes de influencias; en ocasiones desempeñaban cargos, pero persistían como jefes que controlaban el voto; tenían el poder sobre las economías comunales, pero buscaban provecho personal a través de las tiendas de las ciudades. Relativamente ricos, a menudo con tierras privadas, legaban su estatus a sus hijos. Después de 1910, los caciques más ambiciosos aprovecharon la Revolución y el vacío de poder que vino después como oportunidades para expandir sus dominios. Al principio usaron las armas, después las urnas. Qué tanto sus motivos implicaban altruismo al estilo Zapata y no sueños de grandeza a menudo es difícil de evaluar, pero ningún cacique podía esperar que le fuera bien sin repartir tierras. Esto requería con frecuencia el uso de la violencia, por lo que los caciques llegaron a ser conocidos en la prensa urbana como "señores de horca y cuchillo".[17]

Las tierras no lo eran todo. Los beneficiarios necesitaban crédito para reactivarlas y labrarlas. Los bancos privados no les prestaban a los agraristas y el financiamiento federal sólo estuvo disponible (insuficientemente) a partir de 1926. Sin embargo, era posible obtener préstamos a través de prestamistas privados: terratenientes como Jenkins, que después de todo habían aceptado pagarles a los zapatistas a cambio de protección durante la Revolución. Así se trazaba el camino a la negociación y, de ahí, a los compromisos. La mayoría de los caciques comenzaron como agraristas; con el tiempo, muchos permitieron que sus ideales se deslizaran y sus activos aumentaran.[18] Ya fuera su poder grandioso o modesto, mantuvieron apoyo a través de una mezcla de benevolencia, fuerza y populismo. Las invasiones de tierras, con su tasa mediocre de éxito, eran gestos para complacer a las masas, así como maniobras estratégicas.

Como populistas que utilizaron incentivos y amenazas y que impusieron alcaldes y se enriquecieron mientras llevaban beneficios materiales a su base, los caciques diferían poco en la práctica de los jefes políticos de muchas ciudades norteamericanas. Jenkins, con su desdén general por los políticos, seguramente reconoció el tipo. Su estado natal, Tennessee, ostentaba dos de los más eminentes y codiciosos: Edward Crump de Memphis y Hilary Howse de Nashville.[19] La principal diferencia, aparte de las grandes poblaciones de esos feudos estadounidenses, era que los jefes de México se habían endurecido con las batallas y no eran delicados para participar personalmente en la violencia.

Entre los caciques del suroeste de Puebla, pocos podían proyectar poder más allá de su lugar de nacimiento. Uno era Sabino P. Burgos, de Chietla, el pueblo más cercano al centro del Sistema Atencingo.[20] Entre los caciques que estaban más confinados a nivel local y cuyo activismo afectó a Atencingo se incluía Gil Vega de Lagunillas, el líder de gatillo fácil de la escaramuza de 1922. Luego estaban los que, aunque no eran generales ni caciques, cobraban protagonismo en la lucha por tierras, particularmente Celestino Espinosa y Dolores Campos, en Chietla. Todas estas personas tenían motivos para detestar a Jenkins. El gringo representaba la desgracia persistente de los terratenientes extranjeros: tenía amigos en posiciones importantes y resistía a las demandas agraristas de tierra y agua. No todas estas personas, sin embargo, se mantuvieron puras en su antipatía.

Sabino P. Burgos dominaba el valle entre Izúcar y la frontera con Morelos. Poco se sabe de su carrera militar, sólo que luchó bajo el mando de Zapata y obtuvo el grado zapatista habitual de general. Luego volvió a Chietla, donde algunas de sus tierras colindaban con las de Jenkins. Después de la guerra, el presupuesto federal estaba demasiado restringido para mantener un ejército completo, por lo que Obregón permitió que muchos caciques mantuvieran una patrulla personal, para llamar a filas en momentos de necesidad. Así el presidente esperaba mantener su lealtad. Burgos fue uno de esos beneficiaros; se le permitió tener 50 hombres armados.[21] Para 1927, Burgos estaba en el congreso federal como diputado suplente de nada menos que Soto y Gama. Las noticias de prensa decían que controlaba el ayuntamiento de Chietla, que sus soldados aterrorizaban a la población y que cobraba sobornos para todo.[22] Así es que Burgos era un hombre del que valía la pena hacerse amigo.

Tras sufrir una invasión más, en 1925, Jenkins le dijo al presidente Calles que cedería 17 000 hectáreas de las haciendas de Atencingo y Jaltepec a los ejidatarios de Chietla. Después de rechazar tales propuestas en el pasado, los agraristas implicados dijeron que aceptaban la oferta de Jenkins y que respetarían sus cultivos de caña. Ésta era una acción sumamente insólita para Jenkins, que solía hacer un conflicto por cada hectárea. Es poco probable que se estuviera sometiendo a la presión de los agraristas, ya que hacerlo sentaría un mal precedente, y de todos modos las tierras que estaba cediendo no incluían ninguna de las extensiones irrigadas que los agraristas deseaban más.[23]

La oferta de Jenkins implicaba un trato con Burgos. Como Obregón había dejado la presidencia y el gobierno estatal era una puerta giratoria, era fundamental tener un aliado local bien armado. Jenkins podía responder a las invasiones de tierras mandando llamar a las tropas y haciendo repartos pequeños, pero era mejor evitarlas, y si alguien podía controlar a los agraristas era el cacique. Las invasiones a sus haciendas más o menos cesaron. Durante la rebelión de Gómez-Serrano de 1927, cuando los oficiales descontentos se levantaron contra Calles y los enfrentamientos llegaron a Puebla, fue Burgos quien defendió Atencingo contra los saqueos de los rebeldes. Más claramente, Burgos intentó promover su poder en 1933 fundando una Unión Social Campesina del Estado de Puebla, que los críticos ridiculizaron como un esfuerzo para debilitar a la más radical Confederación Campesina Emiliano Zapata (CCEZ). El periódico de la CCEZ respondió publicando una copia del arriendo de las oficinas de la unión de Burgos. William O. Jenkins había firmado como aval. Un artículo relacionado acusó a Jenkins de darles a los campesinos de Chietla nada más que tierras estériles y a Burgos de traicionar la causa agraria aceptando los sobornos de Jenkins y formando una asociación que sembraba la división. Según éste, Burgos tenía "la torva faz de Judas".[24]

Es posible que Burgos haya ofrecido a Jenkins usos adicionales. Más tarde se alegó que Jenkins había provocado a los agraristas contra sus vecinos, intensificando su penuria económica, para la que después se ofrecería como un salvador. Al aceptar préstamos suyos, los miembros de la antigua élite preparaban sin querer sus haciendas para futuras ejecuciones hipotecarias. No hay pruebas de tal confabulación, pero las pruebas circunstanciales son sugerentes. Cabe recordar la difícil situación de la viuda De la Hidalga, Herlinda Llera, que después de repetidas agresiones de los agraristas arrendó sus haciendas a Jenkins. Y Burgos era sólo uno de los cuatro o cinco generales zapatistas que colaboraron con Jenkins.[25]

Doña Lola

Las alianzas con los caciques distinguieron el dominio de Jenkins del de los porfiristas. Resguardados en sus mansiones citadinas, los Díaz Rubín, Conde y De la Hidalga habían mostrado poco interés en ese politiqueo, lo que ayuda a explicar los ataques a sus propiedades durante la Revolución.[26] La estrategia local de Jenkins complementaba su vínculo con los gobiernos estatal y federal; formaba lo más recóndito de los círculos de protección en torno a Atencingo. Pero su colusión con los ex zapatistas no puso fin a las ambiciones de los agraristas. Los campesinos no eran un rebaño de ovejas dispuestas a que las incitara cualquier "general" armado que tuviera el poder. En el valle de Matamoros, muchos desconfiaban de Burgos y su calaña. No estaban satisfechos con tierras que, aunque no del todo estériles, eran solamente de secano, cuando las 14 000 hectáreas de campos de caña de azúcar irrigados en las cercanías les resultaban incitantes. En todo caso, el reclutamiento de caciques por parte de Jenkins agravó las divisiones y profundizó la desconfianza entre aquellos que estaban dispuestos a ceder en cuanto a los ideales de Zapata y aquellos que no.

Chietla era un hervidero de disturbios y enfrentamientos entre facciones. Las tensiones que acompañan a cualquier economía azucarera han sido así durante mucho tiempo. Los juegos de poder de Burgos provocaron problemas de nuevo. Durante la década de los veinte, dos de los jefes de la policía de Chietla fueron asesinados y, cuando un tercero se vio agredido gravemente, se dijo que los atacantes eran sobrinos de Burgos. En los tres casos nadie fue capturado. Algunos agraristas amenazaron a quienes se resistían a sus llamados para unirse a las invasiones de tierras. En algún momento, el presidente municipal de Chietla intentó sancionar a varios peones de Atencingo con multas de 50 pesos; se habían negado a participar en la agitación política. Desde luego, la división ya era un hecho por la mera existencia del Sistema Atencingo. Buena parte de la población del municipio de Chietla no vivía en el pueblo, sino en asentamientos en las haciendas donde trabajaban: Atencingo, Lagunillas, Jaltepec. Estos "peones acasillados" podían votar por el presidente municipal de Chietla, pero no podían, por ley, solicitar tierras de haciendas, por lo que sus lealtades tendían a adherirse a sus fuentes de sueldos.[27]

Entre los idealistas de Chietla cabe destacar a Celestino Espinosa.[28] Exitoso ganadero de mediana edad, Celestino estaba radicalizado por la Revolución en el apoyo a los campesinos sin tierra. Era una postura inusual, ya que la pequeña clase de rancheros mexicanos con movilidad social ascendente rara vez estaba del lado de la mayoría empobrecida en su búsqueda de tierras comunales.[29] Cuando Huerta se apoderó de la presidencia en 1913, tomó represalias en contra de los zapatistas ordenando la quema de las aldeas guerrilleras, y Celestino, cuya propiedad se vio perjudicada por las tácticas de tierra quemada de Huerta, sólo se hizo más decidido. Tras mover su ganado a las montañas, siguió suministrando a las fuerzas locales de Zapata, y después de la guerra, Soto y Gama lo motivó para que ayudara a los campesinos de la región de Chietla a obtener tierras. En unos 20 pueblos y aldeas, él y sus simpatizantes organizaron grupos para solicitar extensiones de haciendas. Aunque era un radical, Celestino no era impulsivo: en la escaramuza de Lagunillas de 1922, fue el único de los cuatro líderes agraristas presentes que no apunto con su arma a los hombres de Jenkins.

Igual de determinada era la esposa de Celestino, Dolores Campos. Su nombre era bastante acertado, en vista del camino que recorrería. Dolores había aprendido a escribir y sumar gracias a una amable mujer para la que trabajó como sirvienta cuando era joven. Capaz de ayudar a su padre, que rentaba caballos, viajó con él por el suroeste de Puebla y aprendió a manejar un arma para repeler a los bandidos. Casada en 1895, crió a un hijo, Rafael, y durante la Revolución fungió como la secretaria de Celestino, que como la gran mayoría de los poblanos rurales, era analfabeto. Celestino deseaba alentar a las tropas zapatistas con cartas inspiradoras. Sus habilidades secretariales se volvieron a aprovechar durante la campaña de cabildeo de Celestino: estudió las leyes agrarias y ayudó a elaborar los documentos con los que las aldeas como Lagunillas podían cumplir con los requisitos para las concesiones de tierras mediante su reconocimiento previo como pueblos. Lagunillas fue una de sus historias de éxito, ya que el gobernador Manjarrez anuló un amparo de Jenkins, argumentando que merecía el estatuto de pueblo debido al tamaño de su población, y en 1924 obtuvo su primera concesión de tierras. Los descendientes de los pobladores afirmarían que ni Dolores ni Celestino les cobraron por su ayuda.[30]

El trabajo de Celestino se volvió más oficial cuando muchas comunidades lo nombraron su representante ante la Comisión Agraria del estado. En 1923 dedicó tiempo a dirigir a 300 hombres para ayudar a sofocar la rebelión de De la Huerta, y así se ganó la confianza de Obregón. Para 1924, pese a las amenazas de muerte y al asesinato de muchos activistas y oficiales agraristas, había obtenido varias concesiones para sus clientes. Probablemente su éxito fue un factor que impulsó la decisión de Jenkins de ceder 17 000 hectáreas. Pero más tarde ese año murió de una enfermedad. Si hubiera vivido Celestino Espinosa, posiblemente los campesinos de Chietla no tendrían que haberse conformado con concesiones de tantas tierras infértiles de Jenkins. Les tocó a su esposa y a su hijo continuar su labor.

Rafael Espinosa, ya con 28 años, heredó el paquete de su padre y la enemistad de los administradores de las haciendas. La mano derecha de Jenkins, Manuel Pérez, ya era el más poderoso y temido de ellos. Según la tradición local, Pérez primero intentó ganarse a Rafael con sobornos, después contrató a un pistolero para matarlo (plan que falló cuando Rafael mató al asesino) y luego se las arregló para que lo encarcelaran. Dolores, que estaba muy enferma en esa época, rechazó la oferta de Pérez de conseguir la puesta en libertad de Rafael a cambio de su cooperación. En 1929, mientras caminaba una noche por una calle de Chietla con su madre, Rafael fue abatido a tiros por asesinos contratados por Sabino P. Burgos.[31]

Dolores resultó herida en el mismo ataque, pero permaneció inmutable. Con ayuda de su hija, prosiguió la lucha campesina por tierras arables. Alrededor de 1930, ayudó a establecer una asociación clandestina de obreros de ingenio y cañeros en Atencingo, la Unión Karl Marx. El nombre reflejaba las convicciones más profundas de Dolores, puesto que tanto ella como su hija eran miembros encubiertas del Partido Comunista Mexicano. En poco tiempo, Manuel Pérez logró cooptar la unión haciendo que sacaran a sus radicales y, según se dice, que asesinaran a sus líderes. Esto lo volvió un sindicato blanco (lo opuesto de una unión socialista roja).[32] Aun así Dolores perseveró, y a medida que su ideología tomaba forma, también su voluntad de responder al fuego con fuego. Un año intentó amañar la elección de alcalde de Chietla. Meses después se le acusó de ordenar el asesinato de un regidor. Su fama ahora trascendía el valle de Matamoros y los campesinos se referían a ella como Doña Lola.[33]

Doña Lola tenía un aliado clave en su lucha, el general que había desenfundado rápidamente en Lagunillas: Gil Vega. Como cacique de ese pueblo, Vega tenía una base mucho más pequeña que Burgos en Chietla, pero demostró ser una espina clavada para Jenkins. Promovió varias invasiones de tierras de Atencingo, y él y sus seguidores tuvieron enfrentamientos frecuentes con los empleados y los guardias de Jenkins. Su reputación de violencia siguió creciendo en 1930, cuando un partido político antiagrarista alegó que Vega había quemado la casa de uno de sus miembros y asesinado a otro.[34]

Para entonces, el propio Vega tenía suerte de estar vivo, ya que un año antes Burgos había conspirado para matarlo. En abril de 1929, Burgos viajó a Morelos para encontrarse con un hombre en el que creía que podía confiar, un tal S. M. Bonilla. Burgos se jactó de su éxito en el asesinato de Rafael Espinosa. Después le pidió a Bonilla que matara a Vega y varios más. El trabajo valía 500 pesos. Para mostrar que hablaba en serio, Burgos le entregó una carta de presentación a Crescenciano López, un compinche suyo, que le pagaría a Bonilla después de efectuado el acto. La carta instruía a López para que hablara con Manuel Pérez o Jenkins para reclamar los 1 500 pesos que "él ofrecía" a quien eliminara a los principales agraristas de la zona. Burgos añadió que tenían el apoyo del presidente de la República.[35] (No queda claro si con "él" se refería a Pérez o a Jenkins. Probablemente Burgos estaba pensando en Pérez, ya que él estaba a cargo de la gestión diaria de Atencingo, pero incluyó el nombre de Jenkins para darle a su nota un mayor peso, razón por la cual también hizo la referencia dudosa al presidente.)

Burgos juzgó bastante mal a Bonilla. Días después, tras reflexionar sobre el costo de desacatar al cacique, Bonilla le escribió a Vega y le advirtió del plan. Dijo que nunca traicionaría a un amigo y colega, lo cual sugería que habían peleado juntos como zapatistas. Adjuntó la carta de Burgos como prueba. Trastornado por su encuentro con Burgos, Bonilla pensaba irse de inmediato a Guerrero; su madre ya había huido. En 1934, Vega entregaría las cartas a los activistas políticos locales, para reafirmar sus quejas al presidente electo Cárdenas en contra de Burgos y Jenkins. Tanto si su cabildeo tuvo o no mucho efecto, un año después Vega logró que lo eligieran presidente municipal de Chietla.[36]

El triunfo electoral de Vega, una alegría compartida por la incondicional Doña Lola, marcaría una victoria importante para los campesinos sin tierra de la región. Es decir, hasta que Jenkins cooptó a Vega también.

La Avispa

A principios de la década de los treinta, cuando Atencingo había incorporado la mayor parte de las propiedades que incluiría y estaba estableciendo récords nacionales en productividad, Jenkins empezó a pasar menos tiempo en el valle de Matamoros. México era presa de la depresión y el mayor desafío para los productores de azúcar ya no era la producción, sino las ventas, porque la demanda se estaba estancando, así como el volumen producido estaba escalando. Después, cuando el excedente disminuyó, Jenkins se concentró en diversificar sus activos. De este modo, en lugar de ser práctico durante muchos días seguidos, viajaba desde la ciudad de Puebla cada semana o dos, llevaba la nómina y a veces a su hijas. Ahora más que nunca, Atencingo era el dominio de su capataz, Manuel Pérez.

Jenkins estaba de buen humor cuando visitaba. Diez años de arduo trabajo estaban dando frutos. Se había demostrado a sí mismo, a Mary y la familia de ella que podía construir y dirigir una plantación. En cuanto el tren desde Puebla atravesaba Atlixco y bajaba someramente el valle de Matamoros, él era el amo y señor de casi todo lo que alcanzaba a dominar con la vista. Los cultivos frondosos de caña, de hasta tres metros de alto, se extendían hacia las colinas en ambos lados del Ferrocarril Interoceánico. Prácticamente era dueño también de todas las vías férreas. El azúcar constituía casi la mitad del transporte ferroviario en Puebla, y tres cuartas partes de esa cantidad provenían del ingenio de Jenkins.[37]

Un día, un invitado de Jenkins en Atencingo escuchó a un subordinado decirle que ese día no había trenes de carga disponibles. "Para *mí*, hay un tren", respondió. Otro día, cuando Jenkins y sus hijas bajaban en tren hacia la hacienda, a su hija Mary se le cayó su muñeca de trapo por la ventana del vagón. El tren de pasajeros se detuvo rápidamente, para que algún inspector de boletos desafortunado pudiera bajar a la vía férrea y volver corriendo a buscar la muñeca.

Atencingo era un parque de aventura para las niñas. Jenkins ya tenía cinco. Jane, en la adolescencia temprana, y las dos más pequeñas,

Mary y Tita, pasaban sus visitas paseando en tractores o jugando en la vieja casa de la hacienda. Construida en forma de U, la casa albergaba a Manuel Pérez en un ala y las oficinas en la otra, con un comedor comunal en medio donde comían unas tres docenas de administradores y técnicos. Jenkins añadió una planta superior para la familia y los invitados. Las niñas desarrollaron gratos recuerdos de Pérez, quien les dio clases de equitación y discutió libros con Jane.[38]

Los trabajadores y los peones del ingenio conocieron otro Pérez. Era, sobre todo, un hombre de mano dura. Con 1.82 metros de altura y delgado, con ojos penetrantes, cejas prominentes y pelo peinado hacia atrás, tenía el aspecto de un águila demacrada. Su inconfundible rugido ibérico sembraba el temor a Dios en sus subordinados. Era un perfeccionista en cuanto al orden, se enojaba rápidamente y no soportaba a los tontos ni a los borrachos. A los niños se les enseñaba a agachar la cabeza ante él; si estaban jugando en la calle cuando Pérez se acercaba, tenían que interrumpir el juego y ponerse de pie firmes. Ningún padre se arriesgaba desagradando al jefe, puesto que Pérez despedía a los trabajadores y peones del ingenio a su antojo y luego los echaba de sus casas. Si eran especialmente molestos (organizando un sindicato o haciendo campaña por un agrarista como presidente municipal), podían desaparecer por completo. Nadie vio a Pérez matar a un hombre. Pero de vez en cuando se veían parejas de extraños en Atencingo, se decía que eran hombres de Morelos, y su llegada coincidía con la desaparición de alguien que había desafiado al administrador. Dicen que años después de que terminó el régimen de Pérez, unos trabajadores que sentaban las bases para una extensión en la parte posterior del ingenio descubrieron una serie de esqueletos, los restos de los desaparecidos. Debido a su temperamento y a su costumbre de llevar su pistola atrás de sus pantalones, Pérez fue apodado la Avispa.[39]

Hasta la familia de Pérez le tenía miedo. Hizo que su esposa se quedara en la ciudad de Puebla con los niños. Esta disposición tenía dos ventajas: se quitaba de en medio a sus cuatro hijos hasta que tuvieran edad suficiente para trabajar para él como subgerentes, y podía tener una amante en Atencingo, con quien tuvo una segunda familia. Los fines de semana Pérez viajaba a Puebla para visitar a su esposa, pero no eran reuniones felices. Con sus hijos aplicaba la misma disciplina que con sus trabajadores: les gritaba, los humillaba y no toleraba ningún desacuerdo. Su esposa adoptó el hábito de encender una vela a la Virgen cada viernes y rezaba que ese fin de semana hubiera paz.[40]

Si Pérez era un hombre duro, gran parte de eso venía de los riesgos que corría como español en el México rural. La hispanofobia, muy arraigada desde la Guerra de Independencia, se había revitalizado durante la Revolución. Varios de sus paisanos habían sido asesinados, a menudo administradores de haciendas como él. Cuando el administrador español de San Bernardino, a 30 kilómetros al este de la ciudad de Puebla, fue asesinado por intrusos en noviembre de 1929 (asesinato al que pronto siguieron los de dos rancheros españoles en otra parte de Puebla), Pérez sólo pudo haber duplicado su determinación de que si corría peligro, era mejor asesinar que ser asesinado. Su vida se veía amenazada con frecuencia. Si bien algunas de esas amenazas se hacían por hacer, la Avispa las enfrentaba con desafío. Cuando le informaron que el activista agrario Porfirio Jaramillo había declarado que acabaría con él, Pérez se burló: "No temo morir. El que se debería ir con cuidado es Jaramillo".[41]

Los españoles como Pérez, en puestos de autoridad o con éxito en el comercio, también enfrentaban peticiones de su expulsión. Sus opositores eran rápidos en etiquetarlos como "extranjeros perniciosos". Cerca de 400 españoles fueron expulsados entre 1911 y 1940, más que ninguna otra nacionalidad; unos 20 vivían en Puebla. En 1931, un funcionario de Chietla le escribió al presidente con una letanía de quejas en contra de Pérez. Afirmó que al español le gustaba jactarse de que él y Jenkins tenían suficiente dinero para comprar a todos los mexicanos, desde el presidente hacia abajo, y que habían pagado tres veces el valor de Atencingo en sobornos. Alegó que además de oponerse a los grupos agrarios y laborales, Pérez controlaba la guarnición local del ejército, impedía que los inspectores federales y estatales pusieran un pie en la hacienda y había matado a varias personas. Las condiciones eran tan malas para los peones que en algunos casos las chozas de cuatro metros cuadrados albergaban a cinco familias. Además, Pérez estableció una tienda de raya con precios estafadores, como las que eran comunes antes de la Revolución y ahora estaban prohibidas. Les pagaba a los trabajadores y peones con vales y los obligaba a comprar ahí, donde sus márgenes de utilidad eran de 40 por ciento. En resumen, este español debía ser expulsado de México.[42]

Pese a toda su modernidad tecnológica, Atencingo ciertamente recordaba a los tiempos porfirianos. Los peones acasillados formaban la médula de la fuerza de trabajo y si bien ya no estaban atados mediante el peonaje por deudas, seguían sometidos a los caprichos del administrador. Podían construir sus chozas con paja, nada más; cuando usaban ladrillos de adobe, Pérez mandaba destruir sus casas. Había un toque moderno en este esquema: las casas permanentes en la propiedad de la hacienda tenían implicaciones legales. Si esos asentamientos se hacían suficientemente grandes, podían solicitar el estado legal de pueblo, como hizo Lagunillas, y en consecuencia el derecho a concesiones de tierra. Los trabajadores del ingenio vivían en su mayoría en Atencingo, que no era un pueblo. Pérez lo dirigía como un pueblo fabril, con su propia iglesia, tienda general y vivienda para trabajadores. La bebida era el consuelo más común, aunque Pérez intentaba contenerlo a través del deporte organizado. Y el propio Pérez evocaba el pasado: el administrador español autoritario había tenido un papel fundamental en la hacienda porfiriana.[43]

Las obsesiones de regimiento de Pérez tenían un precedente antiguo. Desde que el azúcar se introdujo en el continente americano, junto con la esclavitud y el peonaje de las que dependían sus utilidades, la doctrina de un administrador de la hacienda era eficiencia, orden y disciplina.[44] Desarrollar cada metro cuadrado de tierra irrigable, ordenar cuándo sembrar y cuándo cosechar, usar cada hora de la luz del día durante la cosecha, regir la cocción y fijación del jugo de caña a un minuto particular. Hacer respetar el reloj, restallar el látigo y mantener al amo contento.

Además estaban las armas. En su ardor por ahuyentar las invasiones de tierras y mantener bajo control a los peones y trabajadores del ingenio, Pérez tenía una cuadrilla grande de guardias vigilantes. Las milicias privadas se multiplicaron en las haciendas durante y después de la Revolución, como respuesta a la debilidad del gobierno y a las señales contradictorias sobre la reforma agraria entre las autoridades federales, estatales y locales, que impulsaron a los agraristas a tomar en sus propias manos los asuntos. Estos paramilitares llegaron a conocerse como "guardias blancas".[45] La mayoría estaban estacionados en los campos, algunos dentro del ingenio y unos cuantos en la fábrica de alcohol.

Normalmente venían de las filas de trabajadores del campo residentes. Su dependencia de la hacienda a cambio de un empleo, una casa y, en algunos casos, parcelas de tierra en renta, les daba una motivación para proteger la propiedad. Dada la cómoda relación de Jenkins con Sabino P. Burgos, algunos de ellos eran probablemente ex zapatistas, con experiencia en armas. La cuadrilla era mucho más numerosa que la pequeña guarnición de tropas federales y mucho más temida. Los guardias resistían invasiones y mantenían el orden con fervor. Cuando los cañeros construían casas de adobe, Pérez los mandaba a ellos a destruirlas.[46] En ocasiones, hacían más que defender y patrullar.

Más allá del habitual ajuste de cuentas posterior a la guerra y los enfrentamientos entre guardias blancas y agraristas, había otra razón para la violencia en el valle. Si bien la mayoría de los campos de azúcar de Atencingo eran las propiedades más importantes de las haciendas que Jenkins compró a personas como los Díaz Rubín, parte de esta superficie la adquirió más bien por la fuerza. De acuerdo con el pragmatismo capitalista de Jenkins, las tierras que estaban irrigadas o eran irrigables debían incorporarse al Sistema Atencingo y utilizarse para las cañas. Ése era el uso más productivo que se les podía dar. Además generarían el mayor número de empleos: todos saldrían beneficiados. Los peones podían cultivar su maíz y sus hortalizas en tierras de secano. De hecho, como toda la tierra irrigable debía utilizarse para la caña de azúcar, con cada adquisición Jenkins movía cualquier asentamiento que impedía una máxima productividad. Después de que Jenkins compró Lagunillas en 1921, cambió dos de sus aldeas de residentes al terreno periférico, "arrancándolas como si fueran una planta", como señaló el nieto de una de las familias. Más tarde, los guardias de Pérez se hicieron cargo de estos traslados. Un miembro de la familia Maurer, que alguna vez fueron dueños de Raboso, alegó que Pérez aniquiló pueblos enteros.[47]

Jenkins no se conformó con las haciendas de la vieja élite. Cuenta la tradición popular que se apoderó por la fuerza de muchos ranchos más pequeños, con Pérez y sus pistoleros como punta de lanza de sus esfuerzos.[48] Como el uso de la violencia que hacía Jenkins para presionar a los productores a vender es una de las historias perdurables sobre él, las pruebas de ello son notablemente escasas. En los archivos presidenciales, las abundantes quejas de los campesinos sobre Jenkins contrastan con una ausencia de protestas por parte de los rancheros. Así como tampoco los archivos del servicio secreto mencionan el asunto, pese a docenas de informes de agentes de la región durante la era Jenkins.[49] Puede que muchas de las reclamaciones impliquen una mezcla de suposición y mito, otra faceta de la leyenda negra de Jenkins. Definitivamente la fuerza no era, como algunos han insinuado, la única táctica. Con frecuencia se persuadía a los pueblos a que se desprendieran de extensiones selectas a cambio de la construcción de una escuela o una oficina municipal. Con varios de los rancheros más grandes, Jenkins alcanzó acuerdos mediante los cuales ellos le suministraban caña para su ingenio. En el caso de Raboso, de los Maurer, la última de las haciendas que Atencingo absorbió, la ejecución hipotecaria se llevó a cabo sin rencor.[50]

En contraste, en el registro escrito se asoman con frecuencia denuncias de asesinatos diarios. De forma individual no suelen ser concluyentes. Con excepción de la admisión confidencial de Burgos de haber tramado el asesinato de Rafael Campos, nunca se descubrió a Pérez ni nadie de su personal directivo con una pistola humeante. En conjunto, los registros muestran cómo los agraristas y los sindicalistas, aunque a veces eran los perpetradores, se llevaban la peor parte del derramamiento de sangre. En el mejor de los casos, representa una dura crítica de una cultura de violencia del ojo por ojo que Pérez dejó supurar. En el peor de los casos, sugiere una política sistemática de aniquilación de los alborotadores, ejecutada a través de una cadena de mando suficientemente amplia como para proporcionar una negación plausible a Jenkins.

Para 1934, la frase "régimen de terror" se había colado en la prensa; una de esas noticias relataba la desaparición de cinco hombres contrarios a un presidente municipal de Chietla que estaba aliado con el ingenio. Aunque sólo una minoría de los asesinatos eran cometidos por matones a sueldo, una sensación de victimismo se extendió entre los agraristas y los trabajadores pro sindicatos. En 1935, un organizador campesino le escribió al presidente para denunciar a Jenkins y a Pérez por el asesinato de 60 vecinos; solicitó su expulsión. La misiva se turnó a la Secretaría de Gobernación, la cual respondió que se necesitaban pruebas, y ahí terminó la correspondencia.[51] El intercambio era típico. Por una parte, los activistas estaban convencidos de la brutalidad del Sistema Atencingo; por otra, debido a las autoridades locales poco cooperativas, a los jueces seleccionados personalmente por los gobernadores en deuda con Jenkins y a su propia tendencia a exagerar sus reclamaciones, los activistas eran incapaces de respaldar sus acusaciones.

Pruebas o no, cuando los habitantes del valle de Matamoros solicitaban concesiones de tierras, con frecuencia defendían su caso destacando las nacionalidades del "gringo" Jenkins y el "gachupín" Pérez, y después citando su siembra de la discordia en las filas campesinas, su uso de paramilitares y su responsabilidad en homicidios.[52] Tales acusaciones se volvieron creencia popular y finalmente llegaron a publicarse. También eran una herramienta de cabildeo, y a finales de la década de los treinta un presidente, Lázaro Cárdenas, finalmente prestaría atención a ellas. Mientras tanto, indiferente a las relaciones públicas, ni Jenkins ni Pérez hicieron algo para negarlas.

¿Qué tan cómplice era Jenkins en toda esta matanza? ¿Planeó u ordenó asesinatos específicos? ¿Aprobó los planes de Pérez para deshacerse de sus adversarios? ¿O simplemente le daba carta blanca a Pérez, y prefería que no le contaran sobre los detalles y se negaba a hacer comentarios cuando los asesinatos ocurrían? Tal vez ocultaba su complicidad con ambigüedad, deseando en voz alta, en la retórica del rey inglés Henry II lamentándose sobre Thomas Becket: "¿Nadie va a librarme de este campesino entrometido?"

Sin duda, Jenkins era temido, como dan fe décadas de denuncias por escrito contra él. La teoría de la conspiración de que alguna vez planeó su propio secuestro y presionó a Carranza por el rescate irónicamente sirvió para construir su reputación de hombre con el que no había que meterse. Ayudó a cultivar un temor general con su rechazo a negar las acusaciones. También podía ser histriónico. Más tarde su insistencia en trabajar desde casa, en un ático para el que se negaba a instalar un elevador, significaba que cualquiera que quisiera pedirle un favor tenía que subir más de 90 amedrentadores escalones para verlo. Luego, Jenkins hizo una película casera para Mary, cuando ella se mudó a California, para ilustrar su vida diaria. En una escena actuaba una reunión con Pérez. Sentado frente a su administrador, ladraba órdenes y golpeteaba su escritorio y mostraba la expresión más terrible: su ceño tan profundamente fruncido, las comisuras de los labios tan dobladas hacia abajo, su rostro convertido en una máscara de malevolencia.[53]

Es poco probable que Jenkins haya planeado los asesinatos, sobre todo porque no necesitaba hacerlo. En Pérez tenía una mano derecha con una propensión dictatorial, un hombre rígidamente dedicado al orden, tanto que los empleados ambiciosos podían haberse anticipado a sus deseos, con un arma en mano. Al mantenerse por encima de la contienda, Jenkins podía seguir la antigua práctica entre los productores de azúcar de negarse a ensuciarse las manos mientras permitía que los despreciados administradores usaran el látigo. Cuanto más severamente actuaba el administrador, más benevolente parecía el dueño. Éste era un precedente arraigado en México; no en vano, cuando los zapatistas se sublevaron, los administradores españoles fueron los primeros en toparse con el tumulto de sus machetes. Era un precedente igualmente enraizado en la cultura de plantación del sur de Estados Unidos, incluido el Tennessee de Jenkins.[54]

La capacidad de tomar distancia ayuda a explicar por qué Jenkins nunca llevaba un arma. No era simplemente una demostración de bravuconería. Se veía a sí mismo como alguien que habitaba un plano superior, uno que existía por encima de la violencia, en la que el trabajo arduo y la supervisión benigna eran la norma. Éstos eran los valores con los que se crió, los valores que compartía con Mary. Con Pérez, Jenkins podía protegerse de la violencia de Atencingo y vivir en el mundo de la élite blanca con una conciencia blanca.

Había rastros de miopía moral en algunos de sus hábitos diarios. Sus películas favoritas eran las comedias ligeras de evasión simple, y durante una hora antes de acostarse leía novelas de misterio y literatura barata.[55] Agatha Christie y cosas por el estilo estaban muy lejos de las sensibilidades de su juventud, cuando citaba a Virgilio y Tennyson en sus cartas a Mary. La literatura plantea complejas preguntas: pide a sus lectores que evalúen la manera en que viven sus vidas. Jenkins ya no leía literatura. Ya no deseaba lidiar con dilemas éticos.

Décadas después, el nieto de Jenkins recordaría sobre Atencingo: "Era como el viejo oeste ahí. Todo el mundo tenía armas". Sin duda su abuelo se sentía así. Los campesinos eran campesinos. Vivían con la pistola y morían por ésta. Tenían sus feudos antiguos y sus cuentas que ajustar.[56] Uno tenía que estar armado y listo. Basta ver lo que le sucedió a Roberto Maurer, Rosalie Evans y varios españoles locales. Basta considerar Morelos, donde nadie imponía una mano firme: el estado que alguna vez fue un terreno abundante en azúcar, no había producido prácticamente nada desde la rebelión zapatista. Esto sucedía con el reparto celebrado de sus haciendas. Ahora los trabajadores azucareros de Morelos acudían en tropel a Atencingo.[57] Entonces, siempre y cuando tuvieran empleos, los campesinos debían estar agradecidos y conocer su lugar. Con los que no lo hicieran, Pérez ajustaría cuentas.

Poder blando y escuelas

En contraste con Pérez, Jenkins apenas podía fracasar en parecer más amable.[58] Para muchos trabajadores del ingenio, era "don Guillermo," el señor benevolente de la hacienda, el gringo exigente pero jovial que llegaba silbando. Saludaba a sus empleados por su nombre y les preguntaba por sus familias. Hacía burlas. Entre los obreros retirados del ingenio, una anécdota favorita recordaba cómo una vez mientras llevaban a Jenkins desde la estación de tren hasta el ingenio se le cayó una de sus bolsas de dinero de la calesa. Un peón encontró la bolsa y, esperando una recompensa por su lealtad, la llevó a la oficina donde Jenkins estaba hablando con Pérez. Don Guillermo le agradeció y le dio una moneda de cinco centavos. El peón levantó la vista con sorpresa ante la pieza insignificante.

"Tómala", dijo Jenkins, "¡y vete a comprar una cuerda para ahorcarte por ser tan pendejo! ¡Podías haber sido rico!"

La broma mostraba que Jenkins captaba el lado oscuro del humor mexicano, del que la ironía cruel y la risa por las desgracias son el pilar, y en el que aquellos que no sacan ventaja cuando tienen la oportunidad (al diablo con la ética) son los principales objetos de mofa. También demostraba la capacidad de Jenkins para considerar la sensibilidad mexicana sobre la jerarquía: la broma era sobre un peón humilde, mientras que la audiencia a la que le parecía divertida constaba de obreros semiprofesionales del ingenio. Por razones similares, a los trabajadores les parecía gracioso cuando Jenkins se dirigía a un empleado de mayor nivel como "pendejo". Jenkins aplicaba el insulto libremente. A menudo era de broma, a veces no. Una vez, cuando su paciencia llegó al límite durante una reunión con varios administradores, exclamó: "He trabajado con muchos pendejos, ¡pero nunca con todos juntos!"

En el lenguaje de Jenkins había un propósito. Sabía que el humor mexicano puede socavar la masculinidad de un hombre para divertir a los demás. El administrador de la hacienda Jaltepec, un empleado leal durante décadas, era un ganadero fuerte llamado Facundo Sánchez. A Jenkins le hacía gracia este nombre poco común y lo subvertía dirigiéndoselo como Facunda. A menudo se le oía llamándolo con su rugido distintivo de gringo: "¡Facunda! ¡Facunda!"[59]

Jenkins era lo suficientemente astuto para ver que al distinguirse de Pérez y reforzar la distinción a través del humor, generaría lealtad. Era una manera entre otras muchas, puesto que Jenkins empleaba varias tácticas "blandas", para mostrar que era un jefe al que le importaban sus trabajadores y que cuando se trataba de su bienestar, él sabía mejor que nadie lo que les convenía. Les daba empleos adecuados. Los trataba con humor. Les construía escuelas y hospitales. Les patrocinaba equipos deportivos y fiestas religiosas. Con todo esto, ¿para qué necesitaban sindicatos?

Pese a las ventajas políticas obvias de crear instalaciones para sus trabajadores, el interés de Jenkins en las escuelas y los hospitales tenía sus raíces en los deberes señoriales que suponía ser un norteamericano rico. Había mostrado esta convicción durante la Revolución, cuando en 1919 inició una asociación permanente con el Hospital Latino Americano. Fundado por un misionero bautista con edificios donados por Jenkins, tenía la reputación de ser el hospital más destacado de Puebla. Jenkins se hizo amigo del doctor Feland Meadows, que se hizo cargo en 1925, cuando también se volvió el médico familiar de los Jenkins. Meadows tenía el don para saber cuándo pedirle a su benefactor que pagara por equipo, financiara un nuevo edificio, etcétera. El enorme personal de Atencingo inevitablemente se enfrentaba a accidentes industriales, y cuando las lesiones eran demasiado graves para que el médico interno del ingenio las atendiera, Jenkins mandaba a los heridos a que se trataran por cuenta suya en el hospital.[60]

Si bien Jenkins estaba a la vanguardia de las prácticas de salud, otras de sus tácticas de empleador eran más tradicionales. Los trabajadores más valiosos y leales se ganaban el derecho a vivir en casas nuevas construidas de piedra a lo largo de la sección más cercana de la principal calle de Atencingo, que llevaba al ingenio. En contraste, los empleados que perdían el favor, o se retiraban, tenían que desalojar sus casas y hacer sitio para hombres más dignos. Estas casas eran considerables para los estándares de la época, más espaciosas que las que los empleadores porfirianos habían construido en sus fábricas textiles de Atlixco.[61]

Como defensor de una mente sana en un cuerpo sano (a los 42 años había escalado el volcán Popocatépetl y a los 50 seguía ganando la copa de tenis del Club Alpha), Jenkins desde luego hizo uso del deporte.[62] En tiempos porfirianos, los mineros británicos importaron el futbol y los estadounidenses, el béisbol y el básquetbol. Si bien estos deportes fueron en un inicio el dominio de los empleados anglosajones, los equipos de las empresas pronto incluyeron mexicanos, y después de la Revolución las alineaciones eran locales en su totalidad. Resultó obvio para los dueños que patrocinar un equipo era una manera de fomentar "lealtad a la camiseta" entre los jugadores y sus compañeros que iban a verlos. El deporte era también una forma de canalizar la amenaza potencial de exceso de energía de los trabajadores.[63]

Manuel Pérez creó un equipo de básquetbol para 1930 y después siguieron otros deportes. Para la década de los cuarenta, Atencingo tenía dos equipos de béisbol (uno de trabajadores del ingenio y otro de cañeros), así como un equipo masculino de futbol y un equipo femenino de vóleibol. La Compañía de Atencingo proporcionaba uniformes, equipo y canchas para jugar. El béisbol era mucho más popular que el futbol en Puebla, y la asociación del estado contaba con 74 equipos en nueve ligas, divididas en cuatro niveles. (Quizá Pérez no dejaba mucho tiempo para practicar: en junio de 1944, el equipo del ingenio quedó en último lugar en una de las ligas de cuarto nivel, con seis derrotas en seis partidos.) La compañía también subsidiaba bandas de música; la más conocida era la Orquesta Tropical de Atencingo, con marimbas.[64]

También había festivales nacionales y religiosos, para los que Jenkins ofrecía comida, bebida y días libres extra. Para el Día de la Independencia, Pérez mandaba a sus carpinteros a construir réplicas de madera de los monumentos patrióticos más conocidos de la Ciudad de México a lo largo de la calle principal, mientras que todos los edificios se adornaban con banderas de papel y un telón de fondo festivo para el desfile a caballo. Al día siguiente, había un partido de béisbol, en la noche un baile para el que Pérez contrataba a una banda y el siguiente fin de semana dos días de corridas de toros. En el día del santo patrono de la hacienda, la fiesta de San José, había una misa y un baile, carreras de caballos y fuegos artificiales, y después otro fin de semana de corridas de toros.[65]

De todas las tácticas de poder blando de Jenkins, la creación de escuelas era su pasión. Impartir educación en el valle de Matamoros no sólo generaba lealtad en una época en la que el Estado no podía cumplir sus promesas, sino que también inculcaba valores de trabajo arduo y superación personal. Jenkins pensaba que México siempre tendría sus campesinos, pero deseaba que los más brillantes de ellos consiguieran el éxito económico.

En 1928, Jenkins creó una escuela junto a las puertas de las fábricas de Atencingo, para los hijos y las hijas de los obreros del ingenio. Un día de febrero de 1930, se abrieron dos escuelas para los hijos de los peones, en los pueblos de Ahuehuetzingo y Pueblo Nuevo. Para abril del año siguiente, había terminado tres más y reconstruido otra, mediante el remplazo de su techo de paja infestado de alacranes con una estructura metálica. Antes incluso de la aprobación en 1931 de la Ley Federal del Trabajo, que ordenaba a los industriales a proporcionar escuelas para los hijos de sus trabajadores, Jenkins ya había creado siete u ocho escuelas en el valle, tantas como las construidas por el gobierno estatal.[66] Más tarde construyó al menos otras tres y en 1942 apoyaría a su hermana Anne Buntzler en la fundación del Colegio Americano de Puebla.[67]

La decena de escuelas por las que Jenkins pagó era mucho más que funcional. Se crearon para que duraran y algunas siguen abiertas. Una, en concreto, se diseñó con estilo. La escuela de Ahuehuetzingo, en el corazón de las tierras de caña de Atencingo-Lagunillas, parecía un castillo en miniatura de Andalucía. Ostentaba tres torrecillas, almenas triangulares y una serie de arcos moriscos encima de columnas blancas estilizadas. Los muros eran blancos, intercalados con cintas de ladrillos decorativos. La puerta era de hierro forjado y estaba coronada por una luna creciente. El edificio podía recibir a 120 alumnos.

Tal como su diseño pretendía mostrar, su inauguración el 2 de febrero emanó trascendencia. El evento demostró cómo Jenkins podía usar una ocasión pública para promover el tipo de patriotismo y buena voluntad que podía persuadir a los peones de que el jefe no era un mal tipo. La fecha fue la fiesta de La Candelaria, elección que reflejó la cercanía de Jenkins con la jerarquía católica y su conciencia sobre la devoción local a María, cuya aparición legendaria en las Islas Canarias el día conmemoraba. Como cada año, una multitud grande y festiva se arremolinaba alrededor de la iglesia y la plaza del pueblo (y ahora la nueva escuela). Este día también honró a la autoridad terrenal, con la participación de Jenkins, Pérez y algunos funcionarios estatales y federales. La presencia de Jenkins no era típica. Tendía a delegar esos asuntos a Pérez o a sus hijas mayores. Pero ese día formuló una triple declaración de su compromiso con la educación: con esta inauguración, la de la escuela en Pueblo Nuevo, y su anuncio de que trabajaría con un programa federal de educación para adultos a fin de establecer escuelas nocturnas en todo el valle.[68]

Estos actos de caridad implicaban intercambios de favores. Se decía que a Ahuehuetzingo le dieron la escuela más magnífica porque era el pueblo que le había dado refugio a Jenkins cuando Gil Vega lo persiguió durante la escaramuza de Lagunillas en 1922. Eso decía una versión; otra añadió que Jenkins además estaba motivado para construir la escuela porque los lugareños le habían permitido poner acueductos a través del corazón de su pueblo para suministrar a la hacienda de Lagunillas. Una tercera versión sostenía que Jenkins estaba enfermo en cama un día cuando lo visitaron dos mujeres que le pidieron aumentar el suministro de agua del pueblo. Jenkins no dijo nada, pero pronto se curó. Más tarde, al visitar la iglesia local, espió dos iconos de María, la Virgen de la Ascensión y la Virgen de la Soledad, y las reconoció como las mujeres que lo habían visitado. Sintiéndose milagrosamente curado, construyó la escuela como agradecimiento.[69]

De este modo, la percepción entre los lugareños era que de alguna forma se merecían la escuela, que se la habían ganado a través de sus propios esfuerzos (o los de sus santas protectoras). Este tipo de entendimiento no habría perturbado a Jenkins. Si los vecinos trabajaban duro y cooperaban, cosecharían recompensas adicionales. A su vez, los habitantes dedicaban una cantidad aún más grande de sus milpas para cultivar caña, que suministraban al ingenio de Jenkins.

Tal reciprocidad ayudó a Jenkins a ganarse el respeto y aunque a regañadientes, el sentimiento ha persistido. Un campesino de 100 años de edad, un ex soldado zapatista, afirmó lo siguiente sobre Jenkins en cuanto a su obsequio de la escuela: " "Bueno era, pero fue el segundo Dios del rumbo, pues adquirió tanto poder". Un octogenario que trabajó como obrero en el ingenio rememoró: "Jenkins no era tan malo. Era Pérez el verdadero tirano".[70]

La capacidad de Jenkins de comprar favores tenía sus límites. El cada vez más combativo pueblo de Chietla obtuvo una escuela estatal en la década de los veinte, pero necesitaba más instalaciones para su creciente población. Jenkins propuso construir otras dos escuelas, pero su oferta no fue bien recibida. Aparentemente esto se debió a la desorganización burocrática, pero dado que los aliados de Jenkins controlaban a los presidentes municipales de Chietla en ese momento, una razón más probable era la oposición entre la población general, que después de todo había sufrido una avalancha de asesinatos. En el leal Ahuehuetzingo persistió una facción de habitantes opuestos al ingenio y resentidos por su usurpación de antiguos derechos de agua.[71] Incluso había cierta resistencia a los esquemas de Jenkins por parte de Manuel Pérez.

Eusebio Benítez tenía 14 años cuando sus clases se interrumpieron. Un día en 1935, la maestra dio instrucciones a Eusebio y los demás niños grandes para que se formaran fuera del edificio de la escuela, silenciosamente y en orden, porque el señor Pérez iría de visita. Después llegó la Avispa y, mientras los niños prestaban atención, él dio un pequeño discurso.

"Les voy a decir lo que quiero. No quiero profesionales, no quiero contadores, no quiero abogados, no quiero periodistas... Lo único que quiero son *manos*."

Pérez fue niño por niño y les preguntó su edad. Eligió a los que tenían 13 o 14 o que se veían bastante altos para serlo. "Mañana se van a reportar conmigo en el ingenio. Entonces les diré dónde van a trabajar."

Éste fue el fin de la educación de Eusebio.[72] Pudo haber sido peor. A casi todos los niños los obligaban a trabajar como aprendices en el ingenio, para que aprendieran oficios comerciales: operación del ingenio, trabajo eléctrico, reparación mecánica, etcétera. Terminar la escuela a la edad de 14 años era habitual y más de la mitad de los niños de Puebla no recibían ninguna educación en absoluto.[73] Pero fue la manera en que Eusebio y sus amigos conocieron el mundo del trabajo, empujados al ingenio como huérfanos dickensianos, lo que parece una total contradicción del plan de Jenkins. Era como si Pérez pensara que el jefe era un poco blando. Su escuela era útil suministrando chicos que supieran leer, escribir y contar, pero llevarlo más lejos podía arruinar la maquinaria de Atencingo. A los mexicanos podía darles ideas.

Jenkins seguramente veía sus compromisos como un éxito. Siguió fundando escuelas en Puebla, construcciones cada vez más grandes y costosas, durante otros 30 años. No estaba simplemente invirtiendo a favor de su gente o recompensando su lealtad; estaba, como él lo veía, desempeñando la misión de los iluminados y afortunados para liberar a los campesinos atrasados de su cultura de vicio y violencia. Seguramente con cierto orgullo, de conformidad con un censo industrial de 1938, pudo declarar que sólo tres extranjeros además de Pérez seguían en la nómina de Atencingo. La mayoría de los norteamericanos y europeos que había contratado como técnicos y mecánicos a principios de los años veinte se habían ido; sus puestos ahora los ocupaban los mexicanos que habían capacitado.[74]

La filosofía de Jenkins difería poco de la del gobierno federal. Hasta principios de los treinta siguió atribuyendo los problemas del México rural al carácter de su gente, en lugar de a las estructuras políticas y económicas que podían suprimirlos. Aunque el Estado se tildaba a sí mismo como revolucionario, las políticas de su Secretaría de Educación Pública (SEP) tenían una notable semejanza con las normas porfirianas. Pretendía impulsar la capacidad productiva y las tendencias consumistas de los mexicanos y tomaba como modelo a Estados Unidos. Los libros de texto, aún saturados con positivismo y liberalismo económico, alababan los logros de los anglosajones y asociaban la cultura indígena con el atraso. Inculcaban aceptación de una sociedad clasista.

Jenkins debió haber asentido con aprobación al echar un vistazo en los libros de historia de quinto y sexto grado, que les decían a sus lectores: "El mundo anglosajón está hoy a la cabeza de la cultura más activa, más progresista y más desbordante. ¿Cuál es el secreto de dicha superioridad en una raza y de su poder expansivo? Debemos estudiarla para imitarla". La respuesta al secreto, revelaba el autor, radica en el espíritu anglosajón de la empresa, la utilidad y el trabajo duro.[75]

Pero a principios de los años 1930 se produjo un cambio sustancial en la SEP. La secretaría llegó a defender la "educación socialista", un proyecto para quitarle de encima a las escuelas la influencia del clero y distribuir los libros de texto que promovían la revolución social. Se contrataron maestros para hacer las veces de activistas comunitarios. Desplegados en el campo, estos hombres y mujeres predicaban la reforma agraria, la educación sexual y otras ideas radicales; otros fomentaban las invasiones de tierras. Sin duda impulsado por su amigo el arzobispo Vera para rechazar tales afrentas a la decencia y al capitalismo, es posible que Jenkins haya acelerado sus esfuerzos al creer que construyendo las escuelas podía aprobar a los maestros. Si así fue, sus planes volvieron a encontrar resistencia de Doña Lola, que ayudó a afianzar un cuerpo de maestros de izquierda para la región.[76]

Ningún evento refleja de forma más grave un alejamiento de la modernidad que Jenkins y el Estado, cada uno a su manera, buscaban construir que el destino de Edgard Kullmann.[77] Ningún evento pudo haber desconcertado más a los extranjeros de Puebla o desagradado más a sus civilizadores autoproclamados. Y nada podía haberlos convencido más profundamente de la necesidad de la educación para liberar a los pobres de lo que denominaban "las cadenas de la ignorancia y la superstición".

Kullmann era un científico noruego, que recorría el país recopilando material para un libro, y poco antes de la Pascua de 1930 llegó a Puebla. Su visita coincidió con un renovado interés en las hazañas de Pablo Sidar, un aviador que se había convertido en héroe nacional al volar por el Caribe. Desde que Charles Lindbergh piloteó su *Spirit of St. Louis* desde Washington hasta la Ciudad de México en 1927, los aviones habían cautivado la imaginación de la élite dominante y el público urbano de México. Las proezas de aviación se volvieron un clásico en la prensa. Para la clase educada, los aviones simbolizaban el mismo cenit de la modernidad. Para los pobres del campo, no obstante, representaban un cambio poco deseable: la amenaza de lo desconocido, la imposición del forastero. Para ellos, el transporte era una cuestión de caballos o burros; muchos no habían viajado nunca en autobús. La depresión económica, que provocó un repunte de xenofobia y violencia rural, fertilizó dichos temores de las invenciones extranjeras. Así, en la primavera de 1930, los pobladores analfabetos en Puebla llegaron a asociar la desaparición de varios niños y niñas con la fantástica máquina voladora de Sidar. El piloto llevaba a cabo vuelos de prueba en la región y su costumbre de volar de noche hacía que el sonido de su acercamiento fuera aún más siniestro. Corría el rumor de que Sidar alimentaba el motor de su avión con los niños desparecidos como combustible.

Los viajes de Kullmann lo llevaron a Amozoc, justo al este de la ciudad de Puebla, para inspeccionar las artesanías. Era un día caluroso y les preguntó a unos niños dónde podía bañarse. Lo estaban dirigiendo por la ciudad cuando los gritos de una mujer lo detuvieron. Gritaba que este extranjero había venido a robarse a sus hijos, a matarlos y usar sus cuerpos para poner combustible en el avión de Sidar. Como los testigos señalaron, Kullmann proclamó su inocencia. Intentó mostrar sus documentos: tenía cartas de salvoconducto del presidente y del gobernador. Pero los vecinos no estaban interesados en lo que no podían leer y le arrojaron piedras a Kullmann. Cuando el hombre blanco de aspecto singular huyó, una multitud cada vez más grande le dio caza. Lo atraparon a la salida de la ciudad. Cuando sumaron cientos de personas, llevaron a cabo una breve inquisición. Tras declararlo culpable, lo golpearon, lo apuñalaron y le dieron machetazos. Lo arrastraron con una cuerda alrededor del cuello y lo lanzaron a un pozo de 30 metros. Ese día era Jueves Santo y la gente del pueblo fue después a misa.

Con Almazán, un populista izquierdista

Jenkins tenía otro motivo para construir escuelas: agregar al capital político que había acumulado mediante préstamos al gobierno estatal. Desde 1929, esta táctica fue particularmente importante, ya que Puebla tenía un gobernador popular que se tildaba a sí mismo de izquierdista. Era amigo de los obreros y campesinos, y un creyente en la educación para todos. Este gobernador, miembro de un poderoso clan que más adelante presentaría una oferta para la presidencia, era Leónides Andreu Almazán.

Conocido por su apellido materno, Almazán era un idealista heterodoxo. Aunque nació en el seno de una familia acomodada de terratenientes, luchó junto con Zapata. Después estudió en México y en París, y se dedicó a la medicina. Pero la política le atraía. Gracias en parte a su hermano mayor, Juan, un general de carrera y el jefe militar de Monterrey, Leónides ganó el apoyo del presidente Calles en la contienda para gobernador de Puebla en 1928. Triunfó con un amplio margen.[78]

Almazán cumplía con sus expectativas revolucionarias y era un hombre de la época. Su ejercicio coincidió con un giro radical en la política agraria: las promesas de la Revolución se cumplirían con mayor rapidez y énfasis que en los gobiernos de Carranza, Obregón o Calles. Almazán repartiría la cantidad sin precedentes de 210 000 hectáreas, algunas tierras agrícolas de regadío. Lo que le ayudó a cumplir con la agenda fue la coincidencia de su primer año con el presidente reformista, Emilio Portes Gil. Presidente interino de diciembre de 1928 a febrero de 1930, después del asesinato del reelecto Obregón, Portes Gil supervisó el reparto de tierras a un ritmo dos veces superior al de Calles.[79]

En otra muestra de lo que se avecinaba, Almazán empoderó a los desposeídos. Respaldó la agrupación de campesinos con una poderosa confederación. Apoyó a los trabajadores, particularmente a un sindicato radical que rompió con la cada vez más corrupta CROM de Morones. Con este registro, junto con sus simpatías por los católicos, Almazán alienó a Calles (el poder detrás del trono presidencial) y no puede haber sido sorpresa para nadie cuando se enfrentó a una tentativa de asesinato. En camino a México en octubre de 1931, su automóvil fue rociado de balas.[80]

Almazán parecía ser una mala noticia para la élite empresarial y para Jenkins en particular. En el Sistema Atencingo, se estaban expropiando franjas amplias a medida que las peticiones de Doña Lola y otros agraristas ganaban atención, para el beneficio de 40 pueblos y aldeas. Para mediados de los treinta, cuando las últimas concesiones de tierras de Almazán se habían formalizado, el dominio de Jenkins se redujo en casi 90 por ciento, en comparación con la extensión original de sus nueve haciendas. La inmensa mayoría de lo que perdió o cedió eran tierras de secano, pero alrededor de 3 500 hectáreas eran cultivos irrigados valiosos. Almazán era en parte, si no totalmente, el culpable. El consuelo de Jenkins era que la mayor parte de los mejores terrenos permanecían en sus manos: el centro de las haciendas, 11 300 hectáreas de cultivos de caña.[81]

Los años de Almazán fueron una época de pruebas para Jenkins, y para México en su conjunto. La gran depresión agudizó el dolor de una economía que ya estaba herida por otra guerra. Se trataba de la

Guerra de los Cristeros, que estalló en respuesta a la represión federal contra la Iglesia y la revuelta más perjudicial desde la Revolución. La depresión causó un excedente de azúcar, justo cuando Atencingo ascendía al segundo lugar en producción nacional y debía haber estado reportando utilidades fantásticas. Las negociaciones fueron duras con el secretario de Industria, Aarón Sáenz, que intentaba coordinar un cártel de distribución nacional; Jenkins no quería ninguna parte de ningún monopolio que no pudiera controlar. La depresión también provocó agitación laboral (por primera vez, Atencingo enfrentó huelgas) y un repunte en la tirria hacia los extranjeros. El gobierno presionó a la Embajada de Estados Unidos para rescindir el nombramiento consular de Jenkins. En el campo hubo brotes de bandolerismo y violencia, y el estado conflictivo de Puebla lideraba al país en incidentes sangrientos.[82] Invirtiendo gran parte de su energía en Atencingo, Jenkins contrajo malaria y permaneció en cama durante semanas.

"Estamos en la situación financiera más terrible", escribió en su diario su hija adolescente Jane. "De todos modos, ¡maldito Atencingo! Mantiene a papá lejos de Los Ángeles y el placer, y nos tiene a nosotras preguntándonos constantemente de dónde vendrá nuestra próxima comida… ¡Dios mío! ¡Por favor haz que alguien compre rápidamente ese maldito viejo lugar!"[83]

Incluso con la familia las cosas se estaban saliendo del control de Jenkins.[84] El día del Año Nuevo de 1930, en una fiesta en Los Ángeles, Mary sufrió una hemorragia. A los 47 años de edad, el deterioro relacionado con la tuberculosis que había temido desde la infancia estaba sobre ella. A lo largo del año estuvo en convalecencia, pero en gran medida confinada en su mansión. Pasaría en cama gran parte del resto de su vida. Al menos tenía a sus hijas para que le hicieran compañía y, en noviembre de 1930, organizó una boda. Margaret, su segunda hija, se casó con un joyero, Robert Anstead. Jenkins estaba demasiado ocupado con Atencingo para asistir.

El matrimonio de Margaret, su segundo en un año (el primero se anuló rápidamente), fue planeado apresuradamente al igual que el primero. Aunque tuvo un hijo, al que llamó William, ella y Anstead se divorciaron en menos de 18 meses. Es posible que estas uniones se hayan visto condenadas por acontecimientos anteriores en Puebla. Margaret se había enamorado de un mexicano. Al enterarse, sus padres prohibieron el romance y mandaron a su hija a Los Ángeles.

Mary se oponía particularmente e insistió en que Margaret encontrara a alguien "apropiado". Jane pronto sufrió un romance igualmente condenado.

Elizabeth conoció a un hombre apropiado por sí misma: Lawrence Higgins, un encantador graduado de Harvard y funcionario en la embajada en México. En 1931 lo asignaron a Honduras, donde se casaron. Por razones desconocidas, Jenkins no hizo el viaje. Sentía una predilección especial por su hija mayor, por lo que tal vez la boda haya sido precipitada. O tal vez desaprobaba la unión, ya que Higgins había causado un escándalo unos años antes por una aventura con una mujer de la alta sociedad de Boston cuyo marido presentó una demanda. Los inicios adversos se volvieron una rutina incómoda cuando Higgins reveló que no tenía la intención de ser fiel. Alentó a Elizabeth para que también tuviera amantes. Le dijo que eso era lo que hacía la gente moderna. Llevaron una existencia bohemia a través de varios puestos consulares, entre ellos Oslo y París.[85] Por mucho que intentó emular las aventuras de su marido, rara vez fue feliz. Elizabeth buscó consuelo en la bebida, así como harían sus hermanas Margaret y Tita.

Las hijas de Jenkins se casarían con un total de nueve hombres y ninguno mexicano. Mary no quería que fuera de otro modo. Mandar a sus hijas a internados en Los Ángeles las mantuvo dentro de una esfera anglosajona. Temía que los mexicanos las buscaran por su dinero; en su círculo social de Los Ángeles, la mayoría de las personas ya eran ricas. No obstante, ocho de los matrimonios fracasarían.

Jenkins asistiría sólo a una de las bodas de sus hijas (la cuarta de Margaret, que se celebró en su casa de Puebla). Tita diría después que aunque fue un padre bueno y atento cuando eran niñas, "en el momento en que empezamos a interesarnos en los chicos, lo perdimos". Elizabeth había crecido en Los Ángeles con poca supervisión, Margaret también recibió una supervisión irregular y, para cuando las más jóvenes alcanzaron la mayoría de edad (Jane a principios de los años treinta, Mary y Tita a principios de los cuarenta), su madre estaba normalmente postrada en cama. Con un padre emocional y físicamente ausente, y una madre demasiado débil para imponer disciplina, las chicas Jenkins tuvieron que encontrar su propio camino en el mundo. Jenkins sentía que cuando necesitaban algo podían pedirle dinero.

Su propio padre, a quien la familia visitaba cada Navidad, se acercaba a los 80 años y se estaba debilitando. John Jenkins, que nunca tuvo éxito en los negocios, vio quebrar el rancho frutal de California que su hijo le había comprado en la depresión. Como no quería herir el orgullo de su padre, William canalizó fondos de forma encubierta a través de sus hermanas, Mamie y Ruth, para rescatar la granja. Después convenció a su hermano Joe, un antiguo beisbolista también sumido en la quiebra, de que se mudara de Los Ángeles a Hanford y ayudara a dirigir la propiedad.[86] Cuando cualquier familiar necesitaba ayuda, y a veces cuando no también, William les mandaba dinero o los cambiaba de sitio. Sus millones le daban autoridad.

Con Almazán, Jenkins encontró la horma de su zapato. Éste no era un hombre que podía ser comprado, muy diferente a su predecesor: Donato Bravo Izquierdo aparentemente adquirió varias casas y fincas, tres limusinas Packard, y (lo que sugirió tratos comerciales con Jenkins) un ingenio. Para darle credibilidad a estas acusaciones, estaba el registro anterior de Bravo, durante una campaña militar, de haber desplumado compañías de electricidad y petróleo, traficado con armas y medicamentos, gestionado burdeles y dirigido un periódico que obligó a comprar a sus soldados.[87] Almazán nunca se vio afectado por acusaciones confiables de autoenriquecimiento.

Pero los cuatro años turbulentos de Almazán implicaron una serie sorprendente de compromisos, con Jenkins y con otros. Tras amenazar a las empresas con nuevos impuestos, o insistir con indignación en el pago de atrasos, el gobernador se conformó con montos más pequeños.[88] Si bien cultivó un ambiente de retórica anticapitalista y expropió gran parte de las tierras de Jenkins, cuando las huelgas se asomaron o estallaron en Atencingo, actuó rápidamente como mediador. La verdad sobre Almazán es que aunque era izquierdista también era populista.

El arte del gobierno populista es una mezcla oportuna de bravatas en el estrado y acuerdos en la clandestinidad. Primero la rabia, luego la concertación. Aquí el ejercicio era casi necesario. Puebla había soportado a 15 gobernadores en nueve años y si Almazán quería sobrevivir, sabía que tenía que tejer alianzas.[89] Su enfoque inclusivo también reflejaba los acontecimientos en el ámbito nacional, cuando en marzo de 1929 el ex presidente Calles diseñó la fundación del Partido Nacional Revolucionario (PNR). El PNR sería un "partido de gobierno" que llevaría la antorcha de la Revolución y exhortaría a todas las clases, al tiempo que impondría a caudillos regionales. Teniendo en cuenta dos cambios de nombre, el PNR perduró como el partido gobernante de México por 71 años ininterrumpidos.

Almazán sabía que la intransigencia con la iniciativa privada podía resultar contraproducente, ya que una empresa resentida por el aumento de impuestos podía buscar un amparo en un tribunal federal y suspender el pago por completo mientras el caso se alargaba. Por otro lado, tenía el arma de las masas leales, a quienes podía pedir que dejaran de trabajar e hicieran huelga. Almazán podía hacer peticiones a la élite empresarial, pero no podía darles órdenes. En su tenacidad consiguió hacer tratos con el igualmente tenaz Jenkins.

Almazán codificó en ley la práctica informal de buscar pagos anticipados de impuestos en el sector azucarero. Estableció el derecho legal de un gobernador a solicitarlos y después estipuló que los ingenios pagaran 50 por ciento de su factura cada otoño antes de que venciera formalmente.[90] Efectivamente, a partir de septiembre de 1929, los productores de azúcar estuvieron obligados a darle al estado un préstamo anual sin intereses, y como Jenkins representaba las tres cuartas partes de la producción de Puebla, pagó las tres cuartas partes del crédito. A cambio de su cumplimiento, las pruebas sugieren que Jenkins obtuvo la promesa del gobernador de que las concesiones de tierras del Sistema Atencingo provocarían pocos daños al corazón de sus cultivos de caña y que la agitación laboral sería contenida.

En 1930, cuando el excedente de azúcar presagió una crisis y gran parte de la cosecha tuvo que almacenarse, Almazán concedió una reducción fiscal a los dueños de los ingenios, para ayudar a que su producto compitiera en el mercado nacional.[91] En septiembre de 1931, cuando el exceso de oferta tocó fondo, aparecieron noticias de que la Compañía de Atencingo había vuelto a las prácticas porfirianas prohibidas por la Constitución, colocando a sus trabajadores en una semana de tres o cuatro días y pagándoles una cuarta parte de su salario en vales de la tienda de raya. Un mes después, el periódico del PNR, *El Nacional*, defendió la práctica e informó que los vales eran canjeables por efectivo en un plazo de 90 días, una vez que se vendiera toda la zafra, y que tanto el gobernador Almazán como los trabajadores habían aprobado la medida. La historia era inverosímil. Dada la superabundancia, no había garantía de que toda la cosecha pudiera venderse.

La negación de que Jenkins estaba administrando una tienda de raya era falsa: en junio, los funcionarios de Chietla le habían escrito al presidente protestando por ello, y un agente del servicio secreto descubriría que tiendas de raya operaban en cada una de las haciendas del Sistema Atencingo. La afirmación de que los trabajadores habían aprobado la medida ignoraba el hecho de que Manuel Pérez había cooptado su sindicato. Que el pago en pagarés era necesario para que el ingenio evitara la quiebra era ligeramente absurdo. Atencingo había generado utilidades durante años (su absorción de otras haciendas azucareras era el testimonio) y más tarde resultó que Jenkins tenía una cuenta bancaria de cuatro millones de pesos, sin mencionar sus ahorros colocados en otras partes.[92]

En lo que el artículo no inducía al engaño era en que Almazán había aprobado el esquema de pagarés de Jenkins. El nuevo presidente, Pascual Ortiz Rubio, no estaba contento. Le dijo a Lázaro Cárdenas, entonces secretario de Gobernación, que había que detener el uso de cartas de crédito en Atencingo. Pero Almazán debió haber defendido la práctica, porque Jenkins solucionaría otra disputa salarial el siguiente enero emitiendo una vez más pagarés.[93]

Como todos los productores, Jenkins tuvo dificultades para vender sus cosechas en el otoño de 1931, y para noviembre estaba intentando recortar los salarios de los trabajadores. En respuesta, unos 800 trabajadores de Atencingo se declararon en huelga. El principal impulsor detrás de la huelga era la Confederación Campesina Emiliano Zapata (CCEZ), que recientemente Almazán había ayudado a crear. Deseaba consolidar su posición con el campesinado, cooptar a muchos de los caciques del estado y crear una unidad corporativista que se adhiriera a su Partido Socialista del Oriente, un afiliado del PNR.[94]

En el Congreso Estatal Campesino de febrero, donde se fundó la CCEZ, la retórica radical había proliferado. El Congreso aprobó una moción a favor de armar a los campesinos y desarmar a las guardias blancas. Los ponentes acometieron a la prensa por quedar bien con los terratenientes. Se expresaron algunas acusaciones en contra de Jenkins, con la exigencia de que fuera expulsado bajo el artículo 33, la llamada moción del "extranjero pernicioso". Almazán, al presidir la sesión de clausura, fue elogiado por los líderes campesinos como un gobernador que daba preferencia a las "clases humildes". Aunque los activistas comunistas no fueron bien recibidos en el Congreso, la CCEZ ideó para ésta un logotipo de estilo soviético: una mazorca de maíz con un machete, para evocar la hoz y el martillo, además de un cinturón de municiones zapatista.[95]

A la luz de dicho teatro político, la ironía de que un sindicato respaldado por Almazán convocara una huelga en Atencingo no era tan grande. Le daba al gobernador una oportunidad para intervenir como pacificador. Su mediación naturalmente servía a su reputación como un líder que equilibraba los intereses y llevaba las cosas a cabo. Dos días después de que estalló la huelga, los 800 volvieron a los campos, gracias a Almazán que resolvió la crisis. En febrero resurgió el malestar, cuando Jenkins propuso más recortes salariales y los obreros amenazaron con una nueva huelga. Una vez más Almazán salió al rescate y negoció un compromiso que vio a los peones peor remunerados perder cinco por ciento de su salario y a los mejor remunerados una cuarta parte.[96]

De este modo, en los buenos tiempos, Jenkins acumulaba utilidades y las canalizaba a la expansión del Sistema Atencingo, diversificaba su cartera, y guardaba en el banco el resto. En tiempos difíciles, esperaba que sus trabajadores compartieran la carga. Su justificación es fácil de imaginar: ¿por qué pagar demasiado a los campesinos? No saben ahorrar; sólo gastan sus ingresos en emborracharse. Les hace un mejor favor que él gane y después canalice una parte para crear escuelas para sus hijos. Tal vez también se consideró justificado al ajustarse un poco más el cinturón él mismo. Sacó a su tercera hija, Jane, del dormitorio de la Escuela Marlborough en Los Ángeles e hizo arreglos para que se hospedara con amigos.[97]

El acto de malabarismo populista de Almazán se deshizo al final. En febrero de 1932, la CCEZ se quejó de su intromisión en las elecciones, entre ellos el voto para presidente municipal en Chietla. El sindicato le dijo a Calles que Almazán estaba imponiendo concejos anticampesinos, que pertenecían a un partido vinculado a la maquinaria política de Almazán. Bajo coacción, Almazán retrocedió y permitió nuevas elecciones en varios pueblos. En Chietla, los moderados se retiraron en protesta y otorgaron el triunfo a un candidato respaldado por la CCEZ y Doña Lola.[98] Almazán había fundado la Confederación sólo 12 meses antes y ya había roto sus ataduras.

Cuando intentó influir en la elección de su sucesor, Almazán volvió a fracasar en enganchar a la CCEZ. Respaldó a su propio candidato en vez de el de Almazán y esta ruptura de la izquierda le ayudó a ganar a un conservador: José Mijares Palencia.[99] El resultado discutiblemente evitable (sólo discutiblemente, ya que Mijares contaba con el apoyo de Calles, los funcionarios del PNR de Puebla y la élite empresarial) se tradujo en una tragedia para los agraristas de la región azucarera. Poco después de que Mijares tomó posesión, sufrirían otra ola de asesinatos. Tras cuatro años polémicos, el equilibrio de poder en el valle de Matamoros estaba a punto de volver a oscilar a favor de Jenkins.

Pero no antes de que las fricciones alcanzaran su nivel máximo con Almazán. Temiendo perder su influencia sobre los campesinos del valle en general, el gobernador incumplió su compromiso con Jenkins e hizo concesiones que incluyeron tierras valiosas de caña.[100] Luego, ante la insistencia de Calles (que ahora contemplaba la destitución del gobernador), Almazán se vio arrastrado en una disputa entre Jenkins y Aarón Sáenz por el nuevo cártel, Azúcar S. A. Ni Jenkins ni B. F. Johnston, dueños de los dos ingenios más grandes de México, querían someterse a las cuotas de producción de Sáenz. Jenkins era un darwinista estricto: la forma para reducir la producción era permitir que los ingenios menos eficientes se fueran a pique. Con tal fin, estuvo encantado de continuar una guerra de precios con el productor de Sinaloa, Johnston; llevaban años vendiendo azúcar a precios de *dumping* en el vecindario de cada cual.[101]

El secretario de Industria, Sáenz, tenía que considerar el bienestar de la gente. La población de México estaba creciendo y su demanda de alimentos había aumentado. Ciertamente, la depresión había provocado que el consumo de azúcar disminuyera, pero para los próximos 10 años Sáenz esperaba que la demanda se duplicara, para que todos los ingenios fueran necesarios. Sáenz también tenía en cuenta su propio bienestar: era dueño de un ingenio prometedor llamado El Mante, en asociación con el hijo de Calles. Había estado subsidiando su rápida expansión del modo revolucionario habitual, echando mano del erario público.[102]

Sáenz amenazó a Jenkins: cumpla con la cuota o enfrente la clausura de Atencingo por cinco años. Pero el secretario no podía obligarlo a ceder. Probablemente Jenkins adivinó que era una amenaza vacía; si Atencingo se cerraba, Puebla perdería una de sus fuentes de impuestos más grandes y tendría en sus manos a 5 000 trabajadores enojados. Así que Calles convocó una reunión con Almazán y él a su vez se reunió con Jenkins. Con la cabeza en la soga de Calles, Almazán amenazó a Jenkins con expulsarlo de México. Después de unos días, Jenkins se sometió a la cuota.[103]

Cuatro semanas antes de que su mandato terminara, Almazán renunció. La oposición de Calles a su reforma agraria fue uno de los motivos. También estaban sus esfuerzos en vano de impedir que la legislatura del estado ratificara a Mijares como su sucesor. Al ver perder a su favorito, Almazán sintió que el PNR había amañado la votación. Como populista verdadero, y con mucho más éxito que cualquiera de sus predecesores desde 1911, había mantenido el poder a través de un buen equilibrio. Había cultivado la mano de obra y el campesinado, pero también había observado el imperativo simbiótico, lo cual le dio liquidez crucial de la élite empresarial a cambio de dejarla prosperar, pese a los sacrificios ocasionales. Aun así, Jenkins y sus colegas estaban reacios a repetir la experiencia, por lo que le dieron su apoyo a Mijares.[104]

Jenkins encarcelado de nuevo

Hay algo acerca de la venta de licor que promueve la evasión de impuestos. Al Capone, ilustremente, fue declarado culpable no por cometer asesinato o contrabandear alcohol, sino por fraude fiscal. Este atributo ha abarcado a los productores autorizados. En 1875 el ex senador John Henderson, asesor especial de la Casa Blanca, ayudó a exponer la Red del whisky. Henderson descubrió que muchos destiladores estaban declarando niveles inferiores de ventas y repartiendo lo que ahorraban en impuestos con los funcionarios de la Tesorería, con sobornos al Partido Republicano. Henderson fue despedido tras emitir una formulación de cargos de más, a saber contra el secretario privado del presidente Ulysses Grant, y después acusó al propio héroe de Appomattox de obstruir la investigación.[105]

No mucho después, el padre de Jenkins se volvió recaudador; cobró impuestos a destilerías y persiguió a fabricantes de alcohol ilegal. Después de la debacle de la Red del whisky, Washington deseaba una clase de empleado más respetable, y John Jenkins era hijo de un patriarca luterano. Pero algunas décadas después, el hijo mayor de John estaría envuelto en la actividad por la que él había arriesgado su vida para erradicar. Era una actividad que Mary aborrecía. "Antes muerta" que casarme con un destilador, le había dicho Mary a William justo antes de que se casaran. El propio Jenkins era abstemio; tal vez eso le ayudaba a racionalizar su deslealtad.

El negocio en cuestión era la fábrica de alcohol de Atencingo. Si bien suministraba legalmente alcohol puro a las tiendas, Jenkins creó un negocio secundario en contrabando.[106] Gran parte de ese producto sin gravar se vendía en Puebla, pero una parte viajaba más lejos, presuntamente hasta Estados Unidos. Cuando la Ley Seca, los destiladores mexicanos, así como los canadienses, ayudaron a saciar la sed del público estadounidense. Tenían acceso fácil, puesto que la Oficina de Prohibición asignó a sólo 35 agentes en la frontera de 3200 kilómetros. En una audiencia del Senado en 1925, un agente del orden superior calculó que de todo el licor que pasaba de contrabando a Estados Unidos, sólo se interceptaba cinco por ciento.[107] ¿Obtuvo Jenkins una tajada de esto? Había ingenios más al norte en Sinaloa, y otros en Veracruz, mucho mejor situados para la exportación. Los archivos norteamericanos todavía han de revelar cualquier rastro de Jenkins como contrabandista.

No obstante, no sólo sus detractores, sino también sus familiares y amigos afirmaron que Jenkins se benefició de la Ley Seca, según algunos por un amplio margen, pese a las negativas de él. Lo haya hecho o no, la percepción de Jenkins como traficante de ron prosperó, como parte de la leyenda negra para algunos y parte de la mística de Jenkins para otros. Según una versión, su alcohol se enviaba a través del Puerto de Veracruz hasta Nueva York, con lo que ganaba millones de dólares. Según otra, Jenkins inyectaba grandes cantidades de licor a Texas a través de una tubería transfronteriza. Los empleados la conocían como "el alcoducto".[108]

Más cerca de casa, las acusaciones de contrabando tenían más fundamentos. Primero fueron noticia en 1932, con Abelardo Rodríguez, quien como otros presidentes posrevolucionarios llevaron a cabo una campaña de moderación. Los inspectores de la Secretaría de Hacienda interceptaron 240 contenedores de alcohol de Atencingo sin los sellos fiscales requeridos. Evidentemente no se había hecho ningún pago durante años. Con ayuda de los empleados del ferrocarril en Atencingo y la ciudad de Puebla, Jenkins supuestamente había defraudado a Hacienda con cientos de miles de pesos. De alguna forma, el asunto se apaciguó durante siete meses, hasta que un juez federal ordenó la detención de Jenkins por un delito similar. Un inspector de ferrocarril en Atencingo había descubierto que el ingenio estaba transportando alcohol disfrazado de embarques de maíz. De nuevo no hubo ningún arresto ni seguimiento aparente. Era como si los funcionarios de rango inferior ya no aceptaran sobornos, mientras que los de rango superior seguían encantados de hacerlo. Una noticia de periódico que se quejó de los asesinatos agraristas ofreció una posible lectura: "El oro que produce el alcohol de Atencingo ha hecho callar a la justicia".[109]

El gobierno perdió la paciencia con Jenkins en junio de 1934 y la Secretaría de Hacienda cerró su fábrica de alcohol. Se detuvo a los camiones de reparto, ya que los conductores no pudieron demostrar los documentos necesarios y el secretario de Hacienda Marte Gómez declaró que Jenkins estaba evadiendo impuestos sistemáticamente. Jenkins envió un telegrama al presidente Rodríguez, en el que le pedía que se aplazara el juicio hasta que hubiera una investigación. Mientras tanto, sus enemigos en la CCEZ también enviaron un telegrama al presidente. Tal como lo habían hecho en su congreso inaugural, le solicitaron la expulsión de Jenkins "por ser un extranjero pernicioso" y que Atencingo se dejara en manos de sus trabajadores.[110]

Las cosas empeoraron en agosto. El secretario de Hacienda impuso un gravamen extra en el salario de Jenkins, para compensar un impuesto sobre la renta en el Sistema Atencingo que había estado intentando recaudar vanamente desde su fundación. En respuesta, Jenkins simplemente canceló la suma mensual de 2 000 pesos que había estado pagando a sí mismo como director ejecutivo. Gómez y Rodríguez ya se hartaron. Aunque la investigación no había concluido, Gómez declaró que Jenkins debía 90 000 pesos y, por segunda vez, el estadounidense se vio en una prisión mexicana.[111]

El encarcelamiento de Jenkins fue noticia de primera plana en México, y *El Universal* lo anunció a ocho columnas. Para sumar a su vergüenza pública, los periódicos reciclaron la leyenda de que se había autosecuestrado en 1919. Jenkins respondió con estoicismo. La prisión de la ciudad de Puebla, bajo los auspicios del gobernador, le permitió instalar una oficina. Su secretario particular, Manuel Cabañas Pavía, fue encarcelado junto con él y los guardias informaban a las personas que deseaban visitar al norteamericano que primero tendrían que hablar con Cabañas en la celda adyacente: "¿Está disponible el señor Jenkins?"

Por parte de Jenkins no había remordimientos. Le dijo francamente a su familia que evadía impuestos cuando era posible. Como alguna vez le dijo a su hija Jane: "¿Por qué debo pagar impuestos, cuando alguien se los va a robar y el dinero no se destinará para uso público?" Él sentía que era mejor invertir en obras públicas directamente: en escuelas, hospitales y carreteras rurales. De ese modo, podía supervisar él mismo a los contratistas y asegurarse de que nadie desviaba un porcentaje.[112]

Rara vez se encarcelaba a alguien por evasión fiscal. Tales asuntos se resolvían a puerta cerrada, con mordidas. De modo que la encarcelación de Jenkins tenía segundas intenciones. Para el presidente Rodríguez, encarcelar al infame gringo era una forma de pulir sus dudosas credenciales como izquierdista y tal vez desviar la atención de su propio enriquecimiento fantástico, parte del cual provenía del contrabando de alcohol.[113] Jenkins era un blanco perfecto: cargaba con una sospechosa reputación, ya no era agente consular y estaba desprovisto de la protección de la embajada, y estaba bastante arraigado en México, por lo que una pequeña humillación no lo incitaría a vender y llevarse su espíritu empresarial. Como fue el caso en 1919, estaban usando al capitalista polémico como arma arrojadiza. Jenkins, furioso por la hipocresía del presidente, y Rodríguez, enfadado por este estadounidense que se saltaba las normas de su país, se convirtieron en enemigos por un cuarto siglo.

Después de 15 días, Jenkins salió bajo fianza, puesto en libertad por un juez de la Ciudad de México. No habría condena. El inspector fiscal que supervisaba la documentación en la fábrica "cometió un error". Gabriel Alarcón, un abarrotero que vendía alcohol puro de Atencingo, alegó que los camiones embargados eran suyos y presentó "pruebas" de que había pagado los impuestos necesarios. (¿Era Alarcón un testigo fiable? El año anterior, los agentes fiscales habían confiscado 82 contenedores de contrabando suyos.) La investigación del asunto más importante de la evasión fiscal sistemática duró otro año, con la fábrica de alcohol cerrada, pero finalmente Jenkins fue absuelto. La destilería volvió a abrir. Y los cargamentos ilícitos de alcohol reanudaron, con los camiones que ahora viajaban de noche.[114]

Jenkins le dijo más tarde a su amigo Sergio Guzmán que para salir de la cárcel le había dado a un secretario de estado una mordida de 100 000 pesos. El destinatario probable era Marte Gómez. Una carta suya publicada póstumamente contiene una admisión implícita de que él y un colega habían buscado algunas "migajas" de las utilidades no gravadas de Jenkins. Jenkins dijo que era el soborno más grande que jamás pagó.[115]

Para entonces, Mary se había ido de México definitivamente. Había hecho muchas visitas desde Los Ángeles, sólo para sufrir otra crisis en 1933. Las presiones familiares probablemente eran parte de ello, empezando por el vergonzoso regreso a Puebla de Margaret acompañada de su bebé Billy, pero sin marido. Como había un divorcio en la familia, algunos de los amigos de alta sociedad de los Jenkins dejarían de recibir a la familia en sus casas. Luego estaban las noticias del matrimonio problemático de Elizabeth. La economía se estaba reactivando, pero Puebla seguía siendo un estado violento. Además, a Mary nunca le había gustado realmente México. Podía apreciar lo que William estaba haciendo en Atencingo, pero nunca simpatizó con los mexicanos en general y su círculo social era pequeño. En la iglesia metodista los servicios eran en español, por lo que ella rara vez asistía a éstos, a pesar de haber hecho un enorme donativo para un nuevo edificio cuando un incendio destruyó el anterior. Pese a sus habilidades para el francés durante la preparatoria, nunca dominó más español del que necesitaba para dar instrucciones a sus sirvientas.[116]

Antes de irse, Mary escribió a Jane para felicitarla por graduarse de Marlborough. Recordando sin duda su propio comienzo (con el amor de su vida a su lado y las promesas que él le hizo de aligerar la carga de su enfermedad), escribió: "Teniendo en cuenta siempre la felicidad de los demás y eliminando el egoísmo, la vida será feliz y apacible, y merecerá la pena".[117]

William mandó a Mary a ver a los hermanos Mayo en su famosa clínica de Minnesota. Le pidió a Elizabeth que la llevara. Cuando Mary empezó a reponerse, los Mayo recomendaron que se mudara a Arizona para el clima seco. Mary se internó en el sanatorio Barfield de Tucson. Al resultar que se quedaría ahí por un rato, William construyó una casa para ella y las chicas, que llamó la "Casa de medio camino". Mary pasaría cinco años en Barfield. Esta situación dejó a Jane, de 17 años de edad cuando se mudaron, como la jefa de familia, que tuvo que criar a sus hermanas menores, Mary y Tita, de nueve y ocho años. Margaret tenía dificultades para sobrellevar la maternidad, por lo que Jane también cuidó a su pequeño sobrino Billy. Estas responsabilidades fueron una experiencia de maduración. En la vida adulta, Jane se convirtió en la hija más dada a discrepar con su padre y la única de las cinco que tuvo un matrimonio feliz.[118]

El mundo de Mary ahora constaba de una recámara, sus libros y un radio, con visitas de sus hijas después de la escuela. William iba a visitarla varias veces al año, cuando el trabajo se lo permitía y se quedaba por seis días. O tres, si había asuntos urgentes en Puebla. En ocasiones, Mary hacía anotaciones en un cuaderno. Algunas eran versos de la Biblia: "Y he aquí, yo estoy con vosotros todos los días"; "No se turbe vuestro corazón".[119]

Una noche de insomnio en 1938 escribió:

> Sola en cama en Tucson con muchas ideas preciadas que llenan las horas de la noche... De pronto recupero esas impresiones distantes, atrapada por la neblina de la infancia: lilas moradas, alguna vez llenas de nieve un día de abril; un terreno de consueldas azules en un enorme campo de trigo amarillo sobre una colina pendiente ante nuestros ojos; el "compañero de juventud" que venía cada semana a conmovernos con historias sencillas, en la tierra de las sinuosas colinas verdes y los valles y los arroyos enclavados y los caminos rurales y la gente amigable. Y luego "el después": ¡nuestros recuerdos más tiernos recobrados y nuestros anhelos más afectuosos hechos realidad!

Después de que Mary se mudó a Tucson, la mansión de California que su esposo le había construido permaneció silenciosa. Los años pasaron y 641 Irving Boulevard llegó a conocerse como "la casa fantasma" de Los Ángeles. A fines de la década de los treinta, Jenkins vendería la propiedad al magnate petrolero J. Paul Getty. Su decisión puso fin a la ficción de que algún día volvería a Estados Unidos. Pese a las numerosas declaraciones que le había hecho a su amada (promesas que intentó cumplir en una casa a la medida de su reina) y pese a la enfermedad crónica y necesidad de compañía de su esposa, Jenkins estaba demasiado enamorado de los negocios. Y mantuvo su pretexto para quedarse: no podía vender Atencingo.[120]

En cuanto a 641 Irving, Getty vivió ahí con su segunda esposa, pero en poco tiempo se divorciaron y la señora Getty se quedó con la casa como parte del arreglo. Gracias a ella, en 1950, millones de personas de todo el mundo llegaron a contemplar el palacio de los Jenkins, después de que se la rentó a Paramount para filmar *El ocaso de una vida (Sunset Boulevard)*. En el inolvidable drama de Billy Wilder, la calle del título alberga la morada de Norma Desmond, una estrella del cine mudo medio loca, y primero la vemos a través de los ojos del joven guionista Joe Gillis. Cuando Gillis inspecciona la mansión desde su jardín desarreglado, escuchamos sus pensamientos en voz en *off*:

"El hogar era un enorme elefante blanco, el tipo que la loca gente del cine hacía en los locos años veinte. Una casa abandonada adquiere un aspecto infeliz. Ésta lo tenía a montones..."

CAPÍTULO 7

Con Maximino

> Los norteamericanos liberales son congénitamente incapaces de tratar con los latinoamericanos carismáticos, precisamente porque proyectan sobre éstos sus propios criterios de liderazgo. Uno casi puede aventurar que la forma y textura de la política en el sur de Estados Unidos prepara mejor a los conservadores del Sur que a los liberales del Norte para entender la vida política de América Latina.
> RICHARD MORSE, "The Heritage of Latin America" (1964)

CONOCER AL GENERAL

Con Mary fuera de México, el mejor amigo de Jenkins era el doctor Sergio B. Guzmán.[1] Hijo de un distinguido médico, Sergio era un atleta nato. Entre los pacientes de su padre estaban los maestros del Instituto Metodista de Puebla, que en agradecimiento ayudaron a conseguir que Sergio asistiera a una preparatoria metodista en Evanston, Illinois. De ahí se fue a la Universidad Northwestern, donde como estudiante alto y musculoso capitaneó el equipo de básquetbol. Se quedó para obtener un doctorado en cirugía dental. Cuando no estaba taladrando dientes, también boxeaba, remaba y toreaba en novilladas, en las que mató a unos 30 toros. En las canchas de tenis de Puebla conoció a Jenkins, que reconoció en Sergio una versión más joven de sí mismo: atleta, trabajador, cosmopolita y abstemio. La diferencia principal era que Sergio no estaba muy interesado en ganar dinero.

Con su linaje y su don de gentes, sociabilidad y encanto, era de esperar que Sergio entrara en el servicio público. Su padre, Daniel, había estado en la legislatura del estado de Veracruz y, después de trasladarse a Puebla, en el congreso federal de Carranza como senador. Un hermano mayor, Roberto, había sido secretario particular del presidente interino que precedió a Obregón, Adolfo de la Huerta; otro, Salvador, fue delegado en el Congreso Constitucional de 1917 y después diplomático. A los 40 años de edad, Sergio por fin se postuló para un cargo y ejerció en la legislatura estatal.[2] Pero no le interesaba la política, así que volvió a su consultorio dental, justo en la calle donde vivía Jenkins. Sin embargo, en 1935 dos generales lo abordaron y lo forzaron a cambiar de opinión. Uno era el ex gobernador Donato Bravo Izquierdo, que sugirió que debía buscar la alcaldía de la ciudad de Puebla. El otro era el nuevo jefe militar del estado, que tenía sus propias aspiraciones políticas: Maximino Ávila Camacho.

Maximino, conocido por su primer nombre para distinguirlo de su hermano Manuel, una estrella ascendente en la Secretaría de Defensa, conocía a la familia Guzmán desde su infancia en Teziutlán, en la sierra poblana. Los serranos se consideraban más resistentes que los habitantes de las tierras bajas y con una mentalidad más independiente. De este modo, Maximino persuadió a su amigo serrano y le preguntó si podía ayudarlo a recaudar fondos de los ricos de la ciudad para financiar una campaña para gobernador. Sergio, a través de su clínica dental, sus conexiones familiares y su membresía en el exclusivo Club Alpha, se llevaba bien con todas las personas indicadas.

Maximino podía ser encantador, pero su solicitud debió darle que pensar al doctor. Si bien la política de ambos era igualmente conservadora, Sergio era escrupulosamente honesto. Maximino, según los rumores, lo era menos. Tal vez los lazos de amistad familiar eran tales que el honor estaba en juego. Tal vez Guzmán reconoció que el general era un hombre al que uno decía "no" por su cuenta y riesgo. O tal vez hizo un cálculo: Maximino era un designado del nuevo presidente, Lázaro Cárdenas, y su hermano era uno de los asistentes más cercanos de Cárdenas, por lo que los Ávila Camacho estaban claramente en ascenso político; la campaña de Maximino tenía probabilidades de éxito. Si iban a ocupar sus cargos juntos, con Guzmán como alcalde, podía ejercer una influencia moderadora. En todo caso, los dos hombres acordaron que en las elecciones de 1936 se apoyarían entre sí. El doctor empezó por presentar a Maximino con los hombres acaudalados e influyentes, y una de sus primeras visitas fue con Jenkins.

El general empezó su ofensiva de simpatía durante la Revolución. Como venía de una familia de recursos modestos, Maximino se hizo camino adulando a cualquier superior militar que sintiera que podía promover su carrera. Para finales de la guerra ya había alcanzado el rango de coronel. Cuando ascendió a general de brigada en 1924 (después de una demostración de valor durante la revuelta delahuertista), recibió su primer mando de una zona militar. Así empezó a involucrarse en política: primero en Chiapas, sin mucho éxito y para consternación de la legislatura local; a partir de 1926 en Zacatecas, donde su intervención volvió a suscitar objeción, pero encontró un terreno más fértil; y a partir de 1931 en Aguascalientes, en cuyo momento había ascendido otra vez en rango, era un actor político de cierto peso y recibía propuestas desde Puebla con respecto a su interés de postularse como gobernador.[3]

En cada estado, Maximino construyó amistades con los ricos por emplear su mando para obstruir la reforma agraria. En cada estado, promovió su riqueza personal. Muchos jefes militares llenaban sus bolsillos, pero los métodos de Maximino eran inusualmente descarados. Durante sus destinos en la Guerra de los Cristeros, cobró fama no sólo por su crueldad aplastando a los radicales católicos, sino también por la especulación y el saqueo. Se dice que vendió armas federales a los rebeldes, confiscó bienes de las personas que apenas estaban vinculadas a los cristeros, desarrolló un monopolio de distribución de carne en función del ganado robado e incluso secuestró a sacerdotes para obtener rescates.[4]

Según una investigación histórica, Maximino obtuvo al menos dos casas en México y una en Guadalajara, tres ranchos con ganado y caballos, y varios coches. Según el último hijo que le sobrevivió, a mediados de la década de los treinta tenía una colección de nueve o 10 hijos de cinco o seis mujeres distintas.[5] Ahora, gracias a sus conexiones militares, políticas y comerciales, intentaba obtener el gobierno de Puebla. Pero tenía un problema: en su camino se interponía un izquierdista popular de prestigio revolucionario impecable, un maestro convertido en político de carrera llamado Gilberto Bosques.

En muchas historias de elecciones falta la cuestión delicada del dinero. Hasta 1993, cuando una revelación de una "cena entre millonarios" convocado por el PRI destapó las actividades de recaudación de fondos de la élite, ni los periodistas ni los historiadores prestaban demasiada atención al financiamiento de las campañas. Desde hacía tiempo, los periodistas estaban intimidados por una cultura de autocensura para no fisgonear en esos asuntos. Los historiadores han documentado la violencia y el fraude, pero rara vez han averiguado cómo se pagaban esos matones y esos votos. Como consecuencia, la influencia de las élites empresariales en la historia política de México se ha minimizado bastante.[6]

Que el peso influyó mucho en la carrera para gobernador de Puebla se afirma en primer lugar por precedentes. En 1932, cuatro años antes del concurso entre Maximino y Bosques, José Mijares Palencia había enfrentado una fuerte competencia. Aunque Mijares tuvo el apoyo del ex presidente Calles, y aunque el gobernante PNR lo había respaldado en las internas como su candidato oficial, era nuevo en la política poblana. Sus adversarios tenían bases considerables. Lauro Camarillo era el candidato elegido del popular gobernador titular, Almazán. Manuel Palafox se había desempeñado como general con Zapata y tenía el respaldo de una destacada confederación de campesinos. De este modo, el apoyo de Calles y el PNR no era suficiente para garantizar la victoria de Mijares. Había que generar entusiasmo sobre el terreno y sobornar a los traficantes de influencias. Aquí Mijares jugaba las cartas adecuadas: la élite empresarial, cansada del radicalismo de Almazán, estaba dispuesta a donar. Posteriormente, su director de campaña atestiguó que Mijares recaudó muchos fondos de los empresarios, en Puebla e incluso en California. Durante la campaña, Palafox criticó al presidente del PNR por arreglar "todo a base de dinero".[7]

Aparte hay pruebas tangibles. Durante la campaña de 1935-1936, Maximino a menudo escribía memos a su aliado Guzmán en la parte posterior de sus tarjetas de presentación para pedirle que transmitiera su agradecimiento a tal donante u otro. Algunas sobreviven. En una tarjeta escribió: "Sergio: Dale las gracias de mi parte a nuestro amigo Manuel Concha por los quinientos pesos que te entregó para alluda (*sic*) de nuestros gastos. Ávila C.". En otra escribió: "Sergio: Te suplico dar las gracias a nuestro amigo Luis Cué, por los quinientos pesos que te entregó para alluda (*sic*) de nuestros gastos. Ávila C.". Concha y Cué eran industriales poblanos, pero no todos los empresarios eran tan generosos. Un español llamado Jesús Cienfuegos, comerciante de pulque y recaudador de impuestos, fue contactado por Maximino, pero se negó a contribuir, decisión que le pasaría factura después.[8]

Jenkins, como Guzmán le diría más tarde a su hijo, fue el principal donante de Maximino. En una conversación con el cónsul general de Estados Unidos, Jenkins admitiría haber realizado una donación: no los 500 pesos que los textileros poblanos sin liquidez estaban aportando, sino 40 000 pesos.[9]

El obsequio de Jenkins para Maximino consolidó el vínculo que trascendió lo personal y permitió ilustrar una interdependencia mutua y sectorial. Jenkins necesitaba a Maximino como nueva salvaguardia contra la reforma agraria, ya que en ese momento un izquierdista reconocido ocupaba la presidencia. Un radical como Bosques duplicaría el peligro para Atencingo. La élite textil de Puebla, que enfrentaba el poderío sin precedentes de los sindicatos, tenía preocupaciones similares. Maximino necesitaba que Jenkins y otros como él lo respaldaran porque tenía dos obstáculos que superar: un rival duro y su propia reputación dudosa. Por lo tanto, el alto mando del PNR, que prefería a Maximino que a Bosques, necesitaba esa asistencia financiera también.

La alianza Jenkins-Maximino demostraría ser poderosa y profética. Bajo el mando del presidente Cárdenas, puede que el socialismo haya dominado en la escena nacional, pero el proyecto cardenista era mucho menos monolítico de lo que las historias oficiales alguna vez supusieron.[10] Fuera de la capital, en Puebla y varias otras regiones, el radicalismo ya estaba retrocediendo. El apoyo de los industriales activistas como Jenkins a los conservadores como Maximino ayudaría a crear una derecha influyente dentro del partido gobernante; y a su vez ayudaría a garantizar que cuando Cárdenas eligiera a su sucesor, seleccionaría a un moderado a favor de las empresas.

Se compra una elección

Aunque el PNR —ancestro del PRI— estaba fortaleciendo su dominio nacional en la década de los treinta, varias carreras se pelearon amargamente y en un par de estados su hombre preferido perdió. La campaña de Maximino en 1936 sería un gran esfuerzo, como la de Mijares en 1932. Pero esta vez el resultado dependería de la elección interna del PNR.[11]

Como el jefe militar de Puebla, Maximino pasó gran parte de 1935 atravesando el estado, suprimiendo el bandolerismo, sofocando huelgas y protegiendo a los terratenientes. Desarrolló una base entre los conservadores ricos y de clase media y los caciques rurales. Significativamente, tenía el respaldo del presidente Cárdenas, que lo designó comandante de zona para que pudiera fungir como uno de los varios recursos situados estratégicamente en uno de los enfrentamientos planeados con Calles. Esta lucha, mediante la cual Cárdenas pretendía librarse de un hombre que durante una década más o menos había controlado la política mexicana, tuvo su primer encuentro en junio de 1935: sacó a los partidarios de Calles de su gabinete y el propio Calles se retiró en avión a su noroeste nativo. En esta coyuntura, Maximino desempeñó el papel de contrapeso con Mijares, para que los gobernadores a favor de Calles como él no intentaran unirse en una revuelta. Con Calles marginalizado, Mijares probablemente se sintió forzado a respaldar a Maximino.[12] Al tener a Cárdenas apoyándolo y a Calles fuera del paso, Maximino podía contar con el respaldo del PNR, tanto su aparato federal como el poblano. El segundo, encabezado por su hermano Rafael, tabularía los votos.

Pero la mano dura de Maximino como comandante de zona creó una mina de resentimiento popular. Notoriamente, en abril de 1935, sus tropas reprimieron una huelga general del Frente Regional de Obreros y Campesinos (FROC), un grupo radical afiliado a la poderosa Confederación de Trabajadores de México de Vicente Lombardo Toledano. Tres hombres fueron asesinados a tiros en la ciudad de Puebla. Varios meses después, Maximino declaró la ley marcial en la ciudad fabril de Atlixco, tras el asesinato del secretario general del FROC. También se informó que el general promovió ejércitos privados al servicio de los hacendados. Esta afirmación implicó un rechazo público típicamente enfático y extenso hacia Maximino.[13]

De este modo el FROC le dio su apoyo a Bosques, un hombre que había trabajado en la Secretaría de Educación y de Hacienda, y que ahora cumplía un segundo periodo en el congreso federal; era tan respetado que lo habían nombrado presidente de la Cámara de Diputados.[14] En esa época, el FROC había superado a la Confederación Regional Obrera Mexicana (CROM) como la principal organización sindical del estado, un poder que se tradujo en resultados cuando el FROC ganó la alcaldía de la ciudad de Puebla en 1936. Su respaldo a Bosques, junto con el apoyo de Lombardo en el nivel federal, significaba que la elección interna sería una batalla. Después, 17 locales de la principal asociación campesina del estado, la CCEZ, votaron para separarse del bando de Maximino y apoyar a Bosques. Consolidando más su poder, se postulaba al lado del popular ex gobernador Leónides Andreu Almazán, que se unió al bando de Bosques para hacer campaña como senador. Bosques también disfrutó del respaldo de *La Opinión,* el periódico de referencia de Puebla y que simpatizaba con la izquierda.[15]

Dadas las capacidades estratégicas y populares de Bosques, la supervisión del PNR (a menudo débil) del aparato electoral era insuficiente para arreglar el triunfo de Maximino. Un resultado abiertamente fraudulento fácilmente desencadenaría una revuelta, más si se tomaba en cuenta la inestable historia de Puebla. En otras palabras, Maximino tuvo que hacer campaña para obtener votos. El temor de que perdiera se hizo evidente dos semanas antes de la votación, cuando un pistolero de su bando intentó asesinar a Bosques en un mitin. Tras fallar en su intento y matar a un simpatizante en el altercado resultante, el tirador se refugió en casa del cacique local, un candidato del congreso estatal en alianza con Maximino.[16]

Finalmente, dos factores además de la mano de Cárdenas guiaron la elección: el miedo y el dinero de Jenkins. La intimidación sacudió toda la campaña. Más allá del atentado contra Bosques, por toda Puebla hubo asesinatos. En las zonas rurales se decía que los ejércitos privados acosaban a los campesinos para que apoyaran a Maximino.[17] En Atlixco, donde el FROC y la CROM habían derramado sangre en ambos bandos por el control de las fábricas desde 1929, la violencia estalló de nuevo, con dos miembros del FROC asesinados en febrero. La CROM, una maquinaria corporativista mermada en busca de nuevos patrones, estaba respaldando a Maximino. En marzo, en un forcejeo similar en una fábrica de cigarros de la ciudad de Puebla, resultaron muertos otros dos miembros del FROC; después llegaron las tropas, hicieron retroceder a la facción del FROC y protegieron a los agresores de la CROM.[18] Sin duda dichos enfrentamientos ayudaron a convencer a las clases medias, tal vez a los pobres sin afiliar también, de que lo que Puebla más necesitaba era la mano dura de un general.

El dinero también era clave: para financiar eventos de campaña, comprar influencia, imprimir propaganda (incluso un diario) y movilizar al voto. Pero la propia riqueza de Maximino estaba en gran medida estancada en propiedades y el gobierno del estado siempre carecía de fondos. Desde luego, los déficits en 1936 se han de haber debido en parte a los subsidios para Maximino, pero el presupuesto era tan reducido de antemano, de apenas un millón de dólares, que es poco probable que Mijares tuviera mucho efectivo discrecional que ofrecer.[19] Por tanto, la donación de Jenkins era fundamental, ya que permitía que Maximino gastara bastante más dinero que su adversario. El general llevó a cabo una campaña más larga que la de su rival, y viajó más lejos.[20] Todos los mítines de ciudades requerirían un gasto, no sólo el transporte y el alojamiento de un candidato y su séquito, sino también el costo de tentar al público para escuchar discursos predecibles de políticos que apenas reconocían, y cuyos predecesores (excepto Almazán) habían fracasado en buena medida en cumplir sus promesas. Como mínimo, una comida gratis estaba en orden. Su falta de apoyo generalizado entre obreros y campesinos, por mucho la mayoría del electorado, seguramente forzó al general en buena medida a comprar los votos, con sobornos atractivos para los alcaldes y caciques.

El día antes de la elección del 5 de abril, en un espectáculo de despilfarro electoral, el equipo de Maximino llevó en autobús a miles de "turistas políticos" para inflar su voto. Según un informe, 70 autobuses y 34 camiones llegaron desde México, y tras dejar su cargamento se apresuraron a los estados vecinos para recoger más votos. Un chofer, cuyo autobús fue bombardeado por los simpatizantes de Bosques, admitió que lo habían contratado al servicio de Maximino.[21]

Ambas partes reclamaron la victoria, pero desde el PNR hubo silencio. Los conteos debieron necesitar más manipulaciones y el momento no era propicio, ya que el partido estaba reacio a incitar a un nido de avispas en Puebla mientras aún tenía un avispón del cual disponer en la capital. Calles había vuelto en diciembre y buscaba reunir cuanto apoyo pudiera. Un segundo encuentro con Cárdenas culminó el 10 de abril, cuando a Calles, aferrado a su ejemplar de *Mein Kampf* de Hitler, lo subieron otra vez a un avión, esta vez con destino a Los Ángeles y un exilio de cinco años. Unos cuantos días después, el comité nacional del PNR dijo que convocaría a Bosques y Maximino, para que pudieran exponer sus casos y expresar sus quejas. A las 11 p. m. del 29 de abril, se declaró ganador a Maximino.[22]

Que el PNR se tardara tres semanas en declarar el resultado sólo confirmaba que Maximino apenas superó a Bosques o necesitaba "alquimia electoral" (como la manipulación de los resultados llegara a conocerse) para reclamar su premio. En consecuencia hubo protestas masivas. En una marcha del Día del Trabajo en Puebla se sumaron 25 000; otra marcha llevó a 20 000 a México, justo cuando una huelga general paralizó Puebla. El propio Bosques se mantuvo al margen. Cualesquiera que fueran las palabras que intercambió con Cárdenas, quedaron entre ellos. El presidente respetaba profundamente a Bosques, pero tenía una deuda de lealtad con Maximino con respecto a la confrontación de Calles y quería conservar su amistad con el hermano políticamente talentoso de la familia, Manuel.[23]

Desde ahí los caminos de los rivales divergieron. Cinco años después, tras haber aumentado su saldo bancario en varios millones de pesos mientras era gobernador, Maximino seguía durmiendo bajo un retrato de Mussolini. Ahora planeaba imponerse en la Secretaría de Comunicación, que ofrecería nuevas avenidas de corruptibilidad. Gilberto Bosques, mientras tanto, estaba trabajando duro para salvar a los europeos perseguidos del terror fascista. Como cónsul mexicano en Marsella, diseñó el vuelo de miles de exiliados españoles de izquierda y miles de judíos fugitivos, emitiendo visas de residencia en México, organizando alojamiento seguro y comida, y buscando barcos para transportarlos desde Francia.[24]

La interdependencia se vuelve conveniente

La elección de 1936 en Puebla presagió el voto nacional de cuatro años después, cuando el hermano de Maximino, Manuel, ganó la presidencia. Ambas contiendas fueron violentas y estuvieron manchadas por el fraude y la captación encubierta de fondos. Ambas señalaron un cambio a la derecha y el inicio de una era de alianza evidente entre las élites políticas a favor de las empresas y los empresarios. Este vínculo entre Estado y capital era igualmente significativo para cada uno. En Puebla, consolidó un gobierno estable en medio de un clima de violencia generalizada, ayudó a establecer una dinastía derechista que perduraría durante varias décadas y protegió a los capitalistas como Jenkins y a los magnates textileros del estado de las confiscaciones de propiedades y las huelgas. En el nivel nacional, el vínculo cimentó el dominio del partido en el gobierno, que se mostró cada vez más tolerante con los monopolios y cómplice de una concentración general de la riqueza.

En las secuelas caóticas de la Revolución, la mayor parte de los líderes políticos y empresariales consideraron la interdependencia como algo necesario. Los historiadores tenderían a estar de acuerdo. Pero ¿seguía siendo así? Sin duda, cuando Maximino hizo campaña, sintió que no había otro camino más que el suyo, el de la mano abierta hacia los negocios y la mano dura hacia los trabajadores y los campesinos, mediante el cual Puebla podría lograr estabilidad y crecimiento. Una vez en el poder, seguiría encontrando imperativas las alianzas con las élites empresariales y dependería de ellas para satisfacer más de una necesidad. Éstas iban desde favores del día a día, como acceso a sus plazas de toros y teatros para montar demostraciones de demagogia popular (después de todo, el orden dependía de la unidad), hasta favores de plazo más largo como suplementos para el presupuesto inadecuado de Puebla, para construir carreteras y generar empleos.

No obstante, visto desde la izquierda o desde el punto de vista de la democracia electoral (la postura que tomó Madero en 1910 cuando gritó "sufragio efectivo"), la victoria de Maximino no era imprescindible en absoluto. Simplemente era conveniente. Evidenciaba un pacto entre un autócrata potencial y una camarilla de capitalistas ya privilegiados. La paz en Puebla se podría haber conseguido mejor cumpliendo las promesas de la Revolución de tierra, libertad y representación democrática. Pronto podría hacerse una pregunta similar sobre las alianzas estado-capital en el nivel federal, donde después de 1940 la amenaza de otro cambio de régimen violento prácticamente desapareció.

Lo que hace de la elección de Maximino una prueba instructiva para observar la naturaleza de las alianzas entre élites es su época. En su toma de posesión, Cárdenas prometió que la intervención estatal en la economía sería "cada vez mayor, cada vez más frecuente y cada vez más profunda". Las huelgas escalaron. Los líderes empresariales estaban inquietos por la llegada del comunismo.[25] Para la élite poblana, la elección de 1936 podía permitir la continuidad del conservadurismo de Mijares y un amortiguador contra los socialistas en la Ciudad de México, o podía implicar un cambio hacia la izquierda, que les daría a esos radicales rienda suelta y cortaría de raíz la recuperación del estado. Desde luego, el apoyo paradójico del presidente al brutal pero útil Maximino, en vez de a su alma gemela ideológica Bosques, fue un factor importante en el resultado, pero también lo fue ese imperativo económico que impulsó a Jenkins y sus colegas a sacar sus chequeras.

Una necesidad apremiante de efectivo también distinguía los años de Maximino en el poder. Pese a su ideología a favor de las empresas, la terrible condición de las arcas del estado significaba que uno de sus primeros decretos era subir varios impuestos. Un reportaje sobre su decreto añadió que los "que no se sometan a sus dictados, verán convertidas en cooperativas sus negocios". Si bien no hay pruebas de que alguna de esas medidas se haya aplicado, los ingresos fiscales sí aumentaron bajo el gobierno de Maximino. Durante sus primeros dos años en el poder, el presupuesto del estado creció 25 por ciento.[26]

Pero el éxito gradual no era suficiente para las necesidades de Maximino. Primero, el estado planteaba desafíos enormes. El censo de 1930 mostró que los poblanos seguían teniendo poca educación, con el 68% de la población analfabeta frente a un promedio nacional del 59%. Durante la campaña electoral, la Secretaría de Economía Nacional publicó cifras que demostraban que en las últimas tres décadas, la ciudad de Puebla había crecido mucho más lentamente que sus rivales. Su población estaba por encima sólo por una cuarta parte, en 115 000, frente al triple de México (en un millón) y un doble aproximado en tamaño de Guadalajara y Monterrey (en 180 000 y 133 000). En una generación, Puebla había caído de la segunda ciudad más poblada de México a la cuarta.[27] Para revertir el declive relativo de la ciudad y el estado, el gobernador necesitaba la ayuda de la iniciativa privada.

Maximino también quería ayuda porque su visión del liderazgo insistía en el autoenriquecimiento. En parte era pura avaricia. En parte era una cuestión de mantener un aura que sentía apropiada para el cargo. De ahí sus trajes costosos, sus automóviles ostentosos, su recibimiento de dignatarios extranjeros. De ahí la generosidad otorgada en las celebraciones anuales de su cumpleaños, cuando se invitaba al público a la plaza de toros de la ciudad y se les daba entretenimiento gratuito.[28] Para financiar la satisfacción de estos gustos, el imperativo que motivó su alianza con los empresarios y perduró durante su gobierno se complementó con relaciones de conveniencia. Los industriales como Jenkins no sólo hicieron donativos de campaña, préstamos, anticipos de impuestos, sino que también subsidiaron el estilo de vida del gobernador y se asociaron con él en los negocios.

Casi todas las pruebas de dichas relaciones se perdieron. Al final de su mandato, Maximino vendió casi todo el archivo ejecutivo a la fábrica de papel Peña Pobre para que lo destruyeran y reciclaran como papel periódico.[29] Lo que queda son las conjeturas de los historiadores, las narrativas de los cronistas, los recuerdos de los vivos y algunos fragmentos de documentación.

Todos los historiadores están de acuerdo en que Maximino usó sus cargos en la política para forrarse los bolsillos, primero en Puebla y, a partir de 1941, al frente de la Secretaría de Comunicaciones y Obras Públicas. Stephen Niblo escribió que en el México de mediados de siglo "el dinero y la protección política formaban una unión simbiótica" que se ilustraba bien con los vínculos entre Maximino y Jenkins. Añadió que su relación "vio a Jenkins ofrecer a Maximino oportunidades de negocios y recompensas financieras a la vez que Maximino le daba protección política a Jenkins". Pero aquí, como en otras historias, faltan detalles.[30]

Las pruebas de los testigos son escasas también, aunque hay consenso en cuanto a la complicidad de Jenkins. En un comunicado de 1939, el cónsul general Stewart (a quien Jenkins reveló su donación para la campaña) escribió que Maximino era "sin duda un socio secreto de Jenkins", lo que sugiere que el gobernador mantenía una participación en la Compañía de Atencingo. Décadas después, en una cena que convocó para los cronistas poblanos Enrique Cordero y Torres, el decano mayor del grupo, los invitados combinaron sus conocimientos sobre los activos y los hombres de Maximino. Jenkins fue el primero en mencionarse, seguido de su secretario particular y sus dos socios más cercanos. Recordando esa ocasión, el hijo de Cordero haría constar que Maximino tenía una participación en Atencingo y en las salas de cine de Puebla. También señaló que Jenkins y Maximino compraron 20 000 hectáreas de tierras a precios irrisorios justo al sur de la ciudad de Puebla, en anticipación a la construcción de la presa de Valsequillo. Las tierras que se inundaron se las vendieron al gobierno federal a precios inflados, mientras que el resto se transformó en valiosas tierras agrícolas de regadío, una vez que Valsequillo empezó a funcionar en 1944.

El último hijo que sobrevivió a Maximino, Manuel Ávila Camacho López, juró que Jenkins fue uno de los hombres con los que su padre tenía alianzas encubiertas. Dijo que tenía los documentos para demostrarlo, pero murió antes de recuperarlos. El nieto mayor de Jenkins, si bien guarda silencio sobre el asunto de las alianzas, reconoció que su abuelo hizo favores para facilitar el flujo de efectivo personal de Maximino, en varios casos comprando casas que el general tenía en la Ciudad de México. Según la propia admisión de Jenkins, este tipo de favores funcionaban de dos maneras. Le dijo a Stewart que Maximino le había hecho préstamos empresariales, de su propia cuenta personal, de hasta 100 000 pesos.[31]

El compromiso de Atencingo

La toma de posesión de Maximino, en febrero de 1937, llegó justo a tiempo para Jenkins. El norteamericano estaba enfrentando la posible pérdida de Atencingo.[32] En octubre de 1936, con Calles fuera del paso, Cárdenas aceleró su programa de reforma agraria. Empezó con un ataque, supervisado en persona, a las fincas industrializadas de algodón del distrito fértil de La Laguna. El primer afectado fue Manuel Pérez Treviño, ex gobernador de Coahuila y presidente del PNR, que tuvo el doble infortunio de haber competido contra Cárdenas para la nominación presidencial y haber subido los escalones del partido como aliado de Calles. Tras enviar a Pérez Treviño como embajador a España, Cárdenas confiscó su enorme hacienda. Al menos en parte, la reforma agraria estaba impulsada por ajustes de cuentas y ostentosos encabezados. Algunas confiscaciones se vieron facilitadas por la popular xenofobia que se disparó con la depresión y mantuvo su fuerza a lo largo de la década. Algunas de las expropiaciones más grandes se harían a costa de los extranjeros.[33]

Como dueño de la empresa agroindustrial más grande de Puebla, como estadounidense y como un hombre conocido por burlarse del estado de derecho en México, Jenkins sabía que era un blanco. "Prosperé mucho en los últimos cinco años", le escribió a su amigo de Vanderbilt, John Tigert. "Ya tengo una empresa muy grande y, por supuesto, todas las empresas comerciales grandes en los países radicales como éste son muy peligrosas. Nunca se sabe cuándo nos van a echar a patadas."[34]

Jenkins era propenso al alarmismo, pero estos comentarios fueron clarividentes. Semanas antes, la agrarista veterana Dolores Campos

(Doña Lola) había conseguido una audiencia con Cárdenas. Hasta entonces, con la ayuda de Campos y otros activistas valientes, unos 40 pueblos habían ganado tierras, frente a burócratas lentos, guardias blancas y caciques amigables con Jenkins, como Sabino P. Burgos, de Chietla. De hecho, la muerte de Burgos en 1935 proporcionó la apertura que Doña Lola necesitaba para presionar en la resolución sobre el terreno más valioso de Jenkins. En medio del consiguiente vacío de poder, su aliado, Gil Vega, ganó la elección como presidente municipal de Chietla.[35]

El apoyo de Vega a las peticiones de los habitantes de su pueblo durante 1936 les ayudó a atraer la atención de la capital. Su reclamo persistente era que una parte muy pequeña de las tierras que hasta entonces les habían otorgado estaba irrigada, y gran parte era montañosa. Luego hubo un revés: Vega perdió su apetito de luchador tras su primer año en el poder. Había indicios de que no era feliz por no haber logrado lucrarse como cacique. Optó por alinearse con Jenkins. Esto puede a su vez explicar por qué, poco después de la visita de Doña Lola a Cárdenas, Vega sería acribillado a balazos una noche mientras dormía.[36]

En su reunión con el presidente, Doña Lola argumentó que la gente de Chietla, junto con otros vecinos que no tenían tierras arables, debían recibir el motor económico del valle: las 11 300 hectáreas del centro de cultivo de azúcar. Cárdenas estaba familiarizado con el valle de Matamoros por un breve periodo como jefe militar de Puebla en 1932. En su diario describió la región como una en la que los jornaleros deprimidos y a menudo borrachos de la Compañía de Atencingo contrastaban con sus vecinos de los ejidos, que parecían felices y saludables. Independientemente de si esta descripción era justa o no —puesto que Manuel Pérez tenía poca tolerancia a la borrachera generalizada, mientras que el diario probablemente se escribió (y corrigió) para la posteridad—, el atractivo de la propuesta era simple. Atencingo podía ser el próximo escaparate de la Revolución, un testamento de la productividad de los campesinos, como La Laguna. El presidente le dijo a Doña Lola que accedería a su petición. En mayo le ordenó al Departamento Agrario que organizara la confiscación y el reparto.[37]

Jenkins respondió con una astuta estratagema jurídica. Sacaría provecho de un cambio legislativo de 1934, que permitía a los peones acasillados de las haciendas solicitar tierras sobre la misma base que otros campesinos. Para efectuar su plan, Jenkins reclutó a dos hombres poderosos.

El primero era Maximino. El gobernador ordenó un estudio de Atencingo, que concluyó que sus productores de caña residentes debían hacer una primera solicitud. Después de todo, ya ocupaban las tierras, pero no eran dueños de nada, mientras que los pueblos ya poseían concesiones de tierras y simplemente estaban buscando ampliaciones. Maximino utilizó este estudio para cabildear a Cárdenas. También sostuvo que la división de Atencingo en ejidos comunales podía tener repercusiones fiscales realmente negativas para el estado. Más adelante, protestó que el comisionado que llevaba el asunto estaba invitando a personas de pueblos lejanos, incluso de Morelos, a formar parte del reparto. En julio, Cárdenas respondió favorablemente y emitió una suspensión de su orden de embargo. Haciendo caso omiso del Departamento Agrario, el presidente encargó a Maximino que determinara cómo se dividiría Atencingo.[38]

El segundo aliado de Jenkins era el poco probable de Blas Chumacero, un líder vocal del radical FROC, la federación de trabajadores. Chumacero se había convertido en legislador estatal en enero, y había indicios de que él y su colega, el diputado Francisco Márquez, podían atenuar el conservadurismo del nuevo establecimiento, ya que los demás miembros de la legislatura se habían autodeclarado partidarios de Maximino. Sólo ocho meses antes, Chumacero había marchado a la cabeza de la manifestación de México en contra del robo de Maximino de la elección interna de Puebla. Pronunció un discurso vívido en el que recordó el ametrallamiento de miembros del FROC siguiendo las órdenes del general en 1935 y culminó con esta declaración: "El general Ávila Camacho, candidato de la imposición a la gubernatura de Puebla, está al servicio del clero, del capitalismo y de las Camisas Doradas". Pero a unas semanas de haber entrado a la legislatura, tanto él como Márquez consideraron oportuno (y muy probablemente útil para su salud) echar su suerte con el gobernador. Esto produjo un cisma dentro del FROC, y Chumacero convenció a Jenkins de que dejara que el sindicato de Atencingo se uniera a su nueva ala pro Maximino.[39]

A su vez, Chumacero ayudó a Jenkins a crear nueve comisiones para representar a cada una de las antiguas haciendas en el complejo de

Atencingo. El 25 de agosto, en nombre de los peones acasillados, éstas harían una petición formal a Maximino para las tierras.⁴⁰

Muy pronto llegaron más noticias buenas para Jenkins. Mientras estaba de gira en Yucatán, Cárdenas expidió reglamentaciones que aclararon los derechos de los peones a las tierras que trabajaban. Cuando el presidente zarpó de vuelta, Maximino, Chumacero y varios oficiales agraristas se apresuraron a Veracruz para interceptar su barco. En una audiencia del 26 de agosto, lo convencieron del derecho de los peones acasillados a Atencingo.⁴¹ La aceptación de Cárdenas de esta propuesta provocó indignación en Chietla, pero no hubo incidentes violentos, sólo una borrachera de todo el día. Ésta indicaba sólo un paréntesis. De ninguna manera era el fin del activismo contra Jenkins.

Tampoco marcó el final del enchufismo de Jenkins. Por casualidad, unas semanas antes, Jenkins había recibido a su viejo amigo de Vanderbilt, John Tigert. Entonces presidente de la Universidad de Florida, tras haber fungido como comisionado de Educación con los presidentes Harding y Coolidge, Tigert tenía buenos contactos. Tigert entendió por Jenkins que el embajador Josephus Daniels no simpatizaba con su causa. De hecho, el izquierdista Daniels se había acercado a Cárdenas y compartió su desdén por Jenkins. En sus memorias, sacaría a relucir la versión de la leyenda negra del secuestro de Jenkins en 1919 como si fuera un hecho.⁴²

Así es que Tigert empezó a cabildear. Primero, por una cuestión de forma, le escribió a Daniels, que respondió con un machote ("Hemos seguido la evolución del caso del señor Jenkins con interés..."). Después se acercó a sus contactos en Nueva York y Washington: el embajador de Estados Unidos en misión especial Norman Davis, un antiguo compañero de Vanderbilt; el director general de la Unión Panamericana; y un consejero de la Comisión Especial de Reclamaciones. Incluso ofreció ir a Washington y visitar al presidente Roosevelt. El impulso de sus esfuerzos no era proteger la hacienda de Atencingo, ya que en septiembre Cárdenas había rechazado la cláusula legal que protegía a las Unidades Agrícolas Industriales de la expropiación, por lo que Jenkins estaba resignado a perder sus tierras. Más bien, Tigert buscaba una compensación financiera adecuada para su amigo.⁴³

La diplomacia de Tigert se frustró y Jenkins no lo instó a que visitara a Roosevelt. El hecho básico era que, a diferencia de las demandas del norteamericano de compensación en relación con la Revolución (presentadas a la comisión especial), aún no existía un mecanismo formal para negociar las reclamaciones que surgieron a partir de 1920. Además, el Departamento de Estado sabía bien que las expropiaciones de tierras tenían un apoyo público masivo. Con la falta de voluntad del embajador Daniels para llevar adelante el asunto, Jenkins y Tigert podían ver que no había nada que hacer por el momento. Según una versión, Jenkins decidió por ende ganar un poco de capital político haciendo un obsequio formal de la tierra de Atencingo a Cárdenas. Si este relato es cierto, fue una acción insincera, ya que el año siguiente Jenkins solicitaría una nueva compensación a la Comisión Especial de Reclamaciones.[44]

Mientras tanto, una lucha tomaba lugar sobre la naturaleza de la concesión de tierras. Maximino, Chumacero y Jenkins propusieron que las tierras se convirtieran en un ejido colectivo, dedicado al cultivo de caña. Las administraría una sociedad cooperativa y recibirían suministros de la compañía del ingenio con el crédito necesario, para el que la cosecha de caña serviría como garantía. Lombardo Toledano, el líder sindical nacional y asesor cercano al presidente, aceptó que el complejo debía seguir produciendo azúcar y cultivarse colectivamente. Pero Lombardo diferiría en el asunto crucial del ingenio y abogaba porque se expropiara también. La idea no era estrafalaria, ya que un modelo similar prevalecía en Zacatepec, Morelos. Aquí, Cárdenas ya estaba invirtiendo 14 millones de pesos en la construcción de un ingenio gigante que mejoraría la cooperativa de campesinos existente.[45] Maximino se movió rápidamente para neutralizar la influencia de Lombardo. El 5 de octubre, según un procedimiento debido, pero también como reflejo del régimen autocrático del gobernador, la Comisión Local Agraria de Puebla envió su informe: favorecía una concesión de tierras comunales única sin la confiscación del ingenio. Maximino selló su aprobación el mismo día. Después aseguró a Jenkins que obligaría a los beneficiaros a seguir cultivando caña.[46]

En una ceremonia el 20 de diciembre de 1937, Maximino les dio a los peones de Atencingo posesión provisional de su ejido de 8 500 hectáreas. A Jenkins se le permitió legalmente conservar sólo 150 hectáreas, aunque con la ayuda de agrimensores incompetentes o corruptos logró mantener 2 900 hectáreas de tierras periféricas furtivamente. El siguiente junio, Cárdenas confirmaría la resolución del gobernador y otorgó la posesión definitiva de las tierras a los 2043 miembros de la Sociedad Cooperativa Ejidal de Atencingo y Anexas.[47]

Cuando firmó los documentos que formalizaron la transferencia ese diciembre, Jenkins lloró. El otrora niño granjero de Tennessee sentía una conexión especial con la tierra, sobre todo esa tierra, a la que había dedicado la mejor parte de su energía durante 17 años, con la que había demostrado un mayor compromiso que el que había mostrado incluso con su mujer. Granjero era la ocupación que indicaba su pasaporte y la agricultura seguía absorbiendo su imaginación.[48] Ahora la tierra de Atencingo ya no era suya.

Aun así, la relación con Maximino le trajo a Jenkins una victoria a largo plazo. Las condiciones de la concesión de tierras vincularon a los productores de caña de Atencingo a una serie de obligaciones que le ayudaron a Jenkins muy bien: debían trabajar colectivamente, sólo producir caña de azúcar y sólo venderla al ingenio de Atencingo; solamente los peones acasillados y los empleados del ingenio de la Compañía de Atencingo, los campesinos y trabajadores menos movilizados los en las cercanías podían considerarse miembros del ejido; los fondos para los cultivos los proporcionaría a crédito y con intereses Jenkins, en lugar del Banco de Crédito Ejidal; y el administrador de la Compañía de Atencingo, Manuel Pérez, tenía derecho a seleccionar al administrador de la Sociedad Cooperativa Ejidal, el órgano administrativo del ejido, que supervisaba los horarios de trabajo, los salarios y la venta de la zafra. En la práctica, Jenkins y Pérez llegaron a controlar la designación de todos los puestos dentro del ejido. En conjunto, poco cambió en la forma en que se dirigía el negocio y a Jenkins se le otorgó una enorme influencia legal sobre sus antiguos peones. El cambio operativo más importante era que Jenkins ahora tenía que pagar por su caña, pero al ser el único comprador más o menos podía fijar el precio. Mejor aún para él, la constitución legal del ejido obstruyó más tomas de terrenos por Doña Lola y sus agraristas. Esto no les impidió que intentaran confiscar parcelas de tierra, pero cuando lo hacían, como ocurrió con derramamiento de sangre en 1939, Maximino no tardaba en defender la integridad de la nueva cooperativa y arrestar a los invasores.[49]

Los intercambios de favores en Atencingo no terminaron ahí. Durante el debate sobre el futuro de la hacienda, el Departamento de

Estado de Estados Unidos contactó al gobierno mexicano para expresar su preocupación porque un activo tan grande propiedad de un estadounidense afrontara una expropiación. La nota del Departamento de Estado impulsó lo que probablemente fue el favor más grande de Jenkins a Maximino desde la donación para su campaña.[50] Como más tarde relató al cónsul general Stewart, el gobernador lo mandó buscar de inmediato, "presa del pánico", y confesó su preocupación de que el gobierno norteamericano tomara represalias confiscando los depósitos mexicanos en los bancos estadounidenses. Dijo que, por tanto, tenía la intención de transferir sus ahorros estadounidenses a la cuenta de Jenkins. Sin duda preocupado por la señal de alerta que podía levantar en el IRS, Jenkins protestó ante la idea. Pero Maximino, como todo dictador, era propenso a la paranoia; no lo convencerían, así que, durante varios meses, Jenkins estuvo obligado a esconder 250 000 dólares de la fortuna mal habida de Maximino. Jenkins cerró la historia de este episodio con una exhibición poco común de introspección pública, que Stewart, en una subestimación irónica, expresó así: "El señor Jenkins dice que a veces piensa que sus relaciones con el gobernador pueden ser demasiado cercanas".

Entonces, en mayo de 1940 se retribuyó la generosidad: Maximino propuso a su legislatura que retirara los fondos del departamento de asistencia pública de su cuenta bancaria y los invirtiera en la Compañía de Atencingo; sostuvo que generarían una rentabilidad mayor. Ese julio, tras un estudio del congreso, la propuesta fue aprobada, si bien no se comunicó en la prensa.[51]

A otros terratenientes norteamericanos importantes, menos adeptos al politiqueo, les fue peor. El rival más cercano de Jenkins había sido B. F. Johnston, en Sinaloa, cuya empresa United Sugar Companies dominaba la producción en el noroeste. Pero Johnston murió en un viaje a Hong Kong en 1937 y su familia tuvo que confrontar la expropiación de su hacienda en Los Mochis un año más tarde. Como Jenkins, se quedaron con el ingenio y un acuerdo de crédito y suministro exclusivo con el ejido. A diferencia de Jenkins, no lograron conservar el control sobre la cooperativa de producción de caña. Las utilidades fueron captadas por líderes interesados, los conocimientos se disiparon y la producción declinó. En los siguientes 15 años, pese a la ampliación de los cultivos de caña en una cuarta parte, el ejido vio su producción de caña reducirse en una quinta parte. Unos años después de eso, los herederos de Johnston renunciaron y vendieron su ingenio al empresario-político Aarón Sáenz.[52]

Hasta después de la Segunda Guerra Mundial, Jenkins seguiría cosechando utilidades de Atencingo. La productividad de la caña en toneladas por hectárea siguió siendo elevada. Los trabajadores del ingenio y los productores de caña siguieron estando subordinados y, excepto durante la campaña presidencial de 1939-1940, bastante pacíficos. El gobierno federal mantuvo un límite de precio en el azúcar, pero la demanda durante la guerra superó la oferta, por lo que, como otros dueños de ingenios, Jenkins logró vender enormes cantidades en el mercado negro. Para Jenkins, estas ventas las manejaba presuntamente su amigo, el comerciante Gabriel Alarcón. Jenkins también continuó sus envíos encubiertos de grandes cantidades de alcohol de contrabando. El gobierno del estado se hizo de la vista gorda en cuanto a ambas prácticas. Al referirse a la expropiación, Jenkins le dijo más tarde a un amigo: "Salí triunfando".[53]

El líder sindical, Chumacero, también salió triunfando. El pragmatismo que mostró al abandonar el radicalismo en favor del acuerdo pudo haber surgido de una necesidad incómoda. Sin embargo, también presagió los compromisos diarios de una carrera muy larga bajo la tutela del partido gobernante. Fungiría como diputado federal de Puebla seis veces, un récord nacional después de 1940. Sería electo como senador dos veces y ascendería al número dos en la Confederación de Trabajadores de México (CTM), el eterno cómplice del dictador sindical vitalicio, Fidel Velázquez. El famoso líder sindical comunista, Valentín Campa, por algo, nunca confió en Chumacero. Más tarde recordaría observarlo en la fundación de la CTM: "El pseudocampesino de Chumacero, con traje de casimir inglés".[54]

Además, Maximino salió triunfando: política, económica y personalmente. Ganó puntos políticos negociando para la satisfacción del presidente un problema agrario espinoso, marcado por tres décadas de enfrentamientos violentos. Aseguró un futuro productivo para la unidad privada más grande de la economía del estado, empleadora de 5 000 trabajadores, fuente importante de impuestos y opción de inversión para los fondos controlados por el estado. Preservó una relación de conveniencia suficiente con el principal industrial del estado para mantener un refugio seguro, cuando necesitaba uno para su botín. Y si hemos de creerle al cónsul general Stewart, también preservó para sí mismo una participación encubierta y lucrativa en la Compañía de Atencingo.[55]

El compromiso de Atencingo tuvo perdedores, principalmente Doña Lola y sus cientos de seguidores ávidos de tierra. Si bien diversos historiadores la describen como la heroína frustrada de la historia (la adversaria valiente de un ruin estadounidense rico), los informes contemporáneos sostienen que planeó asesinatos y gobernó mediante el miedo como más de un cacique. Por más dura que fuera, no podía igualar la alianza Maximino-Jenkins. Tras pasar una temporada en la cárcel por complicidad en otras invasiones de tierras, se exilió en Morelos. En 1945, a los 64 años de edad, estaba a punto de volver a Atencingo cuando cayó en manos de un asesino. Sin embargo, su legado perduraría en el terreno que dejó preparado para un socio joven, Porfirio Jaramillo, quien organizara la resistencia contra Jenkins el año siguiente.[56]

Entre los perdedores también hay que incluir a Mary Jenkins y sus hijas más jóvenes. Si Cárdenas se hubiera puesto del lado de Lombardo Toledano y hubiera confiscado el ingenio, se habría evaporado la principal razón de Jenkins para quedarse en México y la vaca lechera que le permitía invertir en otros negocios. Muy posiblemente habría vuelto con Mary y buscado oportunidades en Los Ángeles, donde tenía varias propiedades en renta.

Los remordimientos le decían que debía hacerlo. Después de pasar con Mary la Navidad de 1939 en Tucson, le escribió a John Tigert que su salud había mejorado un tanto. Se mudaría de regreso a L. A., donde Mary y Tita estaban en un internado. William le había comprado una nueva casa, "podría agregar que es sensacional... justo al lado de Hollywood". Prosiguió: "Tengo pensado pasar más tiempo en Los Ángeles del que he pasado en Tucson en los últimos años. En primer lugar, si este yerno que tengo [el marido de Elizabeth Lawrence Higgins] resulta eficaz, tendré a alguien en México para ocuparse de las cosas y de nuevo cada vez estoy más viejo para tratar de hacer todo yo solo".[57]

Era un sueño guajiro. El yerno Higgins no resultó eficaz. Supervisaría algunas empresas, nunca con tanto efecto, y pronto la guerra mundial lo movería de México. Es más, las afirmaciones de Jenkins sobre la edad eran una farsa. Aunque tenía 61 años, acababa de diseñarse un nuevo hogar de lujo: la enorme planta superior del Imperial Building en Puebla, encima de su tienda departamental, un lugar más alto que el ayuntamiento. Acababa de iniciar un trío de sociedades en la industria cinematográfica. No tenía intención de aflojar el ritmo.

Con Maximino, un populista derechista

Pese a toda la brutalidad de su ascenso, Maximino Ávila Camacho era todo un populista. Necesitaba serlo. A medida que aseguró su gobierno durante su primer año en el poder —consiguiendo lealtad unánime dentro del congreso estatal, colocando a sus aliados en el sistema judicial y en la Junta de Conciliación y Arbitraje, cooptando al periódico principal, *La Opinión*,[58] conteniendo el activismo agrarista—, la estabilidad de Puebla estuvo garantizada. La ecuación simbiótica que le ayudó a llegar al poder lo vio apoyando a la élite empresarial en los conflictos con los trabajadores y los campesinos. Sus medidas enérgicas y sangrientas en la huelga general del FROC en 1935, habían anunciado su *modus operandi*. Su persecución del sindicato de extrema izquierda, en beneficio de la CROM, lo dejó diezmado y marginalizado; entre 1938 y la elección presidencial de 1940, el promedio de asesinatos de miembros del FROC fue de más de uno al mes.

El aumento de la inversión en Puebla, mientras tanto, contrastó con la lentitud económica en el nivel nacional. Jenkins y sus amigos a menudo estaban involucrados. En un buen ejemplo, Jenkins invirtió en la distribuidora de automóviles de Rómulo O'Farrill, lo que le permitió empezar a ensamblar Packards de lujo. En la inauguración de la planta de Packard, O'Farrill fue efusivo en sus alabanzas a Maximino, "quien me ofreció ayuda y todas las facilidades sin límites".[59]

El orden y el progreso tuvieron un precio y no sólo para el FROC. El espacio para la disidencia prácticamente desapareció. Maximino era suficientemente consciente de sí mismo para saber que su mano dura y su calidez con el empresariado corría el riesgo de alimentar el descontento público. Anhelaba la popularidad, no sólo para fortalecer su régimen, sino también para ayudarle en su sueño de convertirse en presidente de la República.[60] Por lo tanto, construyó una fachada populista, detrás de la cual podía hacer sus negocios y, cuando sentía que le era debido, enriquecerse a sí mismo.

En el arsenal del populista, el armamento más pesado es retórico. Así era con Maximino. En su investidura, que se celebró en el Cine Variedades, donde podían asistir más personas que en el congreso del estado, el gobernador declaró: "Deseo estar en contacto directo con las masas, para hacer coincidir los esfuerzos de mi gobierno con las aspiraciones populares, a las cuales ha sabido alentar el movimiento revolucionario del país". Hizo un llamado a la unidad y la armonía entre las clases. Su gobierno haría énfasis en la eficiencia, la firmeza y la honestidad.[61]

Atencingo fue otro sitio para pavonearse, en el acto de expropiación ese diciembre. "Venimos a repartir, no a destruir", anunció Maximino, usando cómodamente el plural mayestático, con confeti centelleante en sus hombros. Miles de trabajadores y peones del ingenio se habían reunido en la hacienda de Jenkins para escucharlo y vitorearlo. "Seré el guardián —les dijo—. Yo no permitiré que ni ustedes, ni la persona que va a refaccionarlos [Jenkins], falten al compromiso contraído, porque encima de esta situación está el porvenir que constituye el fruto del trabajo." (La retórica era típica de Maximino: reconfortante e incitante, con un sustrato de amenaza.) El titular del día siguiente señaló: "Cumpliéronse las promesas hechas por la Revolución al pueblo, ayer en Atencingo". Maximino exprimiría este "acto revolucionario" en los años venideros, asegurándose de que destacara como un logro singular en cada uno de sus informes.[62]

La retórica de Maximino, de forma clásicamente populista, a menudo era visual. Había mandado filmar su investidura y, cinco meses después de tomar posesión, el carrete empezó a hacer gira en las principales ciudades del estado. En la celebración de su cumpleaños cada agosto, invitaba gratuitamente al público a una fiesta brava en la nueva plaza de toros de la ciudad con 20 000 lugares. En ocasiones, una de las atracciones era el propio Maximino, que aparecía sobre un semental blanco, vestido con traje de charro, y participaba en las corridas como rejoneador. Antes de dejar el poder se vestiría de gala y montaría de nuevo para las cámaras, cuando un equipo documentalista de Estados Unidos llegó a la ciudad.[63]

Otra arma fue el edicto. Poco después de tomar posesión, el gobernador anunció que el Colegio de Puebla, cuya fundación se remonta a 1587, se convertiría en la Universidad de Puebla. El nombre sonaba adecuadamente moderno, pero había poca diferencia. El estado pagó por una alberca y un billar, y Maximino donó 40 caballos para que los estudiantes pudieran aprender "el saludable deporte" del polo. Como rector, Maximino impuso a un compinche reaccionario, Manuel L.

Márquez. Lejos de ser un partidario de la educación liberal, Márquez actuó como asesor legal en el capítulo local de los Camisas Doradas, unos nacionalistas inspirados en Mussolini que pedían la expulsión de los judíos y la erradicación de los comunistas. Tras un año de indignación estudiantil, Maximino se sintió obligado a deshacerse de Márquez y de hecho lo humilló públicamente.[64]

Las obras públicas son una herramienta de gran tradición de los populistas, por sus fotos de corte de cinta inaugural y su poder para atraer votos. Aunque Maximino subió la carga fiscal del estado y prometió grandes cantidades para nuevas escuelas y carreteras, su ámbito de actuación se veía obstaculizado por un erario estatal aún bajo, así como esas tendencias cleptocráticas que le valdrían el apodo "señor Quince por ciento".[65] A menudo donde había un déficit, Maximino tenía la mano amiga de Jenkins.

A veces hacía donativos, como con la continuación de su programa de creación de escuelas en el valle de Matamoros. Después de que una vez sufrió daños en su automóvil en el agreste camino desde Puebla a Izúcar de Matamoros, Jenkins hizo que sus empleados de Atencingo ayudaran a establecer una carretera adecuada.

En otras ocasiones hacía préstamos. El hijo del concesionario de autos O'Farrill recordaría: "Jenkins ayudó mucho a Maximino... Cuando los tiempos eran difíciles y los recursos del estado eran escasos, Maximino le decía a Jenkins, 'Ven, ¿me puedes ayudar?'. Y Jenkins le hacía un préstamo". El sobrino de un ex consejero de Tehuacán relataría cómo los consejeros abordaron una vez a Maximino para pedirle un nuevo sistema de aguas negras. El gobernador aprobó el proyecto, pero dijo que no había dinero disponible. "Sin embargo —añadió—, si caminan a la vuelta de la esquina y visitan a don Guillermo Jenkins, quizá pueda ayudarlos." Así es que los delegados hicieron eso. Convencieron a Jenkins de la viabilidad del proyecto y firmaron sus nombres como avales del préstamo. Los registros del Congreso de Puebla confirman que Maximino aprobó un proyecto de alcantarillado en Tehuacán, financiado por un préstamo, en 1938. Los préstamos de Jenkins para proyectos municipales específicos continuarían con los sucesores de Maximino.[66]

En aspectos clave, el régimen de Maximino recordaba al de Leónides Andreu Almazán, el populista de izquierda mejor recordado de Puebla. El liderazgo populista es una cuestión tanto de estilo como de sustancia, que mientras privilegia ruidosamente a "la gente" sobre "la élite", busca satisfacer a todo mundo.[67] Cubre las brechas entre las promesas y los resultados con más promesas. Como Cárdenas, Almazán luchó por los pobres, sobre todo en la concesión masiva de tierras. Como el presidente de la posguerra, Miguel Alemán, Maximino acogió a los capitalistas y desarmó a los sindicatos, mientras seguía afirmando ser un representante de la Revolución. Allí donde para Almazán el populismo había servido como una fortaleza en una provincia beligerante, para Maximino era un muro detrás del cual podía ocultar sus lealtades. Pero los ladrillos de cada construcción eran similares.

Ambos gobernadores proclamaron un compromiso con la educación, y ambos permitieron que nuevas escuelas recibieran sus nombres mientras seguían en el poder.[68] Ambos hombres pregonaron su apoyo a los trabajadores y los campesinos, aunque Maximino fue mucho más exitoso cooptando a la CROM y dividiendo al FROC que Almazán fomentando la Confederación Campesina Emiliano Zapata. Ambos concedieron extensiones considerables de tierras de labranza (mucho más en el caso de Almazán, pero la bravuconería de Maximino oscureció la brecha). Y ambos le ofrecieron protecciones, a cambio de apoyo financiero, a Jenkins.

Tal vez la diferencia más grande era de convicción. Almazán creía en la Revolución. Intentó aplicar los compromisos de su Constitución. Maximino creía en su propio desarrollo; aplicar cualquier programa izquierdista sólo era un medio para alcanzar un fin. En la retórica de la época, cualquier adversario presunto o real de Maximino podía ser catalogado, con una floritura orwelliana, como "reaccionario" o "antirrevolucionario". El mayor reaccionario era el propio Maximino. Su programa de represión, su uso de la cooptación, su protección de las élites empresariales y sus ganancias excesivas en asociación con ellos recordaban al último jefe de Puebla del porfiriato, Mucio Martínez.

Para un norteamericano conservador, tanto Almazán como Maximino eran sátrapas que había que tolerar. Jenkins era más cercano a Maximino, pero intimaba con ambos para obtener cosas. "Maximino es el mayor hijo de puta que he conocido", le dijo más adelante a su yerno. La necesidad de adular y concertar era particularmente cierta con Maximino, ya que su ego y su poder eran descomunales, y él seleccionaría personalmente a sus dos sucesores. Pero si Jenkins se hubiera quedado en Tennessee, puede que su experiencia no hubiera sido tan diferente. Memphis, por ejemplo, estaba bajo el yugo del "boss" Ed Crump, que tras fungir como presidente municipal de 1910 a 1915, siguió siendo el titiritero, nombró efectivamente a cada alcalde durante las siguientes tres décadas y ayudó a dar un giro en las carreras de los gobernadores. Como Maximino, Crump dirigía una maquinaria política corporativista que entregaba votos a cambio de favores. Usó la retórica populista, pero dio prioridad a las empresas y aspiró a garantizar que la mano de obra permaneciera dócil y barata. Le encantaba la publicidad y demostró gusto por la venalidad.[69]

Los estadounidenses de la época solían consolarse con el hecho de que con todo lo que la depresión pudiera lanzarles, la suya era una democracia más sólida. México pertenecía a los Estados frágiles del sur, propensos a insurrecciones y gobernados por dictadores. El clientelismo, el fraude electoral, el autoenriquecimiento y las dinastías políticas, muy comunes en el sur de Estados Unidos (junto con algunos ejemplos sobresalientes en Chicago, Nueva York y Boston) desmentían esa dicotomía.[70] La principal diferencia era que en México los autócratas tendían a ser los gobernadores y no los alcaldes. Los gobernadores autocráticos sí aparecieron, el más famoso fue Huey Long en Luisiana, pero el cacique norteamericano se veía con más frecuencia en el ayuntamiento. Los alcaldes mexicanos eran relativamente débiles, aunque Maximino presenciaría con enfado una excepción.

A Jenkins le preocupaba su cercanía con Maximino, pero optó por nadar con la corriente. El que se negó a hacerlo fue el antiguo aliado de campaña del general, y amigo del alma de Jenkins, el doctor Sergio Guzmán.[71] Durante sus dos años como alcalde, Guzmán tomó sus propias decisiones. Si bien los regentes anteriores defraudaron al erario por sobornos al gobernador, Guzmán insistió en la rectitud: protegería su nombre y reduciría las posibilidades de que Maximino metiera mano a la caja. Tras un año de incrementar ingresos y efectuar obras públicas, Guzmán se convirtió en el primer alcalde de la historia de la ciudad de Puebla en solicitar una auditoría federal. El secretario de Hacienda le dio una brillante evaluación.[72]

Maximino aún consideraba a Guzmán un amigo. Ese primer verano de su mandato paralelo, habían viajado juntos a su pueblo natal de

Teziutlán para asistir a una feria comercial, donde ambos exhibieron sus habilidades de tauromaquia con grandes aplausos.[73] Pero la negativa del doctor a estar de acuerdo en que "a los vencedores pertenecen los despojos" fastidiaba muchísimo al general.

Maximino tenía la costumbre de regalar joyas a sus amantes y después mandar el recibo al ayuntamiento. Guzmán, eligiendo sus batallas, toleró este comportamiento hasta cierto punto, pero las cosas llegaron a una crisis al final de su periodo como alcalde, en enero de 1939. Maximino estaba a la caza ardiente de la joven actriz colombiana Sofía Álvarez (que pronto aparecería como Rosa *la Terciopelo* en la película mexicana *Carne de cabaret*).[74] Después de que Maximino le regaló a Álvarez un collar de diamantes, Guzmán recibió una factura de 50 000 pesos. Se negó a pagarla.

Dos cosas inducían en Maximino una conducta errática que para algunos observadores estaba al límite de la psicosis: el dinero y las mujeres. Al día siguiente, Guzmán descubrió que le habían robado su automóvil afuera de su oficina. Más tarde, uno de los guaruras de Maximino le dijo que tenía órdenes para matarlo, pero que le estaba avisando porque lo tenía en gran estima. Esa noche Guzmán se escabulló y su carta de dimisión apareció en el periódico matutino. "Circunstancias especiales que afectan mi salud me impulsan a retirarme —escribió—; tengo necesidad de ausentarme de esta ciudad para sujetarme a un tratamiento médico de alguna duración."[75]

No habría más resistencia desde el ayuntamiento. Poco después, Maximino organizó un banquete para Fulgencio Batista, jefe de las fuerzas armadas cubanas, y le entregó las llaves de la ciudad.[76] El siguiente alcalde electo de Puebla sería el hermano de Maximino, Rafael.

Unos años después, cuando era secretario de Comunicaciones, Maximino invitó a Guzmán a una cena. El general estaba muy bromista esa noche. No pudo resistir la tentación de burlarse del doctor por su contratiempo de 1939: "¡Tienes suerte de no estar dos metros bajo tierra!"

"¡Ay, no te creo, Maximino!", Guzmán respondió gentilmente.

Entra Espinosa: aventuras en el cine

En el verano de 1938, Jenkins se embarcó en una aventura que lo volvería más rico que nunca, quizá más rico que cualquiera en México.

Acordó con tres empresarios de Puebla en invertir en un trío de empresas emergentes, cada una diseñada para una ola creciente de interés público en las películas. En una década, Jenkins sería la principal y más poderosa fuerza en la industria cinematográfica de México, que entonces vivía una época de oro de mucha producción y premios en los festivales. Si bien la mayoría de los aficionados al cine probablemente no se daban cuenta, Jenkins llegó a poseer la mayor colección de cines del país, a controlar indirectamente la distribución de películas y a supervisar gran parte del financiamiento de las producciones. Su predominio afligiría mucho a los miembros del sector. Los cineastas maldecirían el auge de películas extranjeras que sus salas de cine parecían favorecer y se lamentarían por la escasez de sus propios presupuestos. Los dueños de los cines rivales alegarían que un yanqui maquiavélico los estaba sacando por la fuerza del negocio.

El año 1938 no se recuerda como un momento oportuno para los inversionistas, particularmente aquellas compañías estadounidenses y británicas que señoreaban la industria petrolera. La recesión en Estados Unidos estaba teniendo un efecto colateral, y el acto tan popular de expropiación de Cárdenas (la "emancipación económica" de México, como el presidente la llamó de forma inverosímil) exacerbó un problema existente de fuga de capitales y forzó una devaluación del peso de 30 por ciento. Además, según unas encuestas que posteriormente llevó a cabo Nelson Rockefeller, el hombre clave de Franklin Roosevelt en Latinoamérica, los conflictos por tierra y petróleo de la era cardenista hicieron que los mexicanos se volvieran "predominantemente antiamericano".[77]

Pero el año aún tuvo sus atracciones. El presidente, preocupado por una recesión prolongada antes de las elecciones de 1940, se sintió forzado a tranquilizar a los inversionistas. Aflojó el ritmo en las confiscaciones de tierras y redujo las huelgas permitidas. Las propuestas de nuevos impuestos se suavizaron y un decreto para la industria incipiente permitió descuentos fiscales de cinco años en las empresas de todos los tamaños. Además, Cárdenas aumentó el gasto deficitario para reavivar la economía siguiendo la moda keynesiana, intensificando la construcción de carreteras, la electrificación, la irrigación y los programas de crédito agrícola. Uno podía ver el impacto positivo en los consumidores por la cantidad de cerveza que estaban bebiendo. Pese a las diversas dificultades económicas, la producción de cerveza nacional aumentó en 1938 en un relativamente saludable siete por ciento, y en 1939 aumentó 24 por ciento.[78] Para los empresarios con efectivo para gastar y nervios fuertes, 1938 fue un año de oportunidad.

El cine era una oportunidad por excelencia. Impulsado por las películas sonoras de Hollywood (tres cuartas partes de todas las películas estrenadas en México durante la década de los treinta), las salas de cine estaban generando ingresos enormes. Si bien aún había pocos palacios de películas dedicados, México era para Hollywood un mercado casi tan grande como Canadá. La producción también era atractiva, ya que avanzaba hacia niveles industriales. En 1936, el melodrama musical rural de Fernando de Fuentes, *Allá en el Rancho Grande,* se había convertido en un taquillazo que estableció todo un género. A su vez, fue la primera gran exportación del cine mexicano, un éxito desde Cuba hasta Argentina. En 1937, sacando partido de esta "comedia ranchera", los cineastas fabricaron otras 20 como ésa.[79]

Para un reaccionario como Jenkins, *Rancho Grande* era aún más atractivo por su discrepancia con el realismo social y los temas revolucionarios que ocuparon a los cineastas durante los años anteriores. Anticipando la clase paternalista y nostálgica de nacionalismo que se convirtió en la sustancia de los medios masivos a partir de los cuarenta, *Rancho Grande* celebraba un México mítico en el que los terratenientes eran patriarcas bondadosos y los campesinos conocían su lugar. En una indirecta a los radicales del régimen de Cárdenas, el padrastro comunista del héroe era un borracho patético.[80] Tal evasión tradicionalista perduraría como un pilar del cine mexicano hasta los sesenta, cuando estas películas obtendrían una renovada influencia a través de la televisión en horarios estelares.

No se sabe cuándo le entró a Jenkins el gusanillo del cine, pero ya en 1921 había escrito a United Artists para ofrecerles llevar a cabo la distribución en México de sus películas. En algún momento de 1938, Sergio Guzmán le presentó a Jenkins a su hermano Roberto, que recientemente había vuelto de Hollywood. Roberto había ido a Los Ángeles como secretario particular del exiliado Adolfo de la Huerta y tuvo éxito actuando en películas en español. Después de un *lifting* que salió mal, Roberto volvió a México con la idea de trabajar detrás de cámaras. Lanzó un proyecto llamado *Alma Norteña* y Jenkins aceptó respaldarlo. Estrenado el año siguiente, demostró ser un éxito modesto. Varios poblanos mayores, que fueron adolescentes en los cuarenta, recuerdan a Jenkins como un ávido cinéfilo cuya presencia en la sala se revelaba a todos por sus estridentes carcajadas durante las comedias.[81]

Diminuto pero dinámico, Manuel Espinosa Yglesias dirigía el grupo de inversionistas más establecido que se acercó a Jenkins. Cuatro hermanos, de los cuales Manuel era el segundo, heredaron de su padre, un compañero de ajedrez de Jenkins, un negocio de cine.[82] Los Espinosa habían dominado la exhibición de cine en Puebla, eran los dueños de un lujoso cine de estreno llamado el Variedades y rentaban un segundo establecimiento. Tenían salas en otras cuatro ciudades y una compañía de distribución que daba servicio en varios estados. Pero en la década de los treinta llegó un rival: el Cine Guerrero, construido por un inmigrante vasco con buenos contactos, Jesús Cienfuegos, en una excelente ubicación de la plaza central de Puebla. Para 1938 empezaba un auge de salas de cine por todo el país. Manuel vio que los distribuidores en la Ciudad de México estaban suministrando sus mejores productos a los circuitos más grandes, por lo que para sobrevivir a largo plazo se requería una expansión. Los Espinosa empezaron a construir una tercera sala en Puebla, el Coliseo, pero sintieron que para cuando recuperaran su inversión y estuvieran listos para expandirse más, el juego podría haber terminado.

Manuel y sus hermanos necesitaban capital y pronto, por lo que buscaron al amigo de su difunto padre. Sabían que Jenkins ya estaba explorando el negocio de los cines, en tándem con otros dos socios. Uno era Cienfuegos, para quien financió nuevos locales en Veracruz. El otro era el comerciante y vendedor de alcohol que lo había ayudado durante su arresto de 1934: Gabriel Alarcón.[83]

Jenkins estaba suficientemente impresionado con la historia y visión empresarial de Espinosa para asociarse con él y sus hermanos en una nueva compañía, Ultra-Cinemas de México. Las dos partes constituían la empresa mediante un compromiso de 50 000 pesos cada uno, y Jenkins también prometió un préstamo de 1.2 millones de pesos.[84] Años más tarde, Espinosa recordaría una reunión de seguimiento, en que él y un hermano le pidieron a Jenkins una porción de ese préstamo. Era para el primer nuevo cine que iban a construir, en Guadalajara.

Para su gran sorpresa, Jenkins les dio 300 000 pesos sin pedirles que firmaran un recibo. "Cuando le preguntamos qué teníamos que firmar nos dijo: 'Nada, si son capaces de tomar ese dinero, no son hijos de su padre'".

En repetidas ocasiones, Jenkins hizo préstamos a hombres en los que sabía que podía confiar, a menudo hijos de sus amigos. El rechazo de papeleo demostraba su método de hacer coinversiones por debajo del radar. No tenía que pagar impuestos de lo que no había firmado con su nombre y, como ciudadano norteamericano, seguía temiendo que un giro a la izquierda en los vientos políticos impulsara más expropiaciones. Jenkins se convirtió en un usuario habitual de los famosos arreglos con "prestanombres" y registró casi todos sus activos con nombres de otras personas, con frecuencia los de su secretario particular y su contador.[85]

Más tarde, Manuel Espinosa empezó a preocuparse por el desequilibro de capital en Ultra-Cinemas y el freno que podía poner a la expansión si los Espinosa se veían obligados a pagar el préstamo a Jenkins antes de comprometer fondos nuevos a una nueva construcción. Manuel propuso que la familia moviera su existente par de cines en Puebla a una nueva compañía, y ofreciera a Jenkins una participación de 50 por ciento para sanear sus deudas. Jenkins aceptó. De este modo se convirtió en copropietario de un prometedor circuito de cines, además de los que ya tenía en copropiedad con Cienfuegos y Alarcón.

Pronto la prensa especializada estaba prestando atención. En enero de 1939, la biblia del mundo del espectáculo en Estados Unidos, *Variety*, informó sobre el financiamiento de Jenkins de cinco cines de provincia. En un reportaje de abril de 1940 sobre el auge de construcción en México, se destacó: "William Oscar Jenkins, considerado el estadounidense más rico en México". Dos meses después, los Espinosa inauguraron su cine en Guadalajara, una sala de 4 500 butacas que compartía el nombre con su casa matriz en Puebla: Variedades. Con dos balcones y un sistema vanguardista de aire acondicionado, era por mucho el principal establecimiento de la ciudad.[86] El hermano de Manuel optó por dejar el negocio un par de años después, lo que obligó a Manuel a proponerle a Jenkins que comprara la parte de la familia. Jenkins respondió prestándole los fondos para que comprara la parte de sus hermanos. Así, para 1942, Jenkins y Manuel Espinosa estaban prácticamente por su cuenta como socios y el poblano saldaba gradualmente su deuda con su parte de las utilidades. Después de la expropiación de Atencingo, Jenkins siempre insistió en tener al menos un socio local en sus negocios. Su acuerdo con Manuel le proporcionaba un prestanombres que podía proteger su rol de propietario de la vista del público.

El enfoque diversificado de Jenkins en la construcción de cines era evidentemente otra maniobra astuta. Sus tres socios estaban impulsados a competir y, por ende, a sobresalir, en virtud del hecho de que se despreciaban mutuamente.[87] La extracción social era parte de ello. Aunque Espinosa cultivaría más tarde una imagen artífice de su éxito, era un poblano con dinero de toda la vida. Su padre había sido un alcalde porfirista, así como propietario de hoteles y de la mitad de las acciones de la compañía de teléfonos. El hogar familiar era una mansión neoclásica en la calle Reforma del centro.[88]

Alarcón era originario de un pueblo remoto en Hidalgo con un nombre indígena. A los 14 años, viajó a la ciudad de Puebla para buscar fortuna. Cuando se bajó del autobús, su capital consistía en tres años de educación y un bulto de ropa atado con una cuerda. Pero también llevaba una saquilada de energía y su buen aspecto con pelo rizado que atraía más de una mirada entre las hijas de la alta sociedad. Trabajó en la ferretería de un tío y muy pronto se salió para empezar por su cuenta. Para cuando cumplió 20 años, un anuncio de periódico de su tienda de abarrotes podía jactarse de su numerosa clientela. Tres años más tarde, era suficientemente importante para que su promesa de no aumentar los precios en vista de la recesión apareciera en primera plana. Más tarde hubo rumores de que era el principal contrabandista de Jenkins. Algunos dicen que él llevaba los cargamentos de licor a Estados Unidos.[89]

Cienfuegos era un "gachupín". Ya había hecho dos fortunas, una como proveedor autorizado de pulque para las cantinas de Puebla, de las cuales era dueño de una docena, otra con comisiones como recaudador de impuestos (mientras él mismo los evitaba). No sólo esas actividades eran socialmente torpes, sino que requerían de favores políticos.[90]

El odio mutuo era particularmente cierto para Espinosa, astuto y bienhablado, y Alarcón, atrevido y tosco. Unos meses después de que Alarcón inaugurara su Cine Reforma, en agosto de 1939, *La Opinión* publicó artículos que alababan su sala de cine y ridiculizaban la de

Espinosa, preferencia que se explica por el hecho de que Alarcón publicaba anuncios en el diario a diferencia de Espinosa, y con la probabilidad de que Alarcón estuviera pagando por estos reportajes. El primero de ellos ridiculizó el Coliseo de Espinosa, que se inauguró poco después del Reforma de Alarcón, alegando que su temperatura fluctuaba tan gravemente que muchos clientes, "conocidos como honorables", se estaban quejando de que el lugar les provocaba problemas respiratorios. "¿Quiere una pulmonía? —trinaba el titular—. Vaya al Cine Coliseo."[91]

El acuerdo con Cienfuegos, Espinosa y Alarcón completó un cambio hacia la delegación de funciones. Jenkins ya había empleado administradores antes, como a su cuñado en La Corona y a Pérez en Atencingo, pero siguió siendo un ejecutivo práctico y el dueño exclusivo o socio mayoritario. El año en que entró a la industria del cine cumplió 60 años. Tener socios-administradores trabajando para él (tal como él mismo había trabajado en 1906) garantizaba que Jenkins pudiera delegar la supervisión diaria. Se podía concentrar en organizar el financiamiento, tratar con Sáenz en el cártel de azúcar, politiquear con Maximino y supervisar sus demás activos. El modelo de asociación que usó con sus cines era un intento deliberado de expandir el negocio rápidamente dándoles a sus socios un interés personal en su éxito.

Los demás activos de Jenkins eran numerosos. En parte se estaba diversificando en respuesta a la política cardenista: hasta 1937, más o menos, con las amenazas de su radicalismo, y a partir de mediados de 1938 con su buena voluntad hacia los inversionistas impulsada por la recesión. Pero también había oportunidades en la fragilidad de las nuevas empresas, la vulnerabilidad de las antiguas y, como en el caso de la planta de Packard de O'Farrill, en el ascenso de los amigos en la élite pro Maximino de Puebla.

En 1935, compró acciones de un banco. A petición del destacado banquero capitalino, Salvador Ugarte, Jenkins intervino para salvar al Banco Mercantil de Puebla, paralizado por el fraude. Era una filial del Banco de Comercio de Ugarte. La gran participación que Jenkins adquirió en este banco local llevaría finalmente a que se convirtiera en uno de los principales financieros de México.[92]

Ese mismo año, Jenkins adquirió una participación mayoritaria en La Trinidad, una fábrica textil mediana en Tlaxcala. Aquí también

Jenkins estaba tomando la delantera sobre el grupo porfirista que alguna vez lo desairó. La Trinidad pertenecía a la familia Morales, que para finales de la Revolución tenían una deuda con el norteamericano por un importe de 300 000 pesos. Dado el lamentable estado del sector textil local durante gran parte de los años veinte y treinta, probablemente fue una ejecución hipotecaria de ese préstamo lo que le dio a Jenkins la propiedad de la empresa. Cuando la compañía se reconstituyó, los prestanombres más habituales de Jenkins, su contador Manuel Sevilla y su secretario Manuel Cabañas, firmaron con su nombre en el Registro de la Propiedad.[93]

Los dos empleados de confianza aparecieron como accionistas en otras compañías textiles. Éstas probablemente involucraron otras ejecuciones hipotecarias; antes de que estallara la guerra, Jenkins tenía pocos motivos para volver a este sector de renta baja, que estaba acosado por problemas con los trabajadores y, con renuencia local a reinvertir las utilidades, obstaculizado por una maquinaria obsoleta. La primera fue una empresa conjunta con otro expatriado estadounidense, Simon Utay, un ingeniero textil judío de Dallas; esta compañía poseía la fábrica mediana de San Juan Xaltepec, cerca de Tehuacán. Otra fue La Moderna, S. A. (1938), con inversionistas entre los que se incluía Indalecio Canteli, un inmigrante español que se convirtió en el hombre clave de Jenkins en la ciudad fabril de Atlixco. Una tercera fue Textil Poblana, S. A. (1943), en asociación con Edmundo Cobel, su compañero favorito de tenis.[94]

La ejecución hipotecaria más importante de todas involucraba a La Concepción, una fábrica grande en Atlixco con casi 700 empleados. La fábrica textil más vieja de esa ciudad fue adquirida durante el porfiriato por Ángel Díaz Rubín, padre de Pedro, cuyo préstamo por parte de Jenkins había provocado a su familia la pérdida de Atencingo. Tal vez Pedro nunca aprendió la lección, porque en la década de los treinta volvió a estar en deuda con Jenkins. Él y sus hermanos habían obtenido un préstamo de 200 000 pesos del Banco de Montreal para mantener a flote La Concepción, pero fue Jenkins, como uno de los clientes más importantes de la sucursal, quien aprobó el crédito. El Banco de Montreal cerró su sucursal en 1932, momento en el cual Jenkins convenció a los banqueros de que le permitieran mantener el préstamo de Díaz Rubín. En 1935 pasó a su ejecución; aparentemente selló la adquisición durante los años de Maximino.[95]

En total, Jenkins era propietario o copropietario de al menos cinco fábricas cuando estalló la Segunda Guerra Mundial. Ese cataclismo, que causó una enorme demanda internacional de uniformes militares, le daría a los textileros poblanos poco propensos al riesgo un impulso especulador extraordinario. (Jenkins pronto estaba entre ellos, volviéndose similarmente averso al riesgo.) La autocomplacencia y el estancamiento estaban casi obligados a seguirse.

Aunque Jenkins estaba respondiendo a la política cardenista y las aperturas oportunas, parece que también percibió un espíritu de la época mucho más amplio. En 1938, con la ralentización de la reforma agraria y la disminución de la mortalidad infantil, el crecimiento urbano estaba a punto de dispararse. Cada uno de los nuevos emprendimientos de Jenkins atendía a una población concentrada en las ciudades. Gracias a las conquistas salariales de los sindicatos, los trabajadores eran más capaces de comprar ropa e ir al cine. Una clase media en expansión, gran parte de ella asalariada en una cada vez mayor burocracia federal, era más capaz de abrir cuentas bancarias y comprar automóviles. Jenkins nunca perdió su amor por la agricultura, pero anticipó la evolución de México de una sociedad agrícola a una industrial, al haber sido testigo del mismo proceso en Tennessee. Su fortuna crecería con ésta.

Sin embargo, los negocios seguían siendo una actividad altamente política. La capacidad de Jenkins de diversificarse con ecuanimidad, desarrollar un monopolio legalmente cuestionable en la exhibición cinematográfica de Puebla, forzar la ejecución hipotecaria de préstamos incobrables y conservar su lucrativo ingenio en Atencingo tras enfrentar su confiscación se debían en gran parte a Maximino, quien a su vez controlaba el sistema judicial del estado. Durante todo el mandato de Maximino, su alianza tipificó los tratos del gobernador con la élite industrial de Puebla.[96]

Jenkins, aunque nunca renunció a la ciudadanía norteamericana, era parte integrante de esa élite. Al igual que sus contemporáneos que lo señalaron como un gringo explotador, las versiones póstumas a veces pasan por alto este aspecto fundamental. Los historiadores del cine, por ejemplo, le han dado a Jenkins el papel de un agente de la política exterior de Estados Unidos y los "intereses de Hollywood". Dichas inferencias son engañosas. En 1940, ya llevaba 39 años en México. Había forjado amistades de alto nivel con políticos, empresarios, incluso la Iglesia católica, amistades que solían involucrar un grado de dependencia financiera, con Jenkins como acreedor, socio o donador. Había reinvertido casi todas sus utilidades del azúcar en empresas mexicanas. Si bien fungió como agente consular hasta 1930, mantenía poco contacto con la burocracia; los memos enviados por el Departamento de Estado durante el caso Atencingo fueron una excepción y tuvieron poco impacto aparente. No hay pruebas de su asociación con inversionistas estadounidenses, mucho menos con los estudios de Hollywood, en la industria cinematográfica.[97]

Incluso socialmente, Jenkins prefería la compañía de mexicanos. Dicho simplemente, era demasiado inteligente para dejar que lo encasillaran como otro inversionista yanqui y tenía demasiados buenos contactos en el nivel local como pare necesitar mucha ayuda del Tío Sam.

El cacicazgo avilacamachista

Cuando Cárdenas nombró a Manuel Ávila Camacho como su sucesor, Maximino no estaba precisamente contento. "¡Manuel es un bistec con ojos!", se burló de su corpulento hermano. Maximino se ofendió de que, como hermano mayor, no lo hubieran tomado en cuenta para el puesto, sobre todo porque se consideraba a sí mismo mejor material presidencial. Había recibido el nido de alacranes que era Puebla y lo había pacificado. Manuel, en cambio, era un burócrata que no tomaba riesgos y al que nunca habían elegido para nada. Maximino no estaba solo en el poco respeto que sentía por su hermano. Jenkins, tras comprometerse como donante de la campaña, volvió de su primera comida con Manuel pensando que le faltaba calibre. Un periodista norteamericano observó que Manuel tenía el carisma de un pedazo de halibut.[98]

No obstante, una vez calmado, Maximino llegó a ver la nominación como una bendición disfrazada. ¿A quién más podía a su vez seleccionar Manuel que al propio Maximino?

Una vez que Manuel se convirtió en el candidato del Partido de la Revolución Mexicana (el PRM, como se había transformado el gobernante PNR), la influencia de William Jenkins se empezó a sentir a nivel nacional. En parte esto se debe al hecho de que durante la campaña de

1939-1940, Jenkins le hizo al futuro presidente un préstamo enorme de 400 000 dólares.[99]

La carrera presidencial estuvo estrecha y duramente reñida. El candidato rival, Juan Andreu Almazán, hermano de Leónides, gozaba de un profundo apoyo popular. Esto puso nervioso a Maximino, a tal punto que el primer editor de un periódico poblano en declarar su apoyo a Almazán, fue asesinado días después. Pocos pusieron en duda la identidad del autor intelectual. Más asesinatos salpicaron la campaña, sobre todo en Puebla, pero también en todo el país. La pérdida final de Almazán en la elección de julio de 1940 se consideró ampliamente como un fraude, una creencia que para muchos se afirmó con la ridícula asimetría en el conteo: 2 476 641 votos para Ávila Camacho en contra de 151 101 para Almazán.[100]

Lo reñido de la contienda sobre el terreno (en marchas, en el asesinato de activistas) sugiere una vez más que era fundamental el acceso de un Ávila Camacho a abundantes fondos de campaña. Las consideraciones financieras también suavizaron las cosas después. Si Almazán hubiera llamado a un levantamiento, muchos se le habrían unido. En su lugar, se retiró a Acapulco. Había hecho una adquisición sospechosa de una propiedad costera, en la que estaba construyendo el lujoso Hotel Papagayo, y Cárdenas y Ávila Camacho optaron por no cuestionar el proyecto. Como un informante dijo, Almazán estaba demasiado "gordo, enfermo y rico" para arriesgarse con una rebelión.[101]

Había, en cierto sentido, dos dominios de Ávila Camacho, y Jenkins apoyaba a ambos. A corto plazo, Manuel y Maximino dominaron el panorama federal en la primera mitad de la década de 1940. Poco después de que terminó su mandato en Puebla, Maximino se impuso en la Secretaría de Comunicaciones y destituyó al secretario titular a punta de pistola.

A largo plazo, Puebla soportó lo que llegó a conocerse como el cacicazgo avilacamachista, ya que su camarilla perpetuó el dominio de Maximino al estilo de los caciques durante varias décadas. Las personas designadas por Maximino mientras era gobernador, ya fuera como legisladores locales (en teoría electos, pero en la mayoría de los casos seleccionados personalmente), como jueces o alguna otra función, producirían otros seis gobernadores que gobernaron consecutivamente hasta 1969. La camarilla también incluía a un ambicioso abogado que, cuando sólo estuvo en sus veintes, ejerció como director de la Junta de Arbitraje de Puebla y después como juez en el Tribunal Superior del estado. Este hombre era otro futuro presidente: Gustavo Díaz Ordaz.[102]

A través de su interdependencia con el gobierno estatal de Puebla, Jenkins y los de su clase desempeñaron un papel decisivo en el giro a la derecha. Sólo fue a partir de 1933, con la adhesión del partidario de las empresas, Mijares, cuando los gobernadores de Puebla lograron terminar sus mandatos. Bajo el gobierno de Maximino, los agraristas se mantuvieron a raya, los sindicatos se desarmaron y el bandolerismo se suprimió. La sumisión al gobernador prevaleció. (La temporada electoral de 1939-1940 fue la excepción, cuando el apoyo popular a los hermanos Almazán no pudo contenerse salvo por medio de la violencia.) La maquinaria política de Maximino era tan dominante que las futuras elecciones para gobernador prácticamente se llevaron a cabo sin impugnaciones durante décadas. De este modo, con pocos rivales, rebeldes o radicales de los cuales preocuparse, la alianza Estado-capital se volvió principalmente una simbiosis de conveniencia. Para los líderes empresariales, los asuntos de necesidad se convirtieron en asuntos de privilegio. Los monopolios estaban permitidos y consentidos; cada vez menos huelgas eran legales; un boom inmobiliario favorecía a los pocos con contactos. Para los gobernadores, hacer dinero se convirtió en una práctica estándar, a través de la inversión con compinches o la simple malversación.[103]

Maximino tenía a Puebla bajo la bota. Y así, independientemente de su aversión por los métodos del general, Jenkins tenía mucha menos necesidad de las redes de protección que quitaban tiempo y que había tejido en torno a Atencingo en la década de los veinte. Podía consagrarse más a su cartera. Para el gobernador, su alianza encubierta con Jenkins le ayudaba a parecer "revolucionario" al ser más capaz de otorgar beneficios tangibles a la gente, mientras le permitía un poco de negocios paralelos, como lo hacían sus amistades con Gabriel Alarcón y el inmigrante libanés, Miguel Abed. Estas relaciones de amiguismo evocaban la era porfiriana, pero también ofrecían un prototipo, aunque uno crudo, para un abuso más empresarial de la autoridad que se generalizó en el nivel federal con Miguel Alemán, a partir de 1946.[104]

Los vínculos entre las élites empresariales y políticas de Puebla también demostraban cómo las alianzas provinciales podían influir en el gobierno federal. Varios bastiones conservadores aparecieron a finales de los treinta: en Veracruz, Nuevo León, Sonora, San Luis Potosí y otros lugares. La fuerza de los gobernadores respaldados por los empresarios, como Maximino en Puebla y Gonzalo N. Santos en San Luis Potosí, todos en condiciones para manipular el conteo de votos en los comicios de 1940, ayuda a explicar la decisión pragmática de Cárdenas de respaldar al centrista Ávila Camacho como su sucesor, en vez de al izquierdista antes favorito Francisco Múgica, el mentor, amigo y secretario de Comunicaciones del presidente.[105] Por lo tanto las alianzas provinciales entre el Estado y el capital ayudan a explicar la desviación a la derecha de la política nacional de México. Fortaleciendo regímenes que favorecían a los magnates y los monopolios, así como ayudando a negar a los electores la oportunidad de pedir cuentas a cualquier político, estas alianzas desempeñaron un papel clave en la perpetuación de las desigualdades.

La alianza entre Estado y capital era cada vez más un matrimonio de conveniencia por todo el país. El imperativo financiero que había impulsado al Estado a un pacto con las élites empresariales disminuyó, al igual que la necesidad de Jenkins y su clase de protecciones contra el radicalismo revolucionario. Hasta la campaña presidencial de Ávila Camacho, el partido gobernante podía alegar que su continuidad en el poder era necesaria para ahuyentar las rebeliones dirigidas por los generales descontentos que habían plagado a México durante dos décadas, más recientemente la revuelta de Saturnino Cedillo en 1938. Pero a partir de 1940, ni Almazán ni ningún otro general se rebelaría, y la economía estaba a punto de recibir un enorme impulso a través de la inversión norteamericana durante la Segunda Guerra Mundial. El PRM, cuyo nombre cambiaría más tarde a PRI, gozaría de otros 60 años de gobierno. Sin duda enfrentó retos, de forma más inmediata el aumento de las masas que dejaron el campo para instalarse en las ciudades y demostraron estar dispuestos a hacer huelgas para exigir mejores salarios; el Estado reclutaría a la iniciativa privada para ayudarle a contenerlos. Visto objetivamente, no obstante, los antiguos imperativos simbióticos estaban retrocediendo.

Los frutos del matrimonio entre el Estado y el capital incluirían una cultura de autoenriquecimiento entre los funcionarios y una concentración de riqueza entre pocos centenares de familias. Las décadas de mediados del siglo xx se recuerdan convencionalmente como una "época dorada" de prosperidad y comodidades urbanas, particularmente para las nuevas clases medias.[106] Sin embargo, los mayores beneficiarios fueron una clase reducida de industriales con buenos contactos.

CAPÍTULO 8

Explotar la Época de Oro del cine mexicano

> ...en Puebla todo pasaba en los portales,
> desde los noviazgos hasta los asesinatos...
> ÁNGELES MASTRETTA, *Arráncame la vida* (1985)

CRÓNICA DE UN APUÑALAMIENTO

Era el atardecer del segundo día de enero y Jesús Cienfuegos estaba charlando afuera de su cine en Puebla.[1] El español adoptó su habitual pose alegre, recargado contra una columna, con las manos detrás de su espalda. "¿Cómo le pinta el año, don Jesús?", preguntó su amigo Samuel Kurián. "Pues, parece que no corre el dinero. Ayer no hubo gente en los toros, perdí 20 mil pesos". Cienfuegos era uno de los pocos poblanos que podía permitirse perder semejante suma en un negocio de un día. Si los negocios iban mal en su plaza de toros, podía contar con su sala de cine y sus pulquerías, junto con sus nuevos cines en Veracruz, donde era socio de William Jenkins.

La columna en la que estaba recargado el español pertenecía a los portales que cercaban el ayuntamiento. Esta hermosa construcción arrendaba parte de su planta baja al popular cine, y Cienfuegos tenía la costumbre de plantarse afuera en las tardes; veía a los clientes llegar y conversaba con uno u otro de la nueva burguesía poblana. Desde donde estaba parado, podía contemplar los árboles y las fuentes de la plaza, tres lados de ésta alineados por los portales, y en frente de él estaba la catedral del siglo XVII. A esta hora, el corazón colonial de Puebla hacía eco con los sonidos de un moderno día de semana a punto de terminar. El chillido de un escaparate metálico enrollado, que se jalaba desde la marquesina para sujetarse al suelo. Las voces de los turistas estadounidenses, discutiendo qué restaurante elegirían para cenar. El claxon de un Packard, con un chofer que se llevaba a casa a su patrona después de las compras. Estudiantes atraídos por los cárteles del Guerrero, discutiendo si tenían suficientes centavos para ver *El cielo y tú*.

El año era 1941, una buena época para ser empresario inmigrante en México. La xenofobia de los años treinta se había calmado. La economía estaba en auge. Tras el agudo nacionalismo de los años de Cárdenas, había un moderado conciliador en la silla presidencial. El empresario y comerciante de licor español y el fabricante de ropa judío tenían fundadas razones para ver el año nuevo con optimismo, tanto más cuando el régimen de un gobernador corrupto y violento pronto sería cosa del pasado. En cuatro semanas, Gonzalo Bautista juraría su cargo, un sucesor moderado de Maximino Ávila Camacho.

Alrededor de las 6:30 p.m., fuera del crepúsculo, un hombre se precipitó hacia Cienfuegos y, exclamando "¡feliz año nuevo!", hizo como si fuera a abrazarlo. En su lugar, el hombre lo apuñaló en el pecho y en el estómago con una daga. Don Jesús, con las manos en el abdomen, cayó de cara al suelo y se derrumbó a los pies de Kurián. La primera puñalada le cortó la aorta y la sangre se le escurrió por abajo. Para entonces, el agresor había huido, un hombre moreno y alto con un sombrero y una chaqueta que corrió por los portales llenos de gente. Kurián, paralizado durante varios segundos en estado de *shock*, empezó a clamar por ayuda. Logró parar un taxi. Cienfuegos estaba respirando y tal vez podía salvarse aún. Arrastrado desde su charco oscuro, con su robusta constitución que era lo único que lo mantenía con vida, la víctima fue transportada a un hospital cercano. Quince minutos más tarde, Cienfuegos estaba muerto.

Las pistas eran prometedoras, si la policía hubiera optado por seguirlas. Había testigos. La daga era de importación finlandesa y todavía llevaba la etiqueta del precio. La chaqueta del asesino, gris oscura y recubierta de fieltro, era de una marca rara en Puebla, y un funcionario de la oficina del procurador estatal afirmó que conocía al asesino de vista y que a menudo lo veía con esa chaqueta. Pero hubo poco esfuerzo en la investigación. Nunca se arrestó a nadie. La prensa se negó a especular. Sólo después de 40 años la vieja guardia de los cronistas de Puebla empezó a relatar los eventos de ese día.

Durante las décadas que siguieron a la Revolución, abundaron las armas. Pese a las campañas de despistolización, las tasas de homicidios con armas de fuego siguieron siendo altas. Sin embargo, Cienfuegos fue apuñalado. Si un disparo ofrece casi total certeza de muerte, una puñalada puede conceder más satisfacción al autor intelectual: la idea de que la víctima morirá en agonía, más que en un instante abrupto; la reflexión de que mientras se abraza el cuerpo con hemorragia, tendrá tiempo de lamentar las elecciones que lo llevaron a su deceso, tiempo para darse cuenta de que si tan sólo hubiera seguido las reglas del juego no habría dejado a sus hijos huérfanos y a su esposa viuda. Si por casualidad la víctima sobrevive, esos mensajes seguirían siendo claros. Un apuñalamiento habla de una premeditación más larga, de acumulación de rencor hasta el punto de ebullición.

Dos hombres estaban muy resentidos con Cienfuegos. Uno era Maximino. Cuando empezó a hacer campaña para gobernador, el general había incluido una solicitud a Cienfuegos entre sus súplicas para donaciones. Citando el impedimento constitucional a la intromisión de los extranjeros en la política, el español se negó. Al año siguiente, Cienfuegos inauguró su plaza de toros en Puebla: una maravilla armada en concreto, capaz de recibir a 20 000 personas. Esto también llamó la atención de Maximino. La plaza de toros formaría la sala de exposiciones simbólica de su gobierno: un lugar para las celebraciones del día de su santo, un foro para la elección de su hija como reina del carnaval.[2] Al gobernador le parecía justo que él mismo fuera su dueño. Cienfuegos, empresario orgulloso que era, se negó a venderla.

Poco después de que Maximino tomó posesión, hubo indicios de que el gobernador estaba presionando a Cienfuegos para que cambiara de opinión. Su legislatura empezó a investigar su arrendamiento del Cine Guerrero, de donde se sabía que estaba haciendo un dineral. Gozaba de una exención fiscal de 25 años que de alguna manera había conseguido el español con el ayuntamiento. El congreso descubrió todo tipo de irregularidades, pero no votó para rescindir la exención fiscal durante tres meses, tiempo suficiente para que Cienfuegos sopesara sus opciones.[3]

Al fracasar esta táctica, al gobernador comenzó con el hostigamiento. Los inspectores visitaban el cine y la plaza de toros, e imponían multas por infracciones reales o supuestas. La función doble de una noche simplemente se podía cancelar. Cienfuegos podía tener dificultades para armar la programación de una corrida. En mayo de 1938, todo el congreso presentó una petición al presidente Cárdenas para solicitarle que Cienfuegos fuera expulsado del país por comercio ilícito, evasión fiscal y diversos pecados. Le contaron la historia a la prensa y añadieron que Cienfuegos estaba haciendo donativos al régimen fascista del general Franco en España. En pos del equilibrio y por razones de "seguridad" cerraron el Guerrero durante una semana, . Más tarde Cienfuegos fue sometido a una auditoría federal.[4] En 1939, el español tuvo la osadía de exhibir el documental *Natalidad,* que prometía "revelar los secretos de la concepción y el nacimiento". Maximino respondió a la indignación de la Asociación de Damas Católicas confiscando la taquilla y volviendo a clausurar el cine por un breve tiempo.

Cienfuegos pronto tuvo otro enemigo. Gabriel Alarcón se convirtió en rival ese año, con su Cine Reforma. Tras la inauguración ostentosa no pudo generar utilidades y puso a Alarcón en peligro de cumplir el préstamo de Jenkins. El problema era que Cienfuegos y Manuel Espinosa Yglesias habían amarrado el suministro de los distribuidores de Hollywood. Más tarde Espinosa diría que Jenkins les dijo a cada uno de ellos que compartieran algunas películas con Alarcón, y que si bien él accedió, Cienfuegos se negó. Para la sorpresa de Espinosa, Cienfuegos presentó una contrapropuesta de que los dos unieran fuerzas en contra del norteamericano; el español recriminaba las tasas de interés que Jenkins estaba cobrando y alegó que su objetivo era ser dueño de todos los cines de Puebla. Según un cronista, mientras tanto, Alarcón le propuso un acuerdo a Cienfuegos: como Espinosa predominaba en Puebla, ellos dos podían restablecer el equilibrio coordinando sus negocios. Cienfuegos, cuyos cines en otras ciudades ya le estaban dando fuerza comercial, rechazó la oferta.

Así es que Alarcón, cuenta la historia, se quejó con su amigo Maximino, asegurándose de despertar su codicia. El gobernador respondió: "¡Este gachupín me las pagará!", comentario que podría descartarse como improbable de no ser por la fama de Maximino como calentón y acosador.[5] El objetivo de la amenaza era que otros la escucharan, y pronto los amigos de Cienfuegos le empezaron a aconsejar que abandonara el Cine Guerrero. Su respuesta era típicamente obstinada: "Sólo muerto me han de quitar el cine".

Tras su asesinato, Maximino se quedó con la plaza de toros. O eso se dijo; nunca fue tan despreocupado como para registrarlo a su nombre.[6] Pero típicamente era indiscreto. Después del homicidio, algún bromista circulaba un juego de palabras con los nombres de la víctima y del presunto autor intelectual: "¿Quién es el mejor bombero de Puebla? ¡Max vale no decirlo!" Era un chiste que, en los almuerzos privados con sus cuates, al propio Maximino le gustaba contar.[7]

En cuanto al Cine Guerrero, Alarcón se convirtió en el presidente y director de su empresa operativa el 1° de febrero. En marzo, también asumió la presidencia de Cines Unidos, que poseía los tres cines de Cienfuegos y Jenkins en Veracruz. Unos años más tarde, Alarcón se hizo cargo de la plaza de toros también.[8]

A todo esto, ¿dónde estaba Jenkins? En los próximos años, surgirían acusaciones de que fue él quien planeó el asesinato, impulsado por sus ambiciones hacia el Guerrero. Pero los acusadores parecían ignorar que Jenkins y Cienfuegos habían sido socios.[9] Incluso si es verdad que Cienfuegos no estaba contento con su empresa conjunta en Veracruz, su supuesta expresión de temores de una absorción de Jenkins suena cuestionable, porque durante muchos años el norteamericano favoreció las asociaciones sobre la titularidad plena. Puede que haya dado su consentimiento tácito al asesinato de agraristas, racionalizándolo como el precio para proteger sus tierras y los empleos, pero ¿habría planeado el homicidio de un colega empresario, un expatriado como él? ¿Lo habría hecho por un simple cine, uno cuyo prestigio se había visto eclipsado por las salas recientemente construidas? Las acusaciones huelen a la leyenda negra de Jenkins.

Los pecados de éste, como solía suceder, eran menos por comisión que por omisión. Se había cometido un asesinato premeditado. Como su socio Alarcón se abalanzó para reclamar el botín, Jenkins pudo haber optado por no tener nada que ver con éste. Pero el Registro de la Propiedad demuestra que cuando Alarcón adquirió el Guerrero, los prestanombres habituales de Jenkins, Manuel Cabañas y Manuel Sevilla, tomaron asiento en la junta de la empresa, un síntoma inequívoco de la presencia del estadounidense como copropietario. Alarcón probablemente le dio una mitad de las acciones del Guerrero y de este modo canceló sus deudas con él por el Cine Reforma. El año siguiente, Alarcón se emparejó con Espinosa en la ciudad de Puebla con tres cines cada uno, cuando agregó el Colonial, otra empresa conjunta con Jenkins.[10] Alarcón se estaba convirtiendo en un actor local de prestigio, un rival útil de Espinosa. Mientras Jenkins los apoyaba a ambos, ayudó a desarrollar sus cadenas modestas de cines poblanos en un duopolio nacional que acapararía la exhibición y gran parte de la producción cinematográfica también.

Quizás Alarcón era inocente, simplemente el beneficiario de una oportunidad imprevista. Pero si el apuñalamiento del español fue un plan de Maximino solo, no hubo ningún intento por parte de Jenkins de distanciarse. El 9 de mayo de 1942, cuando el general era secretario de Comunicaciones, su relación adquirió una nueva prominencia pública y peso simbólico. Jenkins se unió a una impresionante asamblea de dignatarios en la boda de su hija Hilda con el hijo del industrial Rómulo O'Farrill. El hermano de Maximino, el presidente, estaba ahí, al igual que el gobernador Bautista. Antes del enlace religioso, estos hombres firmaron como testigos en la ceremonia civil, al igual que Jenkins.[11]

Esta acción confirió a Jenkins la elevada condición de compadre de Maximino. Como figura pública, invitar a un hombre a ser el compadre de uno (ya sea como padrino de un hijo o como testigo de la boda de una hija) era ofrecer un lazo formal de amistad, cuya cercanía sólo se superaba por su visibilidad.

El gringo y la Época de Oro

El monopolio fílmico que se plantó durante el mandato del presidente Ávila Camacho, que maduraría durante el de sus dos sucesores, era una anomalía y una paradoja. Cultivado mientras la cinematografía local estaba en su cenit creativo, pese a ser propiedad de un ciudadano norteamericano, parece contradecir el espíritu patriótico que la Época de Oro del cine mexicano encarnaba. ¿Cómo se permitió que un extranjero obtuviera supremacía en un sector que México consideraba culturalmente estratégico y simbólico de la soberanía? ¿Cómo se permitió esto a alguien de Estados Unidos, de cuyas industrias culturales ya muchas naciones estaban luchando para impedir que las abrumaran? ¿Y no a cualquier ciudadano estadounidense, sino a un gringo de gran notoriedad? ¿Cómo sucedió todo esto en el plazo de una generación de la Revolución, cuyos vencedores expropiaron audazmente bienes extranjeros y siguieron llamándose a sí mismos "revolucionarios"?

Las preguntas apuntan a la verdadera economía de México a mediados del siglo, los acuerdos detrás de la retórica. Las respuestas involucran la interdependencia de la élite. Si bien Jenkins empleó una gran perspicacia empresarial para crear lo que resultó ser su empresa más rentable, también se valió de alianzas políticas que le permitieron saltarse la ley para seguir adelante de manera incontrolada. Ávila Camacho participó en un acto de equilibrismo: la búsqueda de una política económica basada en el crecimiento, a favor de las empresas y en buenos términos con Estados Unidos, enmarcada en la necesidad de dejar que la fuerza de trabajo consiguiera victorias limitadas. Presionado por los sindicatos, con la inflación provocada por la rápida industrialización y la consiguiente erosión de los salarios, tomó una postura de gran repercusión mediática a favor de los trabajadores en el ingenio azucarero de Jenkins y en su segunda fábrica textil más grande. A cambio, le dio a Jenkins rienda suelta para expandir su dominio cinematográfico y le permitió los privilegios y las exenciones que hacían posible un monopolio. Con ventaja adicional para Ávila Camacho, mediante la construcción o modernización de muchos cines y las ayudas para financiar muchas de las películas que proyectaban, Jenkins entretenía a la gente con distracciones baratas y a menudo patrióticas de los conflictos diarios, y también facilitaba la adaptación de millones de migrantes campesinos a la vida citadina.

Muy probablemente, tanto Ávila Camacho como Jenkins se sentían impulsados por un imperativo paralelo: una necesidad política de asimilar a las masas rurales y calmar a los obreros mal pagados; una necesidad financiera de invertir en un sector costoso sin el temor de las leyes de inversión extranjera y de monopolios estrictamente aplicadas. En un grado, ambos estaban actuando en nombre de las instituciones y por ende el bien común: el presidente como la cabeza de un gobierno que tenía que hacer malabares con los intereses de los votantes en choque de siempre, trabajo y capital, y también las presiones de una alianza en tiempos de guerra con Estados Unidos; el empresario en nombre de la industria cinematográfica mexicana, que necesitaba más salas de cine para poder ser viable y que dependía en parte de los adelantos de esos cines.

Pero la simbiosis entre los dos era también una cuestión de conveniencia individual. Empezó con el préstamo de campaña ilegal del norteamericano en 1939, para ayudar a la victoria y cimentar el favor de un amigo. Continuó con el presidente pasando por alto el sistemático incumplimiento de la ley de Jenkins, a veces a costa de sus rivales. Esto era cierto particularmente en el sector cinematográfico. Pero también miró a otro lado cuando Jenkins evadió impuestos, burló un límite de precios en la venta de azúcar y, contraviniendo la Constitución, compró 200 000 hectáreas de tierras de labranza cerca de la frontera con Estados Unidos.

Las concepciones de la Época de Oro del cine mexicano varían considerablemente, desde una afición vertiginosa por los iconos como Pedro Infante y Dolores del Río hasta el escepticismo sobre si realmente ocurrió. Una crónica popular traza un periodo desde 1936 (año del pionero *Allá en el Rancho Grande*) hasta 1965. Normalmente, las historias dicen que la época duró hasta finales de los años cincuenta. Pero el cronista de cine más conocido de México, Emilio García Riera, ofreció un juicio más aleccionador: "Suele hablarse de una época de oro del cine mexicano con más nostalgia que precisión cronológica. Si esa época existió, fue […] 1941 a 1945".[12]

La variedad de definiciones refleja una vaguedad sobre qué era exactamente lo dorado de la época. Sin lugar a dudas, un montón de películas de mediados del siglo conquistaron los corazones del país y la imaginación del público en todo el continente. Las mejores combinaron atractivo popular con un fuerte talento artístico y ganaron premios en Cannes y Venecia. En producción, México tenía la tercera industria fílmica más grande del mundo, después de Estados Unidos e India. Pero los historiadores han fusionado el sector en conjunto, incluidas sus salas de cine, con el éxito de la producción mexicana. "El cine nacional evolucionó y maduró en la tercera industria más importante del país", indica una afirmación habitual, que ignora cómo más de la mitad de los ingresos de la industria se le debía a películas de Hollywood y Europa.[13] Y mientras que "Época de Oro" sugiere un alto nivel de cantidad y calidad, esos valores no siempre coincidían. Algunas películas eran tan malas que los exhibidores se negaban a proyectarlas. Los equipos de producción se tambaleaban, incapaces de alcanzar un modo de eficiencia creativa y de autofinanciamiento como Hollywood.[14] La producción anual se estabilizaría en más o menos 100 estrenos en los años cincuenta, y se mantendría alta durante otras tres décadas, pero básicamente gracias a presupuestos limitados y fórmulas genéricas.

Menos cuestionable era el boom en audiencia. El cine era por mucho la forma favorita de entretenimiento pagado. Para 1946, los mexicanos estaban gastando ocho veces más en el cine que en los toros, la segunda atracción.[15] Sin embargo, el principal beneficiario de cada peso de las taquillas era el dueño del cine, quien normalmente se quedaba con la mitad, mientras que los gobiernos estatales y municipales se quedaban hasta con 15 por ciento en impuestos. De los 35 centavos restantes, la empresa distribuidora podía quedarse con 20. Eso dejaba, como máximo, una sexta parte del precio del boleto a los productores. Obligadas a competir con la línea de producción de Hollywood y sus redes de distribución, las películas mexicanas rara vez generaban utilidades; la mayoría dependía de subvenciones estatales. La competencia era intensa. En 1949, cuando los productores lograron un récord de 107 estrenos, tuvieron que competir con 246 importaciones de Hollywood y 88 de otros países.[16]

A medida que ir al cine se convirtió en el pasatiempo nacional, el lingote explotado durante la Época de Oro era abundante, pero la mayor parte de éste salía del país o ingresaba a los bolsillos de los exhibidores, sobre todo William Jenkins. Nadie sabe cuánto de su fortuna provenía de sus cines, pero algunos testimonios cercanos aseguran que de todos sus negocios, la exhibición cinematográfica fue el más lucrativo.[17]

El reparto de utilidades era el secreto sucio de la Época de Oro. Contradecía su imagen igualitaria, como se inmortalizó en la fachada del Teatro de los Insurgentes de la Ciudad de México. Aquí Cantinflas, el comediante más querido de la época, recoge dinero de patrones bien vestidos con una mano y se lo da a los pobres con la otra mano. Casi todas las versiones han festejado el lado creativo rico de la industria: las películas y los premios que cosechaban, las estrellas internacionales, los directores, los guionistas, los cinematógrafos. Han prestado mucha menos atención al cine como un negocio, una empresa moldeada por los intereses en pugna de los financieros y los productores, los distribuidores y los exhibidores, los sindicatos y el Estado.

Desde luego, Jenkins no se prestaba al escrutinio. Operaba sus cines a través de socios prácticos, Espinosa y Alarcón. Registraba sus acciones a nombre de estos y otros testaferros, como un amparo contra el fisco de Estados Unidos. Contaba su dinero en las sombras.

De provincianos a monopolistas

Cuando Ávila Camacho se volvió presidente, el cine mexicano aún era una industria artesanal. La producción en 1940 alcanzó sólo 27 películas. Además de Cantinflas, Jorge Negrete y Fernando Soler, los actores famosos todavía no aparecían. No había estudios al estilo de Hollywood capaces de albergar más de un rodaje a la vez. El sector de la exhibición estaba en auge pero fragmentado. Todo esto cambiaría durante los seis años siguientes, pero contrariamente a la creencia popular, el Estado tuvo poco que ver con esto.[18] La Época de Oro dependió mucho más de la Segunda Guerra Mundial, cuando una desaceleración en Hollywood suscitó la demanda de otra cosa, y del apoyo de la élite empresarial.

En diciembre de 1941, tras varios años de promesas gubernamentales para ayudar a financiar a la industria, Ávila Camacho aprobó la creación del Banco Cinematográfico. Pero era un banco en gran medida del sector privado, en el que el Estado sólo comprometió 10 por ciento. El apoyo mínimo de Ávila Camacho al banco le debía algo a su filosofía de *laissez faire* y también a la forma en que, gracias al auge económico en tiempos de guerra, los magnates de la industria de México disfrutaban una bonanza de dinero y los bancos privados rebosaban con depósitos. Aquellos que estaban dispuestos a incursionar en la cinematografía, como el banquero Luis Legorreta de Banamex, el pionero de la industria automovilística Gastón Azcárraga, y el propio Jenkins, eran conservadores adinerados; tenían poca necesidad de subsidios o supervisión ideológica. Hombres como éstos eran los principales patrocinadores del Banco Cinematográfico. Jenkins colocó a su hija mayor Elizabeth en el consejo, y en un par de años había adquirido una participación minoritaria sustancial.[19]

El Banco Cinematográfico prestó cinco millones de pesos durante 1942 y ayudó a estimular la producción de 47 películas.[20] Pronto empezó a atraer a Jenkins como un objetivo de compra. Pero lo que lo hacía atractivo no era su asistencia en la producción cinematográfica (donde solía perder dinero), sino su participación de 25 por ciento en el principal circuito de cines de la capital, la Compañía Operadora de Teatros S. A. (COTSA); Jenkins ya poseía 25 por ciento. Creación de otro expatriado estadounidense, Theodore Gildred, COTSA no era capaz de generar utilidades. Seguía perdiendo dinero incluso después de arrendar cines de otras dos compañías para crear una cadena sin precedentes de 20 establecimientos en la Ciudad de México, con el respaldo de varios bancos privados, y se decía que controlaba más de la mitad de los ingresos de las taquillas locales.[21] Aun así, COTSA ofrecía el dominio de la capital y una plataforma para forjar una presencia nacional.

Según Manuel Espinosa, que a diferencia de su mentor que evitaba la publicidad escribió una orgullosa memoria, había peligro de que otro inversionista pudiera ganarle a Jenkins en la compra del Banco Cinematográfico. Así es que Espinosa se encargó de buscar un accionista dispuesto a vender; encontró uno en Adolfo Grovas y lo convenció de ceder con unos whiskys en una cantina. Según la cuenta interesada de Espinosa, su hábil maniobra le dio a Jenkins el control del Banco Cinematográfico y de COTSA. Los hechos son más complejos. La reciente expansión de COTSA había dejado la participación del Banco Cinematográfico en 12.5 por ciento, de modo que Jenkins necesitaba otro 12.5 para tener el control de 50 por ciento. Otros tres bancos tenían participaciones de ese tamaño y el candidato obvio para las negociaciones era el Banco de Comercio. Aquí Jenkins no necesitaba la ayuda de Espinosa; había salvado a su filial de Puebla de la bancarrota y después se había vuelto un destacado accionista en su banco matriz. Podemos inferir que tras una maniobra interna en una reunión de la junta, 12.5 por ciento adicional fue suyo. Para junio de 1944, Jenkins tuvo la capacidad de remplazar al director de COTSA por Espinosa. Ese otoño, Jenkins intercambió sus acciones en el Banco Cinematográfico con acciones adicionales en COTSA que eran propiedad de Nacional Financiera (Nafinsa), el banco de desarrollo estatal, posiblemente con visto bueno del presidente. Esto le dio una clara mayoría. Sumando sus cines en Puebla, Guadalajara y otras partes a las operaciones de

COTSA, Jenkins y Espinosa ahora dirigían la cadena más poderosa del país.²²

Lo sorprendente de estos asuntos del Banco Cinematográfico y de COTSA es su naturaleza encubierta. La prensa no reportó ninguna adquisición, lo que explica la ausencia de estos episodios de las historias del cine. Incluso la perspicaz *Variety* se mantuvo en la oscuridad, a tal punto que más adelante se refirió a Elizabeth Jenkins (un elemento fijo del circuito de fiestas cinematográficas) como "probablemente la principal exhibidora femenina en el mundo", confundiendo los activos de su padre con los de ella. El enfoque sigiloso le convenía a Jenkins. Como extranjero, su propiedad de un banco podía plantear cuestiones de legalidad (mientras que Elizabeth era mexicana de nacimiento). En junio de 1944 un decreto presidencial exigió que 51 por ciento de las corporaciones fuera de propiedad mexicana, lo que colocó a COTSA en la ambigüedad jurídica, tanto más en 1945, cuando el Estado categorizó las películas entre los sectores que no podían obtener una exención.²³

Se sabe menos sobre las actividades de Jenkins con Gabriel Alarcón, pero los dos desarrollaron un segundo circuito poderoso. La operación Jenkins-Alarcón se enfocó primero en Puebla y Veracruz, y después en el norte. En 1949 empezó a alcanzar a COTSA cuando compró un circuito consolidado en la Ciudad de México y adquisiciones aún más rentables estaban por venir. Al trabajar con Alarcón, Jenkins aplicó el mismo *modus operandi* que con Espinosa. Abordando nuevos mercados, el norteamericano suministró gran parte del capital de expansión, ofreciendo a sus tenientes trabajar hacia una posesión a medias de cada propiedad. Ellos le pagarían gradualmente la deuda de su parte de las utilidades.²⁴ De manera importante, Jenkins estableció una compañía de responsabilidad limitada distinta para cada mercado, en vez de incorporar todo en COTSA o una sola empresa dirigida por Alarcón. El motivo era minimizar el pago de impuestos. En esa época, y hasta 1965, los ingresos personales en México se gravaban de forma cedular en vez de global, así que las ganancias se dividían en distintas categorías. Los ricos declaraban sus ganancias en pequeñas fracciones, lo cual reducía sus riesgos fiscales.²⁵

Se dice que para el otoño de 1944 el Grupo Jenkins, como llegó a conocerse el trío, tenía más de 60 cines. En 1950, su colección aparentemente llegó a un total de 220, cifra que probablemente omite más o

Retratos de graduación de Mary Lydia Street y William Oscar Jenkins, Escuela Peoples & Morgan, Fayetteville, Tennessee, 1900. Tras abandonar la escuela a los 11 años por enfermedad, Jenkins volvió nueve años más tarde y se graduó a los 22, como el primero de su clase.

Del anuario de Vanderbilt *The Comet 1901*

En la Universidad de Vanderbilt, Jenkins (fila central, tercero a la derecha) impresionó enseguida en el campo de futbol americano. Entró al once inicial como *tackle* izquierdo y se ganó el apodo de "Bull" Jenkins.

Después de seis años en México, Jenkins volvió a Shelbyville, Tennessee, a finales de 1907. Ahí le presentó a su padre, John Whitson Jenkins, a sus hijas Elizabeth (5) y Margaret (11 meses).

Cortesía de Rosemarie Eustace Jenkins

Jenkins (primera fila, centro), su cuñado, Donald Street (primera fila, segundo a la izquierda), y el personal directivo de La Corona, su primera empresa, cerca de 1918. Esta fábrica poblana dominó el mercado de calcetería de algodón en México a unos años de su fundación y siguió produciendo a lo largo de la Revolución de 1910-1920.

El secuestro de Jenkins en 1919 provocó distintas reacciones en los periódicos mexicanos y estadounidenses. *El Heraldo de México* muestra la imagen de Jenkins como cónsul en contraste con su supuesta intención de sacar provecho de su rapto, mientras que *Los Angeles Times* retrata al Tío Sam preparando una protesta formal por el trato hacia Jenkins después de formular varias otras debido a las agresiones revolucionarias a vidas y bienes norteamericanos.

Mr. W. O. Jenkins en el borde del cráter del Popocatépetl, en plena actividad, a 17,860 pies sobre el nivel del mar, el 25 de marzo de 1921. Foto de C. A. Miyar.

Cortesía de William Anstead Jenkins

Jenkins siguió siendo un deportista entusiasta toda su vida. El Viernes Santo de 1921 escaló el Popocatépetl con Carlos Alonso Miyar, un poblano español; entonces ambos tenían 42 años.

Cortesía de Rosemarie Eustace Jenkins

El pasatiempo favorito de Jenkins era el tenis, lo jugaba en el Club Alpha de Puebla (fundado en 1914), del que fue uno de los primeros miembros y más tarde se convirtió en principal propietario. Según el folclor poblano, siguió siendo campeón estatal de dobles hasta los ochenta y tantos porque sus rivales tenían miedo de vencerlo.

Jenkins con sus hijas Elizabeth y Jane en la Hacienda Atencingo, Día de la Independencia, 1926. Jenkins compró la finca después de que los zapatistas la destruyeron durante la Revolución y, junto con el agrónomo español Manuel Pérez (a la izquierda), la convirtió en la hacienda azucarera más productiva de México.

Una gran parte del éxito del proyecto se debía a las economías de escala. Para lograrlas, Jenkins compró otras ocho haciendas azucareras cercanas, incluida la Hacienda Colón (vista aquí en 1935) y las conectó por medio de una vía férrea privada con el ingenio principal en Atencingo.

Para mediados de la década de 1930, el sistema Atencingo era el empleador privado más importante en todo Puebla, con una plantilla de 5 000 empleados, que aumentaba hasta 9 000 durante la zafra. La inmensa mayoría era de cañeros; pese a los bajos salarios ofrecidos, muchos venían de Morelos y otros estados para trabajar en Atencingo.

Cortesía de Rosemarie Eustace Jenkins

En veintitrés años, William y Mary Jenkins tuvieron cinco hijas: (de izquierda a derecha) Jane, nacida en San Francisco, 1916; Elizabeth, nacida en Monterrey, 1902; Mary, nacida en Los Ángeles, 1924; Margaret, nacida en la Ciudad de México, 1907; y Martha, conocida en la familia como Tita, nacida en Puebla, 1925.

Tres generaciones en 1932, en Hanford, California, donde Jenkins le compró a su padre un rancho frutal. Como no pudo engendrar un hijo, Jenkins adoptó a su primer nieto, William Anstead, como propio, tras el divorcio de su hija Margaret.

Cortesía de Sergio Mastretta Guzmán

Maximino Ávila Camacho (al centro) se convirtió en gobernador de Puebla en 1937, gracias en parte a una enorme donación ilegal que hizo Jenkins para su campaña. Poco después de tomar posesión, posó con el alcalde de Puebla Sergio B. Guzmán (a la derecha de Maximino), su gabinete, que incluía al futuro presidente Gustavo Díaz Ordaz (segundo a la derecha) y los editores de los principales periódicos del estado.

En 1939, Jenkins trasladó a su familia al último piso de la principal tienda departamental de Puebla, Las Fábricas de Francia (antes, La Ciudad de México), edificio que había adquirido por medio de una ejecución hipotecaria en un préstamo hecho durante la Revolución.

Una sala del tamaño de una cancha de tenis: Jenkins apenas se ve al fondo, con su hijo adoptado William y su hija Margaret.

A Jenkins no le gustaban las fiestas, pero no rechazaría una invitación de Maximino (atrás a la derecha). Junto con Ezequiel Padilla (que pronto sería secretario de Relaciones Exteriores), la esposa de Maximino Margarita Richardi (adelante a la derecha), y la esposa del senador Noé Lecona, brindaron por el matrimonio de la hija de Maximino, Alicia, en agosto de 1940.

En 1940 el hermano de Maximino, Manuel Ávila Camacho (al centro), fue elegido presidente, con asistencia financiera de Jenkins, y con Miguel Alemán Valdés (a la derecha), futuro presidente, como su director de campaña. Tanto Maximino como Alemán se convirtieron en socios comerciales secretos de Jenkins, y probablemente Manuel también.

Cortesía de William Anstead Jenkins

Un retrato de 1941 de Mary Street Jenkins. Asolada por la tuberculosis, se fue de México ocho años antes, primero a la Clínica Mayo en Minnesota, luego a Tuscon y, por último, a Beverly Hills. Murió cuando su esposo estaba en Puebla, en 1944.

Cortesía de Manuel Pérez Nochebuena

Dos años después de perder a Mary, Jenkins perdió los servicios de Manuel Pérez, el temible español que había dirigido Atencingo y a sus 5 000 trabajadores. En el curso de un año, Jenkins negoció la venta del ingenio azucarero.

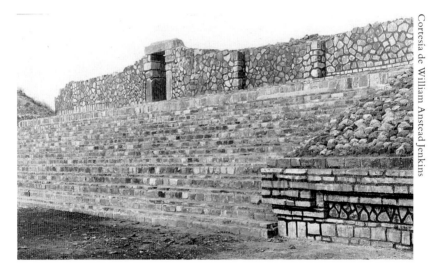

Tras la muerte de su esposa, Jenkins incrementó sus donaciones filantrópicas. Uno de los primeros beneficiarios fue el famoso arqueólogo Alfonso Caso, a quien Jenkins apoyó con la restauración de Monte Albán. Caso le envió a Jenkins informes ilustrados sobre lo que sus donaciones financiaron, incluida la plataforma oriental del sitio, vista aquí en 1944 y 1945.

La cuarta hija de Jenkins, Mary, el día de su boda en la residencia de la familia en Beverly Hills, en 1946. Como de costumbre, Jenkins se negó a asistir. Entre todas, sus hijas se casaron nueve veces; ocho de esos matrimonios terminaron en divorcios o separaciones. De izquierda a derecha: Jane, Elizabeth, Mary, Tita, Margaret.

Cuando enviudó, Jenkins optó por pasar cada vez más tiempo con su familia. Construyó una casa de fin de semana de tres pisos en Acapulco en un antiguo emplazamiento de tiro sobre la cima de un cerro (arriba a la izquierda), completada en 1950.

En Acapulco, Jenkins se volvió un pescador entusiasta y compró una serie de lanchas cada vez más grandes y potentes, cada una llamada *Rosa María*, como su nieta favorita.

En 1950, para cuando Jenkins tenía un cuasi monopolio de salas de cine, el director Miguel Contreras Torres lanzó una cruzada en contra de su influencia. Esta caricatura de 1951 en *El Universal* retrata a "Don Guillermo" Jenkins como una hidra —cuyas cabezas incluyen a sus socios Gabriel Alarcón, Emilio Azcárraga, Manuel Espinosa Yglesias y Luis Montes— que se levanta sobre un funcionario gubernamental dormido.

Pese a una promulgación del presidente Alemán (1949) y una enmienda (1952) de una ley de la industria cinematográfica, la influencia de Jenkins —los críticos dirían opresión— en el cine mexicano sólo aumentó, como lo refleja esta imagen de 1953 del *Excélsior*.

Cortesía de José Luis Vázquez Nava

A principios de la década de 1950, el hombre de Jenkins en el ayuntamiento de Puebla era Nicolás Vázquez (segundo a la izquierda), su notario desde hacía mucho tiempo. Vázquez tuvo una administración ejemplar y publicaba las cuentas anuales, que incluían los subsidios de Jenkins para obra pública. Aquí asisten a la celebración del Cinco de Mayo en 1951, acompañados del embajador estadounidense William O'Dwyer (a la izquierda) y el líder sindical Martín Rivera (a la derecha).

Cortesía de William Anstead Jenkins

Como sus activos cinematográficos eran administrados en gran medida por Manuel Espinosa y Gabriel Alarcón, durante los años cincuenta Jenkins pasó mucho tiempo en su finca cerca de Matamoros, al sur de Puebla. Cuando Cárdenas expropió la hacienda de Atencingo en 1937-1938, Jenkins conservó a hurtadillas 2 900 hectáreas —normalmente registradas con prestanombres— en las que siguió cultivando caña y melón.

Mucho después de que Jenkins vendiera su ingenio azucarero, los trabajadores locales y cañeros atrajeron un sentido de fuerza y dignidad comunal de la resistencia que habían mostrado a Jenkins y su "opresión capitalista". Esta placa de 1957 sigue adornando un monumento del parque principal de Atencingo.

Cortesía de William Anstead Jenkins

En 1954 Jenkins estableció la Fundación Mary Street Jenkins, la primera beneficencia basada en donativos al estilo estadounidense de México. Entre los miembros del consejo estaban (de izquierda a derecha, de arriba abajo) Jenkins, su mano derecha Manuel Espinosa, su colega de la industria azucarera Felipe García Eguiño, su viejo amigo Sergio Guzmán, su secretario particular Manuel Cabañas y su hijo adoptivo y nieto biológico de 23 años, Bill.

En sus últimos años Jenkins pasó gran parte de su tiempo libre con Sergio Guzmán, visto aquí en la inauguración de la clínica dental de su hijo Teto en 1958. Pese a esa amistad, siguió siendo un hombre solitario, que visitaba la tumba de su esposa cada tarde, se sentaba en una banca y le leía.

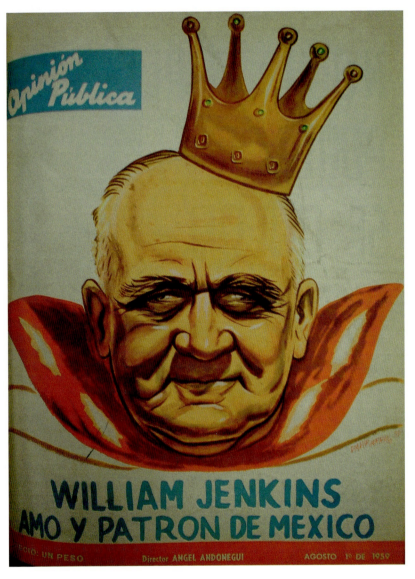

Después de que la revolución cubana de 1959 realzara la polarización de la opinión pública, los medios mexicanos incrementaron sus ataques contra Jenkins como un capitalista omnipotente y rapaz.

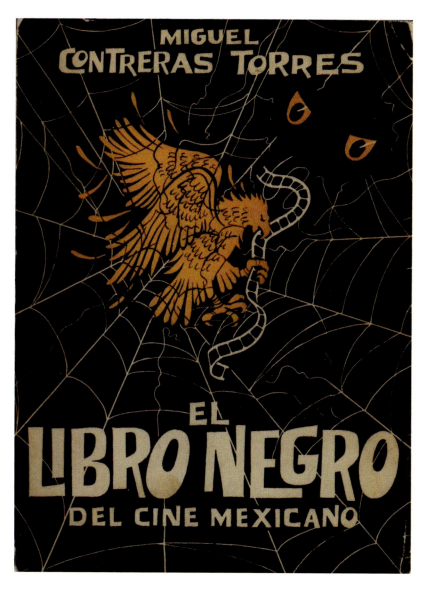

Las críticas a Jenkins alcanzaron su punto máximo en 1960, con los ataques en *Excélsior*, la nueva revista radical *Política* y *El libro negro del cine mexicano* del cineasta amargado Miguel Contreras Torres. En diciembre, el régimen de López Mateos expropió los principales cines de Jenkins.

Un último viaje a casa: Jenkins visitó a Shelbyville, Tennessee, en 1962, para el cumpleaños número 80 de su hermana más cercana, Mamie (abajo a la derecha). Festejaron con ellos sus hermanos (de izquierda a derecha) Kate, Ruth, Joe y Anne.

Durante muchos años después de su muerte, Jenkins fue recordado con servicios en su lugar de sepultura, cada 4 de junio. Entre los presentes en el evento de 1965 se incluyen (fila central, de izquierda a derecha) Felipe García Eguiño, Manuel Espinosa, el gobernador de Puebla Aarón Merino Fernández, Bill Jenkins, el alcalde de Puebla Carlos Vergara Soto, Sergio Guzmán, Nicolás Vázquez (elegido para el consejo de la Fundación a la muerte de Jenkins) y Manuel Lara y Parra, rector de la Universidad Autónoma de Puebla.

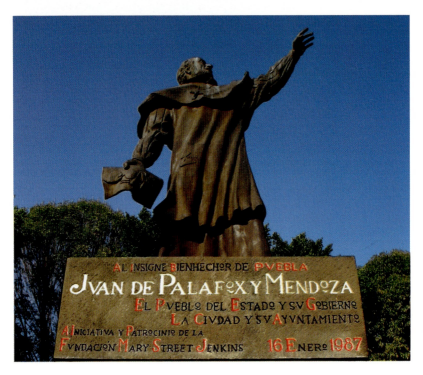

Jenkins sigue vivo en el nombre del centro de convenciones de Puebla (arriba), la Jenkins Graduate School de la UDLAP en la Ciudad de México, el Jenkins Foundation Wellness Center en el Colegio Americano de la capital y las innumerables placas en todo el estado de Puebla y otras partes. Estas registran el apoyo de la Fundación Jenkins a la restauración de iglesias, construcción de escuelas y creación de clubes deportivos, parques y monumentos, como este para el ilustre obispo colonial de Puebla, Juan de Palafox (abajo).

menos otros 100 con los que tenía arrendamientos o filiales. Juntos, éstos abarcaban una cuarta parte del total nacional, aún no un monopolio (ni un monopsonio), pero suficientemente grande para poder presionar a los distribuidores a concederles términos favorables e intimidar a los operadores de las cadenas más pequeñas para vender.[26]

Las salas de cine eran un negocio de alto riesgo. Más allá del costo de los terrenos bien ubicados, los cines necesitaban construirse a pedido y equiparse con varios proyectores importados, un sistema de sonido y butacas cómodas. En la Ciudad de México, el costo combinado de un cine de estrenos podía ser de un total de 400 000 dólares. La forma tan rápida en que Jenkins expandió su colección sin duda se debió de alguna manera a su participación en el Banco de Comercio; los préstamos internos en esa época eran comunes y legales.[27] Su rápida expansión también se debió, irónicamente, a la pérdida de sus valiosas tierras en Atencingo.

Como cientos de otros norteamericanos, Jenkins presentó una demanda ante la Comisión General de Reclamaciones México-Estados Unidos, un organismo establecido por los dos gobiernos para adjudicar las indemnizaciones de tierras. La Comisión llegó a un acuerdo de 40 millones de dólares, que los funcionarios estadounidenses después repartieron entre los demandantes. En 1943, después de cinco años de correspondencia, Jenkins oyó que recibiría 2.27 millones de dólares. Fue la segunda indemnización más alta que la Comisión hizo. También representaba una proporción mucho más alta de la suma solicitada que casi todos los demás beneficiarios obtuvieron, en 62 por ciento de la demanda. La familia Johnston, heredera de la hacienda azucarera de Los Mochis, obtuvo 39 por ciento. Como Jenkins era igual de apto para exagerar sus pérdidas que los demás, lo que posiblemente marcó la diferencia fue la intermediación de su amigo el presidente Ávila Camacho.[28]

Jenkins obtuvo otro impulso de efectivo cuando le vendió al gobierno una extensión de 177 000 hectáreas en el valle de Mexicali. Era la tierra que adquirió en 1944 en un negocio con Harry Chandler, dueño del *Los Angeles Times*. A cambio de la Colorado River Land Company (CRLC) de Chandler, le dio los edificios de departamentos de Los Ángeles que Elizabeth solía administrar, más 360 000 dólares. La CRLC, que alguna vez tuvo 344 000 hectáreas en la región, sólo desarrolló una pequeña parte de la extensión, pero las tierras ofrecían gran potencial para el algodón. Al otro lado de la frontera, en el Valle Imperial de California, las plantaciones de algodón florecieron una vez que el Colorado se aprovechó como fuente de irrigación. Sin embargo, la Constitución de México prohibía que los extranjeros poseyeran tierras a 100 kilómetros de las fronteras del país.[29]

La compra de Jenkins infringió flagrantemente la ley. Un asunto igualmente extraño fue que fungiera como el dueño de las tierras tan sólo 14 meses, un tiempo demasiado corto para desarrollarlas. ¿Por qué el gobierno simplemente no le compró las tierras a Chandler? Muy probablemente el presidente intentó hacerlo y Chandler, resentido por las expropiaciones de la era cardenista, se negó a vendérselas a él. En tiempos de guerra, con Estados Unidos como su aliado clave, Ávila Camacho difícilmente pudo haber deseado presionar sobre el tema con uno de los magnates más poderosos de la prensa norteamericana. Jenkins, en cambio, habría ofrecido a Chandler un precio más alto, sin ninguna afrenta a su dignidad. Pero ¿por qué compraría una propiedad tan grande, en contra de la ley, arriesgándose así al bochorno público con su amigo el presidente?

Jenkins le estaba haciendo otro favor a Ávila Camacho. A petición del presidente, le compró a Chandler para poder venderle al Estado cuando ambas partes lo consideraron conveniente. Cuando Chandler murió en septiembre de 1944, su periódico tenía menos probabilidades de quejarse por la maniobra. Para mayor precisión, en abril de 1945 el Senado estadounidense ratificó el Tratado de Agua entre México y Estados Unidos, que aumentó los derechos mexicanos en el río Colorado para usos de irrigación. El valor de las tierras de Mexicali aumentó, lo cual le dio a Jenkins confianza de obtener utilidades cuando aceptó vender su extensión al siguiente mes. Ávila Camacho, a su vez, logró disfrutar la fanfarria cuando la largamente criticada CRLC fue desposeída oficialmente y una enorme superficie de tierra fronteriza se devolvió a la nación.

En 1946 se establecieron los términos financieros: el banco estatal Nafinsa le pagó a Jenkins 2.1 millones de dólares por la CRLC. El contrato sólo especificó la extensión principal cerca de Mexicali. Jenkins, que dos veces se emitió a sí mismo un enorme dividendo durante su breve duración como dueño, se quedó con los edificios de oficinas de la CRLC, su participación en un banco local, algunas granjas en Chiapas y todos sus demás bienes. Tal como había hecho furtivamente en

Atencingo, también mantuvo una franja de la tierra de Mexicali, con la intención de cultivar su propio algodón.[30]

Al crear su imperio de exhibición, Jenkins apostó acertadamente por un duopolio. En vez de crear una empresa destacada, optó por ayudar a Espinosa y Alarcón a desarrollar dos grupos distintos de activos. La decisión fue un factor crucial en el éxito del Grupo Jenkins, lo que ejemplificó cómo el norteamericano era más que un simple "rentista" lucrando gracias a sus buenas conexiones. El espíritu empresarial era crucial y la gestión empresarial sagaz un componente fundamental de éste.

Primero, el doble enfoque evitaba la aparición de monopolios, que estaban prohibidos por el artículo 28 de la Constitución y proscrita en términos específicos en 1934.[31] En un momento dado, la verdad del asunto se convirtió en conocimiento común, como se desprende de las caricaturas satíricas que aparecieron más tarde en la prensa nacional, en las que se representaba a Jenkins como un pulpo, o se les vinculaba a él, Espinosa y Alarcón en una procesión de rey gringo y cortesanos mexicanos.[32] Pero durante la fase inicial de expansión fundamental de los años cuarenta, cuando el gabinete presidencial aún incluía izquierdistas poderosos, la estrategia era seguramente ventajosa. El odio mutuo permanente entre Espinosa y Alarcón le daban más credibilidad a la apariencia de competencia y más eficiencia al funcionamiento general.[33] Se esforzaban por ganarle al otro. Aunque por despecho a veces se equivocaban construyendo cines rivales demasiado cerca del otro, el resultado general fue un par de empresas de rápida expansión. El hecho de que en cada nueva empresa empezaran con un préstamo de Jenkins los impulsaba a generar utilidades cuanto antes. No recibían dividendos hasta terminar de pagar sus deudas a Jenkins.

A menudo los métodos del Grupo Jenkins no eran monopolistas, simplemente nacían del buen juicio empresarial. Cuando Espinosa asumió el mando en COTSA, vio que la Ciudad de México estaba sobresaturada con cines de estreno, establecimientos que intentaban atraer a los espectadores más ricos exhibiendo constantemente estrenos de películas. El error estaba en casa: en un intento ostentoso por atraer más clientes, Theodore Gildred seleccionó 15 establecimientos de COTSA para exhibir estrenos. El lastre era que siempre que esos cines proyectaban estrenos, los distribuidores de Hollywood cobraban precios de alquiler más altos, sin importar si una película era o no era un éxito comprobado en Estados Unidos, de modo que los ingresos de las taquillas para las películas menores a menudo no lograban cubrir los costos. Revirtiendo audazmente la estrategia de Gildred, Espinosa convirtió la mitad de los cines de estreno en cines de "segunda corrida", lo que redujo el número de establecimientos de estrenos de la capital en un total viable de ocho y aumentó las opciones para los clientes de ingresos medios, ya que los boletos siempre eran más baratos en los establecimientos de segunda corrida. Las tarifas reducidas que Espinosa pagaba a los distribuidores permitieron que su empresa tuviera utilidades y al final de su primer año le entregó a los accionistas (sobre todo a Jenkins) un dividendo de 15 por ciento.

Espinosa modernizó después los puestos de comidas. Los clientes que entraban a los vestíbulos de COTSA eran recibidos con un olor artificialmente generado de palomitas, para abrir el apetito, y por quioscos de dulces que ofrecían sólo una selección limitada de golosinas, para que pudieran elegir rápidamente y avanzar. Es posible que Espinosa haya sido también el primer exhibidor mexicano en aplicar políticas de marcas: usando el nombre del establecimiento emblemático que su padre creó en Puebla, presentó un Cine Variedades en México, Guadalajara, Acapulco y otras nueve ciudades. Todas estas medidas impulsaron las ganancias de los cines. En pocos años, los dividendos de COTSA alcanzaron tasas tan altas de 90 por ciento.[34]

Por otro lado, el Grupo Jenkins eliminó deliberadamente a otros exhibidores. A partir de 1943, el exhibidor de Tampico Vicente Villasana articulaba la protesta mientras se preocupaba por el impacto de una sala de cine respaldada por Jenkins en su anticuada cadena de cines. Aquí, de hecho, la sartén le decía al cazo, ya que Villasana dominaba la exhibición en el área de Tampico con ocho o nueve cines y publicitaba su negocio a través de su periódico local. Ensayando el arte de la gringofobia comercial, protestó contra "el Trust del notorio yanqui" e informó como un hecho la versión de que Jenkins alguna vez se autosecuestró. Un año más tarde, publicó una carta abierta en la prensa de la Ciudad de México, en la que atacaba a Jenkins por intimidar a los distribuidores para favorecerlo en Tampico, amenazando con boicotear sus películas en sus demás cines. Villasana decía que estaba haciendo una lucha "patriótica" en contra del monopolio "extranjero". Los exhibidores provincianos, que carecían de circuitos grandes para convencer a los distribuidores de tratarlos en términos equitativos, sucumbieron gradualmente y vendieron al Grupo Jenkins. En 1955 hasta la familia Villasana tiraría la toalla y vendería su cadena de cines a Alarcón.[35]

En esta etapa era difícil definir cuánto control tenía Jenkins sobre la producción. Había dos problemas aquí, el comercial y el cultural: ¿qué compañías de producción controlaba el Grupo Jenkins y qué influencia tenía sobre sus procesos creativos? En cuanto al primero, Espinosa, como muchos exhibidores mexicanos, había incursionado en el cofinanciamiento de películas desde mediados de los treinta, como una forma de asegurar un producto prometedor y una protección contra los abusos de los distribuidores de Hollywood. Después Jenkins fue cofundador del Banco Cinematográfico. Pero cuando descargó sus acciones en el banco también vendió la participación que había adquirido a través de ello en CLASA Films, entonces el principal productor de México. Tal vez consideraba la producción un lado del negocio demasiado riesgoso. En 1942 el Banco Cinematográfico participó dándole a la recién creada Grovas S. A. un millón de pesos, y la promocionó como "la compañía de cine más poderosa de Latinoamérica". Al producir ocho películas ese año, Grovas no logró generar utilidades y dejó que el banco absorbiera la pérdida.[36] Unos años después, la participación del Grupo Jenkins en la producción se volvería más constante.

Su influencia creativa era inicialmente nebulosa. La representación elogiosa de los personajes estadounidenses no necesariamente era una prueba de la impronta de Jenkins. El trasfondo del cine de la Época de Oro ya sufría la influencia del deseo de Ávila Camacho de ser un "buen vecino" de Estados Unidos, así como de los esfuerzos de los propagandistas norteamericanos para promover un frente unido en tiempos de guerra.[37] Entre un director de cine y Jenkins existía una jerarquía de varios niveles de productores, ejecutivos y miembros del consejo de administración, por lo que es poco probable que Jenkins se reservara el derecho a autorizar producciones. A diferencia del magnate de la radio Emilio Azcárraga, Jenkins no era un ejecutivo activo; la única actividad por la que se arremangaba, por decirlo así, era la agricultura. No obstante, en los años cincuenta el impacto del Grupo Jenkins en la creatividad se volvería más fácil de detectar (y para sus críticos más fácil de denunciar).

La fuerza de los obreros y un *quid pro quo*

Puede que Jenkins les haya parecido intocable a muchos de sus colegas. En el sector cinematográfico, azucarero y textil, parecía poseer todas las cartas indicadas, o por lo menos una inmunidad en las leyes que restringían la propiedad extranjera, prohibían la práctica monopólica y garantizaban a los obreros el derecho a organizarse. Con un amigo en el trono presidencial, un compadre en el gabinete federal y otro aliado como gobernador de Puebla, Jenkins tenía tres ases bajo la manga. Sin duda, así es como se veían las cosas en la industria del cine, tal como sus críticos recordaron después. Pero Jenkins enfrentaría varias controversias prolongadas con los trabajadores de las que claramente salió peor.

Para los estándares de la época, los problemas recién surgidos de Jenkins con los trabajadores no eran extraordinarios, ya que el mandato de Ávila Camacho sufrió un pico récord en paros. Pese a los llamados del presidente a la solidaridad nacional en cuanto a la entrada de México a la Segunda Guerra Mundial en 1942, la inflación elevada y la caída en términos reales de los salarios provocaron la proliferación de huelgas. Además de su frecuente agitación por el aumento del costo de vida, la mano de obra industrial crecía rápidamente y era muy propensa al faccionalismo. En la violenta campaña electoral de 1940, algunos sindicatos apoyaron al candidato de oposición Almazán.[38]

Sin embargo, el hecho de que las controversias en la fábrica textil La Trinidad y en Atencingo se resolvieron en beneficio de los trabajadores parece curioso teniendo en cuenta el compadrazgo de Jenkins con los Ávila Camacho. Las demandas urgentes de los trabajadores explican la contradicción sólo en parte. En un momento dado, un presidente tenía cualquier cantidad de favores e incentivos secretos que podía repartir a quienquiera que estuviera causando el peor dolor de cabeza. Entonces, ¿por qué Ávila Camacho molestaría a uno de sus aliados más devotos y adinerados cuando había capitalistas más distantes cuyos intereses se podían comprometer para mantener contentos a los líderes sindicales? ¿Y por qué lo haría cuando su aliado demostraba ser útil una vez más, con un plan de expansión de cines que convenía a los intereses del Estado?

La aparente contradicción se debió a un cálculo de Ávila Camacho que operaba en dos niveles: uno abierto y pragmático, el otro tácitamente recíproco. En el nivel visible, las controversias de La Trinidad y Atencingo involucraban a trabajadores que durante mucho tiempo habían hecho campaña por un trato más justo. Tomar partido por los obreros en dichos casos no sólo permitía ganancias tangibles para las fuerzas de trabajo específicas, sino que también prometía al presidente buena publicidad y una infusión de capital político en sus relaciones con los trabajadores.

En el nivel encubierto, había un *quid pro quo*. Ávila Camacho permitiría a Jenkins enormes beneficios en un ámbito a costa de pérdidas menores en otros. En el negocio del cine, le permitiría a Jenkins desarrollar una posición dominante altamente lucrativa. (El acuerdo atañía al cine más que al azúcar, puesto que el segundo sector era más del dominio de Aarón Sáenz, que controlaba el cártel de distribución de azúcar.)[39] A cambio, Jenkins experimentaría pérdidas que ayudarían a los trabajadores, tanto directa como de forma simbólica, y así ayudaría al acto de equilibrismo político de Ávila Camacho. Dichas pérdidas también podían permitir que el presidente tranquilizara a los varios izquierdistas de su gabinete (entre los que se incluían el ex presidente Cárdenas, como secretario de Defensa) de que no estaba subyugado al gringo.[40]

No hay pruebas documentadas de este *quid pro quo*. Tal arreglo nunca se pondría por escrito e incluso en una conversación es posible que faltaran los detalles: Jenkins simplemente debía favores que Ávila Camacho podía elegir cuándo cobrar. Pero tal entendimiento se ajustaba completamente a la naturaleza cara a cara de las relaciones entre las élites y la naturaleza personalista del liderazgo presidencial en México. También se ajustaba a la simbiosis entre Estado y capital (podría decirse necesaria durante la Segunda Guerra Mundial, pero cada vez más de conveniencia) que proliferó en el nivel nacional en los años cuarenta y cincuenta.[41]

La Trinidad era un sitio de conflicto histórico. Esta fábrica textil mediana en el estado de Tlaxcala experimentó agitación laboral desde el porfiriato.[42] Después de que Jenkins se convirtió en su propietario mayoritario, dejó su gestión a sus socios, la familia Morales Conde. Luego, en 1941, la dirección intentó imponer en el personal un "sindicato minoritario", es decir, uno que incluyera una minoría de trabajadores, más dócil con los dueños que el mayoritario. Ésta era una estratagema típica para establecer un sindicato blanco, es decir, uno leal a la compañía que incluyera a todos los obreros, por lo que la táctica enfrentó una enorme resistencia de la facción mayoritaria, que estaba afiliada a la CROM. En agosto de 1942, con el pretexto de un litigio arcano por el derecho del sindicato para dirigir tres puestos de cuello blanco, empezó una huelga sin cuartel. Lo insólito es que la huelga obtuvo el reconocimiento de la Junta Federal de Conciliación y Arbitraje, en un año en el que reconoció sólo 19 de 133 peticiones. El fallo de la junta era llamativo por partida doble ya que los motivos de la huelga eran una queja de los obreros con respecto a los empleados de cuello blanco; los dos lados del personal estaban organizados en sindicatos distintos. Más insólito aún fue la duración de la huelga, 23 meses, una de las más largas del periodo de Ávila Camacho.[43] Los esfuerzos de la gerencia para terminar con el paro a través de amparos quedaron en nada. El sector textil estaba disfrutando de un auge en tiempos de guerra, por lo que el cierre de dos años de una fábrica de 470 obreros implicó una pérdida agravante de utilidades para Jenkins. ¿Estaba el Estado enviando un mensaje de que el gringo no era invulnerable después de todo?

Las apuestas aumentaron en mayo de 1944, cuando la Suprema Corte otorgó a los propietarios un amparo en contra de un fallo de la junta en el que eran responsables por un millón de pesos en salarios retroactivos a los huelguistas. El Consejo Nacional Obrero respondió inmediatamente amenazando con una huelga general en solidaridad con La Trinidad. Establecido por el presidente en 1942 para reducir los conflictos entre sindicatos durante la guerra, el Consejo incorporó la mayor parte de las federaciones laborales, entre ellas la CROM y la CTM.[44]

Dado que los motivos de la huelga se habían ventilado durante dos años, los eventos ampliamente reportados que siguieron sugieren señales de teatro político orquestado, aunque esto no quiere decir que la sinceridad de los trabajadores no estuviera involucrada. Primero, a instancias del presidente, el secretario del Trabajo intervino, convocando a los líderes de la CROM y al director de la fábrica para negociar. Después, otra federación laboral, el FROC (por lo general, el archienemigo de la CROM) amenazó con su propia huelga de solidaridad. En los días subsecuentes, sindicatos de muchas empresas ubicadas por toda Puebla, desde pastelerías hasta baños públicos, hicieron anuncios similares que aparecieron en los titulares locales. Los huelguistas sufrieron después un revés cuando un juez federal suspendió el reconocimiento legal de su huelga, fallo que motivó a la dirección a mandar un contingente de esquiroles, escoltado por guardias privados, para ocupar la fábrica el 20 de junio. En respuesta, Ávila Camacho envió a su secretario del Trabajo, Francisco Trujillo, a evaluar la situación. El comandante de la zona militar lo acompañó.

Al hablar más adelante con la prensa, Trujillo se expresó con lirismo: "Algo dantesco, algo excepcional en las luchas sociales que he conocido, aprecié en la fábrica La Trinidad", empezó. A un lado de los titulares provocativos (y los periódicos desde luego hicieron énfasis en "dantesco"), las condiciones que describió eran creíblemente perturbadoras, resultantes de 22 meses de perseverancia de los trabajadores sin salarios. Daban testimonio de la mera voluntad de los obreros en su negativa a dejarse cooptar por la dirección. Trujillo se encontró con hombres harapientos y demacrados que mantenían la cabeza bien alta cuando los interrogaban y respondían "con la huelga, contra el patrón injusto, mientras tenga vida". Aparentemente, 10 ya habían muerto. Otros habían perdido hijos por inanición. Algunas de las figuras más tristes permanecieron desafiantes, gritando su lealtad por la huelga "¡hasta la muerte!" Ese sentimiento no era universal; entre los partidarios del sindicato minoritario y aquellos que simplemente habían tenido suficiente, el secretario contó 153 trabajadores. Pero 247 estaban a favor de seguir adelante. Trujillo estaba conmovido. "A ese grupo de trabajadores —concluyó— hay que admirarlo y hay que respetarlo."[45]

Al día siguiente, tras la aprobación del secretario y la supresión de los rompehuelgas, se volvieron a colgar banderas rojinegras afuera de la fábrica y los soldados ayudaron a mantener a raya a los esquiroles. Simultáneamente, el Consejo Nacional Obrero anunció su aplazamiento de la huelga general y expresó confianza de que el presidente resolvería el conflicto. El momento culminante fue el 7 de julio: Ávila Camacho anunció que el gobierno tomaba el relevo de La Trinidad. La fábrica reanudó operaciones a la mañana siguiente, empleando a la mayor parte de su plantilla original.

El decreto de Ávila Camacho apareció en los titulares de los diarios nacionales y generó júbilo en la prensa de los obreros. El presidente recibió docenas de telegramas de felicitaciones de sindicatos de lugares tan distantes como Mexicali. El líder de la CTM Fidel Velázquez aplaudió las acciones de Trujillo y lo defendió de los ataques de la élite empresarial. El diario de la CTM, *El Popular,* contrastó la "respuesta muy elocuente" del presidente con el "empecinamiento torpe y antipatriótico" de los propietarios. Un titular de seguimiento repicó: "Ni la Miseria ni la Muerte Vencieron a los Obreros de la Fca. 'La Trinidad'". El centrista *El Universal* publicó un artículo evocador sobre un nuevo ambiente de esperanza en la fábrica. Empezaba: "La Trinidad es ahora un símbolo de Shangri-la…" Semanas después, los editoriales siguieron celebrando la decisión del presidente; *Rebeldía* tomó una postura inusual y provocativa al identificar a Jenkins como el dueño de la fábrica y llamar al resultado un "triunfo del proletariado".[46]

Puede que las maniobras finales orientadas a la intervención del Estado hayan tomado a Jenkins por sorpresa, entre otras cosas debido al estilo conciliador de Ávila Camacho.[47] A lo largo de todo el conflicto, dejó que el director de la fábrica manejara las conversaciones con las autoridades. No obstante, el 3 de julio le envió un telegrama al presidente desde California, en el que le informaba (más probablemente le recordaba) sobre su titularidad de la fábrica. Señaló el fallo de la Suprema Corte de que la compañía no era responsable del pago retroactivo durante la huelga y protestó sobre una amenaza contradictoria de la Secretaría del Trabajo de que la fábrica sería confiscada si no se cumplía la mitad del pago retroactivo. Dos días después, los ejecutivos de la compañía en Puebla publicaron una carta de protesta en *Excélsior,* en la que afirmaban que a diferencia de las declaraciones de la Secretaría del Trabajo, la Junta Federal de Conciliación y Arbitraje había anulado la legalidad de la huelga dos semanas antes.[48] A juzgar por las apariencias, las solicitudes privadas y públicas de Jenkins por el favor presidencial cayeron en saco roto, y la CROM, con la ayuda de Ávila Camacho, se anotó una victoria histórica.

Las cosas no eran tan sencillas. Mientras que la resistencia de los huelguistas de La Trinidad exigía cierta forma de intervención estatal, había señales por todas partes de que el caso era un montaje. El reconocimiento legal de la huelga, con motivos cuestionables, sugiere que influyeron otros factores más allá de los méritos del caso. Las resoluciones contradictorias de los órganos judiciales y los esfuerzos de Trujillo permitieron grandes momentos dramáticos y una prosa grandilocuente. Incluso el perjuicio financiero a Jenkins fue menos de lo que parecía.

Dado que tenía otras cuatro fábricas, al menos parte de las órdenes de trabajo de La Trinidad se pudieron reasignar. También es revelador que el telegrama de Jenkins del 3 de julio fuera su única misiva al presidente sobre el conflicto. A diferencia de administraciones previas, cuando enviaba telegramas a los presidentes muy a menudo, Jenkins rara vez le escribía a Ávila Camacho. Uno bien puede imaginar que, siempre que surgía una emergencia, le llamaba por teléfono a su compadre Maximino y le pedía que tratara el asunto con su hermano. El hecho de que estuviera fuera del país ese verano difícilmente era un problema, ya que las conexiones telefónicas entre Los Ángeles y México estaban bien establecidas.[49] Sin duda esas llamadas precedieron y siguieron al telegrama. Tarde o temprano se habría asegurado de que el decreto a favor de los trabajadores demostraría ser menos drástico de lo que sugerían los titulares.

Y así fue. Para empezar, el edicto prometía indemnizar a los dueños, en el sentido de que las utilidades netas siguieran siendo suyas. Luego, dos años después, el Estado revirtió la confiscación. En agosto de 1946, tres meses antes de que Ávila Camacho dejara el cargo, Jenkins y la familia Morales Conde recuperaron La Trinidad. Todavía estaba en una forma aceptable y los libros mostraban un margen de utilidad de 11 por ciento bajo la gestión estatal, aunque dos terceras partes de esa cifra se destinaron a cubrir el pago retroactivo de los huelguistas. Esta vez no hubo anuncios y hubo poca cobertura mediática.[50]

Tres muertes

El golpe más grande a Jenkins de 1944 fue sentimental. El 15 de enero Mary Street Jenkins falleció.[51] Tenía 61 años. La causa: meningitis tuberculosa. Jenkins acababa justamente de dejarla para volver a México y sus médicos le habían asegurado que se recuperaría de su caída más reciente. El hecho de no haber estado con ella durante sus últimas horas lo impactó profundamente. Regresó a California de inmediato y se apoyó en Jane, su hija mediana más capaz. "Mi padre se está aferrando a mí como un niño —escribió Jane dos semanas después—. Ni siquiera pienso en dejarlo."

Durante cuatro años Mary había vivido en el esplendor de Beverly Hills. Cuando estuvo lista para dejar Tucson, William le compró una gran mansión en Doheny Road, llamada The Woods. Tenía un jardín de seis hectáreas. (El personal, que constaba de catorce empleados, incluía seis jardineros.) Mary tenía su lugar predilecto cerca de la ventana soleada donde se sentaba cada mañana y cepillaba lentamente su larga cabellera roja. Tenía sus viejos programas musicales en la radio y se consolaba con folletos cristianos. A menudo la acompañaban sus tres hijas más jóvenes; a veces las cinco estaban ahí y organizaban fiestas, con estrellas menores de Hollywood. Pero por lo general se quedaba arriba, las preocupaciones de los médicos por contagio significaba que sus hijas sólo podían entrar a su habitación quince minutos al día. Mary aconsejó alguna vez a Jane: "La mejor lección que puedes tener en la vida es aprender a estar sola".

Mary recibía cartas frecuentes de su esposo: él le mandaba una hoja mecanografiada de noticias casi a diario. Y tenían sus llamadas telefónicas los domingos por la noche: hablaban durante tres minutos (si ella quería hablar más tiempo, tenía que devolver la llamada). Pero rara vez veía a William en persona. Cuando él iba hacía bromas y la hacía reír, pero sólo la visitaba dos veces al año. Hacia el final de cada estancia de una semana, sus hijas tenían la sensación de que él se moría de ganas de volver a México. "A mi padre le gustaba la idea de la existencia de mi madre, más que la realidad", dedujo Tita.

Pero Jane afirmaría: "El día en que mamá murió, algo también murió en papá". Esto habrá sorprendido a cualquiera fuera de su círculo inmediato. Para todos los demás, el magnate industrial de 65 años parecía tan decidido como siempre. Su deseo de dominación en la exhibición cinematográfica ganó impulso. Inicialmente, la única concesión visible que hizo a la viudez fue ponerse un traje y corbata negra. Aun así, Jenkins siempre había mostrado un gusto tan soso por vestir que pocos podían asegurar que no siempre se había vestido de ese color.

Gradualmente pareció que algo había cambiado. Después de un par de años, desarrolló un horario menos demandante y un comportamiento más contemplativo. Dedicó sus tardes al tenis, el ajedrez o las cartas con amigos, y llevó a sus hijos a sus cines. Construyó una casa de vacaciones al lado del mar. Pasó más tiempo con sus hijas y aún más con su nieto Billy.

Jenkins siempre quiso un hijo. Después de que Mary dio a luz a una quinta hija, le escribió a John Tigert: "Nos volvió a visitar la cigüeña y, pese a mis más sinceras súplicas a la diosa Fortuna, fue otra niña". Tal vez pensó en John D. Rockefeller, quien después de cinco niñas engendró a un niño; pero Mary no tenía la vitalidad para soportar otro embarazo. Así, Jenkins se interesó mucho en Billy, el hijo de Margaret. Como el padre del niño, Robert Anstead, estaba en gran medida al margen, Jenkins se convirtió en un padre sustituto para el niño. En 1943, cuando Billy tenía 11 años, le pidió a un amigo abogado que elaborara un nuevo estatuto para Puebla que le permitiera adoptar al niño como si fuera su hijo. Billy ahora tenía un padre activo, un hombre que aún tenía energía y que se lo llevaba a pescar y a visitar sus haciendas, y le enseñaba de contabilidad, a la vez que trataba de resistir el deseo de abuelo de consentirlo.[52]

La filantropía de Jenkins también cambió. Hasta entonces, había significado sumas bastante modestas, y aunque congruente con su creencia en la importancia de la educación, claramente le había dado ventajas políticas. Ahora los donativos involucraban cantidades significativas. La política nunca se desvaneció por completo, pero sus donaciones asumieron un nuevo altruismo. A menudo no le aportaba ningún beneficio perceptible.

Unos meses después de la muerte de Mary, Jenkins empezó a ayudar al eminente arqueólogo Alfonso Caso en su excavación de Monte Albán. Esta capital zapoteca, situada en la cima de un cerro a las afueras de la ciudad de Oaxaca, había permanecido más o menos sin excavar durante 1 500 años cuando Caso empezó a trabajar en 1931. Los donativos de Jenkins apoyaron las etapas finales y Caso le envió informes anuales ilustrados con fotografías de la excavación. Tal como Jenkins habría insistido, también le mandó libretas de recibos que mostraban cómo se estaba gastando cada peso.[53]

Jenkins mantuvo un vínculo con su lugar de nacimiento, lo que incitó a varios habitantes de Tennessee a volar a México con la esperanza de explotar su generosidad. Después de que prometió 200 000 dólares para una alberca en Vanderbilt en 1947, el propio rector le hizo una visita a Jenkins. Harvie Branscomb hizo buenas migas con Jenkins en un almuerzo en la Ciudad de México y después vino una invitación a unas vacaciones con Jenkins en Acapulco. En poco tiempo, Branscomb elegiría a Jenkins para el patronato de Vanderbilt. Por la misma época un médico de Shelbyville llamó a su puerta y logró su apoyo para un hospital de 60 camas en el condado de Bedford. Una nueva ley en el Congreso prometió fondos de contrapartida para esos proyectos y el condado estaba planeando una emisión de bonos. Jenkins comprometió 100 000 dólares.[54]

Pero su estado adoptivo de Puebla siguió siendo el principal beneficiario. Además de seguir apoyando las obras públicas, Jenkins suscribió la expansión del Colegio Americano. Él y su hermana Anne Buntzler lo habían fundado en 1942, a petición del gobierno estadounidense, como una alternativa en tiempos de guerra al prestigioso Colegio Alemán. Jenkins donó dos millones de pesos para conseguir un lugar y construir un edificio, por mucho su donación más importante hasta entonces, y las nuevas instalaciones abrieron en 1949. Jenkins también revitalizó el Club Alpha, que había declinado en popularidad. A lo largo de varios años adquirió la mayoría de las acciones y pagó canchas de tenis adicionales, un boliche, una alberca y un gimnasio. Junto con el Club Rotario de Puebla, que también tenía una participación, convertiría el Alpha en una fundación no lucrativa, establecida en 1954. Bajo la dirección de Jenkins, el Alpha se volvió más en un centro deportivo y se deshizo de parte de su antigua exclusividad.[55]

Por el resto de su vida, las escuelas y los hospitales recibieron la mayor proporción de sus donaciones. Eran prioridades comprensibles, sentimentales. Mary y él se conocieron y destacaron en la preparatoria. Se enamoraron en Vanderbilt y, pese a que no terminaron, siguieron creyendo en la educación. Mary había pasado buena parte de su vida confinada en camas de hospitales. Un observador podría preguntar razonablemente si el viudo Jenkins, que mantenía la mayor parte de sus donaciones sin publicidad, no estaba iniciando un proceso de expiación.

Un año más tarde, de regreso de una visita a Los Ángeles, Jenkins le escribió a Tigert: "Mary yace en el Jardín de los Recuerdos de Forest Lawn Memorial Park de Glendale. Es uno de los lugares más hermosos que uno pueda imaginar. Disfruto yendo ahí y pasando el mayor tiempo posible con ella".

La siguiente pérdida de Jenkins fue política. El 17 de febrero de 1945, la salud de Maximino Ávila Camacho de repente empeoró durante una serie de eventos en su honor, organizados por los sindicatos de las fábricas de Atlixco. Un poco adolorido, el general hizo que lo llevaran de regreso a su mansión en Puebla. Estaba acostado en su cama y un asistente luchaba para quitarle una de sus botas, cuando murió. Para muchos su muerte fue bastante repentina, ya que sólo tenía 53 años.

Abundaron las sospechas. El recién ex gobernador de Puebla, Gonzalo Bautista, estaba tan seguro de que fue un asesinato y de que los compinches de Maximino lo acusarían de haberlo planeado que mandó a unos agentes leales a recoger a su esposa y a sus hijos y desapareció repentinamente para esconderse. Una teoría de conspiración popular decía que los obreros indomables de Atlixco lograron envenenar la Coca Cola de Maximino.

De hecho, el general luchó contra la enfermedad por un tiempo. Había lidiado con la diabetes desde que tenía treinta y tantos años, junto con una pierna fracturada que el resto de su vida le causó un severo reumatismo. También sufrió una afección cardíaca que se fue deteriorando. Después de 1940 su cabello se puso canoso rápidamente y a veces caminaba con un bastón, aunque tenía la precaución de que no le tomaran fotos con él. A finales de 1944, *La Opinión* publicó artículos de Maximino en diversas fases de convalecencia (léase, mala salud), que lo encontraban en México, en Acapulco y en un spa en Michoacán. Se rumoraba que este secuestrador de damiselas adolescentes, apasionado de las actrices y padre de catorce hijos de siete mujeres distintas (catorce que reconoció, y se decía que había tres docenas de hijos no reconocidos) tenía una sífilis aguda y ya no podía "cumplir". Un triple ataque cardiaco terminó con él.[56]

En el invierno después de eso, a Jenkins le cayó un tercer golpe. Manuel Pérez, su mano derecha en Atencingo, fue obligado sumariamente a retirarse. Durante por lo menos quince años, Pérez había mantenido sus cultivos en la vanguardia agronómica y había registrado el rendimiento por hectárea de caña de azúcar más alto de México. En la productividad del ingenio también ayudó a mantener a Atencingo en el primer lugar, medido a través de las toneladas de azúcar producida por hectárea de caña cosechada, una clasificación que el ingenio pronto perdería.[57]

Lo que sucedió a *la Avispa* debió de parecer un designio divino a aquellos que trabajaban arduamente bajo su mando. El hombre cuya voz había infundido temor en los corazones de cientos de trabajadores del ingenio, miles de cañeros e incluso su familia inmediata, despertó una mañana sin poder hablar. Asediado por una especie de parálisis que también afectó a sus extremidades, Pérez se quedó en cama durante varios días intentando recuperarse. Su cuerpo se recuperó parcialmente, pero no su capacidad de habla. De este modo, dejó el ingenio donde había reinado durante un cuarto de siglo, dejó a su amante local y a los hijos que engendró con ella, y volvió a la ciudad de Puebla. Ahí en el hogar familiar su sufrida esposa podía vigilarlo cuidadosamente. Un año más tarde murió.[58]

Jenkins había perdido súbitamente dos aliados clave en Puebla. Sin embargo, todavía podía contar con varios amigos poderosos: el nuevo gobernador del estado, por ejemplo, y el presidente de la República.

El *QUID PRO QUO*, segunda parte

Un año después de la muerte de Maximino, el día exacto, Atencingo fue testigo de lo que los veteranos seguramente dudaban que pasaría algún día: la fundación de un sindicato independiente. Los dos acontecimientos no estaban desvinculados. Con el fallecimiento de Maximino, Jenkins perdió a su aliado más implacable. El general había sido particularmente antagónico hacia la Confederación de Trabajadores de México (CTM), cuyo fundador, Vicente Lombardo Toledano, había sido un enemigo personal desde la infancia.[59] Si Maximino estuviera aún vivo, y si Manuel Pérez siguiera sano, el Sindicato Nacional Azucarero (SNA) afiliado a la CTM podía no haberse atrevido a organizar al ingenio de Atencingo.

Aun así, el local 77 estaba casi terminado antes de empezar. El 17 de febrero fue un domingo y, como se reunieron en la cancha deportiva de Atencingo para celebrar la asamblea constituyente, muchos trabajadores llevaron a sus esposas e hijos. Justo cuando los hombres hacían fila para firmar el acta constitutiva, Fernando Pérez, uno de los hijos de Manuel, apareció con una docena de guardias blancas. Al ver sus metralletas, mucha gente empezó a huir. Un activista llamado Adalberto García les gritó para que se detuvieran: "¡No corran, camaradas! ¡No pueden matarnos a todos!" El delegado del SNA hizo eco de su grito. La gente volvió a sus lugares.

Pérez después llamó a la policía para tomar nota de los nombres de todos los presentes. Declaró que aquellos que firmaron perderían sus empleos en el ingenio. La comisión del SNA había visitado antes al comandante de la zona militar, quien aceptó darles apoyo para garantizar la paz, pero sus prometidas tropas nunca aparecieron. Pese a todo, los trabajadores siguieron firmando.

Cuando el SNA se quejó más tarde con el presidente, el nuevo gobernador de Puebla, Carlos Betancourt, sacó el cobre respondiendo con falsedad. Alegó que su investigación no había hallado pruebas de agresiones contra el sindicato. En términos que evocaban a su patrón Maximino, negó vehementemente la existencia de guardias blancas en Atencingo.[60]

A Betancourt le faltaba la base política que sus dos predecesores habían gozado, especialmente después de la muerte de Maximino, a cuyo carro se subió para llegar a la mansión del gobernador. También le faltaba la mano de hierro. Para salvar a Jenkins, Maximino probablemente habría enviado *agents provocateurs* reclutados de la CROM, junto con soldados para arrestar a las personas indicadas una vez que estalló el enfrentamiento. Betancourt era demasiado aristócrata y demasiado amable para ese tipo de cosas.[61]

Las circunstancias eran un buen presagio para el activismo ese febrero. El SNA, constituido nueve años antes, había crecido rápidamente organizando a los trabajadores en muchos de los ingenios grandes: Los Mochis, de los Johnston; El Mante, de Aarón Sáenz; Zacatepec, de propiedad comunal. Debido al politiqueo de Jenkins, Atencingo fue quizás el último ingenio importante que albergó a un sindicato blanco, y el SNA ahora tenía la masa crítica para impulsar una unificación total. Además, la CTM estaba tomando un rumbo más agresivo en sus negociaciones con el gobierno. Había apoyado la política de Ávila Camacho de una congelación de salarios durante la guerra, pero para 1946 los salarios mínimos reales en la capital se habían reducido 29 por ciento en cinco años. Sus sindicatos constitutivos más poderosos comenzaban a agitarse. En febrero, la CTM organizó un paro laboral nacional para protestar contra el curso de la inflación y seguiría ejerciendo presión sobre el gobierno hasta junio.[62]

La contienda presidencial de ese año le dio a la CTM influencia adicional. El candidato del partido gobernante Miguel Alemán se enfrentó al ex secretario de Relaciones Exteriores Ezequiel Padilla. La CTM respaldó a Alemán, pero dicho apoyo a un hombre que no era muy amigo de los trabajadores sin duda tuvo el precio de varias concesiones.[63] A fin de cuentas, permitir a los obreros de Atencingo organizarse fue un favor del que el Estado tuvo buenos motivos para conceder a la CTM; o bien, dicho de otra manera, un favor del que tenía buenos motivos para descontarlo de la cuenta de Jenkins.

Lo que en febrero de 1946 fue un revés para Jenkins se sintió como una emancipación para los trabajadores. En pocos meses, el local 77 y el SNA estaban demandando a Jenkins por un millón de pesos, alegando una remuneración sistemáticamente inferior durante los dos años anteriores. El electricista del ingenio Mario Ortega apenas podía creer cuánto mejoró su salario gracias a los esfuerzos del local. Sesenta años después afirmaría que se duplicó, tal vez una exageración pero igualmente un reflejo del impacto del sindicato en la memoria colectiva de esta comunidad. "En mi nómina había billetes de pesos que nunca había visto antes", recordó. "¡No sabía cómo iba a gastar tanto dinero!"[64]

La nueva asertividad también surgió en respuesta a los actos de terror, cuando Fernando Pérez intentó someter a los activistas. Una tarde de agosto, un líder local, José Lima, estaba charlando con un colega del sindicato en la calle cuando dos hombres llegaron caminando. Eran extraños, pero sabían a quién buscaban: sacaron sus pistolas y les dispararon a ambos y mataron a Lima. Los amigos que estaban cerca reaccionaron de inmediato y mataron a uno de los sicarios. El otro logró huir, pero no conocía el área y se escondió en el desconcertante bosque de caña de azúcar. Al mismo tiempo el sindicato organizó una cuadrilla para peinar los cultivos. Una vez que encontraron al asesino, lo arrastraron a la entrada del ingenio, donde elevaron una soga. Al escuchar la conmoción, un cura apareció y convenció a la multitud de no linchar al hombre. Así es que se lo llevaron a un terreno junto al edificio del sindicato, donde lo amarraron a un poste y lo interrogaron. Después lo lincharon de todos modos, estrangulándolo con un torniquete.[65]

Eusebio Benítez, cuya educación había terminado cuando Manuel Pérez lo sacó de su patio de escuela, descubrió que a él y a sus amigos los habían mantenido ignorantes de sus derechos.[66] Era como si la Ley Federal del Trabajo, emitida en 1931, por fin hubiera llegado con estrépito a Atencingo. Dos españoles dirigían la tienda de raya, un negocio de elevados márgenes de beneficio y dudosa legalidad, y poco después de la llegada del sindicato, Benítez los vio empacando su carro y preparándose para marcharse.

"¿Qué pasa?", les preguntó. Uno de los comerciantes respondió: "Ustedes finalmente abrieron los ojos".

Amenazas similares al control de Jenkins estaban en progreso en el ejido de Atencingo. Eran las tierras comunales que suministró la hacienda, donde el azúcar se había cultivado de forma supuestamente independiente desde que Cárdenas forzó a Jenkins a ceder la tierra. La mayoría de los ejidatarios estaban resentidos por el control constante de la compañía en su sociedad cooperativa. Querían poder cultivar otra cosa además de azúcar, como maíz, su alimento básico. Muchos deseaban que el ejido se subdividiera en parcelas individuales.

Porfirio Jaramillo, hermano del famoso activista agrario Rubén, volvió a la región desde Morelos por invitación de ejidatarios superiores a principios de 1946. Él y sus socios se apresuraron para movilizar las nueve haciendas de Atencingo. Obtuvieron el apoyo de los campesinos sin tierra —muchos de ellos, como el propio Jaramillo, veteranos de las campañas de Doña Lola— que querían volverse ejidatarios. Los sucesores de Manuel Pérez, incluido su hijo Fernando, eran demasiado inexpertos y tan poco temidos para detener la marea. Después Jaramillo hizo llamamientos simultáneos a la Confederación Nacional Campesina (CNC) y el Departamento Agrario federal. Ambos respondieron favorablemente y enviaron a un equipo conjunto de investigadores en junio.[67]

Equivalente a la CTM de los trabajadores y, por lo tanto, otro pilar corporativista del partido gobernante, la CNC estaba dirigida por Gabriel Leyva Velázquez. Leyva era el infiltrado político consumado: oficial veterano de la Revolución, ex senador y partidario de Ávila Camacho. Se interesó en las quejas de los cañeros de Atencingo y puso en práctica su conocimiento de otras cooperativas donde los ejidatarios gozaban de mayor autonomía y salarios más altos. El Departamento Agrario estaba encabezado por Silvano Barba González, del círculo íntimo de Cárdenas. Sus convicciones de izquierda impulsaron su estrategia activista a restringir el poder de Jenkins.[68]

El informe del Departamento Agrario sobre Atencingo fue fulminante. Describió el ejido como un dominio feudal, en el que la administración del ingenio explotaba a los peones y aterrorizaba a los que intentaban reivindicar sus derechos. A los disidentes, señaló, por lo general se les despedía y a veces los desalojaban de sus hogares. El informe retransmitió las demandas de los ejidatarios y recomendó fuertes medidas, para que la violencia no estallara en contra de la compañía del ingenio. Dichos hallazgos se volvieron la base de un reporte y una lista de recomendaciones, con el apoyo de la CNC, que el Departamento envió al presidente. El 31 de julio de 1946, Ávila Camacho le dio al Departamento el visto bueno para reorganizar la sociedad cooperativa del ejido como una unidad más autónoma, más libre de la dominación del ingenio, a fin de ayudarle a negociar en un nuevo contrato de suministro con la Compañía de Atencingo. Reveladoramente, el presidente tomó esta decisión justo un día después de autorizar la devolución a Jenkins de La Trinidad.[69] Lo que fuera de su favoritismo hacia él en la industria del cine, evidentemente Ávila Camacho se sentía obligado por lealtad a dorar la píldora que quería que se tragara un aliado.

Jenkins envió un telegrama al presidente unas semanas después, en el que alegaba que el Departamento y la CNC estaban apoyando a los agitadores "hostiles a todo orden y disciplina".[70] Hizo un pronóstico prediciblemente terrible que, si estos elementos seguían sin controlarse, la producción se reduciría a la mitad en un año. Pidió que no tuviera lugar ninguna reorganización antes de la presentación de un informe pendiente de la Secretaría de Agricultura; la Secretaría supervisaba la producción de caña y era menos comprensiva que el Departamento con Jaramillo y los ejidatarios rebeldes. Este telegrama era mucho más largo y extenuante en su tono que el que Jenkins le había enviado en 1944, con respecto a La Trinidad. Maximino ya no estaba ahí para defender su caso. Dedicado como siempre a la agricultura, Jenkins sintió que este reino de azúcar cuidadosamente construido estaba a punto de destruirse en manos de sus vasallos.

El telegrama de Jenkins no impidió que el Departamento Agrario convocara a una asamblea de ejidatarios al día siguiente. Organizó las primeras elecciones de consejos para el ejido. En noviembre, cuando una nueva sensación de empoderamiento se extendió por el campo, los trabajadores de ocho de las nueve haciendas de Atencingo se fueron a huelga, alegando que Jenkins había aplazado la distribución de ganancias de la cosecha. Informando sobre las huelgas, *La Voz de México*, un periódico comunista subsidiado por el partido gobernante, avivó el fuego de nuevo. En un reportaje repleto de epítetos gringófobos que eran su repertorio, el diario exigió el fin de la tolerancia oficial del "asesino de campesinos mexicanos, William Jenkins" y la expulsión de "tan terrible terrateniente yanqui". Añadió que los productores de azúcar de Atencingo debían ser tratados como mexicanos y no como algunos yanquis trataban a sus negros.

La autonomía se confirmó el 1° de enero de 1947, cuando la cooperativa reorganizada se reconoció oficialmente. El mes siguiente, Porfirio Jaramillo asumió el cargo de su director.[71]

Para entonces Jenkins estaba efectivamente afuera. Había iniciado la venta de la Compañía de Atencingo, su gran creación hasta entonces, a principios de diciembre.[72] Su pérdida de control del ejido y la sindicalización de los trabajadores del ingenio hicieron que la venta fuera una maniobra lógica. Probablemente también se había cansado de los encontronazos con el cacique nacional del sector azucarero, Aarón Sáenz. Pero logró vender su recién desfavorecida propiedad por un importe decente de 7 millones de dólares, monto relacionado con el hecho de que entre sus compradores estaba Espinosa Yglesias, su principal socio en el sector cinematográfico. Espinosa, que asumió la administración de Atencingo a tiempo parcial, junto con dos españoles, Lorenzo Cue y Moisés Cosío Gómez, se quedaron con treinta por ciento cada uno. Espinosa probablemente sintió que si bien el valor del azúcar como mercancía estaba en declive, la lealtad lo obligaba a comprar.[73] Después de todo, era en gran parte gracias al capital de Jenkins que ahora fuera uno de los capitanes de la industria cinematográfica.

Para los cañeros de Atencingo, la autonomía prometida no logró emular la de los trabajadores del ingenio. El liderazgo de cinco años de Jaramillo tuvo ganancias en los salarios que apenas igualaron la inflación. Tampoco hubo flexibilidad para aquellos que deseaban cultivar alimentos básicos en vez de caña. Pese a su devoción, Jaramillo tenía poca capacitación y resultó un director indiferente. Después de tres buenas temporadas, más que nada un legado del equipo de Jenkins, la producción cayó y las deudas de la cooperativa aumentaron. Dicho esto, Espinosa tenía parte de la culpa, ya que el ingenio tuvo averías repetidamente durante su guardia, y él se negó a dejar que Jaramillo vendiera en otras partes la caña que Atencingo no podía procesar. Con razón, la cooperativa sintió que Espinosa estaba saboteando su liderazgo. Rafael Ávila Camacho, gobernador desde 1951, entonces pudo conseguir más fácilmente la destitución de Jaramillo. El gobierno federal se pondría de su parte y le daría tácticamente el derecho de nombrar a un nuevo director. De este modo, Rafael forzó a Jaramillo a renunciar y en su lugar nombró a un oficial militar que satisfaría los intereses del ingenio. La experiencia contrastante de los trabajadores del ingenio y los ejidatarios tipificaría el desarrollo social de la posguerra en México: mejoras modestas para los moderadamente pobres, parálisis para los pelados.[74]

Sorprendentemente, durante ambos conflictos en Atencingo, el presidente no hizo ningún esfuerzo visible por proteger a su aliado. Esto fue más notable que la confiscación de La Trinidad, ya que Atencingo era una empresa mucho más grande. Pero una vez más la pérdida para Jenkins fue menor de lo que parecía. Para 1944, tras la adquisición de la cadena COTSA, su centro de ganancias se estaba desplazando. Con la muerte de Mary ese año, puede que también se sintiera culpable sobre Atencingo, ya que en gran parte su devoción a esta propiedad lo llevó a incumplir su promesa de dejar México. Mucho antes, la enajenación de la tierra de Atencingo había erosionado su apego a la compañía, y más o menos lo liberó de las preocupaciones dominantes de los terratenientes: los constantes inconvenientes de las invasiones de tierras, conflictos por agua, fallos oficiales y demandas. A partir de 1938, Jenkins no sólo tuvo el dinero para un ataque sostenido en otro bastión empresarial, sino que tuvo tiempo. Ahora tenía 7 millones de dólares más para invertir en el terreno fértil del cine.

En comparación con las ventajas que disfrutaba en el cine, los percances que Jenkins sufrió durante el gobierno de Ávila Camacho eran aceptables. Más allá de las exenciones fiscales y otros pequeños favores que sin duda recibía al construir sus cines, Jenkins no se vio frenado por las leyes en contra de la propiedad mayoritaria extranjera y los monopolios. La pérdida de control sobre los trabajadores en Atencingo y las operaciones en La Trinidad (por penosa que fuera en su momento) dio lugar a un acuerdo justo como un *quid pro quo*. En los próximos años, más aún, el sector azucarero de México tendría un descenso de utilidades, mientras experimentaría una intervención aún mayor del Estado.[75] Los reveses por los que Jenkins alguna vez protestó y que lo incitaron a vender su ingenio de azúcar deben haberle parecido, al igual que la previa expropiación de sus tierras, como bendiciones disfrazadas.

Los distintos usos del cine

Para Jenkins y Ávila Camacho, las relaciones con el sector laboral laborales iban más allá que el *quid pro quo*. Sus intercambios de favores formaban parte de una simbiosis más amplia, en la que una industria cinematográfica dominada por Jenkins le servía al Estado como proveedora de entretenimiento patriótico, fuente de miles de empleos y apoyo incondicional del partido en el gobierno. Adicionalmente, como muchos en la iniciativa privada, Jenkins echó una mano en varios proyectos federales. La adquisición estatal de la Colorado River Land Company fue un ejemplo. Otro fue el banco de desarrollo Nafinsa, al que Jenkins aparentemente una vez ayudó comprando toda una emisión de bonos de 5 millones de dólares.[76]

Dicha interdependencia era cada vez más la norma en México. La alianza de los banqueros, establecida en los años 1920, siguió dominando en una gobernanza *laissez-faire* del sector financiero. Si bien el régimen de Ávila Camacho dependió del Grupo Jenkins en la exhibición de películas, permitió a Emilio Azcárraga y su socio Clemente Serna monopolizar la radio, lo que contribuyó de igual modo a su rápida expansión. A cambio, el Estado gozó de un segundo medio fiable para difundir los mensajes políticos, los valores consumistas y un nacionalismo cohesivo y sentimental.[77]

El servicio de Jenkins al Estado como proveedor de entretenimiento de masas, al igual que el de Azcárraga, era particularmente valioso porque fue una inversión a largo plazo. No se aventuró en la industria del cine (como hizo en tanto capitalista de riesgo en otros sectores), sino que comprometió en esta la mayor parte de su capital durante dos décadas. Sus cines ayudaron a incentivar un auge masivo. En toda la nación, solamente entre 1938 y 1948, las cifras totales de los cines aumentaron de 863 (con menos de la mitad en operación regular) a 1431.[78] Y a medida que llegaba el público, también lo hacía el gran número de establecimientos que garantizaban una amplia variación en precios de los boletos que atendían a todo tipo de públicos. Los cines de estreno de la capital cobraban cuatro pesos, más del salario mínimo semanal, y atraían a una clientela de alto nivel. Los cines de segunda corrida atendían a las clases medias, que generalmente esperaban una semana o dos para ver una película tras su estreno. Los pobres acudían en manada a las salas locales conocidas entre sus propietarios como "cines piojito". Aquí podía verse una función triple por ochenta centavos. En las ciudades de provincia, los precios eran aún más baratos. Las butacas del palco en el Cine Guerrero en Puebla se podían adquirir por veinticinco centavos.[79]

Pero ¿realmente necesitaba el Estado a Jenkins? ¿Acaso no se habrían construido de todos modos sus cientos de salas de cine? Quizá se habrían construido, pero no tan rápidamente. Construir y equipar cines era una empresa cara. Se necesitaban bolsillos inusualmente grandes y acceso fácil a préstamos bancarios considerables (como tenía Jenkins en el Banco de Comercio), con mayor razón aún para construir con la rapidez que el Estado deseaba. Tampoco era una empresa libre de riesgos. Pese a la creciente demanda del público mexicano de películas, un cine podía no resultar rentable. Si el terreno era alquilado y no comprado, la renta podía aumentar o el contrato fracasar. Un rival podía poner un establecimiento muy cerca. Los contratos de cada película de Hollywood tenían que negociarse con los distribuidores norteamericanos que eran notoriamente duros. Incluso COTSA perdió dinero en sus primeros años.

Aun así, la necesidad del Estado de Jenkins era más percibida que real. Dada la solidez del aparato político y de la economía, la necesidad de interdependencia se estaba disipando a una mera conveniencia. Como los cines desempeñaban un papel propagandístico, incluidos los noticieros cinematográficos con cada función, le convenía al Estado que sus dueños fueran personas conocidas por apoyar al partido. Que Jenkins fuera extranjero era un punto de presión aprovechable. Si resultaba problemático, el Estado podía amenazar con expulsarlo. También era conveniente para el Estado tratar con un solo magnate en vez de con un montón de competidores. (Esto era cierto en cualquier sector, lo que ayuda a explicar la duradera afección del partido gobernante por los monopolios.) Si el presidente quería prohibir una película, cancelar una escena de un noticiero cinematográfico, reservar una sala para el discurso de un secretario de estado o impedir que un líder sindical hiciera lo mismo, tenía que hacer una sola llamada telefónica.

La conveniencia también prevalecía en el nivel personal. Ávila Camacho así como su equipo pasaron por alto la venta de azúcar de Jenkins por encima del precio máximo oficial, su evasión fiscal en la venta de alcohol y otros gravámenes, su compra conjunta del periódico

Novedades (ilegal para un extranjero), etcétera.[80] El imperio cinematográfico de Jenkins casi seguro ofrecía algo a cambio. El margen para favores era enorme: operaciones inmobiliarias, contratos de construcción, compra de equipo a gran volumen, pólizas de seguros, financiamiento para empresas de producción. Todos ofrecían oportunidades de agradecer (o cortejar) a los políticos, a nivel federal y estatal, con un pedazo del pastel. Luego existía la posibilidad de ofrecer participaciones en los mismos cines. Faltan pruebas concretas de esos acuerdos, pero no las pistas. La opinión prevaleciente era que Maximino tenía un interés en los cines del Grupo Jenkins en Puebla. Su hermano Manuel sería un sospechoso obvio; aparentemente heredó algunos de los bienes de Maximino, se despidió de la presidencia como un hombre muy rico y le dejó a su viuda una fortuna de mil millones de pesos. En cuanto a Alemán, su reputación de autoenriquecimiento, en connivencia con varios prestanombres del sector privado, estaba bien establecida incluso durante su mandato. Posteriormente, Jenkins seguiría reuniéndose con él (alguna vez le confió a su familia) para atender sus asuntos.[81]

Lo que el público veía cuando las luces se apagaban y se corrían las cortinas eran historias llenas de emoción. En los cines piojito, donde el cine mexicano atraía a un mayor público que Hollywood, esto era particularmente cierto. Las películas de la Época de Oro rehuían el realismo o "cine social"; incluso evitaban exaltar los logros de la Revolución. El énfasis era en el melodrama, la comedia y los musicales románticos. De este modo el servicio de Jenkins al Estado era canalizar una excitante mezcla de evasión de la realidad, satisfacción con la suerte de uno, orgullo nacional y comunidad imaginada.

El adagio romano sobre el clamor popular para pan y circos se popularizó en México con una rima: "Al pueblo, pan y circo". Un medio que ofrecía diversiones baratas era un aliado natural del Estado, cuyas prioridades eran la estabilidad social y el crecimiento económico. Pero el mismo factor que hizo casi todo por impulsar el crecimiento es el que amenazó la estabilidad: la Segunda Guerra Mundial había provocado una espiral de precios en los bienes de primera necesidad y, por ende, un aumento de las huelgas. Así es que el cine, de Hollywood y de México por igual, ofrecía distracción de los problemas cotidianos. Como defendía los valores de la familia y la decencia pública, promovía la estabilidad entre los ricos y los pobres, y fomentaba el consumismo, mucho mejor. O mucho mejor para el Estado. Algunos de la prensa laboral alegaron notar la estratagema. "¿Qué hace el cine mexicano para México?", preguntó un columnista mientras fustigaba a los productores por atontar al público con películas infantiles.[82]

La urbanización desenfrenada era una preocupación del Estado relacionada: la capacidad de las ciudades para absorber un sinfín de migrantes rurales, física y culturalmente. Las películas, particularmente las películas mexicanas, podían desempeñar un papel y transformar las frustraciones en risas y la nostalgia en ensueño. Mario Moreno adoptó la astucia y la subversión del vagabundo de Charlie Chaplin y añadió una capa de destreza verbal para crear su personaje cómico de la pantalla, Cantinflas. Las aventuras de este multiusos plebeyo idealizaban la resistencia y el ingenio del proletariado, a menudo frente a la arrogancia y la corrupción.[83] (A Jenkins le encantaba Cantinflas; odiaba a los esnobs urbanos y los burócratas avaros.) En otro nivel, Jorge Negrete se convirtió en el "charro cantor". Apuesto y con voz delicada, les dio a los nuevos urbanitas una conexión reconfortante y como de sueño con los paisajes pastorales que habían dejado atrás.

Pedro Infante apareció en una exitosa trilogía musical como *Pepe el Toro*, que recordaba al proletariado mal pagado de la nobleza inherente a ser pobre. Pepe soportó la agitación de la vida urbana y los esquemas de corruptos y criminales. Resistió sus tentaciones sexuales. Su dignidad y abnegación tuvieron recompensa, mientras los adversarios se dieron cuenta de que el crimen no era redituable. Para que el público llegara a ese punto, Pepe tuvo que sufrir decepción, palizas, encarcelamiento, rechazo de aquellos a quienes amaba, hasta la muerte en un incendio de su pequeño hijo de ojos claros. Cada película de la trilogía hizo sufrir al público. (Los políticos bien podrían tranquilizarse: ¿quién tendría la energía para asaltar las calles después de eso?) Decía un eslogan al final de *Nosotros los pobres* (1948): "Se sufre... ¡pero se aprende!" Esto era catarsis con un martillo neumático.

A lo largo de su trilogía de Pepe el Toro, el personaje de Infante también sugirió que ser noblemente pobre era ser mexicano; había en los ricos algo desalmado y malinchista. El nacionalismo implícito en estas películas era una característica fundamental del cine de la Época de Oro: pese a una parodia ocasional de los ricos, se trataba de un nacionalismo inclusivo. Los indígenas y sus culturas eran embellecidos, con el caso más famoso en *María Candelaria* (1944), con la actuación estelar de Dolores del Río de una vendedora de flores humilde, que llegaba al mercado en su chinampa. Los mariachis de Jalisco rasgueaban sus guitarras en musicales independientemente de cuál fuera el escenario. Y como Ávila Camacho y Alemán buscaron la amistad y la inversión de Roosevelt y Truman, era un nacionalismo en gran parte libre de los viejos resentimientos de Estados Unidos.[84]

Las élites políticas consideraban esenciales los establecimientos de Jenkins ya que creían que los medios masivos podían mover a la gente. En 1938, Cárdenas usó la radio para anunciar la expropiación petrolera, y sobre el uso general de la radio opinó: "Nuestro pueblo es profundamente auditivo y la radio puede ser factor de inestimable eficacia para la integración de una mentalidad nacional". En 1943, mientras honraba a los mandamases de Hollywood, Walt Disney y Louis B. Mayer, por ayudar a mejorar las relaciones bilaterales, el secretario de Relaciones Exteriores Padilla afirmó que el cine era capaz de penetrar "directamente en el corazón de las masas". En 1946, cuando Ávila Camacho presentó un proyecto de ley en el que proponía una comisión de la industria cinematográfica, su prefacio destacó la habilidad del cine mexicano para promover "sentimientos de unidad y cohesión".[85]

Mientras que los largometrajes prometían una variedad de seducciones, los cines de Jenkins también eran conductos de una propaganda más directa: noticieros cinematográficos, documentales y anuncios del servicio público. En tiempos de guerra dichos conductos eran más deseables que nunca, ya que Estados Unidos no tenía la impresión de que los mexicanos fueran su aliado natural. Una vez que Ávila Camacho declaró la guerra, después de que los alemanes destruyeran un barco petrolero mexicano, una falacia común aseguró que los estadounidenses lo habían hundido. Algunos radioescuchas provincianos reaccionaron a la declaración con gritos de "¡Viva México! ¡Mueran los gringos!"[86] Claramente, en la jerga de la época, cierta "orientación de las masas" estaba en orden.

Los noticieros y los cortos eran una parte habitual de un programa nocturno, la mayoría de ellos hechos en Estados Unidos. La oficina de guerra para Latinoamérica de Roosevelt, bajo Nelson Rockefeller, produjo y subsidió gran parte de la propaganda cinematográfica. Rockefeller hizo que los productores norteamericanos adaptaran los rollos para los mercados latinoamericanos incluyendo elementos de interés regional, para avanzar en la buena voluntad en tiempos de guerra. El contenido latinoamericano aumentó del uno por ciento de todos los noticieros en 1939 al veintitrés por ciento en 1944, aparentemente por el entusiasmo del público.[87] Los propios productores de noticieros de México tenían lazos estrechos con el Estado: entre los accionistas de EMA se encontraba el ex presidente Abelardo Rodríguez, mientras que el banco federal Nafinsa adquirió la mayoría en CLASA, cuyos inversionistas incluían a los ex miembros del gabinete Alberto Pani y Aarón Sáenz. EMA y CLASA recibían generosos subsidios y los políticos pagaban para que filmaran sus discursos y ceremonias de corte de listón. A medida que aumentaba ese tipo de mordida política, las noticias se sumergían debajo del océano de propaganda.[88]

La policía secreta informaba sobre las reacciones del público a los noticieros. En abril de 1944, un agente vio un corto en el Cine Lindavista de segunda corrida perteneciente a Jenkins y observó que dos notas que presentaban al presidente fueron recibidos con murmullos de admiración; algunas personas aplaudieron. Un día después, el mismo agente informó sobre un corto en el Cine Iris de alto nivel y observó que cuando Ávila Camacho apareció en la pantalla no hubo respuesta perceptible, como era habitual en los cines "de primera categoría". Implícitamente, el aplauso moderado en el Lindavista era típico de los espectadores de clase media, lo que sugiere que el engrane del noticiero en la maquinaria propagandística estaba funcionando satisfactoriamente esa semana.[89]

Los públicos de México ciertamente no eran receptáculos pasivos, ya fuera del sentimentalismo y consumismo arraigados en las películas hollywoodenses, el patriotismo y el didactismo de las películas locales o la propaganda de los noticieros cinematográficos. Tampoco todos los espectadores buscaban la misma evasión. Los cines eran sitios de conducta liberada de las trabas sociales: las parejas no casadas se besaban y acariciaban en la privacidad de la oscuridad, las pandillas de adolescentes se apropiaban de los palcos como si fueran sus antros. Durante el régimen de Alemán, la policía enviada a supervisar los noticieros reportó a partir de 1948 un entusiasmo decreciente por el presidente; en algunas salas de la Ciudad de México, las imágenes de su informe de gobierno de ese año provocaron estallidos de silbidos.[90]

Pero la experiencia colectiva y repetida de ir al cine durante la Época de Oro, en un periodo en el que la mayoría de los habitantes de las ciudades eran migrantes campesinos, sin duda creó congregaciones cuyas diferencias se veían atenuadas por la condición de ser espectadores comunales. Era un fenómeno global.[91] Sin duda, algunos clientes chiflaban en los noticieros y otros estaban ocupados besuqueándose. Pero durante casi todo su tiempo compartido en la oscuridad, la mayoría reía juntos, lloraba juntos, sentía juntos su pulso acelerarse y después dejaba los cines de Jenkins con sus problemas mitigados.

A finales de noviembre de 1946 —ni dos meses después de que *María Candelaria* ganara un premio importante en Cannes— unos 300 estadounidenses convergieron en México para ayudar a celebrar la investidura de un presidente. Ahora una metrópolis de más de dos millones de habitantes, la capital tenía muchos de los atractivos de una ciudad moderna, incluidas 73 salas de cine y un aeropuerto con servicio a Los Ángeles. Miguel Alemán, que tomó posesión el 1° de diciembre, estaba dispuesto a prolongar la buena vecindad que su predecesor había cimentado. Constantemente preocupado por su imagen, también estaba dispuesto a codearse con algunos de los norteamericanos más famosos, entre ellos el banquero filántropo Nelson Rockefeller y el magnate de la prensa William Randolph Hearst. Tres meses después, el propio presidente Truman haría una visita.

Y no le habría convenido a Alemán (un político de carrera de amplia sonrisa y carisma jovial) sin un poco de la extravagancia hollywoodense. Treinta estrellas y jefes de estudios asistieron, adornaron las fiestas, los conciertos sinfónicos, los desfiles de moda, las corridas y los desfiles militares, que duraron cinco días. Louis B. Mayer de MGM, el magnate de Fox Spyros Skouras y el pez gordo de RKO Peter Rathvon estuvieron ahí, así como Orson Welles, Tyrone Power, Ann Sheridan y John Wayne. *Variety* se entusiasmó porque toda la gala inaugural "se organizó con eficiencia norteamericana, junto con gracia latina, junto con producción hollywoodense".[92]

La comunidad cinematográfica de México debió haber visto la presencia de los angelinos exaltados con sentimientos encontrados. Aseveraba que formaban parte de una fraternidad bilateral de artistas y embajadores culturales. Pero también sugería que el presidente era demasiado gringófilo. Había un negocio en cuestión, puesto que el final de la guerra mundial había amenazado a la Época de Oro. En otoño de 1946, cuando los estudios europeos y hollywoodenses renovaron bríos, los productores mexicanos encontraron que el acceso a las salas de cine era mucho más difícil que antes. Clamaron por una cuota de exhibición. Tanto Ávila Camacho como Alemán se negaron.[93]

Con la producción mexicana en auge y parte de esta de mala calidad, las negativas definitivamente beneficiaron al Grupo Jenkins. En los cines de estreno de la capital, la mayoría de los cuales operaban entonces como el hogar de las grandes producciones de Hollywood, semejante regulación habría sido particularmente onerosa. Finalizada la guerra, había menos necesidad de abstenerse del proteccionismo; de hecho, Alemán pronto optaría por las restricciones de importación generalizadas. Así es que el rechazo del Estado de las cuotas de exhibición insinúa aún más favoritismo hacia el norteamericano.

O un intercambio de favores. Después de todo, Jenkins acababa de perder el control sobre los trabajadores y campesinos en Atencingo. Siguiendo el precedente, sin duda había contribuido a la campaña de Alemán, tanto directamente como a través del cártel de azúcar. Cuando aún faltaba un año para la elección, el presidente del cártel Aarón Sáenz aparentemente recibió 700 000 pesos de los magnates azucareros.[94] En general, la afición de Alemán por Hollywood lo habría inclinado en contra de las cuotas. Pero también había razones bastante pragmáticas de por qué el presidente habría deseado empezar como amigo del poderoso señor Jenkins, banquero privado de los políticos y dueño de las pantallas grandes de México.

CAPÍTULO 9

Empresa, especulación y la muerte de la Época de Oro

> El cine mexicano es a la vez uno de los mejores
> y uno de los peores del mundo.
> Por cada película de valor artístico y folclórico como *Raíces*,
> *María Candelaria* o *La perla*, hay cientos de malas imitaciones
> de Hollywood que presentan un México falso y ridículo...
> ERICO VERISSIMO, *México* (1957)

ACAPULCO

A finales de 1946, por mera casualidad, William Jenkins descubrió Acapulco.[1] Acababa de acordar la venta de Atencingo, cuando se sintió enfermo con una neumonía persistente. Su médico le aconsejó viajar a la costa y pasar más tiempo en recuperación. Así es que Jenkins le pidió a su chofer que lo llevara a Veracruz, la playa preferida de los poblanos para vacacionar. La ciudad era famosa por su cultura del café y el acento caribeño de su música. Pero cuando llegaron se encontraron con un norte, ese fuerte viento del Golfo que golpea al puerto de vez en cuando, azotando la arena y poniendo al mar demasiado picado para nadar. A Jenkins le encantaba meterse al mar, por lo que él y su chofer dieron la vuelta. Hicieron un largo viaje de regreso a Puebla, atravesaron la meseta central y tomaron la carretera que serpenteaba montaña abajo hacia la costa del Pacífico a través del estado corrugado de Guerrero.

Cuando Jenkins lo contempló por primera vez, Acapulco apenas se estaba despertando de más de un siglo de letargo. En la época colonial, Acapulco había sido el destino del Galeón de Manila, que llevaba especias, porcelana, marfil y seda desde China e India. En el muelle de Acapulco, las mercancías se embalaban en mulas en dirección a Veracruz. Ahí se cargaban en la flota del tesoro, rumbo a Sevilla. Pero en la Independencia, el comercio con España se colapsó. Durante la Revolución, el puerto era aún un remanso, la mayoría de sus 10 000 habitantes (muchos de ellos los descendientes mulatos de los esclavos) estaban asentados en colinas tranquilas que tenían vista a un puerto ruinoso. Pero el resurgimiento pronto se pondría en marcha. Los modernizadores revolucionarios de México, siempre atentos a las perspectivas inmobiliarias lucrativas, percibieron el nuevo potencial de Acapulco en el turismo. Construyeron una autopista desde la capital en 1927 y empezaron a comprar la zona frente a la playa para sí mismos. Seis años después se inauguró el Hotel Mirador, con su vista de los acantilados de La Quebrada. Los huéspedes podían mirar embobados a los pescadores más valientes de Acapulco, en su nuevo papel de "clavadistas" para los turistas, en el que desafiaban a la muerte 45 metros abajo sincronizando cada clavado con la marejada. Durante los años cuarenta, cuando el presidente Alemán hizo de Acapulco su proyecto favorito, la ciudad se triplicaría en tamaño.[2]

A Jenkins enseguida le encantó Acapulco. Se enamoró del clima agradable y las hermosas vistas, de la gente de trato fácil, era un descanso de las exigencias y el estruendo de la ciudad de Puebla. Anticipó salidas a pescar e invitaciones a amigos y familiares. El lugar podía ser una panacea para Margaret, su segunda y más vulnerable hija, entre sus tristes matrimonios y sus batallas con la botella. Ese invierno se hospedó en casa de un amigo, en una ladera por encima de la playa municipal. Tenía vista al oeste de la bahía de Acapulco, a una curva impoluta de 10 kilómetros de arena sin ninguna señal de vida salvo una que otra cabaña de pesca. Cuando su anfitrión mencionó que la casa estaba en venta, Jenkins la compró. Pronto recibió invitados, de los cuales uno de los primeros fue José Ignacio Márquez, arzobispo de Puebla (para la familia, padre Nachito). Pero este hogar sólo fue temporal.

La siguiente adquisición de Jenkins fue un excelente terreno. En la cima del mismo cerro estaba un emplazamiento de artillería en desuso. De alguna forma Jenkins convenció a las autoridades de que se deshicieran de la propiedad y ahí erigió su casa de verano ideal: un enorme edificio de tres niveles, con balcones alrededor y ocho habitaciones en el piso más alto. Podía alojar hasta 30 huéspedes y sirvientas. Había un garaje para varios autos y una gran alberca. Cuando quedó terminada, en 1950, la prensa tomó nota. En Puebla, Jenkins tenía un departamento de 2000 metros cuadrados desde cuyas ventanas de la tercera planta podía contemplar gran parte de la ciudad que era su feudo. En Acapulco una vez más residió en lo alto. Desde buena parte de la bahía de Acapulco y muchos puntos en la ciudad, uno podía alzar la mirada a ese cerro redondo y ver la casa del señor Jenkins, posada encima de este como un pezón en plenitud.

Acapulco fue un tónico para Jenkins y un bálsamo para su familia. Cuarenta años de trabajo arduo en Puebla, con viajes semanales a Atencingo y la capital, lo hicieron acreedor de una de las fortunas más grandes de México, pero la rutina lo había separado de su esposa y lo había distanciado de sus hijas. Ahora que era viudo intentaba ser un hombre de familia de nuevo.

Para facilitar esta tarea y garantizar que no era el único hombre entre las mujeres y los niños, estaba su nuevo yerno.[3] Ronnie Eustace era un inglés jovial, apuesto y alto, que había conocido y cautivado a Jane en las pistas de esquí de Suiza. Cuando su país entró a la guerra, Eustace se incorporó a la Real Fuerza Aérea, que lo mandó a Canadá para un entrenamiento. Cuando estaba de licencia, Ronnie se reunía con Jane en la casa de los Jenkins en Beverly Hills, o en Montreal, y en esta última ciudad se casaron. Jane luego tuvo que padecer cuatro años de angustia mientras su marido piloteaba misiones de bombardeo sobre las posesiones japonesas en Birmania. A finales de la guerra, la presión de la separación y de los objetivos opuestos (Jane quería mudarse a Inglaterra, Ronnie a México) había aumentado a un punto de ruptura. Siempre decidida, Jane voló a Montreal para pedirle el divorcio. Su padre la disuadió. Le caía bien Ronnie y a la larga su instinto se vio justificado. Jane y Ronnie serían cónyuges por más de 65 años. Sólo Jane, la menos mimada de las cinco hijas de Jenkins, la que crio a sus hermanas más de lo que ella misma fue criada, tuvo la abnegación y el aguante para garantizar que su matrimonio fuera feliz.

Para Ronnie, la Inglaterra de la posguerra era un lugar adusto: las ciudades estaban medio en ruinas por culpa de la Luftwaffe y los alimentos básicos aún estaban racionados. Vio más oportunidades en México, donde podía buscar un trabajo con su suegro. Así es que a principios de 1946, él y Jane viajaron en coche desde Canadá hasta Puebla, donde vivieron con Jenkins durante varios años. Más tarde se mudaron a una colina del enclave de altos ingresos en La Paz, un nuevo fraccionamiento en el que Jenkins había invertido. En el amable y seguro Ronnie, Jenkins esperaba haber encontrado a un nuevo socio, alguien a quien pudiera entrenar como Espinosa y Alarcón. Entretanto estaba feliz de tener su compañía para jugar ajedrez o salir a pescar.

Como Acapulco era una travesía de 10 horas de Puebla en automóvil, Jenkins adquirió un avión. Ahora podía llevar a su familia, cada vez más grande, a sus invitados favoritos, como su mejor amigo Sergio Guzmán y su compañero de tenis Luis Artasánchez, así como a sus familias. Quienquiera que fuera, siempre se llevaba a Mía (Amelia García), la cocinera de la casa que había estado con Jenkins desde que Mary la recibió como huérfana en los años veinte. En esos años posteriores, Mía fue su compañera más habitual y fiel. Se les veía juntos tan a menudo que entre la élite poblana se bromeaba acerca de que esta mujer regordeta, morena y bonita era la amante de Jenkins. Siempre parco, Jenkins compró el avión de segunda mano (era un desecho de guerra de Estados Unidos) y se dividió la compra con su amigo Rómulo O'Farrill. También adquirió un bote de pesca que bautizó con el nombre de la hija pequeña de Jane, Rosemary. Atracó el *Rosa María* en el naciente club náutico de Acapulco, donde su estridente español con acento gringo anunciaba su llegada a todo el mundo.

Los viajes en el *Rosa María* se convirtieron en el foco de cada visita y los invitados tenían que levantarse a las seis de la mañana para aprovechar un día productivo en el agua. Jenkins aplicaba el mismo vigor industrial a la pesca que a cultivar caña de azúcar o construir cines. No había tiempo que perder y cada invitado debía sujetar su propio sedal de pesca. Como algunos preferían disfrutar del sol, los sedales algunas veces se enredaban y su anfitrión refunfuñaba mucho. El deseo de Jenkins de pescar cantidades cada vez mayores significaba que después de periodos cortos remplazaba su embarcación por una más grande: *Rosa María II, III* y finalmente *IV*, donde podían pernoctar varias personas y hacer viajes en la costa. Todo el atún y el dorado que los invitados no se comían, que era la mayor parte de éste, lo empacaba en hielo y lo guardaba en su avión para el vuelo de regreso a Puebla. Jenkins hacía obsequios de pescado a las monjas de la Orden Trinitaria y su orfanato. Mary siempre apoyó a las trinitarias.

Cada uno de estos barcos era capitaneado por un lugareño amable llamado Héctor Morlet, a quien Jenkins trataba con el máximo respeto e insistía que sus invitados hicieran lo mismo. Morlet provenía de una familia conocida en Acapulco, pero no tenía la tez blanca para pertenecer a la *high*. En una ocasión, durante una salida a pescar, cuando Elizabeth reprendió a Morlet, Jenkins regañó a su hija frente a todos. Cuando el presidente del club náutico le negó la entrada a la casa club al moreno Morlet, supuestamente debido a su atuendo, Jenkins mandó a Ronnie a México para hablar con los peces gordos del club y hacerles cambiar su política.

Para algunos de los adultos la codicia de Jenkins por una pesca productiva se convirtió en una lata, por lo que sus compañeros de tripulación más frecuentes llegaron a ser su nieto adolescente Billy y sus dos ahijados jóvenes: Óscar, el segundo hijo de Gabriel Alarcón, y Luisito, hijo de Luis Artasánchez. Para los chicos, el barco era toda una aventura: las olas que se rompían, el rocío del agua salada, la lucha para capturar un enorme atún. Además estaban libres del control de sus padres y Jenkins los dejaba beber cuanta Coca Cola quisieran. Cuando se acercó a los 70 años, Jenkins descubrió el abuelo que tenía dentro. Lejos del empresario temible o el padre severo de cinco mujeres, en compañía de los niños Jenkins era tierno. Cuando Óscar y Luisito se quedaban en Acapulco compartían una habitación y jugaban al viejo truco de abrir la puerta un poco y colocar un vaso de papel con agua encima. Cuando lo llamaban a la habitación, Jenkins invariablemente respondía. Sabía lo que venía, pero siempre entraba y siempre se reía cuando venía la salpicadura.

La casa era austera, la alberca no tenía calefacción y Jenkins no servía alcohol. Cuando no estaban pescando, los invitados nadaban o jugaban cartas o ajedrez. En las tardes su anfitrión preparaba té helado de Tennessee. Su régimen saludable no era del gusto de todo el mundo, pero con los años recibió una amplia gama de visitantes, desde sus hermanas (Mamie, Kate y Ruth lo visitaban cada año) hasta altos ejecutivos y gobernadores de estado. El rector de Vanderbilt, Harvie Branscomb, y su esposa iban una o dos veces al año. Los invitados que no conocían bien a Jenkins, sobre todo los niños, que se sentían intimidados por este hombre que parecía oso y tenía un nombre imponente y una voz estruendosa, a menudo se sorprendían de lo liviano que era su comportamiento: sus carcajadas frecuentes, su interpretación vigorosa de la "Canción del toreador", de la ópera *Carmen* de Bizet, mientras se entretenía en traje de baño. Quedaban impresionados por el afecto con el que trataba a la servidumbre, incluso como iguales, sobre todo a Mía. Ella lo regañaba cuando lo sorprendía haciendo trampa en el juego de cartas y le hacía bromas sobre la fruta que había traído de su rancho en Puebla. "Señor, ¡sus melones son terribles!"

Jenkins insistía en que su casa de Acapulco fuera un lugar de retiro, uno en el que todo el mundo se sintiera a gusto. Como en las canchas de tenis del Club Alpha, no mezclaba negocios con placer.

Había una excepción. Durante cada visita su administrador local, Pepe Aguirre, llamaba a sus puertas. Aguirre dirigía la Compañía Inversiones de Acapulco, que Jenkins montó en el desarrollo del centro turístico. A través de ésta, compró una extensa propiedad llamada Costa Azul, paralela a la playa, pero ligeramente atrás de ésta, en el extremo este de la bahía principal.[4] La Constitución prohibía que los extranjeros poseyeran propiedades dentro de un radio de 50 kilómetros de la costa, pero (como con sus tierras de algodón en Mexicali compradas unos años antes) esto no detuvo a Jenkins de unirse al auge turístico de Acapulco ni de poseer una casa en la cima del cerro que todos podían ver. Contaba con testaferros para conservar sus bienes. También contaba con la amistad del presidente.

Emisario de la empresa

Si Jenkins dio un leve giro en diciembre de 1946, México dio uno enfático. El mes en el que vendió Atencingo y se encontró con Acapulco fue el mes en que Alemán se volvió jefe de Estado y la trayectoria política de la nación viró notablemente a la derecha.[5] Alemán reprimiría el activismo laboral y obligaría a casi todos los sindicatos a adherirse al aparato gobernante, que acababa de someterse a una segunda reforma para convertirse en el Partido Revolucionario Institucional (PRI). También adoptaría el programa anticomunista estadounidense y crearía un aparato de inteligencia a imagen del FBI, cuya función principal sería espiar a los mexicanos que no se afiliaban al PRI.

Alemán acogió el monopolio de diversas maneras. Su Estado corporativista prácticamente no toleró victorias de la oposición, ni siquiera en los niveles municipales. Impuso gobernadores en los estados con regularidad. Insistió en que los trabajadores, los campesinos, los maestros, los burócratas y hasta los empresarios se afiliaran a sindicatos y asociaciones aliadas con el PRI. Este monopolio político encontró una especie de imagen espejo en el sector privado. Las industrias llegaron a concentrarse en manos de una o dos compañías.

En conjunto con las políticas de represión, cooptación y centralización de Alemán, y en parte como una consecuencia de éstas, la corrupción aumentó en proporciones crónicas. Siempre hubo tejemanejes en la élite gobernante, pero en el régimen de Alemán evolucionó: era más descarada y más empresarial. La rapacidad venal de Maximino se convirtió en la destreza inversora de Alemán y su círculo. Los nuevos líderes de México ya no estaban satisfechos con las comisiones; querían participaciones en empresas emergentes cuyas fortunas pudieran manipular con contratos, exenciones fiscales y subsidios (cochinitos de ahorro de los que pudieran beneficiarse después de su periodo máximo de seis años en el poder). Llevaron la conveniencia simbiótica a nuevas alturas. Y siguieron llamándose a sí mismos revolucionarios.

"O salvo a la Revolución mexicana o me hundo con ella", declaró Alemán tras tomar posesión. Cuando su interlocutor retransmitió estas palabras a un congreso nacional de ejidatarios, los aplausos fueron clamorosos. Alemán después cumplió su promesa emitiendo protecciones para las fincas privadas e invirtiendo millones en presas para beneficiar a la agroindustria. La producción agrícola se disparó y las utilidades beneficiaron a la minoría, sobre todo a los políticos. Ya en 1947, el intelectual Daniel Cosío Villegas pronunció: "El término mismo de revolución carece ya de sentido". Más tarde, el historiador Enrique Krauze ungiría a Alemán como el "presidente empresario".[6]

El rumbo al que Alemán llevó al país era muy del agrado de Jenkins. Aunque no era tan cercano personalmente a él como con su predecesor, Jenkins era más cercano desde el punto de vista ideológico, y él y Alemán compartían una contradicción básica en su estilo de capitalismo. La nueva cultura política favorable a las empresas impulsó una gran cantidad de compañías incipientes, ansiosas de competir por las billeteras y los monederos de la clase media, pero también una concentración de propiedad en los sectores existentes que ayudó a que los ricos se enriquecieran más. Estos impulsos en conflicto fueron claros en la carrera de Jenkins desde los años cuarenta hacia adelante. Incluso mientras fortaleció su dominio en la industria cinematográfica, siguió diversificando sus inversiones, y aquí su capitalismo de riesgo adoptó un aspecto misionero. Prestó capital a un gran número de personas, muchas de ellas se trataron de amigos poblanos o sus hijos, con una visión de cultivarlos como industriales. Eran muy diferentes a los préstamos predatorios que hizo décadas antes. Las tasas de interés eran razonables y ya no resultaba tan insensible acerca de asegurar un rendimiento, mucho menos una ejecución hipotecaria. Jenkins se volvió, en efecto, un emisario empresarial.[7]

Esta estrategia se originó en sus primeras inversiones en las salas de cine. A partir de 1938, casi todos sus negocios eran empresas conjuntas. Aunque de algún modo esto le permitió minimizar el riesgo (el peligro de que le confiscaran, de exponerse al IRS), Jenkins por lo general asumió casi toda la responsabilidad pecuniaria. No esperaba que sus socios, siempre más jóvenes que él, aportaran mucho dinero, por lo que les prestaba todo o la mayor parte de su participación de 50 por ciento en el entendimiento de que se lo pagarían de sus utilidades futuras. Independientemente de si hacía una inversión o un préstamo, Jenkins aplicaba el mismo principio a las empresas más pequeñas que inició con hombres con menos experiencia que Espinosa o Alarcón. Excepto su hija Elizabeth, que incursionó sin éxito en la producción de cine, siempre había hombres.

Jenkins le prestó al hijo de Eduardo Mestre, Manuel, un monto para ayudarlo a construir un ingenio azucarero, Pedernales, en Michoacán. Adolfo *Chops* Casares, un amigo del ajedrez, pidió prestados 500 000 pesos para montar una tienda de electrodomésticos en la ciudad de Puebla y una suma adicional para establecer una cadena de concesionarias de llantas. Edmundo Cobel, un compañero de tenis, obtuvo capital para construir una fábrica de hilo después de que el negocio de ropa de su familia se fuera a la quiebra. Joaquín Ibáñez, un amigo abogado, obtuvo un préstamo de 500 000 pesos para ayudar a desarrollar una zona residencial, Chulavista. Rara vez estas maniobras olían a favores políticos. Una excepción fue una inversión de 270 000 pesos en una clínica fundada por Gonzalo Bautista O'Farrill, hijo del recién ex gobernador de Puebla. Jenkins también ayudó a hombres de menos recursos, como algunos de sus empleados no blancos. Estos no eran actos de caridad paternalista, sino de creencia en el progreso por mérito. Una vez aceptó una propuesta de su chofer para coinvertir en una granja porcina. En otra ocasión, el capataz de su finca Facundo Sánchez, un ranchero por cuenta propia, le presentó a los gerentes de bancos de Puebla.[8]

Jenkins también intentó fomentar el espíritu empresarial dentro de su familia. A su yerno Ronnie Eustace le prestó capital para una franquicia de Dr. Pepper. Pensó que esto ayudaría al joven inglés a adaptarse en Puebla. Pero la lanzó después de que varios embotelladores de refrescos se habían establecido en la ciudad y fracasó a los pocos años.[9] Para Lawrence Higgins, el marido de Elizabeth, Jenkins hizo contribuciones significativas en dos empresas: una fábrica de ensamblaje en México para automóviles de Nash, inaugurada en 1947, para la que complementó el financiamiento estadounidense con un millón de dólares; y el distribuidor nacional de coches Studebaker, iniciado en 1949, en el que invirtió 200 000 dólares.[10] Si bien ninguno demostró tener éxito, Jenkins más tarde le prestaría 150 000 dólares a su sobrino Paul Buntzler Jr. para invertir en Promexa, un ensamblador y distribuidor de Volkswagen. Ésta era una mucho mejor apuesta, ya que fue el precursor de la enorme planta basada en Puebla, Volkswagen de México.[11]

Jenkins no solamente invirtió, sino que también motivó. Le gustaba animar a sus tutorados a pensar en el uso prudente del capital cuando aún eran jóvenes. Los hijos de su amigo Sergio Guzmán, Sergio Jr. y Alejandro, eran dos alumnos de ese tipo. Mientras estaban en la universidad, abrieron cuentas de inversión personal con Jenkins con un depósito de unos mil dólares cada uno. Cada tres meses, Jenkins calculaba sus utilidades, escribía a máquina un estado de cuentas y entregaba la nota y las sumas a Guzmán para que se las hiciera llegar a sus hijos. Desde luego, estas sumas eran una miseria para Jenkins. Lo que importaba era que los descendientes de sus amigos crecieran aprendiendo las lecciones del capitalismo.[12]

Resulta imposible decir de cuántas empresas Jenkins fue cofundador. Cada inversión y cada préstamo que hizo lo anotó en un pequeño libro negro que guardaba en una caja fuerte en su oficina, y que desapareció después. Pero parece dudoso que estuviera al tanto de todos los propósitos que tuvo su dinero. Hacía préstamos e inversiones por instinto. Un empresario lo visitaba en su oficina, le lanzaba su idea y si Jenkins confiaba en él y pensaba que la propuesta era viable, sacaba su chequera. No había evaluación rigorosa, ni estudio de mercado y poco seguimiento, aparte de las visitas ocasionales del socio para rendir un informe y entregar una parte de sus utilidades (es decir, si hubiera utilidades, ya que el buen juicio a veces le falló a Jenkins en sus últimos años). A medida que se acercaba a los 80 años, los demás abusaron de su confianza más a menudo y él se alejaría más de sus inversiones. ¿Sabía, por ejemplo, que uno de sus socios invirtió en un par de centros nocturnos de la Ciudad de México? ¿Sabía que uno de estos clubes, el Bar Safari, era un antro para homosexuales?[13]

Irónicamente, mientras guio a jóvenes capitalistas, Jenkins se volvió más monopolista en el cine y más rentista en el sector textil. En la exhibición, por mucho la más grande de sus empresas, siguió sacando a la fuerza a sus rivales y devorando sus circuitos de cines. En sus fábricas textiles hizo una inversión mínima en modernizaciones, dependiendo para sus utilidades de sus acuerdos secretos con los líderes sindicales, las ventas en el mercado negro y una manipulación de las leyes de quiebra que le permitieron despedir trabajadores casi a voluntad. Jenkins pudo salirse con la suya con semejantes prácticas debido a los vínculos simbióticos que cultivó durante mucho tiempo con los políticos, relaciones que ahora eran sobre todo de conveniencia, no de necesidad.

El enfoque contradictorio de Jenkins sobre los negocios, en los años de Alemán y después, estaba en armonía con el espíritu de la época de la posguerra. Reflejaba el impulso capitalista de una época en la que se multiplicaban los nuevos negocios, estimulada por un consumismo inédito, pero en la que la riqueza estaba cada vez más concentrada en manos de la élite empresarial. De las estrategias paralelas de Jenkins, el capitalista misionero y el monopolista, la última tuvo un impacto mucho mayor.

En gran medida, los años cuarenta fueron la década en la que se formó el molde del México contemporáneo, con todas sus disparidades en términos de riqueza. Ya había oligarcas desde antes, y algunas de las familias dueñas de los grandes negocios del porfiriato seguían siendo poderosas cincuenta años después. Pero la Revolución, y el apogeo de su proyecto social durante el gobierno de Cárdenas, abrió de par en par las puertas de la generación de riqueza, redistribuyendo tierras, subiendo los salarios y en gran medida ampliando el empleo en el sector público. En específico, expandió la clase media. A partir de los años cuarenta, dichas puertas empezaron a cerrarse. Las jerarquías sociales y económicas reanudaron parte de su antigua rigidez, con la cuarta fracción más necesitada de la población inmersa en una pobreza extrema que no vio cambio alguno y discutiblemente empeoró para 1970.[14]

Atencingo de nuevo

El capitalismo misionero de Jenkins y su caridad atrajeron comentarios de aprobación. A partir de 1946, un periódico observó (de forma halagadora, pero no inexacta) que en todos los negocios de Jenkins "está tendida su mano generosa con propósito de que la ciudad de Puebla tenga un movimiento intenso en sus actividades comerciales, bancarias e industriales". Años después, el secretario privado de Jenkins, Manuel Cabañas, escribiría: "Organizó numerosas sociedades con la finalidad de que otras personas también participaran de los beneficios económicos de sus negocios". Cabañas después recitó de un tirón una lista, que distaba mucho de estar completa, de 17 compañías en sectores tan variados como la construcción de carreteras y la fabricación de hielo.[15]

Aunque Jenkins llevaba mucho tiempo cuidando su reputación, sus buenas obras, embellecido por el servilismo de la prensa local, le ayudaron a sembrar una leyenda blanca: una narrativa benigna que crecería junto a la muy arraigada leyenda negra. Esta mitificación más reciente, en gran medida confinada a Puebla en esta etapa, también se basó en la multiplicación de sus obras de caridad.

Cuando *La Opinión* escuchó por ahí de los planes de Jenkins de un gran orfelinato, publicó en primera plana: "Jenkins dona a Puebla treinta millones de pesos". De hecho, el proyecto estaba apenas en la etapa de planeación. Cuando Octaviano Márquez fue investido de arzobispo de Puebla en 1951, tras la muerte de su predecesor y hermano, el padre Nachito, Jenkins estuvo entre los varios "padrinos" del evento. El título suponía su apoyo al clérigo en el nivel financiero; también suponía la bendición de Octaviano a este protestante estadounidense.[16]

Los tratos de Jenkins con los jerarcas sagrados y seculares quedaban abiertos a la interpretación local. Así como reforzó su posición entre los conservadores como miembro de las vacas sagradas, también afianzó su reputación en los rincones socialistas como un mal gringo y un plutócrata, un capitalista siempre maquinador con el poder de imponer sus opciones para gobernador del estado y alcalde de su capital. A finales de la década, dichas opiniones enfrentadas sobre el individuo más rico de Puebla alimentarían una creciente división social en la ciudad entre la izquierda y la derecha, una tensión que escalaría en protesta y violencia. En y alrededor de Atencingo, esta clase de violencia ya estaba sucediendo, y en gran parte se debía a las divisiones entre los trabajadores del ingenio que antes sembraron Jenkins y Manuel Pérez.

Un viernes de enero de 1949, el activista laboral Adalberto García se subió a un autobús en Atlixco, de regreso a casa en el valle de Matamoros.[17] García era el trabajador de Atencingo que había hecho frente a Fernando Pérez y a sus pistoleros en la fundación de su sindicato independiente. Desde entonces, su tenacidad le había valido la elección al congreso estatal. Como representante era vocal, lo cual lo hacía una piedra en el zapato del régimen de Betancourt. Su criticismo a menudo se destinaba a la CROM, la federación laboral que desde la época de Maximino había sacado fuerza de su intimidad con el gobierno estatal. Esa semana Betancourt llamó a García para una reunión y el gobernador fue bastante cordial. Un amigo le advirtió a García que tuviera cuidado, ya que recientemente la CROM había proferido amenazas en contra de sus enemigos, pero la presencia serena de Betancourt lo tranquilizó.

García se sentó en un asiento cerca de la parte delantera y abrió un periódico. Poco después, el autobús hizo una parada no programada y tres hombres con ropa de obreros se subieron. Uno se sentó cerca del conductor, otro en medio y el tercero en la parte trasera. García, que examinaba las noticias, les prestó poca atención. Después de que el autobús reanudó su viaje, el obrero que estaba sentado en medio se paró, sacó una pistola y le disparó a García en el cráneo, salpicando sus sesos en la sección deportiva. El obrero cerca del conductor se paró enseguida y le disparó a la figura desplomada de García. Ambos sicarios vaciaron las recámaras de sus armas en su cuerpo. Los asesinos le gritaron al conductor que se detuviera y cuando chirrió hasta detenerse saltaron y se dirigieron hacia Atlixco. Pronto un taxi los recogió y se los llevó, pero su conductor fue reconocido: un tipo duro local al que apodaban *el Chorizo*. Nunca más se volvió a ver a los hombres, tampoco al conductor del autobús. La policía alegó que probablemente lo habían asesinado, mientras los sicarios más tarde borraron sus huellas. Los amigos de García adivinaron que la policía era la que había gestionado la desaparición. La versión oficial, como la transmitió un agente federal a la Secretaría de Gobernación, sostenía que el Chorizo y otros cómplices conocidos eran miembros de la CROM.

El asesinato de García fue sólo el más espectacular de los homicidios que sacudieron a la región en la estela de Jenkins. Cuando los trabajadores del ingenio de Atencingo formaron su sindicato independiente tres años antes, se afiliaron a la CTM. Esta decisión desplazó a la CROM, que durante muchos años había colaborado con Jenkins y Pérez para mantener al ingenio bajo control. Los afiliados a la CROM habitualmente no estaban al servicio de una compañía; estos también presionaban por mejores sueldos y beneficios. Pero dado el ascenso nacional de la CTM a su costa, estaban dispuestos a pactar con los capitalistas. En Atencingo permanecían algunos partidarios de la CROM, los suficientes para darle al sindicato inferior la sensación de que la planta podía recuperarse.[18] De este modo, las luchas en el ingenio de Atencingo a finales de los años cuarenta y durante los cincuenta eran en el fondo una guerra de posiciones entre sindicatos.

No obstante, los habitantes locales atribuyeron los asesinatos (de García y otros activistas) a Jenkins. Dichas suposiciones tenían cierto atractivo, ya que la sombra del estadounidense persistió durante mucho tiempo en Atencingo, lo que llevó a muchos a pensar que aún era dueño del ingenio. El periodo de administración de tres años de Espinosa a finales de los años cuarenta formaba parte de ello; todos sabían que era la mano derecha de Jenkins. Además estaban las visitas constantes de Jenkins a la región, para inspeccionar sus tierras. Éstas se constituían el terreno con que la expropiación le había permitido oficialmente quedarse, una extensión mucho más grande de 2 900 hectáreas que había conservado en secreto y varias miles de hectáreas más que después había comprado discretamente. Estas extensiones ahora las poseía a través de varios prestanombres, testaferros en los que sentía que podía confiar, como el hijo joven de Sergio Guzmán, Sergio Jr., la esposa de Sergio Jr. y dos antiguos administradores de Atencingo: Facundo Sánchez y el hermano menor de Facundo, Manuel. La propiedad no era ningún secreto en el ingenio, puesto que además de melón y otras frutas, Jenkins continuó cultivando caña, que después se llevaba a Atencingo para su procesamiento. Un antiguo trabajador del ingenio recordaría cómo su supervisor le advirtió un día: "Ten cuidado con esa azúcar. Es de Jenkins".[19]

En todo caso, la presencia de Jenkins parecía fortalecerse con el tiempo, ya que en 1957 un nuevo gobernador designó a Manuel Sánchez para dirigir la cooperativa de Atencingo. El hermano de Facundo era un tipo astuto, que había utilizado la relación de su familia con Doña Lola para ganarse la confianza de los cañeros, mientras que también trabajaba para Jenkins. Su habilidad para jugar en todos los bandos le ayudó a conseguir que lo eligieran (es decir, seleccionaran) como presidente municipal de Matamoros, tras lo cual ingresó al congreso estatal. Pero su trayecto por el camino inestable de la política dio con un terreno especialmente resbaladizo en Atencingo. Aunque obtuvo rendimientos altos de caña, su estilo untuoso inspiraba poco respeto entre los campesinos y su régimen malversó dos millones de pesos. A medida que aumentaron las protestas en contra de Sánchez, los cañeros citaron su cercanía con Jenkins (de quien muchos aún creían que era el dueño de Atencingo) como una de sus quejas. Antes de que una auditoría pudiera revelar su fraude, el clamor de los cañeros, indignados por los bajos dividendos de la cosecha de 1960, obligaría a Sánchez a renunciar.[20]

Por otro lado, el vilipendio de Jenkins a menudo era una estrategia retórica deliberada, una manera de fortalecer la solidaridad comunitaria y encender las pasiones locales en momentos oportunos. En 1950, cuando el idealista Rubén Jaramillo seguía a cargo de la cooperativa, el Partido Comunista Mexicano contrató a Arturo García Bustos, que había estudiado con Frida Kahlo, para pintar murales en el nuevo edificio de oficinas de la cooperativa. El encargo era mostrar la lucha histórica de los cañeros de México. Un panel agasajaba a Emiliano Zapata y sus soldados, montando a caballo uno al lado del otro bajo un estandarte de "Tierra y libertad". Pero el panel que causó conmoción y hasta amenazas de muerte que forzaron a Bustos a dejar el pueblo antes de terminarlo retrataba a Manuel Pérez pagando a sicarios con los ojos vendados, mientras que una familia de campesinos se llevaba el cuerpo de un ser querido vestido de blanco. Medio oculto detrás de Pérez, como si susurrara órdenes al oído del administrador, estaba Jenkins.[21]

En 1957 el pueblo erigió un monumento al sindicato independiente del ingenio y marcó el sitio donde la asamblea constituyente se había reunido el 17 de febrero de 1946. La placa decía: "Reunido el pueblo de Atencingo, alentado por la presencia de dirigentes nacionales y compañeros de secciones hermanas del país, reclamó justicia y respeto a nuestras leyes, para emanciparse de la opresión capitalista, la que por tantos años lo tuvo en la miseria".[22]

En sus demandas a las autoridades federales, los cañeros señalarían a Jenkins. Una petición de 1954 al presidente, también publicada como carta abierta, llamó al "norteamericano William O. Jenkins" como el anterior "señor Feudal" de Atencingo, y le echó la culpa de muchos de sus problemas. Hasta 1959 algunos alegaban que seguía siendo dueño de la hacienda; una de esas peticiones de los habitantes sin tierra circulaba: "No tenemos escuelas, comunicaciones, tierras, agua, casas, comida; pero sí tenemos jefes, caciques, opresión... Otros que han intentado hablar han sido asesinados por los achichincles de Jenkins, el terrible chacal que tiene que beber la sangre de nuestra raza para poder bañarse en riqueza".[23]

Mezcla de resentimiento y xenofobia, la retórica de la región de Atencingo buscaba persuadir a la clase dominante federal que aún usaba la jerga del nacionalismo revolucionario. Las quejas en contra de Jenkins les habían conseguido tierras en la época de Cárdenas, ¿por qué no ahora? Pero en los años cuarenta y durante la mayor parte de los años cincuenta, época de acercamiento a Estados Unidos, la gringofobia se convirtió en un instrumento de utilidad limitada. Las declaraciones presidenciales sobre las promesas de la Revolución y la soberanía de la nación no tenían por qué interpretarse de forma literal.

Además, el Estado mexicano tenía prioridades más importantes que atender las quejas de los ejidatarios. Alemán había puesto en marcha un cambio de políticas a favor de la agroindustria a gran escala, y sus sucesores seguirían el ejemplo. La época coincidió con el inicio de la Revolución verde, un movimiento global para aumentar la producción de alimentos del mundo en desarrollo a través del uso intensivo de pesticidas, fertilizantes y cultivos de alto rendimiento. México fue uno de los primeros participantes entusiastas.[24] Los campesinos que deseaban cultivar sus propias tierras como consideraran adecuado, y para quienes la dignidad era un incentivo igual que las ganancias, estaban en segundo plano. En lo que concernía al gobierno federal, cuando se trataba de alimentar a la nación, la Revolución verde superaba a la Revolución mexicana.

El monopolio cinematográfico de Jenkins: un ataque fallido

Cuanto más poderoso se volvía Jenkins en la industria cinematográfica, más pecados se le acumulaban. Eso creía Miguel Contreras Torres, que en 1960 publicó *El libro negro del cine mexicano*, un compendio de 450 páginas de las maldades de Jenkins. Esta entretenida pero poco fiable exposición emanaba la pasión y el hedor de un cineasta amargado. Era la culminación de una década de presión, que exigía protección presidencial para el cine mexicano, en la que Contreras se adjudicaba a sí mismo el papel de un David solitario que arrojaba piedras al Goliat gringo.[25] Sus acusaciones principales eran que Jenkins y sus socios acabaron con la Época de Oro, privando al cine nacional de suficiente financiamiento y tiempo pantalla, y que lo hicieron para obtener ingresos fáciles, en confabulación con los distribuidores de Hollywood. Sin un análisis imparcial del papel de Jenkins, las acusaciones de Contreras se volvieron creencia popular entre los críticos y los historiadores.[26]

Contreras era un inconformista.[27] Nacido en el seno de una familia de latifundistas, se fue de su casa a los 15 años para unirse al ejército de Carranza y se convirtió en comandante para el final de la guerra. Después aprovechó su buen aspecto y carisma para hacer carrera como actor, director y productor. También escribió guiones, dirigió fotografía e hizo el montaje. Con la aparición de las películas sonoras, se limitó a papeles pequeños y prefirió dirigir y producir. Se especializó en dramas patrióticos: *Juárez y Maximiliano*, y cosas por el estilo. Algunos de éstos fueron protagonizados por su esposa europea, Medea de Novara, cuyo verdadero nombre era el menos seductor Herminne Kindle Futcher. Incluso la puso en un *remake* de *La emperatriz loca*, en el que la rodeó de actores hollywoodenses y tuvo como objetivo las taquillas estadounidenses (donde fue un fracaso).[28] Durante la Segunda Guerra Mundial, sus presupuestos aumentaron a medida que produjo películas biográficas sobre los héroes de la independencia latinoamericanos. Tenía acceso a un financiamiento generoso porque, con sus antecedentes revolucionarios, conocía a los generales indicados. Contreras era una encarnación del cine mexicano en toda su gloria nacionalista y algunas de sus pretensiones internacionalistas. Las suyas no eran el tipo de películas que ganaban premios, pero la mayoría ganaba dinero.

Cuando Alemán tomó posesión, la suerte de Contreras cambió y su creatividad disminuyó. Aquí también su carrera reflejaba las tendencias de la industria. A diferencia de sus predecesores, el presidente no era militar y las relaciones con el ejército dejaron de tener mucha importancia en el México moderno de Alemán. Para 1950, Contreras tenía problemas para financiar sus películas. Esa década dirigiría sólo siete, la mitad de las que hizo en los años cuarenta. El problema era que el Grupo Jenkins constituía el financiero más grande y por razones comerciales el grupo y el Banco Cinematográfico se negaron a financiar más de sus epopeyas históricas. A partir de ese momento, Contreras emprendió una cruzada contra Jenkins.[29]

Fue el revoltoso más estridente, pero no el primero. Después de la guerra, las críticas aisladas se fusionaron en un *crescendo,* ya que Jenkins utilizó su dominio en la Ciudad de México para apalancar a los distribuidores. Su creciente poder en lo que ahora era un mercado de compradores permitió que Espinosa y Alarcón dictaran los términos. Como exhibidores, podían ofrecer un porcentaje inferior del peso de la taquilla a los distribuidores mexicanos. Como financieros, podían forzar presupuestos más ajustados a los productores. Como estos distribuidores y productores a menudo eran las mismas personas, se vieron encajonados en ambos extremos, por lo que clamaron por subvenciones y cuotas de exhibición.[30]

En 1947 la recién constituida Academia Mexicana de Artes y Ciencias Cinematográficas creó una ceremonia anual de entrega de premios que seguía el modelo de los Óscar y, en una bofetada al renovado dominio de Hollywood en las taquillas, llamaron a sus premios Ariel. La alusión era al famoso ensayo de Rodó, que celebró el espíritu estético de los latinoamericanos como superior a la cultura eficiente pero impersonal de Estados Unidos.[31] Como en Atencingo, la gringofobia de la posguerra entraba sigilosamente a la retórica de la industria.

Ese año, Alemán les lanzó un hueso a los productores vociferantes al nacionalizar el Banco Cinematográfico (ahora el Banco Nacional Cinematográfico), duplicando su capital a 10 millones de pesos. Pero el Grupo Jenkins siguió teniendo gran influencia, como operador de cines y como financiero para productores que necesitaban completar sus presupuestos.[32]

Las críticas aumentaron de nuevo en 1949. El año vio un récord de 108 películas producidas, un aumento de 50 por ciento en tres años, por lo que la competencia para llegar a las pantallas estaba en un nuevo nivel de intensidad. Aún más alarmante resultaba que el Grupo Jenkins había aumentado su poder, ya que Alarcón se había apoderado del circuito Hermanos Rodríguez, el exhibidor más grande en y alrededor de Monterrey, y Espinosa había construido otros seis cines en la capital. A su vez, los exhibidores independientes del norte presionaron a Alemán, alegando que Jenkins y Alarcón les estaban haciendo daño a través de prácticas monopolistas. Una supuesta táctica era presionar a Películas Nacionales, el principal distribuidor de filmes mexicanos, para que retuviera el suministro. La falta de acceso a la oferta mexicana, particularmente popular en la provincia, auguró la quiebra de muchos cines. Para abril, cuando los independientes de Monterrey consiguieron una audiencia con Alemán, sus contrapartes de la Ciudad de México estaban expresando quejas similares.[33]

El personal creativo estaba igualmente alarmado. José Revueltas, un guionista destacado, lanzó un exabrupto de dos páginas en *Hoy*, la principal revista noticiosa: "¡Jenkins estrangula al cine!" Con lenguaje muy franco para una época en la que a los ricos rara vez se les criticaba por nombre, Revueltas acometió contra la "figura siniestra de Jenkins"; llamó a Espinosa y Alarcón "traidores" de la patria y expuso el lado oscuro de la economía de la industria. Repitió el reclamo de Monterrey de que el Grupo Jenkins estaba acosando a Películas Nacionales. Su estratagema, escribió, pretendía acosar a sus rivales para que se rindieran, ya fuera vendiendo o sometiéndose a una fusión. Peor aún, el grupo estaba "quemando" deliberadamente las películas mexicanas: les daba los estrenos más breves, independientemente de su popularidad, antes de mandarlas a cines menos deseables. Era una maniobra de reducción de costos y el producto de Hollywood llenaba los huecos. Los distribuidores que se negaban a jugar conforme a estas reglas y que optaban por negociar con los independientes, se arriesgaban a un boicot general de sus películas por parte del Grupo Jenkins.

Revueltas temía que estas prácticas permitieran a Jenkins asumir el control de la producción en la industria. Hizo un llamado a la asistencia federal frente al "capital americano" y los "intereses más oscuros y agresivos que existen contra la patria mexicana".[34]

Alemán se vio obligado a actuar. Desde su toma de posesión, se había proyectado como mecenas de las artes nacionales. Le gustaba estar en compañía de estrellas de cine y que lo vieran con ellas para fines de relaciones públicas. Había muchos rumores de que se acostaba con algunas, entre ellas la diva más grande de todas, María Félix.[35] De este modo, el congreso elaboró por primera vez una ley de cine. Prometió protecciones, como el santo grial de las cuotas de exhibición. Pero la Ley Federal de Cinematografía, promulgada en 1949, era solamente un primer envite. Como cualquier ley mexicana, debía seguirse mediante las regulaciones y después por medio del cumplimiento real. Los primeros pasos no eran alentadores: el secretario de Gobernación declaró que todas las ciudades con un solo cine estarían sujetas a una cuota de exhibición de 50 por ciento. Como las películas mexicanas superaban de todas formas la oferta extranjera en las ciudades pequeñas, la regla era un gesto inútil.[36]

Fue entonces cuando Contreras Torres aprovechó su máquina de escribir. Temiendo que el gobierno capitulara y frustrado en sus esfuerzos para financiar su película más reciente, el director-productor patriótico disparó su salva de apertura en su Guerra de los Diez Años contra Jenkins. Mandó la primera de 120 polémicas, todas sobre "el MONOPOLIO", en *El Universal* y *Excélsior*. Le escribió una carta al presidente sobre el Banco Nacional Cinematográfico, alegando que estaba limitando su apoyo a los productores en el bando de Jenkins. Preparó una carta audaz para el propio Jenkins, en la que alegaba que sus acciones habían reducido la industria a tal penuria que sus trabajadores eran vulnerables a las ideas comunistas. El veterano intrépido exigió una reunión cara a cara con el magnate y añadió que si no recibía ninguna respuesta en un plazo de 48 horas, publicaría su carta. Y así lo hizo: la publicó en tres periódicos. Tres semanas después, Alemán le concedió una audiencia, ocasión que el polemista usó para solicitar la expulsión de Jenkins del país, debido a sus "actividades turbias".[37]

A corto plazo, la campaña de Contreras parecía estar funcionando. Antes de que terminara 1950, Alemán le encargó al ex presidente Abelardo Rodríguez que mediara. Rodríguez diseñó un plan para consolidar los esfuerzos de distribución de los productores en el país y en el extranjero. En 1951 el Estado por fin publicó su legislación reglamentaria. Parecía más prometedora: la cuota de exhibición de 50 por ciento se aplicaría en todo el país.[38]

Hollywood estaba listo para la batalla. Sus estudios ya habían resistido cuotas en Gran Bretaña y en Francia. En confabulación con el Grupo Jenkins, forjaron una estrategia doble. Los estudios, tras deliberar con el

Departamento de Estado, amenazaron con responder a la cuota con restricciones a las películas mexicanas en Estados Unidos. La perspectiva era desalentadora, ya que México obtenía un porcentaje mucho más alto de sus ingresos taquilleros en Estados Unidos, que viceversa. Mientras tanto, 50 exhibidores mexicanos buscaron un amparo, alegando que la cuota era anticonstitucional. Se concedió la suspensión.

Alemán conocía bien Hollywood y seguramente predijo su beligerancia. Había adoptado la postura nacionalista que se esperaba de él. Al mantener la fachada, permitió que la cuota permaneciera sin imponerla. Al final de su mandato, el congreso aprobaría una Ley Federal de Cinematografía revisada que mantenía la cuota: otra maniobra segura, ya que la Suprema Corte no había emitido su fallo en este tema. Le correspondería al sucesor de Alemán, Adolfo Ruiz Cortines, decidir si la aplicaba.[39]

¿Cuántas de las acusaciones en contra del Grupo Jenkins eran ciertas? Sin duda, la ventaja sobre los distribuidores era una dimensión crítica de su capacidad de expandirse a costa de sus rivales. Según Contreras (y las pruebas circunstanciales lo apoyan), fue por medio de ese acoso que forzó a Emilio Azcárraga a deshacerse de su valiosa Cadena de Oro, un circuito de 20 establecimientos en la Ciudad de México. Espinosa les dijo a los distribuidores mexicanos y hollywoodenses que si seguían suministrando a la punta de lanza de Azcárraga, el Teatro Alameda, se negaría a exhibir sus productos en sus cines de la capital y otras ciudades donde predominaba. Ofreciendo un pequeño aliciente, les prometió a los distribuidores cinco por ciento extra de los ingresos de las taquillas si aceptaban el boicot. Como consecuencia, redujo a Azcárraga a exhibir películas mexicanas de segunda clase y reestrenos hollywoodenses. En 1949, tras un periodo de pérdidas, Azcárraga vendió a Jenkins y a Alarcón acciones de seis de sus cines más grandes. Dos años después, centrando sus recursos en la industria incipiente de la televisión, cedió el control de la Cadena de Oro.[40]

Espinosa y Alarcón tenían un acuerdo de tomar turnos para seleccionar cualquier título que consideraran con más probabilidades de ser el taquillazo de la semana. Espinosa, que había crecido en el negocio, tenía un don para elegir las películas adecuadas. No obstante, llegó el día en que Alarcón sintió que habían sido más listos que él con demasiada frecuencia. Sin avisar, irrumpió en la oficina de Espinosa gritando y blandiendo una pistola, y exigió que Espinosa cediera algún éxito hollywoodense. Era mejor no jugar con un Alarcón armado. Era un tirador campeón y había calificado para el equipo de tiro en las Olimpiadas de Berlín. Después de este contratiempo, Jenkins sugirió a sus tenientes dividirse los distribuidores entre ellos, tres o cuatro estudios cada uno. Los hollywoodenses, por lo general estaban felices de trabajar con Espinosa y Alarcón, ya que estaban construyendo, o comprando y renovando, los mejores cines. Sus cines de estreno empezaron a firmar acuerdos exclusivos con estudios individuales para estrenar sus películas.[41]

Con lo mejor de la producción estadounidense y mexicana más o menos bajo control del Grupo Jenkins y sus filiales, a los exhibidores independientes se les dejó poco más que las sobras: reestrenos hollywoodenses y cualquier película europea y mexicana que no hubiera conseguido un distribuidor importante. A medida que crecía el imperio de Jenkins, más podía maquinar boicots de bienes atractivos. Una vez que la Cadena de Oro de Azcárraga capituló, sólo quedaba un independiente fuerte: Abelardo Rodríguez, el ex "presidente millonario", que tenía un circuito de 15 establecimientos en la capital y dominaba el noroeste, donde controlaba 50 cines desde Mazatlán a Tijuana.[42]

En la producción, la influencia del Grupo Jenkins se estaba volviendo significativa. Era una tarea fácil, ya que el sector estaba muy fragmentado. A partir de 1944, más de 40 productoras estaban activos. De forma desconcertante, algunos ejecutivos utilizaban varias marcas, que a menudo la prensa confundía. Jesús Grovas, un socio recurrente de Jenkins, era dueño de Producciones Grovas, Cinematográfica Grovas, Grovas-Oro Films, Jesús A. Grovas y Compañía, Grovas S. A. y (para variar) Dyana Films.[43] (Había una lógica: las compañías más pequeñas ofrecían menores riesgos fiscales.) Décadas después, cuando se empezó a hacer crónica de la Época de Oro, aún era vergonzoso para la mayoría de los productores admitir que le habían pedido dinero al gringo infame. Raúl de Anda, responsable de 128 películas, dio una extensa entrevista de dos días sobre su carrera, en la que mencionó al estadounidense como el constructor de un monopolio de cines y como una amenaza para los distribuidores mexicanos. De algún modo omitió mencionar su recibo regular de financiamiento del Grupo Jenkins.[44]

Sin mucha diferencia con Hollywood, donde los inmigrantes judíos y sus hijos crearon ilustremente "un imperio propio", la industria cinematográfica de México incluía a destacados financieros y productores judíos, y éstos también se asociaron con el Grupo Jenkins. Uno era Sam Wishñack, que en 1941 fundó Filmex. Dirigido por el coinversionista y correligionario de Wishñack, Gregorio Walerstein, Filmex producía unas cuatro películas al año, muchas de ellas éxitos en taquilla. No queda claro cuándo adquirió Jenkins una participación en Filmex, pero para 1953 le estaba escribiendo a Walerstein sobre un litigio contractual que involucraba a la compañía, y por su lenguaje era claro quién estaba dictando las normas. Más adelante, Walerstein admitió que tuvo que ceder, ya que Jenkins y Espinosa tenían 51% de las acciones de la compañía.[45]

Reconstituyendo fuentes dispares, está claro que en el mandato de Alemán el Grupo Jenkins empezó a operar en niveles de producción en masa. El financiamiento de las películas estaba cambiando. Una vez terminada la guerra, los bancos privados de México habían recortado sus préstamos, alarmados por el pobre rendimiento y los reembolsos tardíos. La tendencia entre los productores a inflar sus presupuestos y llenarse los bolsillos con la diferencia no ayudó. En 1947 el Banco Nacional Cinematográfico aparentemente se convirtió en la fuente de dinero más grande, pero se esperaba que los productores consiguieran mucho más de sus propios presupuestos. A medida que necesitaban efectivo, cada vez más buscaban a los exhibidores e intentaban obtener anticipos de los ingresos taquilleros a cambio de derechos exclusivos de exhibición. Espinosa y Alarcón a menudo estaban felices de pagar. Puede que hayan tenido al mismo financiero, sin embargo los condenaran si permitían que el otro consiguiera el siguiente melodrama de María Félix, el siguiente filme desfallecedor de Pedro Infante. Un reportaje de 1953 alegó que Jenkins proporcionó 80 por ciento del financiamiento cinematográfico. Aunque fantasiosa, la cifra da un sentido de su impresionante estatura. También el recuerdo posterior de Espinosa de que él y Jenkins financiaron unas 400 películas.[46]

En cuanto a la participación activa de Jenkins, cualquier prueba es estrictamente anecdótica. Iba con frecuencia al cine y disfrutaba en particular las películas de Cantinflas, con quien se llevaba bien; en Acapulco eran vecinos y el actor a veces caía de sorpresa. A Jenkins le gustaba invitar a sus nietos o a los hijos de sus amigos al cine. Un invitado frecuente recordó que después de ver una película en la que tenía una participación le llamaba por teléfono a Espinosa o Alarcón desde la taquilla para discutir si la inversión había sido buena.[47]

En 1948 Jenkins intentó comprar CLASA, que como dueño de instalaciones de sonido era el equivalente más próximo en México a un estudio de Hollywood. El copropietario Salvador Elizondo estaba dispuesto a resistir. Permitir que Jenkins fuera dueño de la principal casa productora de México, dijo, sería tan malo como "poner a la iglesia en manos de Lucero". Cuatro años después, Elizondo se retiró de CLASA y al cabo de poco tiempo se topó con Jenkins. "¿Por qué no haces algunas películas para mí?", preguntó Jenkins. El productor dijo que había dejado el negocio, pero cuando Jenkins insistió, aceptó crear una empresa. El financiamiento llegó en forma de un cheque que entregó el chofer de Jenkins. Se adjuntaba una nota, escrita a mano en un pedazo de papel: "Salvador, te mando el cheque por cuatro millones. Lo hice a tu nombre porque no sé cómo se llama tu compañía".[48]

Puede que Jenkins haya estado pendiente de sus películas cuando salían, pero su acercamiento a la producción era despreocupado. Lo importante era que los productores suministraran cantidades de contenido para ayudar a llenar sus salas de cine. Posiblemente prefería la comedia y puede que haya habido influencia indirecta, tanto es así que el personaje ocasional estaba alterado, para no arriesgarse a contrariar a don Guillermo. Pero Jenkins era antes que nada un financiero. Si sus cines ganaban dinero, estaba feliz, ya que el aspecto de la exhibición era el más lucrativo del negocio. Si a sus películas les iba mal, sus productores probablemente garantizarían que el Banco Nacional Cinematográfico asumiera la mayor parte del golpe financiero.

Por qué Alemán permitió que Jenkins se afianzara en el poder del sector de la exhibición, privilegiara la oferta hollywoodense y se expandiera en la producción local es una pregunta con tantas respuestas como extremidades tiene un pulpo, para evocar un símbolo común de monopolio en la época. Alemán apoyaba ideológicamente a las grandes empresas, era indiferente a los monopolios y admiraba a Estados Unidos. La industria mexicana, pese a toda su quejumbre, era altamente productiva, con un promedio de 95 películas al año, por encima del promedio anual de 64 con Ávila Camacho y de 35 con Cárdenas;

por lo que Alemán bien podía responder que a la comunidad cinematográfica de México nunca le había ido tan bien.[49]

Luego estaba el asunto de la conveniencia institucional mutua. Los cines del Grupo Jenkins le servían a Alemán, o al menos pretendían servirle, tal como le habían servido a su predecesor: como un escape barato para los cada vez más millones de habitantes urbanos (la mayoría de los cuales seguían viendo su poder adquisitivo erosionarse por la elevada inflación), como foros para las películas locales bañadas en valores nacionalistas y conservadores y como lugares donde difundir la propaganda de los noticieros cinematográficos. Promoviendo la utilidad de Jenkins para el régimen, sus otras inversiones servían a la política en curso de industrialización por sustitución de importaciones (ISI).

Iniciada en el gobierno de Cárdenas, pero aplicada con más vigor por sus sucesores, ISI motivaba a las empresas extranjeras a llegar al mercado mexicano no exportándole, sino produciendo dentro. El respaldo de Jenkins había hecho posibles las plantas de ensamblaje de autos de Nash y Packard en la Ciudad de México y Puebla. Financió pequeñas empresas, entre ellas la franquicia Dr. Pepper en Puebla. Proporcionó una inversión significativa en Nacional de Drogas, un importante distribuidor farmacéutico (hoy conocido como Nadro), inmediatamente después de su fundación en 1943. (Más adelante expresó sus dudas sobre esta empresa, ya que sentía que les pagaba a sus obreros con demasiada generosidad.) También era accionista en la línea aérea Aero Transportes, que pronto se fusionó con la principal aerolínea del país, Mexicana. Todas esas jugadas servían al objetivo de ISI de remplazar la dependencia en los bienes y servicios importados con un impulso a la industrialización que generaría empleos mejor pagados, mejoraría el poder adquisitivo, facilitaría la transferencia de tecnología y mejoraría el interés propio del país. Así fue con la compra de Jenkins de bonos del banco Nafinsa, que era el principal mecanismo financiero del Estado para ISI.[50]

Jenkins y Alemán eran amigos, además. Es difícil saber qué tan cercanos, pero se habían conocido por lo menos desde que Jenkins hizo un préstamo electoral en 1940, ya que Alemán era el director de campaña de Ávila Camacho. Una señal de su proximidad afloró en 1951, cuando varios senadores vapulearon públicamente a Jenkins, como extranjero, por opinar sobre la política mexicana. En medio de la especulación de que Alemán intentaba prolongar su sexenio, el presidente le confió a Jenkins que no lo haría. Evidentemente Jenkins transmitió esto a un amigo y de alguna forma se corrió la voz.[51]

Un año más tarde, Jenkins admitió a un amigo que él y Alemán se habían unido a Rómulo O'Farrill en la compra de *Novedades*. Había pocas utilidades en los periódicos, pero éste tenía un negocio secundario lucrativo en historietas y la compra se hizo en un momento políticamente útil, sólo unas semanas antes de la elección de Alemán en 1946. Jenkins le pidió a su amigo que fuera discreto con la noticia. Añadió: "Por lo general no se sabe que soy un accionista y no participo de ninguna manera en las actividades del periódico. Estoy seguro de que provocaría comentarios muy desfavorables".[52]

A la luz de la codicia de Alemán y la historia de Jenkins con los políticos, es probable que los dos compartieran otros intereses, tal como en el incipiente sector de la televisión, en el sector inmobiliario de Acapulco y en la propia industria cinematográfica. En cuanto al otro magnate de los medios, Emilio Azcárraga, Alemán tenía razones personales para dejar que Jenkins lo intimidara y luego devorara sus cines. En la campaña presidencial de 1940, Azcárraga había respaldado al candidato de la oposición.[53]

Cómo disfrutar de la quiebra

Cuatro años después de que terminó el auge textil de la guerra, dos de las fábricas más destacadas de Puebla se declararon en quiebra.[54] La Concepción, la fábrica más antigua en Atlixco, y El León, a las afueras de esa misma ciudad, eran reliquias del pasado porfiriano. Entre los dueños se incluyeron algunos de los inmigrantes más ricos del estado, y la ruidosa maquinaria con la que funcionaban era de la época victoriana. Como todo el sector, ambas fábricas registraron ventas gigantescas durante la Segunda Guerra Mundial y después sufrieron una fuerte caída. Lo que distinguía a estas dos fábricas era que, tras declararse insolventes, ambas siguieron operando y hasta cierto punto siguieron generando utilidades durante otra década más o menos, a la vez que permanecieron oficialmente en quiebra. También se distinguían porque tenían el mismo propietario: William Jenkins.

Los trabajadores textiles habían ganado en cuanto a salarios y derechos desde la Revolución, pero su industria seguía siendo ineficiente.

Esto era así en Puebla, donde la fábrica promedio era más pequeña que en Veracruz o México. Los trabajadores solían conocer la máquina mejor que los administradores, muchos de los cuales eran "juniors", que a diferencia de sus padres inmigrantes, eran reacios a ensuciarse las manos. Las prácticas de contabilidad eran retrógradas. Los aranceles protectores contrarrestaban lograr que el producto se ajustara a la exportación, como hizo un freno federal a las importaciones de máquinas. La autocomplacencia de los dueños era un problema de raíz; la intransigencia de la CROM, otro. Y el Estado toleraba ambos al dar prioridad al mantenimiento de la paz. Los dueños respaldaron la política sobre maquinaria importada al sentirse intimidados por la entrada de nuevos rivales que podían comprarla, por lo que aceptaron honrar contratos colectivos con los trabajadores a cambio de los controles de importaciones. Esto estaba bien para el líder de la CROM, Luis Napoleón Morones, quien temía que las modernizaciones provocaran desempleo. Los trabajadores de su sindicato, revelándose en su seguridad como clientes del Estado, adquirieron fama por su indisciplina; los holgazanes ya no podían ser despedidos sin el consentimiento del sindicato; algunos estados prohibían que los administradores descontaran dinero de sus salarios. Tras no poder modernizarse, el sector sufrió crisis intermitentes hasta 1939.[55]

En el momento en que Alemania invadió Polonia, Jenkins estaba bien situado para disfrutar de la bonanza resultante, ya que en años recientes había ejecutado hipotecas en varias fábricas. Con su adquisición de La Concepción, en 1939 más o menos, tenía tres fábricas medianas y al menos tres más pequeñas. El impulso de pedidos estaba aumentando la demanda del ejército estadounidense que uniformaría a 16 millones de personas. Como un cronista local señaló: "Puebla puso a trabajar toda la chatarra textil de la época porfiriana [...] hasta improvisados empresarios textiles ganaban dinero".[56]

La victoria de los Aliados sobre Japón en 1945 golpeó a los magnates textileros mexicanos como un balde de agua fría. En el curso de las tres semanas siguientes a la destrucción de Hiroshima, los dueños de las fábricas de Puebla estaban lamentando su suerte con Miguel Alemán, que visitó el estado durante su gira de campaña. Sus almacenes estaban inundados de productos sin vender. Gran Bretaña, el exportador de textiles de algodón más grande del mundo, dijo que aumentaría la producción e instalaría nuevas máquinas. Un par de magnates de la industria textil de Puebla, reconociendo la necesidad de modernizarse, anunciaron mejoras inminentes. De lo contrario, las noticias eran malas, ya que las fábricas reducían su ritmo de trabajo, buscaban permisos legales para establecer una semana de tres días o cerraban definitivamente. En algún momento de 1945, al parecer, Jenkins ejecutó una hipoteca en El León.[57]

En general, el sector textil de Puebla estaba aquejado por la inercia, que contribuyó a un estancamiento económico en todo el estado que perduraría por 20 años. La geografía tenía parte de la culpa, ya que la ciudad de Puebla estaba sólo a dos horas de la capital, ahora un torbellino industrial y demográfico. No puede haber ayudado que durante los años treinta y cuarenta algunos de los empresarios más ambiciosos de Puebla —Manuel Espinosa Yglesias, Gabriel Alarcón, Rómulo O'Farrill, Alejo Peralta y Miguel Abed— se reubicaron en México en busca de mayores oportunidades.[58]

La modernización apenas se registró en *La Opinión*. Los editoriales nunca la discutieron. La información era ingenuamente propagandista y daba bombo a las promesas de los políticos. La publicidad estaba dominada por las compañías de refrescos y bienes inmuebles; las últimas ofrecían casas elegantes en suburbios poblados por familias que parecían estadounidenses. Era como si Puebla deseara entrar en la modernidad (una modernidad consumista y occidentalizada) sin abordar las iniciativas que pagarían por ésta. Aparte de notas sobre el aumento del costo de vida, el periódico rezumaba autocomplacencia.[59]

Los magnates textileros parecían igualmente autocomplacientes. Durante 20 años, el gobierno federal los había consentido con protecciones arancelarias, escudándolos de los competidores extranjeros e impidiendo la fundación de nuevas fábricas. Puebla también los había tratado con deferencia; como testimonio tenemos la acción del gobernador Bautista en 1944, tras las quejas sobre un nuevo impuesto federal, en la que ofreció renunciar a la cuota que se le debía a su tesorería, como si los industriales que disfrutaban de un auge en tiempos de guerra necesitaran ayuda. Su negativa a admitir a los libaneses en la junta de su cámara, prejuicio que persistiría hasta alrededor de 1960, una vez más lo hacía ver como un sector atrofiado en su conservadurismo.[60]

Algunos poblanos sí buscaron nuevas máquinas pero vieron sus planes obstaculizados, en parte por una escasez de oferta internacional y en parte por Alemán. El presidente apoyaba a las fábricas grandes (que se encontraban en otros estados) con los pocos permisos de importación que estaba dispuesto a conceder. Puede que su favoritismo haya sido más que sólo logístico. Durante la administración anterior, su archienemigo y rival para la bendición de Ávila Camacho como su sucesor fue el hermano del presidente, Maximino, quien abogó por la élite poblana. Como una política general, Alemán procuró mantener contentos a todos los sectores y volverlos dependientes del Estado.[61] En el sector textil, como en el cinematográfico, el resultado fue la mediocridad.

La inflexibilidad de los sindicatos era otra barricada. Adoptando una perspectiva a corto plazo, los sindicatos aún se equiparaban a la modernización con pérdidas de empleo. Pero desde 1940 estaban sufriendo por una caída del salario en términos reales de hasta un tercio. La resistencia del sector obrero era particularmente obstinada en Atlixco, legado de la disputa territorial de 20 años entre la CROM y la CTM. La lucha culminó en abril de 1948, cuando cuatro fábricas alineadas a la CTM (entre éstas La Concepción) se sometieron a una presión intensa y cambiaron su filiación con la CROM.[62]

Esa fecha era significativa, ya que 1948 fue el año del charrazo, la maniobra de Alemán para controlar al tenaz Sindicato de Trabajadores Ferrocarrileros de la República Mexicana, amañando la elección de un conservador para dirigirlo. El charrazo señaló un parteaguas después del cual la oposición sindical casi nunca se toleró.[63] La movida ofensiva de Atlixco, respaldada por el presidente y por el gobernador Betancourt, señaló otro designio maquiavélico y garantizó a los políticos un contrapeso contra la influencia de la CTM en Puebla y prometió un control corporativista en Atlixco. También recompensó al líder sindical que había sido el primero en el estado en respaldar a Alemán para presidente. Este líder, el heredero natural de Morones en la CROM, era un gracioso y astuto bravucón llamado Antonio J. Hernández.[64]

El Chacal, como apodaban a Hernández, era una especie de forastero.[65] Su padre era originario de Querétaro. Vicente Hernández, antiguo ranchero, se fugó a Puebla después de sorprender a su esposa en la cama con un labrador. Mientras descansaban, tras su encuentro sexual, los golpeó en la cabeza con un metate. Después de volverse a casar con una chica de Atlixco a la que le doblaba la edad, consiguió un trabajo en la fábrica Metepec, que era el empleador más importante de la ciudad. Cuando estalló la Revolución, Vicente se alistó y dejó a Antonio de ocho años, su hijo mayor, a cargo de su familia. Después de la guerra, Antonio tuvo un golpe de suerte. Un tío pudiente dejó al adolescente endurecido a cargo de una de sus cantinas en la ciudad de Puebla. También pagó por su educación primaria en el Instituto Metodista. Tras graduarse, Antonio tenía poco deseo de volver al telar. Buscando salidas para su ambición, puso una peluquería, se unió al Partido Comunista, trabajó como cartero y después como maestro. Cuando tenía veintitantos regresó a Atlixco, entró a Metepec como hilador de algodón y se cambió del Partido Comunista a la CROM.

Debido a su apetito de lectura, Hernández destacaba entre sus compañeros analfabetos. Con el arma del aprendizaje y un carisma jovial, escaló en las filas del sindicato de Metepec. Entre 1928 y 1933 la CROM sufrió varias divisiones devastadoras: muchos sindicatos se disolvieron para respaldar a Lombardo Toledano en lo que se convertiría en la más radical CTM. Hernández permaneció leal a Morones. Para entonces, un hombre robusto de treinta y tantos años era jefe sindical en Metepec. Esta presencia local y su oposición a Lombardo lo hicieron el hombre idóneo para Maximino Ávila Camacho, que detestaba al fundador de la CTM. En 1935, cuando el afiliado poblano a la CTM lanzó una huelga general, Maximino la suprimió con ayuda de Hernández y sus guaruras. La estrella del *Chacal* siguió en aumento y se encontró desempeñando el cargo de diputado federal, en el que representó a Puebla en conjunto con Gustavo Díaz Ordaz. Se volvieron amigos, ambos inclinados a la derecha del partido gobernante y despilfarradores de sus bonos anuales en el mismo burdel de categoría superior.

La cercanía de Hernández a Maximino lo volvió un aliado potencial de Jenkins. Pero ambos hombres chocaron a principios de los años cuarenta, cuando la fábrica de Jenkins, La Trinidad, empezó su larga huelga. Fueron los obreros de la CROM que habían dirigido la suspensión que hizo mella en las utilidades de Jenkins durante cuatro años. Hernández todavía tenía que consolidar su dominio en Atlixco, por lo que ser complaciente con capitalistas apenas fue útil para sus fines políticos. Por el contrario, se erigió como un líder que combatiría a sus enemigos con la misma furia que aplicó al disidente interno. En Atlixco creó un "grupo de acción" para asesinar a todos los que lo desafiaran.⁶⁶ Su combatividad dio frutos en 1948 con la purga final de los locales de la CTM. Hernández no sólo mangoneaba a los trabajadores textiles de Atlixco, varios miles, sino que a través de la influencia económica y la persuasión armada señoreaba sobre la vida cotidiana de la ciudad, desde los autobuses y los taxis hasta los equipos deportivos. Al permanecer comprometido con la educación, utilizó sus fondos del sindicato para construir cuatro escuelas y un colegio técnico.

Un año después de consolidarse como el cacique de Atlixco, *el Chacal* estaba de nuevo en desacuerdo con Jenkins. Indalecio Canteli, el director general español de las fábricas de Jenkins en Atlixco, dijo que ya no podía pagar a los trabajadores de El León y La Concepción. Inicialmente la CROM compensó la diferencia, una jugada inusualmente servicial en un sindicato, pero que permitió que Hernández fortaleciera lealtades en La Concepción, que recientemente se había afiliado. La situación era grave. La Concepción, conocida familiarmente como La Concha, había mandado un pedido a Canadá que fue devuelto debido a la mala calidad del trabajo. Ambas fábricas se veían entorpecidas por la edad de sus máquinas y todo el sector estaba en problemas. Los almacenes de Puebla tenían 40 millones de metros de tela sin vender.⁶⁷

El gobernador Betancourt intervino en octubre: se reunió con Jenkins y medió las conversaciones entre Hernández y Canteli. Pero la perspectiva de la industria siguió deteriorándose. Aparentemente, sólo un crédito de 13 millones de pesos podía impedir que la administración cerrara La Concha y El León, cada una con más de 500 empleados. Mientras tanto, la CROM siguió cebando la lealtad de los trabajadores, por lo que abrió campos deportivos y otras instalaciones en El León. Un funcionario sindical de El León dijo que la junta de arbitraje debía regir a favor de los trabajadores, "por encima de finalidades y ambiciones bastardas de unos cuantos potentados". Betancourt por fin arregló un encuentro entre Jenkins y Hernández, pero no llegaron a ningún acuerdo. Al día siguiente, el 1° de diciembre, El León y La Concha se declararon en quiebra.⁶⁸

El conflicto escaló rápidamente: Jenkins cerró las dos fábricas, la CROM culpó a la mala administración por la crisis, Jenkins amenazó con cerrar otra fábrica, la CROM empezó una huelga en La Concha y El León.⁶⁹ Jenkins mantuvo la iniciativa (estas fábricas que generaban pérdidas significaban mucho más para Hernández), pero hizo una concesión simbólica, delegando a su yerno Ronnie Eustace para remplazar a Canteli y así seguir las conversaciones con Hernández. Luego resultó que los trabajadores habían dado su consentimiento para volver con salarios reducidos. Ambas fábricas volvieron a abrir el 4 de enero.[70]

Nunca se aclaró cómo terminó el conflicto, pero pronto emergieron más indicios de una marcha atrás para el sindicato. *La Opinión* felicitó a Hernández con motivo del día de su santo y dijo que gozaba de "gran prestigio", mientras que un mes antes se había burlado de su "falta de inteligencia". El gobernador Betancourt se fue de vacaciones 10 días a Acapulco, como invitado en la casa de Jenkins. Dado que él y Jenkins nunca fueron muy cercanos, la invitación sugirió que Jenkins estaba agradecido por su apoyo presionando a Hernández. Aparentemente Jenkins alcanzó un acuerdo con Hernández y aceptó volver a abrir ambas fábricas a cambio del recorte salarial y el compromiso del líder sindical de abstenerse de las huelgas.[71]

La Concha y El León reanudaron el trabajo bajo el amparo de la quiebra y se quedaron así al menos durante una década. Las compañías suelen salir de esa condición tan pronto como pueden, ya que la quiebra limita su acceso a crédito y mancha su reputación. Esa mancha ensombrecía notablemente la práctica mexicana, ya que la condición se volvió parte de la denominación de una empresa. En las reuniones de la cámara textil de Puebla, El León ahora estaba registrada como La Quiebra de El León, S. A. Pero a Jenkins le importaban poco las cuestiones de reputación. Y en cuanto al crédito, era su propio financiero, ya que ahora tenía una importante participación en el Banco de Comercio, uno de los principales bancos de México.[72]

Ronnie Eustace era nuevo en la administración de fábricas, pero aprendió de su suegro cómo negociar las reglas.[73] Una ventaja de la quiebra es que moderaba las leyes laborales federales. Si bien la Ley Federal del Trabajo exigía que los empleadores pagaran a los trabajadores despedidos los salarios de un mes por cada año de servicio, la quiebra eliminaba esta obligación. Manteniendo a las fábricas en quiebra, incluso cuando sí generaban utilidades, Eustace podía despedir a los alborotadores y holgazanes casi a voluntad.

Otra ventaja era aliviar las deudas. Cuando una compañía se declaraba en bancarrota, podía ofrecer legalmente a sus acreedores un pago mísero. Ésta era una magnífica oportunidad, porque toda la industria operaba mediante crédito: no simplemente préstamos bancarios, sino también créditos de comerciantes de algodón e importadores de piezas de maquinaria. Incluso los minoristas ofrecían créditos por pagar la mercancía por adelantado. Una fábrica en quiebra no podía simplemente descartar todas sus deudas, porque eso daría lugar a demandas por fraude.[74] Para Eustace, el truco era determinar qué porcentaje de una deuda pendiente podía lograr no pagar. No quería quemar las naves con los proveedores, pero podía ser bastante tacaño, porque todos sus proveedores sabían que actuaba en nombre de Jenkins, lo que a su vez implicaba la protección del gobernador y por extensión la parcialidad de los jueces del estado. Por lo general, Eustace ofrecía 40 por ciento.

La historia privilegiada de simbiosis de Jenkins con el gobierno estatal y de su acceso interno al crédito explica por qué otros dueños de fábricas de Puebla no pudieron llevar a cabo la misma treta a largo plazo, al menos hasta donde revelan los registros escritos. Después de todo, las compañías en quiebra rendían cuentas al sistema judicial local, que según la práctica habitual estaba repleto de personas designadas por el gobierno. Una estafa más común que Eustace aprendió eran las ventas en negro. La práctica reducía la responsabilidad fiscal de una compañía y todo el mundo lo hacía. Su predecesor, Canteli, había demostrado ser un maestro del contrabando en La Concha durante la guerra. Posteriormente, Canteli continuó la práctica y facilitó las cosas para que Jenkins se declarara en quiebra, ya que los balances contables de las fábricas parecían incluso menos solventes.

Antonio J. Hernández, pese a su temible reputación, resultó ser un aliado dócil. Como abanderado de la Revolución, tenía un gran aliciente para soltar la lengua sobre los embustes de la administración, pero se quedó callado. Durante toda la gestión de Eustace, hasta principios de los años sesenta, ni La Concha ni El León se vieron afectados por las huelgas. Una vez hubo una serie de robos, cuando los trabajadores subían unos paquetes del producto acabado a la azotea, o los lanzaban sobre el muro, y volvían en la noche a recogerlos para venderlos en el mercado negro. Hernández y sus partidarios fueron convocados por Jenkins a la ciudad de Puebla. Tras reprenderlos por el tema del robo, les dijo: "Quiero que sepan que ustedes son mis ojos". Hernández hizo su parte poniendo pistoleros en las azoteas.

Aun así, le gustaba jugar al radical. Una vez un periódico de la CROM publicó una caricatura de Eustace y Jenkins, dibujados como bestias chupando la sangre de los trabajadores. Enfurecido, Eustace fue directo a ver a Hernández. *El Chacal* tenía su guarida en la enorme fábrica Metepec. Había guardias parados afuera de su oficina sosteniendo metralletas contra el pecho. Pero Eustace había volado 20 misiones de bombardeo sobre el fuego antiaéreo de los japoneses; un par de guaruras no lo iban a aturdir. Pasó a la oficina de Hernández agitando el periódico y exigiendo saber qué diablos estaba pasando. Hernández le ofreció una disculpa. Tenía que permitir esas cosas de vez en cuando; tenía que mantener las apariencias.

¿Así es que *el Chacal* se había vendido? En palabras de un historiador laboral, Hernández convirtió la CROM de Atlixco en "un fantasma, dócil y sumiso a la política de los gobiernos".[75] Pero las manos de Hernández estaban atadas en gran parte por el lamentable estado de la industria. A Jenkins le habría sido fácil salirse de ambas fábricas, cerrarlas y vender las máquinas de hierro como chatarra. Que no lo haya hecho se debe en parte a su deseo de probar a Eustace. Si este joven británico podía sacar dinero de dos antigüedades, tal vez era capaz de cosas más grandes. Las ventas de contrabando, la reducción considerable de las deudas y un sindicato sumiso ayudaron a Eustace a volver a generar utilidades de las fábricas. Pero su éxito como administrador era limitado. La Concha se reactivó a corto plazo gracias a los pedidos de Medio Oriente, pero de lo contrario apenas salía tablas. El León ganaba dinero, aunque menos a largo plazo.

A excepción de unas mejoras en la planta de acabados de La Concha, Jenkins se negó a modernizar. Pese a las restricciones a la importación y la resistencia de la CROM, habría podido mejorar sus fábricas si lo hubiera deseado. Tenía el oído del presidente y el apoyo del gobernador. Estaba en una lista de espera federal de permisos para nuevas máquinas, pero en un gesto de lealtad con su antiguo administrador de Atencingo, Manuel Pérez, dejó que uno de sus hijos, que estaba dispuesto a empezar su propia fábrica, tomara su lugar.[76]

El enfoque despreocupado de Jenkins con sus fábricas tipificaba la aversión al riesgo entre la generación mayor de Puebla. ¿Por qué invertir en modernizaciones, provocando la ira de los sindicatos, cuando se podía hacer dinero fácil en otra parte? Para muchos, la opción sencilla era el sector inmobiliario.[77] Así el sector textil de Puebla, su orgullo desde la época colonial, se convirtió en una mezcla de fábricas porfirianas moribundas, en su mayoría propiedad de los descendientes de los españoles, y empresas advenedizas, en su mayor parte dirigidas por libaneses enérgicos. Las últimas fábricas, al explotar nuevos nichos como el rayón y la mezclilla, no eran aún suficientemente grandes para compensar la caída de las primeras. Mientras que la manufactura mexicana creció 30 por ciento entre 1945 y 1955, las manufacturas en Puebla, de las que los textiles conformaban más de la mitad, aumentaron un irrisorio dos por ciento.

En los años sesenta, las viejas fábricas empezaron a cerrar, incluso la adorada Metepec de Hernández. Más que nada, sus trabajadores eran víctimas de una cultura de autocomplacencia entre los dueños mayores, que durante más de dos décadas estuvieron mimados por la maquinaria política avilacamachista. Estos industriales tradicionales podían acusar a los sindicatos, pero la famosa obstinación de los trabajadores era menor de lo que parecía a simple vista, como *el Chacal* había demostrado. Además, cuando los dueños libaneses ofrecieron no sólo modernizar su planta, sino también aumentar los salarios, ganaron apoyo los sindicatos. A partir de mediados de los años sesenta, los libaneses más emprendedores dominarían el sector textil poblano.[78]

El monopolio cinematográfico de Jenkins: un segundo ataque fallido

Un día a principios de 1953 a los dos diarios principales de México de una forma extraña les faltaba casi toda su publicidad de películas. *Excélsior* y *El Universal* tenían anuncios en la primera plana, en los que se disculpaban por la ausencia, que perduraría varias semanas. En ese momento, los periódicos no compilaron sus propias carteleras, por lo que la falta de anuncios fue tanto una molestia para los lectores como una pérdida importante de ingresos. Las disculpas culpaban a la intransigencia de ciertas cadenas de cines. Dos días después, empezó el bombardeo. *El Universal* acometía contra el imperio cinematográfico de Jenkins por su voracidad y exhortaba al nuevo régimen de Adolfo Ruiz Cortines a hacer lo mismo. Al día siguiente, su primera plana retumbaba: "Contra el monopolio del cine comenzó la batalla". *Excélsior* repicó con: "Cargos concretos al monopolista Jenkins".[79]

Jenkins no había recibido tantas críticas desde su secuestro. Durante una semana completa, los periódicos siguieron el ritmo del bombardeo en primera plana. Reprendieron al Grupo Jenkins por sus prácticas monopolistas en la exhibición, la intimidación de distribuidores y el control creciente del financiamiento de la producción, que supuestamente obligaba a los productores a ofrecer películas de género baratas. Los editoriales ejercieron fuertes presiones para que el gobierno actuara. En *Excélsior*, una caricatura retrataba a Jenkins como un pulpo (una metáfora tradicional para el monopolio estadounidense) atrapando y asfixiando a una mujer sensual, la encarnación vulnerable del cine mexicano.[80]

Salió a la luz que la razón inmediata de los ataques fue un aumento de 25 por ciento en las tarifas de publicidad y la negativa de Jenkins a cumplir con el incremento. Imponiendo su propio boicot, esperaba forzar a los periódicos a ceder. En su lugar, unieron fuerzas con los productores de cine descontentos de México y devolvieron el golpe. Por qué lo hicieron tiene mucho que ver con el cambio en el gobierno de diciembre, que marcó el inicio de Ruiz Cortines. Aunque anteriormente fungió como secretario de Gobernación de Alemán y ganó cómodamente la elección de 1952 como su discípulo designado, Ruiz Cortines pretendió distanciarse de su predecesor, al adoptar una postura pública contra la corrupción que había prosperado durante el gobierno de Alemán.[81] Esperaría honestidad. No toleraría el hurto por parte de los políticos, las prácticas anticompetitivas y la acumulación especulativa de alimentos. La prensa era más libre de adoptar un tono crítico; "monopolista" se volvió un término básico de la crítica. La nueva apertura parecía animar a *Excélsior* y *El Universal* a apuntar el foco sobre Jenkins.

Nunca fue más patente el sentido de una nueva rectitud que el 7 de febrero, el último día de la convención anual del PRI, que coincidió con la cruzada anti-Jenkins. Dirigiéndose al pleno, Jacinto B. Treviño lanzó una bomba. Este general, senador y ex secretario de estado partió de las trivialidades habituales y lanzó un ataque devastador sobre la dirección de la Revolución. El PRI había perdido su camino, alegó, citando su imposición de gobernadores y presidentes municipales en contra de la voluntad de la gente y el autoenriquecimiento de los funcionarios. Ignorando los intentos de los militantes del partido de callarlo, citó las fortunas masivas del ex presidente Abelardo Rodríguez y, por supuesto, William Jenkins. Alegó que el actual gobierno estaba limpio y no permitiría más esos excesos. El discurso acaparó los titulares y generó debate durante semanas.[82]

Abelardo Rodríguez, sin duda indignado por el ataque de Treviño sobre su buena persona, intentó una maniobra de distracción. Al ver que los agresores querían principalmente a Jenkins, se unió a la caza, convocó a los periodistas y los agasajó con una diatriba en contra del estadounidense. Dijo que cuando fue presidente, veinte años antes, despojó a Jenkins de su rango consular y lo expulsó de México como "extranjero pernicioso". Alegó que durante tres años encabezó la lucha de los exhibidores independientes en contra de Jenkins y promovió la acción del Estado en su contra. Los actos nacionalistas de Rodríguez de los años treinta se publicaron en la prensa y se reciclaron por décadas.[83]

Pero Rodríguez había mentido. Las acusaciones no eran más que nostalgia deseosa de parte del general millonario. Primero, Jenkins había dejado de ser el agente consular de Puebla 21 meses antes de que Rodríguez se hiciera presidente.[84] En cuanto a la supuesta expulsión, no hay pruebas de que haya ocurrido. Durante el mandato de Rodríguez, ni la prensa nacional ni la poblana publicaron esa noticia. Tampoco se menciona en los archivos sobre Jenkins en la Secretaría de Relaciones Exteriores, el registro de extranjeros del Archivo Municipal de Puebla o los archivos presidenciales de Rodríguez en el Archivo General de la Nación. Los descendientes de Jenkins no pudieron recordar dicha expulsión y tampoco hay rastro de ella en el archivo personal de Rodríguez. Por otro lado, hay muchas pruebas de la presencia de Jenkins en México durante toda la administración de Rodríguez.[85]

En una época de examen de conciencia dentro del PRI e incomodidad por la riqueza de ciertos revolucionarios, Rodríguez necesitaba un pararrayos. Apostó correctamente que "los chicos de la prensa", como se les conocía a los periodistas, no se molestarían en comprobar los hechos. Afirmar que había expulsado al gringo más rico y más poderoso de México era una manera fácil de reforzar su reputación, más fácil aún dada la costumbre de Jenkins de negarse a hablar. El discurso de Treviño en la convención del PRI había expresado un secreto a voces: Rodríguez era espectacularmente rico, en gran parte a través de medios dudosos. Jenkins era un señuelo conveniente y la campaña de la prensa ofrecía una oportunidad para insistir en medidas en contra de él que se adecuarían a los intereses comerciales de Rodríguez.[86]

Ese verano vio el lanzamiento de *Siempre!* que, a través de un liderazgo con criterio independiente, puntos de vista plurales y temas polémicos se convertiría en el principal semanario de México. Pronto publicó una revelación sobre Jenkins. Entre otras cosas, afirmó que proporcionaba un increíble 80 por ciento del financiamiento cinematográfico. Sin advertir la aparente contradicción, después alegó que el "verdadera finalidad" de este "monopolio extranjero" era "exterminar a la industria cinematográfica nacional". En los meses siguientes, la prensa caricaturizó a Jenkins varias veces más. Una vez lo retrató como "Su Majestad Guillermo I", montado en un tanque, con tres de sus socios inversionistas marchando detrás, sujetando la cola de su túnica real.[87]

Sin embargo, la discusión sobre los precios de publicidad que inició todo el problema hacía tiempo que se había resuelto, aparentemente a favor de Jenkins. La publicidad de las películas volvió a las páginas de *Excélsior* y *El Universal*, y un amigo le escribió a Jenkins para felicitarlo por haber "dado una paliza a los periódicos". Peor para la industria misma, en abril la Suprema Corte falló en contra de la cuota de exhibición de 50 por ciento para las películas mexicanas.[88] El ataque polifacético de los medios en contra de Jenkins quedó en nada.

Los ataques de *Excélsior* y *El Universal* quizá fracasaron en sus objetivos, pero abrieron las compuertas del criticismo. En el pasado sólo de manera excepcional alguien habría expresado públicamente una crítica sobre Jenkins. A partir de 1953, y por el resto de su vida, Jenkins se convirtió en el blanco habitual de los editorialistas, reporteros, caricaturistas, líderes sindicales y políticos de la izquierda nacionalista. Lo atacaban porque era un monopolista, pero también porque era estadounidense. Lo atacaban por razones ideológicas y motivos comerciales, pero también porque era conveniente hacerlo. Un ataque a Jenkins era una forma de reforzar el prestigio revolucionario de uno mismo en una época en la que la élite política estaba empañada por el escándalo; era una forma de posicionarse como nacionalista de cara a la hegemonía económica de Estados Unidos; o era simplemente una forma de aumentar la circulación de un periódico.

Una pizca de la liberalización de la prensa durante el gobierno de Ruiz Cortines era parte de ello. También era una división abierta dentro del partido gobernante. El discurso de Treviño articuló una veta profunda de resentimiento dentro de la izquierda del PRI en el viraje que tomó desde el cenit radical de los años cardenistas. Alemán era, particularmente para ellos, el culpable. Dado que ambos ex presidentes siguieron siendo figuras poderosas, y dado que encarnaban polos opuestos dentro del PRI, una lucha interna surgió entre los cardenistas de izquierda y los alemanistas de derecha. Más tarde, cuando Castro llegó al poder en Cuba y la geopolítica de la Guerra Fría afectó a México como nunca antes, estas corrientes rivales provocarían una guerra retórica abierta.[89] A su vez, el nombre de Jenkins se volvió un arma incendiaria de la izquierda.

Pero el PRI generalmente procuraba presentar un frente unido. Su prioridad era centralizar el poder en la presidencia y el comité ejecutivo del partido. Si bien ganó la elección de 1952 con bastante facilidad, la casi derrota de 1940 persistió como un espectro, al igual que la batalla por la nominación del PRI entre Alemán y Ezequiel Padilla en 1945-1946. En determinadas regiones del país, el control central era incompleto y las dinastías tenían el dominio. Sobresaliendo entre estas estaba la maquinaria avilacamachista en Puebla, donde Maximino había "destapado" a dos sucesores, Gonzalo Bautista y Carlos Betancourt, y donde un tercer hermano Ávila Camacho, Rafael, se volvió gobernador en 1951.[90]

Dado el creciente descontento dentro del PRI por el legado de Alemán y el deseo simultáneo de unidad, fue menester que Ruiz Cortines utilizara a la prensa como una válvula de escape. No fue el primero en hacerlo. Las campañas coordinadas de la prensa, en contra de algún funcionario corrupto u otro, ocurrieron durante los gobiernos de Ávila Camacho y Alemán y se interpretó que tenían la aprobación presidencial.[91] Según esta tradición, la campaña anti-Jenkins de 1953 era puro teatro, un drama orientado hacia la catarsis: la liberación de las tensiones en la industria cinematográfica y la limpieza de la imagen del Estado.

Pero si los ataques de la prensa eran ciertos, Ruiz Cortines tenía una industria cinematográfica que reactivar y la queja tenía fundamento. Si bien la producción aún era fuerte, el número de películas mexicanas que obtenían fechas de proyección estaba retrocediendo; de un récord de 112 estrenos en 1951, la cifra caería a 83 en 1953. La calidad demostraba un grave declive. Durante el gobierno de Alemán, la industria empezó a enfocarse en películas de serie B poco originales para consumidores incultos, como melodramas familiares cursis y dramas sobre mujeres perdidas en cabarets.[92]

El Estado respondió a las quejas sobre Jenkins (y sobre la amenaza de la televisión, que había debutado en 1950) con un plan global para reactivar el cine mexicano. Impulsada por Eduardo Garduño, director del Banco Nacional Cinematográfico, la iniciativa subió el límite de crédito por película, sugirió una cuota de importación de 150 películas al año, les dio a los productores control del distribuidor estatal Películas Nacionales y liberalizó las prohibiciones sobre contenido cinematográfico. Antes el banco había cubierto 50 o 60 por ciento de un presupuesto aprobado; ese subsidio ahora podía llegar a 85 por ciento. Los productores empezaron a reducir la distancia con Hollywood, cambiando del rodaje en blanco y negro a color. Muchos condimentaban sus películas con desnudos "artísticos". Hubo una breve moda de dramas que presentaban a pintores y sus núbiles modelos.[93]

El plan Garduño fracasó. La mayoría de los productores siguieron haciendo cine que atendía a las clases trabajadoras y no podía atraer a los clientes de ingresos medios y altos. Todavía recibían sus subsidios y especulaban rellenando sus presupuestos. Los géneros se ampliaron para incluir películas de vampiros y melodramas sobre luchadores enmascarados, pero dichas películas eran igualmente mezquinas y predecibles. El sindicato de directores agravó la crisis de creatividad negando en gran medida la admisión de nuevos miembros. Comprometiendo aún más su plan para subir la calidad, cuando Garduño emitió nuevas acciones en Películas Nacionales, con la intención de fortalecer las finanzas del distribuidor, casi todos los valores fueron absorbidos por representantes de Jenkins. A finales de 1953 los productores afiliados con Jenkins estaban reclamando otra vez crédito del Banco Cinematográfico. Una caricatura de periódico puso al descubierto la paradoja al retratar a Garduño ofreciendo al gringo una dura reprimenda y un saco de dinero.[94]

Si Ruiz Cortines realmente deseaba actuar en contra de Jenkins, nuevos pretextos siguieron presentándose. Un asesinato de alto perfil, por ejemplo.

En agosto de 1954 el activista laboral Alfonso Mascarúa fue abatido a tiros afuera de su casa en México. Eran las ocho de la noche, justo antes del anochecer, y había varios testigos. Mascarúa había sido un miembro radical del Sindicato de Trabajadores de la Industria Cinematográfica (STIC), en su mayoría integrado por personal de las salas de cine, que había estado en huelga seis días ese julio por los efectos de la reciente devaluación del peso. En una asamblea del STIC, un orador reunió a las tropas recordándoles al empresario poblano Jesús Cienfuegos, asesinado 13 años antes, y culpando del asesinato a Jenkins. Pese a la ponencia desafiante del sindicato, Mascarúa había roto con el líder del STIC, Pedro Téllez Vargas, y lo acusó de capitular ante el Grupo Jenkins. Retó a Téllez por el liderazgo del STIC y, cuando perdió, lo acusó de utilizar la intimidación para reelegirse. Junto con 50 compañeros disidentes, Mascarúa fue despedido del STIC y de su empleo. Siete semanas después le dispararon. Las sospechas cayeron de inmediato sobre Téllez; la esposa de Mascarúa acusó abiertamente al líder del STIC y los columnistas deploraron el gansterismo del sindicato. Pero no quedaba claro por qué el jefe habría mandado asesinar a alguien al que ya había expulsado.[95]

Después de unas semanas, el punto de mira cambió a Gabriel Alarcón. Varios precedentes lo hacían sospechoso, no sólo los rumores sobre su papel en la muerte de Cienfuegos. En 1951 dos activistas del sindicato cinematográfico fueron asesinados en Orizaba y localmente se dijo que Alarcón había ordenado el golpe. Además, Mascarúa era nativo de Puebla, donde primero había trabajado como organizador sindical.[96] En septiembre la investigación policial condujo al arresto de tres hombres en Puebla, con fama de ser los sicarios de Alarcón. Una semana después se emitieron órdenes de arresto federales y estatales para el propio Alarcón, que respondió buscando amparos y esfumándose. Cuando los agentes aparecieron en su casa en Puebla, se escapó en la cajuela del coche de un amigo. En las siguientes semanas, usó varios escondites, incluida una fábrica textil que pertenecía a su cuñado y la azotea de las oficinas de *El Sol de Puebla*, directamente sobre la redacción.[97]

Durante meses, la presidencia recibió un aluvión de telegramas de los sindicatos que exigían justicia. Una vez que se implicó a Alarcón, Jenkins se convirtió en un blanco de sospecha también. En una reunión de noviembre de una de las delegaciones locales del STIC, una consigna de "¡Muerte a Jenkins!" surgió del pleno. Mientras tanto, la esposa de Alarcón, Herminia, obtuvo una audiencia con Ruiz Cortines. Arrodillándose, rodeó con sus brazos las piernas del presidente y con lágrimas en los ojos le suplicó clemencia. Ruiz Cortines se conmovió y suspendió la búsqueda.[98]

Aunque se encontraba en detención preventiva *in absentia*, Alarcón nunca fue arrestado y a medida que el año se acercaba a su fin, parecía que el caso no se resolvería. Sólo cuatro días tras el asesinato, un caricaturista de *El Universal* esbozó proféticamente una parodia sobre la tentación de Eva, con la serpiente ofreciéndole a la sonriente Dama de la Justicia una manzana en forma de bolsa de dinero. Para la primavera de 1955, Alarcón estaba haciendo negocios como de costumbre. Pero su reputación sufrió después otro revés cuando se informó que pagó varias cantidades de 200 000 pesos a los miembros de la Dirección Federal de Seguridad (DFS), para obtener una placa del servicio secreto y por tanto inmunidad en la investigación de Mascarúa. Un memo entre el personal de Ruiz Cortines confirmó las acusaciones principales. Investigaciones recientes demostraron que el obsequio o la venta de las codiciadas placas de la DFS a selectos políticos y empresarios era habitual.[99]

En septiembre, un tribunal penal de México dio un veredicto extraordinario: los tres detenidos fueron condenados a 20 años por el asesinato y Alarcón fue sentenciado (una vez más, *in absentia*) a una pena equivalente. Tres meses después, no obstante, un tribunal superior anuló las cuatro condenas. En Puebla circulaba el rumor de que Herminia Alarcón había hecho otra visita, esta vez al presidente del tribunal, al que había hecho un millón de pesos más rico.[100]

Pronto Ruiz Cortines tuvo otra oportunidad de enfrentarse con firmeza a Jenkins, cuando su último rival importante tiró la toalla. Abelardo Rodríguez había hecho todo lo que pudo para triunfar en la industria. Tras entrar al ruedo a principios de los años cuarenta, el ex presidente levantó un imperio que incluía varios cientos de cines, compañías financieras y de distribución, inversiones en productoras y una participación en un estudio de cine.[101] Su cuasimonopolio en el noroeste y su circuito en la Ciudad de México le dieron palanca con Hollywood para garantizar el flujo del producto. Pero a mediados de los años cincuenta, su estrategia se deshizo cuando apostó fuerte en CinemaScope, el formato de pantalla ancha introducido por Twentieth Century-Fox.

Rodríguez construyó salas de cine dedicadas para manejar la nueva tecnología, entre ellas dos en el territorio de Jenkins. En Puebla el

Cine México de Rodríguez, con 3 000 butacas, se inauguró en 1954, seguido de su Cine Puebla en 1955, que provocó un escándalo cuando demolió media mansión colonial para construirlo. Ninguno tuvo éxito. Fox simplemente no estaba produciendo suficientes epopeyas en CinemaScope para mantener ocupado al circuito. Entre tanto, Rodríguez se vio reducido a rogar una u otra película de Universal o Paramount y exhibir la oferta mexicana en formato estándar. Cuando abrió el Cine Puebla, los cines de la competencia dirigidos por Espinosa y Alarcón bajaron los precios de sus boletos. En la primavera de 1957 Rodríguez renunció. El Cine México se volvió parte del circuito de Espinosa, el Cine Puebla parte del de Alarcón y Rodríguez vendió por todo el país a Jenkins.[102]

Ruiz Cortines difícilmente podría seguir fingiendo que el Grupo Jenkins no era un monopolio, y aun así no hizo nada. Después de que Rodríguez vendió, otros independientes evidentemente hicieron lo mismo, ya que una nota de *Variety* en diciembre de 1958 reveló el alcance total del imperio de Jenkins. COTSA y las compañías asociadas de Espinosa tenían 900 cines en propiedad o en arrendamiento y estaban obteniendo unos ingresos brutos de 16 millones de dólares en ingresos anuales de taquilla. Cadena de Oro y las compañías asociadas de Alarcón tenían unos 700 cines en propiedad o en arrendamiento. Eso dejaba sólo unos 400 cines independientes, muchos de ellos cines piojito en ciudades pequeñas. Con casi 80 por ciento de los establecimientos bajo su control, se había vuelto difícil para los mexicanos ir al cine y no hacer aún más rico a Jenkins.[103]

La reticencia de Ruiz Cortines a actuar probablemente hacía eco de la de sus predecesores. Jenkins estaba suministrando un servicio público enorme y eficiente. Sus cines entretenían a millones de habitantes urbanos y, gracias a precios máximos en los boletos, lo hacían a muy bajo precio. Con sus socios, Jenkins había contribuido decisivamente a un impresionante auge en establecimientos y asistencia: en México, los cines se duplicaron de 67 en 1938 a 133 en 1958; a nivel nacional, esos totales aumentaron de 863 (menos de la mitad de éstos operando diariamente) a 2 100.[104] Además, restringir a un estadounidense tan mediático habría mandado la señal errónea, ya que la política estatal era atraer a los inversionistas extranjeros para establecer plantas en México. Independientemente de su retórica, Ruiz Cortines no era enemigo del monopolio. En 1955 les dio a las tres redes de televisión incipientes permiso para fusionarse.[105] También está la probabilidad de que los políticos de cierto nivel tuvieran acciones en los cines de Jenkins. Por último, la leyenda negra de Jenkins funcionaba como un práctico pararrayos para la ira nacionalista o izquierdista. Los medios podían desfogarse sobre la injusticia social y la corrupción despotricando contra Jenkins; los políticos podían ofrecer remedios, como la Ley Federal de Cinematografía y el plan Garduño, que les daba la apariencia de estar haciendo algo.

Jenkins probablemente también tenía protección por el hecho de que no repatriaba sus utilidades. Como resultaba evidente a cualquiera que lo mirara de cerca, no era posible etiquetar con exactitud a Jenkins como un tipo porfiriano ni tampoco podía compararse con los gigantes petroleros cuyos activos expropió Cárdenas, porque el dinero que ganaba en México se quedaba en México. Invirtió en la construcción y compra de cines, en plantas de ensamblaje de autos y en toda una gama de empresas emergentes.

Después se hizo útil de otros modos. Cuando el tramo México-Querétaro de la Carretera Panamericana se retrasó por falta de fondos, Jenkins propuso un préstamo para concluirlo y a partir de 1954 una compañía suya construyó una extensa parte de ésta. Algunos meses después de hacerse cargo del proyecto le dijo a su familia: "Estoy seguro de que estoy loco por asumir un trabajo como éste, pero aparentemente no había nadie más para hacerlo y el presidente me dijo que lo necesitaba desesperadamente, así que tal vez lo recordará en otro momento cuando yo también lo necesite".[106]

De creciente importancia para Jenkins y el país, invirtió en el Banco de Comercio, entonces el segundo banco más grande de México. Aunque aún no era un accionista mayoritario, Jenkins tenía la participación individual más grande en el banco a principios del sexenio de Ruiz Cortines. Demostró ese compromiso en la época de la devaluación del peso en 1954. Aunque el Estado emprendió esta medida sorpresa para impulsar la economía y mejorar la balanza comercial, provocó una crisis de confianza en los bancos. Los principales titulares de depósitos en el Banco de Comercio, temiendo que el Estado se quedara a cargo del banco, retiraron grandes sumas. Inmediatamente Jenkins ofreció el equivalente de ocho millones de dólares para estabilizar las finanzas del banco. Por lo que parece, el Estado intervino con nuevos créditos, de modo que los fondos de Jenkins no fueron necesarios, pero en el mundo financiero la promesa de seguridad adicional en tiempos de turbulencia económica puede valer millones por sí misma.[107]

Había interés personal en la oferta de Jenkins, pero después de más de 50 años viviendo en México, Jenkins había desarrollado una lealtad con su país de adopción que habría sorprendido a sus detractores. Era aparente en los gestos de Jenkins de capitalismo misionero, al cultivar los instintos comerciales y las empresas emergentes de sus amigos más jóvenes. Era evidente por cómo escribió largo y tendido en 1951 al patronato de Vanderbilt, intentando persuadirlo de que invertir en México una parte de la dotación de fondos de la universidad garantizaría un rendimiento alto.[108] Cuando se trataba de las perspectivas económicas de México en la posguerra, Jenkins era un verdadero creyente.

En suma, la convergencia de las iniciativas empresariales de Jenkins, los intereses políticos creados y las consideraciones de política económica tenían demasiado peso para que Contreras y otras voces críticas pudieran influir al presidente. Como sus contrapartes rurales en las tierras de azúcar de Atencingo, los perdedores de la industria cinematográfica de México emplearon la retórica gringófoba en vano. No obstante, las circunstancias cambiarían radicalmente cuando Ruiz Cortines dejó el cargo a finales de 1958. Los disturbios laborales masivos en el ámbito interno y una revolución en Cuba rápidamente investirían a la retórica nacionalista con un poder inusual. Jenkins recibiría otra paliza en la prensa y esta vez habría consecuencias tangibles.

¿Quién mató a la Época de Oro del cine mexicano?

Jenkins se convirtió en el señor sombrío del cine mexicano. ¿Pero mató a la Época de Oro? ¿Usó, como Miguel Contreras Torres y otros afirmaron, su control de los cines para privilegiar a Hollywood y eliminar la oferta local? ¿Usó su ventaja sobre los productores para amedrentarlos a trabajar a bajo costo y hacer películas poco originales y cada vez menos exportables?[109]

Por tomar la definición más estricta de la Época de Oro, es decir, el pico creativo entre 1941 y 1945, la respuesta es claramente no. A finales de la Segunda Guerra Mundial, el Grupo Jenkins era prominente, pero no dominante en la exhibición; las películas mexicanas estaban bien representadas en la pantalla y las actividades de producción del grupo eran amplias y dispersas. La crisis de 1946 vino con el resurgimiento del cine europeo y una reactivación de Hollywood, junto con la reticencia de los bancos mexicanos a seguir prestando dinero a los productores, que ya tenían fama de inflar presupuestos y hacer reembolsos tardíos. Y a todo esto no benefició la recesión de tres años de la posguerra. Los productores empezaron a recortar sus presupuestos antes de que las compras de cines del Grupo Jenkins en 1947-1949 elevaran su condición a la de un monopolio *de facto*. Emilio Azcárraga, una de las voces más sensatas en la industria del entretenimiento, declaró que el recorte presupuestario era un error, pero nadie lo escuchó.[110] En todo caso, la nacionalización del Banco Cinematográfico en 1947 fue una victoria pírrica para la industria, puesto que el aumento consiguiente en subsidios funcionó para consolidar los malos hábitos. El Estado desgravó las películas que generaban pérdidas y los mismos productores siguieron produciendo.

Según las definiciones más liberales de la Época de Oro que se extienden incluso hasta los años sesenta, Jenkins fue parte de un crimen de varios perpetradores. Dos o tres años después de la guerra, Espinosa y Alarcón estaban dando prioridad a los acuerdos de suministro con los comandantes de Hollywood. Éstos amarraron a los mejores cines y dejaron a las películas mexicanas compitiendo con las europeas por lo que quedaba. No había dolo aquí, sólo negocios: Hollywood había creado un sistema de estudios muy eficiente que prometía utilidades seguras. Resultó en un número previsible de películas al año, que recorrían el planeta mediante una sofisticada maquinaria de distribución y publicidad. Hollywood aún no dominaba los corazones de los mexicanos; a finales de los años cuarenta, las películas nacionales se atribuyeron más de 50 por ciento del tiempo pantalla en México y una proporción incluso más alta en la provincia, gracias al clamor público. No obstante, la producción masiva de Hollywood le dio una ventaja competitiva y es cierto que sus estudios se dedicaron en todo el mundo a hacer "ventas por paquete", lo cual obligó a los exhibidores a aceptar cantidades de películas de serie B para poder asegurar éxitos probados.[111] Enfrentando esas prácticas, y con el Grupo Jenkins que iba a lo seguro al dar a Hollywood prioridad en sus salas de cine, era lógico que el Estado respondiera con subsidios. Pero faltaba una administración eficaz de estos fondos.

En producción, el problema fundamental eran las finanzas inadecuadas. Jenkins prefería presupuestos modestos y estaba más interesado en cantidades de películas que en la calidad. Contribuyó a bajar el nivel, un impulso hacia la oferta de género predecible que parecía satisfacer a las masas, junto con sus primos de bajos ingresos en Estados Unidos, pero era poco atractivo para los mexicanos de ingresos medios y altos, y nada atractivo en Sudamérica o Europa. La tendencia de recorte presupuestario ya estaba en marcha cuando Jenkins se convirtió en la fuente dominante de financiamiento, pero él la exacerbó.

Los críticos contemporáneos de Jenkins a menudo omitían mencionar otras debilidades sistemáticas, que eran muchas. No sólo los productores tendían a inflar los costos, también se negaron a reinvertir gran parte de sus utilidades, ya sea en tecnología o en presupuestos para producciones subsiguientes. Hacerlo les habría ayudado a impedir que la industria quedara cada vez más rezagada frente a Hollywood.[112]

Mientras tanto, los directores instituyeron un cártel. El sindicato de directores admitió 14 nombres en 1944, pero sólo dejaron entrar a uno al siguiente año. Esta política de puertas cerradas persistió hasta los años sesenta, de modo que las acusaciones de los directores sobre las prácticas monopolistas de Jenkins eran totalmente hipócritas. En claro contraste con Hollywood, la industria mexicana se privó de la entrada regular de talentos jóvenes que hubieran podido mantener una visión fresca e impulsar los géneros existentes en direcciones emocionantes. La situación empeoró con el tiempo, por lo que en el periodo 1956-1960, dos tercios de las 570 películas mexicanas eran rodadas por sólo 20 hombres. El director con buenos contactos sacaba precipitadamente tres o cuatro películas al año, con un tiempo promedio de rodaje de tres semanas. No es de extrañar que la creatividad estuviera estancada.[113]

Federico Heuer, jefe del Banco Nacional Cinematográfico durante la presidencia de Adolfo López Mateos, resumiría el letargo de la posguerra: "Desde hace 20 años [los productores] contratan a los mismos directores y a los mismos escritores cinematográficos [...], con los mismos artistas que generalmente cantan las mismas composiciones y haciendo los papeles de galanes y jóvenes que hacían hace 20 años".[114]

Había más fallas en el ataque contra Jenkins. Contreras y otros alegaban que el Grupo Jenkins mantenía presupuestos demasiado bajos, pero también se quejaban de que el Banco Nacional Cinematográfico favorecía a los productores asociados con Jenkins. Entonces, ¿los productores como Walerstein, Elizondo, Grovas y De Anda tenían mucho efectivo o muy poco? Su prolífica producción de la posguerra incluyó tan pocas películas de mérito que estos hombres seguramente asumieron una responsabilidad importante por la pérdida general de calidad. El acceso fácil al financiamiento, con poco incentivo para devolver los préstamos del Banco Cinematográfico, posiblemente apagó su apetito por la excelencia. Las críticas tampoco parecían tener en cuenta que Espinosa y Alarcón, si bien tenían el respaldo del mismo socio, competían entre sí amargamente. Aunque se dividían partes de la República entre ellos, en México (donde la película promedio ganaba la mitad de su ingreso bruto) competían frente a frente, como en Puebla y otras partes. Teóricamente, los productores con proyectos prometedores podían alentar a los socios de Jenkins a competir entre sí, en beneficio de sus presupuestos. Pero su tendencia a aliarse, trabajando constantemente con uno de los dos, sugiere una preferencia por la intimidad y los favores más que un espíritu empresarial.

Los esfuerzos estatales para apoyar el cine resultaron constantemente mal ejecutados o quedaron a medio camino.[115] Las leyes de cine de 1949 y 1952 no lograron refrenar las prácticas monopolistas de Jenkins. El plan Garduño de 1953 terminó como otro ejemplo de política simbólica: un esquema lanzado con fanfarria para restaurar la calidad en el cine y contener al Grupo Jenkins, que a través de la falta de voluntad política alcanzó el opuesto de sus objetivos o simplemente no tuvo impacto. Lejos de la cuota sugerida de 150 películas, las importaciones promediaron unas 340 películas al año durante el periodo de Ruiz Cortines.[116]

Contreras permaneció miope en su crítica. Ignoraba cómo los grandes directores seguían haciendo grandes películas y éstas se mantenían a flote con presupuestos decentes. Como solía suceder en la producción de cine, donde había una voluntad y una visión original, había un camino. En los años cincuenta, Luis Buñuel y Roberto Gavaldón alcanzaron algunos de sus mayores logros artísticos. Sus películas también eran rentables. La fábula de *film noir* de Gavaldón, *Macario* (1959), se exhibió en la Ciudad de México durante 16 semanas.[117]

Aun así, un obstáculo estructural importante con el que cualquier búsqueda de calidad fracasaba era el tope de cuatro pesos en los precios de los boletos, introducido cuando Ruiz Cortines tomó posesión y aplicado más o menos durante 20 años. Fue una jugada populista en la que el límite de precios mantenía la frecuencia alta de la asistencia al cine, pero intensificaba la propensión de los productores a filmar con presupuestos muy reducidos. Para mediados de los años sesenta, gracias a estos controles de los precios y la urbanización adicional, México era uno de dos países con la mayor tasa de asistencia al cine en el mundo. Observó un corresponsal de *Variety*: "El entretenimiento cinematográfico barato para las masas se considera indispensable para compensar las iniquidades de ingresos... A menudo se ha hecho la analogía con 'pan y circo' ".[118]

Durante una docena de años aproximadamente, Jenkins y sus socios obtuvieron ganancias excesivas y la industria cinematográfica tuvo un declive. Pero habría que culpar también a otros. La nacionalización de las salas de cine que aguardaba en 1960 subrayaría el problema de culpar sólo a Jenkins. Con la industria bajo el control del Estado (ya que los estudios también se nacionalizaron), la larga decadencia del cine mexicano continuó. Así que el desenlace de nuestro misterio, ¿quién mató a la Época de Oro?, se parece al del *Asesinato en el Orient Express* de Agatha Christie. Fueron muchas manos las que clavaron el puñal.

CAPÍTULO 10

La Fundación Jenkins y la batalla por el alma del PRI

> El hombre que muere así de rico, muere desgraciado.
> ANDREW CARNEGIE, "El evangelio de la riqueza" (1889)

La política de la filantropía

"Durante su vida formamos muchos proyectos para hacer obras benéficas en esta ciudad que no pudimos realizar por su muerte, pero me ha dejado el encargo de cumplir con algunos de ellos", así escribió William Jenkins sobre Mary, cuando hizo la solicitud a la Junta de Beneficencia de Puebla para registrar su nueva fundación. Añadió: "Se trata de hacer todo que tendrá como resultado el mejoramiento del nivel de vida, tanto moral como material, de los habitantes de este nuestro estado de Puebla".[1]

En 1954, 10 años después de la muerte de su esposa, Jenkins honró su memoria públicamente estableciendo la Fundación Mary Street Jenkins. Fue la primera organización benéfica de este tipo en México. Diseñada al estilo de los grandes legados estadounidenses que dejaron los "barones ladrones", la organización de beneficencia de Jenkins era una empresa, cuyas utilidades se distribuirían exclusivamente como donaciones. Apoyaría escuelas y hospitales, obras públicas y clubes deportivos, así como becas para que los mexicanos pudieran estudiar en el país y en el extranjero. Le daría prioridad a su estado de adopción. Con un monto inicial de siete millones de dólares en activos, la Fundación Jenkins fue probablemente la organización de beneficencia privada más grande de México.

Ciertamente fue la menos comprendida. Su modelo de funcionamiento era totalmente ajeno para los mexicanos, para quienes la filantropía significaba donaciones únicas a la Iglesia católica o la creación de una escuela o un orfelinato. Muchos veían la fundación como otra treta de Jenkins para evadir impuestos.

No ayudó en nada que Jenkins fundara su organización de beneficencia mientras su reputación estaba recibiendo una paliza. Los ataques por su monopolio de cine y el continuo escándalo por el asesinato de Mascarúa motivaron al público a pensar lo peor. Por el resto de su vida, Jenkins sería golpeado: como norteamericano, como monopolista y como amigo de las fuerzas reaccionarias. Se volvería un símbolo político, un blanco de los izquierdistas indignados por el rumbo que la política había tomado. Sus pasiones hallaban combustible en una política exterior estadounidense beligerante. A medida que la Guerra Fría desarrollaba un nuevo escenario de conflicto en Latinoamérica, Jenkins resultó ser el gringo más visible en México.

Seguía siendo un creador de empresas. En sus últimos 10 años se volvió más prominente que nunca en la banca y estableció una plantación de algodón en Michoacán. Su dominio en la industria cinematográfica siguió fortaleciéndose. Su filantropía suministró salud y educación a miles de personas. Pero la forma en que más destacó Jenkins fue como blanco y herramienta de la gringofobia.

Por más que Jenkins promoviera y participara en el desarrollo industrial, por más que donara a la beneficencia, quedaba una enorme mancha en su registro. Era un evasor serial de impuestos. Todo el mundo lo sabía y, por lo general (salvo su encarcelamiento de 1934 por evasión fiscal en la venta de alcohol), se salía con la suya, gracias a sus relaciones simbióticas. Después de ese encarcelamiento, el tráfico de alcohol continuó. Cuando el Estado limitó el precio minorista del azúcar, Jenkins vendió su producto también en el mercado negro. Entre amigos y familiares era sabido y resabido que hacía lo imposible por evadir al fisco. Algunos esfuerzos tenían en mente al Servicio de Impuestos Internos de Estados Unidos, como su uso habitual de testaferros para tener acciones en las compañías que fundaba. Tan arraigada se volvió esta costumbre que incluso registraba sus autos de segunda mano bajo otros nombres.[2]

Otros esfuerzos incluían declarar menos ingresos, con la ayuda de las ventas en negro, así como engatusar a los agentes de la Secretaría de Hacienda de México. Éstos eran los trucos habituales utilizados por más de un empresario. Los agentes que llegaban a inspeccionar los libros de una compañía eran agasajados con invitaciones para pasear por la ciudad, tomar vino y cenar, pasar un buen rato en algún cabaret y finalmente recibían un sobre lleno de efectivo. Los empresarios mayores como Jenkins por lo general delegaban esas tareas nocturnas a sus hijos y sobrinos. Además, para las 9 p. m. el estadounidense solía estar en la cama con una novela policial.[3]

También había esquemas más elaborados. Los registros de la propiedad sugieren uno: cuando el Grupo Jenkins adquiría salas de cine, las compañías se volvían a registrar en la ciudad de Puebla.[4] ¿Por qué Espinosa y Alarcón se tomarían la molestia, y por qué en Puebla, si ambos ya vivían en México? Seguramente porque ellos y Jenkins tenían relaciones más estrechas con los gobernadores y alcaldes de Puebla que con los peces gordos de los estados donde se encontraban los cines. Cada vez que transferían una compañía a la jurisdicción de Puebla, efectivamente obtenían una exención fiscal.

Las autoridades de Puebla seguían el juego encantadas y condonaban reclamaciones fiscales a Jenkins, ya que para entonces era bien sabido que don Guillermo ocupaba una clase aparte. No pagaba impuestos convencionalmente, pero sí subsidiaba los presupuestos estatales y municipales con donaciones a proyectos específicos. Construía escuelas rurales y apoyaba el Hospital Latino Americano y el Colegio Americano de Puebla. Hacía préstamos y donativos a un montón de obras públicas. Y desde su enorme aportación a la campaña electoral de Maximino fue un pilar del edificio político de los Ávila Camacho.

La utilidad de Jenkins para las autoridades poblanas alcanzó nuevas cotas a partir de 1951, cuando la ciudad y el estado dieron la bienvenida a los dirigentes entrantes: Nicolás Vázquez y Rafael Ávila Camacho. Vázquez era un amigo íntimo de Jenkins, que durante mucho tiempo había sido su notario público. Artífice de su éxito, de orígenes modestos y con un desprecio a la corrupción, Vázquez tomó posesión con la garantía del apoyo de Jenkins. Durante sus tres años como alcalde, su tesorería recibió un subsidio anual de Jenkins de aproximadamente 500 000 pesos, equivalente a 10 por ciento del presupuesto. Esto salió a la luz porque, como parte de su impulso de honestidad, Vázquez tomó la medida inusitada de publicar cuentas anuales en la prensa. Los fondos adicionales financiaron mercados cubiertos, construidos con nuevas normas de higiene, y la ampliación del sistema de agua en los barrios más pobres de la ciudad.[5]

Rafael Ávila Camacho, hermano menor de Maximino y Manuel, usó el apoyo de Jenkins para sus grandes planes en educación. La iniciativa más ambiciosa de escuelas en la historia de Puebla, previó centros educativos desde la primaria hasta la preparatoria para miles en cada una de ocho o nueve ciudades. El gobernador estaba seguro de que podía cumplir su promesa gracias al respaldo financiero de Jenkins.[6] Era un proyecto digno, porque los niveles de alfabetización de Puebla seguían rezagados del promedio nacional y muchos niños recibían poca o ninguna educación formal.

También era un proyecto político. Al igual que sus dos hermanos mayores antes que él, aunque más discretamente, Rafael albergaba aspiraciones presidenciales. De nuevo como ellos, era un general transformado en político, con una mirada hacia la posteridad.[7] Cada vez que se finalizaba un centro educativo se hacía una grandiosa inauguración, a la que asistían dignatarios y que era cubierta por "los muchachos de la prensa". Conforme se abrieron centros educativos por todo el estado, el programa se escalonó para una máxima cobertura. Cada evento se cargaba con todo el simbolismo político que Rafael podía poner encima. En 1952 se anotó un punto personal convenciendo a Miguel Alemán de inaugurar el primero de ellos, en Cholula, al que en un acto flagrante de adulación había dado el nombre del presidente. El siguiente lo inauguró él mismo el Día de la Constitución en el pueblo natal de los Ávila Camacho, Teziutlán. A éste le dio el nombre de su hermano Manuel. A Rafael también le gustaban las inauguraciones de mediados de enero, ya que coincidían con su informe de gobierno. En enero de 1955 programó inauguraciones en días consecutivos en Ciudad Serdán y Matamoros; a la escuela de la segunda ciudad le dio el nombre de Lázaro Cárdenas. Fue nada menos que Cárdenas quien las inauguró. Con eso ya eran tres las lisonjas de Rafael hacia los ex presidentes.[8]

El plato fuerte de Rafael fue el Centro Escolar Niños Héroes de Chapultepec en la ciudad de Puebla, que se inauguró el 15 de enero de 1957. Fue el día de su último informe de gobierno y lo presentó en el auditorio de 4 000 butacas de la escuela, con otras 15 000 personas afuera, que aparentemente escucharon a través de los altavoces. El nombre de la escuela conmemoraba a los seis cadetes que, según la leyenda, se envolvieron en la bandera de México y se lanzaron desde las murallas del Castillo Chapultepec en vez de rendirse al ejército invasor durante la guerra entre México y Estados Unidos. Los periódicos poblanos omitían la ironía de que una tercera parte del costo de un millón de dólares de la escuela corrió por cuenta de un *yanqui*.

Pero dieron una cobertura amplia sobre el campus. Publicaron fotografías aéreas, adularon su capacidad para 6 000 alumnos, y evocaron con lirismo el paisajismo. "Los jardines de las plantas superiores de los edificios son bellos —difundió un reportero— tan bellos que dejan como mal hechos y poco hermosos los Jardines Colgantes de Babilonia, construidos para el halago de los ojos de Semíramis."[9]

Independientemente de la ayuda de Jenkins a la educación patriótica de Puebla, las autoridades federales se movilizaron para meter en cintura al viejo gringo. Como un empresario estadounidense de la época recordaría: "Las autoridades tenían su testículo izquierdo en un tornillo. Sabían que nunca había pagado impuestos y con todos los cines, el alcohol y demás, le debía al gobierno mucho dinero".[10] Una señal temprana de su coacción llegó en 1950, cuando Jenkins donó 100 000 dólares al Instituto Nacional de Cardiología de la Ciudad de México para la incorporación de una cuarta planta. Este hospital era un componente del impulso de modernización del gobierno, pero no era un proyecto que le apasionara a Jenkins. Pese a la amistad de Alemán con Jenkins, su secretario de Hacienda, Ramón Beteta, supuestamente lo presionó para hacer el donativo.[11]

Con Ruiz Cortines, la presión de la Secretaría de Hacienda aumentó. En vez de enfrentar una extensa auditoría, Jenkins replicó con un compromiso: formalizaría e incrementaría su participación en la beneficencia. En lugar de seguir donando fortuitamente y a menudo en secreto, establecería una fundación filantrópica, de cuyos libros se daría fe ante notario y se rendirían cuentas al estado de Puebla. Había estado estudiando la estructura de las grandes fundaciones estadounidenses (particularmente la Fundación Rockefeller) y propuso una institución con un concepto similar.[12]

Como las fundaciones no tenían precedente en México, había que convencer al secretario de Hacienda, Antonio Carrillo Flores. Sobre todo, Jenkins tuvo que persuadirlo de la conveniencia de ceder ante ésta sus compañías y obtener una exención fiscal para ellas. En su petición añadió: "Tengo la intención de aumentar la importancia de esta Fundación transfiriendo otras propiedades y valores a ella y, cuando muera, dejar toda mi fortuna a ésta". Carrillo Flores aceptó la solicitud. Como dotación inicial, Jenkins donó acciones en su compañía inmobiliaria de cines con un valor de 7.2 millones de dólares. Éstas generarían ganancias anuales equivalentes a 650 000 dólares.[13]

En su singularidad el acuerdo se malinterpretó ampliamente. Para varios observadores locales, la fundación era poco más que un paraíso fiscal que ayudaba a Jenkins a aumentar sus utilidades.[14] Estas críticas se olvidaban de lo central: se supone que una fundación debe ganar dinero. Eran precisamente las utilidades libres de impuestos, no la dotación, las que apoyarían las obras de beneficencia, estructura financiera que le permitiría donar indefinidamente y así tener un mayor impacto que un solo donativo grande.

En octubre de 1954 nació la fundación. Que Jenkins le diera el nombre de Mary ocultaba el hecho de que su esposa nunca se acopló a México. Daba a entender la culpa que sentía por haberla dejado vivir en California y morir ahí sola. Pero también reflejaba un acuerdo que habían compartido desde sus primeros años: toda la fortuna que hiciera más allá de las necesidades de la familia se destinaría en última instancia a la beneficencia. Aquí estaba la *noblesse oblige* de la que se habían empapado en la década de 1890 en Estados Unidos, justo después de que el magnate acerero Andrew Carnegie escribiera su famoso ensayo sobre la riqueza, en el que argumentaba que "el hombre que muere con millones de una riqueza disponible, libre y en sus manos lista para distribuirse, muere desgraciado".

A esto se refería Jenkins cuando le escribió a Elizabeth en 1919 y le aconsejó que fuera ahorrativa: "porque ya sabes que no te voy a dejar nada cuando pase a mejor vida".[15]

Elizabeth estuvo muy presente en la mente de Jenkins ese año. Su hija mayor se había alejado de su esposo. Lawrence Higgins había continuado con sus aventuras amorosas y siempre se negó a tener hijos. Se había alejado de su padre también. Él la sacó del negocio del cine cuando vio que la gente se estaba aprovechando de ella y de su alcoholismo. En 1952 Elizabeth se fue de México por última vez. Una noche de mayo de 1954 estaba sola en su casa en Washington y una mezcla de alcohol y somníferos, además de un corazón debilitado por fumar en exceso, la mato en su bañera. Sólo tenía 51 años.

Jenkins nunca habló sobre su muerte. Se convirtió en un tema tabú que permitió que circularan rumores falsos. Uno de ellos sostenía que murió en un accidente de tránsito en Los Ángeles. Durante mucho tiempo tuvo una relación irritable con ella. Ella tenía un carácter fuerte y le gustaba retarlo. En la conservadora ciudad de Puebla se convirtió en una "mujer con una reputación". Pero él había albergado un sentimiento especial por Elizabeth. Fue su primogénita y la única de sus hijas a la que confió uno de sus negocios. Sin embargo, ¿la había abandonado? Su muerte prematura sin duda fortaleció su determinación para aumentar su compromiso con la caridad.[16]

La muerte de Elizabeth vetó la posibilidad de que una mujer fuera integrante del patronato de la fundación, ya que sus demás hijas nunca fueron candidatas. Por lo general, Jenkins tenía la idea de que las mujeres con acceso a dinero eran propensas a que las timaran. En cuanto a sus yernos, tenía un bajo concepto de Higgins, a quien no consideraba de fiar, y su empresa conjunta como distribuidor nacional de automóviles Studebaker había fracasado el año anterior. Ronnie Eustace estaba aprendiendo cómo funcionaban las cosas en México, pero todavía tenía que demostrar un don para los negocios. Jenkins apenas había empezado a conocer al nuevo marido de Margaret (su cuarto), un ingeniero llamado Tom Poole. Le encontró trabajo en la Carretera Panamericana como gerente de construcción.[17]

Sus dos hijas menores se habían quedado en Los Ángeles. Ambas se habían casado con hombres encantadores y apuestos, a los que habían conocido en las fiestas que sus hermanas mayores daban en la casa de la familia en Beverly Hills. Mary, la más bonita de las hijas, había firmado un contrato como actriz con Twentieth Century-Fox, pero su carrera no fue a ninguna parte. Se enamoró de un divertido ex publicista hollywoodense que se hacía llamar Robert William (de hecho, era judío ruso), que en un momento de franqueza le confió a su hermana Tita que quería encontrar a "una buena muchacha con dinero". Tras realizar esta meta con Mary (para la cual, a insistencia de Jenkins, se convirtió en cristiano), Robert compró una fábrica de pasta. Jenkins le suministró el capital necesario. La compañía resultaría ser un éxito, pero Robert nunca mostró interés por México.[18]

El marido de Tita, en cambio, tenía movilidad profesional y sí conocía un poco México. Pero se descalificó de cualquier puesto que requiriera integridad cuando tramó un asalto a una joyería, por el que pasó una temporada en la prisión de San Quentin.[19]

Este vividor alto y musculoso, que se bautizó a sí mismo como Robert Lord III (de hecho, era un huérfano griego), había conocido a Tita cuando ella tenía 19 años. Tita quedó fascinada por su buen aspecto bronceado y su labia, aunque no parecía tener un trabajo de tiempo completo. Cuando su padre se enteró de su compromiso, mandó investigar a Lord. En su siguiente visita a Los Ángeles, Jenkins le leyó los resultados y le aconsejó que volviera con él a Puebla. Al darse cuenta de que ella no seguiría sus deseos, se fue sin despedirse. Dolida y obstinada, Tita se empecinó aún más a casarse con él. Solamente entonces se dio cuenta de que el informe estaba en lo correcto: Lord era un gigoló de Hollywood. La primera noche en su nueva casa, salió a atender a una mujer mayor. Mientras Lord se dedicaba a esto, Tita sintió que no podía hacer mucho. Estaba cautiva y Robert podía ser violento. En una de sus peleas, él le rompió el pie. Durante el día solía recostarse en el sillón como un Gatsby de pacotilla, escuchaba música clásica y mejoraba su conversación leyendo la *Encyclopedia Britannica*.

Después de siete años de matrimonio, Lord ideó un plan con varios socios para robar y vender joyas con un valor de 600 000 dólares. Con esto financiarían una expedición en el norte de México, donde había escuchado sobre un tesoro de oro yaqui enterrado, que decían que valía dos millones de dólares. Planeaban pasarlo de contrabando a Estados Unidos en un bombardero excedente de la fuerza aérea y se abastecerían de por vida con las ganancias. Lord también habló de un plan B para enriquecerse rápidamente: ¡secuestrar a Jenkins para obtener un rescate! Eternamente fiel, Tita pospuso su petición de divorcio mientras Lord estaba tras las rejas en San Quentin, para no perjudicar sus posibilidades de obtener la libertad condicional.

Las malas elecciones que la mayor parte de las hijas de Jenkins harían en cuanto a sus matrimonios hablaban de una falta de atención por parte de sus padres y una incapacidad para reconocer a un cazafortunas. Quizá Jenkins observaba sus calamidades con un sentimiento sombrío de lo acertado de su idea sobre las mujeres con acceso a dinero. Pero nunca admitió que el problema era en gran parte su responsabilidad. En su lugar le echaba la culpa a su difunta esposa. Varios años más tarde, después de que su hija Mary pusiera su matrimonio bajo presión a través de su despilfarro indulgente, Jenkins le escribió al marido de ella: "El hecho de que nuestras hijas se hayan criado sin ningún control revela el fracaso más escandaloso de las responsabilidades de una madre para con sus hijas".[20]

Como directores de su fundación, Jenkins optó por los hombres en los que creía que podía confiar más y que, cuando ya no estuviera, proseguirían sus prioridades. Eligió a Manuel Espinosa Yglesias, su viejo amigo Sergio Guzmán, su secretario particular y eterno prestanombres Manuel Cabañas y Felipe García Eguiño, un colega de la industria azucarera. Exponiendo su veta sentimentaloide de los últimos años, Jenkins también nombró a su nieto de 23 años, Bill.[21]

El que brilló por su ausencia fue Gabriel Alarcón, que entonces mantenía un perfil bajo tras el asesinato de Mascarúa. Jenkins nunca expresó una opinión sobre el incidente, pero sus acciones hablaron por sí mismas. Durante muchos años los dos se vieron muy poco. Las invitaciones a Acapulco se agotaron. Siguieron siendo socios en las empresas existentes, pero las compañías que Alarcón fundó después no tenían ningún indicio de Jenkins o sus testaferros en los documentos de registro. En su lugar, encontró socios en la Ciudad de México o entre los poblanos más jóvenes. Alarcón estaba muy resentido con la negativa de Jenkins a apoyarlo o utilizar sus influencias para sacarlo del apuro. Al explicarle el distanciamiento a su esposa, le dijo despreocupadamente que Jenkins envidiaba su éxito y por eso había tramado el asesinato de Mascarúa y lo había incriminado a él.[22]

La fundación pronto hizo sentir su presencia local. Mientras ayudaba a pagar el centro escolar emblemático, gastó 240 000 dólares en un nuevo edificio para el hospital de la Cruz Roja de Puebla. Siguió un donativo de 150 000 dólares para un hospital en Izúcar de Matamoros. Una vez abierto en 1960, proporcionaría tratamiento gratuito a los cañeros de la cooperativa de Atencingo. Un proyecto más complejo, que tardó siete años, fue un segundo Club Alpha sin fines de lucro, que atendía a clientes de la clase media y que incluía una alberca olímpica. Abrió sus puertas en 1962 después de una inversión de casi un millón de dólares. Otra meta a largo plazo, la más ambiciosa de la carrera caritativa de Jenkins, era un hospital oncológico reconocido internacionalmente.[23]

Pese a sus varios actos de generosidad, o incluso debido a ellos, algunas personas dudaron de los motivos de Jenkins. Además de reclamar que la fundación servía para evadir impuestos, alegaron un objetivo igualmente egoísta: este infame explotador de obreros y campesinos, amigo de tiranos y creador de monopolios estaba tratando de limpiar su imagen. Esta idea probablemente dice más sobre la ideología de los que la difundía.[24] Creyéndose difamado por la prensa como nunca desde su secuestro, Jenkins había adoptado desde hacía mucho la máxima del duque de Wellington: "¡Publica y maldito seas!" Cuando los medios lo injuriaron permaneció silencioso. Juan Posada Noriega, un periodista que hizo carrera adulando a los poderosos, una vez le envió su trabajo más reciente, que se refería a él con términos elogiosos. Jenkins le respondió que no le causaba satisfacción: "Durante muchos años ha sido mi costumbre no buscar publicidad de ninguna forma y mucho menos para defenderme de los constantes ataques de los que he sido blanco por más de veinte años". Añadió: "Naturalmente no puedo distribuir copias de su libro como le gustaría, ya que todo el mundo diría que lo hago porque me menciona en él".[25]

A principios de los años treinta, Jenkins asistió a una u otra inauguración de las escuelas que fundó, pero después se mantuvo al margen. Sus administradores, sus hijas y más adelante los directores de su fundación tomaron su lugar.[26] Su reticencia nunca fue más evidente que cuando dos presidentes fueron a Puebla a inaugurar el fruto de su filantropía, porque a Jenkins tampoco le atraería. Cuando Ruiz Cortines llegó en 1957 a inaugurar un anexo en el Hospital de la Cruz Roja, quienes le dieron la bienvenida fueron un trío de directores de la fundación; la prensa se tuvo que limitar a decir que el edificio había sido donado por "un señor adinerado". Cuando López Mateos llegó en 1960 a reinaugurar el Teatro Principal del siglo XVIII, cuya restauración financió en dos terceras partes la fundación, Jenkins se volvió a quedar en casa y nombró a su secretario Cabañas para asistir en su lugar.[27]

Si la Fundación Mary Street Jenkins tenía un propósito secundario, no era como estratagema de especulación ni como maquinaria de relaciones públicas, sino como mecanismo político aliado al PRI. Era un cofre del que los gobernadores y alcaldes de Puebla podían echar mano (una vez que convencían a Jenkins del valor de sus proyectos) como ayuda para cumplir sus promesas de campaña y fortalecer su reputación. En la misma línea, la fundación reforzó la mano de Jenkins en la selección de candidatos. Había una creencia amplia de que tanto Nicolás Vázquez (1951-1954) como Rafael Artasánchez (1957-1960) se habían convertido en los candidatos favoritos del PRI para presidente municipal gracias al respaldo de Jenkins. Algunos los calificaron de "imposiciones" de Jenkins y alegaron que los gobernadores los eligieron sólo porque él prometió subsidiar sus administraciones. Pero incluso aquí la filantropía triunfó sobre la política: la principal preocupación de Jenkins era el progreso de Puebla, no la perpetuación de un partido bien implantado. Juzgaba a los candidatos no por su devoción al PRI, sino por su competencia y aversión a la corrupción.[28]

Había límites al poder de Jenkins. Aunque aún hacía donativos de campaña a los gobernadores potenciales, no los nombraba. En 1956 un sindicato acusó a Jenkins de conspirar para controlar Puebla endosando a su "testaferro", Rómulo O'Farrill. Pero Rafael Ávila Camacho optó por imponer a su sucesor, el burócrata gris Fausto Ortega, a quien sentía que podía controlar mejor.[29] Tampoco, después de 1940, Jenkins pudo volver a tener influencia en la sucesión presidencial. Aunque habría sido conveniente ver a su amigo conservador Rafael volverse presidente, en noviembre de 1957 fue López Mateos, el secretario de Trabajo ideológicamente flexible, el elegido de Ruiz Cortines para ser candidato del PRI.

La política de la banca

La lealtad de Jenkins al partido le ayudaría mucho cuando se quedó a cargo del segundo banco más grande de México.[30] El Banco de Comercio, hoy BBVA Bancomer, era la creación de Salvador Ugarte, un comerciante de Guadalajara que con varios socios creó el banco de la nada en 1932. En una proeza sin parangón en el sector financiero posrevolucionario, Ugarte desarrolló su negocio para que rebasara a instituciones tan venerables como el Banco de Londres y de México, fundado en 1864.³¹ A mediados de los años cincuenta, tenía 18 por ciento de los depósitos mexicanos. Sólo el Banco Nacional de México (hoy Banamex) era más grande, con 30 por ciento.

Tres poderosos financieros que se unieron a Ugarte para formar el Grupo BUDA (acrónimo de sus apellidos) respaldaban al Banco de Comercio. Éstos eran el magnate de la industria de plata, Raúl Baillères, uno de los hombres más ricos de México, el propio Ugarte, el presidente del banco, Augusto Domínguez, que tenía otro banco aparte, y Ernesto Amescua, un magnate de seguros. Colectivamente, el cuarteto BUDA se había acostumbrado a trabajar con el Estado para moldear la política financiera. Por riqueza, Jenkins estaba en la misma liguilla elevada que estos hombres; por reputación, se quedaba más bien corto. Así es que fue una sorpresa para toda la élite financiera cuando Jenkins, junto con su astuto teniente, Espinosa Yglesias, emergió en 1954 como el propietario mayoritario del banco. La maniobra ha sido calificada como "el primer *takeover* hostil de gran escala en México".³²

Aunque la compra fue repentina, se basó en años de acumulación de acciones y tuvo lugar con no poco sigilo. Jenkins primero adquirió una participación en 1942, cuando el banco negoció acciones para su posición mayoritaria en su filial de Puebla. En 1945, incrementó su posición cuando un cliente clave, Nacional de Drogas, sufrió una caída de ingresos en la posguerra en un momento en el que el mercado farmacéutico se vio inundado con productos competidores. Como su solvencia se vio amenazada, el banco emitió acciones para recaudar capital y Jenkins compró grandes cantidades. Compró más acciones de las familias de los dos fundadores cuando los conflictos de sucesión ocasionaron su venta. Los incrementos posteriores de capital realizados por el banco, para financiar su expansión mientras intentaba recuperar terreno frente a Banamex, permitieron a Jenkins hacer aún más compras. No se sabe cuán consciente estaba la junta de todos estos movimientos; por lo general, Jenkins compraba a través de terceros.

Para 1950 Jenkins era el accionista más grande, dueño de 41 por ciento, y colocó a Espinosa en la junta para representarlo. Los demás directores del banco se reconciliaron con la presencia de este intruso. No se consideraron amenazados porque la Ley de Inversión Extranjera prohibía el control extranjero de los bancos y porque Jenkins, al nombrar a Espinosa como su portavoz, se adhirió a un pacto de caballeros en el que ningún accionista buscaría la mayoría. No contaban con las maquinaciones de Espinosa. Para 1954 el pequeño pero ambicioso poblano estaba contemplando prados más verdes que la taquilla, donde las utilidades estaban bajando debido a los precios máximos. Tal como había hecho 10 años antes, cuando con el olfato de experto rastreó una participación en el Banco Cinematográfico que le daría a Jenkins el control de la cadena cotsa, Espinosa buscó un eslabón débil entre los principales accionistas del banco. Esta vez, actuó a espaldas de Jenkins.

Espinosa se decidió por Manuel Senderos, que había heredado una participación de 10 por ciento, suficiente para darle a Jenkins el control total. Espinosa le arrebató la participación a través del cálculo, la buena suerte y la astucia. Le ofreció a Senderos una prima, 9.5 millones de pesos por una participación que valía menos de ocho millones y lo hizo justo cuando Senderos le estaba dando prioridad a otras empresas. Además, Espinosa le dijo que el comprador era la nueva fundación de Jenkins, que estaba buscando inversiones para su dotación. Resultó que las acciones efectivamente ingresaron a sus libros, pero como Jenkins controlaba la beneficencia también, asumió los derechos de voto de todas las acciones que le pertenecían. La compra, realizada en marzo de 1954, puso al segundo banco de México en manos de un estadounidense.[33]

Si bien Espinosa estaba eufórico ("pocas veces en mi vida he estado tan feliz", escribiría en sus memorias), Jenkins sin duda no lo estaba. Su socio de 16 años había efectuado furtivamente un trato que lo puso, como extranjero, en una posición de control ilegal. Jenkins tenía una historia de saltarse leyes, pero nada tan audaz como ser el dueño de un banco destacado a nivel nacional. Tras la avalancha de críticas de la prensa de 1953, lo último que necesitaba Jenkins era ser el blanco de otra embestida nacionalista. Espinosa no lo admitió en sus memorias, pero forzó la mano de su socio: Jenkins tendría que renunciar a sus derechos de propiedad, pero el potencial lucrativo del banco significaba que seguramente preferiría mantenerlo en su esfera de influencia. Inevitablemente le tocaría a Espinosa asumir su control titular.

Espinosa dirigiría el Banco de Comercio como un imperio personal durante 28 años. Sin embargo, por el momento, dependía de Jenkins. Aún no tenía el capital para comprar 51 por ciento que correspondía a Jenkins, que presumiblemente valía cuatro millones de dólares.[34] Cambió sus acciones en la compañía hermana de cotsa, que tenía los edificios de los cines, por algunas de las acciones de Jenkins en el banco, pero eso aún dejó una gran parte en manos del norteamericano y su fundación. Para 1961 Espinosa aún le debía a Jenkins más de dos millones de dólares. Entretanto al público le parecía que Espinosa era el nuevo dueño/director del banco (se impuso como presidente y director general en marzo de 1955), mientras que entre las élites los rumores apuntaban a Jenkins.

Algún tiempo después de la compra, mientras estaba de vacaciones en Acapulco, el ahijado adolescente de Jenkins, Luisito Artasánchez, escuchó a un huésped preguntar a su anfitrión sin rodeos, ¿era cierto que Espinosa Yglesias era el dueño del Banco de Comercio? Jenkins se quedó callado un rato, contemplando su tablero de ajedrez. "Sí, es cierto —dijo finalmente—, pero yo soy dueño de Espinosa Yglesias."[35]

Pese a todos sus esfuerzos por ocultar la propiedad del banco, era de sobra sabido que Espinosa y Jenkins eran socios, y la percepción de la comunidad empresarial era que Espinosa solía cubrir al estadounidense. ¿Entonces cómo se salieron con la suya ambos hombres con la adquisición? Más aún, ¿cómo le hicieron cuando la mayor parte del Grupo BUDA y sus aliados del consejo estaban militando en contra de ésta? Una vez fungiendo como presidente y director general, Espinosa fue atacado repetidas veces desde dentro. Baillères, antes el inversionista único más grande del banco, estaba furioso de que la participación mayoritaria y el poder ejecutivo estuvieran concentrados en una sola persona. El éxito del banco siempre se había debido al delicado equilibrio, en el que todos los fundadores rendían cuentas unos a otros y las operaciones cotidianas eran dirigidas por un director general independiente, Aníbal de Iturbide. El supuesto de control casi dictatorial de Espinosa fue un tremendo retroceso para la gobernanza corporativa. Peor aún, ni siquiera era banquero, ¡sino un trepador del negocio del cine! Al principio Baillères intentó forzar a Espinosa a renunciar a su dirección ejecutiva y vender sus acciones, amenazándolo con la salida masiva de la mayoría de los integrantes del consejo, medida que provocaría que los clientes importantes abandonaran el banco. Un director más desapasionado, en busca de un compromiso, obtuvo una amenaza colectiva de dimisión que sólo insistió en que Espinosa renunciara a su puesto ejecutivo. Respaldado por Jenkins, Espinosa aún se negó a moverse.

En el verano de 1955 volvieron a subir las tensiones. Iturbide aprobó una compra multimillonaria de bonos de la compañía de celulosa de un miembro del consejo, Carlos Trouyet, sin consultar a Espinosa; esto lo llevó a solicitar la renuncia de Iturbide. Fue la magnitud de la suma, no el préstamo interno (una costumbre habitual), lo que molestó a Espinosa. Iturbide renunció y también Trouyet. "La renuncia de Aníbal de Iturbide crea al Banco de Comercio un serio problema", alardeó un titular en el izquierdista *El Popular*; el artículo alegaba que muchos clientes retiraron sus depósitos.[36] Un éxodo era comprensible, ya que Iturbide era presidente de la Asociación de Banqueros de México y Trouyet, un magnate industrial multimillonario de gran reputación.

Una tercera crisis explotó en 1956. Al buscar convertir el Banco de Comercio en una institución financiera polifacética, Espinosa quería que Baillères y Senderos le vendieran el banco de inversión y la compañía de seguros que poseían respectivamente. Al mismo tiempo, las tensiones estaban empeorando entre el director general y los directores de criterio más independiente, ya que Espinosa ladraba órdenes y amenazaba sus intereses empresariales. Se enfrentó a una ola de renuncias: diez miembros del consejo renunciaron y algunos de ellos aceptaron la invitación de Iturbide y Trouyet de unirse a un banco rival.

El Popular le pegó duro. "Los métodos gansteriles que por muchos años han sido bandera del grupo formado por el multimillonario William O. Jenkins han invadido al importante círculo de la banca privada", declaró. Gracias a la "fuerza bruta" de Jenkins, Espinosa y Alarcón el Banco de Comercio ya había perdido su "alma", Aníbal de Iturbide. Ahora estaba viendo la salida de Baillères, Domínguez y Amescua, que ponía en peligro las cuentas de sus clientes, sembraba duda en el público y amenazaba la economía del país. El secretario de Hacienda bien podría intervenir, porque el desarrollo de México no debía ponerse en riesgo por culpa de Jenkins, "que emplea el sistema del tristemente famoso Al Capone".[37]

El secretario de Hacienda intervino de hecho, pero no de la manera en que el periódico recomendaba. Tras bambalinas, Antonio Carrillo Flores había estado dando a Espinosa sus garantías y, cuando la mayor parte del Grupo BUDA y sus aliados renunciaron, recomendó a hombres de buena reputación para remplazarlos. Entre ellos estaba Juan Sánchez-Navarro, un alto ejecutivo en la cervecería Modelo (los productores de Corona) y más adelante un gran ideólogo del sector privado. Según Espinosa, Carrillo Flores y otros secretarios expresaron su confianza en su liderazgo, en parte porque Ugarte siguió siendo presidente.[38] Estos secretarios de estado se reivindicarían, ya que Espinosa dirigiría el banco hacia nuevos niveles de utilidad y cuota de mercado. Pero había mucho más en la complicidad del Estado.

El Grupo BUDA estaba formado por miembros activos del partido de oposición: Acción Nacional (PAN). El PAN exigía una senda de desarrollo mucho más inclinada al libre mercado que el modelo centrado en el Estado aplicado por el PRI, que tras nacionalizar el sector petrolero y los ferrocarriles estaba echando el ojo a otras industrias estratégicas. El PAN también estaba aliado con la Iglesia católica. Cuando la política gubernamental viró a la izquierda, BUDA y sus aliados la criticaron. Todo esto es de sobra conocido.[39]

Lo que no es conocido es el grado de preocupación del PRI sobre el poder de BUDA. En 1949, Alemán le había encargado a su Dirección Federal de Seguridad (DFS) que los espiara. En un lenguaje que reflejaba los temores estatales sobre un PAN renaciente (que prácticamente había influenciado la elección de 1940 al respaldar a la oposición), los agentes de la DFS concluyeron que el cuarteto BUDA no sólo sostenía al partido financieramente, sino que estaba preparando una campaña antigubernamental. Había colocado a los partidarios en la cabeza de la Comisión Nacional Bancaria y diversas asociaciones comerciales. Éstos estaban usando ahora sus redes de miembros para distribuir propaganda del PAN y construir un aparato para conseguir votos. El Banco de Comercio, en particular, estaba empleando su red de afiliados como "tentáculos" del partido y comprando compañías cuyos empleados podían moldearse como partidarios del PAN.[40]

Dados esos antecedentes, la voluntad de Ruiz Cortines y Carrillo Flores de permitir que un estadounidense polémico y su socio arribista comprara el segundo banco del país tiene mucho más sentido, ya que Jenkins y Espinosa eran partidarios del PRI. Una vez más la nueva forma de simbiosis estaba en juego, percibida por sus jugadores como imperativa, pero de hecho era una cuestión de conveniencia: para conservar su monopolio político, el PRI necesitaba contener la esfera de influencia del PAN, mientras que Jenkins necesitaba que el Estado hiciera la vista gorda a las restricciones impuestas a la propiedad extranjera y aprobara una compra a la que sus rivales poderosos se oponían rotundamente. Éste no era un pequeño favor dada la creciente percepción de que, pese a la visibilidad de Espinosa, Jenkins era el poder detrás del banco.[41]

Décadas después, al entrevistar a Carrillo Flores para un libro sobre su padre, la hija mayor de Espinosa le preguntó sobre la adquisición del Banco de Comercio. El ex secretario de Hacienda le dijo que Baillères y otros accionistas importantes habían intentado convencerlo de detener el *takeover*, con el argumento de que Espinosa era sólo un operador de salas de cine y no sabía nada sobre la banca. Pero el secretario los rechazó por sus vínculos con el PAN.[42]

Bill y Mary vuelven a México

William Anstead Jenkins, conocido en la familia como Bill, estaba muy enamorado de su novia Chacha de 18 años. Se habían conocido un año antes, poco después de que Bill volviera a México de su servicio con los Marines y entrara al negocio de los seguros con Espinosa. Educado en Dartmouth, creció como un joven de buen trato y sus perspectivas eran buenas. Chacha era delgada, hermosa, enérgica y leal. Hablaba un inglés excelente, después de haber pasado dos años en un internado en Inglaterra, pero no se daba aires. Nada de esto obstó para que su boda, celebrada en junio de 1958, brillara con simbolismo social.[43]

Pese al protestantismo de la familia de Bill, la boda se celebró en la Catedral de la Ciudad de México. La misa la ofició el propio arzobispo, el excelentísimo y reverendísimo Miguel Darío Miranda y Gómez. Estuvieron presentes los capitanes de la industria nacional, entre ellos, Aarón Sáenz, Emilio Azcárraga, Salvador Ugarte y Juan Sánchez-Navarro; la crema de la élite empresarial poblana, incluidos Espinosa, Alarcón y O'Farrill; y una mezcla de nombres evocadores de la antigua jerarquía porfirista, derrocada medio siglo antes: De Landa, De Mier, Casasús, Limantour.

Luego estaba el asunto de la extracción social de la novia. La joven Chacha, cuyo nombre completo era Elodia Sofía de Landa Irízar, era nieta de Guillermo de Landa y Escandón, alcalde de la capital durante el régimen de Porfirio Díaz y, según algunos, el mexicano más rico de su época. El reportero de sociales en *El Universal*, tal vez olvidándose de que había habido una revolución, anunció a la novia como una integrante de "la aristocracia mexicana". El reportaje de la boda, la lista de invitados y las fotografías dominaron la sección de sociales del lunes.

William Jenkins desde hacía tiempo tenía relaciones estrechas con los prelados de Puebla, pero convencer al arzobispo de la Ciudad de México de que oficiara la ceremonia de la boda de su nieto significó obtener un sello final en su aceptación social. (El hecho de que, dos años antes, su fundación hubiera empezado a hacer donativos para la restauración de la catedral pudo haber tenido algo que ver con esto.[44]) Puede que parezca que hay una contradicción aquí, dado el desprecio de Jenkins por las relaciones públicas, pero lo que buscaba no era buena prensa, sino más bien otra confirmación de que una élite que alguna vez lo rechazó ahora se congratulaba por su compañía (y la de su hijo adoptivo). De manera similar, debió parecerle divertido el hecho de que Bill se casara con una De Landa, sobre todo porque casi toda la fortuna de esa familia se había evaporado. Al estallar la Revolución, Guillermo de Landa acompañó a Porfirio Díaz en el exilio en París. Para 1958, la madre viuda de Chacha tenía tan poco capital que no hubo un banquete privado después de la boda. A Jenkins no le gustaban las fiestas grandes, por lo que la familia y los invitados cenaron en un restaurante.

En los años veinte y treinta, muchos oficiales revolucionarios se habían casado con hijas de las élites porfiristas que atravesaban malas rachas. Para los hombres incultos de orígenes provincianos era una manera de adquirir distinción pública y aprender buenos modales, mientras que sus esposas se podían beneficiar del talento de estos luchadores para convertir el poder en riqueza. Había ecos de este intercambio en la boda Jenkins-De Landa, excepto que Bill, educado en la Liga Ivy, necesitaba poco refinamiento. Pero la unión sí sirvió como un recordatorio del nuevo orden social, un orden posrevolucionario tan alejado de la guerra que lo había impuesto que un magnate estadounidense odiado por la izquierda podía tener incidencia en el corazón espiritual del país y recibir enhorabuenas por ello en la prensa.

Entre los invitados de esa noche estaban dos norteamericanos con aspecto atlético que se habían hecho amigos de Jenkins unos años antes:

Rex Applegate y Phil Roettinger.[45] Habían establecido una concesionaria de armas, Armamex, y Jenkins les ayudó con el capital inicial, o eso supuso el joven Bill. De vez en cuando visitaban a Jenkins en Puebla. Bill no estaba en esas reuniones, pero entabló amistad con Roettinger, un compañero ex *marine*. Roettinger le vendió varias armas a lo largo de los años y después le ofreció sus servicios como fotógrafo de la boda de Bill y Chacha.

Cuarenta y cuatro años más tarde, Bill encontraría el obituario de Roettinger y lo que leyó provocó que derramara su café del desayuno. Roettinger era de la CIA. O al menos lo había sido, hasta que un cargo de conciencia lo llevó a renunciar en 1964. Había ayudado con el golpe orquestado por Estados Unidos en contra de Arbenz de Guatemala y, durante los siguientes 10 años, se entrometió en la política mexicana. "Me di cuenta de que no estábamos luchando contra el comunismo para nada, estábamos luchando contra el pueblo", admitió más adelante.

Applegate también había sido agente de la CIA. Lo enviaron a la Ciudad de México después de la Segunda Guerra Mundial, donde ayudó a capacitar a la Dirección Federal de Seguridad. Entre otras cosas, Applegate era experto en combate cuerpo a cuerpo y control de multitudes en situaciones de disturbios. Había escrito un manual de entrenamiento elogiado: *Kill or Get Killed (Matar o morir)*. Armamex era parte de la tapadera de Applegate y Roettinger. La compañía aún había solicitado, y recibido, una exención fiscal de industria incipiente.

¿Eran aquellas reuniones en Puebla estrictamente empresariales o acaso Jenkins ponía al corriente a estos hombres sobre las actividades de la izquierda local? Como la CIA no confirma ni desmiente que tenga un archivo sobre Jenkins, uno sólo puede especular. Pero los antecedentes sugieren que Jenkins cooperó en la Guerra Fría.

En el verano de 1954, el Instituto de Amistad e Intercambio Cultural México-URSS planeó un festival de cine soviético en la Ciudad de México. Reservó varias películas en cines operados por Oscar y Samuel Granat. Pero los hermanos Granat pronto se dieron cuenta de que los arrendamientos de sus cines se habían rescindido, que la propiedad de los edificios había cambiado de dueño y que la serie de películas rusas se había cancelado. Cuando la Embajada de Estados Unidos escuchó por ahí del festival, se puso en contacto con Jenkins y le pidió que lo saboteara. Alarcón y Espinosa después compraron las respectivas propiedades inmobiliarias, lo que les permitió dictar cuál sería su uso.[46]

Cuatro meses después de la boda de Bill, Jenkins llegó con varios viejos amigos a la notaría núm. 13 de Puebla, donde serían testigos de su testamento.[47] Siempre había dicho que regalaría su fortuna. Había prometido hacerlo en la primera versión de su testamento, elaborada con Mary en 1937. Ahora añadiría varias cláusulas y lo haría oficial.

Jenkins expuso su identidad: era conocido como Guillermo Jenkins y era agricultor y viudo. Originalmente de Shelbyville en Tennessee, era residente de México desde el 12 de diciembre de 1901. Era inmigrante, estaba inscrito en el Registro Nacional de Extranjeros (es decir, aún era ciudadano estadounidense). Era padre de cinco hijas, la mayor ya finada, y padre adoptivo de un hijo a quien legalmente consideraba propio. Después explicó con detalle su lógica:

> Declara el señor testador: que siempre ha tenido la firme convicción de que en bien de sus hijos, los padres no deben dejarles grandes fortunas como herencia, sino más bien enseñarlos y ayudarlos a trabajar para que ellos mismos ganen lo que necesitan, teniendo la creencia el propio señor testador, que nadie, con capacidad para trabajar, debe gastar dinero que no haya ganado por su propio esfuerzo, y siguiendo este principio manifiesta que no es su voluntad dejar a sus hijos riquezas ni fortunas sino más bien ayudarlos a trabajar para que puedan hacer su porvenir con su propio esfuerzo [...]

Después esbozó la ayuda que había brindado hasta el momento. Había comprado una casa para Margaret en la Ciudad de México y estaba ayudando a su esposo Tom Poole con un negocio de construcción. Al marido de Jane, Ronnie, le estaba ayudando a montar una fábrica de hilo y le había prestado varios millones de pesos con un interés de seis por ciento, que era una tasa preferencial. (La fábrica, Hilos Superfinos, era una de las compañías textiles de la posguerra más grandes de Puebla y representaba un compromiso excepcional de Jenkins con la innovación en el sector durante la última etapa de su carrera.[48]) A su hijo adoptivo, Bill, y al marido de Mary, Robert William, les había hecho préstamos en los mismos términos para ayudarlos a lanzar compañías de servicios financieros y una fábrica de pasta, respectivamente. Por último, había invitado a Tita y su nuevo esposo a Puebla para que pusieran un negocio ahí, pero rechazaron su oferta y volvieron a Los Ángeles; "por lo que el testador no piensa ya en ayudarlos en que establezcan su propio negocio".

Jenkins apuntó que ya había donado grandes sumas a la Fundación Mary Street Jenkins y que era su deseo donar el resto. No lo dijo, pero era un proceso lento porque gran parte de lo que poseía estaba bajo nombres de otras personas o comprometido en empresas conjuntas, lo que implicaba encontrar compradores. En caso de morir antes de que la transferencia de bienes estuviera completa, por la presente designaba a la fundación como la "única y universal heredera de todos sus bienes, derechos y acciones".

Seguían varias exclusiones: fracciones pequeñas de su riqueza que la fundación debía mantener para otros propósitos. Su personal doméstico debía recibir una pensión de por vida para que no tuvieran que trabajar otra vez, con todos los gastos médicos cubiertos. La fundación debía financiar la educación de sus nietos, incluidos los gastos de alojamiento y comida, así como viajes dos veces al año en caso de estudiar en el extranjero. Estableció un apoyo mensual, de no más de mil dólares, para cualquiera de sus hijos si tropezaba con una mala racha, y añadió que sus facturas médicas se pagarían. También deseaba conservar su residencia familiar en Tennessee, que su abuelo el reverendo Jenkins había construido, la iglesia luterana a la que había asistido cuando niño, y el cementerio junto a ésta, donde sus ancestros estaban enterrados. Era el testamento de un patriarca, consciente de sus deudas con el pasado y sus obligaciones en el futuro.

Había otra disposición que necesitaba acción inmediata: Jenkins le encargó a la fundación que trajera a casa a su esposa. Los restos de Mary Street Jenkins debían traerse desde Los Ángeles "para enterrarlos en esta Ciudad de Puebla, junto con los del testador, ya que es su deseo que queden unidos [...] donde vivieron ambos esposos y trabajaron por tantos años".

Y así, un cuarto de siglo después de su partida, Mary volvió a México.[49] Su ataúd fue desenterrado del sitio que ella había elegido en Forest Lawn y Jenkins contrató un avión para transportarlo a Puebla, donde había comprado un gran terreno privado en el Panteón Francés.

Jane estaba furiosa, pues quería que su madre se quedara en Estados Unidos. Sabía que Mary no había compartido el amor de William por México y estaba resentida con él por no volver para estar con ella. A Jenkins no le importaba lo que Jane pensara; siempre le pareció muy testaruda. El día designado, toda la familia en México lo alcanzó en el aeropuerto para la llegada de Mary. Para la vergüenza de todos, el ataúd se abrió cuando fue descendido del avión y mientras pasaba cerca de la familia reunida hubo un olor terrible. Jenkins ya estaba llorando. Nadie dijo una palabra.

Después del nuevo entierro, la familia se reunió en el gran departamento del centro para tomar un refrigerio. Jenkins se esfumó. La hija de Jane, Rosemary, entonces de 14 años, lo encontró en su habitación. De nuevo estaba llorando. Rosemary se sentó junto a él sobre la cama y tomó su mano entre las suyas.

"Cometí un enorme error —suspiró él—. Debí haber estado con ella."

A partir de ahí, Jenkins modificó su rutina de las tardes. En vez de ir directamente al Club Alpha, donde seguía nadando y jugando tenis, hacía una parada en el cementerio. Sentado en una banca junto a la tumba de Mary le leía, elegía los poemas y los fragmentos de sus novelas favoritas. Nunca faltaba, ni siquiera cuando llovía.

La gringofobia y el alma del PRI

Cuando Adolfo López Mateos se volvió presidente en 1958, heredó una economía en desaceleración y un movimiento laboral agitado. También entró en un clima de Guerra Fría a punto de hacerse más tempestuoso, ya que los rebeldes de Castro habían capturado gran parte de Cuba y La Habana estaba a punto de caer.[50] Zarandeado por las circunstancias, osciló con sus políticas. Primero se enfrentó a la protesta con mano férrea: reprimió a los trabajadores ferroviarios en huelga y encarceló a sus líderes. Después mostró simpatía por los pobres, con un mayor gasto social y redistribución de tierras. A diferencia de los demás líderes latinoamericanos, se negó a romper vínculos con Cuba después de que Castro declaró su revolución comunista en 1961. Pero mantuvo relaciones cordiales con Estados Unidos, cauteloso de no obstaculizar la inversión. Recibió tanto al presidente

Kennedy como al presidente de Cuba, Osvaldo Dorticós, en México. Si hubo coherencia en la gestión de López Mateos fue menos conservadurismo o socialismo que un nacionalismo profundamente retórico.

Las contradicciones en política y la prevalencia de oratoria formaban parte de un acto de equilibrismo delicado, ya que la época estaba igualmente tensa con tormentas en el interior. La derecha pro Alemán y la izquierda pro Cárdenas del PRI luchaban por el alma del partido. El forcejeo invadió las calles cuando una creciente población estudiantil tomó partido. También la élite empresarial, la Iglesia católica y los sindicatos. Los alemanistas querían más de las políticas que habían ayudado a impulsar el crecimiento, como impuestos bajos, y condenaban el ascenso global del socialismo. Los cardenistas alegaban que la Revolución había perdido su brújula y aducían el regreso de los monopolios como una prueba. Exigían nuevos esfuerzos para redistribuir la riqueza. Las estadísticas apoyaban a ambos bandos.[51] La economía se había expandido en un drástico promedio anual de seis por ciento desde principios de los años treinta. Pero los frutos del crecimiento habían caído considerablemente en manos de la élite. La clase media, como una fracción de la población, dejó de crecer durante 20 años y los pobres eran relativamente más pobres. Una encuesta de 1960 reveló que la desigualdad de ingresos en México, pese a su famosa Revolución, era mayor que en el resto de Latinoamérica y estaba empeorando.

Con la política exterior estadounidense y el golpe de Castro levantando pasiones, el debate entre los alemanistas y los cardenistas desarrolló un tono maniqueo. Los izquierdistas instaban a las multitudes a cantar "¡Cuba sí, Yanquis no!" Las multitudes derechistas replicaban: "¡Cristianismo sí, Comunismo no!" Los caricaturistas de izquierda satirizaban a la clase empresarial con caricaturas feas; los conservadores retrataban a Cárdenas como un lacayo de Castro con el cerebro lavado por el comunismo.[52]

En medio de la espiral rimbombante estaba el viejo pero aún notable blanco de William O. Jenkins. Como capitalista, monopolista, imperialista cultural, infractor de reglas, ciudadano de Estados Unidos y sujeto de críticas públicas desde 1919, Jenkins (o más bien, su imagen pública) ofreció a los izquierdistas el vehículo local más visible para la gringofobia. Con el cambio en los vientos políticos, la golpiza a Jenkins regresó como una herramienta persuasiva para aquellos que presionaban por un cambio de política izquierdista-nacionalista.

La gringofobia había disminuido bastante después de que el cardenismo llegó a su apogeo radical en 1938. La expropiación petrolera eliminó el motivo de fricción más grande entre México y Estados Unidos, y las reacciones moderadas del presidente Roosevelt y el embajador Daniels apaciguaron más los resentimientos históricos. Después la Segunda Guerra Mundial, al coincidir con la presidencia centrista de Manuel Ávila Camacho, ocasionó un cambio profundo en las relaciones bilaterales. El título de un estudio de esta nueva entente, marcada por la entrada a México de importantes compañías estadounidenses, sintetiza el cambio: *Yankee Don't Go Home!* La censura del Estado, la propaganda en tiempos de guerra y el apoyo de Estados Unidos a los sectores de cine y radio minimizaron más las opiniones negativas sobre los norteamericanos.[53]

Pero el rápido crecimiento del capitalismo industrial, y con ello la alta inflación, causaron una reacción violenta a finales de los años cuarenta. Volvieron las sospechas de los motivos de Estados Unidos. Había una preocupación de que, con la transición de la geopolítica antifascista a la Guerra Fría, Estados Unidos hubiera perdido interés en ser un "buen vecino". Después de 1959, cuando Washington se opuso al régimen de Castro, respaldó la invasión de Bahía de Cochinos diseñada para derrocarlo y apoyó dictaduras de derecha en toda Latinoamérica, los temores crecieron. Además, el aumento de la posguerra en películas hollywoodenses y la aparición del *rock and roll* provocaron consternación en los círculos de la élite, al igual que la aparente ignorancia de cada vez más turistas estadounidenses. Ellos y una afluencia de gerentes de negocios enfrentaron cara a cara a los mexicanos con los norteamericanos como nunca antes. Los resentimientos se enconaron por sus escalas de remuneración superiores y sus insensibilidades. Los escritores y los artistas dirigieron sus ataques a la triple amenaza de la influencia estadounidense: política, económica y cultural.[54]

Daniel Cosío Villegas, un gigante de las letras mexicanas y por lo general mesurado en sus opiniones sobre Estados Unidos, no pudo abstenerse de tildar a los turistas estadounidenses como "ruidosos, estúpidos, metiches e infantiles". El historiador popular, Ignacio Muñoz, volvió a publicar su bestseller, *La verdad sobre los gringos*. Añadió a Jenkins en sus viñetas sobre los sinvergüenzas yanquis y ofreció la mentira de que alguna vez fue dueño de "casi la mitad del estado de Puebla y una gran parte de Morelos". Había una renovada popularidad del *Ariel* de Rodó, con su glorificación de la espiritualidad latinoamericana y la crítica del pragmatismo desalmado anglosajón. El inversionista estadounidense más famoso anterior a Jenkins, el magnate petrolero Edward Doheny, recibió un segundo entierro en *Doheny, el cruel*.[55]

El desdén de las élites tuvo resonancia en la cultura popular, donde las descripciones eran más viscerales. En el cine, las sanguijuelas yanquis aparecían con más frecuencia que nunca, encarnando los supuestos valores de las empresas estadounidenses. Sólo una minoría de mexicanos había tenido tratos personales con ejecutivos norteamericanos, pero con la enorme popularidad de las salidas al cine, las películas perpetuaron la caricatura y reflejaron cómo un apetito público de dichos villanos estaba creciendo cada década.[56]

Evidentemente, López Mateos dejó que la gringofobia creciera. Distraía de los problemas domésticos y fomentaba la unidad nacional. Permitía que las personas creyeran que la represión de los trabajadores ferroviarios había sido una aberración, ya que México era un país en el que la protesta estaba permitida. Funcionaba como una válvula de escape para el descontento entre los disidentes, sobre todo los cardenistas. Complementaba una política exterior que proclamaba la independencia de México desde la parcialidad de la Guerra Fría, para poder enmascarar el conservadurismo de la política doméstica, y fomentaba la impresión de que al presidente no lo intimidaría Estados Unidos. La postura polémica no se limitaba a la grandilocuencia; también había acciones nacionalistas. Pero como la negativa a romper vínculos con Cuba, estos hechos eran más que nada simbólicos.[57] El tratamiento retórico y político que se le dio a Jenkins durante el régimen de López Mateos proporciona un ejemplo claro de este cálculo en funcionamiento.

Con los ataques relacionados a su monopolio en 1953, Jenkins había recuperado prominencia como el gringo que a los izquierdistas y los nacionalistas les encantaba odiar. La cobertura mediática de sus actividades cinematográficas y bancarias, incluidas las inserciones pagadas del cineasta Miguel Contreras Torres, lo mantenían bajo la mirada del público.[58] Durante el sexenio de López Mateos, un periódico podía pronunciar su patriotismo, atraer a nuevos lectores y distraerlos de sus problemas cotidianos uniéndose a la crítica.

Opinión Pública, una publicación mensual amarillista llena de exageraciones nacionalistas e izquierdistas, publicó la semblanza más larga hasta entonces, en 1959.[59] Avivando la leyenda negra de Jenkins y añadiendo su propia sazón, proporcionó una receta para futuros perfiles. La revista anunció el artículo con una caricatura de primera plana, que satirizaba a Jenkins como un monarca déspota con una corona como de juguete en la cabeza y un título que retumbaba: "William Jenkins, amo y patrón de México".

"México sería feliz sin extranjeros —empezaba el artículo— porque vienen a servir a sus respectivas nacionalidades y no a nuestro país." Mencionaba a Jenkins como "dueño del estado de Puebla" y uno de los grandes hombres que controlaban la vida política y económica de la nación. Había acumulado la fortuna más grande en México. En Puebla mantenía el ejército privado más sanguinario de todo el país, que asesinaba a todos los que se oponían a su voluntad. No fueron los Ávila Camacho quienes gobernaron Puebla durante los últimos 20 años, sino Jenkins, quien elegía a gobernadores, senadores, diputados y alcaldes. Como dueño del Banco de Comercio explotaba a miles de empleados, porque trabajaban fuera del amparo de la Ley Federal del Trabajo, y el hecho de que 70 por ciento de éstos fueran mujeres hacía de Jenkins "un gran 'souteneur' [padrote] nacional". Era un misterio por qué al "extranjero más pernicioso que tenemos" le permitían quedarse en México y debía ser porque había sobornado a los presidentes anteriores. La presencia de este "formidable filibustero" ponía en peligro la relación de buena vecindad. Como muchas voces antes, la revista hacía un llamado a su expulsión.

Jenkins no era el único extranjero así de atacado. El tono de *Opinión Pública* era por lo general más xenófobo que gringófobo. El magnate industrial sueco Axel Wenner-Gren y el contratista español Manuel Suárez también recibieron un trato de "extranjeros perniciosos". Pero el estilo de reportaje de este órgano consistía en seleccionar un cuerpo para flagelar y seguir azotándolo. A ningún extranjero lo golpeaban con tanta frecuencia como a Jenkins. Artículos posteriores atacaron sus actividades agrícolas en Michoacán ("ahora está extendiendo los tentáculos con los que está succionando la sangre de los campesinos"), su negativa a donar a la beneficencia para niños de la primera dama ("Dios lo ha castigado, pues no puede comerse más que una piernita de pollo al día") y la producción de "'churros' que denigran a México en el extranjero al presentarnos como un pueblo de ebrios y pistoleros, y gritones de 'canciones'".[60]

Éxito, un nuevo semanario sensacionalista, también retrató a Jenkins en 1959. El tono del artículo era menos visceral pero más adornado, como si las proezas malvadas de Jenkins lo hicieran reprobable y admirable por igual: "Desde su famoso y teatral, episódico y cinematográfico autoplagio, William Jenkins, el gringo de Puebla, quedó enquistado en la tradición y en la leyenda como un tipo de cuidado, como un personaje [...] de novela picaresca". Un hombre que parece "tener ya más años de su edad que el mismísimo Matusalén" (tenía 81 años), Jenkins añadía "color, a veces sangre, a la época". Era un "ambicioso hijo de la Gringolandia" que se refugió en la inmunidad consular y con su voluntad férrea dominaba a los políticos. Disparaba "cañonacitos de hasta cien mil pesos" a los gobernadores, procuradores generales, oficiales militares y jueces. (Había algo de verdad aquí, y Ronnie Eustace vio que guardaba en su oficina una bolsa de monedas de oro, que solía distribuir "cada vez que se necesitaba persuadir a alguien".)[61]

En 1960, la paliza a Jenkins alcanzó un nuevo récord. Otro periódico debutante convirtió a Jenkins en un blanco: el izquierdista *Política*, que ganaría bastante influencia durante sus siete años de vida. En ocasiones su lenguaje era descaradamente antiamericano.[62] Su tercer número publicó un reportaje fotográfico de Atencingo, "Un infierno en tierra mexicana". Afirmaba que la hacienda azucarera aún estaba controlada por Jenkins, de quien decía: "el diablo mayor es rubio". (Antes de que Jenkins encaneciera, su cabello había sido oscuro, pero las caricaturas mexicanas de los empresarios estadounidenses siempre les aclaraban el cabello). Más tarde, *Política* publicó críticas de las compras de terrenos de Jenkins en Michoacán y atacó su monopolio de cine.[63]

Miguel Contreras Torres, el dizque peor enemigo del estadounidense, después intervino con su rencoroso *Libro negro del cine mexicano*. En palabras del biógrafo del director, el libro hacía parecer a Contreras "fuera de la realidad", pero los periodistas lo citaron pronto.[64] Justo antes del *Libro negro,* apareció un "Corrido del cine mexicano".

Folleto de ocho páginas, esta tonadilla satírica tenía las características de Contreras Torres: vilipendio del Grupo Jenkins y repudio de casi todos los productores y directores notables, ya que todos se habían "vendido". Pero el corrido, bajo la máscara de la seudonimia, añadió nuevas denuncias. Según éste, Alemán protegía a Alarcón en negocios ilícitos y Ruiz Cortines ayudaba al monopolio de Jenkins a cambio de una participación. Alegaba que toda la prensa estaba en la nómina del Grupo Jenkins y terminaba: "Dice Guillermo a sus gentes: / 'Gobernadores he impuesto, / manejo a los Presidentes / así nunca pago impuesto'".[65]

Una caricatura en el *Excélsior* durante el censo de 1960 promovió la infamia de Jenkins como evasor de impuestos.[66] Un censista encuentra a Jenkins vestido como un dandi, con bata, pañuelo de cuello y pantuflas, con un anillo de diamante gigante pegado a su nariz. "¿Cuánto gana?", pregunta el funcionario. Jenkins se pone de rodillas: "Le juro que casi nada. Estoy en quiebra. Los cines a 4 pesos no son negocio". El censista se seca las lágrimas mientras se va ("¡Pobre hombre! Hay que ayudarlo"), mientras que Jenkins se retira detrás de su puerta: el portal de una bóveda de banco.

Cárdenas se unió al coro esa misma semana. Hablando una tarde en una escuela de un pequeño pueblo de su estado natal, Michoacán, el ex presidente arremetió contra Jenkins como latifundista y monopolista. Citando la compra de Jenkins de 1 500 hectáreas cerca de Apatzingán, Cárdenas instó a los productores a no venderle más. Golpeando la mesa, exhortó a su público: "No vendan sus propiedades, ni hagan negocios con capitalistas extranjeros". Malhumorado, según se informó, prosiguió alegando que si a los monopolios se les permitía desarrollarse, México no estaría seguro contra otra revolución. Lo más notable del episodio es que el público no pasaba de 100 personas y aun así el discurso se publicó en la primera página del *Excélsior*.[67]

Por qué un periódico destacado cubría generosamente un discurso tan insignificante reflejaba la batalla por el alma del PRI. Un año antes, inspirado en parte por la Revolución cubana, Cárdenas volvió a la escena nacional. Rompiendo una tradición de silencio pospresidencial, que observó tan estrictamente que algunos llegaron a apodarlo "la Esfinge", Cárdenas dio discursos y emitió declaraciones. Un año más tarde cofundaría el Movimiento de Liberación Nacional, un grupo de presión concebido para reorientar al partido gobernante a la izquierda.

Esta actividad duró cuatro años, periodo de crecientes críticas del autoritarismo del PRI y su adopción del capitalismo industrial.[68]

Los ataques de Cárdenas a Jenkins eran un acto profundamente simbólico. Como inversionista extranjero, monopolista y latifundista, encarnaba el resurgimiento de tres de los principales males que la Revolución, a los ojos de la izquierda, había prometido reducir. El recurso de Cárdenas a la xenofobia hizo énfasis en los peligros que el capitalismo al estilo Alemán entrañaba: seguir el camino actual corría el riesgo de regresar a México a su oscuro pasado porfiriano. La queja tenía cierta base. Pese a la creación masiva de los ejidos comunales durante el régimen de Cárdenas, 20 años subsiguientes de favorecer agronegocios a gran escala significaban que para 1960 sólo tres por ciento de las fincas controlaba 55 por ciento de la producción.[69]

Había otro ángulo que revelaba aún más a Jenkins como una herramienta retórica de lo que parecía a simple vista. ¿No resultaba extraño que estuviera comprando tierra en el patio trasero de Cárdenas? Una declaración de la derechista Unión Nacional Sinarquista planteó esa misma pregunta. Señaló que Michoacán era un "feudo cardenista" y también observó que Cárdenas había asistido a un banquete en su honor organizado por el socio de Jenkins, Alarcón. Preguntaba la Unión: "¿Qué hay detrás de todo esto?"[70]

La respuesta es que Cárdenas le dio a Jenkins su visto bueno. El estadounidense había propuesto una cuantiosa inversión, que incluía limpieza de matorrales, instalación de regadío, compra de una fábrica de hielo y colocación de más vías férreas. El melón se empacaría en hielo y se exportaría a Estados Unidos; el algodón se cultivaría para el mercado doméstico. Se comprometerían varios millones de dólares y se crearían cientos, si no miles de empleos. Para Cárdenas, que mantenía mucho poder en Michoacán y pasó una docena de años supervisando un sistema de riego en la misma región en la que Jenkins estaba comprando, y pudo haber impedido fácilmente la entrada de Jenkins, se trataba de una propuesta en la que todos ganaban. En primer lugar, impulsaría la economía de su tierra natal. En segundo lugar, la presencia de Jenkins en el estado (oculta hasta que compró suficiente tierra) le daría a Cárdenas un chivo expiatorio. Podía despotricar contra este gringo pernicioso en público y recibir su dinero en privado.[71]

Después de toda la retórica —incluidas las acusaciones del Grupo Jenkins en el Congreso— hubo acción. El 29 de noviembre de 1960, el secretario de Hacienda, Antonio Ortiz Mena, anunció la nacionalización de los cines de Jenkins. Es difícil de evaluar qué tanto la avalancha de críticas de ese año impulsó el acto, pero habría sugerido cuán popular sería la medida, que a su vez aumenta la posibilidad de que el régimen de López Mateos lo promoviera, para moldear la percepción pública y después recibir más elogios. El presidente, un orador competente, era experto en juegos mentales. En un discurso de ese verano, aplacó a la izquierda y alarmó a la derecha al declarar que su régimen era "dentro de la Constitución, un gobierno de extrema izquierda".[72]

El Estado confiscó 365 salas de cine, a un costo para el erario al equivalente de 26 millones de dólares. Éstas sólo eran una cuarta parte de las salas que el Grupo Jenkins controlaba, pero eran los activos principales, los establecimientos de las grandes ciudades y las entradas costosas que Jenkins poseía con Espinosa y Alarcón. Una plétora de editoriales, columnas y cartas abiertas elogiaron la expropiación.[73]

Jenkins le dijo a su amigo Branscomb que la compra fue un "desastre". Para su mentalidad de libre mercado, debió de haberle parecido mortificante haber construido un segundo imperio (como en Atencingo, con la creación de miles de empleos en el proceso) para ver cómo se lo arrebataran en un ataque de populismo presidencial. Pero "desastre" caracterizaba su vocabulario de agraviado. No presentó demasiada lucha, y con buena razón. En los últimos siete u ocho años, las utilidades habían bajado, presionadas por el aumento de los costos y el precio máximo de los boletos. Los 26 millones en compensación doraban la píldora, del mismo modo que el hecho de que el Estado no comprara los cines: se quedó a cargo de las compañías operadoras, pero arrendó los locales. La Fundación Jenkins seguiría recibiendo una renta. Además, Jenkins estaba dedicando su energía restante a la filantropía y sus fincas de algodón y de frutas en Puebla y Michoacán.[74]

La intervención estatal no consiguió alterar el declive del cine mexicano. Su posición en el mercado no mejoró en el país y prácticamente se colapsó en Sudamérica.[75] El viejo cuerpo de los decrépitos directores continuó, con su reticencia gremial a admitir nuevos miembros. Los productores seguían inflando los presupuestos y evitando riesgos. La oferta mexicana y extranjera nunca fue tan divergente. Farsas de alcoba, melodramas genéricos y embrollos mal hechos de luchadores, la mayoría en blanco y negro, competían con *Lawrence de Arabia*, *La novicia rebelde,* Stanley Kubrick y Sergio Leone. Los patrones de las salas de cine más rentables seguirían encomendando su entretenimiento a Hollywood.

Así es que la incautación de las salas demostró ser un acto teatral. Como tal, recordaba vagamente la adquisición del sector eléctrico de ese año. Los dueños de las centrales eléctricas estadounidenses y belgas de hecho querían vender, ya que la generación estaba dominada por el Estado y había dejado de ser lucrativa, mientras que la adquisición permitió a López Mateos hacer comparaciones complacientes para las masas con la expropiación petrolera de 1938. Sin embargo, la maniobra del cine fue la más puramente simbólica. A diferencia de las compañías eléctricas, Jenkins no había repatriado sus utilidades ni tampoco había empleos mexicanos en juego.[76] Y mientras que los primeros pertenecían a los inversionistas anónimos, Jenkins era famoso.

Sueños guajiros y protestas

Apatzingán era un lugar improbable para la última empresa de Jenkins. Situada en Michoacán, a 600 kilómetros de Puebla, la ciudad se extiende en una región conocida como Tierra Caliente. Las escasas lluvias y la poca altitud mantienen temperaturas muy altas, y el paisaje natural es un matorral de árboles bajos y cactus altos. A un visitante como Jenkins se le podía perdonar que pensara que "caliente" también reflejaba la historia de la región, de intensa resistencia a la autoridad exterior desde la época colonial. Recurriendo al saber local, el historiador de Michoacán Luis González describiría la Tierra Caliente como suficientemente tórrida para hacer que los demonios huyeran, un lugar en el que a los hombres les gustaba beber y matarse por honor.[77]

Jenkins entró a la región a través del distribuidor Wally Alston, un originario de Arkansas que vendía en la Ciudad de México los tomates cultivados por Jenkins en Puebla. Alston ya era activo en Tierra Caliente, donde conseguía fruta para el mercado estadounidense, y alrededor de 1956 los dos hombres se asociaron para incrementar la producción ahí, proporcionando crédito a los productores de frutas y algodón. A Jenkins le caía bien Alston y le gustaba visitar Tierra Caliente; era otra forma de conectar de nuevo con sus raíces de niño granjero. También le gustaba pensar en grande y poseer la tierra que ayudaba a cultivar. Pero dada su reputación, sus maniobras necesitaban inversiones a hurtadillas.[78]

Durante varias semanas de abril y mayo de 1960, una sucesión de hombres acudieron ante el mismo notario público en la Ciudad de México a registrar adquisiciones de tierras alrededor de Apatzingán. Cada uno compró extensiones modestas, con un promedio de 80 hectáreas, lo que un ranchero de nivel medio podía poseer. Pero todas las propiedades eran contiguas, ubicadas junto o cerca del Tepalcatepec, el río que serpentea a través de Tierra Caliente. Todos los hombres eran amigos de Jenkins: Espinosa Yglesias, Sergio Guzmán Jr., Luis Artasánchez y demás. Era un auténtico desfile de prestanombres poblanos. Nada de esto salió a la luz hasta que Lázaro Cárdenas dio su discurso anti-Jenkins aquel día de julio y para entonces la extensión de tierra en posesión del estadounidense era suficiente para empezar una plantación.[79]

Después del discurso de Cárdenas, varias autoridades embistieron en contra de Jenkins. El Departamento de Asuntos Agrarios y Colonización hizo eco del llamado del ex presidente para detener las ventas de tierras. El gobernador de Michoacán, Franco Rodríguez, dijo que las acciones de Jenkins ponían en peligro la economía del estado. Al día siguiente, *La Voz de Michoacán* retumbaba: "Clamor popular en Apatzingán contra las maniobras de Jenkins". El principal periódico del estado atacó "la desmedida ambición del pernicioso yanqui", que amenazaba con transformar la región en "un imperio al servicio de EE.UU". Rezumante de gringofobia ("el voraz e inescrupuloso yanqui", "los personales caprichos del yanqui", "el gringo y su imperio"), el artículo expresaba indignación de que Jenkins estuviera disfrutando los beneficios de la Revolución en detrimento de los campesinos.[80]

Entonces el presidente intervino. Con motivo de su discurso sobre el "gobierno de extrema izquierda", le preguntaron a López Mateos qué opinaba de las adquisiciones de Jenkins. El presidente dijo que el asunto "podía investigarse". Le había aconsejado al gobernador Rodríguez que si se demostraba que Jenkins había comprado a través de testaferros, el estado de Michoacán "podía intervenir legalmente".[81]

Como insinuaba el lenguaje evasivo del presidente, las declaraciones de ese verano eran puro teatro político. La sequía azotó a Michoacán con amenazas de una crisis agrícola y el gobernador Rodríguez necesitaba una distracción. No se tomó ninguna medida, ya fuera para despojar a Jenkins o para interferir con su plan; posteriormente compraría más extensiones. El punto crucial era que Jenkins estaba inyectando millones de dólares a una región muy pobre. Una gran parte de la tierra que compró era maleza que debía desbrozarse con motoniveladoras antes de poder cultivar ahí. Había que colocar sistemas de riego local para conectar con el río Tepalcatepec. Había que crear conexiones ferroviarias con la línea troncal para que el algodón y el melón pudieran transportarse. Y como admitió Rodríguez, los rancheros que vendieron ganaron bastante dinero. El gobernador de hecho aplicó una política favorable a la empresa a lo largo de todo su mandato.[82]

Dos años después, *Política* informaría que el dominio de Jenkins en Apatzingán era mayor que nunca. Estaba financiando a 1 500 ejidatarios para que cultivaran algodón para él, con la complicidad del Banco de Crédito Ejidal. También afirmó que el gobernador Rodríguez toleraba todo esto, debido a sus "ligas de amistad [...] tan fuertes" con Jenkins. Confirmando su libertad para expandirse, Jenkins le contaría a su familia sobre sus esfuerzos para desbrozar otras 2 400 hectáreas de matorrales. En conjunto, llegaría a poseer, arrendar o financiar alrededor de 5 000 hectáreas.[83]

Luego *Siempre!*, que alguna vez atacó a Jenkins como "emperador" de la industria cinematográfica, envió a Roberto Blanco Moheno a averiguar qué estaba sucediendo. Blanco era conocido como periodista de investigación declamatorio. Fiel a la forma, primero mandó un artículo de ataque: "Jenkins: Señor de Michoacán". Estudio resumido de los problemas del estado, el artículo iniciaba con la aparición de "una serie de cacicazgos odiosos", entre los cuales destacaba "la repugnante presencia de William Jenkins". Este perpetuador de "centenares de delitos" estaba explotando a los campesinos en condiciones "menos que zoológicas". Blanco terminó prometiendo una continuación: "Jenkins, su vida y su imperio".

Ese artículo no apareció según lo anunciado. Al parecer, Blanco salió de su hotel en Morelia e hizo una investigación real porque ahora ofrecía equilibrio. Efectivamente Jenkins usó testaferros para comprar tierras y arrendar terrenos de los ejidatarios; efectivamente era un extranjero pernicioso y explotador. Sin embargo, ¿qué otra opción tenían los campesinos humildes que rentarle sus tierras a él, cuando la institución oficial que supuestamente debía hacerles préstamos, el Banco Nacional de Crédito Ejidal, rara vez lo hacía o les cobraba intereses abusivos? El Banco Ejidal, "la institución nacional más odiada" y empleador de miles de desfalcadores, era el villano real. También tenían la culpa los propios magnates industriales de México. Mientras se beneficiaban de los esfuerzos del presidente para encontrar mercados de exportación, se negaban a invertir en Michoacán, lo que hacía todavía más necesaria la presencia de Jenkins. Blanco admitió que había cambiado de opinión: no exigiría la expulsión de Jenkins después de todo.[84]

A diferencia de Atencingo, la presencia de Jenkins en Apatzingán provocó pocas protestas por parte de los trabajadores locales. No habría informes de invasiones de tierras, violencia relacionada con los sindicatos o campesinos radicalizados asesinados por administradores fervientes. Tal vez Jenkins había aprendido de sus errores; tal vez su visión más filantrópica no permitiría una mano dura.

Sí había violencia, pero se infligía en los cuerpos de los trabajadores no con pistola sino con pesticidas. A pesar del aumento de productividad de la agricultura mexicana entre los años cuarenta y sesenta, la Revolución verde originó grandes daños colaterales entre los hombres y las mujeres que trabajaban en el campo. Cuando fumigaban los cultivos contra los insectos y las epidemias ingerían toda clase de venenos. Se introducían en los poros y los pulmones, y a menudo ocultaban su daño real durante meses o años.

Los administradores de Jenkins sentían que la fumigación era necesaria porque había muchas plagas. A la plantación llegaban plagas de escarabajos y moscas, y la rentabilidad se dificultaba tanto que el proyecto estaba en peligro de fracasar. Los trabajadores debían ir a fumigar sin protección adecuada, según la práctica habitual en México, y varios tuvieron que ser hospitalizados. La combinación del calor de 40 grados y la toxicidad química provocaba que algunos se desmayaran en los cultivos. Hubo varias muertes. Una vez un campesino inhaló tanto insecticida que murió en el trabajo. Su cadáver fue encontrado hasta el día siguiente. Se había producido el rigor mortis y como había muerto doblado sobre sí mismo a causa del dolor, su cuerpo no cupo en ningún ataúd.[85]

Es difícil saber qué tan consciente era Jenkins de esos problemas y si trató de mejorar las condiciones para sus trabajadores. Desarrolló su proyecto antes de que Rachel Carson llamara la atención del mundo sobre los peligros del DDT y otros pesticidas, en su *best seller, Primavera silenciosa*. Por otro lado, en los últimos seis o siete años visitó con frecuencia Apatzingán. Debió de haber oído algo. Pero de conformidad con su carácter, Jenkins habría respondido que sin pesticidas no habría plantación y, por tanto, mucho menos trabajo para los muchos subempleados de Tierra Caliente. Incluso así, recordaría su nieto Bill, la empresa perdió millones.[86]

Apatzingán fue una de varias decepciones. Otros dos proyectos no pudieron realizarse a pesar de los años de planeación. A partir de 1952, Jenkins había propuesto un gran orfanato en Puebla para albergar a mil niños. Para Jenkins, lo más grande siempre era mejor. Probablemente, a la larga, alguien con experiencia en el cuidado de huérfanos lo convenció de que los ambientes más íntimos funcionaban mejor. Aunque Jenkins abandonó la idea, siguió apoyando el reformatorio para mujeres jóvenes que dirigían las monjas trinitarias. Para fomentar que la escuela fuera económicamente independiente y para enseñar a las niñas un oficio, suministró máquinas de coser y obtuvo un contrato para que hicieran costales de azúcar. Les puso una pequeña sala de cine y contrató a un maestro de coro.[87]

El mayor sueño filantrópico de Jenkins era el de un hospital oncológico en Puebla. No tendría paralelo en Latinoamérica y lo presupuestaba en 2.4 millones de dólares. Era un sueño que compartía con su viejo amigo, el doctor Feland Meadows, director del Hospital Latino Americano de Puebla. Meadows y él se reunían con frecuencia para trazar su diseño y las instalaciones. Cuando la construcción empezó, en 1957, en una parcela de terreno en la rica parte occidental de la ciudad, Jenkins mandó a Meadows a un viaje de reconocimiento en Estados Unidos y Europa. Meadows optó por diseñar las instalaciones a imagen del Hospital de Rhode Island. Para principios de 1963, el edificio estaba terminado y mucho del equipo estaba listo para su instalación. Pero entonces Jenkins se enfermó.[88]

Un hospital oncológico puede no haber parecido una elección obvia para el gran proyecto de beneficencia de Jenkins. Sin duda su finalización aportaría prestigio a Puebla, pero tal vez el razonamiento era un tanto personal. Desde hacía muchos años, Jenkins sufría de cáncer de próstata.

A partir de 1951 Harvie Branscomb le insistió en que se lo operara, ya fuera en el Hospital de Vanderbilt o en la Clínica Mayo, pero Jenkins estaba reacio. El cáncer de próstata crece demasiado despacio para necesitar atención en la mayoría de los casos y probablemente Jenkins pensaba que una operación no merecía su tiempo ni esfuerzo. Sin embargo, en abril de 1962, los médicos de Jenkins insistieron en un tratamiento, así que por fin viajó a la Clínica Mayo. Confirmaron que el cáncer se había propagado más allá de la próstata. Jenkins debió haber sabido que se le acababa el tiempo, pero se negaba a mortificarse por ello. Entonces, con 84 años, siguió visitando cada semana su rancho cerca de Atencingo y haciendo viajes frecuentes a Acapulco y Apatzingán. Sus cartas a los miembros de su familia conservaron su ligereza, con historias de su cocinera y confidente Mía que lo mandoneaba y comentarios irónicos sobre las elecciones intermedias durante el gobierno de Kennedy.

"La gente no debería tener el voto de todos modos", observó, después de que sus republicanos preferidos fracasaran en lograr progresos significativos. "Unos cuantos de nosotros que estamos realmente al tanto deberíamos dirigir las cosas. De cualquier forma, así es como lo hacemos aquí en México, y funciona."[89]

El torbellino de la política de la Guerra Fría azotaría a Jenkins una vez más. A principios de los años sesenta, la bronca nacional entre izquierda y derecha se desbordaba en la calle, y en Puebla el famoso yanqui se convirtió una vez más en un símbolo invocado por izquierdistas para incitar a las masas. La Revolución cubana y la respuesta cada vez más hostil de Estados Unidos les insuflaba energía. Así es que Estados Unidos se convirtió en su villano global, con William Jenkins como su manipulador esbirro local.

El principal campo de batalla, como solía suceder durante los años sesenta, era la universidad pública.[90] Como el aparato estatal de Puebla estaba controlado por los Ávila Camacho, la Universidad de Puebla emergió como el principal foro de debate político y antagonismo. Por lo tanto, se dio un tira y afloja en torno a su control, enfrentando a los intelectuales y los hijos de la antigua élite, orgullosamente católicos, con los profesores liberales y la descendencia de las clases medias que la Revolución había creado. A medida que crecían las tensiones, la retórica de izquierda sobre los estudiantes de derecha, las élites empresariales y Estados Unidos tuvieron un efecto polarizador, al igual que las advertencias conservadoras sobre Cuba y sus partidarios liberales e izquierdistas. Cada posición se volvía más intolerante, proceso similar a lo que sucedía en otras ciudades de México y alrededor del mundo. Ya que que aumentaba el número de estudiantes, la universidad era ahora un centro de poder alternativo al gobierno estatal. A partir de 1961, estaría dominado durante décadas por la izquierda.

Los enfrentamientos por la Universidad de Puebla tenían una historia antigua.[91] Desde los años treinta, había sufrido el pesado yugo de la dinastía Ávila Camacho, que designaba a todos los rectores. En 1956, Rafael Ávila Camacho respondió a la presión estudiantil cambiando su nombre por Universidad *Autónoma* de Puebla (UAP); el rector sería nombrado por un Consejo Honorario de miembros de siete facultades. Pero el consejo se componía de las personas designadas por el gobernador, en su mayoría conservadores. Entre éstas se incluía el notario de Jenkins, Nicolás Vázquez, cuyo mandato de alcalde había subsidiado, y Gonzalo Bautista O'Farrill, cuya clínica privada Jenkins había financiado. El primer rector en este nuevo escenario estaba emparentado con el arzobispo de la extrema derecha de Puebla, Octaviano Márquez, otro miembro del círculo de Jenkins. El control estatal por la UAP decayó, pero esto se debió a la debilidad política del gobernador Ortega, mientras que la élite empresarial y la Iglesia vieron aumentar su influencia.[92]

Como una señal de lo que vendría después, el tema polémico de Jenkins surgió en un mitin a favor de Cuba en julio de 1960. Cuando cientos de estudiantes se reunieron afuera del edificio principal de la UAP, un orador los exhortó a marchar en apoyo de Cuba. El presidente de la federación estudiantil se subió después al capó de un coche y lo interrumpió para advertirles a todos que ese apoyo podía poner en peligro los planes actuales de construir un nuevo campus: el señor William Jenkins podía ofenderse y retirar los fondos que había ofrecido para éste. (Con los estudiantes cada vez más apretados en los edificios del centro, la UAP estaba buscando un terreno para un sitio dedicado.) El primer orador replicó que Jenkins había hecho su fortuna explotando a los poblanos, por lo que los estudiantes debían darle la espalda y marchar. La voz radical ganó la partida. Los participantes relatarían que el factor Jenkins había persuadido a la multitud. Hasta que el presidente de la federación estudiantil dio su opinión, los esfuerzos de los organizadores recibieron burlas, pero al quedar claro que Jenkins estaba usando apalancamiento financiero para amenazar la libre expresión (y que este líder estudiantil lo apoyaba), la multitud se indignó.

Una mayoría de los estudiantes marcharon después por el centro de la ciudad, coreando "¡Viva Cuba!", "¡Viva Fidel!", "¡Cuba sí, Yanquis no!", así como insultos contra el presidente Kennedy. Un grupo disidente replicó con cantos contra Castro, Cuba y Rusia.[93]

Al año siguiente aumentaron las tensiones debido a la invasión de Bahía de Cochinos. Ese mismo día, el 17 de abril de 1961, unos 2 000 estudiantes reaccionaron a la noticia organizando un mitin de solidaridad con Cuba. Se inflamaron las pasiones, algunos atacaron el edificio de *El Sol de Puebla*, un crítico constante de Castro. La policía intervino y se desató un motín.[94] Los días subsecuentes ocasionaron más mítines, en los que los oradores mezclaron su apoyo por Castro con críticas a las influencias derechistas en la UAP y exigencias de una reforma educativa. Cuando los conservadores del Frente Universitario Anticomunista (FUA) llevaron a cabo su propio mitin, algunos de los izquierdistas respondieron atacando y ocasionando daños en un colegio católico. Esto provocó que la élite empresarial cerrara las escuelas privadas y las empresas declararan que no pagarían impuestos hasta que se restaurara el orden.[95] Era difícil para los poblanos no tomar partido.

En medio del estrépito surgieron dos voces. Cuando los reformistas tomaron el edificio principal de la UAP el Día del Trabajo, nombraron a Julio Glockner rector de facto. Antiguo miembro del Partido Comunista Mexicano, Glockner ya era de centro izquierda. Además era un orador carismático y divertido. Los conservadores encontraron a su defensor más eficaz en el arzobispo Márquez. Una semana después del nombramiento de Glockner, Márquez denunció los sucesos en la UAP como parte de una conspiración global en contra de la civilización cristiana. Cuando la Iglesia organizó mítines anticomunistas en todo el país, el de Puebla destacó por su tamaño e impacto. *El Sol* y la élite empresarial trabajaron para promoverlo y los fieles católicos de todo el estado llegaron en masa. El domingo 4 de junio abarrotaron el atrio exterior de la catedral e invadieron la plaza principal de la ciudad. El evento contó con un discurso de Márquez y terminó con cantos de "¡Cristianismo, sí! ¡Comunismo, no!"[96]

La amistad de Jenkins con Márquez era de sobra conocida. El estadounidense había copatrocinado su investidura y, más recientemente, en un gesto tan simbólico como estético, pagó por la iluminación exterior de la catedral. Como era de esperar, ambos se volvieron objetivos comunes en el discurso de la izquierda. El poeta y periodista Renato Leduc respondió al mitin del 4 de junio con una tonadilla satírica, "Puebla 1961", primero publicada en la radical *Política*.[97] Empezaba así: "El señor obispo predica en el atrio. / La gente le escucha este día domingo / bajo la amenaza de Jenkins el gringo".

El gobernador Ortega ofreció un compromiso que satisfizo en gran medida a la mayoría liberal de la UAP. Incluía la toma de posesión de un director interino liberal (más que socialista) y la abolición del Consejo Honorario. Dada su afiliación con los Ávila Camacho, puede que Ortega se haya puesto de lado de los conservadores, pero se peleó con Rafael, cuya influencia continua le molestaba; se acusaron entre sí de desfalcar al erario. Apoyar a los liberales era una manera para Ortega de declarar su independencia. Pero la presión de la élite empresarial, incluida una amenaza de cerrar tiendas en la ciudad, hizo que Ortega rescindiera varias medidas. Luego el derechista FUA insistió en la destitución del nuevo rector. Esto provocó una batalla callejera entre estudiantes conservadores y liberales, en la que un almacenista disparó e hirió a dos de los últimos. Entonces se movilizó el ejército.[98]

Si bien la ocupación militar del centro de la ciudad puso fin al conflicto, el encono entre la izquierda y la derecha perduró en el cuerpo político de Puebla. Pronto forzaría la destitución de un gobernador. Provocaría una escisión en el sistema educativo, en la que las universidades privadas se configurarían como opciones conservadoras, mientras que la UAP (que conservó a su rector interino liberal) adoptó una identidad de izquierda. Una tendencia similar afectaría a la Ciudad de México, donde las universidades privadas alejaban a los hijos de las élites de la Universidad Nacional Autónoma de México, que cada vez tenía más orientación marxista.

Algo fundamental para estos disturbios fue el rol de la retórica. Cada parte lanzaba piedras a la otra con exageraciones, según su postura con respecto a Cuba y la UAP: los liberales y reformistas se convirtieron en "comunistas" y "traidores"; los conservadores y tradicionalistas se convirtieron en "fascistas" y "terroristas". El punto intermedio, y el espacio para el diálogo, casi desaparecieron. Las consecuencias eran tangibles: a corto plazo, la violencia, y a largo plazo, el surgimiento de grupos políticos que lucharían por el control del ayuntamiento y la universidad, a medida que el cacicazgo avilacamachista finalmente perdía su influencia.

Los ataques contra Jenkins nutrieron la identidad y la intransigencia de la izquierda, a pesar de que él no participó de forma visible en el conflicto. Abelardo Sánchez era más prominente: dirigía un Comité Coordinador de la Ciudadanía Poblana, que manejó la respuesta de las asociaciones comerciales y recaudó 85 000 pesos para dirigir una campaña de prensa y financiar la propaganda del FUA. Fue Sánchez quien recibió más críticas esa primavera y ese verano. Pero Sánchez era un amigo conocido de Jenkins; el estadounidense había firmado como testigo en su boda y el comité de Sánchez aparentemente había sido creado por la Junta de Mejoras Morales, Cívicas y Materiales, un organismo que Jenkins había ayudado a establecer para supervisar nuevas obras públicas y asesorar en materia de política cultural.[99] Así es que Jenkins siguió siendo la *éminence grise*, cuyo nombre evocaba el oscuro arte titiritero. Cuando Sánchez desapareció de las noticias, el viejo gringo resurgió como el paria favorito de todos.

La revista *Siempre!* (menos una voz autónoma que un foro de queja permitido por el Estado) alegó que Jenkins había llevado la batuta todo el tiempo. Un editorial, "Puebla, bajo la garra de Jenkins", planteó la cuestión: ¿qué razones pueden justificar todo el extremismo, con cada parte amenazando o participando en la violencia? La respuesta: "Hay un solo factor capaz de explicarla: ese factor se llama William Jenkins". (Una vez más Jenkins era el pararrayos, que alejaba el fuego de las autoridades.) Con un extraordinario poder económico y en ausencia absoluta de escrúpulos, Jenkins no era un cacique clásico, que se apoyaba en la fuerza bruta, sino un operador más sutil que mantenía a sus adversarios alejados de préstamos bancarios y empleos. Los reformistas de la UAP, conscientes de que sin la aprobación de Jenkins ningún graduado llegaría muy lejos, se habían levantado en contra de su dictadura. Puede que la UAP fuera una pequeña parte del reino de Jenkins, pero él no toleraría la menor fisura en su estructura. El sector privado no se atrevería a resistirle, para que no arruinara sus negocios.

Este viejo zorro Jenkins había mantenido un perfil bajo últimamente, mientras que su maquinaria propagandística convirtió el conflicto en uno de cristianismo contra comunismo. La columna cerró con un reto a los lectores poblanos, usando las palabras del presidente López Mateos: "Los caciques duran mientras los pueblos quieren".[100]

El Movimiento de Liberación Nacional, respaldado por Cárdenas distribuyó un folleto sobre los acontecimientos. Llegó a la conclusión de que el conflicto reflejaba un problema nacional, pronunciado en ciudades como Puebla cuyas "fuerzas reaccionarias" eran poderosas, a través de las cuales Estados Unidos estaba conspirando para restringir la libertad de expresión y controlar la economía y la política exterior de México. En Puebla, esas fuerzas eran los magnates industriales que admiraban al dictador español Franco y un núcleo dentro de la Iglesia católica. Ambos se dejaban guiar por el "personaje siniestro de la política que es W. Jenkins".[101]

Más cerca de casa, Julio Glockner, el ex rector interino de la UAP, dio una conferencia ese octubre sobre el movimiento de reforma, probablemente para aclarar su versión de los acontecimientos. Según el agente del servicio secreto que asistió, la plática incluyó ataques contra Jenkins: era un cacique y un agente del imperialismo yanqui. Glockner también afirmó que Jenkins le había ofrecido dinero (o a la universidad) para abandonar su lucha.[102]

El rey y sus hijas

Sesenta y un años después de su fuga con Mary, William Jenkins emprendió su última visita a Tennessee. La ocasión fue el cumpleaños número 80 de Mamie Moore, su hermana favorita.

Jenkins no había descuidado sus orígenes. Había pagado gran parte del hospital del condado de Bedford y financió la alberca de Vanderbilt. Con frecuencia pagó para que sus hermanas volaran a visitarlo. Suministró los gastos de mantenimiento del hogar de su niñez y la Iglesia Shofner. Luego, en 1961, gastó 10 000 dólares para reubicar la tumba de Martin Shofner, su ancestro de la Guerra de Independencia. A Shofner y su esposa los habían enterrado en un cementerio en la cima, ahora descuidado. Así es que Jenkins pagó un hermoso monumento cerca de la entrada de la iglesia, forjado en mármol y adornado con una placa que dejaba constancia del servicio militar de Shofner y su patronazgo del luteranismo. Mamie protestó por esta extravagancia, pues sentía que sus ancestros descansaban felizmente donde estaban. Pero William quería que sus antepasados Shofner y Jenkins estuvieran todos juntos.[103]

Durante medio siglo, había estado moviendo a su familia. Trajo a su cuñado Donald a México; reubicó a su padre, a Mamie, Ruth, y Annie a Hanford; mandó a sus hijas a escuelas en Los Ángeles, y trasladó a Mary a la Clínica Mayo, luego a Tucson, luego a Beverly Hills y, finalmente, *post mortem*, a Puebla. También intentó traer de vuelta a sus hijas, pero no todas estaban felices de volver en sus términos.

Aún había tiempo para un acto final de orquestación familiar. Jenkins les dijo a sus otras hermanas que volvería sin previo aviso, para darle una sorpresa de cumpleaños a su hermana. Mamie no había tenido hijos, pero entre los Jenkins del condado de Bedford ella era la gran dama, y William deseaba colmarla de amor familiar.

El 7 de octubre fue un domingo y cuando Mamie volvió de la iglesia, al bajarse de su coche y dirigirse a la vereda del hogar de la familia Jenkins, la puerta principal se abrió. Su sobrina nieta más joven salió a recibirla y le deseó un feliz cumpleaños. Después salió la siguiente e hizo lo mismo. Y luego la siguiente, y así sucesivamente. Después vino toda una sucesión de sobrinos y sobrinas que salieron a su vez para saludarla, en orden genealógico. Luego salió la hermana menor, Annie, después Ruth y Joe y Kate. Y por último, cuando Mamie pensó que ya no podía estar más colmada, salió su hermano mayor de 84 años, William.[104]

La Navidad de 1962 fue una temporada mixta para Jenkins: de satisfacción política y de malestar personal. El gobernador electo, el general Antonio Nava Castillo, era un verdadero conservador. Además fue el primer gobernador impuesto por la Ciudad de México desde los años veinte. López Mateos vio que el cacicazgo avilacamachista, abrumado por luchas internas, debía adaptarse. Pero Nava, que era un autoritario, era una buena noticia para la élite poblana. Sin duda haría enmiendas para Fausto Ortega, que había permitido que el radicalismo se agravara en la universidad. Nava era además un hombre de ideas, que prometió ampliar la base industrial estancada para ayudar a los inversionistas externos.[105]

El nombramiento de Nava era una señal de los tiempos. La crisis de los misiles en Cuba había estallado ese otoño mientras López Mateos estaba en el extranjero, y la respuesta de su secretario de Gobernación a la solicitud de apoyo por parte de Estados Unidos —manteniendo el compromiso de México con la soberanía de las naciones, pero reconociendo que los misiles implicaban una amenaza regional— agradó al presidente. Decidió después que su secretario, Gustavo Díaz Ordaz, sería su sucesor. Díaz Ordaz creía en el orden civil y el desarrollo capitalista, y su ascenso a favor reflejaba la satisfacción del presidente de que la contención de la izquierda había tenido éxito. López Mateos nacionalizó industrias de alto nivel (con muy pocas consecuencias tangibles) y les dio más tierras a los campesinos que sus tres predecesores juntos (aunque a menudo fuera tierra de dudosa calidad). Impidió que el Movimiento de Liberación Nacional se fusionara en un partido de oposición viable y marginalizó a su ideólogo, el ex presidente Cárdenas. Para finales de 1962, la batalla por el alma del PRI estaba terminada y la derecha había ganado.[106]

Si el orden y el progreso se reafirmaban en el mundo exterior, en el *penthouse* palaciego de Jenkins no había nada de eso. Mientras la familia se reunía en la enorme sala, el estado de ánimo era incierto. Pop, como llamaban a su patriarca, se estaba apagando. Nunca hablaba sobre su cáncer, pero sus momentos de poca energía eran cada vez más frecuentes y su alegría navideña carecía del entusiasmo habitual.

"Está solo muchas veces —le dijo Jane a su hermana Mary unos meses atrás— y desde luego nunca pide compañía." Esa Navidad, la primera hija de Bill y Chacha apenas estaba aprendiendo a caminar, y Chacha observó cómo Pop seguía los movimientos de la niñita con lágrimas en los ojos. Supuso que debía de estar pensando en sus propias hijas cuando tenían esa edad.[107]

"Estuvo bien cuando éramos muy pequeñas", Tita reflexionaría más adelante. La había consentido entonces. La dejaba patinar por toda la casa y hacer mucho ruido. Cuando tuvo difteria, la dejó dormir en un catre en su habitación, donde se sentía envuelta en su presencia. Treinta años después, en una de sus últimas visitas a Puebla, cuando le dijo a Pop que quería tratar un problema, él había contestado: "No quiero escucharlo".[108]

La hija de Jane, Rosemary, de vacaciones del internado, sintió que algo andaba mal. Ella y Pop eran muy unidos. En largas discusiones él le había revelado su desconfianza sobre la riqueza: "La riqueza es lo que tienes dentro de ti, lo que mantienes en tu cabeza. No es lo que vistes". Lo buscó cuando estaba solo y lo encontró en un sillón con los pies en alto. Se sentó junto a él. Él rememoró a Mary. Tal como hizo tres años antes, después de su segundo entierro, compartió su sentimiento de culpa por haberla dejado morir sola. Mary parecía estar bien cuando él se marchó después de su última visita. Murió tan de repente. Una vez más le salieron lágrimas y pronto empezó a llorar con grandes suspiros jadeantes. Mientras Rosemary lo abrazó, sintió como todo su enorme cuerpo se estremecía por los sollozos.

La confianza de Jenkins parecía estar fallando, junto con las certezas que le daban soporte. Le dijo a Rosemary que ya no creía en Dios, o en la vida después de la muerte, pero la perspectiva de morir parecía asustarlo. Expresó dudas sobre la fundación y su compromiso de dejarle toda su fortuna. Ninguno de sus amigos estaba de acuerdo con esta propuesta. Incluso Espinosa creía que era demasiado extrema. Pop le preguntó a Rosemary: "¿Estoy haciendo lo correcto?"[109]

En la otra dirección lo jalaban su ética del trabajo de toda la vida y su cargo de conciencia por Mary. Dotar a la fundación con toda su fortuna era ponerle un monumento a ella. Era una especie de apología. Era también un intento de garantizar que el acceso fácil a la riqueza no corrompiera a su familia.

Las hijas no compartían su austeridad; se había convertido en un chiste familiar. Una vez, como regalo, las llevó a Nueva York. Admiraron las curiosidades y asistieron a un espectáculo de Broadway, pero lo que recordaron más fue una cena en un restaurante elegante. Mirando con el ceño fruncido los precios del menú, Jenkins anunció: "Creo que voy a pedir el plato más barato".[110]

Sus hijas habían gozado de todos los beneficios de su fortuna, desde educación en las mejores escuelas hasta coches y casas y préstamos a bajo interés para ayudar a sus maridos en los negocios. Pero ¿qué había logrado su generosidad? En contra de sus instintos, trató de cultivar a Elizabeth en el negocio y ella fracasó. Se convirtió en una vergüenza con toda su promiscuidad. Con frecuencia desafió los deseos de su padre y sus hermanas menores siguieron su ejemplo. Se refugió de la desdicha en el alcohol y eso terminó por matarla. Luego estaba la pobre Margaret: su matrimonio con Tom Poole, aunque duró más que los tres anteriores, estaba fracasando. Al igual que Elizabeth bebía, y al igual que todas sus hermanas, salvo Jane, fumaba un cigarrillo tras otro. El cáncer de garganta ya se estaba extendiendo.

Tita se había enamorado de esa víbora de Robert Lord y se había casado con él pese a los consejos de su padre. Cuando se casó por segunda vez, le volvió a dar la espalda al rechazar su oferta de encontrar un trabajo para su nuevo marido, Matt Cheney, en Puebla. Luego Cheney insistió en que se trasladaran a Arizona, pero la mudanza desconcertó a Tita. Ella también desarrolló una dependencia al alcohol. Su nuevo matrimonio acabaría en decepción, ya que después de 18 años y dos descendientes, Cheney la dejó por otra mujer.

Mary, su cuarta hija, lo había desafiado desde que era joven, con sus compras extravagantes, usando las cuentas bancarias de él y de otros ("la vida no sólo es comprar lo que quieres, sino una gran batalla para poder obtener lo que necesitas", alguna vez le dijo él). El problema se vio agravado por sus mentiras constantes; Tita la describiría como una "mentirosa patológica". Parecía haber encontrado la felicidad con Robert William, y tuvieron seis hijos, pero su marido resultó ser un mujeriego. Mary canalizó su frustración con él en la maternidad y una tendencia a hacer compras compulsivas del catálogo de Sears. Después de su quinto hijo tuvo una crisis nerviosa y después de su sexto se quebró de nuevo. Robert la internó en el Hospital Menninger Memorial en Kansas. Suspicaz con respecto a la psiquiatría, Jenkins la trajo pronto a Puebla, junto con sus hijos más jóvenes. Durante el otoño de 1961 intentó cuidarla, pero Mary se sintió presionada con su régimen austero. Odiaba sus intentos por controlar sus gastos.

Mary volvió a Los Ángeles, pero el siguiente verano empezó una segunda temporada en Menninger, esta vez por seis meses, y su padre pagó la cuenta de mala gana. Todo progreso resultó ser temporal y, en los años venideros, su matrimonio sólo conseguiría empeorar. Había una querida estable y varias amantes al lado. Respondió fastidiando a su marido: haciendo aún más compras frívolas, fumando como chacuaco, recogiendo gatos. Cuando las infidelidades de Robert fueron demasiadas, se mudó a su propia casa. Cuando los niños crecieron, se consolaría con sus gatos, cada vez más numerosos, sobre todo callejeros. Y cuando ya no hubo más espacio para los gatos, construyó una casa para los recién llegados en su patio trasero: una construcción de ladrillo de dos pisos, con aire acondicionado. La llamó "el Gatatorio". Finalmente llegaría a tener 150 gatos.

La única hija felizmente casada fue Jane. A Pop le encantaba pasar tiempo con sus hijos, Rosemary y el joven John. Disfrutaba los fines de semana de cotorreo y juegos de ajedrez con Ronnie. El inglés acabó siendo un buen amigo y solían reírse como niños en sus intentos de hacerse trampa el uno al otro en el juego de cartas. Pero con Jane, desde que ella había alcanzado la madurez y aprendido a expresar sus opiniones, su relación fue tensa. Jane fue la que cuidó más a su madre, la que le leyó mientras estuvo en cama todos esos años. Ahora sentía la necesidad de cuidar a Pop, dirigir su dieta y velar por su salud. Pop la encontraba mandona; Jane lo encontraba dogmático. Más adelante ella reflexionaría: "Todo lo que nuestro padre decía era la voluntad de Dios".

Jane y su padre estaban separados por sus similitudes: ambos le decían al otro qué hacer. Como muestra de su resentimiento (una cualidad ausente en sus negocios, pero persistente en su vida privada), se negó a comprarle a Jane una casa. Lo había hecho por sus demás hijas, hasta por Tita.

Si tan sólo, sentía Jenkins, sus hijas hubieran sido menos obstinadas y más responsables con el dinero. Si tan sólo, sentían sus hijas, su padre se hubiera tomado el tiempo de hablar con ellas.

Sus solitarias visitas por la tarde a la tumba de su esposa continuaron. Siguió leyéndole en voz alta. Moribundo con cáncer, inseguro de su legado, distanciado de sus hijas y atormentado por el remordimiento, Jenkins, como un rey Lear estadounidense, tenía buenas razones para llorar.

Durante el invierno y la primavera de 1962, Jenkins siguió trabajando. Sus viajes a Apatzingán ya no eran tan frecuentes, pero los hacía cuando la energía se lo permitía. Su principal preocupación era encauzar el resto de su riqueza a la fundación, por medio de la venta de sus acciones en sociedades y la donación de sus activos. Manteniendo una contabilidad escrupulosa, convocaba reuniones del consejo para que cada donativo se hiciera constar oficialmente. Estaba dando un ejemplo para cuando ya no estuviese. En una reunión de marzo de 1962, presentó una suma de cinco millones de dólares y, en abril de 1963, pudo donar nueve millones. Pronto la fundación calcularía una dotación total de 60 millones de dólares.[111]

En abril, Jenkins visitó Estados Unidos.[112] El tumor en su próstata había necesitado una operación que se hizo en el Hospital Latino Americano del doctor Meadows. Pero su molestia empeoró, por lo que voló a la Clínica Mayo y se sometió a dos operaciones más. Con optimismo, los médicos le aseguraron que le quedaban al menos cuatro años de vida; tal vez no consideraron la poca disposición de Jenkins a descansar. Con más conocimiento, quizás, Jenkins hizo unos retoques más a su testamento.

Aunque logró hacer un viaje de una semana a Apatzingán, se dio cuenta de que necesitaba estar en cama con más frecuencia. Sus hermanas Mamie y Kate viajaron a México para ayudar a cuidarlo, al igual que Tita, pero como estaba bien atendido, por su fiel cocinera Mía y una enfermera dedicada, Alicia Juárez, simplemente le hicieron compañía. Su hermana, Anne Bunztler, que aún dirigía el Colegio Americano, lo visitaba seguido, al igual que Margaret y Bill, que ya vivían en la Ciudad de México.

Para el 1º de junio, Jenkins tenía dolores constantes. Todavía quedaba mucho por hacer, así que insistió en celebrar otra reunión del consejo. Manuel Espinosa, Felipe García Eguiño, Manuel Cabañas y Bill se reunieron con él en su habitación la mañana del 3 de junio, para registrar su donativo de otro de los edificios de Puebla que le pertenecían.[113]

Alicia Juárez no se fue de su lado. Era miembro de confianza del hogar de Jane y Ronnie, a cuyos hijos ayudó a criar. Además, era metodista y asistía a la misma iglesia que Mary había apoyado con donativos en los años veinte. En algún momento, Jenkins le pidió que recitara el Salmo 23 y así lo hizo ella, en español, y después de cada línea él repetía las palabras en inglés: "El Señor es mi pastor; nada me faltará…"

Al día siguiente, un martes, Jenkins se despertó con las campanas de la catedral. Había llegado a Puebla la noticia de la muerte del papa Juan XXIII. Mientras perdía y recuperaba el conocimiento ese día, las campanas siguieron sonando.

A la una de la tarde, hizo un gran esfuerzo por levantarse al baño. Mientras volvía del baño levantó la mano a nivel del pecho y balbuceó algo que Alicia no pudo entender. Muy pálido, se tambaleó hasta su cama. Alicia dio la voz de alarma y mandó al chofer por el doctor Meadows. Jenkins le susurró a Margaret que debía llamar a Bill.

Meadows llegó acompañado de un cardiólogo. Confirmaron que había sufrido un ataque cardiaco.

Jenkins pasó las siguientes dos horas entre el malestar y la agonía. Bill aún no había llegado, pero Margaret, Anne, Mía y Alicia estaban con él, junto con su nieto John, y también estaban sus secretarios de muchos años, Cabañas y Sevilla.

A las tres y media, Jenkins tuvo un segundo ataque al corazón. "¡Me muero! Me muero!", jadeó en español. Empezó a toser con sangre. Pocos minutos después, su corazón se detuvo por completo.

El arzobispo Márquez apareció poco tiempo después. Le pidió a la familia que le permitieran rezar por el eterno descanso del difunto. Autorizado, se arrodilló al lado de la cama de Jenkins, juntó sus manos, inclinó su cabeza y oró, emotiva y detenidamente.

Esa misma tarde, Espinosa llegó de México. El astuto magnate de cine convertido en banquero ya era el presidente de facto de la Fundación Mary Street Jenkins y, por tanto, árbitro principal de la forma en que las utilidades de su enorme dotación debían gastarse. Una de sus primeras acciones fue abrir la caja fuerte de la fundación, recuperar la última versión del testamento de Jenkins y falsificar la firma del difunto. Con dudas hasta el final sobre algunos detalles (tal vez preguntándose que si al dejar un poco más a sus hijas podría reparar daños de algún modo), Jenkins lo había dejado sin firmar.

CAPÍTULO 11

El más allá terrenal de Jenkins

> En Estados Unidos, la gente entiende que los ricos son bendecidos por Dios para administrar los recursos de la comunidad. En México, esta visión no existe.
>
> JORGE VILLALOBOS,
> director del Centro Mexicano de Filantropía (2007)

EL LEGENDARIO WILLIAM O. JENKINS

"El legendario William O. Jenkins", declaró *Excélsior*.[1] El titular encapsulaba el tono de los obituarios: en México, en Puebla, incluso en Estados Unidos. La leyenda de la que hablaban era la de una acumulación de riqueza un tanto oscura y bastante extraordinaria que había hecho un hombre inescrutable. La vida de Jenkins se estaba convirtiendo en un híbrido de romance gótico y fábula de autosuperación.

"Hijo de modestos granjeros, Jenkins llegó a amasar más de tres mil millones de pesos", repicó *La Opinión* de Puebla. ¿Era ésa efectivamente la suma? El periódico estaba siguiendo el cálculo de *Time,* que la había expresado entre 200 y 300 millones de dólares. *El Universal* proporcionó un valor más modesto, equivalente a 40 millones. *El Sol de Puebla,* tras consultar con la Fundación Jenkins, reportó la fortuna en alrededor de mil millones de pesos, u 80 millones de dólares. De cualquier modo, como *The New York Times* señaló, Jenkins "tenía fama de ser el hombre más rico de México."[2]

"El señor Jenkins no siempre fue bien comprendido", dijo *Novedades,* el diario en el que tuvo una participación. "Su vida se desenvolvió en el misterio", estuvo de acuerdo el *Excélsior,* que varias veces citó la reticencia de Jenkins para hablar sobre su historia. Al igual que los demás obituaristas, este autor tuvo que depender del recuerdo de sus amigos, como Manuel Espinosa y Gregorio Walerstein, cuya comprensión de los primeros años de Jenkins era propensa a errores. En algunos lugares, la prensa aumentaba la leyenda que afirmaba desmitificar.[3]

"Sólo él mismo podría relatar la verdadera historia de su vida", publicó el más honesto de los titulares. Publicado en *El Sol de Puebla* y firmado por el experimentado reportero Luis Castro, este obituario era el más largo y esmerado. Castro admitió que gran parte de la historia era desconocida y que otra parte sólo eran rumores. Varias veces le dio a Jenkins el beneficio de la duda y lo defendió en contra de la vieja acusación de autosecuestro.

Castro también dio muchos detalles sobre la filantropía local de Jenkins. Quizás haya sido esto lo que convenció al periodista de ser amable, ya que el conjunto de la huella caritativa que Jenkins había dejado era enorme. Había financiado la construcción de los dos hospitales de la Cruz Roja en la ciudad de Puebla, otros hospitales en otras partes del estado y un Instituto de Cáncer que próximamente se inauguraría. Había construido un segundo Club Alpha, ahora la principal instalación deportiva de Puebla, donde la cuota mensual de 15 pesos era suficientemente baja para quienes tenían ingresos medios. Había cofundado el Colegio Americano de Puebla y había pagado por una extensión en el Seminario Palafoxiano. Esto sin decir nada de los cinco centros educativos que había ayudado a construir, otras 17 escuelas más pequeñas que había financiado y las obras hidráulicas y los mercados cubiertos que había subsidiado, y que a Castro se le olvidó mencionar, o quizá le faltó espacio.

El Sol de Puebla pronto reportó que la Fundación Mary Street Jenkins había desembolsado 86.6 millones de pesos, cerca de siete millones de dólares, hasta entonces. La suma era ligeramente mayor que el presupuesto anual del estado de Puebla. A lo largo del próximo cuarto de siglo, empleando el modelo que Jenkins introdujo de donar las utilidades de sus inversiones, la fundación haría donaciones de más de 150 millones de dólares.[4]

Mientras el público leía sobre Jenkins en el periódico matutino, cinco de sus amigos se reunieron en su casa y votaron por los nombramientos para el patronato de la fundación.[5] El primer nombramiento fue el mejor amigo de Jenkins, el cirujano dentista Sergio Guzmán, que ascendió de miembro suplente a miembro de pleno derecho, y se unió al industrial azucarero Felipe García Eguiño, y el secretario particular de Jenkins, Manuel Cabañas. Al nieto de Jenkins, William Anstead Jenkins, mejor conocido como Bill, lo promovieron a vicepresidente. El que ascendió a la presidencia fue el hombre que fungió como la mano derecha de Jenkins durante 25 años, primero en la industria cinematográfica y luego en la banca, Manuel Espinosa Yglesias.

El que siguió excluido de la fundación fue el otro socio clave de Jenkins; Gabriel Alarcón se estaba reinventando como magnate industrial multimillonario y editor. En 1965 fundaría un periódico que subió el listón de los medios mexicanos, tanto por su calidad técnica a todo color como por su servilismo hacia el PRI. Llamado *El Heraldo de México*, anunció su compromiso con la integridad periodística decorando la primera plana de su primer número con una fotografía del presidente (quien se declaró el "primer lector" del periódico) y un editorial de autoelogio. *El Heraldo de México* ayudó a Alarcón a recuperar su imagen maltrecha y ciertamente promocionó sus empresas de bienes raíces, pero es improbable que ganara dinero.[6]

El siguiente paso de la fundación fue un catálogo de los activos de Jenkins. Un inventario no era poca cosa, ya que casi toda su fortuna todavía no se cedía a la fundación y gran parte de ésta estaba en manos de los testaferros. También había una urgencia, puesto que lo que no se había cedido estaba sujeto a impuestos del gobierno estadounidense y, dada la riqueza y la fama de Jenkins, los auditores del IRS podían llegar en cualquier momento. Ese mes el patronato se reunió seis veces (más que en todo el año 1962) y hubo más reuniones con el notario de Jenkins, Nicolás Vázquez, cuando los directores se apresuraron para hacer ventas de activos y poner en orden los documentos. Cuando los agentes del IRS por fin llegaron, pasaron varios días examinando los libros de Jenkins, pero no encontraron nada que quedara a su nombre. Se fueron con las manos vacías.

Algunos de los testaferros de Jenkins planteaban un problema más grande. Esto no debió haber sido así, ya que además de los registros notariales, Jenkins había anotado todas sus inversiones en el pequeño libro negro que guardaba en la caja fuerte de su oficina. Cada arreglo encubierto estaba registrado. En muchos casos los testaferros eran los mismos miembros del patronato, o sus hijos, y las transferencias a la fundación eran en gran parte sencillas. Pero otros, aunque más o menos leales a Jenkins, sentían poco o nada de vínculo con el patronato. La recuperación de tierras en Michoacán y el valle de Matamoros de Puebla demostró ser particularmente delicada. En el caso anterior, Espinosa reclutó al secretario de Agricultura para presionar a los testaferros recalcitrantes para que devolvieran sus extensiones. En Matamoros gran parte de la tierra estaba en manos de Facundo Sánchez, el antiguo administrador de campo de Atencingo que Jenkins había conservado para labrar sus cultivos de azúcar y melón. Según una versión, cuando la fundación mandó a alguien para hablar con Sánchez, al pobre hombre lo asustaron de regreso a Puebla cuando balearon su automóvil.

Incluso hubo resistencias dentro de la familia. El yerno Robert William había tenido éxito con su fábrica de pasta en Los Ángeles, donde el patrimonio de Jenkins tenía un crédito pendiente de 476 000 dólares. Al morir, Robert valdría 40 millones de dólares. Pero cuando Bill Jenkins intentó rescatar el préstamo de su abuelo, sólo logró recuperar 60 000. Asimismo un préstamo de un millón de dólares a Ronnie Eustace se quedó sin pagar.[7]

Aunque la fundación le dijo a *El Sol de Puebla* que la fortuna de Jenkins era de aproximadamente 80 millones de dólares, cuando la historia oficial de la beneficencia se escribió, se dijo que la había dotado con 60 millones. Los activos que los testaferros se negaron a liberar, los préstamos impagados a los socios comerciales y las tierras en disputa que debían venderse por menos del valor del mercado presuntamente explicaban la diferencia.

Pero no hubo resistencia por parte de los descendientes de Jenkins. Hacía mucho tiempo que la familia se había reconciliado con la determinación férrea del patriarca. Cualesquiera que fueran sus sentimientos en privado, en público manifestaron estar de acuerdo con el testamento y su deseo de que se cumpliera sin ningún obstáculo.[8]

La ciudad de Puebla honró a su hijo adoptivo con estilo. La mañana del 6 de junio, mientras tenía lugar un servicio funerario privado en el hogar familiar, miles de personas se reunieron en el centro para despedirse de William Jenkins.[9] A las 11 a. m., cinco horas después de que la gente empezó a salir a las calles, comenzó la procesión. Dirigido por niños del Colegio Americano y ambulancias de la Cruz Roja, flanqueado por motociclistas de la policía estatal de caminos, el cortejo incluyó un centenar de coches, así como el coche fúnebre Cadillac. Tardó más de una hora en atravesar los tres kilómetros hasta el Panteón Francés y, al acercarse, los dolientes pasaron a través de una guardia de honor de niños del Centro Escolar Niños Héroes de Chapultepec.

La multitud superaba las 20 000 personas, coincidieron los informes de la prensa. Uno observó que muchos eran "campesinos vestidos toscamente". ¿Habían asistido todos por su propia voluntad? En el grupo había representantes de Atencingo, probablemente trasladados en autobús a instancias de Lorenzo Cue, el amigo al que Jenkins le vendió el ingenio. En cuanto a todos los demás: ¿Cuántos de ellos estaban de luto y no solamente tenían curiosidad o estaban presentes bajo las órdenes de los burócratas y los líderes sindicales con deseo de ganarse algún favor? Quizás algunos estaban agradecidos por la educación que habían recibido en las escuelas fundadas por el viejo gringo. Quizás otros fueron alguna vez empleados de sus fábricas textiles y salas de cine, y sentían que le debían a Jenkins sus empleos. Los periódicos no lo dijeron. Su foco estuvo puesto en el tamaño del espectáculo y los nombres de las personas importantes que asistieron.

Los funerales de los poderosos llenos de gente eran una tradición en México. Con Porfirio Díaz, cuyo régimen organizó 110 funerales de Estado, las manifestaciones de homenaje público se orquestaron para fomentar la unidad nacional entre la población socialmente fragmentada. Aparentemente, las multitudes que acudieron para despedir a Jenkins mostraron una persistencia de las viejas jerarquías de raza y clase que la Revolución no había podido erradicar. Pero el respeto de los trabajadores y los peones ya no era tan profundo como cuando Jenkins puso un pie por primera vez en México.[10] El número de personas que asistieron a su procesión (junto con la presencia masiva de la policía para coordinarlos) sugirió que la élite poblana intentaba conservar una antigua pirámide social.

En el Panteón Francés, lugar de descanso de los peces gordos de Puebla, sólo a los miembros de la familia y los más poderosos se les permitió el acceso al recinto de la familia Jenkins. Aquí enterraron a William Jenkins, tal como había sido su voluntad, junto a su esposa. Manuel Espinosa y Gabriel Alarcón estuvieron presentes, así como el gobernador Antonio Nava Castillo. Docenas de ricachones y políticos poblanos, así como empresarios de la Ciudad de México (cuyos nombres la prensa registró diligentemente), tuvieron que esperar afuera.

Durante muchos años, en el aniversario luctuoso de Jenkins, tendría lugar un nuevo ritual. En el Seminario Palafoxiano el arzobispo ofrecía una misa por el reposo del alma de Jenkins, y luego el gobernador, el alcalde y los miembros de la familia se reunían frente a su tumba, acompañados de los representantes de la Fundación Jenkins, el Colegio Americano, los Clubes Alpha, entre otros. Espinosa solía dar un discurso sobre los logros de la fundación (salpicando sus palabras con cifras) y la prensa registraba los actos (probablemente a cambio de un pago). Versiones modestas de este ritual perdurarían durante cuatro décadas.[11]

Y así a los poblanos se les impulsaba a pensar que si bien don Guillermo ya no estaba con ellos en persona, permanecía en espíritu. Su fortuna estaba contribuyendo a su progreso. Gracias a esta herencia, y gracias al liderazgo del gobernador y de otros hombres que sabían más, todo estaba bien en el mundo.

Nava Castillo de hecho no duró mucho tiempo como gobernador. En 1964 su fuerte represión de un segundo movimiento estudiantil y su burdo intento de autoenriquecimiento al crear un monopolio de distribución de leche en el que tenía una participación causaron una protesta masiva y constante. Para finales de octubre, el presidente López Mateos no vio otra opción que la de remplazarlo.

Pero durante sus 21 meses en el gobierno, Nava empezó a sacar a Puebla de dos décadas de estancamiento económico. A diferencia de sus cuatro predecesores, cuyo fracaso para atraer inversionistas olía a autocomplacencia, Nava trazó una política industrial bien concebida y promulgó una ley de inversión con centros de capacitación para apoyarla. Sus esfuerzos anunciaron nuevos albores industriales y ese otoño Volkswagen anunció una planta automotriz de 80 millones de dólares a las afueras de la ciudad de Puebla. El gigante siderúrgico Hylsa seguiría unos años después. Estos cambios plasmaron una era posterior a Jenkins. Puebla dejó de ser un estado en el que el estancamiento político y económico iban de la mano.[12]

Desde una perspectiva nacional, en cambio, el fallecimiento de Jenkins no simbolizó un parteaguas. En cierta medida fue un testimonio de su legado, como pilar del ala derecha del PRI. El modelo que ayudó a crear —una simbiosis de los monopolios políticos y empresariales, con la adhesión a un conservadurismo favorable a Estados Unidos— estaba muy arraigado. Dos sucesos ocurridos tras pocos meses de su muerte son testimonio de esto. En julio de 1963, México volvió al mercado de bonos de Estados Unidos tras una ausencia de 53 años. La economía de México era suficientemente estable y pro capital, y sus políticas suficientemente no amenazadoras para que Estados Unidos otorgara este sello de aprobación. Luego, en noviembre, López Mateos destapó como su sucesor al secretario de Gobernación, y antiguo protegido de Maximino, Gustavo Díaz Ordaz.[13]

Pese a los gestos de neutralidad en la Guerra Fría y las nacionalizaciones simbólicas de la industria efectuados por López Mateos, Díaz Ordaz era fundamentalmente partidario de las empresas y cada vez más intolerante con la disidencia izquierdista. Como consecuencia, las semillas de descontento sembradas por la huelga de ferroviarios de 1958, regadas por la Revolución cubana y alimentadas por las protestas estudiantiles en Puebla y otras ciudades a principios de los sesenta, florecerían en un importante movimiento de derechos civiles en el verano de 1968. Protestando contra el gobierno autoritario, los estudiantes de México tomarían las calles como nunca antes. Ese otoño, cuando el movimiento amenazó con arruinar el plan del presidente de exhibir su nación modernizada mientras albergaba los Juegos Olímpicos, el Estado aplicaría mano dura como nunca antes. En un mitin del 2 de octubre en la colonia capitalina de Tlatelolco, donde alguna vez los aztecas lucharon por su último bastión en contra de los españoles, docenas, si no cientos, de estudiantes caerían muertos bajo fuego militar.

La política de la filantropía, de nuevo

El ascenso de Manuel Espinosa como cabeza de la Fundación Jenkins, la beneficencia privada más grande de México, provocó un cambio inconfesado en su filosofía. Tras la muerte de Mary, las donaciones de Jenkins en términos generales siguieron dos principios: debían mejorar la suerte de los pobres, a través de la construcción de escuelas y hospitales, y debían hacerlo en Puebla. Durante la primera década de la fundación, 90 por ciento de sus donaciones se destinaron a proyectos en el estado.¹⁴ Espinosa dejó de lado estos principios. Las donaciones beneficiaron cada vez más la educación de los ricos. Puebla siguió siendo el principal beneficiario de los fondos de la fundación en la década de los sesenta, pero durante los setenta Espinosa dio prioridad a esquemas de perfil alto en la Ciudad de México, a la vez que buscó protección y capital político para su banco.

Espinosa asumió el mando de la fundación en un momento de *entente cordiale* entre la iniciativa privada y el Estado. Aun así, fue menester de Espinosa hacer un gran gesto de apoyo a López Mateos para que les fuera aparente a todos en el gobierno que la fundación era un aliado. De este modo, la primera donación que se hizo durante la guardia de Espinosa fue un compromiso de 1.4 millones de dólares para ayudar a pagar las escuelas técnicas que la Secretaría de Educación Pública estaba implementando en todo el país.¹⁵

Si bien la subvención hizo eco del interés de Jenkins en la educación, marcó un cambio de énfasis desde Puebla y una adulación pública al presidente. El 1º de agosto de 1963 Espinosa acompañó a López Mateos en la inauguración de una escuela técnica en México. Se sentó con el presidente y otros dignatarios en un estrado y después de un par de discursos, dio el suyo: la fundación pagaría seis escuelas más, dondequiera que el presidente ordenara construirlas.¹⁶ Si bien Espinosa había asumido el control del Banco de Comercio nueve años antes, y si bien había hecho declaraciones sobre política económica, nunca había podido desmentir por completo los rumores de que lo había hecho como marioneta de Jenkins. Los rumores molestaban terriblemente a Espinosa ya que estaba muy orgulloso de haber separado sus intereses y emprendido su camino solo.¹⁷ Ese día, ni siquiera dos meses después de la muerte de su mentor, marcó una victoria triple: Espinosa se convirtió en una figura pública por cuenta propia, un amigo visible del presidente y un filántropo famoso.

Por el resto de su vida, Espinosa efectivamente fue la fundación. El patronato simplemente seguía su voluntad. Ninguno de los demás miembros tenía nada parecido a su fuerte personalidad o perspicacia: Bill Jenkins sólo tenía 31 años y confiaba en Espinosa, con quien se había asociado en una compañía de seguros; García Eguiño era un hombre mayor que sólo viviría tres años más; Cabañas había pasado su vida profesional sin hacer preguntas; y Guzmán nunca se había interesado mucho en el dinero.

Una muestra temprana de la voluntad férrea de Espinosa involucró el megaproyecto favorito de Jenkins, el hospital de cáncer. La fundación ya había gastado 1.7 millones de dólares en éste. El edificio estaba casi listo y se había comprado el equipo principal. En agosto de ese año, el secretario de Salud visitó las instalaciones y declaró que sería el mejor hospital de cáncer en Latinoamérica.

En el curso de un año, Espinosa lo congeló. Después lo rechazó por completo. En su opinión, un hospital era demasiado costoso para administrarse como una beneficencia. Sentía lo mismo con respecto al Hospital Latino Americano que Jenkins había subsidiado desde los años veinte; finalmente dejó que el secretario de Salud se hiciera cargo. Sus objeciones no eran arbitrarias. En sus últimos años, Jenkins perdió su toque de Midas y sus grandes ideas filantrópicas, como el orfanato que propuso para mil niños, eran propensas a la fantasía. Si bien un hospital de cáncer en Puebla habría podido ser de gestión conjunta con el gobierno estatal, para la mentalidad de libre mercado de Espinosa las alianzas entre el sector público y privado eran un riesgo. Como casi toda la élite empresarial de México, Espinosa y Jenkins estaban de acuerdo en que los gobiernos estaban llenos de sinvergüenzas. Aun así, al dar carpetazo al hospital de cáncer, estaba ignorando los deseos de su amigo.

La familia Jenkins estaba molesta, y la molestia se convirtió en indignación cuando Espinosa optó finalmente, en 1984, por convertir el edificio inactivo en un hotel Best Western. Jane, para entonces la mayor de las hijas que sobrevivieron a Jenkins, dijo que nunca lo perdonó.[18]

Espinosa estaba mucho más interesado en la educación que en la salud. En cuanto a las universidades, la fortuna de Jenkins le prometía los medios para ayudar a conducir a la derecha hacia la victoria. Su principal preocupación estaba en su patria chica. El activismo en la Universidad Autónoma de Puebla (UAP), que ocupó los titulares en 1961 y 1964, provocó consternación entre las élites poblanas, entre otras razones porque las dos décadas de estancamiento económico las habían dejado rezagadas con respecto a los clanes de Guadalajara y Monterrey. Los esfuerzos para atraer compañías externas podían flaquear si el estado seguía siendo un semillero de radicalismo.[19] Independientemente de si Espinosa planeó o no una estrategia unificada, lo que surgió fue un esfuerzo en dos frentes para contrarrestar a la izquierda activista de la UAP.

En 1964 Espinosa decidió establecer buenas relaciones con la universidad, que estaba bajo el rectorado de Manuel Lara y Parra, un liberal moderado. Al año siguiente ofreció el equivalente de 4.8 millones de dólares, por mucho el compromiso más grande de la fundación hasta entonces, para la construcción de todo un nuevo campus (algo que Jenkins había propuesto en 1960). Una vez más la oferta era controvertida: Espinosa y Lara y Parra tuvieron que resistir una tormenta de protestas tanto de la izquierda, que veía a la fundación con desdén, como de la derecha, que consideraba a la UAP una guarida de comunistas, indigna de generosidad. Pero el donativo se confirmó con fanfarrias en el segundo aniversario de la muerte de Jenkins, junto con la colocación de la primera piedra.[20] La ceremonia sentó un precedente: en los años venideros Espinosa aseguraría que las iniciativas de la fundación se reconocieran públicamente cada 4 de junio.

Poco después, Espinosa empezó a reunirse con Ray Lindley, el presidente de una universidad para expatriados estadounidenses que se estaba diversificando para incluir mexicanos. Fundada en 1940 como Mexico City College, Lindley le cambió el nombre a University of the Americas. Espinosa prometió que donaría cinco millones de dólares, mucho más que lo que Lindley estaba solicitando, con la condición de que cambiara su nombre al español (de ahí Universidad de las Américas o UDLA) y construyera su nuevo campus en Puebla.[21]

En su valor nominal, ambos compromisos parecían altruistas: donaciones prácticamente iguales que beneficiarían a los jóvenes de Puebla. Más o menos cumplían la carta de la fundación. A Jenkins no le había interesado mucho apoyar la educación privada, pero seguramente habría aprobado la de la UDLA como un promotor de la amistad entre México y Estados Unidos. A partir de 1925 había expresado su interés por fomentar los lazos a través de la educación, como un antídoto contra "el sentimiento de desconfianza y temor que prevalece en muchos círculos de México hacia los estadounidenses".[22] Sin embargo, la Ciudad Universitaria de la UAP y el campus Puebla de la UDLA, por mucho los proyectos más grandes de la fundación en los sesenta, representaban ante todo una estrategia política: debilitar a la izquierda estudiantil y fortalecer a la derecha.

En la UAP, las principales instalaciones se mantuvieron en el corazón de la ciudad de Puebla. Su edificio emblemático, un gran palacio del siglo XVI llamado el Carolino, estaba a sólo dos cuadras de la catedral, y estos dos lugares habían servido como puntos de encuentro de multitudes rivales a principios de los sesenta. Edificando una ciudad universitaria para la UAP en medio del campo a las afueras de Puebla, Espinosa y las autoridades del estado estaban trasladando a la mayoría de los estudiantes a varios kilómetros de distancia, donde podían causar menos problemas. Además, Espinosa estaba mandando una señal: los rectores moderados como Lara y Parra recibirían apoyo financiero; los socialistas y los comunistas no.

Muchos estudiantes y académicos eran muy conscientes de las intenciones ocultas de Espinosa, y algunos veían con mucho resentimiento el apoyo de la Fundación Jenkins. En la ceremonia de la primera piedra de la Ciudad Universitaria, el estudiante de derecho que eligieron para hablar en nombre de los alumnos declaró que no había nada que agradecer, ya que William Jenkins había hecho su fortuna explotando a los trabajadores de Atencingo; el dinero que provenía de la gente ahora estaba volviendo a ésta.[23]

En la UDLA, lo que destacaba era la fórmula de financiamiento. Cuando Lindley se acercó por primera vez a Espinosa, ya tenía un compromiso de la Agencia de Estados Unidos para el Desarrollo Internacional (USAID, por sus siglas en inglés); la agencia suministraría dos millones de dólares si Lindley podía encontrar donativos de contrapartida. Una vez que Espinosa ofreció cinco millones de dólares, la USAID comprometió un monto equivalente y en 1971, un año después de que la UDLA abriera sus puertas, ambos patrocinadores dieron otros cinco millones cada uno y financiaron una escuela de negocios y otras instalaciones.[24] Para Espinosa, el objetivo planteado era proporcionar a Puebla una institución de excelencia, una respuesta local al Instituto Tecnológico de Monterrey. Para la USAID, fundada por el presidente Kennedy, los donativos se ajustaban a su mandato general de apoyar el crecimiento económico en el mundo en desarrollo. Y ambos partidos tenían segundas intenciones.

A diferencia de México, Guadalajara y Monterrey, Puebla no ofrecía ninguna universidad privada, ninguna incubadora para los futuros líderes empresariales católicos. La UDLA podía proporcionar una, así como un contrapeso para la izquierdista UAP. Espinosa sentía que la iniciativa privada debía orientar la educación hacia los objetivos del desarrollo capitalista, la capacitación profesional y el libre comercio. Para garantizar su lealtad ideológica, Espinosa insistió con Lindley en una condición encubierta: tendría el derecho de veto sobre los nombramientos del profesorado.[25]

Muy probablemente, el gobierno estadounidense se movía por preocupaciones con el comunismo. La inquietud no sólo era el alumnado de la UAP, con su mayoría izquierdista, sino la institución en su conjunto. Para 1967, cuando se puso la primera piedra de la UDLA, la UAP había visto su matrícula duplicarse en cuatro años a 10 000.[26] Con sus números elevados y su victoria en contra del gobernador Nava Castillo, consolidaba su estado como un centro de poder político. Su rectorado podía servir como una plataforma de lanzamiento para una campaña para alcalde o incluso gobernador.[27]

La UDLA, por tanto, pudo haber servido además como sucursal de inteligencia para la CIA, como varios de sus académicos han afirmado. Había precedentes tanto en el nivel local como global. Jenkins mantuvo vínculos con la inteligencia estadounidense, aunque informales, ayudando a sabotear el festival de cine ruso en 1954 y, al parecer, manteniendo al agente de la CIA Phil Roettinger informado sobre la élite política poblana. En cuanto a la USAID, en los años sesenta sus programas encubrían algunas veces las operaciones de la CIA. La alarma estadounidense sobre el comunismo en México, acentuada después de la Revolución cubana, persistiría durante los setenta.[28]

Espinosa luego aplicó su estrategia de contrapeso en la Ciudad de México, donde el presidente Díaz Ordaz estaba preocupado por el radicalismo en la UNAM.[29] Las sumas que Espinosa donó promovieron su divergencia respecto del mandato de Jenkins para favorecer a Puebla. En la capital, ayudó a tres conductos de ideología más o menos conservadora, cada uno de ellos con la participación de la Iglesia. Uno era la Universidad Iberoamericana, dirigida por jesuitas, a la que canalizó 300 000 de dólares en 1966. Otra era el Centro Cultural Universitario, un punto de encuentro para la juventud católica cerca de la UNAM, diseñado por un fraile dominico como un baluarte en contra del marxismo del campus. Entre 1966 y 1974 la fundación otorgó más de dos millones de dólares para su puesta en marcha y su funcionamiento.[30]

Ante todo, Espinosa inyectó millones de los dólares de Jenkins en la Universidad Anáhuac. Junto con otros importantes magnates industriales, la transformó de una pequeña universidad privada en un baluarte de conservadurismo y el campus de preferencia de los hijos de la élite empresarial de la capital. Establecida en 1964, la Anáhuac fue idea del padre Marcial Maciel, fundador de la congregación de los Legionarios de Cristo. Al año siguiente, la fundación aprobó una donación inicial para un nuevo campus, ubicado en los suburbios ricos del poniente de la capital. Su donativo de 1.6 millones de dólares cubrió una cuarta parte del presupuesto.

La Anáhuac dio un gran salto adelante cuando el nuevo campus, diseñado para 12000 estudiantes, abrió en 1968. La ceremonia tuvo lugar en el quinto aniversario de la muerte de Jenkins. La prensa no hizo mención alguna del propio Jenkins, presuntamente porque ningún discurso se refirió a él. Sin embargo, Espinosa dominó el reflector como el principal orador de ese día. Evidentemente sentía que la fecha era una señal suficiente para la familia Jenkins de que se estaba honrando la memoria de su antepasado. Se enfocó más bien en exhortar al gobierno y sus compañeros banqueros a facilitar préstamos a los estudiantes, siguiendo el modelo educativo de Estados Unidos.[31]

La fundación aprobó otros cinco millones de dólares en 1969 y ayudó a la Anáhuac a agregar más edificios. Otras donaciones considerables seguirían en los próximos 16 años, lo que daría un total de unos 15 millones de dólares, equivalentes hoy a unos 70 millones. No se sabe qué proporción del financiamiento total de la Anáhuac llegó a través de Espinosa, pero su papel protagonista en la inauguración sugiere que fue su promotor inicial más grande. La investigación más detallada de los Legionarios y sus donadores llamó a Espinosa "el alma económica de la Universidad Anáhuac desde su fundación".[32]

¿Por qué tanta generosidad? La Anáhuac ofrecía una educación que contrastaba totalmente con la de la UNAM. La UNAM, durante mucho tiempo el gran campo de entrenamiento de la élite política y empresarial, ahora estaba profundamente asociada con el activismo de izquierda y el antiautoritarismo; sus estudiantes encabezaron las protestas de 1968 que terminaron con la masacre previa a los Juegos Olímpicos. El fundador de los Legionarios, Maciel, presentó la orden a sus benefactores como un baluarte en contra del comunismo. Al mismo tiempo, la Anáhuac ofrecía una educación católica distinta que la de los jesuitas de la Universidad Iberoamericana, la cual, aunque más prestigiosa, no era una apuesta segura para Espinosa. Algunos jesuitas promovían la "liberación" de los pobres, de la pobreza y la marginación política. Esta corriente, que ganaba popularidad en toda Latinoamérica, pronto tendría un nombre: teología de la liberación.[33]

Maciel predicaba un evangelio menos amenazante. Su carisma y culto a la personalidad (los Legionarios lo llamaban "nuestro padre", hacían un voto de no criticarlo nunca y lo consideraban un santo en vida) ayudaron a convencer a los ricos de soltar grandes sumas. Un promotor acaudalado admitió en un momento dado que a Maciel lo adoraban los ricos porque los hacía sentir como si "Cristo los amara más que a otras personas y los usaba como parte de un plan divino". La observación sugiere otra razón por la que Espinosa donó tanto: vanidad. En lo que claramente fue un momento apreciado, una memoria familiar incluye una fotografía de Espinosa recibiendo una medalla de Maciel.[34]

Como solía suceder con las donaciones de Espinosa, había además un objetivo empresarial. El sello de la élite que venía con el apoyo generoso de los Legionarios, junto con su membresía del consejo de la Anáhuac, acercaron más a Espinosa con las familias adineradas de la élite de Monterrey que todavía no habían hecho negocios con el Banco de Comercio.

Sería erróneo tildar el apoyo de Espinosa a la Anáhuac (o a la UDLA) como completamente interesado. Independientemente de sus rasgos elitistas, Espinosa creía en el principio de la movilidad social y en la educación como su gran facilitador. Muy probablemente Jenkins había sido una influencia en esto: su propia trayectoria había servido de testimonio, al igual que su apoyo permanente a la educación, cualquiera que fuera la raza o la clase de los beneficiarios. Espinosa dejó en claro en su discurso de inauguración que no quería ver a la Anáhuac educando sólo a los ricos. Exhortó a los líderes empresariales, muchos de ellos presentes en el público, a otorgar becas a sus empleados y a los hijos de sus empleados, ya que México tenía una gran necesidad de personal bien capacitado.[35]

En 1970, con el ascenso del presidente Luis Echeverría, Espinosa cambió sus objetivos filantrópicos. Durante los gobiernos de Echeverría y su sucesor, José López Portillo, a Espinosa le pareció prudente dirigir el dinero de Jenkins hacia la Ciudad de México. Lo que el escritor Octavio Paz describiría como un "ogro filantrópico" (el Estado dirigido por el PRI que hacía donaciones a las personas con una mano y golpeaba a los ingratos con la otra) había entrado en una mediana edad irascible y autoindulgente. Cualquier cosa podía suceder, por lo que tenía sentido ganarse favores y atender caprichos demagógicos.[36]

Los sueños colosales de Echeverría incluían un nuevo complejo para el Instituto Nacional de Cardiología. Aquí la fundación hizo su donación más grande hasta entonces, 10 millones de dólares, que cubría casi la mitad del costo.[37] El Instituto ya tenía una reputación internacional y el nuevo sitio lo realzaría. Su excelencia estaba alineada con la retórica de Echeverría sobre la "dignidad nacional" y el orgullo "tercermundista". Después de casi seis años de planeación, la construcción empezó a tiempo para que Echeverría colocara la primera piedra. Luego, unas semanas antes de dejar el cargo, el presidente insistió en inaugurar el edificio también, tres años antes de su finalización.[38]

Una donación para una nueva Basílica de la Virgen de Guadalupe también apeló al gusto de Echeverría por el tamaño y el espectáculo. Creado para recibir a 10 000 personas, el edificio fue diseñado por el arquitecto de gran escala más famoso de México, Pedro Ramírez Vázquez. Le daría a México otro edificio emblemático y otro impulso al turismo, sector que el Estado había priorizado para el crecimiento. Los líderes empresariales contribuyeron a un presupuesto que durante la construcción se multiplicó a 25 millones de dólares. En 1976, cuando se inauguró la Basílica, aún debían recaudarse unos cinco millones. Donando dos millones de la fundación, Espinosa reforzó el esquema de Echeverría de grandes obras.[39]

El resultado de dicho apoyo al monumentalismo presidencial es difícil de evaluar. Pero una época de fricción entre Estado y capital ciertamente salió bien para el Banco de Comercio (pronto rebautizado como Bancomer), que siguió creciendo bajo el liderazgo astuto de Espinosa. Puede que las donaciones hayan cosechado frutos específicos durante el último año de Echeverría, cuando Espinosa tuvo en sus manos una huelga en su estado natal. Puebla se había mantenido como un hervidero de activismo estudiantil. Una lucha de dos años por la dirección de la UAP culminó en una batalla callejera con la policía que dejó un saldo de cinco estudiantes muertos. El poeta Efraín Huerta vilipendió al famoso estadounidense fallecido de la ciudad: "El espectro de Jenkins aúlla y maúlla", escribió en "Puebla endemoniada". Otro gobernador impopular fue forzado a dimitir.[40]

Tan grande era la polarización que afectó incluso a la UDLA. Muchos en el profesorado y el personal estaban consternados por los planes para reducir las humanidades a favor de los programas vocacionales. Despreciaban al nuevo rector, un archiconservador decidido a dirigir la matrícula más hacia la élite mexicana. En abril de 1976 se fueron a huelga y el paro duraría cinco meses. Siguiendo la tradición retórica que databa de las marchas a favor y en contra de Cuba 15 años antes, los puestos escalaron en su estridencia. Los huelguistas exigieron la remoción no sólo de la administración, sino también del "elemento burgués" en el alumnado. El historial de Echeverría de tolerar, incluso cultivar, el discurso radical les dio esperanzas. La habilidad de Espinosa para moldear la educación quedó terriblemente amenazada.

Sin embargo, después de la elección general de ese verano, las autoridades federales frenaron a la izquierda crítica. Pronto la huelga de la UDLA concluyó también y su administración despidió a todos los huelguistas. Tal vez Echeverría se habría puesto del lado de Espinosa de todas formas: tras años de gastos inflacionarios y fuga de capitales, estaba a punto de rendirse ante lo inevitable y devaluar el peso, por lo que tal vez deseaba reforzar el apoyo de la iniciativa privada. Pero la lealtad de Espinosa (en contraste con la oposición vocal de muchos empresarios) seguramente inclinó a Echeverría a ayudarlo.[41]

Sin embargo, Espinosa estaba contento de verle la espalda a Echeverría. Sentía que con su salida la amenaza de incautación de Bancomer había desaparecido.[42] Con José López Portillo se produjo un cambio de estilo. El nuevo presidente parecía menos impredecible, más afable y menos amenazante para los negocios. No obstante, compartía con Echeverría una creencia en la grandeza destinada: la de México y la suya. Esto significaba una continuidad en los gestos populistas y los megaproyectos. Debido a un reciente descubrimiento de petróleo, también significaba una acentuación del desarrollo estimulado por la deuda, que produciría una inflación aún mayor. Tal como hizo con Echeverría, Espinosa predicó la responsabilidad fiscal. Convencido de su vocación secundaria como declamador ante la prensa, necesitaba seguir comprando espacio político en el cual ser crítico. Así es que Bancomer siguió satisfaciendo las necesidades del Estado y la fundación siguió financiando proyectos gigantes en la capital.

El principal de éstos fue una restauración del Centro Histórico, sumada a la excavación del templo azteca, el Templo Mayor. El proyecto obtuvo un compromiso conjunto de la fundación, que donó 22 millones de dólares para restaurar edificios, y el propio Espinosa, que donó 10 millones para la más glamurosa restauración del templo.[43] Espinosa hizo su donación a través de la Fundación Amparo, establecida en 1979 en memoria de su esposa. La beneficencia hacía eco de la de Jenkins y usaba una estructura similar. (En años venideros, muchos magnates mexicanos crearían fundaciones basadas en dotaciones.) Sin embargo, Espinosa le dotó sólo 22 millones de dólares, una mínima parte de su fortuna. Nunca estuvo de acuerdo con el enfoque general de Jenkins de desheredamiento.[44]

Ése fue el año, 1980, en el que la estrella de Espinosa alcanzó su pico. En agosto invitó a López Portillo a inaugurar una nueva sede para Bancomer, que finalmente había aventajado a Banamex como el principal banco de México. El edificio era un resplandeciente complejo horizontal de cristal y concreto para 6500 empleados, que costaba 87 millones de dólares. Espinosa luego posó ante su enorme patio interior para *Town & Country*. En una edición especial sobre el "México poderoso", la revista estadounidense de estilo de vida se refirió a Espinosa como el "ciudadano más rico de México", su "filántropo más grande" y un "artífice de su éxito".[45]

Pero todas las maniobras de Espinosa (cinco o seis años de quedar bien con el presidente y ofrecerle asesoría) al final resultaron vanas. A principios de 1982, después de un colapso en los precios mundiales del petróleo, López Portillo se vio obligado a devaluar el peso. Su castillo de naipes financiado con base en endeudamiento empezó a derrumbarse. Finalmente, en medio de una inmensa fuga de capitales, reaccionó expropiando todos los bancos privados de México, incluido Bancomer. El 1º de septiembre utilizó su informe de gobierno para anunciar la confiscación, culpando con lágrimas en los ojos a los banqueros de haber facilitado la salida de capital, factor determinante de su suspensión de pagos de la deuda internacional 10 días antes. Había muchas culpas que repartir, pero un consenso demostraría que el presidente usó a los bancos como chivos expiatorios de un desastre en gran medida generado por los préstamos y gastos pródigos de su régimen.[46]

La nacionalización de la banca, que fue la demostración más drástica de poder presidencial desde la expropiación petrolera de 1938, mostró enfáticamente los límites de la influencia del sector empresarial y la filantropía politizada en particular. La simbiosis posrevolucionaria entre Estado y capital parecía haberse quebrado. Luego el nuevo presidente, Miguel de la Madrid, obstruyó los proyectos de Espinosa en otras partes, lo cual provocó que anunciara en 1985 su absoluta renuncia al negocio. Vendió su compañía de seguros y otras empresas, en su mayoría a su amigo Carlos Slim.[47]

En una década, el hombre más rico y principal financiero de México había perdido a su esposa, su banco y su oportunidad de reinventarse como magnate industrial. Aunque tenía 76 años, Espinosa todavía tenía muchas ideas y una salud vigorosa. La Fundación Jenkins era el único proyecto y la única oportunidad de grandeza que sentía que le quedaba.

Espinosa tras la estela de Jenkins

Aunque ninguno haya expresado la idea, Manuel Espinosa Yglesias fue posiblemente el hijo que Jenkins hubiera querido tener.[48] Primero como su mano derecha y colega monopolista, luego como custodio de su llama filantrópica, Espinosa tenía mucho en común con Jenkins: quizá más de lo que cualquiera hubiera admitido. Ambos eran extremadamente inteligentes y brillantes con los números. Abrigaban sueños de imperio comercial y tenían la fortaleza y la habilidad para verlos realizados. Eran madrugadores, felices de invertir largas horas dirigiendo sus negocios, incluso desatendiendo a sus familias.

También eran traficantes de poder. Aunque ninguno entró en la política, impusieron una jerarquía rígida dentro de sus empresas y buscaron influencia en sus entornos más amplios. Resistieron a la sindicalización de sus empleados, pero recompensaron a los trabajadores tenaces con responsabilidades adicionales independientemente de su procedencia social. Pusieron su músculo financiero al servicio de la ideología conservadora, ya sea apoyando a la derecha del partido gobernante o reforzando las instituciones capitalistas y católicas para contrarrestar la izquierda radical.

Las vidas de sus familias presentaban similitudes también. Con Mary Street y Amparo Rugarcía eligieron esposas con un notable sentido de decoro social. Mandaron a sus hijas a internados en el extranjero: las cinco hijas de Jenkins fueron a Los Ángeles; las tres hijas de Espinosa fueron a Inglaterra, mientras que su hijo fue a la universidad en España. Aunque eran patriarcas tradicionales, ambos les dieron a sus hijas mayores, Elizabeth y Amparín, responsabilidades en el negocio. Mary y Amparo murieron muchos años antes que sus esposos y los dejaron con cargo de conciencia. Cada hombre creó una fundación en su memoria, pero el malestar nunca los abandonó.

Espinosa honró la memoria de su padre y le atribuyó su incursión en el negocio. Pero siguió siendo un actor provincial hasta que se alió con Jenkins. Su asociación perduraría 25 años. Ello significó un cuarto de siglo de tutoría.

Jenkins desde luego había adoptado a su nieto Bill, pero el chico era 22 años más joven que Espinosa. Para Jenkins era claro que Espinosa le resultaba más cercano en ambición y en intelecto. También era evidente que Espinosa se le parecía más que su otro protegido, Gabriel Alarcón, cuyo temperamento era más irascible y su carácter más áspero.

Espinosa era un admirador de Estados Unidos y en la madurez aprendió a hablar decentemente inglés. Solía decirle a su hija Amparín que le gustaba la manera sencilla de hacer negocios de los norteamericanos. Tras mudarse a la capital, se convirtió en el principal enlace de Jenkins con las autoridades federales. A diferencia de Jenkins, era feliz socializando con los políticos. Cuando Espinosa intentó reinventarse como banquero adquiriendo Bancomer, Jenkins venció sus reservas y le brindó todo su apoyo. Espinosa siguió visitando a don Guillermo (como se dirigía respetuosamente a Jenkins) casi todos los fines de semana, para hacerle un informe y pedirle consejos. Cada 25 de diciembre lo visitaba para desearle una feliz Navidad. El principal protegido de Jenkins, con nueve años de éxito en Bancomer en su haber y un perfil público creciente, fue la elección unánime del patronato para encabezar la fundación, tal como su fundador hubiera querido.[49] Cuando su esposa se opuso, preocupada de que la leyenda negra de William Jenkins lo persiguiera por asociación, Espinosa replicó que sería injusto rechazar el puesto, ya que Jenkins siempre lo había tratado bien.

Espinosa no obstante hacía mucho hincapié en guardar las apariencias. Así es que contrarrestó la leyenda negra cuanto pudo; antes ya había intentado en vano convencer a Jenkins de que dictara sus memorias.[50] La falta de interés de Jenkins en las relaciones públicas permitió un contraste excepcional entre ellos.

Otro tenía que ver con las demás mujeres. Al inicio, Espinosa apenas podía creer que Jenkins permaneciera fiel a su esposa, postrada en cama lejos en California. Él y Jenkins estaban haciendo grandes avances en la industria cinematográfica, por lo que tenían el acceso a ávidas actrices que ese poder implicaba. A Espinosa le gustaban las rubias altas. Contrató a un investigador privado para seguir a Jenkins, buscando pruebas de una amante, pero no había ninguna. El productor Gregorio Walerstein estaba igualmente impactado del desinterés de Jenkins en los devaneos. Más tarde en su vida, Espinosa le diría a Rosemary Eustace que había dos cosas que su abuelo nunca hizo: matar a un hombre y engañar a Mary.

Y, sin embargo, pese a toda la lealtad y la proximidad entre los dos, el hombre más joven estaba afligido por los resentimientos. Así como mucho de lo que impulsó a Jenkins fue el ferviente deseo de probarse a sí mismo ante su pedante familia política, Espinosa guardaba su propio rencor. En un país cuyos capitanes de la industria eran preponderantemente altos y blancos, Espinosa era bajo (media alrededor de 1.67 metros) y parecía mestizo. Había sido consciente de su aspecto incluso desde que era niño, ya que mientras que sus hermanos habían heredado la tez más clara de su madre, Manuel tenía los rasgos un tanto indígenas de la línea de su padre. Al ver cómo su madre prefería a sus hijos más blancos, Manuel aprendió a ser simpático para ganarse su cariño. Con poca gracia en apariencia pero dinámico y con voluntad férrea; calculador y desconfiado, pero capaz de cautivar, Espinosa llegó a ser juzgado por algunos como alguien con complejo de Napoleón. Ronnie Eustace solía referirse a él en broma como "Napi".

Espinosa era altamente sensible a esos desaires. Algunos venían del propio Jenkins, a quien le gustaba usar términos de abuso jocosos y a veces lo llamaba chaparro o, cuando cometía un error excepcional, pendejo. Para Manuel esto era humillante. Pero el resentimiento se profundizó más. Para finales de los años cuarenta, cuando Espinosa estaba desarrollando COTSA como la cadena de cines más poderosa de México, Jenkins empezaba a trabajar medias jornadas y a pasar más tiempo con su familia y sus amigos. A Espinosa le pareció que estaba haciendo el doble de trabajo por la mitad de participación en el negocio. Muy probablemente esta molestia le ayudó a racionalizar la compra de las acciones de Bancomer, a espaldas de Jenkins, que puso al estadounidense en una posición incómoda de dueño mayoritario. Espinosa calculó correctamente que Jenkins remediaría el problema dejándolo dirigir el negocio.

Después de la muerte de Jenkins, Espinosa dirigió los elogios. En 1964 durante la inauguración de las escuelas técnicas que la fundación suscribió, en presencia de López Mateos, el discurso de Espinosa se enfocó directamente en Jenkins como filántropo. Para establecer la buena fe de la fundación y promover los deseos de su fundador, citó detalladamente el testamento de Jenkins. Después lo mencionó mucho menos. Los discursos posteriores combinaron relatos de los donativos de la fundación con la visión personal de Espinosa sobre la educación y la economía. Con tantas ceremonias que tuvieron lugar en un 4 de junio, se siguió rindiendo homenaje a Jenkins. Pero la fecha era simplemente una pizca de simbolismo para mantener a la familia de Jenkins contenta, mientras que Espinosa perseguía sus propias metas.

Tras enfrentar la pérdida de su banco y la cesión de sus activos industriales (un periodo atormentado de dos o tres años, durante los cuales la fundación desembolsó poco), Espinosa reavivó un aspecto de la visión de Jenkins: Puebla volvió al centro de su atención.

Uno de los principales desencadenantes fue la posibilidad de que la UNESCO declarara a la ciudad de Puebla como Patrimonio de la Humanidad. El centro histórico necesitaría una transformación importante, incluida la reparación de edificios antiguos. El alcalde de esa época era Jorge Murad, cuya elección en 1983 había sido doblemente crucial: coronó el ascenso de los libaneses de la ciudad y sucedió en medio de un fraude electoral no visto en varias décadas. De hecho, el uso de "alquimia" del partido gobernante en las elecciones municipales, estatales y finalmente federales, se volvió torpe durante la década de los ochenta, a medida que el PAN se impulsaba por el desorden que el PRI había dejado en la economía. En Puebla, el PAN desplegó un fuerte contrincante y la elección fue seguida de semanas de protestas por los trucos sucios del PRI. Así, la iniciativa de Patrimonio de la Humanidad tenía motivos dobles: obtener prestigio y facilitar el turismo, así como legitimizar a Murad y allanar el camino para su sucesor nombrado por el PRI.[51]

Espinosa no fue un patrocinador inmediato. Tal vez seguía muy resentido con el presidente De la Madrid. Pero en enero de 1986, tras conversaciones con el gobernador Guillermo Jiménez Morales, lo superó y apalabró 10 millones de dólares. Esa suma potenció el impulso de Puebla para convencer a la UNESCO y, Espinosa esperaba, se ganaba el favor del gobernador, que tenía buenos contactos en el nivel federal.[52]

En 1987, en un triunfo para Espinosa y para Puebla, la UNESCO le otorgó a la ciudad la preciada distinción de Patrimonio de la Humanidad. El donativo de la fundación no estaba totalmente en consonancia con los deseos de Jenkins (además del repunte temporal en empleos, había poco beneficio directo para los pobres), pero el reconocimiento de la UNESCO dio un gran impulso al orgullo cívico y prometió revitalizar el turismo también, con una mayor creación de empleos como consecuencia. Un año antes, con los trabajos de restauración en pleno desarrollo, el PRI gozó de una victoria mucho más fácil en la contienda por la alcaldía de Puebla.[53]

En el fondo Espinosa anhelaba el protagonismo que había perdido como el banquero más poderoso de México. Así que trató de reinventarse como el filántropo más poderoso. Se afianzó en la fundación nombrando a sus hijas Lupe y Ángeles en el patronato. Rosemary Eustace, que en esa época era cercana a Espinosa, se hizo plenamente consciente de la ausencia de su abuelo en sus discursos. Observó cómo la gente se acercaba a Espinosa y aclamaba su generosidad, como si los donativos de la fundación fueran suyos; no hacía ningún intento por corregirlos. Los columnistas de los periódicos lo alababan como un "héroe" por el apoyo de "su" dinero. A Rosemary se le ocurrió que Espinosa estuviera intentando anular al hombre que había sido su segundo padre.[54]

Al mismo tiempo, Espinosa soñaba con recuperar la propiedad de Bancomer. El afán de neoliberalismo del presidente De la Madrid conduciría probablemente a la privatización de los bancos. Si Espinosa apoyaba al PRI ayudando a combatir al PAN en Puebla, tal vez se ganaría el favor del sucesor de De la Madrid y se colocaría en una situación idónea para pujar por Bancomer. Tal y como resultó ser, el sucesor del presidente fue Carlos Salinas; Jiménez Morales de Puebla era cercano a él (formaría parte del gabinete de Salinas en 1991) y tenía la capacidad de incidir en nombre de Espinosa.[55]

Pero la estrategia falló. La administración de Salinas determinó que si bien los bancos debían subastarse, como se llevaría a cabo entre 1991 y 1992, no debían volver a sus dueños anteriores. Salinas no quería que la privatización pareciera una restauración. Por un lado, los banqueros de la generación de Espinosa todavía estaban mancillados en la opinión pública como "sacadólares", élites antipatrióticas que habían sacado todos sus ahorros de México en 1982 y habían ayudado a otros a hacer lo mismo, lo cual exacerbó el colapso.[56]

Después de la venta del banco, Espinosa concedió una larga entrevista a *Proceso,* al que antes nunca se hubiera dirigido. La esencia de su entrevista se reflejaba en el título de la nota: "En este siglo, nadie ha perdido tanto como yo". Espinosa cargaría con este sentimiento de víctima hasta su muerte.[57]

En cierto sentido, tenía razón. De todos esos afectados por la nacionalización de la banca, Espinosa fue el que salió más perjudicado. Mientras que su contraparte en Banamex poseía sólo una pequeña fracción de sus acciones, Espinosa tenía una mayoría efectiva de las acciones de Bancomer y la indemnización estatal infravaloró dichas participaciones.[58] Pero Espinosa también estaba exagerando el daño de su valor total, con lo que evidenció otro rasgo que compartía con Jenkins. Si bien su fortuna nunca llamó la atención de la lista *Forbes,* para finales de la década, según sus amigos cercanos, valía mil millones de dólares. Aun así, la sensación de traición de Espinosa era comprensible. Pese al apoyo de toda la vida al partido gobernante, pese a un historial brillante en los negocios, tres presidentes consecutivos lo despreciaron.

Y así, el celo con el que dirigió la fundación empeoró y las tensiones con la familia de Jenkins se desbordaron. En el pasado, Espinosa compró efectivamente su lealtad: permitiendo que Bill incorporara a su esposa en el patronato, dándoles a sus hijos Guillermo y Roberto puestos ejecutivos en Bancomer y liberalizando selectivamente las condiciones del testamento de Jenkins. Aunque una cláusula concedía gastos educativos a los nietos de Jenkins, Espinosa se los ofreció también a algunos de los bisnietos. Aunque otra cláusula permitía a Bill y las hijas de Jenkins una pensión de mil dólares al mes en caso necesario, Espinosa hizo los pagos automáticos y los incrementó con el tiempo.[59]

Por naturaleza, Bill siempre había preferido evitar la confrontación. Ahora, sin embargo, compartía la preocupación de su prima Rosemary de que Espinosa se estaba excediendo y estaba disociando la fundación de su fundador. Cuando Bill intentó desempeñar un papel más activo, Espinosa lo rechazó. En una ocasión le dijo: "Me quitas importancia".[60]

Ante todo, Espinosa parecía empeñado en el dominio de la UDLA. Cuando transfirió su terreno y sus edificios a los libros de la fundación, Bill sospechó que esta maniobra era un recurso temporal y que el objetivo final era transferir la UDLA a su Fundación Amparo, junto con los demás activos de la Fundación Jenkins. Durante el gobierno de Mariano Piña Olaya (1987-1993), Espinosa hizo pagos mensuales de la fundación de 100 000 dólares al estado, lo que definió vagamente como "obras públicas". Para Bill éstos eran poco más que sobornos, con el fin de obtener la aprobación de Piña Olaya para realizar maniobras discutibles. La desconfianza era mutua: Espinosa les dijo a sus amigos que sospechaba que la familia Jenkins quería vender la UDLA y ocultar las ganancias.

El golpe decisivo para Bill fue la declaración de Espinosa en 1995 de que se estaba quitando de en medio para volverse el vicepresidente de la fundación y poner a su hija Ángeles en su lugar. Bill y su esposa abandonaron la reunión en protesta y se negaron a volver. Un año más tarde, Espinosa expulsó a la pareja del patronato. Bill interpuso una demanda y el asunto se quedaría sin resolver hasta 2002, cuando Bill y su familia asumieron el control.[61]

La UDLA se quedó bajo el ala de la fundación. Cualesquiera que fueran de sus motivaciones para transferir los activos, Espinosa veía a la universidad como la joya de su corona filantrópica. Bajo su dirección adquirió más importancia. Obtuvo más apoyo para ésta; se dijo que Carlos Slim donó un millón de dólares. Sorprendentemente para un hombre considerado un dictador, Espinosa le dio al rector, el economista educado en Yale Enrique Cárdenas, rienda suelta para dirigir las cosas como considerara adecuado. La UDLA llegó a conocerse como un empleador generoso, con un profesorado talentoso y bien remunerado, y el alumnado incluía una proporción apreciable de estudiantes becados de origen modesto. Con sus fortalezas en los programas vocacionales como negocios, la UDLA cumplió con la visión de Espinosa de un campo de entrenamiento mexicano para el mercado internacional.[62]

Cárdenas rindió un homenaje a Espinosa por sus décadas de compromiso con un evento en la UDLA en 1999. Para entonces, la fundación había apoyado a la universidad con un total de 98 millones de dólares. Espinosa acababa de cumplir 90 años y ese día marcaría su última visita al campus. El presidente Ernesto Zedillo dirigió el homenaje. Junto con varios miembros del gabinete le cantó "Cumpleaños feliz" a Manuel y, en su discurso, Zedillo lo aclamó como "un empresario de excepción, un constructor decidido, un generoso buen mexicano".[63]

Los últimos años de Espinosa no fueron felices. Lidió con la soledad y se preocupó por su reputación. Tenía a tres historiadores escribiendo su biografía, pero no le gustó el resultado.[64] En su lugar, compiló una autobiografía, que tituló *Bancomer: Logro y destrucción de un ideal*.

El libro emite destellos de franqueza, incluidos los relatos de los negocios con Jenkins que dejan en claro que actuó en provecho propio. Pero es un ejercicio extenso en autojustificación, espolvoreado con justa ira en contra del gobierno a partir de 1970. Trata su asociación con Jenkins como la de un ambicioso emparejado con un torpe financiero, cuyos tratos más grandes dependían de la clarividencia y el ímpetu del hombre más joven. En esos fragmentos, Espinosa es culpable de echarse flores a sí mismo y ponerle crema a sus tacos.[65]

La autobiografía dice poco sobre su vida personal, pero quedó claro para los observadores cercanos que su entusiasmo por el poder lo había dejado solo. Un viejo amigo más tarde observó cómo su aire cultivado de autoridad (con un tono de voz bajo y una mirada fija, obstinado, contundente, ingenioso) le ganó la admiración de sus colegas, pero dejó temerosos a los empleados. La biografía que se negó a publicar lo contrastaba con su predecesor en Bancomer, Salvador Ugarte, que desarrolló un amplio círculo social: "Espinosa prefirió, con su carácter más bien seco, el espacio de la influencia económica y política nacionales, sosteniendo pocas amistades personales. Se trataba de un astuto y voluntarioso lobo estepario".[66]

Sólo rara vez durante su vida Espinosa bajó la guardia. En 1991 abrió un museo de arte en Puebla que conmemoraba a su esposa: el Museo Amparo.[67] Su vestíbulo estaba dominado por un retrato de Amparo realizada por Diego Rivera. El famoso muralista la representó como una belleza del cine: una estrella pelirroja con un vestido de gala negro y un ribete color burdeos y violeta, así como los lirios blancos distintivos de Rivera como telón de fondo. Junto a éste había una placa, inscrita con palabras de Espinosa: "Este Museo Amparo lleva el nombre de mi esposa, una mujer bella y humana que siempre me quiso".

Que siempre me quiso. El giro ensimismado dio mucho de que hablar a la sociedad. ¿Era esta la obra de una consciencia culpable? ¿Eran ciertos los rumores sobre Amparo? De hecho eran ciertos. La esposa de Espinosa se había suicidado, 16 años antes. Impulsada a beber por la serie de aventuras de Espinosa con actrices y otras mujeres, aislada por el atroz régimen de trabajo de su marido, se tomó una sobredosis de somníferos. Espinosa después encubrió el asunto.

Su desolación se hizo aún más profunda. Al igual que Jenkins, había instado a sus hijos a casarse con gente de familias adineradas que no los amaran por su dinero. Los empujó a uniones que respondían a sus intereses; ellos obedecieron y todos sus matrimonios fracasaron. Instó a su hijo a seguirlo en el negocio, pero Manuelito no era Manuel. Había heredado muy poco del impulso o la disciplina de su padre y se comportaba como un "junior" con un ojo para las bailarinas exóticas y una nariz para la cocaína. Tenía un sentido del humor brillante, un trato amable y fácil, y un séquito de amigos en su mayoría inútiles. Mientras que su madre lo mimaba, su padre lo regañaba. Manuel le dio un puesto ejecutivo y lo puso en la junta directiva de Bancomer, pero con poco efecto. Los vicios de Manuelito llevaron a que sus esposas sucesivas lo dejaran. La intimidación de Manuel continuó también.

Un día en 1996, después de que la tercera compañera de Manuelito lo dejara y se llevara a sus dos hijas con ella, Espinosa llegó a la casa de su hijo a recogerlo para ir a un evento. Tras otra discusión Manuelito subió las escaleras. Esperando abajo, Manuel oyó un estallido. Su hijo se había pegado un tiro.

Luego hubo un tercer suicidio: un hijo de su hija Ángeles. Y con la propia Ángeles, que había heredado la veta maquiavélica de su padre, hubo tratos que sembraron más amargura. Estar a cargo de la Fundación Jenkins no era suficiente para las ambiciones de ella. Durante mucho tiempo celosa de sus hermanas más guapas y más populares, derramó suficiente veneno en el oído de su padre para incitarlo a volver a redactar su testamento y dejarle a ella la mayor parte. Casualmente o no, los hijos del segundo protegido de Jenkins, Gabriel Alarcón, también se enredarían con su herencia. Los miembros de la familia incluso intentaron encarcelarse entre ellos.[68]

Espinosa murió en junio de 2000, a los 91 años, pocas semanas después de que apareciera su autobiografía. En la portada, el hombre que alguna vez fuera el más rico de México salía desconsolado en un fondo negro, como si estuviera de luto por sí mismo. En la misa de su funeral en Puebla el organista tocó "A mi manera".

Jenkins también había soportado una viudez solitaria y asolada por la culpa. Pero al menos tuvo a gente de buen humor como Sergio Guzmán y Ronnie Eustace por compañía. Había incumplido sus promesas materiales a Mary, pero no llevaba la culpa adicional de la infidelidad. Enamorado de los negocios, desatendió durante mucho tiempo a sus hijas, pero intentó reparar daños pasando tiempo con ellas a partir de los 70 años. Era demasiado poco, demasiado tarde, pero garantizó que no se disputaran por su fortuna disponiendo que todo se donara. Espinosa siguió las huellas de Jenkins, pero algunos de sus tropiezos fueron suyos.

Pocos meses antes de morir, una amiga lo visitó en la casa a la que se había retirado en Cuernavaca. Ubicada en las llanuras floridas del sur de la capital y bendecida con un clima perfecto, la ciudad había funcionado como retiro estival de los emperadores aztecas. Hernán Cortés construyó su palacio privado ahí. Alexander von Humboldt, el naturalista de la era romántica, llamó a Cuernavaca "la ciudad de la eterna primavera". El último sha de Irán, derrocado de su trono, encontró el exilio entre las espaciosas casas y los jardines amurallados de su comunidad estadounidense.

No era un lugar de confort para Espinosa. Vivía solo, rumiando.

"Mi esposa se suicidó, mi hijo se suicidó, mi nieto se suicidó —le dijo a su huésped—. Es mi culpa. Estoy enfermo de poder."

Leyendas de Jenkins, blanca y negra

Excepto en Puebla, donde es raro el taxista que no tenga una réplica cuando se hace mención de su nombre, Jenkins ha desaparecido del imaginario colectivo. Pocos, con la salvedad de los historiadores y las élites mayores, lo recuerdan. Pero como un personaje de Cervantes, su nombre aún resurge en la conversación nacional, ya sea como un actor histórico o como una caricatura.

En 2013 sucedió con el estallido de más luchas internas en la Fundación Jenkins, esta vez entre los miembros de la familia; las notas de la prensa sobre el pleito continúan hasta hoy.[69] En 2014 el novelista popular Francisco Martín Moreno afirmó en la radio nacional que parte de la violencia de los cárteles de droga en Michoacán tenía sus raíces en el legado de Jenkins: durante el mandato de Cárdenas, Jenkins había adquirido una hacienda llamada Nueva Italia y después se la entregó a Espinosa y Alarcón. Ellos la administraron de manera deficiente y dejaron empobrecidas a sus poblaciones. ¿Qué elección tenían los hijos de estos pobres campesinos sino emigrar a Estados Unidos o quedarse como cultivadores de marihuana y productores de metanfetaminas?[70]

Como la anécdota espuria de Martín Moreno (que distorsionó varios hilos históricos y explotó una rica tradición al culpar a Estados Unidos por los problemas de México con los cárteles), la mayoría de las historias sobre Jenkins son gringófobas. Pero no todas, puesto que Jenkins siempre ha tenido sus defensores. Desde el día en que murió, los puntos de vista polarizados impregnaron la prensa y la opinión pública. Los observadores imparciales eran pocos.

Los obituarios habían favorecido una leyenda blanca. Se maravillaron ante la fortuna de Jenkins, elogiaron su filantropía y, por lo general, enterraron sus actos más oscuros. *El Sol de Puebla* lo llamó una "figura genial, un producto típicamente norteamericano, un prodigio intelectual para los negocios, para convertir cada peso que cayera en sus manos en un millón". Además de insistir en sus donaciones, observó cómo dirigió un imperio con un personal administrativo compuesto de tres miembros y elogió sus modos ahorrativos: "Incluso manda vulcanizar las suelas de sus zapatos tenis".[71]

Los pocos obituarios críticos en la prensa de izquierda se mordieron la lengua. "Tenía 85 años y trabajaba como si tuviera 20", admitió *La Opinión*. "Nadie cree en su bondad, pero nadie puede confirmar que haya sido un mal hombre", señaló *El Día*.[72]

Puede que la reticencia para hablar mal de la gente que acaba de morir haya sido excepcionalmente fuerte en el caso de Jenkins. Su dotación a la fundación le dio qué pensar a la gente. Marte Gómez, el secretario de Hacienda que había peleado contra Jenkins por su evasión fiscal en la década de los treinta, le escribió a un amigo: "Le es más fácil empobrecerse al rico que enriquecerse al pobre, éste fue exactamente el caso de Jenkins. Hizo muchos sacrificios —el de la virtud, entre otros— para reunir una de las fortunas más grandes de México, si no es que la más grande, pero después no tuvo ninguna dificultad [en legarla] a un fideicomiso que podrá ser la dicha de millares de menesterosos".[73]

Luego vinieron los eventos que Espinosa organizó para conmemorar la muerte de Jenkins. Durante cada uno de los siguientes cinco años, por lo menos, hubo ocasión para recordar públicamente la generosidad del hombre, cuando se colocaban primeras piedras y se inauguraban instalaciones. En 1965 los Clubes Alpha de Puebla empezaron a llevar a cabo los Juegos Conmemorativos de William O. Jenkins, que continúan hasta la fecha. Los estudiantes menos acomodados podían ir a la UDLA y otras universidades con "becas Jenkins".[74]

La leyenda blanca nunca desapareció gracias a las actividades de la fundación. Pero la leyenda negra se hizo preponderante. Es lo que la mayoría de los mexicanos habría deseado escuchar.

En la esfera pública, las artes y la academia, todo tipo de personas consideraron útil evocar el nombre de Jenkins o reciclar los mitos sobre él. Algunos lo hicieron para expresar un punto de vista político, otros para adornar una novela y otros para consentir su desprecio por los estadounidenses, los capitalistas o ambos.

Una editorial renombrada sentó un precedente en 1964 cuando publicó una enciclopedia nacional; a lo largo de seis ediciones se convirtió en una obra de referencia estándar. Su entrada sobre Jenkins registró sin reservas que su secuestro fue un montaje. Cuando Enrique Cordero y Torres, decano de los cronistas de Puebla, publicó su *Diccionario biográfico de Puebla*, dedicó la entrada más larga a Jenkins. Cordero le dio mucha importancia al "autosecuestro", el asesinato de los líderes sindicales de Atencingo y el homicidio de Alfonso Mascarúa. Llamó a la fundación de Jenkins un instrumento de evasión de impuestos y citó mucho rencor del *Libro negro del cine mexicano*.[75]

Después de que López Portillo nacionalizara la banca en 1982, muchos legisladores se congratularon por esta medida. Edmundo Jardón, del Partido Comunista, comparó a los banqueros con la mafia siciliana. Atacó a Bancomer, asociándolo con Jenkins, "un delincuente [...] que se autosecuestra tratando de crear problemas al gobierno". Era un acumulador de dinero, el creador de un imperio. Jenkins era el que había mandado matar al activista de Atencingo Porfirio Jaramillo, y Jenkins, junto con Alarcón, había planeado el asesinato de Mascarúa.[76]

El discurso de Jardón plasmó el estado de ánimo de la izquierda hacia Jenkins y su afán por resucitarlo para ganar capital político. En 1980, después de que Espinosa anunció el apoyo de la fundación para restaurar el Centro Histórico de la capital, *Proceso* publicó una semblanza de Jenkins que parecía un compendio de la leyenda negra. Su titular afirmaba que el presidente Abelardo Rodríguez lo había expulsado del país. Su texto ofrecía afirmaciones sustanciosas como hechos y resucitó el mito de la "fortuna del secuestro": que Jenkins había planeado y fundado su imperio con el rescate.

El artículo era menos una investigación que un catálogo de villanía diseñado para atacar al gobierno de la Ciudad de México por aceptar "dinero sucio". El regente en esa época (omitido en el artículo) era el notoriamente autoenriquecido Carlos Hank González, un veterano del PRI. Corrían todavía los tiempos en que la prensa no podía criticar a los políticos por su nombre a menos que se supiera que el presidente había dejado de respaldarlos. El castigo hacia Jenkins sirvió como un sustituto para la crítica de un político que no sólo era éticamente sospechoso, sino además un conservador del partido gobernante.[77]

En 1985 Jenkins cobró nueva vida como el arquetipo del gringo malvado gracias a *Arráncame la vida*, una novela histórica sobre Maximino Ávila Camacho (aquí, Andrés Ascencio). Lo que le otorgó credibilidad fue el hecho de que la autora, Ángeles Mastretta, es nieta de Sergio Guzmán, el alcalde de Puebla durante el gobierno de Maximino y el mejor amigo de Jenkins. Como Mastretta revelaría, las andanzas sexuales y las argucias empresariales de la novela eran material del chisme doméstico cuando ella era joven. Diversas fechorías involucran a un socio estadounidense de Ascencio, un tal Mike Heiss. Los paralelos entre Heiss y Jenkins son obvios. Uno de los "socios y protegidos" de Ascencio, Heiss es un "gringo llamativo" que "durante la época carrancista tramó un plan para autosecuestrarse"; procedió para usar "el dinero que su gobierno pagó para rescatarlo de sí mismo" para empezar un negocio. La novela de Mastretta les pareció a los críticos y los lectores como notablemente auténtica. Vendió un millón de copias y se tradujo a varios idiomas.[78]

Arráncame la vida se filmó en 2008, en una producción fastuosa de la que se dijo que había sido la más cara de México hasta esa fecha. Fue un éxito de taquilla y la cobertura mediática les recordó a los lectores que Heiss era Jenkins. En 2012 Jenkins volvió a aparecer en la pantalla grande, en *El fantástico mundo de Juan Orol*, una película biográfica sobre un director de cine serie B de la Época de Oro. El principal financiero con el que Orol trata es un petulante y siniestro estadounidense que se llama don Guillermo. Y en 2016 se estrenó un documental basado en el *Libro negro del cine mexicano* de Contreras Torres, que una vez más argumentó que Jenkins había matado la Época de Oro.[79]

La novela de Mastretta no fue ni la primera ni la última que involucró a Jenkins. Una historia fantasiosa de Atencingo apareció en 1980: *Zafra de odios, azúcar amargo*. Escrito por un antiguo contador del ingenio, el libro embellece en su representación de Jenkins como señor cruel y ofrece una cronología poco fiable. Aun así, la Universidad Autónoma de Puebla lo publicó como un documento primario y algunos historiadores consideraron conveniente citarlo y dar por hecho las invenciones de su autor. En 1993 Rafael Ruiz Harrell ofreció su recreación minuciosamente investigada, *El secuestro de William Jenkins*, con su lectura heterodoxa del famoso episodio como un plagio genuino. El secuestro fue después el punto de partida para una novela de 2003, *Conjura en La Arcadia*. La historia, que tiene lugar en un mundo sucio de la alta política mexicana, da por sentada la tesis tradicional del "autosecuestro".[80]

El Jenkins de la leyenda negra también apareció en los libros de historia. El Estado mexicano estableció que la Revolución, independientemente de sus complejidades facciosas, debía recordarse en términos nacionalistas.[81] Jenkins servía para tal fin, ya que se adaptaba bastante bien a la narrativa del nacionalismo económico. Su personaje también se ajustaba a la narrativa de la teoría de la dependencia, que responsabiliza a la España y el Portugal del periodo colonial, la Gran Bretaña del siglo XIX y Estados Unidos del siglo XX (cuyos gobiernos a menudo servían los intereses de sus comerciantes) de muchos de los males de Latinoamérica. Popular en los círculos políticos a partir de la década de los sesenta, sobre todo en la izquierda, la teoría de la dependencia se filtró en las academias mexicana y estadounidense, y durante décadas coloreó muchos de los escritos sobre las relaciones entre México y Estados Unidos.[82]

El interés histórico de México en Jenkins se ocupó principalmente del secuestro. El tono se marcó en 1960 con una de las primeras historias oficiales de la Revolución. Dirigida a las universidades, dedicó cuatro páginas al secuestro y su veredicto inequívoco fue que Jenkins lo tramó. Como argumento central, el relato citaba una carta publicada de la confesión del jefe secuestrador, Federico Córdoba, donde alegaba que Jenkins había sugerido el plan. De hecho, Córdoba denunció que la carta era falsa y que el gobierno de Puebla la había plantado, pero el libro omitió esa parte. La mayoría de las historias posteriores hicieron lo mismo, con un ordenamiento de las pruebas igualmente unilateral.[83]

Un político prominente luego se embarcó en un gigantesco registro documental de la Revolución. El volumen 18 incluía el secuestro y en vez de fomentar el debate, ofrecía un solo documento: un resumen del caso de un órgano de propaganda del régimen de Carranza. Desde la década de los setenta millones de estudiantes han usado como libro de texto la *Historia general de México*. Al principio describía el secuestro de Jenkins de forma neutral, pero en 1981 el secuestro se convirtió en un "autosecuestro" y se añadió (falsamente) que Jenkins nunca pudo demostrar su inocencia.[84]

En la Universidad Autónoma de Puebla, principal guardián académico de la leyenda negra de Jenkins, un caso completo en contra del estadounidense apareció en una delgada biografía de 2004. Su autora, Teresa Bonilla, había estado oscureciendo la narrativa durante años: artículos sobre Jenkins en *Proceso* y la prensa poblana la citaban con una facilidad sospechosa. Para Bonilla, Jenkins procedía de una nación marcada por "el apego fanático a las nuevas formas religiosas, el racismo y el gran complejo de superioridad"; se trataba de las "religiones protestantes que juzgan el valor humano con relación a la posesión de bienes materiales". A través de una narrativa repleta de juicios excesivos, Jenkins es menos un ser humano que una fuerza maligna. Sus préstamos predatorios y sus amistades políticas se tratan como si los mexicanos rara vez o nunca actuaran igual. En un triunfo de la ideología sobre las pruebas, la bibliografía de Bonilla incluye escasas fuentes primarias, pero cinco obras de Karl Marx.[85]

Los investigadores estadounidenses también supusieron lo peor. En su estudio sociológico, *Atencingo*, David Ronfeldt menciona la historia de la "fortuna del secuestro", que probablemente escuchó de sus informantes trabajadores azucareros. Ronfeldt también dice que la venta de Jenkins de Atencingo fue una simulación, afirmación que parece estar basada en sospechas locales y que ignora el deseo de Jenkins de invertir en el sector cinematográfico más lucrativo. Ambos casos ejemplifican las dificultades de escribir sobre los desposeídos de México: se ignora cómo su testimonio podría ser convenenciero y no se logra explorar las motivaciones de las élites.[86]

El historiador Stephen Niblo fue aún más descuidado, como cuando acusa a Jenkins de haberse negado a exhibir propaganda de los aliados en sus cines de la Ciudad de México, en 1940. En primer lugar, al insinuar que esto se debió en parte a su amistad con Maximino (que simpatizaba con el Eje), tacha a Jenkins de fascista por asociación. En segundo lugar, fabrica las pruebas, ya que Jenkins no tuvo ningún circuito de cines en la capital hasta que nació la cadena COTSA, en 1943. Niblo, cuya opinión general de la influencia estadounidense en México es alegremente negativa, también afirma que Jenkins sostenía "las opiniones políticas más reaccionarias que existían en México", las cuales no ilustra. Llama a Jenkins "una caricatura del explotador extranjero rapaz", ignorando que él es cómplice de la caricaturización.[87]

Las historias del cine muestran una disposición semejante a vilipendiar. Muchos se basan en el *Libro negro del cine mexicano* o en obras posteriores que repiten sus afirmaciones. De ahí que Jenkins a menudo se parezca a uno de los villanos de las películas de serie B que él financiaba. Una historia del cine popular incluye una fotografía sacada de contexto de Jenkins en la noche, de expresión pétrea, sosteniendo una vela alta, como el mayordomo siniestro de una película de terror. La ocasión era de hecho el servicio de bendición en un hospital de la Cruz Roja que había financiado.[88]

En Puebla, Jenkins aún proyecta una larga sombra. El centro de convenciones de la capital lleva su nombre y por toda la ciudad hay placas que reconocen a su fundación por la reparación de iglesias y monumentos. Ahí, elogiar a Jenkins es anunciarse como conservador; condenarlo equivale a ser un izquierdista y un patriota. Ahí la historia de la "fortuna del secuestro" permanece viva en la memoria pública. Los maestros de escuela la transmiten y, en algunas instituciones, la culpabilidad de Jenkins es casi un artículo de fe.

David LaFrance, un historiador de la Universidad Autónoma de Puebla, presentó un trabajo sobre el secuestro ante varios colegas en 2004. Después de estudiar el caso más a fondo que cualquier otro, concluyó que Jenkins no había arreglado su plagio. Añadió: "Se ha permitido que la memoria popular moldee la 'verdad' del caso". Sus colegas estaban bastante molestos. Uno declaró que no le correspondía a un historiador juzgar si Jenkins era culpable: ¡Eso le competía a los tribunales! Otro sintió que LaFrance malinterpretó las pruebas. Un tercero lo acusó de remplazar un mito con otro. Los editores de *Historia Mexicana* se permitieron disentir. A la principal revista de historia en México el ensayo le pareció suficientemente persuasivo como para merecer ser publicado. Luego ganó un premio del Comité Mexicano de Ciencias Históricas como el mejor artículo del año sobre historia del siglo xx.[89]

Tal vez las experiencias de LaFrance reflejaron un cambio de rumbo: una reducción de la desconfianza respecto a Estados Unidos en general. En 2007, cuando el presidente Felipe Calderón obtuvo el paquete de la "Iniciativa Mérida" de 1.4 mil millones de dólares de manos de George W. Bush para ayudar en su guerra contra los cárteles de la droga, las noticias resultaron menos polémicas de lo que los analistas preveían. En 2013, cuando el presidente Enrique Peña Nieto presentó y dirigió las reformas del sector energético, abriendo la sacrosanta industria petrolera a la inversión extranjera, las protestas fueron inesperadamente moderadas. Varias décadas de migración masiva de ida y vuelta entre México y Estados Unidos han dificultado para los ideólogos la satanización del Tío Sam. Demasiados mexicanos han estado ahí y lo han visto por sí mismos.[90]

Cambios similares han permeado a la UNAM. En 2012 el bastión histórico de la izquierda publicó una historia en dos volúmenes de las relaciones entre México y Estados Unidos. Privilegiando las investigaciones recientes, los autores relatan que, en 1919, Jenkins "es encarcelado por las autoridades poblanas que lo acusan, con muy escasas evidencias, de haber organizado su secuestro".[91]

De hecho, el estudio completo muestra un análisis nuevo. Se niega a reciclar la antigua idea de que México es simplemente la presa constante de un imperialista tramposo. Admite un desequilibrio de poder en las relaciones entre los dos países, pero sostiene que esto se ha mitigado desde hace mucho mediante relaciones institucionales, coaliciones bilaterales, la división de poderes en Estados Unidos (como cuando el presidente Wilson detuvo el belicismo del senador Fall en el caso Jenkins) y también gracias a su población hispana. Se niega a ver a Estados Unidos y a sus ciudadanos a través de la lente deformante de la gringofobia.

EPÍLOGO

El legado mixto de William O. Jenkins

> Las revoluciones [...] todas terminan por crear
> una nueva casta privilegiada.
> CARLOS FUENTES, *La región más transparente* (1958)

Cuando Carlos Slim se convirtió en un nombre muy conocido, empezaron a circular las historias sobre su destreza con los números. El hombre que estaba transformando el decrépito monopolio telefónico de México y, de paso, convirtiendo su cartera de acciones en la más valiosa del mundo podía recorrer con el dedo una columna de precios y sumarlos sin esfuerzo. Podía leer el balance financiero de una compañía con una facilidad que la mayoría sólo puede aplicar a la lectura de un reloj. Listado como el principal billonario del mundo entre 2007 y 2013, se dice que Slim afirmó alguna vez: "Los números me hablan". Entre los que lo conocieron, William Jenkins impulsó anécdotas similares.

El mexicano más rico de nuestros días tiene otras cosas en común con este predecesor. Cuando Jenkins estaba consolidando su posición de magnate de magnates en la década de los cuarenta, actuó como mentor para Manuel Espinosa Yglesias; Espinosa, el mexicano más rico de los setenta, se convirtió a su vez en una especie de mentor para Slim. Tanto Jenkins como Slim demostraron talento para comprar a precios de ganga; con frecuencia cuando la sangre (literal o metafóricamente) corría por las calles y los inversionistas huían del país. Ambos se convirtieron en maestros del monopolio. Y ambos, parece, fueron expertos en proteger y expandir sus monopolios por nexos políticos. Ése fue palpablemente el caso para Jenkins; para Slim, la noción sigue siendo nebulosa, una cuestión de conjeturas y teorías de la conspiración más que un hecho documentado. Claramente cada hombre le debía su ascenso al dinamismo empresarial y relaciones con las personas indicadas. La cuestión no es un asunto de uno u otro, sino de dónde debería radicar la explicación en el espectro entre la visión y el privilegio.[1]

La genealogía empresarial que vincula a Jenkins con Espinosa, y después con Slim, es más que un dato histórico interesante. Plantea cuestiones para el México moderno sobre la movilidad económica y la fortaleza o debilidad de las instituciones (la ley, los reguladores y la democracia electoral). En los casos de Jenkins y Slim, sugiere que en el ámbito empresarial las ventajas de ser étnicamente diferente son más que las desventajas. También plantea cuestiones sobre el "capitalismo de cuates", o las distintas pero a menudo paralelas fuerzas de imperativo simbiótico y conveniencia simbiótica entre las élites políticas y empresariales.[2] Dadas las dificultades que México ha tenido para erradicar la pobreza, desarrollar un sistema político verdaderamente representativo de la gente y configurar una cultura empresarial que favorezca a la iniciativa y la aplicación sobre los nexos políticos, la fuerza del abolengo y el tono de piel, todas estas cuestiones merecen un análisis más detallado. La historia de William Jenkins es un intento de ofrecer respuestas, de completar algunas de las lagunas para entender el México de hoy y cómo llegó a serlo.

Más de cuarenta años después de su muerte, la carrera de Jenkins revela la formación de particularidades que siguen dominando el mapa social de México. Ayuda a explicar el desarrollo económico desequilibrado del país, un proyecto decididamente capitalista incluso en plena retórica revolucionaria, y las relaciones entre el Estado y el capital, a menudo cómodas, a veces tensas, siempre sustentadas por cierto tipo de interdependencia. Demuestra el papel fundamental de las regiones en el desarrollo económico y político de México. Ilustra la tradición politizada de asignarles a Estados Unidos y sus empresarios el papel de enemigos del progreso nacional.

Las décadas de los cuarenta y los cincuenta, cuando Jenkins alcanzó su apogeo empresarial, fueron una época en la que se formó el molde del México moderno. Cuando el Estado dio un giro a favor de las empresas, Jenkins e industriales como él gravitaron al amiguismo, los préstamos internos y las prácticas monopolistas, con lo cual dirigieron una concentración de la riqueza. Sólo la persistencia de lemas revolucionarios y nacionalismo cultural ocultaron las crecientes disparidades. La revolución social, lanzada por la Constitución de 1917 y que tuvo como cumbre las expropiaciones ordenadas por Cárdenas, había menguado la pobreza rural y había promovido una clase media considerable. Sin embargo, aproximadamente a partir de 1940 y hasta 1970 las oportunidades se redujeron. Luego, después de un interludio de doce años de populismo despilfarrador, se reanudó la trayectoria antiigualitaria. Pese a algunos logros en materia de reducción de la pobreza bajo Salinas (1988-1994) y Fox (2000-2006), una distribución notoriamente desigual de los ingresos aún acosa a México.[3]

En su estado adoptivo de Puebla, el legado político y económico de Jenkins fue aún más divisorio. Su pacto con Maximino Ávila Camacho ayudó a fundar una dinastía que perduraría con los seguidores de Maximino hasta la década de los sesenta. Irónicamente, esta camarilla partidaria de las empresas hizo poco para cultivar la economía. Con el poder asegurado, su conservadurismo era, sobre todo, del tipo autocomplaciente. Los gobernadores seleccionados más por motivos de favoritismo y maleabilidad que por aptitudes estaban poco dispuestos a modificar el *statu quo* o buscar nuevos inversionistas. Puebla experimentó más de veinte años de estancamiento, que dejó efectos persistentes. Pese a su fuerte sector automotriz, la ciudad de Puebla aún está muy por detrás de Guadalajara y Monterrey como centro industrial.[4]

También persiste la actuación de mano dura que Jenkins ayudó a Maximino a establecer. En una nota de 2007 sobre la persistencia de los autócratas del PRI en los estados, *The Guardian* llamó a Puebla "un territorio de los dinosaurios durante los últimos 78 años". Tres años después, el estado tuvo por fin un gobernador de la oposición, Rafael Moreno Valle del PAN. Sin embargo, Moreno Valle, nieto de un gobernador priista, en realidad había cambiado al PAN cuando no fue tomado en cuenta por el PRI para el senado. Si bien tuvo éxito aumentando el crecimiento económico por encima de la media nacional, Moreno Valle usó la violencia y la intimidación para reprimir a la oposición, cooptó a la mayoría de los medios poblanos y gastó mucho en autopromoción para lanzar una futura candidatura presidencial.[5]

EPÍLOGO

La cercanía de Jenkins con los gobernadores de Puebla tuvo desafortunados efectos colaterales. Contribuyó a una percepción pública de los empresarios estadounidenses como "extranjeros perniciosos" y, por ende, al uso de la gringofobia como un clásico del discurso de la izquierda nacionalista. Este recurso ha persistido. La imagen del explotador gringo recobró prominencia durante los debates del Tratado de Libre Comercio (TLC) en la década de los noventa. Las caricaturas políticas de la época del TLC se deleitaron en el alarmismo. Un tropo frecuente era el sonriente empresario sajón o el marchito Tío Sam, intrigando para robarse el petróleo de México, a pesar de que una apertura del sector petrolero nunca estuvo bajo negociación.[6] Se puede decir que esta condescendencia con los temores sobre el antiguo símbolo de soberanía económica de México le hizo a la nación un flaco favor, al desviar la atención de la más compleja pero crítica amenaza del maíz subsidiado, cuyo ingreso libre de aranceles causaría la miseria y migración forzada de millones de campesinos y sus familias.

Las preocupaciones mexicanas sobre los inversionistas estadounidenses tienen legitimidad histórica: por una parte, el precedente de las compañías mineras y petroleras especuladoras hasta los años treinta. Además, México depende de Estados Unidos en tres cuartas partes de su comercio e inversión. Aun así, las advertencias sobre norteamericanos codiciosos pueden esconder intereses egoístas, especialmente en el ámbito empresarial.[7] También pueden dejar entrever ingenuidad sobre la geopolítica, acusación que con frecuencia se dirige al agitador de izquierda Andrés Manuel López Obrador, el usuario más destacado de la retórica nacionalista en la escena política contemporánea. No debiera sorprendernos, ahora que los inversionistas extranjeros empiezan a regresar a la industria petrolera, si el coco gringo capitalista volviera a aparecer e impulsara el debate en una dirección nacionalista y populista.[8]

La vida de William Jenkins no es un libro cerrado. Mientras la Fundación Mary Street Jenkins siga en funcionamiento, su legado tendrá un impacto en la vida de muchos mexicanos y el nombre de Jenkins tendrá resonancia. Esto es así particularmente en Puebla, donde la Fundación sigue siendo una fuente importante de donativos y por ende de noticias, en fechas más recientes con su apoyo al Museo Internacional del Barroco, un vasto complejo cultural diseñado por Toyo Ito e inaugurado en 2016.[9] La joya de la corona de la Fundación, la Universidad de las Américas (recientemente renombrado la UDLA-Puebla o UDLAP), ha sido la principal universidad privada en el estado desde su creación y se sitúa como una de las mejores del país.

Debido a la injerencia ocasional de la Fundación, esa reputación hubo que ganársela. Sin mucha diferencia de lo que sucedió en 1976, cuando un rector autocrático provocó una huelga de profesores que resultó en despidos masivos, de 2005 a 2007 volvieron a producirse luchas internas por la dirección de la universidad. Sesenta profesores fueron despedidos, la matrícula bajó y, en medio de preocupaciones por la gobernanza, la UDLAP fue puesta en periodo de prueba por su organismo de acreditación estadounidense. Durante el posterior rectorado de Luis Ernesto Derbez, que fungió como el secretario de Relaciones Exteriores de Fox, la universidad ha recuperado su brillo. Después de que un consejo independiente se instaló para garantizar la autonomía de la Fundación, se recobró la acreditación plena y la matrícula se recuperó a 7 000. Desde 2011 la Unidad de Inteligencia QS con sede en Londres ha clasificado regularmente a la UDLAP entre las diez mejores universidades de México.[10]

La Universidad Anáhuac —el otro principal beneficiario académico de la fortuna de Jenkins— también ha ganado estatura. Durante décadas, la Anáhuac fue conocida como una red social para "juniors" demasiado tontos o flojos para entrar a una mejor universidad, que de todos modos terminarían como ejecutivos en las empresas de sus papás. A partir de 1997 su nombre se vio mancillado por una secuencia de revelaciones sobre las depredaciones sexuales de su fundador, Marcial Maciel. Los donativos al campus se vieron afectados. Pero en los últimos años la Anáhuac ha mejorado su reputación y diversificado su alumnado. Alrededor de cuarenta por ciento de sus 12 000 estudiantes recibe cierto tipo de ayuda financiera. Entre 2011 y 2015 su clasificación de QS subió del lugar 26 al 8 entre las mejores universidades mexicanas.[11]

¿Habría estado Jenkins satisfecho con el récord global de la Fundación? La pregunta mantiene su relevancia porque sus deseos, en cuanto al uso de su fortuna, se afirmaron en su propio registro de donativos y se hicieron explícitos en los estatutos de la Fundación, los cuales ponen énfasis en la caridad, la educación pública y la "gente de recursos módicos".[12] La pregunta también arroja luz sobre la dispareja práctica de filantropía del México contemporáneo en su conjunto.

Aunque el apoyo de Jenkins a la educación privada sólo fue fragmentario, la UDLAP generalmente se ve como un legado apropiado. Su primera encarnación, cuando los estadounidenses y los mexicanos estudiaban juntos, colmaba el deseo que Jenkins siempre tuvo de ver erosionados los prejuicios mutuos a través del contacto. Un largo declive en la matrícula extranjera se vio algo compensado finalmente por los programas de intercambio con las universidades norteamericanas. La voluntad de Espinosa de subsidiar el campus permitió que una buena proporción de estudiantes asistiera con becas. Pero desde aproximadamente 2005, cuando la Fundación intentó que el campus fuera autosuficiente, el apoyo financiero para los estudiantes de bajos ingresos se ha disminuido.[13] Esto habría decepcionado a Jenkins, ya que él mismo fue a la universidad gracias a una beca.

En el nivel de educación primaria y secundaria, el apoyo de Jenkins a la educación pública se ha vuelto de modo similar menos visible, ya que Espinosa llevó los donativos en una dirección enfáticamente privada. El principal beneficiario fue el Colegio Americano de Puebla. Sin duda, esas inversiones honraban el compromiso de Jenkins con una escuela que su hermana había fundado. Hoy atiende a las clases profesionales de Puebla, aunque en sintonía con la visión de Jenkins los hijos y las hijas de los empleados de tiempo completo, desde profesores hasta conserjes, pueden asistir sin pagar colegiatura.[14] Pero ya no hubo más donativos importantes para la construcción de grandes centros escolares, como Jenkins había hecho en los cincuenta.

A finales de los noventa, la Fundación empezó a hacer donativos al Colegio Americano de México, la escuela privada más lujosa del país, donde los hijos de las élites políticas y empresariales se codean con los del personal de las embajadas. En 2012 donó a la escuela 2 millones de dólares para un centro deportivo, el Jenkins Foundation Wellness Center. La inauguración, en la que el embajador de Estados Unidos cortó la cinta, tuvo cobertura amplia en las secciones de sociales de la capital.[15] Dadas las enormes y crónicas deficiencias en la educación pública mexicana es difícil imaginar que William Jenkins hubiera hecho semejante donativo.

En materia de cultura, salud y deportes, los otros ámbitos en los que la Fundación debía marcar una diferencia, Jenkins probablemente estaría satisfecho con su legado. Destacan los Clubes Alpha, que ofrecen instalaciones deportivas a precios razonables a casi 20 000 miembros en Puebla: gimnasios y centros de acondicionamiento físico, albercas, canchas de basquetbol y de futbol. Aunque Espinosa más bien los descuidó, con Bill Jenkins —que asumió el control de la herencia de su abuelo en 2002— los sitios se renovaron y se añadió un cuarto club. Cientos de niños talentosos de hogares con bajos ingresos ahora se benefician de las instalaciones, gracias a pruebas anuales para otorgar becas.[16]

Lo que habría consternado a su fundador son las disputas familiares por el control y la dirección de la Fundación, que estallaron en 2013.[17] Pero los problemas de administración de la Fundación, que se remontan a la época de Espinosa, no forman en absoluto un caso aislado. En el fondo, reflejan una ambivalencia permanente en México hacia la filantropía. Por un lado, el país tiene poca tradición de donaciones altruistas y desinteresadas. Desde luego, hasta los "barones ladrones" tenían segundas intenciones: esperaban que sus fundaciones embellecieran sus reputaciones y que sus universidades promovieran su creencia en el capitalismo industrial sin restricciones. Pero por lo general no buscaban sacar beneficio para ellos a hurtadillas.[18]

En México normalmente se asume que las fundaciones buscan sobre todo promover los intereses comerciales de sus creadores. Esta actitud, cínica pero a menudo fundamentada, a su vez alimenta una renuencia pública a apoyar iniciativas sin fines de lucro. Un deprimente récord de egresados que donan a las universidades privadas, incluida la UDLAP, es un buen ejemplo.[19]

En 1988 el filántropo y magnate de supermercados Manuel Arango fundó el Centro Mexicano para la Filantropía (Cemefi), con el objetivo de promover las donaciones corporativas. El Cemefi ha conseguido progresos ayudando a crear un entorno fiscal y legal favorable, que ha visto el aumento de fundaciones y otras organizaciones no lucrativas en las décadas subsecuentes. Pero su personal y otros activistas admiten que la filantropía mexicana sigue siendo muy débil. En las fundaciones la falta de transparencia y personal capaz presentan obstáculos considerables a su fortalecimiento.[20]

Si la familia Jenkins finalmente optara por un patronato independiente y un programa de donaciones más formal y transparente, la Fundación Mary Street Jenkins, que con una dotación de unos 750 millones de dólares sigue siendo una de las organizaciones benéficas más grandes del país, podría ayudar a sentar las bases para una nueva era en la filantropía mexicana. Dicho avance constituiría un eco adecuado de lo que William O. Jenkins hizo cuando legó toda su fortuna para crear la primera fundación mexicana.

Agradecimientos

En México no es común que los líderes empresariales o sus familias le otorguen a un biógrafo acceso completo sin exigir derecho de aprobación. Los descendientes de William O. Jenkins hicieron justamente eso, por lo que es sobre todo gracias a ellos que este libro existe. Dieciseite miembros del clan familiar participaron y en algunos casos concedieron varias entrevistas. Nuestras conversaciones se caracterizaron por una gran franqueza, tono establecido por la última hija que sobrevivió a Jenkins y su marido, Jane y Ronald Eustace en Puebla (ambos ya fallecidos), y que continuaron dos nietos, William A. Jenkins y Rosemary Eustace Jenkins, ambos en la Ciudad de México. Ningún miembro de la familia intentó ejercer control sobre el contenido, aun cuando sabían que parte de lo que escribiría podía resultar incómodo de leer para ellos. Doy mi más sincero agradecimiento a cada uno de ellos.

Quiero dar las gracias también a Sergio Guzmán Ramos (Teto) y Manuel Mestre, que colaboraron de forma similar y con frecuencia. Asimismo me reuní más de una vez con Eusebio Benítez, antiguo empleado y líder sindical de Atencingo, Enrique Cárdenas, ex rector de la UDLAP, Alfonso Gómez Rossi, empresario y columnista poblano, Francisco Pérez Vega, nieto de Manuel Pérez, Fernando Ramírez Camarillo, ex presidente municipal de Chietla, y Manuel Sánchez Pontón, decano de los periodistas poblanos. Cada entrevistado aparece en la bibliografía y les estoy agradecido a todos ellos.

El desarrollo de este libro contó con la inmensa ayuda de tres generosos historiadores. Alex Saragoza fomentó mi interés inicial en Jenkins hace más de veinte años. Más tarde, como mi asesor en Berkeley, me introdujo a los textos de referencia sobre la historia moderna

AGRADECIMIENTOS

de México. David LaFrance me ofreció orientación en Puebla y me compartió su prodigiosa colección de tarjetas de apuntes, lo cual me ahorró meses de trabajo. Su trilogía sobre la Puebla revolucionaria (con la tercera parte en proceso) constituye la historia definitiva de este importante estado de 1908 a 1937. Mauricio Tenorio coordinó este proyecto después de que me mudé de Berkeley a la Universidad de Texas en Austin (UT). Estimuló mi análisis en direcciones fructíferas, como la exploración de los paralelismos entre la historia de Estados Unidos y de México, y permaneció vigilante después de mudarse a la Universidad de Chicago.

Muchos otros historiadores desempeñaron papeles fundamentales en este proyecto. Estoy particularmente agradecido con Margaret Chowning y Louis Segal en Berkeley y Jonathan Brown en la UT. Entre los profesores del Instituto de Verano en Oaxaca de 2001, conté con la orientación de William Beezley, John Hart, Gil Joseph, el difunto Paul Vanderwood, Mary Kay Vaughan y Alan Knight, que ha seguido brindándome su conocimiento desde entonces. También les debo las gracias a los profesores de la UT H.W. Brands, Richard Pells y, por ayudarme a entender el México anterior a las máquinas de escribir, a Susan Deans-Smith.

En Puebla los académicos que fueron generosos con sus consejos empiezan por Leticia Gamboa Ojeda e incluyen a Guadalupe Cano, Gonzalo Castañeda, Francisco Gómez Carpinteiro, Alexis Juárez, Humberto Morales, John Mraz, José Luis Sánchez Gavi y Blanca Santibáñez. En la Ciudad de México recibí la generosa asesoría de Gustavo del Ángel y Aurora Gómez-Galvarriato, así como ayuda adicional de Blanca de Lizaur y familia, Graciela Márquez, Francisco Peredo, Gabriela Recio, María Eugenia Romero, Ilán Semo y Elisa Servín.

Mi trabajo también se vio enriquecido con la ayuda y los consejos de Rob Alegre, Ryan Alexander, Ted Beatty, Dina Berger, Jeff Bortz, Jürgen Buchenau, Raymond Buve, Barry Carr, Greg Crider, Jay Dwyer, Michael Ervin, Seth Fein, José Galindo, Ariadna García, Susan Gauss, Paul Gillingham, Stephen Haber, Patrick Iber, Lance Ingwersen, Halbert Jones, Juliette Levy, Renata Keller, David Luhnow, David Maciel, Gladys McCormick, Sandra Mendiola, Pablo Mijangos, Nicole Mottier, María Muñoz, Aaron Navarro, Verónica Oikión, Wil Pansters, Pablo Piccato, Gretchen Pierce, Enrique Plasencia, Alejandro

Quintana, Monica Rankin, Thom Rath, Anne Rubenstein, Gema Santamaría, Arthur Schmidt, Laura Serna, Ben Smith, Daniela Spenser, David Tamayo, Christy Tharenos, Aurea Toxqui, John Womack, Drew Wood, Eddie Wright-Ríos y Eric Zolov.

Entre los archivistas cuyos conocimientos fueron fundamentales para este proyecto destaca Roberto Beristáin, anteriormente del Archivo General de la Nación de México. Ahí también me ayudaron Alberto Álvarez, Raimundo Álvarez, Erika Gutiérrez, José Zavala y la investigadora independiente Ángeles Magdaleno. Recibí ayuda adicional de Enrique Cervantes en la Biblioteca Nacional, Guadalupe Bracho en el Archivo Calles-Torreblanca, Alfredo Díaz en el Archivo Aarón Sáenz y Juan Manuel Herrera en la Biblioteca Lerdo. En Puebla me ayudaron Edmundo Bautista de la Fundación Jenkins, Alejandro Pacheco y Javier Quintana. En Michoacán conté con la ayuda de Arturo Herrera Cornejo.

Walter Brem en la biblioteca Bancroft de Berkeley y Adán Benavides en la Benson de Austin me asesoraron durante muchos años. En Tennesse, me ayudó Lyle Lankford de Asuntos Públicos y Teresa Gray de Colecciones Especiales en Vanderbilt, la genealogista Marilyn Parker en Shelbyville, y Anne Toplovich en la Tennessee Historical Society. En los National Archives de Estados Unidos recibí la enorme ayuda de Amy Reytar, y en la Universidad de Florida la de Flo Turcotte de Colecciones Especiales y Keith Manuel. En Millsaps College, disfruté de la asesoría de mi colega biógrafo William Storey, del excelente servicio del bibliotecario Tom Henderson, así como del apoyo vital de Eric y Kathi Griffin, George Bey y Abigail Susik.

Desde 2014 he tenido la fortuna de trabajar en el Centro de Investigación y Docencia Económicas (CIDE) en México. Estoy agradecido tanto con el CIDE como con el Sistema Nacional de Investigadores (SNI) por respaldar mi investigación con recursos importantes. Estoy especialmente agradecido por el apoyo de mi viejo amigo Pablo Mijangos, mi nuevo amigo Michael K. Bess, mis asistentes de investigación Fernanda Fraga y Berenice Hernández, y mi jefe de división Luis Barrón.

Ha sido un placer trabajar con mis editores Susan Ferber en Oxford University Press y Enrique Calderón y Cynthia Chávez en Penguin Random House. Quiero dar especialmente las gracias a Susan por el empujoncito para que hiciera los recortes necesarios en lo que antes era un manuscrito tolstoyano de 315 000 palabras. (Los lectores académicos que quisieran que hubiera escrito más sobre X pronto me verán hacerlo en artículos de revista y capítulos de libro; ya hay varios en la bibliografía). Mi traductora de la edición en español, Sandra Strikovsky, prestó un servicio excepcional y rápido.

Este libro se benefició enormemente de los comentarios de quienes lo leyeron en su totalidad o en partes. La lista empieza con mis colegas de UT Chris Albi, Byron Crites, Matthew Gildner y Meredith Glueck, y continúa con Rob Alegre, H.W. Brands, Paul Garner, Susan Gauss, Paul Gillingham, Barbara Kastelein, David LaFrance, David Lida, Sandra Mendiola, Gretchen Pierce y mi hermano Jon Paxman. Cinco lectores amablemente hicieron comentarios sobre el texto completo: mi padre, Edward Pratt, los incansables Barry Carr y Ben Smith, y los dictaminadores anónimos de Oxford University Press.

Muchos amigos me dieron posada durante mis viajes de investigación, escritura y coloquios: mi familia en Inglaterra; Shayne McGuire y Alejandra Murga en Austin; Mirella Alegre en Hackensack; Bettina y Richard Collins en Los Ángeles; Alberto Sánchez en Montreal; Patty y Bill King en Shelbyville; Anne Wakefield y Ned Hoyt en Washington; y en la Ciudad de México, sobre todo, mis compadres David Luhnow y Helena Wygard, y también Lucy Conger, David Lida, Barbara Kastelein, Elisabeth Malkin y Eduardo García, Jan Richards, Susana Seijas, Aurélie Semichon, el difunto Tony Wakefield, y Andrew y Ros Wygard. Por el apoyo y la amistad mientras viví en Puebla agradezco a Ana Salazar, Rodolfo García Hernández, Vero Centeno y Trini Hernández.

Por su amor, paciencia y apoyo en las fases finales del libro, estoy en deuda con mi esposa, Itzel Antuna, a quien le debo unas vacaciones en Vallarta sin laptop ni cuadernos.

Este libro está dedicado a mi padre, mi primer maestro.

Bibliografía básica

FUENTES PRIMARIAS

Archivos

ARCHIVOS EN MÉXICO

Archivo General de la Nación, México (AGN)
    Colección Revolución
    Departamento de Trabajo (DT)
    Dirección Federal de Seguridad (DFS)
    Dirección General de Gobierno (DGG)
    Dirección General de Investigaciones Políticas y Sociales (DGIPS)
    Gobernación Siglo XX
        Departamento de Migración (Migración)
        Gobernación
    Ramo Presidentes:
        Abelardo L. Rodríguez (ALR)
        Adolfo López Mateos (ALM)
        Adolfo Ruíz Cortines (ARC)
        Álvaro Obregón & Plutarco Elías Calles (Obregón-Calles)
        Lázaro Cárdenas (LC)
        Manuel Ávila Camacho (MAC)
        Miguel Alemán Valdés (MAV)
        Pascual Ortiz Rubio (POR)
    Tribunal Superior de Justicia del Distrito Federal, Siglo XX (TSJDF)
Archivo del Congreso del Estado, Puebla (ACEP)
    Libros Expedientes
Archivo General de Notarías de Puebla (Notarías-Puebla)
Archivo General del Municipio de Puebla, Puebla (AGMP)
    Libros Expedientes
    Fondo Extranjería
Biblioteca Dr. Ernesto de la Torre Villar, Puebla ("Casa Amarilla")
Biblioteca Lerdo de Tejada, México

BIBLIOGRAFÍA

Archivo Económico
Fondo Reservado
Biblioteca Nacional, UNAM, México
   Archivo Histórico de la UNAM:
      Fondo Gildardo Magaña
   Hemeroteca Nacional
   Fondo Silvino González
Cámara de la Industria Textil de Puebla y Tlaxcala, Puebla (CITPYT)
   Fondo IV: Centro Industrial Mexicano (CITPYT-CIM)
   Fondo VI: Asociación de Empresarios Textiles de Pue. y Tlax. (CITPYT-AET)
   Fondo VIII: Asociación de Empresarios Textiles & Cámara de la Industria Textil
Cineteca Nacional, México
   Centro de Documentación
Fideicomiso Archivos Plutarco Elías Calles y Fernando Torreblanca, México
   Archivo Torreblanca, Fondo Álvaro Obregón (Calles-FAO)
   Archivo Joaquín Amaro (Calles-Amaro)
   Archivo Abelardo L. Rodríguez (Calles-ALR)
   Colección Documental de la Embajada de Estados Unidos en México (Calles-CEEU)
Hemeroteca de Puebla, Puebla
Instituto Mora, México
   Archivo de la Palabra, Series PHO2: Cine Mexicano (Mora-Palabra)
Registro Público de la Propiedad y del Comercio, Puebla (RPP-Puebla)
   Libro 1 Matrículas de Comercio
   Libro 3 Auxiliar de Comercio
Registro Público de la Propiedad, Morelia, Michoacán (RPP-Morelia)
   Libros de Ventas (Apatzingán)
Secretaría de Relaciones Exteriores, México (SRE)
   Archivo Histórico

ARCHIVOS EN EL EXTRANJERO

Huntington Library, Pasadena, CA
   Albert B. Fall Collection
National Archives and Records Administration, Washington, DC (NARA)
   Record Group 59: Records of the Department of State (RDS)
   Record Group 76: Records of the Boundary and Claims Commissions
   Record Group 84: Foreign Service Posts of the Department of State
National Archives, Kew, Londres
   Foreign Office Records (UKFO)
   Series 369: Consular Dept., General Correspondence
   Series 371: Political Dept., General Correspondence
Occidental College, Los Angeles, CA
   E.L. Doheny Collection (Doheny Research Foundation)
Public Library, Shelbyville, TN

BIBLIOGRAFÍA

Bedford County Cemetery Records
Bedford County Census Records
University of Florida, Gainesville, FL
  John J. Tigert Papers
University of Virginia, Charlottesville, VA
  Rosalie Evans Papers
Vanderbilt University, Nashville, TN
  Harvie Branscomb Papers

Archivos privados

Archivo e Historia de la Iglesia Metodista de México A.R., México
Archivo Histórico Aarón Sáenz Garza
  En posesión del Grupo Saenz S.A., México
Archivo Marte R. Gómez, México
  En posesión de Marte R. Gómez, Jr.
Archivo Nacional de Drogas (Nadro)
  En posesión de Pablo Escandón Cusi, México
Club Rotario de Puebla
  Directorio Archivo
Eduardo Mestre Ghigliazza
  En posesión de Manuel Mestre, México
Fundación Mary Street Jenkins, Puebla (FMSJ)
  Libros de Actas
Manuel Espinosa Yglesias
  Centro de Estudios Espinosa Yglesias, México (CEEY)
Manuel Pérez Pena
  En posesión de Manuel Pérez Nochebuena, Puebla
Mary Jenkins William Papers (MJWP)
  En posesión de Susie Heflinger, Los Angeles, CA
Mary Street Jenkins Papers (MSJP)
  En posesión de Rosemary Eustace Jenkins, México
Ronald Eustace Papers (REP)
  En posesión de Ronald Eustace, Puebla
Rosemary Eustace Jenkins Papers (REJP)
  En posesión de Rosemary Eustace Jenkins, México
Sergio B. Guzmán
  En posesión de Sergio Guzmán Ramos, Puebla
William Anstead Jenkins Papers (WAJP)
  En posesión de William Anstead Jenkins, México

Documentos

American-Mexican Claims Commission, *Report to the Secretary of State*, Washington, U.S. Government Printing Office, 1948.

BIBLIOGRAFÍA

Anuario Financiero de México, 1940-1947, México, Asociación de Banqueros de México, 1941-1948.

Census of the United States, Washington, Bureau of the Census, 1850, 1860, 1870, 1900, 1920.

Don Verdades, *Corrido del cine mexicano*. México, [1959].

Department of State, *American Mexican Claims Commission: Report to the Secretary of State, with decisions showing the reasons for the allowance or disallowance of the claims*, Washington, U.S. Government Printing Office, 1948.

Register of Vanderbilt University for 1899-1900, Nashville, 1900.

Register of Vanderbilt University for 1900-1901, Nashville, 1901.

The Comet 1901, Nashville: Vanderbilt University, 1901.

U.S. Senate Committee on Foreign Relations, *Investigation of Mexican Affairs: Reports and Hearings*, Washington, U.S. Government Printing Office, 1920.

Memorias

Cabañas Pavía, Manuel, *Datos Biográficos del señor William O. Jenkins*, Puebla, 1975.

Daniels, Josephus, *The Wilson Era*, Chapel Hill, University of North Carolina Press, 1946.

Deana Salmerón, Antonio, *Cosas de Puebla*, Puebla, 1986.

Deloya, Urbano, "William Oscar Jenkins", transcripción de *Puebla de mis amores*, XECD Radio, Puebla, 11 de marzo de 1995.

Deloya, Urbano, *Puebla de mis amores*, Puebla, Universidad Autónoma de Puebla, 2004.

Espinosa Rugarcía, Amparo, *Manuel Espinosa Yglesias. Perfil de un hombre con ideas modernas*, México, 1988.

Espinosa Yglesias, Manuel, *Bancomer. Logro y destrucción de un ideal*, México, Planeta, 2000.

Eustace Jenkins, Rosemary, *Tennessee Sunshine: Oscar's Love Letters to Mary*, México, 2012.

Flandrau, Charles Macomb, *Viva México!* Urbana, University of Illinois Press, 1964 [1908].

Gadea Pineda, Cándido, *74 años de historia en la vida real de Atencingo*, Puebla, 1995.

Guzmán Ramos, Sergio, *Hombres de Puebla. Semblanzas*, Puebla, 1999.

Houston, Frank, "Memorandum on Oscar Jenkins", 17 de julio de 1967, Alumni Relations, Vanderbilt University.

Lara y Parra, Manuel, *La lucha universitaria en Puebla, 1923-65*, Puebla, Universidad Autónoma de Puebla, 2002 [1988].

Rodríguez, Abelardo L, *Autobiografía*, México, 1962.

Sánchez Pontón, Manuel, "William Oscar Jenkins Biddle", Puebla, 2007.

Santos, Gonzalo N., *Memorias*, México, Grijalbo, 1984.

Valle Morales, Úrsulo, *El Despertar Democrático de Atencingo*, Puebla, 1984.

Verissimo, Erico, *Mexico*, New York, Dolphin, 1962.

Viya, Miko, *Puebla ayer*, Puebla, Cajica, 1989.

BIBLIOGRAFÍA

Entrevistas

Alarcón, Óscar; hijo de Gabriel Alarcón y ahijado de Jenkins; México, 15/08/2007.
Alston, Bill; hijo de Wally Alston, gerente de plantación de Apatzingán; Laredo, TX (por teléfono), 14/10/2014.
Artasánchez Bautista, Rafael; hijo de Rafael Artasánchez, alcalde de Puebla (1957-1960); México, 28/07/2005.
Artasánchez Villar, Luis; hijo de Luis Artasánchez y ahijado de Jenkins; Puebla, 23/07/2005.
Asbury, Elizabeth; hija de Joe, hermano de Jenkins; Fresno, CA (por teléfono), 25/05/2005.
Ávila Camacho López, Manuel; hijo de Maximino Ávila Camacho; México, 16/08/2006.
Bautista, Edmundo; administrador de la Fundación Jenkins; Puebla, 24/05/2006.
Bautista O'Farrill, Gonzalo; ex gobernador de Puebla (1972-1973) e hijo del gobernador Gonzalo Bautista Castillo (1941-1945); Puebla, 8/09/2005.
Bello Gómez, Felipe; sobrino de regidor de Tehuacán; Puebla, 8/04/2005.
Benítez, Eusebio; ex empleado del ingenio y líder sindical; Atencingo, Puebla, 18/03/2006, 22/04/2006.
Buntzler, Paul, Jr.; hijo de Anne, hermana de Jenkins; East Wenatchee, WA (por teléfono), 6/06/2005.
Campoamor, Diana; Presidenta, Hispanics in Philanthropy, San Francisco, CA (por teléfono), 7/09/2010.
Cárdenas, Enrique; rector de la UDLA-Puebla, 1984-2001; México, 13/08/2012.
Castro, Marta; hija de *El Tiburón*, ex pistolero de Antonio J. Hernández; Puebla, 3/07/2005.
Castro Morales, Efraín; historiador y cronista poblano; Puebla, 22/07/2006.
Chaffee, Arthur; superintendente, Colegio Americano de Puebla, 1970-2003; Puebla, 11/08/2009, 28/06/2016 (por correo).
Cheney, Martha (Tita); quinta hija de Jenkins; Beverly Hills, CA, 18/08/2002.
Cobel, Bertha; hija del compañero de tenis de Jenkins, Edmundo Cobel; Puebla, 25/03/2006.
Conde, Álvaro; VP de Bancomer bajo Manuel Espinosa Yglesias; México, 15/08/2012.
Cordurier, Carlos; ex investigador de CEMEFI; México, 15/08/2009.
De la Cuadra, Eufrasia; viuda de ingeniero de Atencingo; Izúcar de Matamoros, Puebla, 9/07/2005.
Derbez, Luis Ernesto; rector de la UDLA-Puebla desde 2008; Puebla, 8/08/2012.
Díaz Rubín de la Hidalga, Ana María y María del Carmen; hijas del ex dueño de Atencingo Pedro Díaz Rubín; México, 1/08/2001.
Escandón Cusi, Pablo; DG de Nacional de Drogas (Nadro) S.A.; México, 24/07/2006.
Espinosa Rugarcía, Amparo; hija de Manuel Espinosa Yglesias; México, 19/07/2005.
Espinosa Yglesias, Manuel; social principal de Jenkins; México, 11/02/1994.
Eustace, Jane Jenkins; tercera hija de Jenkins; Puebla, 2/04/2001 a 15/03/2006 (varias entrevistas).
Eustace, Ronnie; yerno de Jenkins; Puebla, 2/04/2001 a 6/11/2008 (varias entrevistas).

BIBLIOGRAFÍA

Eustace Jenkins, John; hijo de Jane, la tercera hija de Jenkins; Puebla, 20/07/2004 a 12/08/2009 (varias entrevistas).

Eustace Jenkins, Rosemary; hija de Jane, la tercera hija de Jenkins; México, 2/08/2001 a 9/07/2014 (varias entrevistas).

Falquier, Alexis; ex ejecutivo de McKinsey; México, 27/02/2005.

Gains, Martha; hija de Annie Wells, prima de Jenkins; Fairfield Glades, TN (por teléfono), 28/05/2005.

García Pliego, Aurelio; ex mecánico del ingenio; Atencingo, Puebla, 18/03/2006.

Guzmán, Cruz; ex empleado del ingenio; Atencingo, Puebla, 22/04/2006.

Guzmán Ramos, Sergio; hijo de Sergio B. Guzmán; Puebla, 17/08/2001 a 9/08/2009 (varias entrevistas).

Heflinger, Susan; hija de Mary, la cuarta hija de Jenkins; Los Angeles, CA, 18 y 19/08/2002.

Ibáñez Puget, Joaquín; hijo de Joaquín Ibáñez Guadalajara, abogado de Jenkins; Puebla, 9/09/2005.

Jenkins de Landa, Guillermo; hijo de William Anstead Jenkins, el primer nieto de Jenkins; México, 4/11/2008, 30/07/2014.

Jenkins de Landa, Roberto; hijo de William Anstead Jenkins, el primer nieto de Jenkins; México, 4/11/2008, 29/07/2014.

Jenkins, William Anstead; hijo adoptivo de Jenkins e hijo de su segunda hija, Margaret; México y Puebla: 22/11/2000 a 27/04/2015 (varias entrevistas).

Jordan, Purdy; sobrino nieto del magnate azucarero sinaloense, B.F. Johnston; México, 24/02/2005, 19/07/2005.

Juárez, Alicia; sirvienta familiar de los Jenkins desde 1949; Puebla, 4/10/2005.

Lara Lara, Vicente; cronista y ex maestro; Atencingo, Puebla, 11/05/2006.

Larragoiti, Carmelita; amiga de la infancia de las familias Ávila Camacho y Alarcón; Puebla, 29/05/2006.

Lavender, Ron; agente de bienes raíces; Acapulco, 27/05/1994.

Lindley, Neil; hijo de Ray Lindley, rector de la UDLA (1962-72); Beaumont, TX, 13/07/2013.

Luna, Georgina; nieta e hija de empleados del ingenio; Atencingo, Puebla, 18/03/2006.

Mestre, Manuel; hijo de Eduardo Mestre, abogado de Jenkins, y ahijado de Jenkins; México, 18/06/2003 a 29/07/2009 (varias entrevistas).

Meyer, Eugenia; hija del productor de cine Gregorio Walerstein (activo 1941-1989); México, 8/08/2007.

Migoya Velázquez, Emérita; sobrina de Gabriel Alarcón; México, 26/07/2007.

Morgan, Diannah; hija de Robert Lord III, yerno Jenkins; Los Angeles, CA (por teléfono), 19/05/2003, 11/10/2007.

O'Farrill, Rómulo, Jr.; hijo de Rómulo O'Farrill, socio de Jenkins; México, 29/06/2001.

Ortega, Mario (pseud.); ex electricista del ingenio; Atencingo, Puebla, 9/07/2005.

Pacheco, Pilar; ex directora, Archivo General del Estado de Puebla (AGEP); Puebla, 27/04/2006.

Palou, Pedro Ángel; cronista y funcionario estatal desde 1960; Puebla, 11/08/2009.

Pérez, Francisco, José Manuel y Sara Vega de; nietos y nuera de Manuel Pérez Pena, gerente de Atencingo; Puebla, 25/05/2006, 6/11/2008.

BIBLIOGRAFÍA

Pérez Nochebuena, Manuel; nieto de Manuel Pérez Peña; Puebla, 31/05/2006, 17/08/2016.
Pieza Rugarcía, Ramón; sobrino de Manuel Espinosa Yglesias; Puebla, 24/08/2006.
Poplin, Dick; cronista de condado Bedford; Shelbyville, TN, 8/07/2004.
Ramírez Camarillo, Fernando; ex alcalde de Chietla e hijo de empleado del ingenio; Atencingo, Puebla, 18/03/2006, 22/04/2006.
Reguero, Sergio; yerno de un hermano de Gabriel Alarcón; Puebla, 28/03/2005.
Rich, Paul; ex profesor, UDLA-Puebla; Washington, DC, 9/01/2012, 6/01/2014.
Sánchez Gallegos, Humberto; subgerente de la plantación de Jenkins; Apatzingán, Michoacán, 8/08/2006.
Sánchez Pontón, Manuel; periodista desde 1944 y ex jefe editorial de *La Opinión*; Puebla, 15/05/2006, 3/08/2007, 6/11/2008.
Shoffner, Betty, Chris y Ann; nuera y nietos de Kate, hermana de Jenkins; Shelbyville, TN, 11/07/2004.
Simmen, Edward; ex profesor y historiador del colegio, UDLA-Puebla; Puebla, 9/08/2012.
Suárez, Sergio; DG, Fundación Alpha (Clubes Alpha); Puebla, 9/ 08/2012.
Vázquez Nava, José Luis; hijo de Nicolás Vázquez, notario de Jenkins; Puebla, 26 y 30/05/2006.
Velasco Matienzo, Javier de; nieto de Francisco de Velasco, alcalde de Puebla (1906-1911) y de Andrés Matienzo, alcalde de Puebla (1913-1914); Puebla, 19/07/2007.
Vélez Pliego, Alfonso; ex rector, UAP (1981-1987); Puebla, 04/1994.

Periódicos y revistas

Acción (Puebla)
Chronicle of Higher Education
Diario de los Debates de la Cámara de Diputados (México)
Diario Oficial (México)
El Demócrata (México)
El Día (México)
El Monitor (Puebla)
El Universal (México)
El Popular (México)
El Sol de Puebla
Excélsior (México)
Éxito (México)
Hoy (México)
La Crónica (Puebla)
La Jornada de Oriente (Puebla)
La Opinión (Puebla)
La Prensa (1917 a 1921: Puebla)
La Prensa (1928 al presente: México)
La Voz de México
La Voz de Michoacán
Literary Digest (Nueva York)

Los Angeles Times
Mexican Herald
Nashville Banner
Nashville Tennessean
National Catholic Reporter
New York Times
Novedades (México)
Opinión Pública (México)
Periódico Oficial (Puebla)
Política (México)
Proceso (México)
Rebeldía (Puebla)
Reforma (México)
Shelbyville Times-Gazette
Siempre! (México)
The Economist
Tiempo (México)
Tiempo Universitario (Puebla)
Variety (Nueva York)
Wall Street Journal

FUENTES SECUNDARIAS (selectivas)

Libros

Águila, Marcos, Martí Soler y Roberto Suárez. *Trabajo, Fortuna y Poder. Manuel Espinosa Yglesias, un empresario mexicano del siglo XX*, México, Centro de Estudios Espinosa Yglesias, 2007.
Alfaro-Velcamp, Theresa, *So Far from Allah, So Close to Mexico: Middle Eastern Immigrants in Modern Mexico,* Austin: University of Texas Press, 2007.
Amador, María Luisa y Jorge Ayala Blanco, *Cartelera cinematográfica, 1930-1939*, México, Filmoteca UNAM, 1980.
Amador, María Luisa y Jorge Ayala Blanco, *Cartelera cinematográfica, 1940-1949*, México, UNAM, 1982.
Amador, María Luisa y Jorge Ayala Blanco, *Cartelera cinematográfica, 1950-1959*, México, UNAM, 1985.
Amador, María Luisa y Jorge Ayala Blanco, *Cartelera cinematográfica, 1960-1969*, México, UNAM, 1986.
Anderson, Rodney, *Outcasts in Their Own Land: Mexican Industrial Workers, 1906-1911*, DeKalb, Northern Illinois University Press, 1976.
Ash, Stephen, *Middle Tennessee Society Transformed, 1860-1870*, Baton Rouge, Louisiana State University Press, 1988.
Bantjes, Adrian, *As If Jesus Walked the Earth: Cardenismo, Sonora and the Mexican Revolution*, Wilmington, DE, SR Books, 1998.
Barbosa Cano, Flavio, *La CROM. De Luis N. Morones a Antonio J. Hernández*, Puebla, Universidad Autónoma de Puebla, 1981.

BIBLIOGRAFÍA

Bedford County, Tennessee: Family History Book, Paducah, KY, Turner Publishing, 2002.

Beatty, Edward, *Institutions and Investment: The Political Basis of Industrialization in Mexico Before 1911*, Stanford, CA: Stanford University Press, 2001.

Beezley, William, *Judas at the Jockey Club, and Other Episodes of Porfirian Mexico*, Lincoln, University of Nebraska Press, 2004.

Berg, Charles Ramírez, *Cinema of Solitude: A Critical Study of Mexican Film, 1967-1983*, Austin, University of Texas Press, 1992.

Berry, Jason y Gerald Renner, *Vows of Silence: The Abuse of Power in The Papacy of John Paul II*, New York, Free Press, 2004.

Bethell, Leslie, coord., *Mexico Since Independence*, Cambridge, Cambridge University Press, 1991.

Blanks, James, coord., *The Shoffner Family Genealogy*, Bountiful, UT, Family History Publishers, 1989.

Bonilla Fernández, María Teresa, *El secuestro del poder. El caso William O. Jenkins*, Puebla, Universidad Autónoma de Puebla, 2004.

Brading, David, coord., *Caudillo and Peasant in the Mexican Revolution*, Cambridge, Cambridge University Press, 1980.

Brands, H.W., *The Reckless Decade: America in the 1890s*, Chicago, University of Chicago Press, 2002.

Brenner, Anita, *The Wind that Swept Mexico*, Austin, University of Texas Press, 1996 [1943].

Brown, Jonathan, *Oil and Revolution in Mexico*, Berkeley, University of California Press, 1993.

Buchenau, Jürgen, *Plutarco Elías Calles and the Mexican Revolution*, Lanham, MD, Rowman & Littlefield, 2007.

Buchenau, Jürgen y William Beezley, coords., *State Governors in the Mexican Revolution, 1910-1952: Portraits in Conflict, Courage, and Corruption*, Lanham, MD, Rowman & Littlefield, 2009.

Buve, Raymond, *El movimiento revolucionario en Tlaxcala*, Tlaxcala, Universidad Autónoma de Tlaxcala, 1994.

Camp, Roderic Ai, *Entrepreneurs and Politics in Twentieth-Century Mexico*, New York, Oxford University Press, 1989.

Camp, Roderic Ai, *Mexican Political Biographies, 1884-1934*, Austin, University of Texas Press, 1991.

Camp, Roderic Ai, *Mexican Political Biographies, 1935-1993*, Austin, University of Texas Press, 1995.

Cárdenas, Enrique, *UDLA, una esperanza, una realidad. Don Manuel Espinosa Yglesias*, Cholula, Puebla, Fundación UDLA-Puebla, 2000.

Cárdenas, Enrique, *Manuel Espinosa Yglesias. Ensayo sobre su historia intelectual*, México, Centro de Estudios Espinosa Yglesias, 2006.

Conklin, Paul, *Gone With the Ivy: A Biography of Vanderbilt University*, Knoxville, University of Tennessee Press, 1985.

Contreras Torres, Miguel, *El libro negro del cine mexicano*, México, Hispano-Continental Films, 1960.

Cordero y Bernal, Rigoberto, *Maximino Ávila Camacho. El ejercicio absoluto… del poder*, Puebla, 2012.

BIBLIOGRAFÍA

Cordero y Torres, Enrique, *Historia compendiada del Estado de Puebla*, 3 vols., Puebla, Bohemia Poblana, 1965.
Cordero y Torres, Enrique, *Diccionario Biográfico de Puebla*, 2 vols., Puebla, Centro de Estudios Históricos, 1972.
Corlew, Robert, *Tennessee: A Short History*, Knoxville, University of Tennessee Press, 1981.
Crespo, Horacio, coord., *Historia del azúcar en México*, 2 vols., México, Fondo de Cultura Económica, 1988.
Crespo, Horacio y Enrique Vega Villanueva, *Estadísticas históricas del azúcar en México*, México, Azúcar S.A., 1990.
Cruz Valdés, Reyna y Ambrosio Guzmán Álvarez, *Casa Presno. Historia y rehabilitación de una residencia*, Puebla, Universidad Autónoma de Puebla, 2006.
Dávila Peralta, Nicolás, *Las santas batallas. El anticomunismo en Puebla*, Puebla, Universidad Autónoma de Puebla, 2003.
De Usabel, Gaizka, *The High Noon of American Pictures in Latin America*, Ann Arbor, MI, UMI Research Press, 1982.
Del Ángel Mobarak, Gustavo, *BBVA Bancomer. 75 años de historia*, México, BBVA Bancomer, 2007.
Dowdy, G. Wayne, *Mayor Crump Don't Like It: Machine Politics in Memphis*, Jackson, University Press of Mississippi, 2006.
Doyle, Don, *Nashville in the New South, 1880-1930*, Knoxville, University of Tennessee Press, 1985.
Dulles, John W.F., *Yesterday in Mexico: A Chronicle of the Revolution, 1919-1936*, Austin, University of Texas Press, 1972 [1961].
Dwyer, John, *The Agrarian Dispute: The Expropriation of American-Owned Rural Land in Postrevolutionary Mexico*, Durham, NC, Duke University Press, 2008.
Elson, Ruth Miller, *Guardians of Tradition: American Schoolbooks of the Nineteenth Century*, Lincoln, University of Nebraska Press, 1964.
Espinosa M., Miguel, *Zafra de odios, azúcar amargo*, Puebla, Universidad Autónoma de Puebla, 1980.
Estrada Urroz, Rosalina, *Del telar a la cadena de montaje. La condición obrera en Puebla, 1940-1976*, Puebla, Universidad Autónoma de Puebla, 1997.
Fehrenbach, T. R., *The San Antonio Story*. Tulsa, OK, Continental Heritage, 1978.
Fernández, Claudia y Andrew Paxman, *El Tigre. Emilio Azcárraga y su imperio Televisa*, México, Grijalbo, 2013.
Fernández Chedraui, Rodrigo, *Vivir de pie. El tiempo de Don Maximino*, Xalapa, VC, Editorial Las Ánimas, 2008.
Frías Olvera, Manuel, *Los verdaderos ángeles de Puebla*, Puebla, Mabek, 1976.
Gamboa Ojeda, Leticia, *Los empresarios de ayer. El grupo dominante en la industria textil de Puebla, 1906-1929*, Puebla, Universidad Autónoma de Puebla, 1985.
Gamboa Ojeda, Leticia, *La urdimbre y la trama. Historia social de los obreros textiles de Atlixco, 1899-1924*, México, Fondo de Cultura Económica, 2001.
García, Gustavo y Rafael Aviña, *Época de oro del cine mexicano*, México, Clío, 1997.
García Riera, Emilio, *Historia documental del cine mexicano*, 18 vols., Guadalajara, Universidad de Guadalajara, 1992.
García Riera, Emilio, *Breve historia del cine mexicano*, Zapopan, Jalisco, Mapa, 1998.
Garner, Paul, *Porfirio Díaz*, London, Longman, 2001.

BIBLIOGRAFÍA

Garner, Paul, *British Lions and Mexican Eagles Business, Politics, and Empire in the Career of Weetman Pearson in Mexico, 1889-1919*, Stanford: Stanford University Press, 2011.

Gauss, Susan, *Made in Mexico: Regions, Nation, and the State in the Rise of Mexican Industrialism, 1920s-1940s*, University Park, PA, Penn State Press, 2010.

Gilderhus, Mark, *Diplomacy and Revolution: U.S.-Mexico Relations under Wilson and Carranza*, Tucson, University of Arizona Press, 1977.

Gillingham, Paul, Michael Lettieri, y Benjamin T. Smith, coords., *Journalism, Satire and Censorship, 1910-2015*, Albuquerque, University of New Mexico Press, (de próxima publicación).

Gillingham, Paul y Benjamin T. Smith, coords., *Dictablanda: Politics, Work, and Culture in Mexico, 1938-1968*, Durham, NC, Duke University Press, 2014.

Gilly, Adolfo, *La revolución interrumpida*, México, El Caballito, 1971.

Gómez Carpinteiro, Francisco Javier, *Gente de azúcar y agua. Modernidad y posrevolución en el suroeste de Puebla*, Zamora, Colegio de Michoacán, 2003.

González Ramírez, Manuel, *La revolución social de México. I. Las ideas, la violencia*, México, Fondo de Cultura Económica, 1960.

Grajales, Agustín y Lilián Illades, coords., *Presencia española en Puebla. Siglos XVI-XX*, Puebla, Universidad Autónoma de Puebla, 2002.

Gruening, Ernest, *Mexico and its Heritage*, New York, The Century Co., 1928.

Haber, Stephen, *Industry and Underdevelopment: The Industrialization of Mexico, 1890-1940*. Stanford, CA, Stanford University Press, 1989.

Haber, Stephen, Herbert S. Klein, Noel Maurer, y Kevin J. Middlebrook, *Mexico Since 1980*, Cambridge, Cambridge University Press, 2008.

Hall, Linda, *Álvaro Obregón, Power and Revolution in Mexico, 1911-1920*, College Station, TX, Texas A&M University Press, 1981.

Hamilton, Nora, *The Limits of State Autonomy: Post-Revolutionary Mexico*, Princeton, NJ, Princeton University Press, 1982.

Hansen, Roger, *The Politics of Mexican Development*, Baltimore, Johns Hopkins University Press, 1974.

Hart, John Mason, *Revolutionary Mexico: The Coming and Process of the Mexican Revolution*, Berkeley, University of California Press, 1997.

Hart, John Mason, *Empire and Revolution: The Americans in Mexico since the Civil War*, Berkeley, University of California Press, 2002.

Henderson, Timothy, *The Worm in the Wheat: Rosalie Evans and Agrarian Struggle in the Puebla-Tlaxcala Valley of Mexico, 1906-1927*, Durham, NC, Duke University Press, 1998.

Hernández Chávez, Alicia, *Historia de la Revolución Mexicana, v.16. La mecánica cardenista*, México, Colegio de México, 1979.

Hernández Rodríguez, Rogelio, coord., *Adolfo López Mateos. Una vida dedicada a la política*, México, Colegio de México, 2015.

Hershfield, Joanne y David Maciel, coords., *Mexico's Cinema: A Century of Film and Filmmakers*, Wilmington, DE, SR Books, 1999.

Hodges, Donald, *Mexican Anarchism after the Revolution*, Austin, University of Texas Press, 1995.

Jayes, Janice Lee, *The Illusion of Ignorance: Constructing the American Encounter with Mexico, 1877-1920*, Lanham, MD, University Press of America, 2011.

BIBLIOGRAFÍA

Jiménez Muñoz, Jorge, *La traza del poder. Historia de la política y los negocios urbanos en el Distrito Federal*, México, Dédalo, 1993.

Johns, Michael, *The City of Mexico in the Age of Díaz*, Austin, University of Texas Press, 1997.

Joseph, Gilbert, Anne Rubenstein, y Eric Zolov, coords., *Fragments of a Golden Age: The Politics of Mexico since 1940*, Durham, NC, Duke University Press, 2001.

Josephson, Matthew, *The Robber Barons: The Great American Capitalists, 1861-1901*, Norwalk, CT, Easton Press, 1962 [1934].

Keller, Renata, *Mexico's Cold War: Cuba, the United States, and the Legacy of the Mexican Revolution*, New York, Cambridge University Press, 2015.

Kiger, Joseph, coord., *International Encyclopedia of Foundations*, New York, Greenwood, 1990.

Knight, Alan, *The Mexican Revolution: Vol.1: Porfirians, Liberals and Peasants*. Lincoln, University of Nebraska Press, 1990.

Knight, Alan, *The Mexican Revolution: Vol.2: Counter-Revolution and Reconstruction*, Lincoln, University of Nebraska Press, 1990.

Knight, Alan, *U.S.-Mexican Relations, 1910-1940: An Interpretation*, La Jolla, CA, Center for U.S.-Mexican Studies, UCSD, 1987.

Krauze, Enrique, *Mexico: Biography of Power*, New York, HarperCollins, 1997.

LaFrance, David, *The Mexican Revolution in Puebla, 1908-1913*, Wilmington, DE, SR Books, 1989.

LaFrance, David, *Revolution in Mexico's Heartland: Politics, War, and State Building in Puebla, 1913-1920*, Wilmington, DE, SR Books, 2003.

Lester, Connie, *Up from the Mudsills of Hell: The Farmers' Alliance, Populism, and Progressive Agriculture in Tennessee, 1870-1915*, Athens, University of Georgia Press, 2006.

Lomelí Vanegas, Leonardo, *Breve historia de Puebla*, México, Fondo de Cultura Económica / Colegio de México, 2001.

Manjarrez, Alejandro, *Puebla. El rostro olvidado*, Cholula, Puebla, Imagen Pública y Corporativa, 1991.

Manjarrez, Alejandro, *Crónicas sin censura*, Cholula, Puebla, Imagen Pública y Corporativa, 1995.

Marsh, Helen y Timothy, coords., *Cemetery Records of Bedford County*, Shelbyville, TN, Marsh Historical, 1976.

Marsh, Helen y Timothy, *Tennesseans in Texas*, Easley, SC, Southern Historical Press, 1986.

Mastretta, Ángeles, *Arráncame la vida*, México, Cal y arena, 1985.

Matute, Álvaro, *Historia de la Revolución Mexicana, v.8, 1917-1924. La carrera del caudillo*, México, Colegio de México, 1980.

Matute, Álvaro, *Historia de la Revolución Mexicana, v.7, 1917-1924. Las dificultades del nuevo Estado*, México, Colegio de México, 1995.

Maurer, Noel, *The Power and the Money: The Mexican Financial System, 1876-1932*, Stanford, CA, Stanford University Press, 2002.

Maxfield, Sylvia, *Governing Capital: International Finance and Mexican Politics*, Ithaca, NY, Cornell University Press, 1990.

McCormick, Gladys, *The Logic of Compromise in Mexico: How the Countryside Was Key to the Emergence of Authoritarianism*, Chapel Hill, University of North Carolina Press, 2016.

Medina, Luis, *Historia de la Revolución Mexicana, v.18. Del cardenismo al avilacamachismo*, México, Colegio de México, 1978.
Middlebrook, Kevin, *The Paradox of Revolution: Labor, the State, and Authoritarianism in Mexico*, Baltimore, Johns Hopkins, 1995.
Miller, Michael Nelson, *Red, White, and Green: The Maturing of Mexicanidad, 1940-1946*, El Paso, Texas Western Press, 1998.
Mora, Carl, *Mexican Cinema: Reflections of a Society, 1896-1980*, Berkeley, University of California Press, 1982.
Moreno, Julio, *Yankee Don't Go Home!: Mexican Nationalism, American Business Culture, and the Shaping of Modern Mexico, 1920-1950*, Chapel Hill: University of North Carolina Press, 2003.
Morris, Stephen, *Gringolandia: Mexican Identity and Perceptions of the United States*, Lanham, MD, Rowman & Littlefield, 2005.
Mosk, Sanford, *Industrial Revolution in Mexico*, Berkeley, University of California Press, 1954.
Nasaw, David, *The Chief: The Life of William Randolph Hearst*, New York, Houghton Mifflin Harcourt, 2001.
Navarro, Aaron, *Political Intelligence and the Creation of Modern Mexico, 1938-1954*, University Park, PA, Penn State Press, 2010.
Niblo, Stephen, *War, Diplomacy, and Development: The United States and Mexico, 1938-1954*, Wilmington, DE, SR Books, 1995.
Niblo, Stephen, *Mexico in the 1940s: Modernity, Politics, and Corruption*, Wilmington, DE, SR Books, 1999.
Oikión Solano, Verónica, *Los hombres del poder en Michoacán, 1924-1962*, Zamora, Colegio de Michoacán, 2004.
Ortiz Garza, José Luis, *México en guerra. La historia secreta de los negocios entre empresarios mexicanos de la comunicación, los nazis y EUA*, México, Planeta, 1989.
Pansters, Wil. *Politics and Power in Puebla: The Political History of a Mexican State, 1937-1987*, Amsterdam, CEDLA, 1990.
Paranaguá, Paulo Antonio, coord., *Mexican Cinema*, London, British Film Institute, 1995.
Peredo Castro, Francisco, *Cine y propaganda para Latinoamérica. México y Estados Unidos en la encrucijada de los años cuarenta*, México, UNAM, 2013.
Quintana, Alejandro, *Maximino Ávila Camacho and the One-Party State: The Taming of Caudillismo and Caciquismo in Post-Revolutionary Mexico*, Lanham, MD, Lexington Books, 2010.
Ramírez, Gabriel, *Miguel Contreras Torres, 1899-1981*, Guadalajara, Universidad de Guadalajara, 1994.
Ramírez Rancaño, Mario, *Directorio de empresas industriales textiles, 1900-1920*, México, IIS-UNAM, [1980].
Reid, John, *Spanish American Images of the United States, 1790-1960*, Gainesville, FL, University of Florida Press, 1977.
Richmond, Douglas, *Venustiano Carranza's Nationalist Struggle, 1893-1920*, Lincoln, University of Nebraska Press, 1983.
Riguzzi, Paolo y Patricia de los Ríos, *Las relaciones México-Estados Unidos, 1756-2010*, México, UNAM, 2012.
Rodó, José Enrique, *Ariel*, Austin, University of Texas Press, 1988 [1900].

BIBLIOGRAFÍA

Romano Moreno, Armando, *Anecdotario estudiantil*. Vol. 1, Puebla, Universidad Autónoma de Puebla, 1985.

Ronfeldt, David, *Atencingo: The Politics of Agrarian Struggle in a Mexican Ejido*, Stanford, CA, Stanford University Press, 1973.

Ruiz Harrell, Rafael, *El secuestro de William Jenkins*, México, Planeta, 1992.

Saragoza, Alex, *The Monterrey Elite and the Mexican State, 1880-1940*, Austin, University of Texas Press, 1988.

Saragoza, Alex, *The State and the Media in Mexico: The Origins of Televisa* (de próxima publicación).

Schell, William, *Integral Outsiders: The American Colony in México, 1876-1911*, Wilmington, DE, SR Books, 2001.

Schmidt, Samuel, *The Deterioration of the Mexican Presidency: The Years of Luis Echeverría*, Tucson, University of Arizona Press, 1991.

Sherman, John, *The Mexican Right: The End of Revolutionary Reform, 1929-1940*, Westport, CT, Praeger, 1997.

Smith, Robert Freeman, *The United States and Revolutionary Nationalism in Mexico, 1916-1932*, Chicago, University of Chicago Press, 1972.

Street, Henry y Mary, *The Street Genealogy*. Exeter, NH, News-Letter Press, 1895.

Tecuanhuey, Alicia, *Cronología política del Estado de Puebla, 1910-1991*, Puebla, Universidad Autónoma de Puebla, 1994.

Tenorio Trillo, Mauricio y Aurora Gómez Galvarriato, *El Porfiriato. Herramientas para la historia*. México, Fondo de Cultura Económica, 2006.

Thomson, Guy, *Puebla de los Angeles: Industry and Society in a Mexican City, 1700-1850*, Boulder, Westview Press, 1989.

Torres Bautista, Mariano, *La familia Maurer de Atlixco, Puebla*, México, Conaculta, 1994.

Trejo, Racial, *Carlos Slim. Vida y Obra*, México, Quién es Quién, 2013.

Trueblood, Beatrice, coord., *Mary Street Jenkins Foundation: Mexico 1954-1988*, México, Fundación Mary Street Jenkins, 1988.

Tuckman, Jo, *Mexico: Democracy Interrupted*, New Haven, Yale University Press, 2012.

Valencia Castrejón, Sergio, *Poder regional y política nacional en México. El gobierno de Maximino Ávila Camacho en Puebla (1937-1941)*, México: Instituto Nacional de Estudios Históricos de la Revolución Mexicana, 1996.

Vaughan, Mary Kay, *The State, Education and Social Class in Mexico, 1880-1928*, DeKalb, Northern Illinois University Press, 1982.

Vaughan, Mary Kay, *Cultural Politics in Revolution: Teachers, Peasants, and Schools in Mexico, 1930-1940*, Tucson, University of Arizona Press, 1997.

Vázquez, Josefina y Lorenzo Meyer, *The United States and Mexico*, Chicago, University of Chicago Press, 1985.

Villavicencio Rojas, Josué, *Industria y empresarios en Puebla, 1940-1970. Una aproximación a la historia económica regional*, Puebla, Universidad Autónoma de Puebla, 2013.

Wasserman, Mark, *Persistent Oligarchs: Elites and Politics in Chihuahua, Mexico 1910-1940*, Durham, NC, Duke University Press, 1993.

Wasserman, Mark, *Everyday Life and Politics in Nineteenth Century Mexico*, Albuquerque, University of New Mexico Press, 2000.

BIBLIOGRAFÍA

Wasserman, Mark, *Pesos and Politics: Business, Elites, Foreigners, and Government in Mexico, 1854-1940*, Stanford, CA, Stanford University Press, 2015.
Wilkie, James y Edna Monzón de W., *México visto en el siglo XX. Entrevistas de historia oral*, México, Instituto Mexicano de Investigaciones Económicas, 1969.
Womack, John, Jr., *Zapata and the Mexican Revolution*, New York, Vintage, 1970.
Wyatt-Brown, Bertram, *Honor and Violence in the Old South*, New York, Oxford University Press, 1986.
Y esto tan grande se acabó. Testimonios y relatos de los trabajadores de la fábrica textil "La Trinidad", Tlaxcala, Gobierno del Estado, 1991.
Yáñez Delgado, Alfonso, *La manipulación de la fe. Fúas contra carolinos en la universidad poblana*, Puebla, Imagen Pública y Corporativa, 2000.
Zolotow, Maurice, *Billy Wilder in Hollywood*, New York, Limelight, 1996.
Zolov, Eric, *The Last Good Neighbor: Mexico in the Global Sixties*, Durham, NC, Duke University Press, (de próxima publicación).
Zorrilla, Luis, *Historia de las relaciones entre México y E.U.A.*, México, Porrúa, 1966.

Artículos y capítulos

Cosío Villegas, Daniel, "La crisis de México", *Cuadernos Americanos*, marzo de 1947.
Cumberland, Charles C., "The Jenkins Case and Mexican-American Relations"; *Hispanic American Historical Review*, 31:4 (1951): 586-607.
De la Vega Alfaro, Eduardo, "Origins, Development and Crisis of the Sound Cinema (1929-1964)". En *Mexican Cinema*, coordinado por Paulo Antonio Paranaguá, London, British Film Institute, 1995.
De la Vega Alfaro, Eduardo, "The Decline of the Golden Age and the Making of the Crisis". En *Mexico's Cinema: A Century of Film and Filmmakers*, coordinado por Joanne Hershfield y David Maciel, Wilmington, DE, SR Books, 1999.
Espinosa Yglesias, Manuel, "Introduction". En *Mary Street Jenkins Foundation: Mexico 1954-1988*, coordinado por Beatrice Trueblood, México, Fundación Mary Street Jenkins, 1988.
Gamboa Ojeda, Leticia, "Momentos de crisis y recuperación en la industria textil mexicana, 1921-1932", *La Palabra y el Hombre* [Jalapa] (julio 1990): 23-53.
Gamboa Ojeda, Leticia, "Formas de asociación empresarial en la industria textil poblana". En *Los negocios y las ganancias*, coordinado por Leonor Ludlow y Jorge Silva Riquer, México, Instituto Mora, 1993.
Gamboa Ojeda, Leticia, "Para una historia de la rama textil. Géneros de punto en la Cd. de Puebla", *Arqueología Industrial*, 4:8 (2001): 3-4.
Gilderhus, Mark, "Senator Albert B. Fall and 'The Plot Against Mexico'", *New Mexico Historical Review*, 48:4 (1973): 299-311.
Glaser, David, "1919: William Jenkins, Robert Lansing, and the Mexican Interlude", *Southwestern Historical Quarterly*, 74:3 (1971): 337-56.
Gutiérrez Álvarez, Coralia, "Inmigración y aculturación", En *Presencia española en Puebla*, coordinado por Agustín Grajales y Lilián Illades, Puebla, Universidad Autónoma de Puebla, 2002.
Houle, Cyril, "Some Significant Experiments in Latin-American Education", *The Elementary School Journal* 49:2 (1948): 61-66.

Katz, Friedrich, "The Liberal Republic and the Porfiriato", En *Mexico Since Independence*, coordinado por Leslie Bethell, Cambridge, Cambridge University Press, 1991.
Knight, Alan, "The rise and fall of Cardenismo, c. 1930-46". En *Mexico Since Independence*, coordinado por Leslie Bethell, Cambridge, Cambridge University Press, 1991.
Knight, Alan, "*Cardenismo*: Juggernaut or Jalopy?", *Journal of Latin American Studies* 26: 1 (1994): 73-107.
Knight, Alan, "The End of the Mexican Revolution?". En *Dictablanda: Politics, Work, and Culture in Mexico, 1938-1968*, coordinado por Paul Gillingham y Benjamin T. Smith. Durham, NC, Duke University Press, 2014.
Kuntz Ficker, Sandra, "De las reformas liberales a la gran depresión". En *Historia mínima de la economía mexicana, 1519-2010* coordinado por Kuntz, México, Colegio de México, 2012.
LaFrance, David, "Revisión del caso Jenkins: la confrontación del mito", *Historia Mexicana* 53:4 (2004): 911-57.
Lazo, Dimitri, "Lansing, Wilson and the Jenkins Incident", *Diplomatic History* 22:2 (1998): 177-98.
Machado, Manuel y James Judge, "Tempest in a Teapot? The Mexican-United States Intervention Crisis of 1919", *Southwestern Historical Quarterly* 74:1 (1970): 1-23.
Meyer, Jean, "Revolution and Reconstruction in the 1920s". En *Mexico Since Independence*, coordinado por Leslie Bethell, Cambridge, Cambridge University Press, 1991.
Morse, Richard, "The Heritage of Latin America". En *The Founding of New Societies*, coordinado por Louis Hartz, New York, Harcourt, Brace, 1964.
Mraz, John, "Today, Tomorrow, and Always: The Golden Age of Illustrated Magazines in Mexico, 1937-1960". En *Fragments of a Golden Age: The Politics of Mexico since 1940*, coordinado por Gilbert Joseph, Anne Rubenstein, y Eric Zolov, Durham, NC, Duke University Press, 2001.
Paxman, Andrew, "Cooling to Cinema and Warming to Television: State Mass Media Policy from 1940 to 1964". En *Dictablanda: Politics, Work, and Culture in Mexico, 1938-1968,* coordinado por Paul Gillingham y Benjamin T. Smith. Durham, NC, Duke University Press, 2014.
Paxman, Andrew, "Slim Helú, Carlos". En *Iconic Mexico*, coordinado por Eric Zolov. Santa Barbara, CA, ABC-CLIO, 2015.
Paxman, Andrew, "Simbiosis imperativa y conveniente: La evolución del capitalismo de cuates en Puebla", *Istor* 68, de próxima publicación, 2017.
Paxman, Andrew, "Changing Opinions in *La Opinión*: Maximino Ávila Camacho and the Puebla Press, 1936-1941". En *Journalism, Satire and Censorship in Mexico, 1910-2015*, coordinado por Paul Gillingham, Michael Lettieri, y Benjamin T. Smith, Albuquerque, University of New Mexico Press, de próxima publicación, 2017.
Santibáñez, Blanca, "El Estado y la huelga de 'La Trinidad'", *Boletín de Investigación del Movimiento Obrero* 8 (1985): 58-66.
Smith, Benjamin T., "Building a State on the Cheap: Taxation, Social Movements, and Politics". En *Dictablanda: Politics, Work, and Culture in Mexico, 1938-1968*, coordinado por Paul Gillingham y Benjamin T. Smith. Durham, NC, Duke University Press, 2014.

Tobler, Hans Werner, "La burguesía revolucionaria en México", *Historia Mexicana* 34:2 (1984): 213-37.
Trow, Clifford; "Woodrow Wilson and the Mexican Interventionist Movement of 1919", *Journal of American History* 58:1 (1971): 46-72.
Turner, John Kenneth, "Slaves of Yucatán", *American Magazine*, octubre 1909, reproducido en Turner, *Barbarous Mexico*, Austin, University of Texas Press, 1990.
Ulloa, Bertha, "La lucha armada (1911-1920)". En *Historia General de México*, coordinado por Daniel Cosío Villegas, México, Colegio de México, 1981.
Vélez Pliego, Alfonso, "La sucesión rectoral, las lecciones de la historia y las tareas actuales del movimiento universitario democrático", *Crítica* (Puebla) 1 (1978): 41-90.
Womack, John, Jr., "The Mexican Economy during the Revolution, 1910-1920: Historiography and Analysis", *Marxist Perspectives* 1:4 (1978): 80-123.
Yankelevich, Pablo, "Hispanophobia y revolución. Españoles expulsados de México (1911–1940)", *Hispanic American Historical Review* 86:1 (2006): 29-60.
Zolov, Eric, "*¡Cuba sí, yanquis no!*, The Sacking of the Instituto Cultural México-Norteamericano in Morelia, Michoacán, 1961". En *In from the Cold*, coordinado por Gilbert Joseph y Daniela Spenser, Durham, NC, Duke University Press, 2008.

Obras no editadas

Castañeda, Gonzalo, "The Dynamic of Firms' Chartering and the Underlying Social Governance. Puebla", Documento de trabajo, Universidad de las Américas-Puebla, 2005.
Crider, Gregory, *Material Struggles: Workers' Strategies during the "Institutionalization of the Revolution" in Atlixco, Puebla, Mexico, 1930-1942*, Tesis doctoral, University of Wisconsin, Madison, 1996.
DeMoss, Margaret Shoffner, *Shoffner Family History*, Tennessee, 1971.
Fein, Seth, *Hollywood and United States-Mexican Relations in the Golden Age of Mexican Cinema*, Tesis doctoral, University of Texas, Austin, 1996.
García Rodea, Denisse, *Transición a la Democracia y fin del Caciquismo en el Municipio de Atlixco*, Tesis de licenciatura, Universidad de las Américas-Puebla, 2004.
Malpica, Samuel, *La hegemonía de la CROM en Atlixco (1900-1948)*, Tesis de maestría, Universidad Autónoma de Puebla, 1982.
McGuckin, Alexander, *La Clase Divina of Puebla: A Socio-Economic History of a Mexican Elite, 1790-1910*, Tesis de maestría, University of Alberta, 1995.
Pineda Ramírez, Miguel Ángel, *Sucesión y Transición. Las elecciones para gobernador en Puebla, en 1932*, Tesis de maestría, Instituto Mora, 2000.
Reyes Romero, Sandra, *La industria bonetera en Puebla y sus empresarios extranjeros, 1900-1930*, Tesis de maestría, Universidad Autónoma de Puebla, 2011.
Shoffner, Allen, *A Bicentennial History of Shoffner's Lutheran Church*. Shelbyville, TN, 2008.
Smith, Richard, *Pastor William Jenkins*, Conferencia, Shelbyville, TN, 1996.
Tamayo, David, *¡Cristianismo sí! ¡Comunismo no!: Religion and Reform in the University of Puebla, 1961*, Tesis de licenciatura, University of California, Berkeley, 2003.
Wilt, David, "Stereotyped Images of United States Citizens in Mexican Cinema, 1930-1990", Tesis doctoral, University of Maryland, 1991.

Notas

Introducción

[1] Las impresiones de Jenkins en 1960 están basadas en varias entrevistas con Jane Jenkins Eustace y Ronald Eustace (Puebla, 2001-2008); William Anstead Jenkins (Ciudad de México/Puebla, 2001-2012); Sergio Guzmán Ramos (Puebla, 2001-2009); Manuel Mestre (Ciudad de México, 2003-2009), y Manuel Sánchez Pontón (Puebla, 2006-2008).

[2] Renata Keller, *Mexico's Cold War: Cuba, the United States, and the Legacy of the Mexican Revolution,* Cambridge University Press, Nueva York, 2015. Ana Covarrubias, "La política exterior", en R. Hernández Rodríguez (coord.), *Adolfo López Mateos: Una vida dedicada a la política,* Colegio de México, México, 2015.

[3] *Excélsior,* 8 de junio de 1960, p. 1; Enrique Krauze, *Mexico: Biography of Power,* HarperCollins, Nueva York, 1998, p. 694.

[4] *Política,* 1º de junio de 1960, pp. 27-29; *cf.* 15 de junio, p. 9; 1º de julio, p. 9; 1º de agosto, p. 11s.

[5] Miguel Contreras Torres, *El libro negro del cine mexicano,* México, 1960, p. 409.

[6] "Meet Mr. Jenkins", *Time,* 26 de diciembre de 1960, p. 25s.

[7] Branscomb a *Time,* Nashville, 6 de enero de 1961, RG 300/Branscomb (en adelante, Branscomb Papers), Universidad de Vanderbilt, caja 362, carpeta 2.

[8] Daniel Cosío Villegas, "La crisis de México", *Cuadernos Americanos,* marzo de 1947.

[9] Véase, por ejemplo, Adolfo Gilly, *La revolución interrumpida,* El Caballito, México, 1971; Jean Meyer, *La revolución mejicana, 1910-1940,* Dopesa, Barcelona, 1973; Ramón Ruiz, *The Great Rebellion: Mexico, 1905-1924,* Norton, Nueva York, 1980; John Womack, "The Mexican Revolution", en L. Bethell (coord.), *Cambridge History of Latin America* (vol. V), Cambridge University Press, Cambridge, 1986; Mark Wasserman, *Persistent Oligarchs: Elites and Politics in Chihuahua, Mexico, 1910-1940,* Duke University Press, Durham, 1993.

[10] Nora Hamilton, *The Limits of State Autonomy: Post-Revolutionary Mexico,* Princeton University Press, Princeton, 1982; Alan Knight, "Cardenismo: Juggernaut or Jalopy?", *Journal of Latin American Studies,* vol. 26, núm. 1, 1994, pp. 73-107.

[11] Desarrollo mis conceptos "imperativo simbiótico" y "conveniencia simbiótica" en "Simbiosis imperativa y conveniente: la evolución del capitalismo de cuates en Puebla", *Istor,* núm. 68, primavera de 2017.

[12] Nora Hamilton, *The Limits of State Autonomy*; Alex Saragoza, *The Monterrey Elite and the Mexican State, 1880-1940*, University of Texas Press, Austin, 1988; Stephen Haber, *Industry and Underdevelopment: The Industrialization of Mexico, 1890-1940*, Stanford University Press, Stanford, 1989; Noel Maurer, *The Power and the Money: The Mexican Financial System, 1876-1932*, Stanford University Press, Stanford, 2002.

[13] Para el porfiriato y los años veinte, véase Stephen H. Haber, Armando Razo y Noel Maurer, *The Politics of Property Rights*, Cambridge University Press, Cambridge, 2003; para Alemán, véase Stephen Niblo, *War, Diplomacy, and Development: The United States and Mexico, 1938-1954*, Scholarly Resources Books, Wilmington, 1995, pp. 221-244, y *Mexico in the 1940s: Modernity, Politics, and Corruption*, Scholarly Resources Books, Wilmington, 1999, pp. 207-216, 253-303.

[14] Véase, por ejemplo, Jeffrey Rubin, *Decentering the Regime: Ethnicity, Radicalism, and Democracy in Juchitán, Mexico*, Duke University Press, Durham, 1997; Jürgen Buchenau y William Beezley (coords.), *State Governors in the Mexican Revolution, 1910-1952: Portraits in Conflict, Courage, and Corruption*, Rowman & Littlefield, Lanham, 2009; Paul Gillingham y Benjamin Smith (coords.), *Dictablanda: Politics, Work, and Culture in Mexico, 1938-1968*, Duke University Press, Durham, 2014.

[15] Alan Knight, "Cardenismo: Juggernaut or Jalopy?", pp. 100-105.

[16] Wil Pansters, *Politics and Power in Puebla: The Political History of a Mexican State, 1937-1987*, Cedla, Ámsterdam, 1990, pp. 88-95, 100-102, 106s; Susan Gauss, *Made in Mexico: Regions, Nation, and the State in the Rise of Mexican Industrialism, 1920s-1940s*, Pennsylvania State Press, Pennsylvania, 2010.

[17] Por ejemplo: Sergio Valencia Castrejón, *Poder regional y política nacional en México: El gobierno de Maximino Ávila Camacho en Puebla (1937-1941)*, Instituto Nacional de Estudios Históricos de la Revolución Mexicana, México, 1996; María Teresa Bonilla Fernández, *El secuestro del poder: El caso William O. Jenkins*, Universidad Autónoma de Puebla, Puebla, 2004; *Proceso*, 11 de agosto de 1980, pp. 16-18.

[18] Entre los pocos estudios sobre las opiniones de los mexicanos acerca de Estados Unidos se incluye: Alan Knight, *U. S.-Mexican Relations, 1910-1940: an Interpretation*, Center for U. S.-Mexican Studies, La Jolla, 1987, caps. III-V; Stephen Morris, *Gringolandia: Mexican Identity and Perceptions of the United States*, Rowman & Littlefield, Lanham, 2005.

[19] *The Economist*, 1º de mayo de 1993, p. 76.

[20] María Inés Barbero, "Business History in Latin America", en F. Amatori y G. Jones (coords.), *Business History around the World*, Cambridge University Press, Cambridge, 2003, p. 333; David Winder, "Mexico", en H. Anheier *et al.* (coords.), *Innovation in Strategic Philanthropy: Local and Global perspectives*, Springer, Nueva York, 2007.

[21] Conversación con Edmundo Bautista, Fundación Mary Street Jenkins, Puebla, 24 de mayo de 2006.

[22] Entrevista con Pilar Pacheco, Archivo General del Estado de Puebla, Puebla, 27 de abril de 2006.

[23] Jenkins a Juan Posada Noriega, Puebla, 22 de junio de 1943; documentos de Rosemary Eustace Jenkins (en adelante REJP, por sus siglas en inglés) [en posesión

de R. Eustace Jenkins, Ciudad de México], Jenkins a Luis Castro (1948), citado en *El Sol de Puebla*, 5 de junio de 1963, p. 1.

1. Mayoría de edad en Tennessee

[1] *Bedford County, Tennessee: Family History Book*, Turner Publishing, Paducah, 2002, pp. 136, 331.

[2] Entrevistas con Jane Jenkins Eustace y Ronald Eustace, Puebla, 2 de abril y 27 de junio de 2001, 10 de abril de 2002.

[3] *Bedford County*, p. 331; Allen Shoffner, *A Bicentennial History of Shoffner's Lutheran Church*, Shelbyville, 2008, pp. 39-47; "History Of Lutherans In Bedford Co.", disponible en <www.christlutheranshelbyville.org>. [Consulta: 17 de julio de 2012.]

[4] *Excélsior*, 5 de junio de 1963, p. 5; *Novedades*, 5 de junio, p. 1; *El Sol de Puebla*, 5 de junio, p. 1; *La Opinión* (Puebla), 5 de junio, p. 1; *El Día*, 6 de junio, p. 3; *El Universal*, 7 de junio, p. 13.

[5] Robert Corlew, *et al.*, *Tennessee: A Short History*, University of Tennessee Press, Knoxville, 1981, pp. 8, 11; *Historical Atlas of the United States*, Henry Holt, Nueva York, 1953, pp. 68-71, 90s; *Bedford County*, p. 7s.

[6] *Bedford County*, pp. 7-10.

[7] La semblanza de la carrera del reverendo Jenkins se basa, salvo que se indique lo contrario, en *Bedford County*, pp. 101, 123, 136s, 331; Allen Shoffner, *A Bicentennial History*, pp. 39-42; Richard Smith, "Pastor William Jenkins" (conferencia), Shelbyville, 2 de junio de 1996.

[8] James Blanks (coord.), *The Shoffner Family Genealogy: A Genealogical History of the Descendants of Michael Shoffner (1721-1810)*, Family History Publishers, Bountiful, 1989, pp. 1-4, 159; Margaret Shoffner DeMoss, *Shoffner Family History*, Tennessee, 1971, pp. 10-19; *Bedford County*, pp. 101, 136.

[9] Margaret Shoffner DeMoss, *Shoffner Family History*, p. 71; Joe Ingram, *An Educational History of Shelbyville, Tennessee, 1870-1954*, tesis de maestría, George Peabody College, Nashville, 1954, p. 17.

[10] Stephen Ash, *Middle Tennessee Society Transformed, 1860-1870*, Louisiana State University Press, Baton Rouge, 1988, pp. 74-77, 82, 143-174; Timothy y Helen Marsh, "Bedford County", y Larry Whiteaker, "Civil War", en *Tennessee Encyclopedia of History and Culture*, disponible en <http://tennesseeencyclopedia.net/entry.php?rec=69 & rec=265>.

[11] Neal O'Steen, *Bedford County Civil War Transcriptions from Various Sources*, Knoxville, s. f., p. 102; *Tennesseans in the Civil War*, Civil War Centennial Commission, Nashville, 1964, tomo I, p. 329, y tomo II, pp. 364, 532, 582; James Blanks (coord.), *The Shoffner Family Genealogy*, p. 235; *Eighth Census of the United States*, Bureau of the Census, Washington, 1860, Dist. 25, Bedford, Tennessee, rollo: M653-1239, 168; entrevista con J. Jenkins Eustace, 2 de abril de 2001; entrevista con Allen Shoffner de Shelbyville (por teléfono), Tennessee, 30 de julio de 2012.

[12] La siguiente semblanza de John Whitson Jenkins se basa en: James Blanks (coord.), *The Shoffner Family Genealogy*, pp. 225s, 247; Margaret Shoffner

DeMoss, *Shoffner Family History*, p. 79; Jerry Cook, *Historic Normandy, Bedford County, Tennessee*, Normandy, 1976, pp. 35, 76; entrevista con J. Jenkins Eustace, 2 de abril de 2001; entrevista con Betty Shoffner (nieta política de JWJ), Shelbyville, Tennessee, 11 de julio de 2004.

[13] Connie Lester, *Up from the Mudsills of Hell: The Farmers' Alliance, Populism, and Progressive Agriculture in Tennessee, 1870-1915*, University of Georgia Press, Athens, 2006, cap. 1; Robert Corlew, *et al.*, *Tennessee: A Short History*, Tennessee, pp. 367-370.

[14] Citado en Allen Shoffner, *A Bicentennial History*, p. 43.

[15] *Ninth Census*, Bureau of the Census, Washington, 1870, Dist. 25, Bedford, Teneessee, rollo: M593-1514, 435.

[16] Fotografía de "La escuela de Jenkins", n. d. (c.1888), documentos de Mary Street Jenkins (en adelante, MSJP), en posesión de Rosemary Eustace Jenkins, Ciudad de México; *Bedford County*, p. 332.

[17] William Jenkins a Mary Street, Condado de Bedford, 30 de septiembre de 1899 (título indicado en el encabezado), MSJP.

[18] La semblanza de la infancia de W. O. Jenkins se basa en: *Shelbyville Times-Gazette*, 5 de junio de 1963, p. 1 (obituario); *Nashville Tennessean*, 28 de junio de 1964, revista 5; Jenkins a Street, 6 de septiembre de 1900, 14 de julio, 4 y 8 de agosto de 1901, MSJP; Rosemary Eustace Jenkins (coord.), *Tennessee Sunshine: Oscar's Love Letters to Mary, México, 2012*, p. 325; entrevistas con J. Jenkins Eustace, 2 de abril y 15 de agosto de 2001; entrevista con Shoffner, 11 de julio de 2004.

[19] W. J., Cash, *The Mind of the South*, Vintage, Nueva York, 1991 [1941], p. 150s.

[20] H. W. Brands, *The Reckless Decade: America in the 1890s*, University of Chicago Press, Chicago, 2002 [1995], en particular, pp. 177-182, 329-335; Robert Corlew, *et al.*, *Tennessee*, pp. 368-370, 380.

[21] Sobre los años de Jenkins en la preparatoria: Jenkins a Street, 2 de julio, 22 de diciembre de 1899, 25 de junio y 8 de julio de 1900, 11 de agosto de 1901, MSJP; Rosemary Eustace Jenkins (coord.), *Tennessee Sunshine*, p. 326; entrevista con J. Jenkins Eustace, 2 de abril de 2001.

[22] Laurence McMillin, *The Schoolmaker: Sawney Webb and the Bell Buckle Story*, University of North Carolina Press, Chapel Hill, 1971; School Registry (1870-1935), The Webb School, Bell Buckle, Tennessee, p. 89.

[23] Sobre la infancia de Mary: Helen y Timothy Marsh (cords.), *Cemetery Records of Bedford County*, Marsh Historical, Shelbyville, 1976, p. 268; Ann Street a Mary Street, 1895-97, Clear Water Harbor, FL, MSJP; *Lincoln Lineage* (Fayetteville, TN), 1:1 (1998), 17; School Registry, Webb School, pp. 89, 94; entrevista con J. Jenkins Eustace, 2 de abril de 2001.

John William Street nació en una familia de plantadores en Misisipi que tenía 15 esclavos; Henry y Mary Street, *The Street Genealogy*, News-Letter Press, Exeter, 1895, pp. 328-332; *Eighth Census* (1860), Tishomingo Co., Massachusetts, rollo: M653 (lista de esclavos); *Ninth Census* (1870), Prentiss Co., Massachusetts, rollo: M593-746, 415B.

[24] Jenkins a Street, 13 de junio de 1899 a 24 de septiembre de 1901, MSJP. En adelante, mis referencias al contenido de las cartas de Mary se basan en citas e inferencias en las cartas de William.

[25] Jenkins a Street, 13 y 23 de junio, 2, 11, 22 y 31 de julio, 8 de agosto de 1899, MSJP.

NOTAS – CAPÍTULO 1

26 Jenkins a Street, 11 de julio de 1899, MSJP.

27 Jenkins a Street, 30 de septiembre, 11 y 19 de octubre, 22 de diciembre de 1899, MSJP; Helen y Timothy Marsh (cords.), *Cemetery Records,* p. 313.

28 Ruth Miller Elson, *Guardians of Tradition: American Schoolbooks of the Nineteenth Century,* University of Nebraska Press, Lincoln, 1964, pp. 70, 75s, 101s, 154-161; Benjamin Keen, "The Black Legend Revisited", *Hispanic American Historical Review,* vol. 49, núm. 4, 1969.

29 En sus finales del penúltimo año, obtuvo 93% en historia (Jenkins a Street, 13 de junio de 1900, MSJP).

30 John J. Anderson, *A Popular School History of the United States* (Nueva York, 1880), citado en Kyle Ward, *History in the Making,* New Press, Nueva York, 2006, p. 154s. Véase también Ruth Miller Elson, *Guardians of Tradition,* p. 331s.

31 *Ibidem,* pp. 1-4; *Petersburg History,* Petersburg, Tennessee, 1986, p. 59; obituario de R. K. Morgan, 2 de julio de 1935, Morgan School Museum, Petersburg, Tennessee, Morgan Book 4; sinopsis de Landrith, 25 de marzo de 1900, MSJP.

32 *The Shelbyville Gazette,* 5 de octubre de 1899, p. 1.

33 Robert May, *The Southern Dream of a Caribbean Empire, 1854-1861,* University of Georgia Press, Athens, 1989 [1973], caps. IV y V; Frederick Rosengarten, *Freebooters Must Die!: The Life and Death of William Walker,* Haverford House, Wayne, 1976, pp. 211-216.

34 Andrew Rolle, *The Lost Cause: The Confederate Exodus to Mexico,* University of Oklahoma, Norman, 1965.

35 Robert Holden, *Mexico and the Survey of Public Lands,* Northern Illinois University Press, DeKalb, 1994, pp. 14-16, 42-48; John Hart, *Empire and Revolution: The Americans in Mexico since the Civil War,* University of California Press, Berkeley, 2002, caps. 4, 5, 6 y 8; William Beezley, "The Porfirian Paradigm" (conferencia), Universidad de California, Berkeley, 6 de octubre de 2001.

36 "Cooper, Henry", *Biographical Directory of the United States Congress,* disponible en <http://bioguide.congress.gov/scripts/biodisplay.pl?index=C000751>. [Consulta: 8 de julio de 2004]

37 Ivie a J. W. Jenkins, 24 de mayo de 1900; Jenkins a Street, 30 de mayo, 6 de junio, 5 y 17 de agosto de 1900, 14 de julio, 20 de agosto de 1901, MSJP.

38 Jenkins a Street, 6 y 13 de junio de 1900, MSJP.

39 Jenkins a Street, 30 de mayo, 6, 20 y 29 de junio, 5 de agosto de 1900, MSJP.

40 Jenkins a Street, 6, 17 y 29 de junio, 19 y 30 de julio, 9 de agosto de 1900, MSJP.

41 Jenkins a Street, 25 de junio de 1900, MSJP.

42 Jenkins a Street, 29 de junio de 1900, MSJP.

43 Jenkins a Street, 19 de julio, 5, 17 y 24 de agosto, 6 de septiembre de 1900, MSJP.

44 Jenkins a Street, 9 de agosto de 1900, MSJP.

45 Robert Corlew, *et al., Tennessee: A Short History,* pp. 295, 337, 362s; Stephen Ash, *Middle Tennessee,* pp. 82, 97s, 146; Connie Lester, *Up from the Mudsills of Hell,* pp. 18-20; *Lincoln Lineage,* 1:1, 10s; Jack y June Towry, "Lincoln County", en *Tennessee Encyclopedia of History and Culture,* disponible en <http://tennesseeencyclopedia.net/entry.php?rec=789>.; Jenkins a Street, 31 de agosto de 1901, MSJP; entrevista con Dick Poplin (historiador del condado de Bedford), Shelbyville, Tennessee, 8 de julio de 2004.

NOTAS – CAPÍTULO 1

[46] "Will of John Whitaker", en Gwen Coble Whitaker, *Whitaker: A Line from Pleasant Garden*, Lewisburg, 1991, p. 28s; *Seventh Census*, Bureau of the Census, Washington, 1850, Subdiv. 2, Lincoln, Tennessee, rollo: M432-887, 19, 33; *Eighth Census* (1860), Dist. 7, Lincoln, Tennessee, rollo: M653-1261, 65, 70; *Membership Roster and Soldiers*, Tennessee Society of the Daughters of the American Revolution, Tennessee, 1985, p. 729; *Lincoln Lineage*, 1:1, 12, 14, 17; Jack y June Towry, "Lincoln County"; entrevista con J. Jenkins Eustace, 2 de abril de 2001; entrevista con Lainey Rodes (Lincoln Genealogical Soc.), Fayetteville, Tennessee, 9 de julio de 2004.

[47] Jenkins a Street, 17 y 30 de agosto de 1900, MSJP.

[48] Paul Conklin, *Gone With the Ivy: A Biography of Vanderbilt University*, University of Tennessee Press, Knoxville, 1985, cap. 1 (cita: , p. 17); Matthew Josephson, *The Robber Barons: The Great American Capitalists, 1861-1901*, Easton Press, Norwalk, 1962 [1934], en particular, pp. 315-325.

[49] Citado en Orison Swett Marden, *How They Succeeded*, Lothrop, Boston, 1901, p. 207.

[50] Paul Conklin, *Gone With the Ivy*, caps. 2 y 5-8; *Register of Vanderbilt University for 1899-1900*, Nashville, 1900, pp. 3s, 7, 24; Jenkins a Street, 19 y 21 de julio de 1901, MSJP.

[51] Robert Corlew, *et al.*, *Tennessee: A Short History*, pp. 347s, 365; Connie Lester, *Up from the Mudsills of Hell*, pp. 10s, 170, 212s; Paul Conklin, *Gone With the Ivy*, p. 129.

[52] Don Doyle, *Nashville in the New South, 1880-1930*, University of Tennessee Press, Knoxville, 1985, pp. xiv, 63-67, 74-83, 235.

[53] *Register for 1899-1900*, 31; *The Comet 1901*, Vanderbilt University, Nashville, 1901, p. 57; Jenkins a Street, 24 de agosto de 1900, 8 de septiembre de 1901, MSJP; Tigert a Hill Turner, Gainesville, 25 de noviembre de 1944, documentos de John J. Tigert, University of Florida (en adelante, Tigert Papers); Rosemary Eustace Jenkins (coord.), *Tennessee Sunshine*, p. 326; entrevista con J. Jenkins Eustace, 2 de abril de 2001. Vanderbilt también ofreció préstamos; *Register*, 32.

[54] *The Comet 1901*, pp. 58, 138, 237, 247; Jenkins a Street, 12 y 16 de septiembre de 1900, MSJP; Frank Houston, "Memorandum on Oscar Jenkins" (17 de julio de 1967), Alumni Relations (RG 935/Jenkins), Vanderbilt University; Tigert a Turner, 25 de noviembre de 1944, Tigert Papers; "Guide to the John James Tigert Papers", disponible en <http://web.uflib.ufl.edu/spec/archome/Seriesp8.htm>.

[55] Los mexicanos eran José Díaz de León (ingeniería) y Rafael M. Ramos (odontología). Jenkins a Street, 16 de septiembre de 1900, MSJP; *The Comet 1901*, pp. 64, 98; *Register of Vanderbilt University for 1900-1901*, Nashville, 1901, pp. 146, 159.

[56] Jenkins a Street, 16 de septiembre de 1900, MSJP; *The Comet 1901*, pp. 55-58.

[57] Fred Russell y Maxwell Benson, *50 Years of Vanderbilt Football*, Nashville, 1938, p. 16; Paul Conklin, *Gone With the Ivy*, pp. 137-142; Houston, "Memorandum on Oscar Jenkins"; *Nashville Banner*, 12 de noviembre de 1900, y *Nashville American*, 18 y 30 de noviembre de 1900, MSJP.

[58] *The Comet 1901*, p. 57; *Register for 1899-1900*, 53; Tigert a Turner, 25 de noviembre de 1944, Tigert Papers; *Nashville Tennessean*, 28 de junio de 1964, revista 16; Rosemary Eustace Jenkins (coord.), *Tennessee Sunshine*, p. 326.

[59] Jenkins a Street, 23 y 25 de diciembre de 1900, MSJP.

NOTAS – CAPÍTULO 1

60 Peoples a Jenkins, Fayetteville, Tennessee, 16 de febrero de 1901, MSJP; Jenkins a Street, 20 de junio, 12 y 28 de julio de 1901, MSJP.
61 Stone a Jenkins, Fayetteville, Tennessee, 30 de junio de 1901, MSJP; Jenkins a Street, 25 de diciembre de 1900, 21 y 22 de junio de 1901, MSJP.
62 Jenkins a Street, 21, 22, 23, 26 y 28 de junio, 14 de julio, 4, 5 y 13 de agosto de 1901, MSJP.
63 Jenkins a Street, 30 de junio, 2 de julio de 1901, MSJP.
64 Jenkins a Street, 7 de septiembre de 1901, MSJP.
65 Jenkins a Street, 8 de agosto de 1901, MSJP.
66 Jenkins a Street, 11 de agosto de 1901, MSJP; Max Weber, *The Protestant Ethic and the Spirit of Capitalism* (1905).
67 Jenkins a Street, 30 de junio, 24 y 19 de julio, 8, 11 y 18 de agosto de 1901, MSJP; Maurice Thompson, *Alice of Old Vincennes* (1900).
68 Jenkins a Street, 20 de junio de 1900, MSJP; entrevista con J. Jenkins Eustace, 2 de abril de 2001.
69 Jenkins a Street, 22, 23 y 30 de junio, 14 de julio, 8 de agosto de 1901, MSJP.
70 Jenkins a Street, 18 de julio de 1901, MSJP.
71 Robert Corlew, *et al.*, *Tennessee: A Short History*, pp. 361-364; H. W. Brands, *The Reckless Decade*, cap. 6.
72 Jenkins a Street, 12, 15 y 28 de julio, 31 de agosto, 1° de septiembre de 1901; "Shoffner Reunion" (invitación), adjunto el 28 de julio.
73 Jenkins a Street, 16 y 21 de julio de 1901, MSJP.
74 William cita gran parte de la carta anterior de Mary, que se extravió. Jenkins a Street, 24 de julio de 1901, MSJP.
75 Jenkins a Street, 2 de julio, 1° de agosto de 1901, MSJP.
76 En alusión a Gn. 29:14-30, Jenkins escribe *Sara*, pero se refiere a Raquel. Jenkins a Street, 11 y 25 de agosto de 1901, MSJP.
77 Jenkins a Street, 20 de agosto, 8, 9 y 13 de septiembre de 1901, MSJP.
78 Jenkins a Street, 28 de julio, 16 y 17 de septiembre de 1901, MSJP; J. S. Borgerhoff a Jenkins, Nashville, 16 de julio de 1901, MSJP.
79 Jenkins a Street, 17 de septiembre de 1901, MSJP.
80 Houston, "Memorandum on Oscar Jenkins"; *Nashville Tennessean*, 28 de junio de 1964, revista 16; entrevista con J. Jenkins Eustace, 2 de abril de 2001.
81 Jenkins a Street, 15 de julio, 24 de septiembre (sobre) de 1901, MSJP.
82 Acta de matrimonio, Nashville, 26 de septiembre de 1901, MSJP; "Jenkins-Street", *Nashville Banner*, 27 de septiembre de 1901 (noche), 7; *Nashville Tennessean*, 28 de junio de 1964, revista 16.
83 Helen y Timothy Marsh, *Tennesseans in Texas*, Southern Historical Press, Easley, 1986, p. III; Robert Corlew, *et al.*, *Tennessee: A Short History*, pp. 190-193; Marilyn Parker (genealogista) al autor, Shelbyville, Tennessee, 24 de mayo de 2004.
84 T. R. Fehrenbach, *The San Antonio Story*, Continental Heritage, Tulsa, 1978, pp. 140-159; Randolph Campbell, *Gone to Texas: A History of the Lone Star State*, Oxford University Press, Nueva York, 2003, p. 307 (mapa); Helen y Timothy Marsh, *Tennesseans in Texas*, pp. 37s, 72 y ss.; Henry y Mary Street, *The Street Genealogy*, p. 329s.
85 Jenkins a Street, 24 y 31 de julio, 25 de agosto, 6 de septiembre de 1901, MSJP.

[86] *Shelbyville Times-Gazette*, 5 de junio de 1963, p. 2; *Nashville Tennessean*, 28 de junio de 1964, revista 16.

[87] *Nashville Tennessean*, 28 de junio de 1964, revista 16; entrevista con J. Jenkins Eustace, 2 de abril de 2001; Rosemary Eustace Jenkins (coord.), *Tennessee Sunshine*, p. 326; Borgerhoff a Jenkins, 16 de julio de 1901, MSJP.

[88] Entrevista de Chester Lloyd a Jenkins, Puebla, 13 de mayo de 1918, Doheny Collection, Occidental College, Los Ángeles, Series J, caja sin marcar, entrevista 765, 11630; entrevista con J. Jenkins Eustace, 2 de abril de 2001.

[89] Sobre la popularidad del culto de Guadalupe, véase D. A. Brading, *Mexican Phoenix: Our Lady of Guadalupe: Image and Tradition across Five Centuries*, Cambridge University Press, Cambridge, 2001, cap. 12.

[90] Jonathan Brown, *Oil and Revolution in Mexico*, University of California Press, Berkeley, 1993, pp. 7s, 29, 81, 87; Alex Saragoza, *The Monterrey Elite and the Mexican State, 1880-1940*, University of Texas Press, Austin, 1988, pp. 71, 85.

[91] John Hart, *Empire and Revolution*, caps. 3-8; Sandra Kuntz Ficker, "De las reformas liberales a la gran depresión", en Kuntz (coord.), *Historia mínima de la economía mexicana, 1519-2010*, El Colegio de México, México, 2012, pp. 148-197; William Beezley, *Judas at the Jockey Club*, University of Nebraska Press, Lincoln, 2004, cap. 1.

2. Búsqueda de fortuna en México

[1] La semblanza del México porfiriano se basa en: Friedrich Katz, "The Liberal Republic and the Porfiriato", en L. Bethell (coord.), *Mexico Since Independence*, Cambridge University Press, Cambridge, 1991; Michael Johns, *The City of Mexico in the Age of Díaz*, University of Texas Press, Austin, 1997; Mark Wasserman, *Everyday Life and Politics in Nineteenth Century Mexico*, University of New Mexico Press, Albuquerque, 2000, cap. 9; Paul Garner, *Porfirio Díaz*, Longman, Londres, 2001; Mauricio Tenorio y Aurora Gómez Galvarriato, *El Porfiriato*, Fondo de Cultura Económica, México, 2006, cap. 1.

[2] Charles A. Hale, *The Transformation of Liberalism in Late Nineteenth-Century Mexico*, Princeton University Press, Princeton, 1989, cap. 7; Spencer, *The Principles of Sociology* [1895], citado en S. J. Gould, *The Mismeasure of Man*, W. W. Norton, Nueva York, 1996, p. 146; Gregory Gilson e Irving Levinson (coords.), *Latin American Positivism*, Lexington Books, Lanham, 2013, pp. ix, 14, 53-56.

[3] William Graham Sumner, *What Social Classes Owe to Each Other*, Caxton, Caldwell, 1995 [1883], pp. 34-37, 114; Matthew Josephson, *The Robber Barons; the Great American Capitalists, 1861-1901*, pp. 11s, 32s, 315-25; Alex Saragoza, *The Monterrey Elite and the Mexican State, 1880-1940*, University of Texas Press, Austin, cap. 3; Leticia Gamboa Ojeda, *Los empresarios del ayer: El grupo dominante en la industria textil de Puebla, 1906-1929*, Universidad Autónoma de Puebla, Puebla, 1985, cap. 3; Ann Blum, "Conspicuous Benevolence: Liberalism, Public Welfare, and Private Charity in Porfirian Mexico, 1877-1910", *The Americas* vol. 58, núm. 1, 2001, pp. 7-38; Michael Johns, *The City of Mexico*, pp. 53-57, 70.

[4] William Schell, *Integral Outsiders: The American Colony in Mexico City, 1876-1911*, SR Books, Wilmington, 2001, pp. 73, 77s, 80-101; Paul Garner, *British Lions*

and Mexican Eagles: Business, Politics, and Empire in the Career of Weetman Pearson in Mexico, 1889-1919, Stanford University Press, Stanford, 2011, pp. 70-75; John Hart, *Empire and Revolution: The Americans in Mexico since the Civil War*, University of California Press, Berkeley, 2002, pp. 103s, 123, 201. Mark Wasserman, *Pesos and Politics: Business, Elites, Foreigners, and Government in Mexico, 1854-1940*, Stanford University Press, 2015, caps. 4 y 5.

5. William Schell, *Integral Outsiders*, pp. 14-16, 50, 113s, 175; Hart, *Empire and Revolution*, caps. 6-8 (en particular, pp. 180-183, 195-200, 227-230, 260); Paul Garner, *Porfirio Díaz*, pp. 124-127, 130-133, 205-209.

6. Alex Saragoza, *The Monterrey Elite*, caps. 1 y 2; *cf.* T. R. Fehrenbach, *The San Antonio Story*, Continental Heritage, Tulsa, 1978, p. 155.

7. Alex Saragoza, *The Monterrey Elite*, pp. 41, 85, 218-238.

8. Jenkins a Mamie Jenkins, Monterrey, 7 de octubre de 1903, en Rosemary Eustace Jenkins (coord.), *Tennessee Sunshine: Oscar's Love Letters to Mary*, México, 2012, p. 366; Department of State, Bureau of Appointments, memo: "William Oscar Jenkins" [1918], Secretaría de Relaciones Exteriores, Archivo Histórico (en adelante, SRE), 42-26-95; *Time*, 26 de diciembre de 1960, 25; entrevista con J. Jenkins Eustace, 2 de abril de 2001.

9. Jenkins a Jenkins, 7 de octubre de 1903, en Rosemary Eustace Jenkins (coord.), *Tennessee Sunshine*, p. 366s.

10. Entrevistas con J. Jenkins Eustace, 2 de abril y 15 de agosto de 2001.

11. Citado por Kate Shoffner, *Nashville Tennessean*, 28 de junio de 1964, revista 17.

12. Jenkins a Arnold Shanklin, Puebla, 7 de enero de 1915, Registros del Departamento de Estado de Estados Unidos (NARA, Record Group 59; en adelante RDS, por sus siglas en inglés), 812.00/14285; sobre estampado con "Minas Bonanza y Anexas/Guggenheim Exploration Co./Hacienda de Bonanza, Zac.", s. f., MSJP; Marvin Bernstein, *The Mexican Mining Industry, 1890-1950*, University of New York, Albany, 1965, pp. 49-56; Alex Saragoza, *The Monterrey Elite*, pp. 30, 37s.
Sobre los ferrocarriles porfirianos: John Coatsworth, *Growth Against Development*, Northern Illinois University Press, DeKalb, 1981; Sandra Kuntz Ficker, *Empresa extranjera y mercado interno*, El Colegio de México, México, 1995.

13. *Nashville Tennessean*, 28 de junio de 1964, revista 17; Hart, *Empire and Revolution*, p. 135s.

14. Sobre un traslado en 1905: Jenkins a Jack Stanford, Puebla, 19 de abril de 1939, en B. Trueblood (coord.), *Mary Street Jenkins Foundation*, Fundación Mary Street Jenkins, México, 1988, p. 7; "Testimonio de la escritura de testamento público abierto otorgado por el señor don William O. Jenkins", Notaría Pública núm. 13, Puebla, 29 de octubre de 1958, documentos de William A. Jenkins, Ciudad de México (en adelante WAJP). Sobre un traslado en 1906: Jenkins a Shanklin, Puebla, 7 de enero de 1915, RDS.

15. *Time*, 26 de diciembre de 1960, 25; Luis Castro, *El Sol de Puebla*, 5 de junio de 1963, 1 (obituario); Enrique Cordero y Torres, *Diccionario biográfico de Puebla*, Centro de Estudios Históricos, Puebla, 1972, p. 345; Manuel Frías Olvera, *Los verdaderos ángeles de Puebla*, Mabek, Puebla, 1976, p. 347; Sergio Guzmán Ramos, *Hombres de Puebla*, Puebla, 1999, p. 52.

16. Jenkins a Stanford, en B. Trueblood (coord.), *Mary Street Jenkins Foundation*, p. 7; Sandra Reyes Romero, *La industria bonetera en Puebla y sus empresarios extranjeros, 1900-1930*, tesis de maestría, Universidad Autónoma de Puebla, 2011, pp. 36-38,

54; Registro Público de la Propiedad, Puebla (en adelante, RPP-Puebla), Libro 1 de Comercio, tomo 2, foja 174.
[17] *El Sol de Puebla*, 5 de junio de 1963, 3; *La Opinión* [Puebla], 5 de junio de 1963, p. 1; Enrique Cordero y Torres, *Diccionario biográfico de Puebla*, p. 345; Manuel Cabañas Pavía, *Datos biográficos del señor William O. Jenkins*, Puebla, 1975, p. 23s; Manuel Frías Olvera, *Los verdaderos ángeles de Puebla*, p. 347; Miguel Espinosa M., *Zafra de odios, azúcar amargo*, Universidad Autónoma de Puebla, Puebla, 1980, p. 22; Leticia Gamboa Ojeda, *Las actividades económicas: Negocios y negociantes en la ciudad de Puebla, 1810-1913*, Educación y Cultura, Puebla, 2010, p. 65.

Sobre Rasst: Tribunal Superior de Justicia del Distrito Federal, siglo XX, Archivo General de la Nación (en adelante, AGN-TSJDF), folios 018583, 112925 y ss.; Archivo General Municipal de Puebla (en adelante, AGMP), 1905, tomo 456, leg. 3, pp. 25-27; 1906, tomo 463, leg. 11, pp. 139-189 y ss.

[18] Leticia Gamboa Ojeda, *Las actividades económicas*, p. 31; Sandra Reyes Romero, *La industria bonetera en Puebla*, cap. II.

Sobre las tendencias generales en la industria textil: Stephen Haber, *Industry and Underdevelopment: The Industrialization of Mexico, 1890-1940*, Stanford Univ. Press, Stanford, 1989, pp. 54-58; Fernando Rosenzweig, "La industria", en Daniel Cosío Villegas (coord.), *Historia moderna de México* (v. 7), Hermes, México, 1965, pp. 339-344.

[19] Ernest Gruening, *Mexico and its Heritage*, The Century Co., Nueva York, 1928, pp. 59, 468; David LaFrance, *The Mexican Revolution in Puebla, 1908-1913*, SR Books, Wilmington, 1989, pp. XXXII-XXXIV, 68; Roderic Ai Camp, *Mexican Political Biographies, 1884-1934*, University of Texas Press, Austin, 1991, p. 136.

[20] Timothy Henderson, *The Worm in the Wheat: Rosalie Evans and Agrarian Struggle in the Puebla-Tlaxcala Valley of Mexico*, Duke University Press, Durham, 1998, p. 17s; Leticia Gamboa Ojeda, *Las actividades económicas*, pp. 153, 158, 166s, 192s; Horacio Crespo y Enrique Vega Villanueva, *Estadísticas históricas del azúcar en México*, Azúcar S. A., México, 1990, pp. 132-248; RPP-Puebla, libro 3 de Comercio, tomo 10, núm. 8.

[21] Stephen Haber, *et al.*, "Sustaining Economic Performance under Political Instability", en Haber (coord.), *Crony Capitalism and Economic Growth in Latin America*, Hoover Press, Stanford, 2002, en particular, pp. 37-42. Volveré a la "conveniencia simbiótica" y el "imperativo simbiótico" en los capítulos 5 y 7-10.

Para una perspectiva contraria, que cuestiona (aunque no niega del todo) la importancia de conexiones personales entre inversionistas y políticos, véase Mark Wasserman, *Pesos and Politics*.

[22] Moisés González Navarro, *Estadísticas sociales del porfiriato, 1877-1910*, Secretaría de Economía, México, 1956, pp. 9, 123s.

[23] Guy Thomson, *Puebla de los Angeles: Industry and Society in a Mexican City, 1700-1850*, Westview Press, Boulder, 1989, caps. 6 y 7; Rodney Anderson, *Outcasts in Their Own Land: Mexican Industrial Workers, 1906-1911*, Northern Illinois University Press, DeKalb, 1976, p. 137s; Leticia Gamboa Ojeda, *Las actividades económicas*, pp. 30-3.

[24] Esta semblanza de Puebla se basa en Luis Casarrubias Ibarra, *Mi patria chica: curso elemental de geografía del Estado de Puebla*, Gobierno del Estado de Puebla, Puebla, 1990 [1910]; Leonardo Lomelí Vanegas, *Breve historia de Puebla*, Fondo de Cultura Económica/Colegio de México, México, 2001, cap. IX; *cf.* Don Doyle,

Nashville in the New South, 1880-1930, University of Tennessee Press, Knoxville, 1985, p. 123 (tabla 4) y cap. 4.

25 José Donato Rodríguez Romero (coord.), *Datos históricos del templo metodista "Emmanuel" de la Ciudad de Puebla*, Iglesia Metodista de México, Puebla, 2004, p. 66s; Mary S. Jenkins a Verniscia [apellido desconocido], Puebla, 1º de abril de 1922, MSJP.

26 Carlos Contreras Cruz y Columba Salazar, "Francisco de Velasco y la transformación de la ciudad de Puebla, 1906-10", en Contreras (coord.), *Espacio y perfiles: historia regional del siglo XIX*, Universidad Autónoma de Puebla, Puebla, 1989; Enrique Cordero y Torres, *Historia compendiada del Estado de Puebla*, Bohemia Poblana, Puebla, 1965, tomo. III, p. 66; entrevista con Javier de Velasco Matienzo (el nieto de Francisco), Puebla, 19 de julio de 2007.

27 Rodney Anderson, *Outcasts in Their Own Land*, caps. 3 y 4.

28 *Ibidem*, cap. 5, p. 305; Alan Knight, *The Mexican Revolution*, University of Nebraska Press, Lincoln, 1986, tomo I, pp. 145-150, 169.

29 Coralia Gutiérrez Álvarez, "Inmigración y aculturación", en A. Grajales y L. Illades (coords.), *Presencia española en Puebla*, Universidad Autónoma de Puebla, Puebla, 2002, cita: 201; Leticia Gamboa Ojeda, *Las actividades económicas*, pp. 124-126, 159-180; entrevista con J. Jenkins Eustace, 2 de abril de 2001.

30 Wil Pansters, *Politics and Power in Puebla: The Political History of a Mexican State, 1937-1987*, Cedla, Ámsterdam, 1990, p. 31; Gastón García Cantú, "Testimonios de viajeros", en Varios autores, *Puebla en la cultura nacional*, Universidad Autónoma de Puebla, Puebla, 2000; Manuel Cabañas Pavía, *Datos biográficos*, p. 13; E. H. Blichfeldt, *A Mexican Journey*, Thomas Crowell, Nueva York, 1912, p. 176.

31 Guy Thomson, *Puebla de los Ángeles*, pp. XVII-XXI, 14-26, 33-42, 74-78; Frances Ramos, *Identity, Ritual, and Power in Colonial Puebla*, University of Arizona Press, Tucson, 2012, cap. 1; Alexander McGuckin, *La Clase Divina of Puebla: A Socio-Economic History of a Mexican Elite, 1790-1910*, tesis de maestría, University of Alberta, 1995, pp. 28-52, 76-89, 99.

32 Wil Pansters, *Politics and Power in Puebla*, p. 32; Leonardo Lomelí Vanegas, *Breve historia de Puebla*, pp. 67-69, cap. VII; Gastón García Cantú, "Testimonios de viajeros"; entrevista con Bertha Cobel (viuda de Chedraui), Puebla, 25 de marzo de 2006.

33 John S. D. Eisenhower, *So Far from God: The U. S. War with Mexico, 1846-1848*, University of Oklahoma Press, Norman, 2000, pp. 296-303; Leonardo Lomelí Vanegas, *Breve historia de Puebla*, p. 191s.

34 Charles Macomb Flandrau, *Viva México!*, University of Illinois Press, Urbana, 1964 [1908], pp. XIV, 222-229; *cf. New York Times*, 1º de junio de 1902, p. 31.

35 Jean-Pierre Bastian, *Los disidentes: Sociedades protestantes y revolución en México, 1872-1911*, Fondo de Cultura Económica/El Colegio de México, México, 1989, caps. 1-4; Leticia Gamboa Ojeda, *Las actividades económicas*, cap. 3; Alexander McGuckin, *La Clase Divina of Puebla*, pp. 113-124; Coralia Gutiérrez Álvarez, "Inmigración y aculturación", p. 201s.

36 *La Opinión*, 5 de junio de 1963, p. 1; Enrique Cordero y Torres, *Diccionario biográfico de Puebla*, p. 345; Manuel Frías Olvera, *Los verdaderos ángeles de Puebla*, p. 347; Sergio Guzmán Ramos, *Hombres de Puebla*, p. 52.

37 Ida Altman, *Transatlantic Ties in the Spanish Empire*, Stanford University Press, Stanford, 2000, en particular, cap. 2.

Sobre el capitalismo en la Nueva España, véase también John Tutino, *Making a New World: Founding Capitalism in the Bajio and Spanish North America*, Duke University Press, Durham, 2011.

[38] Alexander McGuckin, *La Clase Divina of Puebla*, pp. 92-100, 112-33; Leticia Gamboa Ojeda, "Los comercios de barcelonnettes y la cultura del consumo entre las élites urbanas: Puebla, 1862-1928", en J. Pérez Siller y C. Cramaussel (coords.), *México Francia* (vol. II), Universidad Autónoma de Puebla, Puebla, 2004.

Sobre la francofilia como medio para alcanzar la modernidad, véase Mauricio Tenorio, *Mexico at the World's Fairs,* University of California Press, Berkeley, 1996, cap. 1.

[39] Bertram Wyatt-Brown, *Honor and Violence in the Old South,* Oxford University Press, Nueva York, 1986, pp. 16, 119-131.

[40] Entrevista de Jones con Jenkins, 13 de mayo de 1918, Doheny Collection; John Tigert, citado en *Nashville Banner,* 24 de diciembre de 1919, MSJP; *Time,* 26 de diciembre de 1960, p. 25; Enrique Cordero y Torres, *Diccionario biográfico de Puebla*, p. 345; entrevista con J. Jenkins Eustace, 2 de abril de 2001; entrevista con Ana María y María del Carmen Díaz Rubín de la Hidalga (hermana), Ciudad de México, 1° de agosto de 2001.

[41] Sobre la guerra entre México y Estados Unidos desde la perspectiva mexicana, véase Josefina Vázquez y Lorenzo Meyer, *The United States and Mexico,* University of Chicago Press, Chicago, 1985, cap. 3.

[42] Hart, *Empire and Revolution,* caps. 3-9, en particular, pp. 260-262, 271s; Sandra Kuntz Ficker, "De las reformas liberales a la gran depresión", en Kuntz (coord.), *Historia mínima de la economía mexicana, 1519-2010,* El Colegio de México, México, 2012, pp. 166-187.

[43] Jan Bazant, "From independence to the Liberal Republic, 1821-1867", en L. Bethell (coord.), *Mexico Since Independence,* p. 10s.

[44] Charles Hale, *Mexican Liberalism in the Age of Mora, 1821-53,* Yale University Press, New Haven, 1968, p. 213; Ernest Gruening, *Mexico and its Heritage*, p. 199.

[45] Alan Knight, *U.S.-Mexican Relations, 1910-1940,* Center for U.S.-Mexican Studies, La Jolla, 1987, p. 41.

[46] Paul Garner, *Porfirio Díaz,* pp. 123-127, 139; John Hart, *Revolutionary Mexico,* University of California Press, Berkeley, 1997, p. 179; Michael Matthews, "*De Viaje*: Elite Views of Modernity and the Porfirian Railway Boom", *Mexican Studies,* vol. 26, núm. 2, 2010, p. 275; Mary Kay Vaughan, *The State, Education and Social Class in Mexico, 1880-1928,* Northern Illinois University Press, DeKalb, 1982, pp. 37s, 214; William Beezley, *Judas at the Jockey Club,* University of Nebraska Press, Lincoln, 2004, p. 103s.

[47] La caricatura apareció en *El Hijo del Ahuizote* (1901). John Reid, *Spanish American Images of the United States, 1790-1960,* University of Florida Press, Gainesville, 1977, p. 154; William Schell, *Integral Outsiders,* pp. 42s, 138.

[48] Paul Garner, *Porfirio Díaz,* pp. 149-53, 182s; Roger Hansen, *The Politics of Mexican Development,* Johns Hopkins University Press, Baltimore, 1974, pp. 15-18.

[49] José Enrique Rodó, *Ariel,* University of Texas Press, Austin, 1988 [1900]; Frederick Pike, *The United States and Latin America,* University of Texas Press, Austin, 1992, pp. 193-201.

NOTAS – CAPÍTULO 2

50 Alfonso Reyes, "Rodó" (1917), en *Obras completes,* Fondo de Cultura Económica, México, 1956; Justo Sierra, "En tierra yankee", en A. Yañez (coord.), *Obras completes* (vol. 6), UNAM, México, 1948 [1898]; John Reid, *Spanish American Images of the United States,* p. 262s; Laurence Prescott, "Journeying Through Jim Crow", *Latin American Research Review,* vol. 42, núm. 1, 2007, pp. 13-15.
51 Paul Garner, *Porfirio Díaz,* p. 140.
52 Claudio Lomnitz, "Anti-Semitism and the Ideology of the Mexican Revolution", *Representations,* vol. 110, núm. 1, 2010.
53 Manuel Frías Olvera, *Los verdaderos ángeles de Puebla,* p. 347; Miguel Espinosa M., *Zafra de odios, azúcar amargo,* p. 22.
54 Rosemary Eustace Jenkins (coord.), *Tennessee Sunshine,* pp. 249, 259 (foto), 327.
55 Jenkins a Street, 25 de agosto y 1° de septiembre de 1901, MSJP; entrevista con J. Jenkins Eustace, 2 de abril de 2001; entrevista con Tita Jenkins Cheney, Beverly Hills, California, 18 de agosto de 2002.
56 *Nashville Tennessean,* 5 de julio de 1964, revista 8; *Mexican Herald,* 11 de julio de 1912, p. 2; entrevista telefónica con Martha Gains (hija de Donald Street), Fairfield Glades, Tennessee, 28 de mayo de 2005.
57 Alan Knight, *The Mexican Revolution,* University of Nebraska Press, 1986, Lincoln, tomo I, pp. 173s, 183s.
58 David LaFrance, *The Mexican Revolution in Puebla,* pp. 45-50.
59 Alan Knight, *The Mexican Revolution,* tomo I, pp. 122s, 175s, 189s; David LaFrance, *The Mexican Revolution in Puebla,* pp. 49, 62-64.
60 *Ibidem,* pp. XXXIII, 48, 65-68.
61 Óscar Flores, "Empresarios y diplomáticos españoles en Puebla durante el gobierno de Francisco León de la Barra", en A. Grajales y L. Illades (coords.), pp. 253s, 260; David LaFrance, *The Mexican Revolution in Puebla,* pp. 76s, 184.
    Sobre los ataques contra españoles (más que estadounidenses), véase también: Alan Knight, *U.S.-Mexican Relations,* pp. 62-67.
62 Alan Knight, *The Mexican Revolution,* tomo I, pp. 201-204, 218; Paul Garner, *Porfirio Díaz,* p. 219s.
63 Manuel Cabañas Pavía, *Datos biográficos,* p. 24; entrevista con J. Jenkins Eustace, 2 de abril de 2001. Sobre macroeconomía y las desigualdades: Friedrich Katz, "The Liberal Republic and the Porfiriato", en L. Bethell (coord.), pp. 110s, 117s.; Sandra Kuntz Ficker, "De las reformas liberales a la gran depresión", pp. 156, 160-163, 197s.
64 La fundación de la fábrica de Jenkins, La Corona, se basa en: Leticia Gamboa Ojeda, "Para una historia de la rama textil: géneros de punto en la Cd. de Puebla", *Arqueología Industrial,* vol. 4, núm. 8, 2001, p. 3s; Jenkins a Stanford, en Trueblood (coord.), *Mary Street Jenkins Foundation,* p. 7s; *Nashville Tennessean,* 5 de julio de 1964, revista 8s; Manuel Cabañas Pavía, *Datos biográficos,* p. 24s; entrevista con Sergio Guzmán Ramos, Puebla, 16 de mayo de 2005.
    La automatización textil en México tuvo lugar de 1895 a 1910; Edward Beatty, *Institutions and Investment: The Political Basis of Industrialization in Mexico Before 1911,* Stanford University Press, Stanford, 2001, p. 115.
65 Archivo General de Notarías de Puebla (en adelante, Notarías-Puebla), NP 8, 1908, vol. I, núm. 136; *The Acosta Directory,* Francis J. Acosta, México [1910], pp. 193, 277; *La Prensa* [Puebla], 24 de agosto de 1918, p. 1; Jenkins a Elizabeth

Jenkins, Puebla, 26 de diciembre 1919, MSJP; entrevista con J. Jenkins Eustace, 15 de agosto de 2001.

66 Jeffrey Bortz, "The Revolution, the Labour Regime and Conditions of Work in the Cotton Textile Industry in Mexico, 1910-1927", *Journal of Latin American Studies,* vol. 32, núm. 3, 2000, p. 676s; Sandra Reyes Romero, *La industria bonetera en Puebla,* pp. 26s, 37s.

67 Mario Ramírez Rancaño, *Directorio de empresas industriales textiles: 1900-1920,* Instituto de Investigaciones Sociales-UNAM, México [1980], p. 44s; AGMP, Índice de Expedientes, vol. 18 (1911), Rasst/Exp. 3C.

68 Mario Trujillo Bolio, *Empresariado y manufacturera textil en la Ciudad de México y su periferia,* CIESAS, México, 2000, p. 147s; Ramírez Rancaño, *Directorio de empresas,* pp. 35s, 58, 138, 142, 166; Sandra Reyes Romero, *La industria bonetera en Puebla,* p. 55.

69 Jenkins a Stanford, en Trueblood (coord.), *Mary Street Jenkins Foundation,* p. 7; *Mexican Herald,* 23 de junio de 1914, 3; Gamboa, "Para una historia", 3; Stephen Haber, "Industrial Concentration and the Capital Markets: A Comparative Study of Brazil, Mexico and the United States, 1830-1930", *Journal of Economic History,* vol. 51, núm. 3, 1991.

70 RPP-Puebla, libro 3 de Comercio, tomo 12, 26 (16 de enero de 1913); cf. Notarías-Puebla, N. P. 1, 1907, vol. 1, núm. 69.

71 *Twelfth Census,* Bureau of the Census, Washington 1900, Hanford, Kings Co., California, rollo: T623-87, 16A (Biddle); *Fourteenth Census,* Bureau of the Census, Washington, 1920, Armona, Kings Co., California, rollo: T625-101, 9A (Jenkins); School Registry (1870-1935), The Webb School, Bell Buckle, Tennessee, 188; *Nashville Banner,* 25 de octubre de 1919; Jenkins a Stanford, en Trueblood (coord.), *Mary Street Jenkins Foundation,* p. 13; Allen Shoffner, *A Bicentennial History of Shoffner's Lutheran Church,* Shelbyville, 2008, p. 39; entrevista con Shoffner, 11 de julio de 2004; entrevista telefónica con Betty Asbury de Fresno, California, 25 de mayo de 2005.

72 Jenkins a Street, 1° de septiembre de 1901, MSJP.

73 *Mexican Herald,* 26 de junio y 11 de julio de 1912, p. 2; *Nashville Tennessean,* 5 de julio de 1964, revista 9.

74 Entrevista con J. Jenkins Eustace, 2 de abril de 2001.

75 Jenkins a Stanford, en Trueblood (coord.), *Mary Street Jenkins Foundation,* p. 8; Dorothy Ford Wulfeck, *Wilcoxson and Allied Families,* Naugatuck, 1958, p. 154.

76 Alan Knight, *The Mexican Revolution,* tomo I, p. 2.

77 *Ibidem,* tomo I, pp. 323-325, 480-490; tomo II, pp. 1-77.

78 John Hart, *Empire and Revolution,* cap. 9; Timothy Henderson, *The Worm in the Wheat,* p. 45; cónsul general Shanklin a la Sección de Estado, México, 13 de octubre de 1910, 22 se septiembre y 25 de octubre de 1911, 28 de enero y 30 de agosto de 1913, RDS, 125.61383, caja 2324.

79 Shanklin a la Sección de Estado, 30 de agosto de 1913, RDS, 125.61383.

80 Véase la correspondencia de Jenkins desde abril de 1914 hasta marzo de 1915, Correos del Servicio Exterior del Departamento de Estado (NARA, Record Group 84), Puebla, 1911-1930, vol. II; Graham Stuart, *American Diplomatic and Consular Practice,* Appleton-Century, Nueva York, 1936, pp. 343s, 429-435.

81 Bryan a Shanklin, Washington, 15 de septiembre; Shanklin a la Sección de Estado, 21 de septiembre de 1913, RDS, 125.61383.

3. Cómo hacerse rico en una revolución

1 Jenkins a Arnold Shanklin, Puebla, 7 de enero de 1915, Registros del Departamento de Estado de Estados Unidos (en adelante RDS, por sus siglas en inglés), 812.00/14285.
2 John Womack Jr., *Zapata and the Mexican Revolution,* Vintage, Nueva York, 1970, pp. 122s, 171, 219-223, 242; David LaFrance, *Revolution in Mexico's Heartland: Politics, War, and State Building in Puebla, 1913-1920,* SR Books, Wilmington, 2003, pp. 63-66.
3 Linda Hall, *Álvaro Obregón: Power and Revolution in Mexico, 1911-1920,* Texas, A&M University Press, 1981, p. 103s.
4 Sobre Gutiérrez, Jenkins fue clarividente: *cf.* Alan Knight, *The Mexican Revolution,* University of Nebraska Press, Lincoln, 1986, tomo II, p. 223; Linda Hall, *Álvaro Obregón,* p. 105s.
5 Arnold Shanklin al Departamento de Estado, Veracruz, 9 de enero de 1915, RDS, 812.00/14285.
6 Testimonio de Edwin R. Brown, Comisión de Relaciones Exteriores del Senado de Estados Unidos, *Investigation of Mexican Affairs: Preliminary Reports and Hearings,* USGPO, Washington, 1920, II, p. 2083s.
7 David LaFrance, *Revolution in Mexico's Heartland,* pp. 127-130.
8 Mary Kay Vaughan, "Education and Class in the Mexican Revolution", *Latin American Perspectives,* vol. 11, núm. 2, 1975, p. 21; Evans, *The Rosalie Evans Letters from Mexico,* Bobbs-Merrill, Indianápolis, 1926, pp. 81, 149s, 278, 285s.
9 *Rudyard Kipling's Verse,* Doubleday, Garden City, 1929; Janice Lee Jayes, *The Illusion of Ignorance: Constructing the American Encounter with Mexico, 1877-1920,* University Press of America, Lanham, 2011, p. 197s.
10 John Kenneth Turner, *Barbarous Mexico,* C. H. Kerr, Chicago, 1911; Reed, *Insurgent Mexico,* Appleton, Nueva York, 1914; Janice Lee Jayes, *The Illusion of Ignorance,* pp. 196s, 203, 205-208, 211-213.
11 *Ibidem,* p. 209s.
12 Gildardo Magaña a Lauro Otorno, 27 de agosto de 1919, Archivo Histórico de la UNAM, Fondo Gildardo Magaña, caja 30, 3. Sobre la carrera de Magaña: John Womack Jr., *Zapata and the Mexican Revolution,* pp. 288-291, 347-369.
13 El Departamento de Estado subió la categoría de Jenkins a agente consular en 1918, tras cinco años en el nivel interino; Robert Lansing, memo, Secretaría de Relaciones Exteriores, Archivo Histórico (en adelante, SRE), Washington, 26 de febrero de 1918, 42-26-95.
14 Palafox a Zapata, 29 de diciembre de 1914, Archivo General de la Nación (en adelante, AGN), colección Revolución, caja 3/44.
15 LaFrance, "Revisión del caso Jenkins", *Historia Mexicana,* vol. 53, núm. 4, 2004, pp. 924, 932-935; Magaña a Otorno, 27 de agosto de 1919, Fondo Magaña, C. 30/3.
16 Los estudios definitivos de la Revolución en Puebla son los volúmenes de LaFrance, *Mexican Revolution in Puebla* y *Revolution in Mexico's Heartland.*
17 Jenkins a Stanford, en B. Trueblood (coord.), *Mary Street Jenkins Foundation,* Fundación Mary Street Jenkins, México, 1988, pp. 7s, 13 (tabla).
18 Entrevista de Jones con Jenkins, 13 de mayo de 1918, Doheny Collection; Isaac J. Cox a Albert B. Fall, Evanston, Illinois, 8 de diciembre de 1919, Albert B. Fall

Collection, Huntington Library, Pasadena, California (en adelante, Fall Collection), caja 84, carpeta 15.
19 Robert McCaa, "Missing Millions: The Demographic Costs of the Mexican Revolution", *Mexican Studies,* vol. 19, núm. 2, 2003.
20 Womack, "The Mexican Economy during the Revolution, 1910-1920", *Marxist Perspectives,* vol. 1, núm. 4, 1978, pp. 80-123; Stephen Haber, *Industry and Underdevelopment: The Industrialization of Mexico, 1890-1940,* Stanford Univ. Press, Stanford, 1989, cap. 8.

Para una lectura clásica, véase por ejemplo: John Chasteen, *Born in Blood & Fire: A Concise History of Latin America,* W. W. Norton, Nueva York, 2011, p. 225.
21 Excepto cuando se indique lo contrario, éstas y las siguientes cifras se reproducen o deducen de Haber, *Industry and Underdevelopment,* pp. 125 y 127 (tablas 8.1 y 8.3).
22 Jenkins a Shanklin, 7 de enero de 1915, RDS, 812.00/14285.
23 Jenkins a Stanford, en Trueblood (coord.), *Mary Street Jenkins Foundation,* p. 8; entrevista de Jones con Jenkins, 13 de mayo de 1918, Doheny Collection.
24 Haber, *Industry and Underdevelopment,* pp. 125, 135s.
25 Leticia Gamboa Ojeda, *Los empresarios del ayer. El grupo dominante en la industria textil de Puebla, 1906-1929,* Universidad Autónoma de Puebla, Puebla, 1985, pp. 88-90, 97; David LaFrance, *Revolution in Mexico's Heartland,* p. 137.
26 Leticia Gamboa Ojeda, *Los empresarios del ayer,* pp. 88-97; David LaFrance, *Revolution in Mexico's Heartland,* p. 121; William Canada al Departamento de Estado, Veracruz, 19 de noviembre de 1914, RDS, 812.00/13915; Jenkins a Shanklin, 18 de noviembre de 1914, RDS, 812.00/14073.
27 David LaFrance, *The Mexican Revolution in Puebla, 1908-1913,* SR Books, Wilmington, 1989, pp. 113s, 116, 122s, 161-166.
28 *Ibidem,* p. 162s. Los jefes políticos eran una creación porfiriana, encargados de minimizar la disidencia y amañar las elecciones. Sobre sus funciones y tendencias, véase Alan Knight, *The Mexican Revolution,* tomo I, pp. 24-31.
29 H. W. Brands, *The Reckless Decade: America in the 1890s,* University of Chicago Press, Chicago, 2002 [1995], cap. 4; *cf.* Priscilla Long, *Where the Sun Never Shines: A History of America's Bloody Coal Industry,* Paragon House, Nueva York, 1989; Samuel Yellen, *American Labor Struggles: 1877-1934,* Pathfinder, Nueva York, 1974.
30 Jenkins al Departamento de Trabajo, Puebla, 8 de noviembre de 1915, AGN Departamento de Trabajo (en adelante, AGN-DT), caja 102, 2; Guadalupe Cano González, *La remuneración obrera textil en Puebla: 1912-1921,* tesis doctoral, Universidad Autónoma de Puebla, de próxima publicación.
31 David LaFrance, *The Mexican Revolution in Puebla,* pp. 161, 164; *Revolution in Mexico's Heartland,* p. 171s; Antonio Gómez a la Secretaría de Industria y Comercio, Puebla, 3 de octubre de 1918, Cámara de la Industria Textil de Puebla y Tlaxcala, Puebla, Fondo IV: Centro Industrial Mexicano (en adelante, CITPYT-CIM), Libro Copiador 5, p. 135s.
32 Ignacio Cardoso al Departamento de Trabajo, Puebla, 29 de julio de 1915, CITPYT-CIM, Libro Cop. 1, p. 164; Mario Ramírez Rancaño, *Directorio de empresas industriales textiles. 1900-1920,* Instituto de Investigaciones Sociales-UNAM, [1980], pp. 18, 28s.

NOTAS – CAPÍTULO 3

33 Dr. Bruce B. Corbin, citado en Congreso de Estados Unidos, *Investigation of Mexican Affairs*, tomo I, p. 1456; Ernest Tudor Craig a Francis J. Kearful, Nueva York, 8 de enero de 1920, Fall Collection, caja 76, carpeta 26.

34 David LaFrance *Revolution in Mexico's Heartland*, p. 182s; Estela Munguía Escamilla, *Continuidad y cambio en la legislación educativa de las escuelas elementales públicas de Puebla, 1893-1928,* tesis de maestría, UNAM, 2003.

35 Leticia Gamboa Ojeda, *Los empresarios del ayer*, p. 42. Sobre la estrechez mental de los inversionistas de Puebla en comparación con los de Monterrey: Gonzalo Castañeda, "The Dynamic of Firms' Chartering and the Underlying Social Governance. Puebla", documento de trabajo, Universidad de las Américas, Puebla, 9 de octubre de 2005.

36 Ramírez Rancaño, *Directorio de empresas industriales textiles*, pp. 166, 169, 172s. Los ingresos se infieren a partir de los impuestos recaudados posteriormente.

37 Registro Público de la Propiedad y del Comercio, Puebla (en adelante citado como RPP-Puebla), libro 3, tomo 12, núm. 67; Leticia Gamboa Ojeda, "Formas de asociación empresarial en la industria textil poblana", en L. Ludlow y J. Silva Riquer (coords.), *Los negocios y las ganancias,* Instituto Mora, México, 1993, pp. 281, 284-287.

38 Aurora Gómez-Galvarriato y Aldo Musacchio, "Organizational choice in a French Civil Law underdeveloped economy", documento de trabajo, Centro de Investigación y Docencia Económicas, 2004, p. 6; Leticia Gamboa Ojeda, *Los empresarios del ayer*, pp. 9s, 166s, y "Formas de asociación empresarial...", p. 286.

39 David LaFrance *Revolution in Mexico's Heartland*, pp. 117s, 168; Jenkins a Elizabeth Jenkins, Puebla, 19 de octubre de 1919, Documentos de Mary Street Jenkins (en adelante MSJP), en posesión de Rosemary Eustace Jenkins, Ciudad de México; Ignacio Cardoso a José Mariano Pontón, Puebla, 10 de mayo de 1917, CITPYT-CIM, LC 3, pp. 120-128; Informe del CIM, enero de 1921, CITPYT-CIM, LC 9, p. 172s.

40 Shanklin a la Sección de Estado, 3 de mayo de 1915, RDS, 125.61383; David LaFrance *Revolution in Mexico's Heartland*, p. 169; John Hart, *Empire and Revolution: The Americans in Mexico since the Civil War,* University of California Press, Berkeley, 2002, tomo II, pp. 402-404; entrevistas con J. Jenkins Eustace, 2 de abril de 2001, 27 de junio de 2002.

41 *Nashville Banner*, 24 y 25 de octubre de 1919; Mary S. Jenkins a Elizabeth Jenkins, Puebla, 10 de noviembre de 1919, MSJP.

42 Entrevista telefónica con Martha Gains (hija de Donald Street), Fairfield Glades, Tennessee, 28 de mayo de 2005.

43 Jenkins a la Secretaría de Relaciones Exteriores, Puebla, 7 de diciembre y 10 de diciembre (dos veces) de 1917, SRE, 143-PB-41.

44 David LaFrance *Revolution in Mexico's Heartland*, pp. 117, 164; Noel Maurer, *The Power and the Money: The Mexican Financial System, 1876-1932,* Stanford University Press, Stanford, pp. 136-57, 183; Jorge Jiménez Muñoz, *La traza del poder. Historia de la política y los negocios urbanos en el Distrito Federal,* Dédalo, México, 1993, pp. 120-122.

45 Jenkins a Stanford, en Trueblood (coord.), *Mary Street Jenkins Foundation,* p. 8.

46 *Cf.* Theresa Alfaro-Velcamp, *So Far from Allah, So Close to Mexico,* University of Texas Press, Austin, 2007, pp. 9, 104, 137.

NOTAS – CAPÍTULO 3

[47] Secretaría de Justicia a Secretaría de Relaciones Exteriores, México, 16 de octubre de 1916, SRE, 246-PB-6; Gobernador Alfonso Cabrera a Secretaría de Relaciones Exteriores, Puebla, 20 de mayo de 1918, SRE, 42-26-95.

[48] El recuento de la especulación de propiedades rurales se basa en la entrevista de Jones con Jenkins el 13 de mayo de 1918, Doheny Collection, y la carta de Jenkins de 1939 a Stanford del IRS en Trueblood (coord.), *Mary Street Jenkins Foundation*, pp. 7-9, 13; cuando hay discrepancias, doy preferencia a la versión más antigua y más franca. *Cf.* Cox a Fall, 8 de diciembre de 1919, Fall Collection, Caja 84, carpeta 15.

[49] Secretaría de Relaciones Exteriores, 139-PB-39, 140-PB-11, 143-PB-41, 246-PB-6.

[50] Noel Maurer, *The Power and the Money*, pp. 142-145; Jiménez Muñoz, *La traza del poder*, pp. 118-120.

[51] Entrevista de Jones con Jenkins, 13 de mayo de 1918, Doheny Collection; Jenkins a Stanford, en Trueblood (coord.), *Mary Street Jenkins Foundation*, p. 8.

[52] *Ibidem*, p. 13; Secretaría de Relaciones Exteriores, exps. 140-PB-11, 143-PB-41; Jenkins a Obregón, Puebla, 31 de mayo de 1923, AGN, Archivos presidenciales de Obregón y Calles (en adelante, AGN Obregón-Calles), 823-O-1. La alza de 2.5 millones de dólares durante la guerra representaría unos 50 millones de hoy.

[53] Un posible rival a la declaración de Jenkins es el magnate azucarero de Sinaloa B. F. Johnston; véase más abajo.

[54] Entrevista de Jones con Jenkins, 13 de mayo de 1918, Doheny Collection; *La Prensa* (Puebla) y *El Monitor* (Puebla), 14 de junio de 1919, p. 1.

[55] Leticia Gamboa Ojeda, *Los empresarios del ayer*, pp. 148-159.

[56] Timothy Henderson, *The Worm in the Wheat: Rosalie Evans and Agrarian Struggle in the Puebla-Tlaxcala Valley of Mexico*, Duke University Press, Durham, 1998, p. 32s; Jenkins a Secretaría de Relaciones Exteriores, Puebla, 15 de julio de 1918, SRE, 140-PB-11.

[57] John Womack Jr., *Zapata and the Mexican Revolution*, pp. 157s, 170, 183, 191, 235; Horacio Crespo (coord.), *Historia del azúcar en México*, Fondo de Cultura Económica, México, 1988, tomo I, p. 150s; David Ronfeldt, *Atencingo: The Politics of Agrarian Struggle in a Mexican Ejido*, Stanford University Press, Stanford, 1973, p. 8s; Friedrich Katz, *The Secret War in Mexico*, University of Chicago Press, Chicago, 1981, pp. 531-538.

[58] Castañeda, "The Dynamic of Firms' Chartering", p. 17; entrevista con José Luis Vázquez Nava (hijo del principal notario de Jenkins, Nicolás Vázquez), Puebla, 26 de mayo de 2006.

"Las microfinancieras originales de México": el término se debe a Juliette Levy; véase *The Making of a Market: Credit, Henequen and Notaries in Yucatan, 1850-1900*, Pennsylvania State University Press, University Park, 2012.

[59] Jenkins a Stanford, en Trueblood (coord.), *Mary Street Jenkins Foundation*, pp. 8s, 13. Sobre la compañía Viuda de Conde: Leticia Gamboa Ojeda, *Los empresarios del ayer*, pp. 170s, 204, 241-254.

[60] Entrevista con Díaz Rubín de la Hidalga, 1° de agosto de 2001; Leticia Gamboa Ojeda, *Los empresarios del ayer*, pp. 124, 154, 205, 215; Horacio Crespo y Enrique Vega Villanueva, *Estadísticas históricas del azúcar en México*, Azúcar S. A., México, 1990, pp. 97, 238.

NOTAS – CAPÍTULO 3

61 David LaFrance, *The Mexican Revolution in Puebla*, pp. 77, 184, 195; Alan Knight, *The Mexican Revolution*, tomo I, pp. 213, 219; Jenkins a Obregón, Puebla, 24 de enero de 1922, AGN Obregón-Calles, 818-J-4.

62 David LaFrance *Revolution in Mexico's Heartland*, p. 137s; *cf.* LaFrance, *The Mexican Revolution in Puebla*, p. 77.

63 La jugada de Jenkins para adquirir Atencingo se documentó por primera vez en *Excélsior*, 8 de octubre de 1920, p. 1.

64 Véase, por ejemplo, Hernández, *Proceso*, 11 de agosto de 1980, p. 17; María Teresa Bonilla Fernández, *El secuestro del poder. El caso William O. Jenkins*, Universidad Autónoma de Puebla, Puebla, 2004, pp. 117-120; Timothy Henderson, *The Worm in the Wheat*, p. 86s.

65 Horacio Crespo (coord.), *Historia del azúcar en México*, tomo I, pp. 188-196, 200-204, 249; Alexander McGuckin, *La Clase Divina of Puebla: A Socio-Economic History of a Mexican Elite, 1790-1910*, tesis de maestría, University of Alberta, 1995, pp. 35-40, 90s; Leticia Gamboa Ojeda, *Los empresarios del ayer*, pp. 148-59.

66 Haber, *Industry and Underdevelopment*, pp. 70, 208 n7; Paolo Riguzzi, "The Legal System, Institutional Change, and Financial regulation in Mexico, 1870-1910", en J. Bortz y S. Haber (coords.), *The Mexican Economy, 1870-1930*, Stanford University Press, Stanford, 2002; Juliette Levy, "Notaries and Credit Markets in Nineteenth-Century Mexico", *Business History Review*, vol. 84, núm. 3, 2010.

67 Bertram Wyatt-Brown, *Honor and Violence in the Old South*, Oxford University Press, Nueva York, 1986, p. 137.

68 David LaFrance *Revolution in Mexico's Heartland*, p. 118; Leticia Gamboa Ojeda, *Los empresarios del ayer*, pp. 205, 215.

69 Hans Werner Tobler, "La burguesía revolucionaria en México", *Historia Mexicana*, vol. 34, núm. 2, 1984, pp. 213-237; Alicia Hernández Chávez, "Militares y negocios en la Revolución mexicana", *Historia Mexicana*, vol. 34, núm. 2, en particular, pp. 192-212; Nora Hamilton, *The Limits of State Autonomy: Post-Revolutionary Mexico*, Princeton University Press, Princeton, 1982, p. 75s.

70 Carlos Fuentes, *The Death of Artemio Cruz*, Farrar, Straus and Giroux, Nueva York, 1964.

71 Hans Werner Tobler, "La burguesía revolucionaria"; Alicia Hernández Chávez, *Historia de la Revolución Mexicana. La mecánica cardenista* (vol. 16), El Colegio de México, México, 1979, pp. 28-31; Abelardo Rodríguez, *Autobiografía*, México, 1962, pp. 161-173; Ernest Gruening, *Mexico and its Heritage*, The Century Co., Nueva York, 1928, pp. 399-473.

72 Véase, por ejemplo, Corinne Krause, *Los judíos en México*, Universidad Iberoamericana, México, 1987; Alfaro-Velcamp, *So Far from Allah*; Pablo Yankelevich (coord.), *México, país refugio*, Plaza y Janés, México, 2002.

Sobre la venta de productos de Jenkins por Slim, véase, por ejemplo: *El Demócrata*, 27 de mayo de 1917, p. 8; *El Universal*, 5 de marzo de 1922, p. 8.

73 Claudia Fernández y Andrew Paxman, *El Tigre. Emilio Azcárraga y su imperio Televisa*, Grijalbo, México, p. 57.

74 Sobre Johnston (1865-1937): John Hart, *Empire and Revolution*, pp. 188s, 327, 357s, 524. Sobre Wright (1876-1954): William Schell, *Integral Outsiders: The American Colony in Mexico City, 1876-1911*, SR Books, Wilmington, 2001, pp. 189, 191; Francisco Peredo Castro, *Cine y propaganda para Latinoamérica*, UNAM,

México, 2013, pp. 160, 301-315. Sobre la mayoría de los inversionistas estadounidenses: John Hart, *Empire and Revolution*, pp. 304s, 370, 399.

[75] Los expedientes en el Archivo Judicial del Estado de Puebla están ordenados sólo por año.

[76] David LaFrance, *Revolution in Mexico's Heartland*, pp. 90-100, 104, 145-147, 152s; N. King a F. O., México, 6 de agosto de 1919, Foreign Office records, National Archives, Londres (en adelante, UKFO), serie 369, doc. 1175:6; cf. Ernest Gruening, *Mexico and its Heritage*, pp. 497-505.

[77] David LaFrance, *Revolution in Mexico's Heartland*, p.152s.

[78] E. V. Niemeyer, *Revolution at Querétaro*, University of Texas Press, Austin, 1974, pp. 134-65.

[79] Timothy Henderson, *The Worm in the Wheat*, p. 86s; *La Opinión* (Puebla), 15 de diciembre de 1933, p. 1.

[80] Timothy Henderson, *The Worm in the Wheat*, pp. 71, 87; Raymond Buve, *El movimiento revolucionario en Tlaxcala*, Universidad Autónoma de Tlaxcala, Tlaxcala, 1994, pp. 242, 266; Jenkins a Stanford, en Trueblood (coord.), *Mary Street Jenkins Foundation*, p. 13; "The Mexican Situation", *E-B Dealers Magazine*, Rockford, Illinois, diciembre de 1919, p. 15, MSJP.

[81] Enrique Cordero y Torres, *Diccionario biográfico de Puebla*, Centro de Estudios Históricos, Puebla, 1972, pp. 316-320; entrevista con Sergio Guzmán Ramos (hijo de Sergio B. Guzmán), Puebla, 17 de agosto de 2001.

[82] David LaFrance, *The Mexican Revolution in Puebla*, p. 156, y *Revolution in Mexico's Heartland*, p. 16; Roderic Ai Camp, *Mexican Political Biographies, 1884-1934*, University of Texas Press, Austin, 1991, p. 145; entrevista con Manuel Mestre (hijo de Eduardo), Ciudad de México, 16 de julio de 2003.

[83] *Boletín del Club Alpha de Puebla*, núms. 1° (julio de 1914) y 2 (octubre de 1915), y *Estatutos del Club Alpha de Puebla* (1915), documentos de Eduardo Mestre Ghigliazza, en posesión de Manuel Mestre, Ciudad de México; certificado de acciones de W. O. Jenkins en el Club Alpha (julio de 1915), y "Lista de accionistas del Club Alpha de Puebla" (abril de 1918), documentos de Sergio B. Guzmán, en posesión de Sergio Guzmán Ramos, Puebla; entrevista con Mestre, 16 de julio de 2003.

[84] John Hart, *Empire and Revolution*, tercera parte, en particular, pp. 343-392, 399.

[85] *The Thirties in Colour: Adventures in the Americas*, dir. Hina Zaidi, BBC Four, Londres, 2008; Wright a Abelardo L. Rodríguez, México, 4 de octubre de 1932, Archivo Rodríguez en los Archivos Plutarco Elías Calles y Fernando Torreblanca (en adelante, Calles-ALR), serie presidencial, Club Campestre de la Ciudad de México.

[86] Entrevista de Jones con Jenkins, 13 de mayo de 1918, Doheny Collection; Alan Knight, *The Mexican Revolution*, tomo II, p. 313.

[87] El secretario de Estado de Puebla se refiere al secretario general de Gobierno, el segundo funcionario en el gobierno del estado.

Sobre la venalidad de los funcionarios ferroviarios durante los gobiernos de Carranza y Obregón: Ernest Gruening, *Mexico and its Heritage*, p. 318; Alex Saragoza, *The Monterrey Elite and the Mexican State, 1880-1940*, University of Texas Press, Austin, 1988 p. 120s.

Sobre los terratenientes que sobornaban (o se veían condicionados a pagar) a funcionarios de Puebla: Alan Knight, *The Mexican Revolution*, tomo II, p. 468s; LaFrance, *Revolution in Mexico's Heartland*, p. 175.
88 William Schell, *Integral Outsiders*, caps. 5-7, en particular, pp. 129-136, 143-145; John Hart, *Empire and Revolution*, p. 189.
89 Charles Macomb Flandrau, *Viva México!*, University of Illinois Press, Urbana, 1964 [1908], p. 222; Janice Lee Jayes, *The Illusion of Ignorance*, p. 202s.
90 *Excélsior*, 5 de julio de 1918, p. 5.
91 William Schell, *Integral Outsiders*, p. 61s.
92 El centro, el salón de egresados, se construyó en 1925.

Entrevista de Jones con Jenkins, 13 de mayo de 1918, Doheny Collection; Corbin, citado en Congreso de Estados Unidos, *Investigation of Mexican Affairs*, tomo I, p. 1456; *El Monitor*, 4 de marzo de 1919, p. 2; *Nashville Banner*, 24 de diciembre de 1919, MSJP; *The Vanderbilt Alumnus* 4:7 (1919): 213.
93 Lucas 12:48, Reina Valera; Matthew Josephson, *The Robber Barons: the Great American Capitalists, 1861-1901*, Easton Press, Norwalk, 1962 [1934], pp. 317-325.
94 LaFrance, *Revolution in Mexico's Heartland*, p. 181s; *El Monitor*, 30 de octubre de 1918, p. 1, 13 de noviembre de 1918, p. 2s, 14 de noviembre de 1918, p. 1; CIM a tesorero general, Puebla, 6 de diciembre de 1917, CITPYT-CIM, LC 3, 477.
95 Entrevista de Jones con Jenkins, 13 de mayo de 1918, Doheny Collection; Cox a Fall, 8 de diciembre de 1919, Fall Collection, caja 84, carpeta 15; Evans a Daisy Pettus, Puebla, 30 de marzo de 1918, documentos de Rosalie Evans, Universidad de Virginia; Mary S. Jenkins a Elizabeth Jenkins, Puebla, 17 de octubre de 1919, MSJP.
96 Jenkins a Elizabeth Jenkins, Puebla, 19 de octubre de 1919, MSJP.
97 Entrevista con J. Jenkins Eustace, 27 de junio de 2002, 30 de septiembre de 2005; entrevista con W. A. Jenkins, Ciudad de México, 9 de junio de 2003.

4. Secuestrado, encarcelado, vilipendiado

1 La narración del secuestro se basa en: Mary S. Jenkins a Elizabeth Jenkins, Puebla, 23 de octubre, 4 de noviembre y 4 de diciembre de 1919, Mary Street Jenkins (en adelante, MSJP), en posesión de Rosemary Eustace Jenkins, Ciudad de México; Jenkins a J. Rowe, Puebla, 7 de noviembre de 1919, Registros del Departamento de Estado de Estados Unidos (en adelante RDS, por sus siglas en inglés), 125.61383/190; *Literary Digest* (Nueva York), 21 de febrero de 1920, pp. 52-56.
2 La respuesta al secuestro se basa principalmente en Charles Cumberland, "The Jenkins Case and Mexican-American Relations", *Hispanic American Historical Review*, vol. 31, núm. 4, 1951; David LaFrance, "Revisión del caso Jenkins", *Historia Mexicana*, vol. 53, núm. 4, 2004; *El Demócrata*, 22 de octubre de 1919, p. 1.
3 Sobre Hearst: David Nasaw, *The Chief: The Life of William Randolph Hearst*, Houghton Mifflin Harcourt, Nueva York, 2001, pp. 228s, 248s, 381; *El Demócrata*, 22 de octubre de 1919, p. 1; *Excélsior*, 29 de noviembre, p. 5. Sobre Myers: *New York Times*, 26 de octubre de 1919, p. 1. Sobre Taylor: David Glaser, "1919:

William Jenkins, Robert Lansing, and the Mexican Interlude", *Southwestern Historical Quarterly*, vol. 74, núm. 3, 1971, p. 346s. Sobre Carranza y Estados Unidos: Douglas Richmond, *Venustiano Carranza's Nationalist Struggle, 1893-1920*, University of Nebraska Press, Lincoln, 1983, pp. 189-203.

[4] Entrevista con Mestre, 22 de agosto de 2007; *cf. Excélsior*, 29 de octubre de 1919, p. 1; *Literary Digest*, 21 de febrero de 1920, p. 54.

[5] Doctor C. E. Conwell, declaración jurada, en M. Hanna a G. Summerlin, Puebla, 26 de noviembre de 1919, RDS, 125.61383/262.

[6] David LaFrance, *Revolution in Mexico's Heartland: Politics, War, and State Building in Puebla, 1913-1920*, SR Books, Wilmington, 2003, caps. 5, 7, 8, 9, en particular, pp. 90-100, 145-147, 185-188.

[7] *La Prensa* (Puebla), 25 de octubre de 1919, p. 1; *El Monitor* (Puebla), 21 de octubre, p. 4; *cf.* David LaFrance, "Revisión del caso Jenkins", p. 928.

[8] *Excélsior*, 28 de octubre de 1919, p. 1.

[9] *El Universal*, 18 de noviembre de 1919, p. 1; Hanna a Summerlin, 26 de noviembre de 1919, RDS, 125.61383/262, adjunto 7; *Literary Digest*, 21 de febrero de 1920, p. 54.

[10] Medina a Summerlin, 3 de noviembre de 1919, México, Secretaría de Relaciones Exteriores, Archivo Histórico (en adelante, SRE), 16-28-1, parte IV; *cf.* Charles Cumberland, "The Jenkins Case and Mexican-American Relations", p. 594s.

[11] *Excélsior*, 15, 16 y 17 de noviembre de 1919, p. 1; *El Monitor*, 16 de noviembre, p. 1; *New York Times*, 17 de noviembre, p. 1.

[12] Jenkins a Rowe, 7 de noviembre de 1919, RDS, 125.61383/190; Hanna a Summerlin, México, 29 de octubre de 1919, RDS, 125.61383/161; Charles Cumberland, "The Jenkins Case and Mexican-American Relations", pp. 592, 597; *Excélsior*, 28 de octubre de 1919, p. 1, y 17 de noviembre, p. 8; *El Universal*, 18 de noviembre, p. 1.

[13] *New York Times*, 14 de noviembre de 1919, p. 12; *Toledo Blade et al.*, citado en *Bulletin of the National Assn. for the Protection of American Rights in Mexico*, 20 de noviembre de 1919, Fall Collection, caja 84, carpeta 15; Jonathan Brown, *Oil and Revolution in Mexico*, University of California Press, Berkeley, 1993, pp. 235-237.

[14] *El Demócrata*, 31 de octubre de 1919, p. 1, y 3 de noviembre, p. 9.

[15] *El Monitor*, 20 de noviembre de 1919, p. 1; *Excélsior*, 20 de noviembre, p. 1, y 2 de diciembre, p. 5; *cf.* David LaFrance, "Revisión del caso Jenkins", p. 945.

[16] Mark Gilderhus, *Diplomacy and Revolution: U. S.-Mexico Relations under Wilson and Carranza*, University of Arizona Press, Tucson, 1977, pp. 92-94, 98-100, y "Senator Albert B. Fall and 'The Plot Against Mexico'", *New Mexico Historical Review*, vol. 48, núm. 4, 1973, pp. 303-306; Alan Knight, *The Mexican Revolution*, University of Nebraska Press, Lincoln, 1986, tomo II, pp. 358-360, 369-372, 379-392; Associated Press, 21 de noviembre de 1919 (en *Nashville Banner*, 22 de noviembre); boletín del Departamento de Estado, 21 de noviembre, RDS, 125.61383/172½.

[17] Dimitri Lazo, "Lansing, Wilson and the Jenkins Incident", *Diplomatic History*, vol. 22, núm. 2, 1998, p. 186; Mark Gilderhus, "Senator Albert B. Fall…", pp. 303-307.

[18] John Wilson, *Maneuver and Firepower: The Evolution of Divisions and Separate Brigades*, Center of Military History, Washington, 1997, pp. 79-81.

NOTAS – CAPÍTULO 4

19 Dimitri Lazo, "Lansing, Wilson and the Jenkins Incident", en particular, pp. 177-179, 187; *cf.* Mark Gilderhus, "Senator Albert B. Fall...", p. 306s, y Robert Freeman Smith, *The United States and Revolutionary Nationalism in Mexico, 1916-1932*, University of Chicago Press, 1972, pp. 157-174.

20 Dimitri Lazo, "Lansing, Wilson and the Jenkins Incident", p. 187s; Charles Cumberland, "The Jenkins Case and Mexican-American Relations", p. 595s; Lansing memo, 28 de noviembre de 1919, RDS, 125.61383/201a.

21 Dimitri Lazo, "Lansing, Wilson and the Jenkins Incident", p. 187; Mark Gilderhus, *Diplomacy and Revolution*, p. 101.

22 Douglas Richmond, *Venustiano Carranza's Nationalist Struggle*, pp. 195-199.

23 Clifford Trow, "Woodrow Wilson and the Mexican Interventionist Movement of 1919", *Journal of American History*, vol. 58, núm. 1, junio de 1971, pp. 50-56; Mark Gilderhus, *Diplomacy and Revolution*, pp. 89-92, 95.

24 Clifford Trow, "Woodrow Wilson...", pp. 46s, 54-57; Mark Gilderhus, *Diplomacy and Revolution*, pp. 96-9; U. S. Senate Committee on Foreign Relations, *Investigation of Mexican Affairs*, USGPO, Washington, 1920.

25 *New York World, New York American, Detroit Free Press, Grand Rapids Herald, Fargo Courier-News* citados y caricaturas reproducidas en *Literary Digest*, 13 de diciembre de 1919, pp. 11-13; *Los Angeles Times*, 1° de diciembre de 1919, p. 1; *Key West Citizen*, citado en Manuel Machado y James Judge, "Tempest in a Teapot?: The Mexican-United States Intervention Crisis of 1919", *Southwestern Historical Quarterly*, vol. 74, núm. 1, 1970, p. 18.

26 Todas las ediciones del *New York Times* del 27, 28 y 29 de noviembre, el 2, 4, 5 y 6 de diciembre de 1919 tenían el caso Jenkins como encabezado.

27 David LaFrance, "Revisión del caso Jenkins", p. 938s; Charles Cumberland, "The Jenkins Case and Mexican-American Relations", pp. 596-598. Para las reacciones internacionales, véase también SRE, 16-28-1, parte V, vol. 1.

28 *New York Times*, 4 de diciembre de 1919, p. 2; 5 de diciembre, p. 1.

29 Manuel Machado, "Tempest in a Teapot?", pp. 13-19; Clifford Trow, "Woodrow Wilson...", p. 64s; Dimitri Lazo, "Lansing, Wilson and the Jenkins Incident", pp. 188, 191; Robert Freeman Smith, *The United States and Revolutionary Nationalism in Mexico*, p. 165; David Glaser, "1919: William Jenkins, Robert Lansing, and the Mexican Interlude", pp. 340, 350.

30 *El Demócrata*, 25 de noviembre de 1919, p. 10, 3 de diciembre, p. 1, y 4 de diciembre, p. 1; *Los Angeles Times*, 1° de diciembre, p. 1; *Excélsior*, 3 de diciembre, p. 1; *México Nuevo*, 5 de diciembre, citado en David Glaser, "1919: William Jenkins, Robert Lansing, and the Mexican Interlude", p. 350.

31 Robert Freeman Smith, *The United States and Revolutionary Nationalism in Mexico*, pp. 162-166; Dimitri Lazo, "Lansing, Wilson and the Jenkins Incident", pp. 189, 193.

32 *Literary Digest*, 21 de febrero de 1920, p. 54.

33 Mark Gilderhus, *Diplomacy and Revolution*, p. 102s; David Glaser, "1919: William Jenkins, Robert Lansing, and the Mexican Interlude", pp. 351-353; Clifford Trow, "Woodrow Wilson...", pp. 67-69; Robert Freeman Smith, *The United States and Revolutionary Nationalism in Mexico*, p. 166; *New York Times*, 9 de diciembre de 1919, p. 1.

34 F. J. Kearful a C. V. Safford, Nueva York, 18 de diciembre de 1919, Fall Collection, caja 84, carpeta 15; John Womack Jr., *Zapata and the Mexican Revolution*,

Vintage, Nueva York, 1970, pp. 348-351; Mark Gilderhus, *Diplomacy and Revolution*, pp. 103-107, 111; Alan Knight, *U. S.-Mexican Relations, 1910-1940: an Interpretation*, Center for U. S.-Mexican Studies, La Jolla, 1987, p. 131.

[35] Charles Cumberland, "The Jenkins Case and Mexican-American Relations", pp. 598s, 602; *Excélsior*, 6 de diciembre de 1919, p. 1.

[36] Charles Cumberland, "The Jenkins Case and Mexican-American Relations", pp. 599-605; David LaFrance, "Revisión del caso Jenkins", pp. 939s, 942; *El Monitor*, 5 de diciembre de 1919, p. 1, y 13 de diciembre de 1919; *La Prensa*, 1° de febrero de 1920, p. 2; *Excélsior*, 9 de febrero de 1920, p. 1; Wilbur Forrest (NY Tribune), U. S. Senate, *Investigation*, II, p. 2048s.

[37] David LaFrance, "Revisión del caso Jenkins", p. 943; *New York Tribune*, reproducido en *Literary Digest*, 21 de febrero de 1920, pp. 52-56; *Los Angeles Times*, 13 de marzo de 1920, pp. 1-2.

[38] Charles Cumberland, "The Jenkins Case and Mexican-American Relations", p. 604s; David LaFrance, "Revisión del caso Jenkins", p. 943s; *El Monitor*, 22 de noviembre de 1919, p. 1.

[39] David LaFrance, "Revisión del caso Jenkins", p. 945; Roderic Camp, *Mexican Political Biographies, 1935-1993*, University of Texas Press, Austin, 1995, p. 757s.

[40] David LaFrance, *Revolution in Mexico's Heartland*, p. 152s; Ernest Gruening, *Mexico and its Heritage*, The Century Co., Nueva York, 1928, p. 504s.

[41] *New York Times*, 5 de diciembre de 1919, p. 1; *Literary Digest*, 13 de diciembre de 1919, p. 11; Jenkins a Jenkins, 20 de octubre de 1919, en Summerlin a Lansing, México, 11 de febrero de 1920, RDS 125.61383J41/53, adjunto 10.

[42] David LaFrance, "Revisión del caso Jenkins", pp. 933-935; *Excélsior*, 16 de noviembre de 1919, p. 9.

[43] David LaFrance, "Revisión del caso Jenkins", p. 929; y *Revolution in Mexico's Heartland*, pp. 187-195.

[44] John Womack Jr., *Zapata and the Mexican Revolution*, pp. 131, 148, 158; *E-B Dealers Magazine*, 1919, MSJP.

[45] Sobre Peláez, véase Jonathan Brown, *Oil and Revolution in Mexico*, pp. 256-306.

[46] *New York Times*, 5 de diciembre de 1919, p. 1.

[47] Hardaker a Norman King, Puebla, 8 de noviembre de 1919, National Archives, Londres, Foreign Office Series 371, 3836; Summerlin a Lansing, México, 31 de agosto de 1920, RDS, 125.61383J41/71, adjunto; Wilbur Forrest (NY Tribune), U. S. Senate, *Investigation*, II, pp. 2048-2050.

[48] *New York Times*, 6 de julio de 1919, p 7; 23 de julio, p. 3; 27 de julio, p. 3; 29 de julio, p. 3; 11 de agosto, p. 5 (orden de Carranza); 18 de agosto, p. 1; 20 de agosto, p. 3 (resolución de LaGuardia); 12 de septiembre, p. 17; 14 de septiembre, p. 5; *Los Angeles Times*, 1° de diciembre, p. 1.

[49] Sobre el antiamericanismo, véase, por ejemplo: *New York Times*, 24 de julio de 1919, p. 4.

[50] David LaFrance, *Revolution in Mexico's Heartland*, pp. 169, 185s, 199s, y "Revisión del caso Jenkins", pp. 929-931.

[51] General J. Barragán a Medina, Querétaro, 22 de octubre de 1919, SRE, 16-28-1, parte III; David LaFrance, "Revisión del caso Jenkins", p. 928, y *Heartland*, 147-50.

[52] General Narváez a Carranza, 25 de octubre de 1919, Puebla, SRE, 16-28-1, parte I. Sobre su autor: David LaFrance, *Revolution in Mexico's Heartland*, pp. 101s, 133, 158.

53 David LaFrance, "Revisión del caso Jenkins", p. 930; *La Prensa*, 1° de febrero de 1920, pp. 1-2; 22 de febrero, p. 1.
54 Cabrera a la Secretaría de Relaciones Exteriores, Puebla, 20 de mayo de 1918, SRE, 42-26-95.
55 *El Monitor*, 7 de julio de 1919, 1 y 4; Jenkins a Summerlin, 13 de diciembre de 1919, Puebla, RDS, 125.61383J41/20.
56 Alan Knight, *The Mexican Revolution*, tomo II, pp. 490-492; Enrique Krauze, *Mexico: Biography of Power,* HarperCollins, Nueva York, 1998, pp. 369s, 389s.
57 Álvaro Matute, *Historia de la Revolución Mexicana* (v. 8). *La carrera del caudillo,* El Colegio de México, México, 1980, pp. 56-61; Linda Hall, Álvaro Obregón, Power and Revolution in Mexico, 1911-1920, Texas, A&M University Press, 1981, pp. 224-230; *El Universal*, 27 de octubre de 1919, p. 1.
58 *Excélsior*, 22 de octubre de 1919, p. 1, 23 de octubre, p. 1; *El Demócrata*, 24 de octubre, pp. 1, 10. Sobre las inclinaciones de los diarios de la Ciudad de México: Álvaro Matute, *Historia de la Revolución Mexicana* (v. 7). *Las dificultades del nuevo Estado,* El Colegio de México, México, 1995, pp. 264-269.
59 Citado en Charles Cumberland, "The Jenkins Case and Mexican-American Relations", p. 592.
60 Otros han leído el rol de Carranza de forma similar: John Womack Jr., *Zapata and the Mexican Revolution*, p. 346s; Mark Gilderhus, *Diplomacy and Revolution*, p. 100. Sobre Bonillas, por ejemplo: *El Universal*, 26 de noviembre de 1919, p. 1; 5 de diciembre, p. 7; *Excélsior*, 26 de noviembre, p. 1; 27 de noviembre, p. 7; *El Demócrata*, 5 de diciembre, p. 1.
61 Medina a Cabrera, 24 de octubre de 1919, México, SRE, 16-28-1, parte III.
62 Charles Cumberland, "The Jenkins Case and Mexican-American Relations", p. 598s; Dimitri Lazo, "Lansing, Wilson and the Jenkins Incident", pp. 195 n 41; *El Demócrata*, 5 de diciembre de 1919, p. 1; *Excélsior*, 6 de diciembre, p. 5; 10 de diciembre, p. 5; "The People of the State of New York against John S. Hansen" (acusación), 29 de diciembre de 1919, y *Denver Post*, 4 de marzo de 1920, Fall Collection, caja 82, carpeta 38.
63 David LaFrance, "Revisión del caso Jenkins", p. 946, más preguntas siguen en p. 947s.
64 Sobre el regreso de Street a Tennessee; *Nashville Tennessean*, 25 de octubre de 1919, Branscomb Papers, caja 362, carpeta 1.
65 Jenkins a Rowe, 7 de noviembre de 1919, RDS, 125.61383/190; Special Mexican Claims Commission, *Report,* USGPO, Washington, 1940, p. 612; Charles Cumberland, "The Jenkins Case and Mexican-American Relations", p. 606.
66 *El Demócrata*, 27 de noviembre de 1919, p. 2; David LaFrance, "Revisión del caso Jenkins", p. 937; Charles Cumberland, "The Jenkins Case and Mexican-American Relations", pp. 596-598.
67 Por ejemplo, F. Rivera y P. Ortega a Obregón, Lagunillas, Puebla, 8 de abril de 1923, AGN Obregón-Calles, exp. 818-J-4.
68 *Excélsior*, 22 de mayo de 1932, Dominical, pp. 6, 15; *El Mundo* (Tampico), julio de 1943, citado en T. McEnelly al Departamento de Estado, Tampico, 12 de julio de 1943, RDS, 812.4061-MP/297; Carta abierta, Sindicato Héroes de Nacozari a Ruiz Cortines, Puebla, mayo de 1956, AGN, Archivos presidenciales de Adolfo Ruiz Cortines (en adelante, AGN ARC), 544.2/27; *Éxito*, 18-24 de octubre

de 1959, p. 4; *Time*, 26 de diciembre de 1960, p. 25. Véase también, por ejemplo, *Hoy*, 29 de octubre de 1949, p. 12s; *El Universal*, 18 de agosto de 1951, p. 1; *El Universal*, 4 de julio de 1958, p. 14; Miguel Contreras Torres, *El libro negro del cine mexicano*, México, 1960, pp. 89-103; *Siempre!*, 17 de octubre de 1962, p. 28.

69 *Excélsior*, 5 de junio de 1963, 5, 13; Enrique Cordero y Torres, *Diccionario biográfico de Puebla,* Centro de Estudios Históricos, Puebla, 1972, p. 346; entrevista con J. Jenkins Eustace, 15 de agosto de 2001.

70 Enrique Cordero y Torres, *Historia compendiada del Estado de Puebla*, Bohemia Poblana, Puebla, 1965, tomo. III, p. 457; *Time*, 26 de diciembre de 1960, p. 25; *La Opinión*, 5 de junio de 1963, pp. 1, 6; Ángeles Mastretta, *Arráncame la vida*, Cal y arena, México, 1985, p. 28; Horacio Crespo (coord.), *Historia del azúcar en México*, Fondo de Cultura Económica, México, 1988, tomo I, p. 112; *Proceso*, 4 de noviembre de 1991, p. 22.

71 Jenkins a Stanford, en B. Trueblood (coord.), *Mary Street Jenkins Foundation*, Fundación Mary Street Jenkins, México, 1988, p. 13; Álvaro Matute, *Historia de la Revolución Mexicana (v. 8). La carrera del caudillo*, p. 60; *El Monitor*, 31 de octubre de 1919, p. 1.

72 Entre los que concluyeron que el secuestro fue genuino: Charles Cumberland, "The Jenkins Case and Mexican-American Relations", p. 606; *cf.* David Glaser, "1919: William Jenkins, Robert Lansing, and the Mexican Interlude", p. 344; Mark Gilderhus, *Diplomacy and Revolution*, p. 99, y David LaFrance, "Revisión del caso Jenkins", p. 951. Entre los que se abstuvieron de hacer juicios: John Womack Jr., *Zapata and the Mexican Revolution*, pp. 346-351, *cf* Manuel Machado, "Tempest in a Teapot?"; Clifford Trow, "Woodrow Wilson…", y Dimitri Lazo, "Lansing, Wilson and the Jenkins Incident".

73 Bertha Ulloa, "La lucha armada (1911-1920)", en D. Cosío Villegas (coord.), *Historia General de México*, El Colegio de México, 1981 [3a ed.], tomo II, pp. 1171, 1178-1180; *cf.* Manuel González Ramírez, *La revolución social de México*, Fondo de Cultura Económica, México, 1960, tomo I, pp. 662-666; Luis Zorrilla, *Historia de las relaciones entre México y E. U. A.,* Porrúa, México, 1966, tomo II, p. 343s; Gustavo Abel Hernández Enríquez, *Historia moderna de Puebla, 1917-1920,* Puebla, 1986, pp. 187-213; *Álvaro Matute, Historia de la Revolución Mexicana* (v. 7). *Las dificultades del nuevo Estado*, pp. 60-67.

74 Bertha Ulloa, "La lucha armada (1911-1920*)*", p. 1180.

75 Ruiz Harrell, *El secuestro de William Jenkins,* Planeta, México, 1992, pp. 283-306.

76 Véase, por ejemplo, Manuel Machado, "Tempest in a Teapot?" (la frase de Bonillas aparece en Fletcher a Lansing, Washington, 2 de diciembre de 1919, RDS, 125.61383/170½); Clifford Trow, "Woodrow Wilson…", pp. 51-61; Douglas Richmond, *Venustiano Carranza's Nationalist Struggle*, pp. 194-200; Mark Gilderhus, *Diplomacy and Revolution*, pp. 87-98, 103s. Para la disputa por el petróleo *per se*, véase Jonathan Brown, *Oil and Revolution in Mexico*.

77 Una columna sobre la subsiguiente acumulación de tierras de Jenkins haría esta misma afirmación; *La Opinión*, 11 de junio de 1937, p. 1.

78 Alan Knight, *The Mexican Revolution*, tomo I, pp. 485-489, II, pp. 158-160, 350-352, y *U. S.-Mexican Relations*, p. 32.

79 Sobre la inversión estadounidense posrevolucionaria: Sanford Mosk, *Industrial Revolution in Mexico,* University of California Press, Berkeley, 1954; Julio Moreno,

Yankee Don't Go Home!: Mexican Nationalism, American Business Culture, and the Shaping of Modern Mexico, 1920-1950, University of North Carolina Press, Chapel Hill, 2003.

80 Edward Beatty, *Institutions and Investment: The Political Basis of Industrialization in Mexico Before 1911*, Stanford University Press, Stanford, 2001; Álvaro Matute, *Historia de la Revolución Mexicana* (v. 7). *Las dificultades del nuevo Estado*, pp. 264-268; Alan Knight, *U. S.-Mexican Relations*, p. 42.

81 Douglas Richmond, *Venustiano Carranza's Nationalist Struggle*, pp. 192-200; *El Pueblo*, 12 de agosto de 1915, citado en Richmond, p. 195.

82 John Mason Hart es el principal defensor de esta idea; véase, *Revolutionary Mexico*, University of California Press, Berkeley, 1997, caps. 4 y 5, y *Empire and Revolution: The Americans in Mexico since the Civil War*, University of California Press, Berkeley, 2002, caps. 3-8.

Sobre la propiedad de tierras: Hart, *Revolutionary Mexico*, pp. 47, 159, y *Empire and Revolution*, p. 260.

83 Alan Knight, *U. S.-Mexican Relations*, pp. 49, 63-67.

84 Jenkins a Shanklin, 7 de enero de 1915, RDS, 812.00/14285; Jenkins a Shanklin, 18 de noviembre de 1914, 812.00/14073; David LaFrance, *Revolution in Mexico's Heartland*, p. 91s; Alan Knight, *U. S.-Mexican Relations*, pp. 49, 54s.

85 Julio Moreno, *Yankee Don't Go Home!*, cap. 1; Paolo Riguzzi y Patricia de los Ríos, *Las relaciones México-Estados Unidos, 1756-2010*, UNAM, México, 2012, tomo II, pp. 217-223, 234-241.

86 Horacio Crespo (coord.), *Historia del azúcar en México*, tomo I, p. 114.

87 Robert Freeman Smith, *The United States and Revolutionary Nationalism in Mexico*, pp. 190-228; Muñoz, *La verdad sobre los gringos*, Ediciones Populares, México, 1927; Embajada al Departamento de Estado, México, 2 de febrero y 5 de marzo de 1927, RDS, 711.12/963 y /1025.

88 John Britton, "Redefining Intervention: Mexico's Contribution to Anti-Americanism", en A. McPherson (coord.), *Anti-Americanism in Latin America and the Caribbean*, Berghahn Books, Nueva York, 2006, pp. 44-48.

89 John Reid, *Spanish American Images of the United States, 1790-1960*, University of Florida Press, Gainesville, 1977, pp. 157-161, 269s; David Wilt, *Stereotyped Images of United States Citizens in Mexican Cinema, 1930-1990*, tesis doctoral, University of Maryland, 1991, pp. 295s, 314.

90 Aún popular, la obra se sigue imprimiendo: Vasconcelos, *La raza cósmica*, Porrúa, México, 2014.

91 Mary Kay Vaughan, *The State, Education and Social Class in Mexico, 1880-1928*, Northern Illinois University Press, DeKalb, 1982, caps. 7 y 8, y *Cultural Politics in Revolution: Teachers, Peasants, and Schools in Mexico, 1930-1940*, University of Arizona Press, Tucson, 1997; Henry Schmidt, *The Roots of* Lo Mexicano, Texas A&M Press, College Station, 1978, caps. 4 y 5.

92 Bertram Wolfe, *The Fabulous Life of Diego Rivera*, Stein & Day, Nueva York, 1963, p. 167; Vaughan, *Cultural Politics*, p. 38; Desmond Rochfort, "The Sickle, the Serpent, and the Soil", en M.K. Vaughan y S. Lewis (coords.), *The Eagle and the Virgin: Nation and Cultural Revolution in Mexico, 1920–1940*, Duke University Press, Durham, 2006; A. Weddell al Departamento de Estado, México, 20 de octubre de 1927, RDS, 711.12/1110.

⁹³ *El Demócrata*, 14 de agosto de 1920; *El Heraldo*, 18 de agosto de 1920; *Las Noticias*, 18 de febrero de 1921 (Doheny); *Excélsior*, 7 de junio de 1960, p. 7 (Jenkins); *cf. Opinión Pública*, 1° de enero de 1959, portada (Axel Wenner-Gren), 15 de julio de 1962, p. 4 (Roberto García Mora), 15 de octubre de 1962, p. 4 (productores de cine).

⁹⁴ Wilt, "Stereotyped Images", pp. 66 n. 67, 286; Carl Mora, *Mexican Cinema: Reflections of a Society, 1896-1980,* University of California Press, Berkeley, 1982, pp. 36-49.

⁹⁵ Merle Simmons, *The Mexican Corrido as a Source of Interpretative Study of Modern Mexico*, Indiana University Press, Bloomington, 1957, cap. XIX; Don Verdades, *Corrido del cine mexicano*, México, [1959], AGN ALM, exp. 136.3/831.

⁹⁶ Pablo Yankelevich, "Extranjeros indeseables en México (1911-1940)", *Historia Mexicana*, vol. LIII, núm. 3, 2004, pp. 693-744, y "Hispanofobia y revolución", *Hispanic American Historical Review*, vol. 86, núm. 1, 2006, pp. 47-49; *Los Derechos del Pueblo Mexicano*, Porrúa, México, 1978 [1967], cap. V, pp. 215-237 (en particular, 220).

⁹⁷ Por ejemplo, la Confederación Campesina de Emiliano Zapata solicitó al presidente Rodríguez la expulsión de Jenkins, "por extranjero pernicioso", habida cuenta de su evasión fiscal; G. Bermejo a Rodríguez, Puebla, 29 de junio de 1934, AGN Rodríguez, 526.27/66.

⁹⁸ *Mexican Folkways*, 18 de junio de 1927, p. 95.

⁹⁹ Josefina Vázquez y Lorenzo Meyer, *The United States and Mexico,* University of Chicago Press, Chicago, 1985, pp. 127, 157; *La Prensa*, 16 de septiembre de 1932, p. 14.

¹⁰⁰ Alan Knight, "The United States and the Mexican Peasantry, circa 1880-1940", en D. Nugent (coord.), *Rural Revolt in Mexico*, Duke University Press, Durham, 1998, p. 47; Enrique Krauze, *Mexico: Biography of Power*, p. 474s.

¹⁰¹ Paul Garner, *British Lions and Mexican Eagles: Business, Politics, and Empire in the Career of Weetman Pearson in Mexico, 1889-1919*, Stanford University Press, Stanford, 2011, pp. 170, 226-229; Martin R. Ansell, *Oil Baron of the Southwest: Edward L. Doheny and the Development of the Petroleum Industry in California and Mexico*, Ohio State University Press, Columbus, 1998, caps. 3, 4 y conclusión; David Nasaw, *The Chief: The Life of William Randolph Hearst*, Houghton Mifflin Harcourt, Nueva York, 2001, pp. 58-60, 203; "Buckley, William Frank", *Handbook of Texas Online*, disponible en <www.tshaonline.org/handbook/online/articles/fbu08>.

5. Imperio en Atencingo

¹ El traslado previsto a Los Ángeles se basa en: Rowe a la Sección de Estado, México, 28 de marzo de 1919, Registros del Departamento de Estado de Estados Unidos (en adelante RDS, por sus siglas en inglés), 125.61383/113; Jenkins a Elizabeth Jenkins, Puebla, 26 de diciembre de 1919, Mary Street Jenkins (en adelante, MSJP); *Nashville Tennessean*, 8 de octubre de 1920, Branscomb Papers, caja 362, carpeta 1; Jenkins a Stanford, en B. Trueblood (coord.), *Mary Street Jenkins Foundation,* Fundación Mary Street Jenkins, México, 1988, p. 8s; *Los*

NOTAS – CAPÍTULO 5

Angeles Times, 4 de octubre de 1953, II-1, 16; Rosemary Eustace Jenkins (coord.), *Tennessee Sunshine: Oscar's Love Letters to Mary*, México, 2012, p. 275; entrevista con J. Jenkins Eustace, 2 de abril de 2001.

2 Para la "versión oficial" de la Revolución, véase, por ejemplo: Frank Tannenbaum, *Peace by Revolution*, Columbia University Press, Nueva York, 1933; Jesús Silva Herzog, *Breve historia de la Revolución mexicana*, Fondo de Cultura Económica, México, 1960; Charles Cumberland, *Mexico: The Struggle for Modernity*, Oxford University Press, Oxford, 1968. Para la versión revisionista, por ejemplo: Adolfo Gilly, *La revolución interrumpida*, El Caballito, México, 1971; Womack, "The Mexican Economy during the Revolution, 1910-1920", *Marxist Perspectives*, vol. 1, núm. 4, 1978, pp. 80-123; Mark Wasserman, *Persistent Oligarchs: Elites and Politics in Chihuahua, Mexico, 1910-1940*, Duke University Press, Durham, 1993; Sandra Kuntz Ficker, "De las reformas liberales a la gran depresión", en Kuntz (coord.), *Historia mínima de la economía mexicana, 1519-2010*, El Colegio de México, México, 2012, pp. 148-197.

3 Noel Maurer, *The Power and the Money: The Mexican Financial System, 1876-1932*, Stanford University Press, Stanford, 2002, pp. 160s, 173-7; Sylvia Maxfield, *Governing Capital: International Finance and Mexican Politics*, Cornell Univ. Press, Ithaca, 1990, caps. 2-5; Emilio Zebadúa, *Banqueros y revolucionarios. La soberanía financiera de México, 1914-1929*, El Colegio de México, México, 1994, caps. IV-VII; Luis Anaya Merchant, *Colapso y reforma. La integración del sistema bancario en el México revolucionario, 1913-1932*, Miguel Ángel Porrúa, México, 2002, cap. 3. Sobre la alianza de los banqueros: Maxfield, *Governing Capital*, p. 9.

4 Noel Maurer, *The Power and the Money*, p. 175; David Cannadine, *Mellon*, Vintage, Nueva York, 2008, pp. 348-351.

5 Para Chihuahua, compárese: Mark Wasserman, *Persistent Oligarchs*, cap. 5.

6 Francisco Javier Gómez Carpinteiro, *Gente de agua y azúcar*, Colegio de Michoacán, Zamora, 2003, p. 138; Jenkins a Secretaría de Relaciones Exteriores, México, 26 de diciembre de 1921, Secretaría de Relaciones Exteriores, Archivo Histórico (en adelante, SRE), exp. 140-PB-11.

7 César Ayala, *American Sugar Kingdom*, University of North Carolina, Chapel Hill, 1999, pp. 65, 233.

8 *Excélsior*, 8 de octubre de 1920, p. 1.

9 Francisco Javier Gómez Carpinteiro, *Gente de agua y azúcar*, p. 318; Jenkins a Secretaría de Relaciones Exteriores, México, 26 de diciembre de 1921, SRE, exp. 140-PB-11; Jenkins a Obregón, Puebla, 24 de enero de 1922, AGN Obregón-Calles, exp. 818-J-4.

10 Horacio Crespo (coord.), *Historia del azúcar en México*, Fondo de Cultura Económica, México, 1988, tomo I, p. 112, tomo II, p. 829; Francisco Javier Gómez Carpinteiro, *Gente de agua y azúcar*, p. 322; Pedro Díaz Rubín et al. a Secretaría de Relaciones Exteriores, México, 26 y 27 de diciembre de 1921, SRE, exp. 38-PB-46; entrevista con Díaz Rubín de la Hidalga, 1° de agosto de 2001.

11 Excélsior, 5 de julio de 1922, 1; Raymond Buve, *El movimiento revolucionario en Tlaxcala*, Universidad Autónoma de Tlaxcala, Tlaxcala, 1994, pp. 242, 266.

12 *La Opinión*, 15 de diciembre de 1933, p. 1 (obituario); Registro Público de la Propiedad, Puebla (en adelante, RPP-Puebla), libro 3 de Comercio, tomo 17, núm. 31 y tomo 19, núm. 82.

[13] John Hart, *Revolutionary Mexico,* University of California Press, Berkeley, 1997, pp. 304s, 340; Jeffrey Bortz, "'Without Any More Law Than Their Own Caprice': Cotton Textile Workers and the Challenge to Factory Authority during the Mexican Revolution", *International Review of Social History,* vol. 42, núm. 2, 1997; Leticia Gamboa Ojeda, *La urdimbre y la trama,* Fondo de Cultura Económica, México, 2001, caps. VII y VIII.

[14] *El Monitor,* 9 de noviembre de 1920, p. 1; 13 de noviembre, p. 1; 14 de noviembre, p. 6; 28 de diciembre, p. 2; *La Crónica,* 10 de noviembre de 1920, p. 1; 13 de noviembre, p. 1; Leticia Gamboa Ojeda, *La urdimbre y la trama,* pp. 311-318.

[15] *El Monitor,* 10 de enero de 1921, p. 1; 2 de febrero, p. 1; *Excélsior,* 2 de febrero de 1921, p. 5; Sandra Reyes Romero, *La industria bonetera en Puebla y sus empresarios extranjeros, 1900-1930,* tesis de maestría, Universidad Autónoma de Puebla, 2011, p. 58.

[16] Ernest Gruening, *Mexico and its Heritage,* The Century Co., Nueva York, 1928, p. 349s; Leticia Gamboa Ojeda, "Momentos de crisis y recuperación en la industria textil mexicana, 1921-1932", *La palabra y el hombre* [Jalapa], julio de 1990, núm. 75, pp. 23-53.

[17] Jenkins a Stanford, en B. Trueblood (coord.), *Mary Street Jenkins Foundation,* p. 13; *Lista general de industrias establecidas en la ciudad de Puebla,* Departamento de Trabajo, Puebla, 1921, p. 12s, AGN-DT, caja 279, exp. 11; RPP-Puebla, libro 1 de comercio, tomo 7, núms. 8 y 9; Leticia Gamboa Ojeda, *Los empresarios del ayer: El grupo dominante en la industria textil de Puebla, 1906-1929,* Universidad Autónoma de Puebla, Puebla, 1985, p. 130; entrevista con Guzmán Ramos, 17 de julio de 2007.

Sobre Abed: Alejandro Manjarrez, *Crónicas sin censura,* Imagen Pública, Cholula, 1995, pp. 369s, 375s.

[18] Dawn Keremitsis, *La industria textil mexicana en el siglo XIX,* Secretaría de Educación Pública, México, 1973, p. 235.

Sobre los enclaves de inmigrantes: Pablo Yankelevich, "Hispanofobia y revolución", *Hispanic American Historical Review,* vol. 86, núm. 1, 2006; Theresa Alfaro-Velcamp, *So Far from Allah, So Close to Mexico,* University of Texas Press, Austin, 2007.

[19] Gaizka de Usabel, *The High Noon of American Pictures in Latin America,* UMI Research Press, Ann Arbor, 1982, p. 20.

[20] John W. F. Dulles, *Yesterday in Mexico: A Chronicle of the Revolution, 1919-1936,* University of Texas Press, Austin, 1972, pp. 3-16; Enrique Krauze, *Mexico: Biography of Power,* HarperCollins, Nueva York, 1998, pp. 341, 384-389.

[21] Horacio Crespo (coord.), *Historia del azúcar en México,* tomo II, pp. 822-828; Álvaro Matute, *Historia de la Revolución Mexicana* (v. 8). *La carrera del caudillo,* El Colegio de México, México, 1980, pp. 33, 39.

[22] Jenkins a Obregón, Puebla, 24 de enero de 1922, AGN Obregón-Calles, exp. 818-J-4; Francisco Gómez, *Gente de azúcar,* p. 162.

[23] *Cf.* Luis González, *San José de Gracia,* University of Texas Press, Austin, 1974, pp. 186-189.

[24] Horacio Crespo (coord.), *Historia del azúcar en México,* tomo I, p. 114.

[25] Horacio Crespo y Enrique Vega Villanueva, *Estadísticas históricas del azúcar en México,* Azúcar S. A., México, 1990, pp. 238, 248, 257; entrevista de Jones con Jenkins, 13 de mayo de 1918, Doheny Collection.

NOTAS - CAPÍTULO 5

[26] Presidencia a Jenkins, México, 28 de enero de 1922, AGN Obregón-Calles, exp. 818-J-4; entrevista con Mestre, 22 de agosto de 2007. Las reglamentaciones pendientes probablemente se refieren al Reglamento Agrario de 1922.

[27] David LaFrance, *Revolution in Mexico's Heartland: Politics, War, and State Building in Puebla, 1913-1920*, SR Books, Wilmington, 2003, p. 173; F. Lozano Cardoso (Sindicato de Agricultores) a Obregón, Puebla, 6 de febrero de 1922, AGN Obregón-Calles, exp. 818-C-43; *Excélsior*, 28 de junio de 1922, II-7.

[28] Anita Brenner, *The Wind that Swept Mexico*, University of Texas Press, Austin, 1996 [1943], p. 71; M. Hanna al Departamento de Estado, Washington, 28 de diciembre de 1923, RDS, 812.00/26673½; entrevistas con Mestre, 16 de julio de 2003, 22 de agosto de 2007.

[29] John W. F. Dulles, *Yesterday in Mexico*, pp. 94-98.

[30] Alan Knight, *The Mexican Revolution*, University of Nebraska Press, Lincoln, 1986, tomo II, p. 24s; Jean Meyer, "Revolution and Reconstruction in the 1920s", en L. Bethell (coord.), *Mexico Since Independence*, 204.

[31] John Hart, *Empire and Revolution: The Americans in Mexico since the Civil War*, University of California Press, Berkeley, 2002, cap. 11, en particular, pp. 345-360.

[32] Mestre a Obregón, México, 9 de enero y 24 de marzo de 1923, Obregón a Mestre, México, 14 de junio de 1923, Jenkins a Obregón, Puebla, 21 de junio de 1923, Obregón a Jenkins, 22 de junio de 1923, y Oficial Mayor a Jenkins, 25 de junio de 1923, AGN Obregón-Calles, exp. 823-O-1; memo anónimo [1922], Fondo Álvaro Obregón de los Archivos Calles y Torreblanca (en adelante, Calles-FAO), exp. 769, inv. 3645.

[33] *Excélsior*, 5 de julio de 1922, p. 1; 7 de julio, II-7 (describiré este episodio con más detalle en el siguiente capítulo); Lozano a Obregón, Puebla, 18 de diciembre de 1922, AGN Obregón-Calles, exp. 818-J-4.

[34] Jenkins a Obregón, Puebla, 19 de febrero de 1923, Obregón a Pres. CNA, México, 20 de febrero, F. Rivera y P. Ortega, a Obregón, Lagunillas, Puebla, 8 de abril, Obregón a Rivera y Ortega, 9 de abril, AGN Obregón-Calles, exp. 818-J-4.

[35] Sobre la hispanofobia: Alan Knight, *U. S.-Mexican Relations, 1910-1940*, Center for U. S.-Mexican Studies, La Jolla, 1987, pp. 62-67.

Sobre los agraristas y la selección oficial de españoles y sus haciendas: Gobernador Manjarrez a Obregón, Puebla, 26 de septiembre de 1922, AGN Obregón-Calles, exp. 818-P-5; *Excélsior*, 28 de diciembre de 1922, p. 7; 22 de febrero de 1923, p. 1; 2 de septiembre de 1924, p. 1; 2 de febrero de 1925, p. 4; *El Universal*, 6 de noviembre de 1929, p. 7; 2 de diciembre, p. 1.

[36] Entrevista con Díaz Rubín de la Hidalga, 1° de agosto de 2001; varios documentos, AGN Obregón-Calles, exp. 818-X-17.

[37] Timothy Henderson, *The Worm in the Wheat: Rosalie Evans and Agrarian Struggle in the Puebla-Tlaxcala Valley of Mexico*, Duke University Press, Durham, 1998, pp. 37, 62, 68, 86, 105s.

Sobre la fortuna de Presno: Reyna Cruz Valdés y Ambrosio Guzmán Álvarez, *Casa Presno*, Universidad Autónoma de Puebla, Puebla, 2006, pp. 45-48, 52s.

[38] Francisco Gómez, *Gente de azúcar*, pp. 101s, 110-113, 131-134.

[39] Leonardo Lomelí Vanegas, *Breve historia de Puebla*, Fondo de Cultura Económica / Colegio de México, México, 2001, p. 276s; David Ronfeldt, *Atencingo: The Politics of Agrarian Struggle in a Mexican Ejido*, Stanford University Press, Stanford, 1973, p. 7s; Horacio Crespo (coord.), *Historia del azúcar en México*, tomo II, p. 829;

NOTAS – CAPÍTULO 5

Francisco Gómez, *Gente de azúcar*, p. 138 (tabla 1); John Womack Jr., *Zapata and the Mexican Revolution,* Vintage, Nueva York, 1970, pp. 76-82, 121-123, 126, 141, 152, 157, 175, 182s, 221-223, 249, 271-276, 281s, 292s, 393-396.

[40] Informe sobre Atencingo y Anexos, México, marzo de 1934, Registro Agrario Nacional-Puebla, Departamento Agrario, exp. 1771-C, h. 88; L. Carden a F. O., México, 9 de diciembre de 1913, Foreign Office Records, National Archives, Londres (en adelante, UKFO), series 371, doc. 1679, p. 382.

[41] Lozano a Obregón, Puebla, 6, 20 y 24 de febrero de 1922, Sánchez a Obregón, Puebla, 15 de febrero de 1922, Obregón a Sánchez, México, 16 de febrero de 1922, Meré a Obregón, Puebla, 20 de febrero de 1922, Partido Nacional Agrarista a Obregón, México, 18 de abril de 1922, AGN Obregón-Calles, exp. 818-C-43.

[42] Viuda De la Hidalga a Calles, México, 22 de diciembre de 1924, Lozano a Calles, Puebla, 20 de enero de 1925, Gonzalo Rosas a Calles, Izúcar, 5 de mayo de 1925, AGN Obregón-Calles, exp. 818-C-43.

[43] Leticia Gamboa Ojeda, *Los empresarios del ayer*, pp. 246-50; *Excélsior*, 11 de junio de 1922, II-7.

[44] Leticia Gamboa Ojeda, *Los empresarios del ayer*, pp. 153, 250, 253; Francisco Gómez, *Gente de azúcar*, p. 181; *Excélsior*, 29 de enero de 1923, II-7.

[45] Horacio Crespo y Enrique Vega Villanueva, *Estadísticas históricas del azúcar en México*, pp. 28, 238; David Ronfeldt, *Atencingo*, p. 11.

[46] John W. F. Dulles, *Yesterday in Mexico*, p.175; entrevista con Mestre, 16 de julio de 2003.

[47] Kevin Starr, *Material Dreams: Southern California through the 1920s,* Oxford University Press, Nueva York, 1990, pp. 78-85; "The Hollywood Sign", www.hollywoodsign.org.

[48] Maurice Zolotow, *Billy Wilder in Hollywood,* Limelight, Nueva York, 1996, p. 164s; *Los Angeles Times*, 4 de octubre de 1953, II-1; entrevista con J. Jenkins Eustace, 2 de abril de 2001, 27 de junio de 2001.

[49] Ernest Gruening, *Mexico and its Heritage*, p. 468s.

[50] *Ibidem*, pp. IX-XIII, 393-493.

Sobre la violencia de los años veinte, *cf.* Heather Fowler Salamini (sobre Michoacán y Veracruz) y Gilbert Joseph (sobre Yucatán) en D. Brading (coord.), *Caudillo and Peasant in the Mexican Revolution,* Cambridge University Press, Cambridge, 1980; Mark Wasserman, *Persistent Oligarchs*, cap. 3 (sobre Chihuahua).

[51] Llegué a una cifra de 16 gobernadores gracias a Enrique Cordero y Torres, *Cronología de: presidentes municipales de la Heroica Puebla de Zaragoza, gobernantes del estado...*, Centro de Estudios Históricos, Puebla, 1985, pp. 25-27; Alicia Tecuanhuey, *Cronología política del Estado de Puebla, 1910-1991,* Universidad Autónoma de Puebla, 1994; así como periódicos. *Cf.* Roderic Ai Camp, *Mexican Political Biographies, 1884-1934,* University of Texas Press, Austin, 1991, pp. 428-445 (Chihuahua ocupa la segunda posición con 14).

[52] Timothy Henderson, *The Worm in the Wheat*, pp. 216-219.

[53] Se suponía que los gobernadores debían presentar recomendaciones de la Comisión Local Agraria en el nivel estatal a la Comisión Nacional Agraria, que a su vez las enviaba al presidente para su aprobación final y una transferencia definitiva de las tierras; Susan Walsh Sanderson, *Land Reform in Mexico: 1910-1980,* Academic Press, Orlando, 1984, pp. 52-55.

NOTAS – CAPÍTULO 5

54 Timothy Henderson, *The Worm in the Wheat*, pp. 96s, 102s, 106-108, 151, 197s, 213-215.
55 David LaFrance, *Revolution in Mexico's Heartland*, p. 205s; Timothy Henderson, *The Worm in the Wheat*, pp. 163, 214; John W. F. Dulles, *Yesterday in Mexico*, p. 128.
56 *Excélsior*, 27 de junio de 1920, p. 9; 28 de junio, p. 5; 4 de septiembre, p. 5; David LaFrance, *Revolution in Mexico's Heartland*, pp. 163-167, y "Las finanzas públicas y el desarrollo socioeconómico en el Estado de Puebla, 1910-1940", ponencia presentada en la Facultad de Economía, Universidad de las Américas, Puebla, 8 de abril de 2005.
57 *Ibidem; La Opinión*, 17 de julio de 1928, p. 1.
58 *El Monitor*, 8 de mayo de 1920, p. 1 (tras la salida del gobernador Cabrera); *Excélsior*, 9 de abril de 1921, p. 5 (después de Sánchez Pontón); *Excélsior* y *El Universal*, 14 de abril de 1922, p. 1 (después de J. M. Sánchez); *El Universal*, 13 de diciembre de 1923, p. 7 (después de Manjarrez); 3 de noviembre de 1924, p. 5 (después de Guerrero); 20 de enero de 1925, p. 1 (después del segundo periodo de Sánchez); *Excélsior*, 12 de enero de 1927, II-8 (después de Tirado); *El Universal*, 5 de julio de 1927, p. 8 (después de Montes).
59 *El Universal*, 20 de enero de 1925, p. 1; 5 de julio de 1927, p. 8; *Excélsior*, 4 de julio de 1927, p. 8; 5 de julio, p. 1; *La Opinión*, 9 de junio de 1955, p. 1; Timothy Henderson, *The Worm in the Wheat*, p. 221.
60 Mark Wasserman, *Persistent Oligarchs*, pp. 142, 156 (cf. 37-49, 56-58); cf. *New York Times*, 24 de junio de 2013, A4.
61 *El Universal*, 5 de abril de 1925, II-1; *Periódico Oficial* (Puebla), 24 de diciembre de 1927, p. 53; *La Opinión*, 17 de enero de 1935, p. 5; Luis Aboites Aguilar, *Excepciones y privilegios. Modernización tributaria y centralización en México, 1922-1972*, El Colegio de México, México, 2003.
62 David LaFrance, "Las finanzas públicas..."; Ernest Gruening, *Mexico and its Heritage*, p. 133; Horacio Crespo y Enrique Vega Villanueva, *Estadísticas históricas del azúcar en México*, p. 24s.
63 Véase, por ejemplo, *El Universal*, 6 de julio de 1958, pp. 7, 14; Miguel Contreras Torres, *El libro negro del cine mexicano*, México, 1960, p. 92; *Proceso*, 11 de agosto de 1980, pp. 16-18; Donald Hodges, *Mexican Anarchism After the Revolution*, University of Texas Press, Austin, 1995, cap. 2.
64 Timothy Henderson, *The Worm in the Wheat*, pp. 148-154, 176-178; Leonardo Lomelí Vanegas, *Breve historia de Puebla*, pp. 337-342, 344-349; Samuel Malpica, *Atlixco. Historia de la clase obrera*, Universidad Autónoma de Puebla, Puebla, 1989; Gregory Crider, *Material Struggles: Workers' Strategies during the 'Institutionalization of the Revolution' in Atlixco, Puebla, Mexico, 1930-1942*, tesis doctoral, Universidad de Wisconsin, 1996.
65 *Excélsior*, 30 de agosto de 1925, p. 3; 4 de septiembre, p. 1; Mjr. E.L.N. Glass al Departamento de Estado, México, 15 de septiembre de 1925, Colección Embajada E. U., Archivos Calles y Torreblanca (en adelante, Calles-CEEU), serie 100202, inv. 39.
66 *El Universal*, 19 de abril de 1921, p. 1; 6 de noviembre de 1929, p. 7; 29 de diciembre, II-9; *Excélsior*, 2 de septiembre de 1924, p. 1; 10 de enero de 1925, p. 1; "Informe", 15 de enero de 1926, Archivo del Congreso del Estado de Puebla (en

adelante, ACEP), libro 249, exp. 1078; Timothy Henderson, *The Worm in the Wheat*, pp. 187-190, 193s, 214s.
[67] Entrevistas con J. Eustace Jenkins, 27 de junio de 2001, y R. Eustace, 10 de abril de 2002. La nómina quincenal valdría más de 100 000 dólares en dinero de hoy.
[68] Entrevistas con Mario Ortega [seudónimo], Atencingo, 9 de julio de 2005, y Eusebio Benítez, Atencingo, 22 de abril de 2006.
[69] David LaFrance, *Revolution in Mexico's Heartland*, pp. 175-177; Timothy Henderson, *The Worm in the Wheat*, p. 69; *La Opinión*, 8 de abril de 1930, p. 1; *El Universal*, 30 de mayo de 1935, p. 1; Sergio Valencia Castrejón, *Poder regional y política nacional en México: El gobierno de Maximino Ávila Camacho en Puebla (1937-1941)*, Instituto Nacional de Estudios Históricos de la Revolución Mexicana, México, 1996, pp. 35-37, 75s. Negativas, por ejemplo: *El Universal*, 31 de mayo de 1935, p. 1. Ejemplos en otras partes: Paul Friedrich, *Agrarian Revolt in a Mexican Village*, University of Chicago Press, Chicago, 1977, 56; Heather Fowler-Salamini, *Agrarian Radicalism in Veracruz, 1920-38*, University of Nebraska Press, Lincoln, 1978, pp. 35-39, 131s.
[70] En los años veinte emergieron caudillos en San Luis Potosí (Saturnino Cedillo), Tabasco (Tomás Garrido Canabal), Tamaulipas (Emilio Portes Gil), Tlaxcala (Ignacio Mendoza), Veracruz (Adalberto Tejeda), Yucatán (Felipe Carrillo Puerto), y discutiblemente en Michoacán (Francisco Múgica), estados que tenían una rotación de gobernadores inferior a la media; véase D. Brading (coord.), *Caudillo and Peasant in the Mexican Revolution*; cf. Roderic Ai Camp, *Mexican Political Biographies*, pp. 428-445.
[71] Jenkins a G. Summerlin, Puebla, 10 de mayo de 1920, RDS, 812.00/24101; Hardaker a N. King, Puebla, 20 de mayo de 1920, UKFO, serie 371, doc. 4494: 50s; *El Monitor*, 8 de mayo de 1920, p. 1; *El Universal*, 18 de junio de 1920, p. 4; *Excélsior*, 4 de agosto 1920, p. 5.
[72] David LaFrance, *Revolution in Mexico's Heartland*, pp. 77, 107, 160, 205-207; John Womack, "The Mexican Revolution", en L. Bethell (coord.), *Cambridge History of Latin America* (vol. V), Cambridge University Press, Cambridge, 1986, p. 198.
[73] *Periódico Oficial*, 24 de diciembre de 1927, pp. 53-74; M. Barrientos, informe, 31 de diciembre de 1922, ACEP, libro 224-1, exp. 452.
[74] James Wilkie y Edna Monzón de Wilkie, *México visto en el siglo XX*, Instituto Mexicano de Investigaciones Económicas, México, 1969, pp. 266-269; Leonardo Lomelí Vanegas, *Breve historia de Puebla*, p. 342; Daniela Spenser al autor, comunicación personal, 13 de noviembre de 2009.
[75] Entrevista con W. A. Jenkins, 11 de noviembre de 2005; su apreciación de las relaciones de Jenkins con Estados Unidos se refleja en los archivos (RDS, SRE, Tigert Papers, etc.) dónde se nota una escasez de amistades políticas.
[76] Laton McCartney, *The Teapot Dome Scandal,* Random House, Nueva York, 2008; Mencken, "Politics", en H. Stearns (coord.), *Civilization in the United States,* Harcourt, Brace, Nueva York 1922, p. 23s.
[77] *El Universal*, 5 de abril de 1925, II-1, 16 de abril de 1925, p. 10; *Excélsior*, 11 de agosto de 1925, II-7; *La Opinión*, 13 de septiembre de 1929, p. 1. Bravo abrió paso al electo Leónides Andreu Almazán en febrero de 1929.
[78] *Excélsior*, 23 de agosto de 1927, p. 8; *La Opinión*, 17 de julio de 1928, p. 1; Alejandro Manjarrez, *Puebla. El rostro olvidado,* Imagen Pública y Corporativa, Puebla,

1991, p. 107s; F. Lozano Cardoso a Legislatura (en adelante, Leg.) 18 de julio de 1921, ACEP, libro 225, exp. 478; entrevista con Guzmán Ramos, 16 de mayo de 2005.

79 *El Universal*, 7 de diciembre de 1929, II-3; 14 de diciembre, II-3; *La Opinión*, 14 de noviembre de 1928, p. 1. *Cf.* Tigert a J. Daniels, Gainesville, Florida, 7 de septiembre de 1937, Tigert Papers.

80 Entrevista con J. Jenkins Eustace, 26 de junio de 2002; entrevista con Manuel Pérez Nochebuena, Puebla, 31 de mayo de 2006. Sobre Abed: *La Opinión*, 3 de febrero de 1928, p. 1; 13 de enero de 1933, p. 1; 14 de abril de 1937, p. 1; 24 de abril, p. 4; *Excélsior*, 28 de diciembre de 1931, II-1.

81 Michael Ervin al autor, comunicación personal, 18 de diciembre de 2006; *cf.* Ervin, "The 1930 Agrarian Census in Mexico", *Hispanic American Historical Review*, vol. 87, núm. 3, 2007, p. 568.

82 David Ronfeldt, *Atencingo*, pp. 8-10; Francisco Gómez, *Gente de agua*, cap. IV; Timothy Henderson, *The Worm in the Wheat*, p. 86s; Mariano Torres Bautista, *La familia Maurer de Atlixco, Puebla*, Conaculta, México, 1994, pp. 177-183.

83 *El Monitor*, 12 de enero de 1922, p. 1; Leonardo Lomelí Vanegas, *Breve historia de Puebla*, pp. 272s, 278; Leticia Gamboa Ojeda, *Los empresarios del ayer*, pp. 153, 158.

Sobre el sistema judicial en los años veinte: Ernest Gruening, *Mexico and its Heritage*, pp. 498-505.

84 *Excélsior*, 5 de julio de 1922, p. 1; 7 de julio, II-6 (Manjarrez); 29 de junio de 1924, p. 1 (Guerrero); 4 de enero de 1925, p. 1 (Enrique Moreno).

85 Álvaro Matute, "Del Ejército Constitucionalista al Ejército Nacional", *Estudios de Historia Moderna y Contemporánea de México*, vol. VI, 1977; Timothy Henderson, *The Worm in the Wheat*, p. 100; David LaFrance, "The Military as Political Actor (and More) in the Mexican Revolution", ponencia presentada en LASA, San Juan, Puerto Rico, marzo de 2006.

86 Lozano a Obregón, 24 de febrero de 1922, AGN Obregón-Calles, exp. 818-C-43; Jenkins a Tigert, Puebla, 21 de agosto de 1927, Tigert Papers; G. Rosas Solaegui a Jefe Depto., México, 14 de diciembre 1933, Dirección General de Investigaciones Políticas y Sociales, AGN (en adelante, AGN DGIPS), caja 66, exp. 8; entrevista con Mestre, 18 de junio de 2003.

87 Meré a Obregón, 20 de febrero de 1922, AGN Obregón-Calles, exp. 818-C-43; Ernest Gruening, *Mexico and its Heritage*, p. 319; Timothy Henderson, *The Worm in the Wheat*, pp. 100-102; Miguel Contreras Torres, *El libro negro del cine mexicano*, p. 40; *El Universal*, 6 de julio de 1958, p. 14.

88 *Excélsior* 1° de octubre de 1920, p. 5; *La Crónica*, 1° de octubre de 1920, p. 4; Joseph Rickaby, *The Lord My Light* (Londres, 1915), colección personal de Rosemary Eustace Jenkins, Ciudad de México.

89 Pedro Vera y Zuria, *Diario de mi destierro*, Revista Católica, El Paso, 1927; Margaret Branscomb a *Time* (revista), Nashville, 21 de diciembre de 1960, Branscomb Papers, caja 362, carpeta 2; entrevistas con J. Jenkins Eustace, 27 de junio de 2002, 8 de julio de 2003, 20 de abril de 2005; entrevista con W. A. Jenkins, 29 de septiembre de 2009.

90 Alicia Tecuanhuey, *Cronología política del Estado de Puebla*, p. 39; *El Universal*, 24 de agosto de 1924, p. 1; véase también 25 de agosto de 1924, p. 1.

91 Sobre los nexos cercanos entre la Iglesia y la élite empresarial poblana, entre ella Jenkins, véase José Luis Sánchez Gavi, *El espíritu renovado. La Iglesia católica en México*, Plaza y Valdés, México, 2012, pp. 81-86.

NOTAS – CAPÍTULO 5

92 Timothy Henderson, *The Worm in the Wheat*.
   Sobre otros terratenientes estadounidenses sin suerte: John Hart, *Empire and Revolution*, cap. 11.
93 Evans, *The Rosalie Evans Letters from Mexico*, Bobbs-Merrill, Indianápolis, 1926, p. 313; Alexander Weddell al Departamento de Estado, México, 27 de marzo de 1927, RDS, 812.00/28297; Josephus Daniels, *The Wilson Era*, University of North Carolina Press, Chapel Hill, 1946, cap. XLIV.
94 En el siguiente capítulo exploro el uso del "poder blando" de Jenkins.
95 Entrevista con Díaz Rubín de la Hidalga, 1° de agosto de 2001; *La Opinión*, 28 de junio de 1932, p. 3.
96 Reyna Cruz Valdés y Ambrosio Guzmán Álvarez, *Casa Presno*, pp. 30-36; *La Opinión*, 6 de mayo de 1932, p. 2.
97 *Excélsior*, 8 de noviembre de 1921, p. 1.
98 Leticia Gamboa Ojeda, *Au-delà de l'Océan: Les Barcelonettes à Puebla,* Sabença de la Valéia, Barcelonette, 2004, pp. 287-301, 306s; RPP-Puebla, libro 1 de comercio, tomo 6, núm. 102 (1919) y tomo 7, núms. 182/183 (1927).
99 Jenkins a Tigert, Puebla, 24 de agosto de 1924, 2 de abril de 1925, 21 de agosto de 1927, Tigert Papers.
100 Los cinco millones de dólares reflejan el capital social de Atencingo el 2 de enero de 1926 (véase más abajo).
101 Horacio Crespo y Enrique Vega Villanueva, *Estadísticas históricas del azúcar en México*, p. 28; Espinosa Yglesias, "Introduction", p. 13.
102 Horacio Crespo (coord.), *Historia del azúcar en México*, tomo II, p. 829; Francisco Gómez, *Gente de azúcar*, p. 323; Enrique Cordero y Torres, *Diccionario biográfico de Puebla,* Centro de Estudios Históricos, Puebla, 1972, p. 698s; Jenkins a Secretaría de Relaciones Exteriores, Puebla, 11 de octubre de 1924, SRE, exp. 140-PB-11; Jenkins a Calles, México, 3 de marzo de 1925, AGN Obregón-Calles, exp. 818-X-18; entrevista con J. Jenkins Eustace, 2 de abril de 2001; entrevista con Velasco Matienzo, 19 de julio de 2007.
103 Sobre Colón y Rijo: Viuda De la Hidalga a Calles, México, 22 de diciembre de 1924, G. Rosas a Calles, Izúcar, 5 de mayo de 1925, AGN Obregón-Calles, exp. 818-C-43; C. Villafuerte a G. P. Serrano, México, 3 de junio de 1940, SRE, exp. III-837-1; Francisco Gómez, *Gente de azúcar*, p. 298s.
   Sobre Tatetla: Leticia Gamboa Ojeda, *Los empresarios del ayer*, p. 253; Oficial Mayor a Jenkins, México, 25 de junio de 1923, AGN Obregón-Calles, exp. 823-O-1; M. Jenkins a Secretaría de Relaciones Exteriores, México, 19 de junio de 1928, SRE, exp. 52-PB-53.
   Sobre Teruel: E. Jenkins a Secretaría de Relaciones Exteriores, Puebla, 26 de noviembre de 1927, SRE, exp. 349-PB-7.
104 Sobre Tolentino: Horacio Crespo (coord.), *Historia del azúcar en México*, tomo II, p. 829; Enrique Cordero y Torres, *Diccionario biográfico de Puebla*, p. 443; Villafuerte a Serrano, 3 de junio de 1940, SRE, exp. III-837-1.
   Sobre Raboso: Mariano Torres Bautista, *La familia Maurer de Atlixco*, pp. 84s, 177-183.
105 David Ronfeldt, *Atencingo*, p. 10 (*cf.* Horacio Crespo (coord.), *Historia del azúcar en México*, tomo I, p. 112; Wil Pansters, *Politics and Power in Puebla: The Political History of a Mexican State, 1937-1987,* Cedla, Ámsterdam, 1990, p. 62; Leonardo Lomelí Vanegas, *Breve historia de Puebla*, p. 369; etc.); Reinhard Liehr, *Ayunta-*

miento y oligarquía en Puebla, 1787-1810, Secretaría de Educación Pública, México, 1971, tomo I, p. 15; Horacio Crespo (coord.), *Historia del azúcar en México,* tomo I, pp. 109-115, tomo II, p. 827s.

[106] Cándido Gadea Pineda, *74 años de historia en la vida real de Atencingo,* Atencingo, Puebla, 1995, pp. 4-18, 62-66; David Ronfeldt, *Atencingo,* p. 10s; Francisco Gómez, *Gente de azúcar,* p. 148.

[107] Timothy Henderson, *The Worm in the Wheat,* p. 87; Enrique Cordero y Torres, *Diccionario biográfico de Puebla,* p. 346; Jenkins a E. Jenkins, Puebla, 19 de octubre de 1919, MSJP; *La Opinión,* 27 de septiembre de 1928, p. 4 (anuncio); entrevista con J. Eustace Jenkins, 15 de agosto de 2001; entrevista con Mestre, 18 de junio de 2003.

[108] David Ronfeldt, *Atencingo,* p. 10s; Horacio Crespo (coord.), *Historia del azúcar en México,* tomo I, p.113; AGN, Gobernación Siglo XX, Departamento de Migración (en adelante, AGN Migración), Españoles, caja 187, exp. 16; entrevistas con Francisco Pérez, José Manuel Pérez y Sara Vega de Pérez (parientes de Manuel Pérez), Puebla, 25 de mayo de 2006, y Georgina Luna, Atencingo, 18 de marzo de 2006.

[109] David Ronfeldt, *Atencingo,* p. 10; Miguel Espinosa M., *Zafra de odios, azúcar amargo,* Universidad Autónoma de Puebla, Puebla, 1980, p. 103; Francisco Gómez, *Gente de azúcar,* p. 147; entrevista con J. Jenkins Eustace, 2 de abril de 2001; entrevista con Luna, 18 de marzo de 2006.

[110] Felipe Ruiz de Velasco, *Historia y evoluciones del cultivo de la caña y de la industria azucarera en México,* Azúcar S. A., México, 1937, pp. 27s, 399-420; *Técnica Azucarera,* febrero de 1943, p. 25; Horacio Crespo (coord.), *Historia del azúcar en México,* tomo I, pp. 569s, 579; Horacio Crespo y Enrique Vega Villanueva, *Estadísticas históricas del azúcar en México,* pp. 344-346, 331s; David Ronfeldt, *Atencingo,* p. 11; entrevista con Mestre, 18 de junio de 2003; entrevista con Guzmán Ramos, 16 de mayo de 2005.

[111] Mary S. Jenkins a Verniscia, 1° de abril de 1922, 28 de febrero de 1927, MSJP.

[112] Francisco Gómez, *Gente de azúcar,* p. 151; entrevista con Ortega, 9 de julio de 2005.

[113] Noel Maurer, *The Power and the Money,* pp. 183-192; *Excélsior,* 14 de febrero de 1923, II-7; *La Crónica,* 9 de marzo de 1923 (anuncio).

[114] RPP-Puebla, libro 3 de comercio, tomo 17, núm. 118 (2 de enero de 1926).

[115] Jenkins a Tigert, Puebla, 2 de abril de 1925, Tigert Papers.

[116] El que más malinterpretó a Calles fue el embajador de Estados Unidos James Sheffield; Jürgen Buchenau, *Plutarco Elías Calles and the Mexican Revolution,* Rowman & Littlefield, Lanham, 2007, pp. 117s, 132s.

[117] Esto es lo que Jenkins argumentaría al IRS en 1939; B. Trueblood (coord.), *Mary Street Jenkins Foundation,* pp. 7-10.

[118] De nuevo, este es el argumento que Jenkins presentó al IRS; *ibidem,* pp. 10-12.

[119] Horacio Crespo (coord.), *Historia del azúcar en México,* tomo I, pp. 205, 253, 257, tomo II, p. 954s; Crespo, "The Cartelization of the Mexican Sugar Industry, 1924-1940", en B. Albert y A. Graves (coords.), *The World Sugar Economy in War and Depression,* Routledge, Londres, 1988, p. 89s.

[120] Jenkins a Tigert, Puebla, 21 de agosto de 1927, Tigert Papers; Luis Ortega Morales, "La CTM en Puebla", *Boletín de Investigación del Movimiento Obrero,* núm. 10, diciembre de 1987, p. 102.

[121] Horacio Crespo y Enrique Vega Villanueva, *Estadísticas históricas del azúcar en México*, p. 28s; Mariano Torres Bautista, *La familia Maurer de Atlixco*, pp. 178-183.
[122] Miguel Contreras Torres, *El libro negro del cine mexicano*, p. 91s; Enrique Cordero y Torres, *Diccionario biográfico de Puebla*, pp. 350-352; David Ronfeldt, *Atencingo*, pp. 14s, 44s; Miguel Espinosa M., *Zafra de odios, azúcar amargo*, pp. 149-152, 161-163; Francisco Gómez, *Gente de azúcar*, pp. 31-35, 150s, 254, 381-383; Úrsulo Valle Morales, *El despertar democrático de Atencingo*, Atencingo, Puebla, 1984, p. 18.
[123] Juan Oliver, citado en Francisco Gómez, *Gente de azúcar*, pp. 79, 410s; cf. 32-35, 140s.

6. Resistencia en Atencingo

[1] El tiroteo del verano de 1922 se basa en Gil Vega a General F. Mendoza, Lagunillas, Puebla, 12 de julio de 1922, transcripción en Mendoza a Obregón, Tepalcingo, Morelos, 22 de julio de 1922, AGN Obregón-Calles, exp. 818-J-4; *Excélsior*, 28 de junio de 1922, II-7; 5 de julio de 1922, p. 1; 7 de julio de 1922, II-6, II-7.
[2] David Ronfeldt, *Atencingo: The Politics of Agrarian Struggle in a Mexican Ejido*, Stanford University Press, Stanford, 1973, pp. 12-14.
[3] Obregón a Mendoza, México, 14 de septiembre de 1922, AGN Obregón-Calles, exp. 818-J-4; John Womack Jr., *Zapata and the Mexican Revolution*, Vintage, Nueva York, 1970, pp. 335-346.
[4] *Excélsior*, 10 de noviembre de 1922, II-7; 15 de noviembre de 1922, p. 3; Jenkins al juez supernumerario de distrito, Puebla, 6 de noviembre de 1922, ACEP, libro 231, exp. 657.
[5] *Excélsior*, 1º de diciembre de 1922, II-7.
[6] Sidney Mintz, *Sweetness and Power*, Penguin, Nueva York, 1985, cap. 2; Eduardo Galeano, *Open Veins of Latin America*, Monthly Review, Nueva York, 1975, cap. 2.
[7] Horacio Crespo (coord.), *Historia del azúcar en México*, Fondo de Cultura Económica, México, 1988, tomo I, pp. 50-58, 200-204; Leonardo Lomelí Vanegas, *Breve historia de Puebla*, Fondo de Cultura Económica/El Colegio de México, México, 2001, p. 276s; Enrique Cordero y Torres, *Historia compendiada del Estado de Puebla*, Bohemia Poblana, Puebla, 1965, tomo III, p. 44.
[8] John Hart, *Empire and Revolution: The Americans in Mexico since the Civil War*, University of California Press, Berkeley, 2002, p. 169.
[9] Mark Wasserman, "You Can Teach an Old Revolutionary Historiography New Tricks", *Latin American Research Review*, vol. 43, núm. 2, 2008, pp. 260-264; Mauricio Tenorio y Aurora Gómez Galvarriato, *El Porfiriato*, Fondo de Cultura Económica, México, 2006, en particular, pp. 12s, 83-88.
[10] *Excélsior*, 28 de junio de 1922, II-7; Leonardo Lomelí Vanegas, *Breve historia de Puebla*, p. 276s.
[11] Francisco Javier Gómez Carpinteiro, *Gente de agua y azúcar*, Colegio de Michoacán, Zamora, 2003, pp. 101-108.
[12] *Ibidem*, pp. 127s, 179s.
[13] John Womack Jr., *Zapata and the Mexican Revolution*, pp. 75-82, 393-404; David LaFrance, *The Mexican Revolution in Puebla, 1908-1913*, SR Books, Wilmington, 1989, pp. 75-77.

NOTAS – CAPÍTULO 6

[14] David LaFrance, *Revolution in Mexico's Heartland: Politics, War, and State Building in Puebla, 1913-1920*, SR Books, Wilmington, 2003, pp. 89-114, 145-162.

[15] Alan Knight y Wil Pansters (coords.), *Caciquismo in Twentieth Century Mexico*, Institute for the Study of the Americas, Londres, 2006.

[16] Alan Knight, *Mexico: The Colonial Era*, Cambridge University Press, Cambridge, 2002, pp. 12-14.

[17] *Excélsior*, 10 de julio de 1924, citado en Timothy Henderson, *The Worm in the Wheat: Rosalie Evans and Agrarian Struggle in the Puebla-Tlaxcala Valley of Mexico*, Duke University Press, Durham, 1998, p. 178.

Sobre el papel de las tierras bajo el mando de los caciques: David Brading (coord.), *Caudillo and Peasant in the Mexican Revolution*, Cambridge University Press, Cambridge, 1980.

[18] Por ejemplo, John Womack Jr., *Zapata and the Mexican Revolution*, pp. 379-382, 385 (sobre el hijo de Zapata, Nicolás); Timothy Henderson, *The Worm in the Wheat*, p. 103 (gobernador Montes) y 221 (gobernador Sánchez).

[19] Crump dominó la política de Memphis de 1910 a 1948; G. Wayne Dowdy, *Mayor Crump Don't Like It: Machine Politics in Memphis*, University Press of Mississippi, Jackson, 2006; Howse fue alcalde de Nashville durante 1909-1915 y 1923-1938; Don Doyle, *Nashville in the New South, 1880-1930*, University of Tennessee Press, Knoxville, 1985, pp. 165-182.

[20] Agente núm. 6 a Secretaría de Gobernación, México, 30 de noviembre de 1928, AGN, Dirección General de Gobierno (en adelante, AGN DGG), caja 289, exp. 4.

[21] Obregón a R. Gómez, México, 28 de julio de 1924, AGN Obregón-Calles, exp. 121-W-B; Obregón a general F. R. Serrano (Sec. Guerra), 2 de agosto de 1924, AGN Obregón-Calles, exp. 101-B-8.

[22] John Womack Jr., *Zapata and the Mexican Revolution*, p. 357; Jenkins a Secretaría de Relaciones Exteriores, 20 de abril de 1926, SRE, exp. 140-PB-11; *Diario de los Debates de la Cámara de Diputados*, 21 de noviembre de 1927; Agente núm. 6 a Secretaría de Gobernación, 30 de noviembre de 1928, AGN DGG, caja 289, exp. 4; *La Opinión*, 28 de junio de 1928, p. 4; 14 de agosto de 1928, p. 1; 23 de agosto de 1928, p. 5.

[23] Jenkins a Calles, Puebla, 16 de enero de 1925, AGN Obregón-Calles, exp. 818-M-9; *Excélsior*, 4 de enero de 1925, p. 1; 3 de febrero de 1925, p. 1; Horacio Crespo (coord.), *Historia del azúcar en México*, tomo II, p. 831.

[24] *La Opinión*, 8 de octubre de 1942, p. 2; Burgos a Rodríguez, Puebla, 22 de marzo de 1933, y M. Hidalgo Salazar a Rodríguez, Puebla, 12 de julio de 1933, AGN, archivos presidenciales de Abelardo L. Rodríguez (en adelante, AGN ALR), exp. 08/102; *Ixtahuac* (recorte de periódico, s. f.), AGN, archivos presidenciales de Lázaro Cárdenas (en adelante, AGN LC), exp. 544.5/227.

[25] David Ronfeldt, *Atencingo*, p. 10; Horacio Crespo (coord.), *Historia del azúcar en México*, tomo II, p. 828s; Francisco Gómez, *Gente de azúcar*, pp. 147, 299.

[26] *Ibidem*, pp. 101s, 110-113, 134.

[27] *Excélsior*, 9 de mayo de 1922, II-7; *La Opinión*, 14 de agosto de 1928, p. 1; 23 de agosto, p. 5; 27 de mayo de 1933, p. 1. Francisco Gómez, *Gente de azúcar*, pp. 140, 303-309. Tensiones similares existían entre el pueblo de Tilapa y Colón, otra de las haciendas azucareras de Jenkins.

[28] La semblanza de Celestino y Lola se basa en David Ronfeldt, *Atencingo*, pp. 12-15; Francisco Gómez, *Gente de azúcar*, pp. 325-338.

[29] Los conflictos entre los ganaderos terratenientes y los campesinos sin tierra eran comunes; véase, por ejemplo, Ian Jacobs, *Ranchero Revolt: The Mexican Revolution in Guerrero,* University of Texas Press, Austin, 1983; Keith Brewster, *Militarism, Ethnicity, and Politics in the Sierra Norte de Puebla, 1917-1930,* University of Arizona Press, Tucson, 2003.

[30] Manjarrez a la Leg., 24 de marzo de 1923, Puebla, ACEP, libro 231, exp. 657; Francisco Gómez, *Gente de azúcar,* p. 323.

[31] Ayaquica a Presidencia, Atlixco, 25 de abril de 1929, AGN EPG, exp. 3/840; Burgos a C. López [Chietla], n. d. [abril de 1929], AGN LC, exp. 544.5/227.

[32] David Ronfeldt, *Atencingo,* pp. 15-17, 47, 51; María Teresa Ventura Rodríguez, "La organización sindical de los obreros azucareros en Puebla, México", ponencia en el congreso LASA, Río de Janeiro, junio de 2009.

Para un reporte sobre el sindicato blanco de Atencingo, véase: Rosas Solaegui a Jefe Depto., 14 de diciembre 1933, AGN DGIPS, caja 66, exp. 8.

[33] *La Opinión,* 12 de diciembre de 1931, p. 1; 9 de marzo de 1932, p. 1; Andreu Almazán, "Memorias", *El Universal,* 4 de julio de 1958, p. 14; Donald Hodges, *Mexican Anarchism After the Revolution,* University of Texas Press, Austin, 1995, pp. 37, 42s.

[34] Francisco Gómez, *Gente de azúcar,* p. 335.

[35] Bonilla a Vega, 24 de abril de 1929, Cuautla; Burgos a López [abril de 1929], AGN LC, exp. 544.5/227.

[36] A. Romano y F. Ramos a Cárdenas, Chietla, 27 de noviembre de 1934, AGN LC, exp. 544.5/227; David Ronfeldt, *Atencingo,* p. 17.

[37] *Puebla en cifras,* Dirección General de Estadística, México, 1944, p. 125; Horacio Crespo y Enrique Vega Villanueva, *Estadísticas históricas del azúcar en México,* Azúcar S. A., México, 1990, pp. 25, 28.

[38] Mary S. Jenkins a Verniscia, 28 de febrero de 1927, MSJP; Rosemary Eustace Jenkins (coord.), *Tennessee Sunshine: Oscar's Love Letters to Mary,* México, 2012, p. 329; entrevista con J. Jenkins Eustace, 27 de junio 2001; entrevista con Guzmán Ramos, 15 de julio de 2005; Diario de Jane Jenkins de 1931 (6 de marzo), REJP.

[39] Horacio Crespo (coord.), *Historia del azúcar en México,* tomo I, p. 113; Francisco Gómez, *Gente de azúcar,* p. 150s; entrevistas con Auerelio García Pliego, Atencingo, 18 de marzo de 2006; Cruz Guzmán, Atencingo, 22 de abril de 2006; Ortega, 9 de julio de 2005; Benítez, 22 de abril de 2006.

[40] Entrevista con F. Pérez, J. M. Pérez y Vega de Pérez, 25 de mayo de 2006; entrevista con Pérez Nochebuena, 31 de mayo de 2006.

[41] Pablo Yankelevich, "Hispanofobia y revolución", *Hispanic American Historical Review,* vol. 86, núm. 1, 2006; *El Universal,* 6 de noviembre de 1929, p. 7; 2 de diciembre de 1929, p. 1; 29 de diciembre de 1929, II-9; J. Ramírez a Secretaría Particular, Rancho del Capire, 15 de noviembre de 1936, AGN LC, 404.1/5767; entrevista con Mestre, 18 de junio de 2003.

[42] Pablo Yankelevich, "Hispanofobia y revolución", p. 33s; A. Campos *et al.* a Ortiz Rubio, Chietla, 15 de junio de 1931, AGN, Archivos presidenciales de Pascual Ortiz Rubio (en adelante, AGN POR), exp. 1931-224-4794; *El Nacional,* 9 de octubre de 1931, p. 1; entrevista con Benítez, 22 de abril de 2006.

[43] Entrevistas con Mestre, 18 de junio de 2003; Ortega, 9 de julio de 2005; García Pliego, 18 de marzo de 2006; Benítez, 22 de abril de 2006. *Cf.* Friedrich

Katz, "Labor Conditions on Haciendas in Porfirian Mexico", *Hispanic American Historical Review*, vol. 54, núm. 1, 1974; Alan Knight, *The Mexican Revolution*, University of Nebraska Press, Lincoln, 1986, tomo I, pp. 85-91.

44 Sydney Mintz, *Sweetness and Power*, pp. 47-52; 47-52; William K. Scarborough, *The Overseer: Plantation Management in the Old South*, Louisiana State University Press, Baton Rouge, 1966, 67-75.

45 Heather Fowler-Salamini, *Agrarian Radicalism in Veracruz, 1920-38*, University of Nebraska Press, Lincoln, 1978, pp. 35-39, 131s; Mark Wasserman, *Persistent Oligarchs: Elites and Politics in Chihuahua, Mexico, 1910-1940*, Duke University Press, Durham, 1993, pp. 56, 72, 127.

Para Puebla: Sergio Valencia Castrejón, *Poder regional y política nacional en México: El gobierno de Maximino Ávila Camacho en Puebla (1937-1941)*, Instituto Nacional de Estudios Históricos de la Revolución Mexicana, México, 1996, pp. 35-37; varios documentos, AGN ALR, exps. 540/40, 541.5/92, y AGN LC, exps. 555.1/103, 556.7/7.

Sobre las *guardias blancas*, compare los *sindicatos blancos*, arriba.

46 Entrevista con Ortega, 9 de julio de 2005; entrevista con García Pliego, 18 de marzo de 2006; entrevista con Benítez, 22 de abril de 164; Timothy Henderson, *The Worm in the Wheat*, p. 164.

47 Francisco Gómez, *Gente de azúcar*, p. 322s; Emilio Maurer, citado en entrevista con Guzmán Ramos, 16 de mayo de 2005.

48 *Siempre!*, 6 de septiembre de 1961, p. 7; Francisco Gómez, *Gente de azúcar*, pp. 151, 254; entrevista con Ortega, 9 de julio de 2005; comunicación personal con el autor, Alexis Juárez Cao Romero, Puebla, 16 de octubre de 2007.

49 Los primeros informes sobre Atencingo de la policía secreta (citados aquí como DGIPS) datan de 1932.

50 Cándido Gadea Pineda, *74 años de historia en la vida real de Atencingo*, Atencingo, Puebla, 1995, p. 68s; Francisco Gómez, *Gente de azúcar*, p. 147; Mariano Torres Bautista, *La familia Maurer de Atlixco, Puebla*, Conaculta, México, 1994, pp. 177-183.

51 *La Opinión*, 10 de junio de 1934, p. 1; Francisco Gómez, *Gente de azúcar*, p. 336s; P. L. Romero a Cárdenas, Atlixco, 15 de marzo de 1935, y F. Ramírez Villareal a Romero, México, 6 de abril de 1935, AGN Cárdenas, 546.2/19.

52 M. Sánchez y G. Bermejo a Rodríguez, Texmelucan, 31 de agosto de 1934, y A. Ceballos a Rodríguez, Chietla, 18 de septiembre de 1934, AGN ALR, exp. 526.27/66; B. Vázquez a Cárdenas, San Pedro Calantla, 21 de diciembre de 1936, AGN LC, exp. Q/021/2666.

53 Película casera sin título, 1943, colección de R. Eustace Jenkins, vista el 4 de julio de 2003.

54 William Wiethoff, *Crafting the Overseer's Image*, University of South Carolina Press, Columbia, 2006, cap 4; Richard Follett, *The Sugar Masters*, Louisiana State University Press, Baton Rouge, 173-178.

55 Entrevista con J. Jenkins Eustace, 27 de junio de 2001; entrevista con R. Eustace Jenkins, 2 de agosto de 2001.

56 Entrevista con W. A. Jenkins, 27 de junio de 2001. La noción de que los campesinos de Latinoamérica tienen una inclinación natural a la violencia era habitual entre los observadores estadounidenses y una justificación común para las medidas severas; *cf.* Greg Grandin, *The Last Colonial Massacre: Latin America in the Cold War*, University of Chicago Press, Chicago, 2004, cap. 3.

[57] Horacio Crespo (coord.), *Historia del azúcar en México*, tomo I, pp. 150-152; entrevista con Ortega, 9 de julio de 2005; entrevista con Luna, 18 de marzo de 2006.

[58] Las anécdotas de Atencingo se basan en entrevistas con Ortega, 9 de julio de 2005; García Pliego, 18 de marzo de 2006; Benítez y C. Guzmán, 22 de abril de 2006. Henderson describe una dinámica similar entre propietarios y administradores; Timothy Henderson, *The Worm in the Wheat*, p. 168.

[59] Entrevista con Ortega, 9 de julio de 2005.

[60] Corbin, citado en Congreso de Estados Unidos, *Investigation of Mexican Affairs*, tomo I, p. 1456; Enrique Cordero y Torres, *Historia compendiada del Estado de Puebla*, tomo I, p. 236; Feland Meadows a J. Erwin, Puebla, 23 de julio de 1961, Mary Jenkins William Papers (en adelante, MJWP), en posesión de Susan Heflinger, Los Ángeles; entrevista con J. Jenkins Eustace, 27 de junio de 2002; entrevista con R. Eustace, 8 de julio de 2003.

[61] Entrevista con Fernando Ramírez Camarillo, Atencingo, 18 de marzo de 2006; entrevista con C. Guzmán, 22 de abril de 2006.

[62] *Excélsior*, 11 de abril de 1921, p. 7; *La Opinión*, 9 de julio de 1934, p. 1, 20 de octubre de 1937, p. 6.

[63] William Beezley, *Judas at the Jockey Club*, University of Nebraska Press, Lincoln, 2004, p. 26; Claudia Fernández y Andrew Paxman, *El Tigre: Emilio Azcárraga y su imperio Televisa*, Grijalbo, México, pp. 31, 301, 466; *cf.* Steve Stein, "The Case of Soccer in Early Twentieth-Century Lima", en J. Arbena (coord.), *Sport and Society in Latin America*, Greenwood Press, Wesport, 1988.

[64] *Acción* (Puebla), 17 de junio de 1944, pp. 2, 4; entrevista con Ortega, 9 de julio de 2005. Fotografías: Manuel Pérez y equipo de básquetbol, Atencingo, c. 1930, colección de Vicente Lara, Atencingo; "Aniversario de la Revolución", Atencingo, 20 de noviembre de 1946, y "La agrupación, comité local y los niños de José Lima...", Chietla, 2 de septiembre de 1946, colección de Eufrasia de la Cuadra, Izúcar de Matamoros.

[65] Gadea Pineda, *74 años de historia*, pp. 52-61; Francisco Gómez, *Gente de azúcar*, pp. 88, 371.

[66] *La Opinión*, 20 de abril de 1931, p. 1; Francisco Gómez, *Gente de azúcar*, pp. 156s, 175, 193s, 344s, 377. La escuela en Atencingo está representada en un cuadro con el año "1928" encima de la puerta del establecimiento; colección de Eufrasia de la Cuadra, Izúcar de Matamoros. Antes de 1931, las leyes sobre nuevas escuelas se habían dejado a los estados, con resultados sumamente variados; John W. F. Dulles, *Yesterday in Mexico: A Chronicle of the Revolution, 1919-1936*, University of Texas Press, Austin, 1972, p. 514; Mary Kay Vaughan, *Cultural Politics in Revolution: Teachers, Peasants, and Schools in Mexico, 1930-1940*, University of Arizona Press, Tucson, 1997, p. 32s.

[67] Francisco Gómez, *Gente de azúcar*, p. 157; fotografía de Manuel Pérez Lamadrid inaugurando escuela, Temaxcalapa, 30 de septiembre de 1934, y discurso de Manuel Pérez Pena durante inauguración de escuela, Atencingo, 20 de noviembre de 1942, colección de Manuel Pérez Nochebuena, Puebla; Cyril Houle, "Some Significant Experiments in Latin-American Education", *Elementary School Journal*, vol. 49, núm. 2, 1948, pp. 61-66.

[68] *El Universal*, 12 de febrero de 1930, II-3; Francisco Gómez, *Gente de azúcar*, pp. 343-349, 357 y 375 (fotos), 376-378.

69 *Ibidem*, pp. 82s, 343s. Para otros supuestos intercambios de favores, *cf. Ibidem*, pp. 175, 193s, 347.
70 Luis Mora, citado en Francisco Gómez, *Gente de azúcar*, p. 344 *(cf.* Melio Aguilar, p. 83); entrevista con Ortega, 9 de julio de 2005.
71 *La Opinión*, 12 de junio de 1934, p. 3 *(cf.* 10 de junio, p. 1); Francisco Gómez, *Gente de azúcar*, p. 347.
72 Entrevista con Benítez, 18 de marzo de 2006. Ortega relató una experiencia personal similar; entrevista, 9 de julio de 2005.
73 *Puebla en cifras*, p. 78s; Mary Kay Vaughan, *The State, Education and Social Class in Mexico, 1880-1928*, Northern Illinois University Press, DeKalb, 1982, p. 158.
74 Cuestionario de censo, Puebla, 5 de julio de 1938, Fondo Extranjería, AGMP, exp. 7056 (7059); entrevista con Eufrasia de la Cuadra (hija de un ingeniero de Atencingo), Izúcar de Matamoros, 9 de julio de 2005.
75 Mary Kay Vaughan, *The State, Education and Social Class in Mexico*, caps. 4-7 (cita: 236).
76 Mary Kay Vaughan, *Cultural Politics in Revolution*, caps. 2 y 3; Stephen Lewis, *The Ambivalent Revolution: Forging State and Nation in Chiapas, 1910-1945*, University of New Mexico Press, Albuquerque, 2004, caps. 5 y 9; David Ronfeldt, *Atencingo*, p. 15.
77 *La Opinión*, 18, 25, 26 y 27 de agosto de 1930, p. 1; 31 de agosto de 1931, p. 1; *New York Times*, 26 de abril de 1930, p. 2; A. Scott Berg, *Lindbergh*, Berkley Books, Nueva York, 1999, pp. 172-175.
78 Roderic Ai Camp, *Mexican Political Biographies, 1884-1934*, University of Texas Press, Austin, 1991, p. 14; Rogelio Sánchez López, *La institucionalización. Una historia de los derrotados. Puebla, 1929-1932*, tesis de licenciatura, Universidad Autónoma de Puebla, 1992, pp. 59-73.
79 Wil Pansters, *Politics and Power in Puebla: The Political History of a Mexican State, 1937-1987*, Cedla, Ámsterdam, 1990, p. 49; Wilkie, *Mexican Revolution*, p. 188.
80 *El Universal*, 5 de febrero de 1931, p. 1; Wil Pansters, *Politics and Power in Puebla*, p. 56; Rogelio Sánchez López, *La institucionalización*, pp. 162-169; R. Cummings al Departamento de Estado, México, 8 de diciembre de 1931, RDS, 812.00/29673.
81 David Ronfeldt, *Atencingo*, pp. 10, 16; Wil Pansters, *Politics and Power in Puebla*, p. 49; Leonardo Lomelí Vanegas, *Breve historia de Puebla*, p. 356s.
82 Horacio Crespo (coord.), *Historia del azúcar en México*, tomo I, p. 252s, tomo II, p. 966; J. Vázquez Schiaffino (SRE) a. Lane (Embajada), México, 22 de octubre de 1930, y Emb. R. Clark a G. Estrada, México, 29 de noviembre de 1930, SRE, exp. 42-26-95; *Periódico Oficial*, 6 de enero de 1931, p. 21s; G. Johnston y R. Cummings al Departamento de Estado, México, varias fechas (4 de febrero de 1931 a 17 de enero de 1933), RDS, 812. 00/29540, 29603, 29631, 29648, 29684, 29714, 29740, 29800, 29823.
83 Diario de Jane Jenkins de 1931 (entrada del 6 de marzo), Documentos de Rosemary Eustace Jenkins (en adelante, REJP), en posesión de Rosemary Eustace Jenkins, Ciudad de México.
84 Sobre los problemas familiares: Jenkins a Tigert, Puebla, 1° de junio de 1937, Tigert Papers; diarios de Jane Jenkins, 1930-1932, REJP; entrevistas con J. Jenkins Eustace, 2 de abril de 2001, 27 de junio de 2002; Cheney, 18 de agosto de 2002; R. Eustace Jenkins, 8 de junio de 2005, 16 de julio 2016.

85 Sobre las actividades de Higgins: *New York Times*, 28 de agosto de 1928, p. 16; 18 de septiembre de 1928, p. 60; 13 de julio de 1932, p. 14; 6 de diciembre de 1936, N8.
86 Entrevista con J. Jenkins Eustace, 15 de agosto de 2001; entrevista con Asbury, 25 de mayo de 2005.
87 Comisión Permanente Congreso Federal a Secretaría de Gobernación, México, 15 de marzo 1928, y J. García *et al.* a Secretaría de Gobernación, Puebla, 10 de mayo de 1928, AGN DGG, serie 2-384(18)6, caja 17, exp. 6; LaFrance, "Military as Political Actor".
88 Gómez a Almazán, 11 de mayo de 1929, México, Archivo Marte R. Gómez, México, correspondencia; *Excélsior*, 16 de enero de 1931, p. 7; 10 de junio, p. 7; *La Opinión*, 9 de marzo de 1931, p. 1.
89 Sobre el enfoque corporativista para gobernar de Almazán, véase Rogelio Sánchez López, *La institucionalización*, en particular, pp. 144-152; Mary Kay Vaughan, *Cultural Politics in Revolution*, p. 63s; Miguel Ángel Pineda Ramírez, *Sucesión y Transición. Las elecciones para gobernador en Puebla, en 1932*, tesis de maestría, Instituto Mora, 2000.
90 *La Opinión*, 17 de enero de 1929, p. 1; 13 de septiembre de 1929, p. 1; *Periódico Oficial*, 27 de septiembre de 1929, p. 49.
91 *La Opinión*, 18 de enero de 1931, II-2 (1930 *informe*); *cf.* Horacio Crespo y Enrique Vega Villanueva, *Estadísticas históricas del azúcar en México*, pp. 25, 28.
92 *La Opinión*, 11 de septiembre de 1931, p. 6; *El Nacional*, 9 de octubre de 1931, p. 1; Campos a Ortiz Rubio, Chietla, 15 de junio de 1931, AGN POR, exp. 1931-224-4794; Rosas Solaegui a Jefe Depto., 14 de diciembre 1933, AGN DGIPS, caja 66, exp. 8; *La Opinión*, 14 de octubre de 1939, p. 1.
93 N. Guerrero a Cárdenas, México, 8 de octubre de 1931, AGN POR, exp. 1931-24-6700; *Excélsior*, 3 de enero de 1932, II-7.
94 *El Universal*, 2 de febrero de 1931, p. 1; *La Opinión*, 5 de febrero de 1931, p. 1; 11 de noviembre, p. 1; Miguel Ángel Pineda Ramírez, *Sucesión y Transición*, pp. 42-48.
95 *La Opinión*, 4 de febrero de 1931, p. 1; *El Universal*, 5 de febrero de 1931, p. 1. El logotipo aparece en toda la correspondencia de la CCEZ; por ejemplo, M. Hidalgo Salazar (Sec. Gen.) a Rodríguez, 12 de julio de 1933, AGN ALR, exp. 08/102.
96 *La Opinión*, 13 de noviembre de 1931, p. 4; *Excélsior*, 2 de febrero de 1932, p. 7.
97 Entrevista con J. Jenkins Eustace, 2 de abril de 2001.
98 M. Hidalgo Salazar a Calles, Puebla, 17 de febrero de 1932, Archivo Plutarco Elías Calles de los Archivos Calles y Torreblanca (en adelante, Calles-APEC), exp. 2, Leg. 4/8, Inv. 558, doc. 473; Partido Ignacio Zaragoza (volante), Chietla, 7 de febrero de 1932; P. Cardoso y M. Herrera Mercado a M. de León, Chietla, 10 de abril de 1932, y Agente 10 al Jefe de Depto. Confidencial, Chietla, 12 de abril de 1932, Dirección General de Investigaciones Políticas y Sociales, AGN DGIPS, caja 162, exp. 1.
99 Miguel Ángel Pineda Ramírez, *Sucesión y Transición*.
100 *La Opinión*, 4 de noviembre de 1932, p. 1.
101 Horacio Crespo (coord.), *Historia del azúcar en México*, tomo I, p. 252s, tomo II, pp. 966, 971s; entrevista con Purdy Jordan (sobrino nieto de Johnston), México, 19 de julio de 2005.

102 Nora Hamilton, "The State and the National Bourgeoisie in Postrevolutionary Mexico", *Latin American Perspectives,* vol. 9, núm. 4, 1982, p. 40s; Horacio Crespo (coord.), *Historia del azúcar en México,* tomo I, pp. 119-124; Sáenz a Gómez, México, 12 de febrero de 1934, Archivo Gómez, correspondencia.

103 Horacio Crespo (coord.), *Historia del azúcar en México,* tomo II, p. 971s.

104 Carlos Moncada, *¡Cayeron! 67 gobernadores derrocados (1929-1979),* México, 1979, pp. 73-81; Wil Pansters, *Politics and Power in Puebla,* p. 49; Leonardo Lomelí Vanegas, *Breve historia de Puebla,* pp. 356-358; *Excélsior,* 17 de diciembre de 1932, pp. 1, 3.

105 Timothy Rives, "Grant, Babcock, and the Whiskey Ring", *Prologue,* vol. 32, núm. 3, 2000, pp. 143-53; Mark Grossman, *Political Corruption in America,* ABC-CLIO, Santa Barbara, 2003, pp. 160s, 364s.

106 RPP-Puebla, libro 3, tomo 17; V. Islas González a Cárdenas, Chietla y México, 13 y 27 de marzo de 1935, AGN LC, 432.1/34.

107 Charles Merz, *The Dry Decade,* University of Washington Press, Seattle, 1969, pp. 114s, 133s; *cf.* Robert Jones, *The Eighteenth Amendment and Our Foreign Relations,* Thomas Crowell, Nueva York, 1933, cap. VIII.

108 Declaraciones sobre la prohibición: Sergio Guzmán Ramos, *Hombres de Puebla,* Puebla, 1999, p. 52; entrevista telefónica con Paul Buntzler Jr. (sobrino) de East Wenatchee, Washington, 6 de junio de 2005; entrevistas con R. Eustace, 10 de abril de 2002; Ortega, 9 de julio de 2005; Cobel, 25 de marzo de 2006. Entre los detractores: *El Día,* 6 de junio 1963, p. 3; David Ronfeldt, *Atencingo,* p. 11; Rigoberto Cordero y Bernal, *Maximino Ávila Camacho,* Puebla, 2012, p. 121. Negativas de Jenkins: *Nashville Tennessean,* 5 de julio de 1964, revista 13.

109 *Excélsior,* 16 de noviembre de 1932, p. 3; 1° de julio de 1933, p. 1; *Ixtahuac,* n. d. [1934], p. 72, AGN LC, exp. 544.5/227.

Sobre la campaña de moderación de Rodríguez: Gretchen Pierce, *Sobering the Revolution,* tesis doctoral, Universidad de Arizona, 2008, cap. 2.

110 Diversos documentos, 28 de junio a 1° de octubre de 1934, AGN ALR, 526.27/66; Islas González a Cárdenas, 27 de marzo de 1935, AGN Cárdenas, 432.1/34; Enrique Cordero y Torres, *Diccionario biográfico de Puebla,* Centro de Estudios Históricos, Puebla, 1972, p. 346.

111 Jenkins a Stanford, en B. Trueblood (coord.), *Mary Street Jenkins Foundation,* Fundación Mary Street Jenkins, México, 1988, p. 10; *Excélsior,* 15 de septiembre de 1934, p. 1; 16 de septiembre, II-5; *El Universal,* 15, 16 y 19 de septiembre, p. 1; *La Opinión,* 15 de septiembre, p. 1.

112 Entrevistas con J. Jenkins Eustace, 2 de abril de 2001; Cheney, 18 de agosto de 2002; Guzmán Ramos, 16 de mayo de 2005.

113 Enrique Krauze, *Mexico: Biography of Power,* HarperCollins, Nueva York, 1998, p. 431. *Cf.* José Alfredo Gómez Estrada, *Gobierno y casinos: El origen de la riqueza de Abelardo L. Rodríguez,* Universidad Autónoma de Baja California, Mexicali, 2002; Jürgen Buchenau, *Plutarco Elías Calles and the Mexican Revolution,* Rowman & Littlefield, Lanham, 2007, pp. 163-165.

114 *La Opinión,* 14 de mayo de 1933, p. 1; 22 de septiembre de 1934, p. 1; 29 de septiembre, p. 1; 27 de febrero de 1935, p. 3; 1° de octubre, p. 1; *Excélsior,* 29 de septiembre de 1934, p. 3; diversos documentos, 13 de marzo a 17 de junio de 1935, AGN Cárdenas, 432.1/34; Enrique Cordero y Torres, *Diccionario biográfico*

de Puebla, p. 346; entrevista con J. Jenkins Eustace, 2 de abril de 2001; entrevista con antiguo camionero de Atencingo, Ciudad de México, 7 de abril de 2002.

[115] Marte Gómez, *Vida política contemporánea: Cartas de Marte R. Gómez,* Fondo de Cultura Económica, México, 1978, tomo II, p. 516s; Guzmán Ramos, *Hombres de Puebla*, p. 52; entrevista con Guzmán Ramos, 16 de mayo de 2005.

[116] Registros de inmigración de Mary Street Jenkins, AGMP-Extranjería, exp. 7513; M. S. Jenkins a Verniscia, 28 de febrero de 1927, MSJP; entrevistas con J. Jenkins Eustace, 2 de abril de 2001, 8 de julio de 2003, 15 de marzo de 2005; entrevista con Alicia ("Achi") Juárez, Puebla, 4 de octubre de 2005.

[117] M. S. Jenkins a Jane Jenkins, Puebla, 15 de junio de 1933, documentos de Jane Jenkins Eustace, en posesión de Rosemary Eustace Jenkins, Ciudad de México.

[118] Jenkins a Tigert, Puebla, 1° de junio de 1937, y Tucson, 28 de diciembre de 1939. Tigert Papers; entrevistas con J. Jenkins Eustace, 2 de abril de 2001, 27 de junio de 2001, 27 de junio de 2002.

[119] Jenkins a Stanford, en B. Trueblood (coord.), *Mary Street Jenkins Foundation*, p. 7; Diario de Mary Street Jenkins, 1933-1939, MSJP.

[120] Jenkins a Stanford, en B. Trueblood (coord.), *Mary Street Jenkins Foundation*, pp. 9s, 14; Maurice Zolotow, *Billy Wilder in Hollywood,* Limelight Editions, Nueva York, 1996, p. 164s; entrevista con J. Jenkins Eustace, 2 de abril de 2001.

7. CON MAXIMINO

[1] La semblanza de Guzmán se basa en entrevistas con su hijo Sergio Guzmán Ramos, 17 de agosto de 2001 y 16 de mayo de 2005; Enrique Cordero y Torres, *Diccionario biográfico de Puebla,* Centro de Estudios Históricos, Puebla, 1972, p. 316-20; Sergio Guzmán Ramos, *Hombres de Puebla,* Puebla, 1999, p. 45s; *La Opinión,* 16 de febrero de 1937, p. 1; entrevista con J. Jenkins Eustace, 15 de agosto de 2001.

[2] *Congreso del Estado: Legislaturas desde la I hasta la actualidad* (1999), carpeta inédita, ACEP.

[3] Alejandro Quintana, *Maximino Avila Camacho and the One-Party State,* Lexington Books, Lanham, 2010, pp. 41-44; Wil Pansters, *Politics and Power in Puebla: The Political History of a Mexican State, 1937-1987,* Cedla, Ámsterdam, 1990, p. 47s; Sergio Valencia Castrejón, *Poder regional y política nacional en México: El gobierno de Maximino Ávila Camacho en Puebla (1937-1941),* Instituto Nacional de Estudios Históricos de la Revolución Mexicana, México, 1996, p. 22-28.

[4] Timothy Henderson y David LaFrance, "Maximino Ávila Camacho", en Jürgen Buchenau y William Beezley (coords.), *State Governors in the Mexican Revolution, 1910-1952: Portraits in Conflict, Courage, and Corruption,* Rowman & Littlefield, Lanham, 2009. *Cf.* Luis Medina, *Historia de la Revolución Mexicana* (v. 18). *Del cardenismo al avilacamachismo,* El Colegio de México, México, 1978, pp. 98-100, sobre Juan Andreu Almazán.

[5] Timothy Henderson y David LaFrance, "Maximino Ávila Camacho", p. 161; entrevista con Manuel Ávila Camacho López (hijo de Maximino), Ciudad de México, 16 de agosto de 2006.

[6] Chappell Lawson, *Building the Fourth Estate: Democratization and Media Opening in Mexico,* University of California Press, Berkeley, 2002, caps. 3 y 8. *Cf. Historia*

NOTAS - CAPÍTULO 7

de la Revolución mexicana (vv. 8-22), El Colegio de México, México, 1978-1980; Valencia Castrejón, *Poder regional*; Adrian Bantjes, *As If Jesus Walked the Earth: Cardenismo, Sonora and the Mexican Revolution,* SR Books, Wilmington, 1998.

[7] Miguel Ángel Pineda Ramírez, *Sucesión y transición: Las elecciones para gobernador en Puebla en 1932,* tesis de maestría, Instituto Mora, 2000, (cita: p. 91); Gustavo Ariza, *La candidatura del general José Mijares Palencia al gobierno del estado de Puebla,* Puebla, 1932, pp. 66-70; Armando Romano Moreno, *Anecdotario estudiantil* (vol. 1), Universidad Autónoma de Puebla, 1985, p. 203s.

[8] Documentos de Sergio B. Guzmán, en posesión de Sergio Guzmán Ramos, Puebla; Armando Romano Moreno, *Anecdotario estudiantil,* p. 204.

[9] El donativo de 40 000 pesos de Jenkins igualaría a 200 000 dólares de hoy. Entrevista con Guzmán Ramos, 16 de mayo de 2005; J. Stewart a Departamento de Estado, México, 7 de diciembre de 1938, Registros del Departamento de Estado de Estados Unidos (en adelante RDS, por sus siglas en inglés), 812.114 Narcotics/873.

[10] Alan Knight, "Cardenismo: Juggernaut or Jalopy?", *Journal of Latin American Studies,* vol. 26, núm. 1, 1994, pp. 73-107.

[11] La elección de 1936 se basa en Sergio Valencia Castrejón, *Poder regional y política nacional en México,* cap. II; Wil Pansters, *Politics and Power in Puebla,* p. 50s.

[12] Alicia Hernández Chávez, *Historia de la Revolución Mexicana: La mecánica cardenista,* vol. 16, El Colegio de México, México, 1979, caps. I-III; John W. F. Dulles, *Yesterday in Mexico: A Chronicle of the Revolution, 1919-1936,* University of Texas Press, Austin, 1972, pp. 634-649; *La Opinión,* 29 de enero de 1935, p. 1; 2 de octubre, p. 1.

[13] *Excélsior,* 10 de abril de 1935, p. 1; 11 de abril, p. 3; 13 de julio, p. 1; *El Universal,* 30 de mayo de 1935, p. 1; 31 de mayo, p. 1.

[14] Roderic Ai Camp, *Mexican Political Biographies, 1935-1993,* University of Texas Press, Austin, 1995, 86.

[15] Sergio Valencia Castrejón, *Poder regional y política nacional en México,* p. 47s; *La Opinión,* 29 de enero de 1936, p. 1; 30 de enero, p. 1; 13 de febrero, p. 1; 8 de marzo, p. 1. *La Opinión* también publicó por entregas el manifiesto bosquista; 1° de marzo a 4 de abril, p. 3.

[16] *La Opinión,* 24 de marzo de 1936, p. 1; 2 de abril, p. 1; *Excélsior,* 24 de marzo, p. 3. Sobre la debilidad del PNR: Adrian Bantjes, *As If Jesus Walked the Earth*; Ben Fallaw, *Cárdenas Compromised,* Duke University Press, Durham, 2001.

[17] Sergio Valencia Castrejón, *Poder regional y política nacional en México,* pp. 50-53; *La Opinión,* 7 de febrero de 1936, p. 1; 29 d marzo, p. 1; 2 de abril, p. 1; 25 de abril, p. 1.

[18] *Excélsior,* 4 de febrero de 1936, II-1; *La Opinión,* 4 de febrero de 1936, 1, 28 de marzo, 1; Gauss, *Made in Mexico,* 140-3.

[19] *La Opinión,* 9 de mayo de 1936, p. 3; 24 de julio, p. 3; 7 de noviembre, p. 1; 29 de diciembre, p. 1; *Periódico Oficial* (Puebla), 31 de diciembre de 1935, pp. XI-XLV.

[20] Sergio Valencia Castrejón, *Poder regional y política nacional en México,* p. 52.

[21] *La Opinión,* 5 de abril de 1936, p. 1.

[22] *La Opinión,* 6 abril de 1936, p. 1; 30 de abril., p. 1; *El Diario de Puebla,* p. 1° de mayo, p. 1; John W. F. Dulles, *Yesterday in Mexico,* pp. 676-678.

[23] Lombardo Toledano, citado en James Wilkie y Edna Monzón de Wilkie, *México visto en el siglo XX,* Instituto Mexicano de Investigaciones Económicas, México, 1969,

p. 266; *La Opinión*, 16 de abril de 1936, p. 1; 30 de abril, p. 1; 3 de mayo, p. 1; 15 de mayo, p. 1; *New York Times*, 14 de mayo de 1936, p. 13.

24 Stephen Niblo, *Mexico in the 1940s: Modernity, Politics, and Corruption*, Scholarly Resources Books, Wilmington, 1999, p. 326; Stewart al Departamento de Estado, 7 de diciembre de 1938, RDS, 812.114 Narcotics/873; Friedrich Katz, "Mexico, Gilberto Bosques and the Refugees", *The Americas*, vol. 57, núm. 1, 2000, pp. 8-12.

25 Alan Knight, "Cardenismo: Juggernaut or Jalopy?", pp. 84-86.

26 *La Opinión*, 16 de abril de 1937, p. 1; 16 de enero de 1939, p. 1; *cf.* 13 de enero de 1941, p. 1.

27 Gonzalo Bautista, *Los problemas de 1,300,000 mexicanos, de una unidad política de la patria y de una aspiración regional*, Puebla, 1940, p. 15; *La Opinión*, 20 de enero de 1936, p. 3; Richard Boyer y Keith Davies, *Urbanization in 19th-Century Latin America*, UCLA Latin America Center, Los Ángeles, 1973, pp. 37, 47.

28 Stephen Niblo, *Mexico in the 1940s*, pp. 281-289; *La Opinión*, 24 de agosto de 1938, p. 1, 24 de agosto de 1939, p. 1.

29 Entrevista con Pilar Pacheco, 27 de abril de 2006.

30 Stephen Niblo, *Mexico in the 1940s*, p. 266s. *Cf.* Luis Medina, *Historia de la Revolución Mexicana* v. 20. *Civilismo y modernización del autoritarismo*, El Colegio de México, México, 1979, p. 15; Valencia Castrejón, *Poder regional y política nacional en México*, pp. 76, 80.

31 J. Stewart al Departamento de Estado, México, 25 de mayo de 1939, RDS, 812.00/30744, p. 6; Stewart al Estado, 7 de diciembre de 1938, RDS, 812.114 Narcotics/873; Rigoberto Cordero y Bernal, *Maximino Ávila Camacho. El ejercicio absoluto del poder*, Libertad de Expresión, México, 2012, pp. 104-106, 128-131, 139s; entrevista con Ávila Camacho López, 16 de agosto de 2006; entrevista con W. A. Jenkins, 29 de marzo de 2001.

32 La expropiación de Atencingo adquiere su narrativa de David Ronfeldt, *Atencingo: The Politics of Agrarian Struggle in a Mexican Ejido*, Stanford University Press, Stanford, 1973, pp. 16-37, y las notas citadas de *La Opinión*.

33 Alicia Hernández Chávez, *Historia de la Revolución Mexicana* (v. 16). *La mecánica cardenista*, El Colegio de México, México, 1979, pp. 33-46, 176; John W. F. Dulles, *Yesterday in Mexico*, pp. 572-577; John Dwyer, *The Agrarian Dispute: The Expropriation of American-Owned Rural Land in Postrevolutionary Mexico*, Duke University Press, Durham, 2008.

34 Jenkins a Tigert, Puebla, 1° de junio de 1937, Tigert Papers.

35 *La Opinión*, 20 de agosto de 1935, p. 1; 19 de septiembre, p. 1.

36 *La Opinión*, 25 y 28 de mayo de 1937, 1; Francisco Gómez, *Gente de azúcar*, pp. 147, 334-336.

37 Lázaro Cárdenas, *Obras: Apuntes 1913-1940* (vol. 1), UNAM, México, 1972, p. 366s; *La Opinión*, 25 de mayo de 1937, p. 5s; 11 de junio de 1937, p. 1.

38 Ávila Camacho a Cárdenas, Puebla, 30 de junio y 13 de julio de 1937, AGN Cárdenas, exp. 404.1/5767; Jenkins a John Tigert, Puebla, 28 de septiembre y 6 de octubre de 1937, Tigert Papers; Sergio Valencia Castrejón, *Poder regional y política nacional en México*, p. 76s.

39 Wil Pansters, *Politics and Power in Puebla*, pp. 57-59; Sergio Valencia Castrejón, *Poder regional y política nacional en México*, p. 84s; *La Opinión*, 15 de mayo de 1936, p. 1.

40 Horacio Crespo (coord.), *Historia del azúcar en México,* Fondo de Cultura Económica, México, 1988, tomo II, p. 869.
41 *La Opinión,* 18, 28 y 31 de agosto de 1937, p. 1.
42 Jenkins a Tigert, Puebla, 23 de agosto de 1937, Tigert Papers; Daniels, *The Wilson Era,* University of North Carolina Press, Chapel Hill, 1946, cap. XLIV.
43 Jenkins a Tigert, Puebla, 14 de septiembre de 1937; Tigert a Daniels, Gainesville, Florida, 7 de septiembre; Daniels a Tigert, México, 14 de septiembre; Tigert a Jenkins, 20 de septiembre; Tigert a Davis, 23 de septiembre; Rowe a Tigert, Washington, 1° de octubre; Anderson a Tigert, Washington, 7 de octubre; Tigert Papers.
44 Jenkins a Tigert, 28 de septiembre y 14 de octubre de 1937; Davis a Tigert, 28 de septiembre y 1° de octubre; Tigert a Davis, 4 de octubre; Anderson a Tigert, 13 de octubre; Tigert a Jenkins, 19 de octubre, Tigert Papers; *Time,* 26 de diciembre de 1960, p. 25 (también citado en David Ronfeldt, *Atencingo,* p. 18).

Sobre el trámite de Jenkins ante la distinta Comisión Mexicano-Estadounidense de Reclamaciones, véase el siguiente capítulo.
45 *Diario de los debates de la Cámara de Diputados,* XXXVII Leg., 1° de septiembre de 1937, pp. 2-11; Horacio Crespo (coord.), *Historia del azúcar en México,* tomo II, pp. 855-857.
46 Jenkins a Tigert, Puebla, 6 de octubre de 1937, Tigert Papers.
47 Los 2043 miembros del ejido eran distintos de los otros 2000, más o menos, que trabajaban por temporadas en los campos y los 800 trabajadores asalariados que estaban empleados en el ingenio. *La Opinión,* 21 de diciembre de 1937, p. 1; 20 de junio de 1938, p. 1; Cárdenas, decreto [18 de junio] 1938, AGN LC, Exp. 404.1/5767; David Ronfeldt, *Atencingo,* p. 72.
48 Enrique Cordero y Torres, *Diccionario biográfico de Puebla,* p. 346; entrevista con J. Jenkins Eustace, 27 de junio de 2001.
49 Ávila Camacho a Cárdenas, Puebla, 2, 8, 12 y 16 de mayo de 1939, AGN Cárdenas, exp. 404.1/5767; *La Opinion,* 4, 7-10 y 21 de mayo de 1939, p. 1; J. Stewart al Departamento de Estado, México, 9 de mayo de 1939, RDS, 312.115; Agente PS-1 a Jefe Depto., México, 2 de junio de 1939, AGN DGIPS, caja 77, exp. 3; David Ronfeldt, *Atencingo,* pp. 37-48.
50 J. Stewart al Departamento de Estado, 7 de diciembre de 1938, RDS, 812.114 Narcotics/873.
51 Maximino a la Leg., Puebla, 7 de mayo de 1940, y J. Pérez Moyano y P. Briones a Maximino, Puebla, 25 de julio de 1940, ACEP, libro 321, exp. 2336.
52 Horacio Crespo (coord.), *Historia del azúcar en México,* tomo I, p. 111, tomo II, pp. 876-880; María Eugenia Romero, "Azúcar y empresa: La United Sugar Companies", Asociación Uruguaya de Historia Económica, Montevideo, julio de 2003. *Cf.* John Hart, *Empire and Revolution: The Americans in Mexico since the Civil War,* University of California Press, Berkeley, 2002, cap. 12; John Dwyer, *The Agrarian Dispute,* caps. 3 y 4.
53 David Ronfeldt, *Atencingo,* pp. 45-48; Horacio Crespo (coord.), *Historia del azúcar en México,* tomo I, p. 258s; *Time,* 26 de diciembre de 1960, p. 25; entrevista de Gustavo del Ángel con Manuel Senderos Irigoyen (antiguo accionista de Bancomer), Ciudad de México, 7 de diciembre de 2006; entrevista con antiguo camionero de Atencingo, Ciudad de México, 7 de abril de 2002.

NOTAS – CAPÍTULO 7

54 David Ronfeldt, *Atencingo*, p. 48; Roderic Camp, *Mexican Political Biographies, 1935-1993*, p. 157s; Campa, *Mi testimonio*, Ediciones de Cultura Popular, México, 1978, p. 117.

55 J. Stewart al Departamento de Estado, 9 de mayo de 1939, RDS, 312.115, y 25 de mayo, RDS, 812.00/ 30744, 6.

56 *La Opinión*, 9 de marzo de 1932, p. 1, 24 de abril de 1937, p. 4, 6 de septiembre de 1938, p. 1; David Ronfeldt, *Atencingo*, pp. 49, 51; Gladys McCormick, *The Logic of Compromise in Mexico: How the Countryside Was Key to the Emergence of Authoritarianism*, University of North Carolina Press, Chapel Hill, 2016, pp. 113s, 117.

Sobre Doña Lola como heroína, véase David Ronfeldt, *Atencingo*, pp. 12-36; Donald Hodges, *Mexican Anarchism After the Revolution*, University of Texas Press, Austin, 1995, pp. 37-43; María Teresa Bonilla Fernández, *El secuestro del poder. El caso William O. Jenkins*, Universidad Autónoma de Puebla, Puebla, 2004, pp. 129-131.

57 Jenkins a la familia Tigert, Tucson, 28 de diciembre de 1939, Tigert Papers.

58 Exploro la cooptación por Maximino de la prensa poblana en "Changing Opinions in *La Opinión*," en P. Gillingham, M. Lettieri y B. Smith (coords.), *Journalism, Satire and Censorship in Mexico, 1910-2015*, University of New Mexico Press, Albuquerque (en prensa).

59 Sergio Valencia Castrejón, *Poder regional y política nacional en México*, pp. 72-94; Wil Pansters, *Politics and Power in Puebla*, pp. 56-59, 100s; *La Opinión*, 3 de octubre de 1939, p. 1; 14 de octubre, p. 5; 16 de octubre, p. 1; entrevista con Rómulo O'Farrill Jr., Ciudad de México, 29 de junio de 2001.

60 Gonzalo N. Santos, Memorias, Grijalbo, México, 1986, pp. 647, 822, 827-34; Alejandro Quintana, *Maximino Avila Camacho and the One-Party State*, p. 108s; Rigoberto Cordero y Bernal, *Maximino Ávila Camacho*, pp. 31, 53.

61 *Excélsior*, 2 de febrero de 1937, p. 3; *La Opinión*, 2 de febrero de 1937, p. 1; 7 de enero de 1938, p. 1.

62 *La Opinión*, 21 de diciembre de 1937, pp. 1, 5, 6; ACEP, libro 307, exp. 2112; libro 312, exp. 2216; libro 319, exp. 2297; libro 324, exp. 2391.

63 *La Opinión*, 8 de julio de 1937, p. 3; 28 de agosto, p. 1; 23 y 24 de agosto de 1938, p. 1; 24 de agosto de 1939, p. 1; *Variety* (New York), 30 de octubre de 1940, p. 13; entrevista con Guzmán Ramos, 16 de mayo de 2005.

64 Jesús Márquez Carrillo, *Cátedra en vilo*, Universidad Autónoma de Puebla, Puebla, 1992, pp. 91-98; Armando Romano Moreno, *Anecdotario estudiantil*, pp. 177-185, y vol. 2, pp. 358-360; *La Opinión*, 10 mayo de 1937, p. 3; 20 mayo, p. 1.

Sobre los Camisas Doradas: John Sherman, *The Mexican Right*, Praeger, Westport, 1997, pp. 62-64, 73s.

65 Stephen Niblo, *Mexico in the 1940s*, p. 281.

66 *La Opinión*, 16 de noviembre de 1937, p. 1; 9 de mayo de 1940, p. 1; Cándido Gadea Pineda, *74 años de historia en la vida real de Atencingo*, Atencingo, Puebla, 1995, p. 83; entrevista con O'Farrill, 29 de junio de 2001; entrevista con Felipe Bello Gómez (sobrino de Julio López Sierra), Puebla, 8 de abril de 2005; Maximino a la Leg., 24 de junio de 1938, ACEP, libro 310, exp. 2169; Alejandro Manjarrez, *Puebla. El rostro olvidado*, Imagen Pública y Corporativa, Puebla, 1991, p. 130.

67 Alan Knight, "Populism and Neo-Populism in Latin America, Especially Mexico", *Journal of Latin American Studies*, vol. 30, núm. 2, 1998.
68 *La Opinión*, 4 de febrero de 1930, p. 1; 3 de julio de 1937, p. 1; 2 de marzo de 1939, p. 1.
69 G. Wayne Dowdy, *Mayor Crump Don't Like It: Machine Politics in Memphis*, University Press of Mississippi, Jackson, 2006; Roger Biles, *Memphis in the Great Depression*, University of Tennessee Press, Knoxville, 1986, cap. 2; entrevista con R. Eustace, 15 de agosto de 2001.
70 Melvin Holli, *The American Mayor*, Penn State University Press, University Park, 1999; Ernesto Dal Bó et al., "Political Dynasties", 26 de mayo de 2006, disponible en <http://ssrn.com/abstract=909251>.
71 La alcaldía de Guzmán y su relación con Maximino se basa en Sergio Guzmán Ramos, *Hombres de Puebla*, p. 45s; entrevista con R. Eustace, 15 de agosto de 2001; entrevistas con Guzmán Ramos, 17 de agosto de 2001, 16 de mayo de 2005, 28 de noviembre de 2005.
72 *La Opinión*, 5 de junio de 1937, p. 1; 17 de diciembre, p. 1; Armando Romano Moreno, *Anecdotario estudiantil*, p. 186s; Miguel Ángel Peral a Cárdenas, Puebla, 25 de septiembre de 1935, AGN DGG, caja 140, carpeta 47; entrevista con Pedro Ángel Palou, Puebla, 11 de agosto de 2009.
73 *La Opinión*, 14 de agosto de 1937, p. 1.
74 Guadalupe Loaeza y Pável Granados, *Mi novia, la tristeza*, Océano, México, 2008, p. 159; "Sofía Álvarez", véase en <www.imdb.com/name/nm0959596>.
75 *La Opinión*, 21 de enero de 1939, p. 1.
76 *La Opinión*, 13 de febrero de 1939, p. 1.
77 John Dwyer, *The Agrarian Dispute*, p. 233.
78 Stephen Haber, *Industry and Underdevelopment: The Industrialization of Mexico, 1890-1940*, Stanford University Press, Stanford, 1989, pp. 175-189; Sylvia Maxfield, *Governing Capital: International Finance and Mexican Politics*, Cornell University Press, Ithaca, 1990, pp. 71s, 76-79; Nora Hamilton, *The Limits of State Autonomy: Post-Revolutionary Mexico*, Princeton University Press, Princeton, 1982, pp. 225-240; Sanford Mosk, *Industrial Revolution in Mexico*, University of California Press, Berkeley, 1954, p. 64s.
79 Carl J. Mora, *Mexican Cinema*, University of California Press, Berkeley, 1982, pp. 36-49; Gaizka de Usabel, *The High Noon of American Pictures in Latin America*, UMI Research Press, Ann Arbor, 1982, p. 129; María Luisa Amador y Jorge Ayala Blanco, *Cartelera cinematográfica, 1930-1939*, Filmoteca UNAM, México, 1980, p. 276; *Variety*, 16 de febrero de 1938, p. 13.
80 *Allá en el Rancho Grande*, dir. Fernando de Fuentes, prod. Bustamante y Fuentes, 1936.
81 Gaizka de Usabel, *The High Noon of American Pictures in Latin America*, p. 20; "Alma norteña", consúltese en <www.imdb.com/title/tt0229975>; entrevistas con Guzmán Ramos, 23 de julio de 2005; Díaz Rubín de la Hidalga, 1° de agosto de 2001; Cobel, 25 de marzo de 2006.
82 Las operaciones Espinosa-Jenkins se basan en Manuel Espinosa Yglesias, *Bancomer. Logro y destrucción de un ideal*, Planeta, México, 2000, pp. 16-22; Marcos Águila, Martí Soler y Roberto Suárez, *Trabajo, fortuna y poder. Manuel Espinosa Yglesias*, Centro de Estudios Espinosa Yglesias, México, 2007, caps. II-IV; Amparo Espinosa Rugarcía, *Manuel Espinosa Yglesias*, México, 1988, pp. 7-10.

⁸³ Por conducto de sus contadores y testaferros, Manuel Cabañas y Manuel Sevilla, Jenkins se asoció con Alarcón en la cofinanciación del Cine Reforma S. A. el 4 de julio de 1938 y con Cienfuegos en Cines Unidos S. A. el 23 de julio de 1938; Registro Público de la Propiedad-Puebla (en adelante, RPP-Puebla), libro 1, tomo 9, núms. 153 y 163.

⁸⁴ Una vez más por conducto de Cabañas y Sevilla, Jenkins cofinanció Ultra-Cinemas de México S. A. el 29 de septiembre de 1938; RPP-Puebla, libro 1, tomo 9, núm. 174.

⁸⁵ Entrevista con J. Jenkins Eustace, 15 de agosto de 2001. Un prestanombres representaba los intereses ocultos de un inversionista poniendo su nombre en los documentos legales.

⁸⁶ *Variety*, 25 de enero de 1939, p. 12; 10 de abril de 1940, p. 12; 19 de junio, p. 12; Mauricio Fernández Ledesma, *Todos los cines, el cine. Historia de la exhibición cinematográfica en Guadalajara, 1895-1971,* tesis de licenciatura, Instituto Tecnológico y de Estudios Superiores de Occidente, 2000, pp. 167-171.

⁸⁷ Sobre las tensiones entre Espinosa y Alarcón: entrevista con Óscar Alarcón (hijo de Gabriel), Ciudad de México, 15 de agosto de 2007; entrevista con J. Jenkins Eustace y R. Eustace, 27 de junio de 2001; entrevista con O'Farrill, 29 de junio de 2001.

⁸⁸ Familia Espinosa (manuscrito inédito, 1990), Centro de Estudios Espinosa Yglesias, Ciudad de México.

⁸⁹ *La Opinión*, 12 de febrero de 1928, p. 5; 9 de agosto de 1931, p. 1; Enrique Cordero y Torres, *Diccionario biográfico de Puebla*, p. 346; entrevistas con Sergio Reguero (yerno del hermano de Alarcón José), Puebla, 28 de marzo de 2005, y Carmelita Larragoiti, Puebla, 29 de mayo de 2006; Guzmán Ramos, 17 de agosto de 2001; Alarcón, 15 de agosto de 2007.

⁹⁰ Benjamin Smith, "Building a State on the Cheap", en Paul Gillingham y Benjamin Smith (coords.), *Dictablanda: Politics, Work, and Culture in Mexico, 1938-1968*, Duke University Press, Durham, 2014, p. 259; *Excélsior*, 19 de septiembre de 1928, pp. 1, 11; Petición al Senado, Puebla, 3 de septiembre de 1928, Archivo Joaquín Amaro de los Archivos Calles y Torreblanca, Ciudad de México, serie 03-11, exp. 3, leg. 45/66.

⁹¹ *La Opinión*, 27 de noviembre de 1939, p. 1.

⁹² Gustavo del Ángel, *BBVA Bancomer. 75 años de historia*, BBVA Bancomer, México, 2007, pp. 78-80; Manuel Espinosa Yglesias, *Bancomer*, pp. 35-37.

⁹³ *Y esto tan grande se acabó. Testimonios y relatos de los trabajadores de la fábrica textil "La Trinidad"*, Gobierno del Estado de Tlaxcala, Tlaxcala, 1991, pp. 181-184; RPP-Puebla, libro 3, tomo 21, núm. 23; Jenkins a Manuel Ávila Camacho, Beverly Hills, California, 3 de julio de 1944, AGN, Archivos presidenciales de Manuel Ávila Camacho (en adelante, AGN MAC), exp. 432/220.

⁹⁴ RPP-Puebla, libro 1, tomo 9, núms. 38 y 150, y tomo 10, núm. 174; entrevistas con R. Eustace, 8 de julio de 2003 y 15 de marzo de 2006; entrevista con Cobel, 25 de marzo de 2006.

⁹⁵ *La Opinión*, 4 de julio de 1932, p. 1; 14 de octubre de 1939, p. 1; 9 de octubre de 1940, p. 1; Libro de Registro de Socios, p. 3, Fondo VIII, CITPyT; RPP-Puebla, libro 3, tomo 30, núm. 46; entrevista con Díaz Rubín de la Hidalga, 1° de agosto de 2001; entrevista con R. Eustace, 10 de abril de 2002.

⁹⁶ Sergio Valencia Castrejón, *Poder regional y política nacional en México*, p. 39. Para los nombramientos judiciales incontestados de Maximino, véase: A. Durán *et al.* a Leg., 11 de febrero de 1937, ACEP, Libro 301-I, exp. 2053; Leg. a Ávila Camacho, 14 de abril de 1937, Libro 303-II, exp. 2077.

⁹⁷ Paulo Antonio Paranaguá (coord.), *Mexican Cinema,* British Film Institute, Londres, 1995, p. 9s; Francisco Peredo Castro, *Cine y propaganda para Latinoamérica,* UNAM, México, 2013, pp. 300s, 363.

Sobre la falta de llamamientos a las autoridades estadounidenses, ninguna aparece en los índices de nombres de los Registros del Departamento de Estado (RDS) para el periodo de 1940-1966 ni en RDS, sección 812.4061 (Mexico, Motion Pictures) para el periodo de 1940 a 1949.

⁹⁸ Gonzalo N. Santos, *Memorias*, p. 647; Stewart a Estado, 9 de mayo de 1939, RDS, 312.115; Knight, "The End of the Mexican Revolution?", en Paul Gillingham y Benjamin Smith (coords.), *Dictablanda,* pp. 52, 65 (nota 24).

⁹⁹ *The Nashville Tennessean,* 24 de enero de 1948. Aun suponiendo una errata —que el préstamo no fuera de 400 000 (hoy seis millones de dólares), sino de 40 000— la suma habría sido suficiente para comprar capital político significativo.

¹⁰⁰ Enrique Cordero y Torres, *Historia del periodismo en Puebla, 1820-1946,* Bohemia Poblana, Puebla, 1947, pp. 524-551; Sergio Valencia Castrejón, *Poder regional y política nacional en México,* pp. 142-151; Stephen Niblo, *Mexico in the 1940s,* pp. 79-89; John Sherman, *The Mexican Right,* cap. 8.

¹⁰¹ Alan Knight, "The End of the Mexican Revolution?", en Paul Gillingham y Benjamin Smith (coords.), *Dictablanda,* pp. 54, 65 (nota 37); James Wilkie, "Review Essay on Stephan R. Niblo's Mythical View of Mexico", *Mexico and the World* vol. 7, núm. 6, 2002.

¹⁰² Alejandro Quintana, *Maximino Avila Camacho and the One-Party State,* cap. 5; Sergio Valencia Castrejón, *Poder regional y política nacional en México,* pp. 100-105, 152-161; Wil Pansters, *Politics and Power in Puebla,* pp. 50-52, 100-102, 117, 149.

¹⁰³ *Ibidem,* pp. 63, 100-102, 118-120; entrevista con Guzmán Ramos, 28 de noviembre de 2005; entrevista con Palou, 11 de agosto de 2009.

¹⁰⁴ Enrique Krauze, *Mexico: Biography of Power,* HarperCollins, Nueva York, 1998, cap. 18; Alejandro Manjarrez, *Crónicas sin censura,* Imagen Pública, Cholula, 1995, pp. 369s, 375s; Rigoberto Cordero y Bernal, *Maximino Ávila Camacho,* pp. 70, 77s, 139-143.

¹⁰⁵ Alan Knight, "Cardenismo: Juggernaut or Jalopy?", pp. 101-105; Alex Saragoza, *The Monterrey Elite and the Mexican State, 1880-1940,* University of Texas Press, Austin, 1988, pp. 192-197; Adrian Bantjes, *As If Jesus Walked the Earth,* pp. 182-186; Enrique Krauze, *Biography of Power,* pp. 441-446, 488s.

¹⁰⁶ Frank Brandenburg, *The Making of Modern Mexico,* Prentice-Hall, Englewood Cliffs, 1964; Gilbert Joseph *et al.* (coords.), *Fragments of a Golden Age: The Politics of Mexico since 1940,* Duke University Press, Durham, 2001.

8. Explotar la Época de Oro del cine mexicano

¹ El asesinato de Cienfuegos se basa Armando Romano Moreno, *Anecdotario estudiantil,* vol. 1, Universidad Autónoma de Puebla, 1985, pp. 203-205; Antonio

Deana Salmerón, *Cosas de Puebla,* Puebla, 1986, tomo II, pp. 136-139; Urbano Deloya, *Puebla de mis amores,* Universidad Autónoma de Puebla, Puebla, 2004, pp. 145-151; Manuel Sánchez Pontón, "William Oscar Jenkins Biddle", Puebla, 2007; Marcos Águila, Martí Soler y Roberto Suárez, *Trabajo, fortuna y poder. Manuel Espinosa Yglesias,* Centro de Estudios Espinosa Yglesias, México, 2007, pp. 69-71; *La Opinión,* 3, 4, 6 y 21 de enero de 1941, p. 1; entrevista con Sánchez Pontón, 15 de mayo de 2006.

[2] Andrew Paxman, "Changing Opinions in *La Opinión*", en P. Gillingham, M. Lettieri y B. Smith (coords.), *Journalism, Satire and Censorship in Mexico, 1910-2015,* University of New Mexico Press, Albuquerque (en prensa).

[3] Lecona y Huidobro a la Leg., Puebla, 29 de junio de 1937, y Guarneros y Youshimatz a la Oficina Federal de Hacienda, Puebla, 9 de septiembre, ACEP, vol. 304, exp. 2087; Huidobro *et al.* a la Leg., 16 de junio de 1937, ACEP, vol. 304, exp. 2090.

[4] Guarneros *et al.* a Cárdenas, Puebla, 9 de mayo de 1938, ACEP, vol. 309, exp. 2165; *La Opinión,* 15 de mayo de 1938, p. 1; 20 de mayo, p. 1; Smith, "Building a State on the Cheap", p. 259.

[5] Véase, por ej., Gonzalo N. Santos, *Memorias,* Grijalbo, México, pp. 647, 678, 683, 754 s.

[6] Manuel Sánchez Pontón, "Jenkins Biddle", p. 5; Rigoberto Cordero y Bernal, *Maximino Ávila Camacho. El ejercicio absoluto del poder,* Libertad de Expresión, México, 2012, p. 77s; Registro Público de la Propiedad-Puebla (en adelante, RPP-Puebla), libro 1 de Comercio, tomo 9, núm. 57.

[7] Entrevista con Guzmán Ramos, 28 de noviembre de 2005.

[8] RPP-Puebla, libro 3 de Comercio, tomo 24, núm. 105 (Cine-Teatro Guerrero) y tomo 25, núm. 46 (Cines Unidos); Sánchez Pontón, "Jenkins Biddle", p. 5; entrevista con Alarcón, 15 de agosto de 2007.

[9] L. Castillo Venegas, 24 de julio de 1954, AGN, Dirección Federal de Seguridad (en adelante, AGN DFS), exp. 40-16-954, leg. 1, p. 258; Miguel Contreras Torres, *El libro negro del cine mexicano,* México, 1960, p. 47; María Teresa Bonilla Fernández, *El secuestro del poder. El caso William O. Jenkins,* Universidad Autónoma de Puebla, Puebla, 2004, p. 148.

[10] Armando Romano Moreno, *Anecdotario estudiantil,* p. 203; Miguel Contreras Torres, *El libro negro,* pp. 47-49; RPP-Puebla, libro 3, tomo 24, núm. 105.

[11] Rodrigo Fernández Chedraui, *Vivir de pie: El tiempo de Don Maximino,* Las Ánimas, Xalapa, 2008, p. 80; *La Opinión,* 10 de mayo de 1942, p. 1.

[12] Gustavo García y Rafael Aviña, *Época de oro del cine mexicano,* Clío, México, 1997; Charles Ramírez Berg, *Cinema of Solitude,* University of Texas Press, Austin, 1992, pp. 12-15; Carlos Monsiváis, "Mexican Cinema", en John King *et al.* (coords.), *Mediating Two Worlds,* BFI, Londres, 1993, p. 142; Joanne Hershfield y David Maciel, "The Golden Age", en Hershfield y Maciel (coords.), *Mexico's Cinema,* SR Books, Wilmington, 1999, pp. 33-36; Sergio de la Mora, *Cinemachismo,* University of Texas Press, Austin, 2005, p. 76; Emilio García Riera, *Breve historia del cine mexicano,* Mapa, Zapopan, 1998, p. 120.

[13] Charles Ramírez Berg, *Cinema of Solitude,* p. 5. *Cf. Variety,* 2 de junio de 1943, p. 12; 7 de julio, p. 19; Seth Fein, *Hollywood and United States-Mexican Relations in the Golden Age of Mexican Cinema,* tesis doctoral, University of Texas at Austin, 1996, p. 563.

14 Emilio García Riera, *Breve historia del cine mexicano*, 150s; *Variety*, 19 de junio de 1940, p. 12; 10 de julio de 1946, p. 17; 7 de junio de 1950, p. 15; Claudia Fernández y Andrew Paxman, *El Tigre. Emilio Azcárraga y su imperio Televisa*, Grijalbo, México, cap. 5.

15 *Variety*, 8 de enero de 1941, p. 74; Herbert Cerwin, *These are the Mexicans,* Reynal & Hitchcock, Nueva York, 1947, p. 274.

16 *Variety*, 10 de julio de 1946, p. 16; 28 de agosto, p. 23; 29 de enero de 1947, p. 17; 9 de marzo de 1949, p. 62; 7 de junio de 1950, p. 15; María Luisa Amador y Jorge Ayala Blanco, *Cartelera cinematográfica, 1940-1949,* UNAM, México, 1982, p. 377.

17 *Siempre!*, 8 de agosto de 1953, p. 14; Manuel Espinosa Yglesias, "Introduction", p. 18; entrevista con W. A. Jenkins, 15 de julio de 2003.

18 Emilio García Riera, *Breve historia del cine mexicano*, pp. 102-117.
Sobre un sector conducido por el Estado: Carl J. Mora, *Mexican Cinema,* University of California Press, Berkeley, 1982, pp. 52, 59; Michael Nelson Miller, *Red, White, and Green: The Maturing of Mexicanidad, 1940-1946,* Texas Western Press, El Paso, 1998, cap. 5.

19 *Anuario Financiero de México, 1942,* Asociación de Banqueros de México, México, 1943, p. 381s; Emilio García Riera, *Historia documental del cine mexicano,* Universidad de Guadalajara, Guadalajara, 1992, vol. 2, p. 236s; Manuel Espinosa Yglesias, *Bancomer. Logro y destrucción de un ideal,* Planeta, México, 2000, p. 20; *Variety*, 28 de enero de 1942, p. 13.

20 Mora, *Mexican Cinema*, p. 59; Emilio García Riera, *Breve historia del cine mexicano*, p. 121.

21 Manuel Espinosa Yglesias, *Bancomer*, p. 19; Marcos Águila *et al., Trabajo, fortuna y poder*, p. 80s; *Variety*, 12 de enero de 1944, p. 31; *Últimas Noticias*, 7 de enero de 1944, encl. en G. Ray al Departamento de Estado, México, 7 de enero de 1944, RDS, 812.4061-MP/303.

22 Manuel Espinosa Yglesias, *Bancomer*, pp. 20-22, 35-37; Marcos Águila *et al, Trabajo, fortuna y poder*, pp. 81-86; *Variety*, 11 de octubre de 1944, p. 13; *Excélsior*, 30 de agosto de 1956; G. Messersmith al Departamento de Estado (encl. núm. 3), México, 25 de febrero de 1944, RDS, 812.4061-MP/305.

23 *Variety*, 2 de octubre de 1946, p. 3; *Diario Oficial*, 7 de julio de 1944, pp. 2-4; Stephen Niblo, *War, Diplomacy, and Development: The United States and Mexico, 1938-1954,* Scholarly Resources Books, Wilmington, 1995, pp. 214-217.

24 *Variety*, 20 de septiembre de 1950, 62; entrevista con Alarcón, 15 de agosto de 2007.

25 RPP-Puebla, libro 1, tomos 9 a 17; Sylvia Maxfield, *Governing Capital*, pp. 85-87; entrevista con W. A. Jenkins, 11 de noviembre de 2005.

26 Técnicamente el grupo Jenkins se convirtió más en un monopsonio (como el arrendador dominante de las películas) que un monopolio, ya que los cines de Espinosa y Alarcón competían entre sí. *El Universal*, 13 de septiembre de 1944, p. 13; *Variety*, 4 de octubre de 1950, p. 15.

27 Manuel Espinosa Yglesias, *Bancomer*, p. 36s. *Cf.* Calles ALR, Empresas, Circuito del Pacífico, S. A.

28 J. Langston a Jenkins, Washington, 11 de octubre de 1943, Registros de las Comisiones de Fronteras y Reclamaciones (NARA, Record Group 76); American

Mexican Claims Commission: *Report to the Secretary of State*, USGPO, Washington, 1948, pp. 3s, 108, 110, 625; John Dwyer, *The Agrarian Dispute: The Expropriation of American-Owned Rural Land in Postrevolutionary Mexico*, Duke University Press, Durham, 2008, pp. 259, 288 (nota 21). Los 2.27 millones de dólares que recibió Jenkins igualarían a más de 30 millones de hoy.

[29] John Dwyer, *The Agrarian Dispute*, caps. 2 y 3.

[30] Dorothy Kerig, *El valle de Mexicali y la Colorado River Land Company, 1902-1946*, Universidad Autónoma de Baja California, Mexicali, 2001, pp. 309-311; *Utilization of Waters of the Colorado and Tijuana Rivers and of the Rio Grande*, USGPO, Washington, 1946; *New York Times*, 9 de febrero de 1945, p. 10; entrevista con W. A. Jenkins, 16 de junio de 2005.

[31] *Diario Oficial*, 31 de agosto de 1934, pp. 1159-1163.

[32] Diez de esas caricaturas, fechadas entre 1951 y 1959, se reprodujeron en las páginas de Miguel Contreras Torres, *El libro negro*.

[33] Entrevistas con O'Farrill, 29 de junio de 2001; R. Eustace, 27 de junio de 2001; O. Alarcón, 15 de agosto de 2007.

[34] Amparo Espinosa Rugarcía, *Manuel Espinosa Yglesias*, México, 1988, pp. 13-15; Marcos Águila, *et al.*, *Trabajo, fortuna y poder*, pp. 85-93; *Variety*, 12 de enero de 1944, p. 31; 14 de febrero de 1945, p. 16.

[35] T. McEnelly al Departamento de Estado, Tampico, 12 de julio de 1943, RDS, 812.4061-MP/297; *El Universal*, 13 de septiembre de 1944, p. 13; Carl Mora, *Mexican Cinema*, p. 77; Seth Fein, *Hollywood and United States-Mexican Relations*, p. 352; RPP-Puebla, libro 1, tomo 17, núm. 52, y libro 3, tomo 55, núm. 57.

[36] Emilio García Riera, *Breve historia del cine mexicano*, vol. 2, p. 237s; *Variety*, 11 de octubre de 1944, p. 13.

[37] Francisco Peredo Castro, *Cine y propaganda para Latinoamérica*, UNAM, México, 2013, caps. III y IV; Seth Fein, *Hollywood and United States-Mexican Relations...*, caps. 5 y 6.

[38] Kevin Middlebrook, *The Paradox of Revolution: Labor, the State, and Authoritarianism in Mexico*, Johns Hopkins University Press, Baltimore, 1995,, pp. 162-171, 214s; Alan Knight, "The rise and fall of Cardenismo", en L. Bethell (coord.), *Mexico Since Independence*, Cambridge University Press, Cambridge, 1991, pp. 299, 310-312.

[39] Pedro Salmerón Sanginés, *Aarón Sáenz Garza*, M. A. Porrúa, México, 2001, cap. VIII; Horacio Crespo (coord.), *Historia del azúcar en México*, Fondo de Cultura Económica, México, 1988, pp. 255-259.

[40] Sobre los partidarios de Cárdenas en el gabinete de Ávila Camacho: Stephen Niblo, *Mexico in the 1940s: Modernity, Politics, and Corruption*, Scholarly Resources Books, Wilmington, 1999, pp. 88-91; Humberto Musacchio (coord.), *Milenios de México*, Hoja Casa Editorial, México, 1999, pp. 252 (Silvano Barba), 299 (el propio Cárdenas).

[41] Stephen Niblo, *War, Diplomacy*, caps. 6 y 8, y *Mexico in the 1940s*, cap. 5; Claudia Fernández y Andrew Paxman, *El Tigre*; Roderic Camp, *Entrepreneurs and Politics in Twentieth-Century Mexico*, Oxford University Press, Nueva York, 1989, pp. 22s, 79.

[42] La huelga en La Trinidad se basa en *Y esto tan grande se acabó. Testimonios y relatos de los trabajadores de la fábrica textil "La Trinidad"*, Gobierno del Estado de Tlaxcala, Tlaxcala, 1991, pp. 189-194; Blanca Santibáñez, "El Estado y la huelga de 'La Trinidad'", *Boletín de Investigación del Movimiento Obrero* 8, 1985, pp. 58-66; Jenkins

a Ávila Camacho, Beverly Hills, California, 3 de julio de 1944, AGN MAC, exp. 432/220; RPP-Puebla, libro 3, tomo 21, núm. 23.

43 Kevin Middlebrook, *Paradox of Revolution*, p. 164; *Tiempo*, 19 de mayo de 1944, p. 32.
44 Kevin Middlebrook, *Paradox of Revolution*, p. 111s; *Excélsior*, 9 de mayo de 1944, p. 1; *El Universal*, 25 de junio, p. 1.
45 *El Universal*, 24 de mayo de 1944, p. 8; *La Opinión*, 3 de junio, p. 1; 4 de junio, p. 1; 9 de junio, p. 1; *El Universal*, 24 de junio, p. 1; *Excélsior*, 24 de junio, p. 1; *Acción* (Puebla), 1° de julio, p. 1; *El Popular*, 10 de julio, p. 1.
46 *El Universal*, 25 de junio de 1944, p. 1; 9 de julio, p. 1; 10 de julio, p. 1; *Excélsior*, 8 de julio, p. 1; 9 de julio, p. 1; *El Popular*, 9 de julio, p. 1; 10 de julio, p. 1; *Rebeldía* (Puebla), 9 de septiembre, p. 3; varios a Ávila Camacho, 10-14 de julio de 1944, AGN MAC, exp. 432/220.
47 Luis Medina, *Historia de la Revolución Mexicana* (v. 18). *Del cardenismo al avilacamachismo*, El Colegio de México, México, 1978, pp. 98-100, cap. III; Stephen Niblo, *Mexico in the 1940s*, cap. 2.
48 Jenkins a Ávila Camacho, Beverly Hills, 3 de julio de 1944, AGN MAC, exp. 432/220; *Excélsior*, 7 de julio de 1944, p. 1.
49 *Cf. New York Times*, 2 de octubre de 1927, p. 10.
50 Informe financiero de La Trinidad, 30 de octubre de 1946, AGN MAC, exp. 432/220; *Excélsior*, 30 de agosto de 1946, p. 1.
51 La muerte de Mary y su impacto se basa en J. Jenkins Eustace a R. Eustace, Los Ángeles, 18 y 28 de enero de 1944, en Rosemary Eustace Jenkins (coord.), *Tennessee Sunshine: Oscar's Love Letters to Mary*, México, 2012, p. 279; H. Turner a Tigert, Nashville, 14 de noviembre de 1944, Jenkins a Tigert, Puebla, 3 de enero de 1945, Tigert Papers; entrevistas con J. Jenkins Eustace, 2 de agosto de 2001 a 7 de junio de 2007; Cheney, 18 de agosto de 2002; R. Eustace Jenkins, 4 de julio de 2003.
52 Jenkins a Tigert, 21 de agosto de 1927, Tigert Papers; entrevista con W. A. Jenkins, 22 de noviembre de 2000; entrevista con Joaquín Ibáñez Puget, Puebla, 9 de septiembre de 2005.
53 I. Marquina a Jenkins, 5 de marzo de 1946, "Exploraciones Arqueológicas en Monte Albán. XIII temporada, 1944-45" y "XV temporada, 1946-47", WAJP.
54 Jenkins a Frank Houston, 18 de enero de 1947; Jenkins a Branscomb, 3 de agosto de 1947, 25 de febrero y 8 de septiembre de 1948, 17 de junio de 1950, Branscomb Papers, caja 362, carpeta 1; *Nashville Tennessean*, 24 de enero de 1948, p. 2; *Shelbyville Times-Gazette*, 7 de octubre de 1969, p. 133.
55 Cyril Houle, "Some Significant Experiments in Latin-American Education", *Elementary School Journal*, vol. 49, núm. 2, 1948, p. 65; Actas del Consejo, 7 de diciembre de 1950, Club Rotario de Puebla, Directorio Archivo 1950-51, tomo I; Sergio Guzmán Ramos, *Hombres de Puebla*, Puebla, 1999, p. 49; entrevistas con W. A. Jenkins, 27 de junio de 2002; Guzmán Ramos, 23 de julio de 2005; Buntzler, 6 de junio de 2005; Sergio Suárez (presidente y director general, Fundación Alpha), Puebla, 9 de agosto de 2012.
56 Rodrigo Fernández Chedraui, *Vivir de pie*, pp. 508-523; Alejandro Quintana, *Maximino Avila Camacho and the One-Party State*, Lexington Books, Lanham, 2010, pp. 119-121; Urbano Deloya, *Puebla de mis amores*, p. 83; Rigoberto Cordero y Bernal, *Maximino*, pp. 30s, 49, 88; *La Opinión*, 28 de octubre de 1944, p. 1; 3 de

noviembre, p. 1; 3 de diciembre, p. 1; *New York Times*, 18 de febrero de 1945, p. 34; *Éxito*, 18-24 de octubre de 1959, p. 4; entrevistas con R. Eustace, 8 de julio de 2003; Guzmán Ramos, 23 de julio de 2005; Ávila Camacho López, 16 de agosto de 2006; Rafael Artasánchez Bautista (nieto de Bautista), Ciudad de México, 28 de julio de 2005.

57 _____; Horacio Crespo y Enrique Vega Villanueva, *Estadísticas históricas del azúcar en México*, Azúcar S. A., México, 1990, pp. 344-346, 331s; *cf.* David Ronfeldt, *Atencingo: The Politics of Agrarian Struggle in a Mexican Ejido*, Stanford University Press, Stanford, 1973, p. 11.

58 *Ibidem*, p. 48s; entrevista con F. y J. M. Pérez, 25 de mayo de 2006.

59 Wil Pansters, *Politics and Power in Puebla: The Political History of a Mexican State, 1937-1987*, Cedla, Ámsterdam, 1990, pp. 55-59; Stephen Niblo, *War, Diplomacy*, p. 97s.

60 M. Rivera a Ávila Camacho, 17 de febrero de 1946; Betancourt a Ávila Camacho, 27 de febrero y 5 de marzo de 1946, AGN MAC, exp. 432/704; *El Universal*, 22 de febrero de 1946; *El Popular*, 22 de febrero de 1946, p. 1; Úrsulo Valle Morales, *El despertar democrático de Atencingo*, Atencingo, Puebla, 1984, pp. 39-52, 103-107; Cándido Gadea Pineda, *74 años de historia en la vida real de Atencingo*, Atencingo, Puebla, 1995, pp. 102-104; entrevistas con Ortega y Benítez, 9 de julio de 2005, 18 de marzo de 2006.

61 Wil Pansters, *Politics and Power in Puebla*, p. 101; entrevista con Guzmán Ramos, 28 de noviembre de 2005.

62 Horacio Crespo (coord.), *Historia del azúcar*, tomo II, pp. 757, 762-764; Kevin Middlebrook, *Paradox of Revolution*, p. 113s, M. Rivera a Alemán, 20 de marzo de 1952, AGN, archivos presidenciales de Miguel Alemán Valdés (en adelante, AGN MAV), exp. 111/31724.

63 Alan Knight, "The rise and fall of Cardenismo", p. 314s.

64 *El Popular*, 2 de agosto de 1946, p. 3; entrevista con Ortega, 9 de julio de 2005.

65 *La Opinión*, 2 de septiembre de 1946, p. 1; diversos documentos, AGN MAC, exp. 432/704, caso 6; Cándido Gadea Pineda, *74 años de historia en la vida real de Atencingo*, pp. 105-107; entrevistas con Ortega, 9 de julio de 2005; García Pliego, 18 de marzo de 2006; C. Guzmán, 22 de abril de 2006.

66 Entrevistas con Benítez, 18 de marzo y 22 de abril de 2006.

67 David Ronfeldt, *Atencingo*, pp. 24-29, 50-5; Gladys McCormick, *The Logic of Compromise in Mexico: How the Countryside Was Key to the Emergence of Authoritarianism*, University of North Carolina Press, Chapel Hill, 2016, pp. 115-118.

68 Roderic Ai Camp, *Mexican Political Biographies, 1935-1993*, University of Texas Press, Austin, 1995, pp. 57, 392; Medina, *Del cardenismo al avilacamachismo*, p. 190; David Ronfeldt, *Atencingo*, p. 54.

69 David Ronfeldt, *Atencingo*, pp. 55-58; Resolución presidencial, México, 30 de julio de 1946, AGN MAC, exp. 432/220; *Diario Oficial*, 29 de agosto de 1946.

70 Jenkins a Ávila Camacho, 11 de septiembre de 1946, citado en David Ronfeldt, *Atencingo*, p. 58s.

71 *Ibidem*, pp. 59-64; *La Voz de México*, 17 de noviembre de 1946, p. 4; *cf.* 24 de noviembre, p. 4.

72 Manuel Espinosa Yglesias, "Introduction", p. 18; Marcos Águila *et al.*, *Trabajo, fortuna y poder*, pp. 108-111; *La Opinión*, 5 de diciembre de 1946, p. 1; entrevista con J. Jenkins Eustace y R. Eustace, 10 de abril de 2002.

NOTAS - CAPÍTULO 8

73 Marcos Águila et al., *Trabajo, fortuna y poder*, pp. 96s, 112. Entre 1946 y 1948, Atencingo siguió perteneciendo legalmente a Jenkins, mientras que Espinosa dispuso que Cue asumiera la propiedad mayoritaria. Jenkins disolvió la Compañía Atencingo en agosto de 1947, aunque las escrituras no se presentaron ante el Registro Público de la Propiedad (que sugería que la venta era inminente) hasta enero de 1948; RPP-Puebla, libro 3, tomo 37, núm. 8. *Cf. La Opinión*, 18 de julio de 1949, p. 6 (compra de acciones final). El precio de siete millones de dólares igualaría a unos 90 millones hoy.

74 David Ronfeldt, *Atencingo*, pp. 81-109; McCormick, *Logic of Compromise*, pp. 119-123; Roger Hansen, *The Politics of Mexican Development*, Johns Hopkins University Press, Baltimore, 1974, cap. 4.

75 Horacio Crespo, (coord.), *Historia del azúcar*, pp. 975-987.

76 *Time*, 26 de diciembre de 1960, p. 25s.

77 Sylvia Maxfield, *Governing Capital*, cap. 3; Alex Saragoza, *The State and the Media in Mexico* (próximamente).

78 *Variety*, 17 de agosto de 1938, p. 25; 16 de noviembre, p. 12; 30 de marzo de 1949, p. 16; 18 de febrero de 1948, p. 54.

79 Andrea Noble, *Mexican National Cinema*, Routledge, Londres, 2005, p. 76 s.; *Mexican National Cinema*, p. 76s; *La Opinión*, diciembre de 1946.

80 Jenkins a Branscomb, 27 de noviembre de 1952, Branscomb Papers, caja 362, carpeta 1; entrevista con J. Jenkins Eustace, 2 de abril de 2001; entrevista con Senderos, 7 de diciembre de 2006. *Cf.* Horacio Crespo (coord.), *Historia del azúcar*, p. 258s.

81 Sobre Maximino: Eduardo de la Vega, "Origins, Development and Crisis of the Sound Cinema" en P.A. Paranaguá (coord.), *Mexican Cinema*, British Film Institute, Londres, 1995, p. 91; Stephen Niblo, *Mexico in the 1940s*, pp. 283-287; Rigoberto Cordero y Bernal, *Maximino*, p. 140.

Sobre Manuel: *Opinión Pública*, 15 de septiembre de 1962, p. 9; Stephen Niblo, *Mexico in the 1940s*, p. 289s.

Sobre Alemán: *Ibidem*, p. 290s; Enrique Krauze, *Mexico: Biography of Power*, HarperCollins, Nueva York, 1998, pp. 555-557; Jenkins a la familia, Puebla, 14 de enero de 1955, MJWP.

82 Carl Mora, *Mexican Cinema*, pp. 42-51; Seth Fein, *Hollywood and United States-Mexican Relations*, caps. 5 y 6; *Rebeldía*, 4 de agosto de 1945, p. 3s.

83 Sobre Cantinflas como "la esencia de la pobreza, de habilidad expresiva", véase Carlos Monsiváis, "Cantinflas and Tin Tan", en J. Hershfield y D. Maciel (coords.), *Mexico's Cinema*, pp. 49-79. Sobre Cantinflas como un vehículo de la contención autoritaria, véase Roger Bartra, *The Cage of Melancholy*, Rutgers University Press, New Brunswick, 1992, pp. 125-129.

84 Seth Fein, *Hollywood and United States-Mexican Relations*, pp. 423-461.

85 Fátima Fernández Christlieb, "El derecho de la información y los medios de difusión masiva", en P. González Casanova y E. Florescano (coords.), *México, hoy*, Siglo XXI, México, 1979, p. 336; Michael N. Miller, *Red, White, and Green*, p. 97; Ávila Camacho al Congreso, 17 de enero de 1946, AGN MAC, exp. 201.1/5.

86 Anita Brenner, *The Wind that Swept Mexico*, University of Texas Press, Austin, 1996 [1943], p. 102s.

87 José Luis Ortiz Garza, *México en guerra*, Planeta, México, 1989, pp. 168-170; Seth Fein, *Hollywood and United States-Mexican Relations*, pp. 461-485. En 1946 la

proporción era 420 noticiarios y cortos estadounidenses frente a 179 mexicanos; *Variety*, 30 de junio de 1948, p. 16.

[88] Seth Fein, *Hollywood and United States-Mexican Relations*, pp. 147-158, 461-469, 475-485; Ortiz Garza, *México en guerra*, p. 193; *Variety*, 11 de octubre de 1944, p. 13; diversos documentos, AGN MAV, exp. 704.11/34; J. F. Azcárate, informe anual de EMA, n. d. [30 de marzo de 1951], Calles ALR, Empresas, exp. España-México-Argentina S. A.

[89] M. A. Ortega (IPS 15) al Jefe del Departamento, México, 11-12 de abril de 1944, AGN DGIPS, caja 96, exp. 1.

[90] Anne Rubenstein, "Mass Media and Popular Culture in the Postrevolutionary Era", en M. Meyer y W. Beezley (coords.), *Oxford History of Mexico,* Oxford University Press, México, 2000, p. 649; Agente C.15 al Dir. Gen. IPS, 3-9 de septiembre de 1948, AGN DGIPS, caja 128, exp. 9.

[91] Ella Shohat y Robert Stam, *Unthinking Eurocentricism: Multiculturalism and the Media,* Routledge, Londres, 1994, pp. 101-104.

[92] *Variety*, 17 de julio de 1946, p. 12; 4 de diciembre, pp. 1, 54; *Diario Oficial*, 18 de julio de 1943; Stephen Niblo, *Mexico in the 1940s,* p. 175s.

[93] *Variety*, 23 de octubre de 1946, p. 18; 30 de octubre de 1946, p. 23; Charles Ramírez Berg, *Cine of Solitude,* p. 39.

[94] Messersmith a Corrigan, México, 10 de agosto de 1945, RDS, 812,00/8- 1045, p. 3.

9. Empresa, especulación y la muerte de la Época de Oro

[1] Jenkins en Acapulco se basa en Rosemary Eustace Jenkins (coord.), *Tennessee Sunshine: Oscar's Love Letters to Mary,* México, 2012, pp. 335-338, 342, 353-357, 361s, 372; *La Opinión*, 7 de diciembre de 1946, p. 1; *Mañana*, 4 de noviembre de 1950, p. 61; Jenkins a H. Branscomb, Puebla, 23 de julio de 1951, Branscomb Papers; Jenkins a la familia, 16 de abril de 1954, MJWP; entrevistas con Ron Lavender, Acapulco, 27 de mayo de 1994; J. Jenkins Eustace y R. Eustace, 2001-2005; Guzmán Ramos, 17 de agosto de 2001; Artasánchez Villar, 23 de julio de 2005; Alarcón, 17 de agosto de 2007.

[2] Andrew Sackett, "Fun in Acapulco?", en D. Berger y A. Wood (coords.), *Holiday in Mexico,* Duke University Press, Durham, 2010; Stephen Niblo, *Mexico in the 1940s: Modernity, Politics, and Corruption,* Scholarly Resources Books, Wilmington, 1999, pp. 274s, 364.

[3] Sobre Eustace: Eustace Jenkins, *Tennessee Sunshine*, pp. 324, 340; entrevistas con R. Eustace, 2 de abril de 2001, 8 de julio de 2003, 15 de marzo de 2005; R. Eustace Jenkins, 4 de julio de 2003; Guzmán Ramos, 16 de mayo de 2005.

[4] Libro de Actas, vol. 2, artículo 221, Fundación Mary Street Jenkins (en adelante, FMSJ); *El Universal*, 16 de enero de 1955, p. 5 (anuncio); entrevistas con John Eustace Jenkins, Puebla, 20 de julio de 2004, 31 de julio de 2005; W. A. Jenkins, 11 de noviembre de 2005; Artasánchez Villar, 23 de julio de 2005.

[5] Sobre los años de Alemán: Enrique Krauze, *Mexico: Biography of Power,* Harper-Collins, Nueva York, 1998, cap. 18; Stephen Niblo, *Mexico in the 1940s,* caps. 4 y 5; Aaron Navarro, *Political Intelligence and the Creation of Modern Mexico, 1938-1954,* Penn State Press, University Park, 2010.

6 *El Popular*, 23 de febrero de 1947, p. 1; Daniel Cosío Villegas, "La Crisis de México", *Cuadernos Americanos*, marzo de 1947; Enrique Krauze, *La presidencia imperial*, Tusquets, México, 1997, cap. III.

7 *Cf.* John Reid, *Spanish American Images of the United States, 1790-1960*, University of Florida Press, Gainesville, 1977, pp. 48-57.

8 Entrevistas con Gonzalo Bautista O'Farrill, Puebla, 8 de septiembre de 2005; J. Jenkins Eustace, 15 de agosto de 2001; W. A. Jenkins, 18 de junio de 2003; Mestre, 16 de julio de 2003; Cobel, 25 de marzo de 2006; Artasánchez Villar, 23 de julio de 2005; Ibáñez Puget, 9 de septiembre de 2005.

La suma de 500 000 pesos valía 58 000 dólares (unos 600 000 dólares hoy).

9 *La Opinión*, 28 de marzo de 1947, p. 3; entrevista con W. A. Jenkins, 12 de octubre de 2005; entrevista con R. Eustace, 20 de abril de 2006.

10 Higgins (Armadora Automotriz S. A.) a Alemán, Ciudad de México, 20 de enero de 1947, e invitación a la inauguración del 18 de junio de 1947, AGN MAV, exp. 135,2/35; memo de Higgins, 1º de abril de 1957, Documentos de Ronald Eustace (REP), en posesión de Ronald Eustace, Puebla; entrevista con R. Eustace, 10 de abril de 2002; entrevista con W. A. Jenkins, 18 de junio de 2003.

11 Entrevista con Buntzler, 6 de junio de 2005.

Sobre VW de México: Gerhard Schreiber, *Eine Geschichte ohne Ende: Volkswagen de México*, VW de México, Puebla, 1998.

12 Jenkins a Guzmán, Puebla, 12 de enero de 1955, documentos de Guzmán; entrevista con Guzmán Ramos, 16 de mayo de 2005.

13 Entrevista con W. A. Jenkins, 18 de junio de 2003; entrevista con Buntzler, 6 de junio de 2005.

14 Roger Hansen, *The Politics of Mexican Development*, Johns Hopkins University Press, Baltimore, 1974, cap. 4.

15 *La Opinión*, 7 de diciembre de 1946, p. 1; Manuel Cabañas Pavía, *Datos biográficos del señor William O. Jenkins*, Puebla, 1975, p. 32s.

16 *La Opinión*, 3 de febrero de 1951, p. 1; 7 de mayo de 1952, p. 1; M. Gula a Branscomb, D. C., 24 de marzo de 1955, Branscomb Papers.

17 Sobre el asesinato de García: AGN Gobernación, series 2/102.2 (18): Asesinatos, caja 50, exp. 53; *La Opinión*, 8-12 de enero de 1949, p. 1; entrevistas con García Pliego, 18 de marzo de 2006; C. Guzmán, 22 de abril de 2006.

18 David Ronfeldt, *Atencingo: The Politics of Agrarian Struggle in a Mexican Ejido*, Stanford University Press, Stanford, 1973, pp. 48, 91; Samuel Malpica, *La hegemonía de la CROM en Atlixco (1900-1948)*, tesis de maestría, Universidad Autónoma de Puebla, 1982, pp. 111-138.

19 Jenkins a Branscomb, Puebla, 23 de julio de 1951, Branscomb Papers; David Ronfeldt, *Atencingo*, p. 72; Cándido Gadea Pineda, *74 años de historia en la vida real de Atencingo*, Atencingo, Puebla, 1995, p. 135; entrevistas con W. A. Jenkins, 29 de marzo de 2001; J. Jenkins Eustace, 27 de junio y 15 de agosto de 2001; Guzmán Ramos, 17 de agosto de 2001 y 16 de mayo de 2005; C. Guzmán, 22 de abril de 2006; Vicente Lara Lara (cronista local), Atencingo, 11 de mayo de 2006.

20 David Ronfeldt, *Atencingo*, cap. 6; Gladys McCormick, *The Logic of Compromise in Mexico: How the Countryside Was Key to the Emergence of Authoritarianism*, University of North Carolina Press, Chapel Hill, 2016, p. 128s.

21 *Política*, 1° de junio de 1960, 29; David Ronfeldt, *Atencingo*, p. 82; "Arturo García Bustos", consúltese <www.graphicwitness.org/group/bustosbio1.htm>.
22 Fotografía, colección de Ortega (seudónimo), Atencingo. Ni la placa ni el mural de Bustos sobrevivieron.
23 *El Popular*, 9 de junio de 1954, p. 5; David Ronfeldt, *Atencingo*, p. 159; Gladys McCormick, *The Logic of Compromise in Mexico*, pp. 124s, 130s.
24 David Sonnenfeld, "Mexico's 'Green Revolution', 1940-1980", *Environmental History Review*, vol. 16, núm. 4, 1992.
25 Miguel Contreras Torres, *El libro negro del cine mexicano*, México, 1960, p. 49.
26 La historia estándar del cine mexicano en inglés, *Mexican Cinema* de Mora, dedica pocas páginas a Jenkins (76-78), pero está basada sin sentido crítico en Contreras Torres. También véase: Emilio García Riera, *Historia documental del cine mexicano*, Universidad de Guadalajara, Guadalajara, 1992, vo. 4, pp. 7, 106s, vol. 5, p. 171, vol. 6, p. 7s, vol. 7, pp. 10, 153s, vol. 8, p. 8, vol. 9, pp. 7-10; Enrique Cordero y Torres, *Diccionario biográfico de Puebla*, Centro de Estudios Históricos, Puebla, 1972, p. 351s; García y Aviña, *Época de oro*, p. 32s; Jeffrey Pilcher, *Cantinflas & the Chaos of Mexican Modernity*, SR Books, Wilmington, 2001, pp. 137s, 171, 174.
27 Gabriel Ramírez, *Miguel Contreras Torres, 1899-1981*, Centro de Investigación y Enseñanza Cinematográficas, Universidad de Guadalajara, Guadalajara, 1994; Francisco Peredo Castro, *Cine y propaganda para Latinoamérica*, UNAM, México, 2013, pp. 239-260; "Miguel Contreras Torres", consúltese <www.imdb.com/name/nm0176472>.
28 Bernard F. Dick, *Hal Wallis: Producer to the Stars*, University Press of Kentucky, Lexington, 2004, p. 54s.
29 Gabriel Ramírez, *Miguel Contreras Torres*, pp. 95s, 98; entrevista con W. A. Jenkins, 22 de noviembre de 2000.
30 *Hoy*, 29 de octubre de 1949, p. 12s; varios a Alemán, 1949, AGN MAV, exp. 523.3/54.
31 Emilio García Riera, *Historia documental del cine mexicano*, vol. 3, p. 223; José Enrique Rodó, *Ariel*, University of Texas Press, Austin, 1988 [1900] (véase "Gringofobia" en el capítulo 2).
32 Emilio García Riera, *Historia documental del cine mexicano*, vol. 4, pp. 105-109; *Anuario Financiero de México, 1947*, Asociación de Banqueros de México, México, 1948, p. 135; *Variety*, 28 de junio de 1950, p. 13; 20 de diciembre de 1950, p. 53; *Siempre!*, 8 de agosto de 1953, p. 14.
33 *Variety*, 12 de marzo de 1947, p. 25; 21 de julio de 1948, p. 17; 1° de septiembre de 1948, p. 11; diversas comúnicaciones, 17 febrero a 21 de mayo de 1949, AGN MAV, exp. 523.3/54.
34 *Hoy*, 29 de octubre de 1949, p. 12s.
35 Stephen Niblo, *Mexico in the 1940s*, pp. 49s, 160; Carl J. Mora, *Mexican Cinema*, University of California Press, Berkeley, 1982, p. 78; Enrique Krauze, *Mexico: Biography of Power*, p. 558.
36 Seth Fein, *Hollywood and United States-Mexican Relations in the Golden Age of Mexican Cinema*, tesis doctoral, University of Texas at Austin, 1996, pp. 600-605; cf. 338-342.
37 La carta a Jenkins apareció el 20 de diciembre de 1950 en *Excélsior*, *El Universal* y *La Prensa*. Contreras Torres a Alemán, México, 8 de diciembre de 1950, AGN MAV, exp. 639/11585 Gabriel Ramírez, *Miguel Contreras Torres*, pp. 88-90, 93.

38 Gabriel Ramírez, *Miguel Contreras Torres*, pp. 91-95; Seth Fein, *Hollywood and United States-Mexican Relations*, p. 607s.
39 G. Ray al Departamento de Estado, México, 6 de octubre de 1944, RDS, 812. 4061-MP/10-644, p. 4s; Seth Fein, *Hollywood and United States-Mexican Relations*, pp. 608-615. *Cf.* Thomas Guback, *The International Film Industry*, University of Indiana Press, Bloomington, 1969, cap. 2.
40 Miguel Contreras Torres, *El libro negro del cine mexicano*, p. 53; *La Opinión*, 14 de octubre de 1949, p. 1; *El Universal*, 2 de febrero de 1951, p. 1; *Tiempo*, 27 de febrero de 1953, p. 42.
41 *Variety*, 26 de noviembre de 1947, p. 15; entrevistas con R. Eustace, 27 de enero de 2001; O'Farrill, 29 de junio de 2001; entrevista con Amparo Espinosa Rugarcía (hija de Espinosa Yglesias), Ciudad de México, 19 de julio de 2005.

Sobre las proezas en tiro de Alarcón: *La Opinión*, 21 de abril de 1936, p. 1; 25 de noviembre, p. 1.
42 *Variety*, 6 de agosto de 1947, p. 14; 20 de octubre de 1948, p. 3; 20 de septiembre de 1950, p. 62; 4 de octubre, p. 15; Calles-ALR, Empresas.
43 G. Ray al Departamento de Estado, 6 de octubre de 1944, RDS, 812.4061-MP/10-644; *Variety*, 28 de enero de 1942, p. 13; 8 de diciembre de 1948, p. 54; 19 de enero de 1949, p. 54; Emilio García Riera, *Historia documental del cine mexicano*, vol. 2, p. 237s, vol. 3, p. 221.
44 Entrevista con De Anda, 27-28 de noviembre de 1975, Mora-Palabra, PHO2/48, 28-30; "Raúl de Anda", consúltese: <www.imdb.com/name/nm0025874/>. *Cf. Variety*, 20 de septiembre de 1950, p. 62; Eduardo de la Vega, *Raúl de Anda*, Centro de Investigación y Enseñanza Cinematográficas, Guadalajara, 1989, p. 105s.
45 *Anuario Financiero de México, 1942*, p. 291s, y *1943*, p. 503s; Jenkins a Walerstein, Puebla, 25 de abril de 1953, Centro de Estudios Espinosa Yglesias, Archivo MEY (en adelante, CEEY), caja 29, exp. 1; entrevista con Walerstein, n. d., CEEY, caja 29, exp. 4; Marcos Águila, Martí Soler y Roberto Suárez, *Trabajo, fortuna y poder. Manuel Espinosa Yglesias*, Centro de Estudios Espinosa Yglesias, México, 2007, p. 130s. *Cf.* Neil Gabler, *An Empire of Their Own: How the Jews Invented Hollywood*, Anchor, Nueva York, 1988.
46 Charles Ramírez Berg, *Cinema of Solitude*, 40; Marcos Águila *et al., Trabajo, fortuna y poder*, p. 127; *Variety*, 8 de enero de 1947, p. 179; 26 de octubre de 1949, p. 17; *Siempre!*, 8 de agosto de 1953, p. 14; entrevista con Eugenia Meyer (hija de Walerstein), Ciudad de México, 8 de agosto de 2007.
47 Entrevista con Díaz Rubín de la Hidalga, 1° de agosto de 2001; entrevista con Cobel, 25 de marzo de 2006; R. Eustace Jenkins al autor, comunicación personal, 29 de noviembre de 2008.
48 Entrevista con Salvador Elizondo, 18 de junio de 1975, Mora-Palabra PHO2/27, pp. 37s, 48s.
49 Emilia García Riera, *Breve historia del cine mexicano*, Mapa, Zapopan, 1998, pp. 102, 121, 150, 185.
50 Libros de Juntas, Nacional de Drogas, consultado por cortesía de Pablo Escandón Cusi, Ciudad de México, 24 julio de 2006; Embajada al Departamento de Estado, México, 10 de marzo de 1950, RDS, 102.11/3-1050; entrevista con R. Eustace, 8 de julio de 2003.

Sobre Nafinsa: Sanford Mosk, *Industrial Revolution in Mexico*, University of California Press, Berkeley, 1954, pp. 242-249.

[51] *El Universal*, 18 de agosto de 1951, p. 1.
Sobre la exploración de Alemán para reelegirse: Enrique Krauze, *Biography of Power*, pp. 558-560.
[52] Jenkins a Branscomb, Puebla, 27 de noviembre de 1952, Branscomb Papers, caja 362, carpeta 1; Robert Armistead, *The History of Novedades,* tesis de maestría de periodismo, University of Texas, Austin, 1964, p. 150s; Stephen Niblo, *Mexico in the 1940s,* p. 346s.
[53] Alex M. Saragoza, *The State and the Media in Mexico: The Origins of Televisa* (próximamente). Alemán se asoció en secreto con O'Farrill en el primer canal de televisión de México, el Canal 4; Claudia Fernández y Andrew Paxman, *El Tigre. Emilio Azcárraga y su imperio Televisa,* Grijalbo, México, pp. 72-78.
Sobre las acusaciones de que Jenkins se asoció con ellos: Miguel Contreras Torres, *El libro negro del cine mexicano,* p. 51; Fernando Mejía Barquera, *La industria de la radio y la televisión y la política del Estado mexicano,* Fundación Manuel Buendía, México, 1989, p. 157.
[54] *La Opinión,* 2 de diciembre de 1949, p. 2; 3 de diciembre, p. 1; entrevista con R. Eustace, 15 de marzo de 2006.
[55] Ernest Gruening, *Mexico and its Heritage,* The Century Co., Nueva York, 1928, p. 349s; Stephen Haber, *Industry and Underdevelopment: The Industrialization of Mexico, 1890-1940,* Stanford University Press, Stanford, 1989, pp. 156-161, 180s; Leticia Gamboa Ojeda, "Momentos de crisis y recuperación en la industria textil mexicana", *La Palabra y el Hombre,* julio de 1990, pp. 23-53; Aurora Gómez-Galvarriato, "The Political Economy of Protectionism", documento de trabajo, Centro de Investigación y Docencia Económicas, 2001, pp. 22-29.
[56] Rosalina Estrada Urroz, *Del telar a la cadena de montaje. La condición obrera en Puebla, 1940-1976,* Universidad Autónoma de Puebla, 1997, p. 123; Wil Pansters, *Politics and Power in Puebla: The Political History of a Mexican State, 1937-1987,* Cedla, Ámsterdam, 1990, pp. 81, 90; Sergio Guzmán Ramos, *Hombres de Puebla,* Puebla, 1999, p. 109; entrevista con Rafael Artasánchez Bautista (sobrino de Luis Artasánchez Romero), Ciudad de México, 28 de julio de 2005.
[57] *La Opinión,* 18 de agosto de 1945, p. 2; 28 de agosto, p. 1; 1° de septiembre, p. 1; 2 de septiembre, p. 1; 30 de septiembre, p. 1; 18 de octubre, p. 1; 22 de diciembre, p. 1; Espinosa Yglesias, "Introduction", p. 18; entrevista con R. Eustace, 15 de marzo de 2006.
[58] Wil Pansters, *Politics and Power in Puebla,* pp. 88-92; Leonardo Lomelí Vanegas, *Breve historia de Puebla,* Fondo de Cultura Económica/El Colegio de México, México, 2001, pp. 373-375; Stephen Niblo, *Mexico in the 1940s,* pp. 24-27, 35-38; entrevista con Guzmán Ramos, 28 de noviembre de 2005.
[59] *La Opinión,* en particular, 1945-1962.
[60] Rosalina Estrada Urroz, *Del telar a la cadena de montaje,* pp. 124, 129; Reuniones de la junta, 13 de octubre de 1943 y 19 de enero de 1944, Asociación de Empresarios Textiles (en adelante, CITPYT-AET), Libro de Actas de Juntas de la Directiva (LAJD), vol. 3.
Sobre la ausencia de libaneses: LAJD, vols. 1-7 (1936-1964), CITPYT-AET.
[61] Susan Gauss, *Made in Mexico: Regions, Nation, and the State in the Rise of Mexican Industrialism, 1920s-1940s,* Pennsylvania State Press, Pennsylvania, 2010, cap. 4; Gonzalo N. Santos, *Memorias,* Grijalbo, México, pp. 650s, 822-824, 831-836; Stephen Niblo, *Mexico in the 1940s,* p. 164.

NOTAS – CAPÍTULO 9

62 Susan Gauss, *Made in Mexico*, cap. 4; Roger Hansen, *The Politics of Mexican Development*, p. 73; Gregory Crider, *Material Struggles: Workers' Strategies during the 'Institutionalization of the Revolution' in Atlixco, Puebla, Mexico, 1930-1942*, tesis doctoral, Universidad de Wisconsin, 1996; Samuel Malpica, *La hegemonía de la CROM en Atlixco*, tesis de maestría, Universidad Autónoma de Puebla, 1982, pp. 111-138.

63 Al líder electo, Jesús Díaz de León, lo apodaban *el Charro*, de ahí el mote *charrazo*. Sobre este episodio, véase: Kevin Middlebrook, *The Paradox of Revolution*, Johns Hopkins University Press, Baltimore, 1995, cap. 4; Robert Alegre, *Railroad Radicals in Cold War Mexico*, University of Nebraska Press, Lincoln, 2014, pp. 57-63.

64 Samuel Malpica, *La hegemonía de la CROM en Atlixco*, pp. 119-135; *Los días eran nuestros… Vida y trabajo entre los obreros textiles de Atlixco*, Secretaría de Educación Pública, México, 1988, p. 241; entrevista con Marta Castro (hija del *Tiburón*, pistolero de Hernández), Puebla, 3 de julio de 2005.

65 La semblanza de Hernández está basada en Miguel Ángel Peral, *Diccionario de historia, biografía y geografía del Estado de Puebla*, PAC, México, 1971, p. 195s; Flavio Barbosa Cano, *La CROM*, Universidad Autónoma de Puebla, Puebla, 1981, pp. 51-88; Denisse García Rodea, *Transición a la Democracia y fin del Caciquismo en el Municipio de Atlixco*, tesis de licenciatura, UDLA-Puebla, 2004, anexo V; varios documentos (1953-57), AGN ARC, exp. 542.1/308.

66 *Los días eran nuestros*, p. 241; entrevista con M. Castro, 3 de julio de 2005.

67 *La Opinión*, 17 de julio de 1949, p. 1; 27 de julio, p. 1; 1° de agosto, p. 1.

68 *La Opinión*, 10 de octubre de 1949, p. 1; 18 de octubre, p. 1; 28 de octubre, p. 1; 29 de octubre, p. 1; 7 de noviembre, p. 1; 14 de noviembre, p. 1; 17 de noviembre, pp. 1 y 6; 1° de diciembre, p. 1; 2 de diciembre, p. 2.

69 Hacer huelga en las fábricas que habían cerrado les dio a los sindicatos la oportunidad de negociar con mucho más fuerza, si los dueños deseaban reiniciar el trabajo. *La Opinión*, 3 de diciembre de 1949, p. 1; 6 de diciembre, p. 1; 8 de diciembre, p. 1; 13 de diciembre, p. 2; 14 de diciembre, p. 1.

70 *La Opinión*, 16 de diciembre de 1949, p. 1; 20 de diciembre, p. 1; 22 de diciembre, p. 1; 5 de enero de 1950, p. 1.

71 *La Opinión*, 17 de enero de 1950, p. 1; 18 de enero, p. 1; entrevista con W. A. Jenkins, 27 de junio de 2002; entrevista con R. Eustace, 6 de noviembre de 2008.

72 Entrevistas con Eustace, 15 de marzo de 2006, 18 de julio de 2007; Artasánchez Villar, 23 de julio de 2005; Manuel Espinosa Yglesias, *Bancomer. Logro y destrucción de un ideal*, Planeta, México, 2000, pp. 22s, 37s. El León y (en el *holding* empresarial CIMASA) La Concepción se registraron como "La Quiebra de…" en reuniones de la asociación hasta 1955/56; CITPYT-Asn., Libros de Actas de Asambleas Generales.

73 Excepto cuando se indique lo contrario, las percepciones sobre la quiebra provienen de las entrevistas con R. Eustace, 15 de marzo y 20 de abril de 2006 y 18 de julio de 2007, y *La Opinión*, 27 de febrero de 1953, p. 1.

74 *Cf.*, por ejemplo, el caso de una fábrica local de lana: *La Opinión*, 18 de junio de 1953, p. 1; 6 de diciembre, p. 1; 16 de diciembre, p. 1.

75 Samuel Malpica, *La hegemonía de la CROM en Atlixco*, p. 136.

76 Leticia Gamboa Ojeda, *Los empresarios del ayer. El grupo dominante en la industria textil de Puebla, 1906-1929*, Universidad Autónoma de Puebla, Puebla, 1985,

pp. 231-240; *La Opinión*, 2 de septiembre de 1945, p. 1; entrevista con F. Pérez Vega, 25 de mayo de 2006.

[77] Josué Villavicencio Rojas, *Industria y empresarios en Puebla, 1940-1970*, Universidad Autónoma de Puebla, Puebla, 2013, pp. 49s, 79-83; Wil Pansters, *Politics and Power in Puebla*, p. 90; entrevista con Ibáñez Puget, 9 de septiembre de 2005; entrevista con Sánchez Pontón, 3 de agosto de 2007.

[78] Wil Pansters, *Politics and Power in Puebla*, pp. 88-91, 94s; Josué Villavicencio Rojas, *Industria y empresarios en Puebla*, pp. 42-44, 141s, 212s; Samuel Malpica, *Metepec. La máquina urbana*, Universidad Autónoma de Puebla, Puebla, 2002.

[79] *El Universal*, 1° de febrero de 1953, p. 1; 3 de febrero, pp. 1, 3; 4 de febrero, p. 1; *Excélsior*, 1° de febrero, p. 1; 4 de febrero, p. 1.

[80] *El Universal*, 4 de febrero de 1953, p. 1; 5 de febrero, p. 1; 6 de febrero, p. 1; 8 de febrero, p. 1; 9 de febrero, p. 1; *Excélsior*, 5 de febrero, p. 1; 6 de febrero, pp. 1, 6; 7 de febrero, p. 1; 8 de febrero, p. 1; 9 de febrero, p. 6. Caricatura: 6 de febrero, p. 6; *cf.* Frank Norris, *The Octopus*, Doubleday, Nueva York, 1901.

[81] *New York Times*, 8 de febrero de 1953, p. 76; Krauze, *Biography of Power*, pp. 601-604.

[82] *El Universal*, 8 de febrero de 1953, p. 1; 9 de febrero, pp. 1, 6; *Excélsior*, 18 de febrero, pp. 3, 9; Stephen Niblo, *Mexico in the 1940s*, p. 237.

[83] *Excélsior*, 14 de febrero de 1953, p. 1; *El Universal*, 14 de febrero de 1953, pp. 1, 6; Miguel Contreras Torres, *El libro negro del cine mexicano*, pp. 24, 179s; *Proceso*, 11 de agosto de 1980, pp. 16-18; María Teresa Bonilla Fernández, *El secuestro del poder: El caso William O. Jenkins*, Universidad Autónoma de Puebla, Puebla, 2004, p. 136.

[84] J. Vázquez Schiaffino (SRE) a Arthur Lane (Embajada), México, 22 de octubre de 1930, y embajador Reuben Clark a Genaro Estrada, México, 29 de noviembre de 1930, SRE, Exp. 42-26-95; *Periódico Oficial*, 6 de enero de 1931, p. 21s.

[85] Los periódicos consultados fueron *Excélsior* y *La Opinión*; entrevistas con J. Jenkins Eustace, R. Eustace y W. A. Jenkins, 27 de junio de 2001. Véase también: SRE, exp. 42-26-95; Fondo Extranjería, Archivo General Municipal de Puebla, exp. 7056 (7059); varias cartas, 28 de junio a 1° de octubre de 1934, AGN ALR, exp. 526.27/66; Calles-ALR, serie presidencial.

[86] Krauze, *Biography of Power*, p. 431; *El Universal*, 21 de febrero de 1953, p. 1.

[87] *Siempre!*, 8 de agosto de 1953, pp. 14, 74; Miguel Contreras Torres, *El libro negro del cine mexicano*, p. 237; *El Universal*, 3 de diciembre de 1953, p. 4.

Sobre *Siempre!*: John Mraz, "Today, Tomorrow, and Always", en Gilbert Joseph et al. (coords.), *Fragments of a Golden Age: The Politics of Mexico since 1940*, Duke University Press, Durham, 2001, pp. 133-135.

[88] Branscomb a Jenkins, Nashville, 7 de mayo de 1953, Branscomb Papers, caja 362, carpeta 1; Seth Fein, *Hollywood and United States-Mexican Relations*, p. 617.

[89] Eric Zolov, *The Last Good Neighbor: Mexico in the Global Sixties*, Duke University Press, Durham (próximamente).

[90] Wil Pansters, *Politics and Power in Puebla*, p. 100s.

[91] Stephen Niblo, *Mexico in the 1940s*, p. 351.

[92] María Luisa Amador y Jorge Ayala Blanco, *Cartelera cinematográfica, 1950-1959*, UNAM, México, 1985, pp. 355-363; Eduardo de la Vega, "Origins, Development and Crisis", p. 89s, y "The Decline of the Golden Age and the Making of

the Crisis," en J. Hershfield y D. Maciel (coords.), *Mexico's Cinema*, pp. 171-174, 186-189.
93 Emilio García Riera, *Historia documental del cine mexicano*, vol. 8, pp. 7-17.
94 Jorge Ayala Blanco, *La condición del cine mexicano, 1973-1985,* Posada, México, 1986, p. 516s; Emilio García Riera, *Historia documental del cine mexicano*, vol. 3, pp. 109s, 220, vol. 7, pp. 7-10; Charles Ramírez Berg, *Cinema of Solitude*, pp. 5s, 41; Eduardo de la Vega, "Decline of the Golden Age", pp. 177-179; *El Universal*, 29 de agosto de 1953, p. 1; 3 de diciembre, p. 4.
95 *El Universal*, 11-13 de agosto de 1954, p. 1; *La Opinión*, 12 de agosto de 1954, p. 1; L. Castillo Venegas, 24 de julio de 1954, AGN DFS, exp. 40-16-954, leg. 1, 257s; varias cartas, mayo-agosto de 1954, AGN ARC, exp. 111/2855; Ignacio Moreno Tagle, *El caso Mascarúa*, México, 1955.
96 *Excélsior*, 18 de noviembre de 1951, 11-B; *El Universal*, 5 de febrero de 1953, p. 4; *La Opinión*, 12 de agosto de 1954, p. 1; varios documentos, junio/julio de 1943, AGN MAC, exp. 432/550; varios documentos, noviembre/diciembre de 1951, AGN MAV, exp. 621/28205.
97 *La Opinión*, 12 de septiembre de 1954, p. 1; 19 de septiembre, p. 1; 21 de septiembre, p. 1; *Síntesis* (Puebla), 18 de junio de 2007; entrevista con R. Eustace, 20 de julio de 2004; Sánchez Pontón, 3 de agosto de 2007; Emérita Migoya (sobrina de Alarcón), Ciudad de México, 26 de julio de 2007.
98 Varios a Ruiz Cortines, AGN ARC, exp. 111/2855; *New York Times*, 21 de septiembre de 1954, p. 12; *Síntesis*, 18 de junio de 2007.
99 *El Universal*, 14 de agosto de 1954, p. 4; *La Opinión*, 3 de octubre de 1954, p. 1; 7 de diciembre, p. 1; *La Prensa*, 8 de mayo de 1955, p. 2, 20; anónimo a Enrique Rodríguez Cano, México, 9 de mayo de 1955, AGN ARC, exp. 111/2855, Leg. 40. *Cf.* Sergio Aguayo, *La Charola. Una historia de los servicios de inteligencia en México*, Grijalbo, México, 2001, cap. 3.
100 *La Opinión*, 15 de diciembre de 1955, p. 1; *New York Times*, 16 de diciembre de 1955, p. 12; Xavier Olea Muñoz y Salterio Duque Juárez, *Trujeque, ante el tribunal de alzada*, México, 1955, pp. 5, 87s; entrevista con R. Eustace, 18 de julio de 2007.
101 Abelardo Rodríguez, *Autobiografía*, México, 1962, pp. 165-167; Calles-ALR, Empresas.
102 *La Opinión*, 16 de marzo de 1954, p. 1; 13 de agosto, p. 1; 20 de agosto, p. 1; 21 de agosto, p. 1; 14 de septiembre de 1955, pp. 1, 6, 7; 3 de octubre, p. 5; 17 de agosto de 1957, p. 5; Felipe Rayón Flores a Ruiz Cortines, México, 28 de agosto de 1956, AGN ARC, exp. 705.2/381; Miguel Contreras Torres, *El libro negro del cine mexicano*, pp. 339-349, 415; Gabriel Ramírez, *Miguel Contreras Torres*, p. 106.
103 *Variety*, 3 de diciembre de 1958, p. 11.
104 *Variety*, 17 de agosto de 1938, p. 25; 16 de noviembre de 1938, p. 123; 3 de diciembre de 1958, p. 11. Según el productor afiliado Raúl de Anda, el Grupo Jenkins construyó (en lugar de comprar o arrendar) entre 200 y 300 establecimientos; Mora-Palabra, PHO2/48, p. 29s.
105 Claudia Fernández y Andrew Paxman, *El Tigre*, p. 79.
106 Jenkins a la familia, 9 de septiembre y 13 de noviembre de 1954, MJWP; señora Del Arenal a López Mateos, México, 1° de marzo de 1961, AGN, archivos presidenciales de Adolfo López Mateos (en adelante, AGN ALM), exp. 444.1/144; *Time*, 26 de diciembre de 1960, p. 26.

[107] L. Castillo Venegas, 26 de abril de 1954, AGN DFS, exp. 9-232-954, leg. 1, h. 21; Manuel Espinosa Yglesias, *Bancomer*, p. 22s; Enrique Cárdenas Sánchez, *El largo curso de la economía mexicana*, Fondo de Cultura Económica, México, 2015, p. 548s.

[108] Jenkins, "Memorandum", Puebla, 2 de marzo de 1951, Branscomb Papers, caja 362, carpeta 1.

[109] Las exportaciones de películas mexicanas disminuyeron desde mediados de los años cincuenta, aunque menos a Estados Unidos: Robert McKee Irwin y Maricruz Castro Ricalde, *Global Mexican Cinema*, Palgrave/BFI, Londres, 2013, pp. 13s, 148, 199.

[110] *Variety*, 18 de junio de 1947, p. 15; 16 julio, p. 16.

[111] Seth Fein, *Hollywood and United States-Mexican Relations*, p. 563, *cf.* pp. 337-342; Thomas Schatz, *Boom and Bust: American Cinema in the 1940s*, University of California Press, Berkeley, 1999, pp. 13, 18-20, 343.

[112] Federico Heuer, *La industria cinematográfica mexicana*, México, 1964, pp. 176-181; Berg, *Cinema of Solitude*, p. 41.

[113] Emilio García Riera, *Historia documental del cine mexicano*, vol. 3, pp. 109s, 220; Eduardo de la Vega, "Origins, Development", p. 91; Berg, *Cinema of Solitude*, pp. 5s, 37, 41. *Cf.* Thomas Schatz, *The Genius of the System: Hollywood Filmmaking in the Studio Era*, Pantheon, Nueva York, 1988.

[114] Heuer, *La industria cinematográfica*, p. 210. Heuer escribió en 1964; para conocer su argumento completo, véase pp. 199-213.

[115] Desarrollo este argumento en "Cooling to Cinema and Warming to Television: State Mass Media Policy from 1940 to 1964", en Paul Gillingham y Benjamin Smith (coords.), *Dictablanda: Politics, Work, and Culture in Mexico, 1938-1968*, Duke University Press, Durham, 2014.

[116] Amador y Ayala Blanco, *Cartelera cinematográfica*, pp. 357-62.

[117] Eduardo de la Vega, "Origins, Development", p. 90; Paulo Antonio Paranaguá (coord.), *Mexican Cinema*, British Film Institute, Londres, 1995, p. 42.

[118] *Variety*, 1º de junio de 1966, p. 21; 5 de enero de 1972, p. 70; 9 de mayo de 1973, p. 217; María Luisa Amador y Jorge Ayala Blanco, *Cartelera cinematográfica, 1950-1959*, pp. 388-99, y *1960-1969*, 476-89; Seth Fein, "From Collaboration to Containment", en J. Hershfield y D. Maciel (coords.), *Mexico's Cinema*, p. 155.

10. La Fundación Jenkins y la batalla por el alma del PRI

[1] La historia de la Fundación está basada en Espinosa Yglesias, "Introduction", pp. 18, 21-23; Joseph C. Kiger (coord.), *International Encyclopedia of Foundations*, Greenwood, Nueva York, 1990, pp. 170-174; Branscomb a Jenkins, Nashville, 6 de febrero de 1952, Branscomb Papers; "Título para la Fundación Mary Street Jenkins", Puebla (Notarías Públicas 13 y 22), 18 de octubre de 1954, FMSJ.

[2] Entrevista con J. Jenkins Eustace, 15 de agosto de 2001.

[3] Entrevistas con R. Eustace, 15 de agosto de 2001, 15 de marzo de 2006, 18 de julio de 2007; entrevista con Buntzler, 6 de junio de 2005.

[4] Véase, por ejemplo, RPP-Puebla, libro 1 de Comercio, tomo 14, núm. 180; tomo 16, núm. 16; tomo 17, núm. 32; tomo 17, núm. 52.

5 *La Opinión*, 15 de febrero de 1953, p. 1; Harvie Branscomb, *et al.*, "Resolution by the Board of Trust of Vanderbilt University in memory of William Oscar Jenkins", 5 de octubre de 1963, Branscomb Papers, caja 362, carpeta 1.
6 *La Opinión*, 6 de noviembre de 1951, p. 1; 10 de noviembre de 1952, p. 1; *La Jornada del Oriente* (Puebla), 13 de julio de 2005, p. 10. Aparentemente Jenkins cofinanció cinco escuelas de ese tipo; *cf.* B. Trueblood (coord.), *Mary Street Jenkins Foundation,* Fundación Mary Street Jenkins, México, 1988, p. 27.
7 *Hoy*, 5 de agosto de 1950, pp. 22-24; Thom Rath, correo electrónico al autor, 3 de marzo de 2016.
8 *La Opinión*, 16 de noviembre de 1952, p. 1; 2 de febrero de 1953, p. 1; 14-16 de enero de 1955, p. 1.
9 *La Opinión*, 12 de enero de 1957, p. 1; 15-17 de enero, p. 1; *El Universal*, 16 de enero, p. 1; *La Jornada del Oriente*, 13 de julio de 2005, p. 10; D. Palma Gutiérrez al director, 9 de junio de 1964, AGN DFS, exp. 100-19-4-64, leg. 1, p. 14s.
10 Conversación con Purdy Jordan, Ciudad de México, 24 de febrero de 2005; *cf.* Stephen Niblo, *Mexico in the 1940s: Modernity, Politics, and Corruption*, Scholarly Resources Books, Wilmington, 1999, p. 357 (nota 50).
11 Jenkins a Alemán, Puebla, 10 de mayo de 1950, AGN MAV, exp. 568.3/160; I. Chávez a Jenkins, México, 10 de abril de 1951, Jenkins a Alemán, Puebla, 10 de junio de 1951, AGN MAV, exp. 515/21187; *Sol de Puebla*, 5 de junio de 1963, p. 3.
12 Branscomb a Jenkins, Nashville, 6 de febrero de 1952, y Nueva York, 9 de diciembre de 1952, Branscomb Papers, caja 362, carpeta 1; entrevista con Vázquez Nava, 26 de mayo de 2006.
13 Jenkins a Carrillo Flores, 2 de julio de 1954, en B. Trueblood (coord.), *Mary Street Jenkins Foundation*, p. 21.
14 Enrique Cordero y Torres, *Diccionario biográfico de Puebla,* Centro de Estudios Históricos, Puebla, 1972, p. 352; *cf. Proceso*, 4 de noviembre de 1991, p. 23; María Teresa Bonilla Fernández, *El secuestro del poder. El caso William O. Jenkins,* Universidad Autónoma de Puebla, Puebla, 2004, p. 14.
15 Libro de Actas, vol. 1, p. 1, FMSJ; Andrew Carnegie, *The "Gospel of Wealth" Essays and Other Writings,* Penguin, Nueva York, 2006; Jenkins a E. Jenkins, Puebla, 26 de diciembre de 1919, MSJP.
16 AGN Migración, Estadounidenses, caja 81, exp. 70; *La Opinión*, 15 de mayo de 1954, p. 1; *Nashville Banner*, 5 de junio de 1963, p. 10; entrevistas con W. A. Jenkins, 27 de junio de 2002; R. Eustace Jenkins, 27 de junio de 2002, 8 de junio de 2005; Tita Cheney, 18 de agosto de 2002; y J. Jenkins Eustace, 8 de julio de 2003, 30 de septiembre de 2005.
17 Memo de Higgins, 1° de abril de 1957, REP; Mary Jenkins a Jane Jenkins, Jilotepec, México, 20 de octubre de 1950, MJWP; entrevistas con R. Eustace, 10 de abril de 2002, 17 de julio de 2007.
18 *Variety*, 2 de octubre de 1943, p. 3; *Los Ángeles Times*, 17 de octubre de 1946, p. 1; Jenkins a William, Puebla, 27 de octubre de 1955, y Jenkins a Murray Hawkins, Puebla, 29 de octubre de 1956, MJWP; entrevista con Susie Heflinger (hija de Mary), Los Ángeles, 18 de agosto de 2002; entrevista con Cheney, 18 de agosto de 2002.
19 *San Francisco Chronicle*, 28 de febrero de 1952; *Washington Post*, 28 de febrero; entrevista con Cheney, 18 de agosto de 2002; entrevista con R. Eustace, 8 de

agosto de 2003; Diannah Morgan (hija de Robert Lord), correo electrónico al autor, 10 de junio de 2003.
[20] Jenkins a R. William, Puebla, 25 de noviembre de 1961, MJWP.
[21] Libro de Actas, vol. 1, pp. 1, 5, FMSJ; entrevista con W. A. Jenkins, 13 de abril de 2005.
[22] RPP-Puebla, libro 1 de Comercio, tomo 17, núms. 31-35, 51, 114, 117, 119; entrevistas con Migoya, 26 de julio de 2007; R. Eustace, 1 Aug. 2007; Sánchez Pontón, 3 de agosto de 2007.
[23] M. Rangel Escamilla, 25 de febrero de 1960, AGN DFS, exp. 100-19-1-60, leg. 2, 6; D. Palma Gutiérrez, 9 de junio de 1964, AGN DFS, exp. 100-19-4-64, leg. 1, 14s; . Trueblood (coord.), *Mary Street Jenkins Foundation*, pp. 30, 164, 170s; *La Opinión*, 11 de julio de 1957, p. 1; 18-19 de octubre, p. 1; 13 de junio de 1962, p. 1; 7 de julio, p. 1.
[24] *Proceso*, 4 de noviembre de 1991, p. 23; María Teresa Bonilla Fernández, *El secuestro del poder*, p. 14.
[25] Jenkins a Posada, Puebla, 6 de junio de 1939, REJP. Posada más tarde solicitó la ayuda de Jenkins con un libro sobre Atencingo, y de nuevo se negó; Jenkins a Posada, 22 de junio de 1943, REJP.
[26] Foto de Manuel Pérez Lamadrid inaugurando escuela, Temaxcalapa, 30 de septiembre de 1934, y discurso de Manuel Pérez Pena, Atencingo, 20 de noviembre de 1942, documentos de Manuel Pérez Nochebuena, Puebla; entrevista con J. Jenkins, 27 de junio de 2002.
[27] *La Opinión*, 18 de octubre de 1957, p. 1; 19 de octubre, p. 6; Alfonso Sobero Nevares, *Apuntes históricos sobre el Teatro Principal*, Puebla, 1961.
[28] G. Fuentes Coss et al. a López Mateos, Puebla, 14 de septiembre de 1959, AGN ALM, exp. 404.1/1907; *Siempre!*, 6 de septiembre de 1961, p. 7; entrevistas con Sergio Reguero, Puebla, 28 de marzo de 2005; Guzmán Ramos, 23 de julio de 2005; Artasánchez Bautista, 28 de julio de 2005; Vázquez Nava, 26 de mayo de 2006.
[29] Volante, "Puebla, Clama Justicia" (Sindicato Héroes de Nacozari a Ruiz Cortines), Puebla, mayo de 1956, AGN ARC, exp. 544.2/27; Wil Pansters, *Politics and Power in Puebla: The Political History of a Mexican State, 1937-1987*, Cedla, Ámsterdam, 1990, p. 106s; entrevista con R. Eustace, 10 de abril de 2002.
[30] La adquisición de Bancomer está basada en Gustavo del Ángel Mobarak, *BBVA Bancomer. 75 años de historia*, BBVA Bancomer, México, 2007, pp. 73-86; y Manuel Espinosa Yglesias, *Bancomer. Logro y destrucción de un ideal*, Planeta, México, 2000, pp. 22-31.
[31] *Anuario Financiero 1940*, pp. 133-137, 153s, 271-273, 276-278.
[32] Nora Hamilton, *The Limits of State Autonomy: Post-Revolutionary Mexico*, Princeton University Press, Princeton, 1982, pp. 211s, 294-297.
Sobre el "*takeover* hostil": Gustavo del Ángel Mobarak, *BBVA Bancomer*, p. 74.
[33] Jenkins a Espinosa, Puebla, 16 de marzo de 1954, CEEY, caja 31, exp. 28; entrevista con J. Eustace Jenkins, 31 de julio de 2005.
[34] La cantidad de cuatro millones se extrapola partiendo del valor del 10% de Senderos, más una prima estimada de la propiedad mayoritaria.
[35] *El Popular*, 6 de junio de 1955, p. 1; Espinosa a Jenkins, 16 de febrero de 1961, en B. Trueblood (coord.), *Mary Street Jenkins Foundation*, p. 23s; Nora Hamilton, *The Limits of State Autonomy*, p. 296 (nota 2); Manuel Espinosa Yglesias, *Bancomer*,

pp. 38-42; entrevista con Alexis Falquier (antiguo consultor de Banamex), Ciudad de México, 27 de febrero de 2005; entrevista con Artasánchez Villar, 23 de julio de 2005.

36 *El Popular*, 6 de junio de 1955, p. 1.
Sobre los préstamos relacionados en el Banco de Comercio: Gustavo del Ángel Mobarak, *BBVA Bancomer*, p. 93s.

37 *El Popular*, 15 de noviembre de 1956, p. 1.

38 Alicia Ortiz Rivera, *Juan Sánchez Navarro*, Grijalbo, México, 1997; Manuel Espinosa Yglesias, *Bancomer*, pp. 31-35, 50; *cf.* Gustavo del Ángel Mobarak, *BBVA Bancomer*, pp. 23s, 34.

39 *Ibidem*, pp. 26-28, 34, 68-70.

40 M. Basail de la Vía y J.M. Vertiz a DFS, México, 10 y 14 de enero de 1949, AGN DFS, exp. 12-17-949, 4-6 y 49-53; ficha, 26 de agosto de 1949, AGN DFS, exp. 25-12-949, 3.

41 *Opinión Pública*, agosto de 1959, p. 18; *Time*, 26 de diciembre de 1960, p. 26.

42 Entrevista con Espinosa Rugarcía, 19 de julio de 2005.

43 *El Universal*, 16 de junio de 1958, pp. 25, 27; Rosemary Eustace Jenkins (coord.), *Tennessee Sunshine: Oscar's Love Letters to Mary*, México, 2012, pp. 338-340.

44 B. Trueblood (coord.), *Mary Street Jenkins Foundation*, pp. 26, 108. La FMSJ donaría 1.5 millones de pesos, 1958-1966.

45 Aaron Navarro, *Political Intelligence and the Creation of Modern Mexico, 1938-1954*, Penn State Press, University Park, 2010, pp. 182-184; *Directorio de Empresas Industriales Beneficiadas con Exenciones Fiscales, 1940-1960*, Banco de México, México, 1961, p. 345; Jacob Bernstein, "What Goes Around...", *In These Times*, 12 de junio de 1995; entrevista con W. A. Jenkins, 11 de noviembre de 2005.

46 L. Castillo Venegas, 13 de julio de 1954, AGN DFS, exp. 11-4-54, leg. 3, p. 50s.

47 "Testimonio de la escritura de testamento público abierto otorgado por el señor don William O. Jenkins", Puebla (Notarías Públicas 13 y 22), 29 de octubre de 1958, WAJP; *Novedades*, 8 de junio de 1963, p. 12.

48 RPP-Puebla, libro 1, tomo 18, núm. 101; Josué Villavicencio Rojas, *Industria y empresarios en Puebla, 1940-1970*, Universidad Autónoma de Puebla, 2013, p. 60.

49 Entrevistas con R. Eustace Jenkins, 20 de agosto de 2001 y 27 de junio de 2002; entrevista con J. Jenkins Eustace, 8 de julio de 2003.

50 Eric Zolov, "¡Cuba sí, yanquis no!", en G. Joseph y D. Spenser (coords.), *In from the Cold: Latin America's New Encounter with the Cold War*, Duke University Press, Durham, 2008; Renata Keller, *Mexico's Cold War: Cuba, the United States, and the Legacy of the Mexican Revolution*, Cambridge University Press, Nueva York, 2015, caps. 2 y 3.

51 Stephen Niblo, "Progress and the Standard of Living in Contemporary Mexico", *Latin American Perspectives*, vol. 2, núm. 2, 1975, pp. 109-111; Roger Hansen, *The Politics of Mexican Development*, Johns Hopkins University Press, Baltimore, 1974, cap. 4. Sobre la lucha entre alemanistas y cardenistas, véase Rogelio Hernández Rodríguez, "La política," en R. Hernández Rodríguez, coord., *Adolfo López Mateos: Una vida dedicada a la política*, 236-9, 247-52.

52 Eric Zolov, "¡Cuba sí, yanquis no!"; Wil Pansters, *Politics and Power in Puebla*, pp. 109-117; *La Opinión*, 5 de junio de 1961, p. 1.

NOTAS – CAPÍTULO 10

[53] Julio Moreno, *Yankee Don't Go Home!: Mexican Nationalism, American Business Culture, and the Shaping of Modern Mexico, 1920-1950,* University of North Carolina Press, Chapel Hill, 2003; Seth Fein, *Hollywood and United States-Mexican Relations,* caps. 5 y 6; Alex Saragoza, *The State and the Media in Mexico* (próximamente).

[54] Eric Zolov, *Refried Elvis: The Rise of the Mexican Counterculture,* University of California Press, Berkeley, 1999, cap. 1; Julio Moreno, *Yankee Don't Go Home!,* cap. 7; John Reid, *Spanish American Images of the United States, 1790-1960,* University of Florida Press, Gainesville, 1977, caps. 9 y 10.

[55] Cosío Villegas, "From Mexico", en F. Joseph (coord.), *As Others See Us,* Princeton University Press, Princeton, 1959; Muñoz, *La verdad sobre los gringos,* Ediciones Populares, México, 1961, pp. 229-231; Carlos Fuentes, Prólogo, en José Enrique Rodó, *Ariel,* University of Texas Press, Austin, 1988 [1900], p. 14; Gabriel Antonio Menéndez, *Doheny, el cruel,* Bolsa Mexicana del Libro, México, 1958.

[56] Wilt, "Stereotyped Images", pp. 284, 286.

[57] Josefina Vázquez y Lorenzo Meyer, *The United States and Mexico,* University of Chicago Press, Chicago, 1985, pp. 172-179; Renata Keller, *Mexico's Cold War,* pp. 60-72, 156-167.

[58] Véase, por ejemplo, *Excélsior,* 15 de marzo de 1955, p. 25; 11 Jul. 1960, p. 30; *El Popular,* 15 de noviembre de 1956, p. 1; *El Universal,* 22 de diciembre de 1957, p. 1; 4-6 de julio de 1958, p. 1. *Siempre!* 10 de diciembre de 1958, 38s.

[59] *Opinión Pública,* agosto de 1959, pp. 16-20.

[60] *Opinión Pública,* enero de 1959, p. 2s (Wenner-Gren) y p. 7 (Suárez); 31 de julio de 1961, p. 2; 15 de septiembre de 1962, p. 9; 31 de octubre, pp. 3, 16.

[61] *Éxito,* 18-24 de octubre de 1959, p. 4; entrevista con R. Eustace, 15 de julio de 2007.

[62] Jacinto Rodríguez Munguía, *La otra guerra secreta,* Debate, México, 2007, pp. 199, 205; Renata Keller, "Testing the Limits of Censorship? *Política* Magazine and Mexico's 'Perfect Dictatorship'", en P. Gillingham, M. Lettieri, y B. Smith (coords.), *Journalism, Satire and Censorship in Mexico, 1910-2015,* University of New Mexico Press, Albuquerque (en prensa).

[63] *Política,* 1° de junio de 1960, pp. 27-29; 15 de junio, p. 9; 1° de julio, p. 9; 1° de agosto, p. 11s.

[64] Miguel Contreras Torres, *El libro negro del cine mexicano,* México, 1960; Gabriel Ramírez, *Miguel Contreras Torres, 1899-1981,* Centro de Investigación y Enseñanza Cinematográficas, Universidad de Guadalajara, Guadalajara, 1994, p. 106s; *Política,* 1° de junio de 1960, p. 27; 1° de agosto, p. 11.

[65] Don Verdades, *Corrido del cine mexicano,* México, [1959], AGN ALM, exp. 136.3/831.

[66] Abel Quezada, *Excélsior,* 7 de junio de 1960, p. 7.

[67] *Excélsior,* 8 de junio de 1960, p. 1; *cf.* 9 de junio, p. 1, 6; *Política,* 15 de junio de 1960, p. 9.

[68] Renata Keller, *Mexico's Cold War,* pp. 54-57, 105-12; Eric Zolov, *The Last Good Neighbor: Mexico in the Global Sixties,* Duke University Press, Durham (próximamente).

[69] Roger Hansen, *The Politics of Mexican Development,* p. 79s.

[70] *Excélsior,* 9 de junio de 1960, p. 5.

[71] *Excélsior,* 5 de junio de 1963, p. 14; entrevista con W. A. Jenkins, 12 de octubre de 2005.

Sobre Cárdenas en Michoacán: Verónica Oikión Solano, *Los hombres del poder en Michoacán*, Colegio de Michoacán, Zamora, 2004, pp. 364, 401, 445, 472-475, 480s.

72 *El Universal*, 30 de noviembre de 1960, p. 1; Emilio García Riera, *Historia documental del cine mexicano*, Universidad de Guadalajara, Guadalajara, 1992, tomo 10, p. 156; Enrique Krauze, *Mexico: Biography of Power*, HarperCollins, Nueva York, 1998, p. 660s.

73 *El Universal*, 1° de diciembre de 1960, pp. 11, 29, 35; 3 de diciembre, p. 3 (etc.); *Time*, 26 de diciembre de 1960, p. 25s; Emilio García Riera, *Historia documental del cine mexicano*, tomo 10, p. 156; Enrique Krauze, *Mexico: Biography of Power*, p. 660s; Manuel Espinosa Yglesias, *Bancomer*, pp. 87-89.

74 Jenkins a la familia, Puebla, 13 de noviembre de 1955, MJWP; Jenkins a Branscomb, Puebla, 10 de marzo de 1961, Branscomb Papers, caja 362, carpeta 2; García Riera, *Breve historia del cine mexicano*, Mapa, Zapopan, 1998, p. 211; Manuel Espinosa Yglesias, *Bancomer*, pp. 58-77; Marcos Águila, Martí Soler y Roberto Suárez, *Trabajo, fortuna y poder. Manuel Espinosa Yglesias*, Centro de Estudios Espinosa Yglesias, México, 2007, pp. 124-127, 139-145; entrevista con W. A. Jenkins, 22 de noviembre de 2000; entrevista con Alarcón, 15 de agosto de 2007.

75 Alejandro Flores García, *Cinecompendio 1971-1972*, A Posta, México, 1972, pp. 27, 38-43; María Luisa Amador y Jorge Ayala Blanco, *Cartelera cinematográfica, 1960-1969*, UNAM, México, 1986, pp. 425-439.

76 Enrique Krauze, *Mexico: Biography of Power*, pp. 657, 661; James Wilkie y Edna Monzón de Wilkie, *México visto en el siglo XX*, Instituto Mexicano de Investigaciones Económicas, México, 1969, p. 209.

77 González, *La querencia*, Secretaría de Educación Pública Michoacán, Morelia, 1982, pp. 107-160, en particular, pp. 109, 156s.

78 A. René Barbosa y Sergio Maturana, *El arrendamiento de tierras ejidales: Un estudio en Michoacán*, Centro de Investigaciones Agrarias, México, 1972, p. 46; Bill Alston (hijo de Wally), correo electrónico al autor, 19 de octubre de 2014.

79 Libros de Ventas, Apatzingán, Registro Público de la Propiedad, Morelia (en adelante, RPP-Morelia), tomo 44, núms. 6817-6826; *Excélsior*, 8 de junio de 1960, p. 1; *La Voz de Michoacán*, 5 de julio de 1961, p. 1; entrevista con W. A. Jenkins, 29 de marzo de 2001.

80 *La Voz de Michoacán*, 12 de junio de 1960, p. 5; 22 de junio, p. 5; 23 de junio, p. 1; Libros de Ventas, Apatzingán, RPP-Morelia, tomo 44, núm. 6850.

81 *La Voz de Michoacán*, 2 de julio de 1960, p. 1.

82 *La Voz de Michoacán*, 18 de junio de 1960, p. 1; Libros de Ventas, Apatzingán, RPP-Morelia, tomo 49, núms. 7613, 7615, 7616; Verónica Oikión Solano, *Los hombres del poder en Michoacán*, p. 444s.

83 *Política*, 1° de julio de 1962, p. 31; Jenkins a la familia, Puebla, 31 de enero de 1962, REJP; *La Opinión*, 5 de junio de 1963, p. 1; entrevista con W. A. Jenkins, 12 de octubre de 2005; Bill Alston, correo electrónico al autor, 1° de noviembre de 2014.

84 *Siempre!*, 17 de octubre de 1962, p. 28s; 24 de octubre, p. 24s.

85 *La Voz de Michoacán*, 5 de julio de 1961, p. 1; entrevista con Humberto Sánchez Gallegos, Apatzingán, 8 de agosto de 2006.

Sobre los males de los pesticidas en México, véase Angus Wright, *The Death of Ramón González*, University of Texas Press, Austin, 2005.

NOTAS – CAPÍTULO 10

[86] Entrevistas con W. A. Jenkins, 10 de abril de 2002, 15 de julio de 2003; entrevista con Sánchez Gallegos, 8 de agosto de 2006; Carson, *The Silent Spring*, Houghton Mifflin, Boston, [septiembre] 1962.

[87] *La Opinión*, 7 de mayo de 1952, p. 1; 28 de julio de 1956, p. 1; Jenkins a Socorro Sánchez, 27 de febrero de 1960, REJP; entrevista con Socorro y Gloria Sánchez, Puebla, 8 de mayo de 2005.

[88] *La Opinión*, 19 de octubre de 1957, p. 1; Meadows a Erwin, Puebla, 23 de julio de 1961, MJWP; Enrique Cordero y Torres, *Historia compendiada del Estado de Puebla*, Bohemia Poblana, Puebla, 1965, tomo I, p. 237; B. Trueblood (coord.), *Mary Street Jenkins Foundation*, p. 30.

[89] Branscomb a Jenkins, Nashville, 21 de mayo de 1951, 24 de abril de 1962, Branscomb Papers; Jenkins a su familia, 23 de octubre, 3, 9 y 29 de noviembre de 1962, REJP; entrevista con Mestre, 25 de febrero de 2006.

[90] El conflicto de la UAP en 1961 está basado en Wil Pansters, *Politics and Power in Puebla*, pp. 97-117, y David Tamayo, *¡Cristianismo sí! ¡Comunismo no!: Religion and Reform in the University of Puebla, 1961*, tesis de licenciatura, U. C. Berkeley, 2003.

[91] Wil Pansters (coord.), *La mirada del Fénix*, Universidad Autónoma de Puebla, Puebla, 1996; Manuel Lara y Parra, *La lucha universitaria en Puebla*, Universidad Autónoma de Puebla, Puebla, 2002; Humberto Sotelo Mendoza, *Crónica de una autonomía anhelada*, Universidad Autónoma de Puebla, Puebla, 2004.

[92] Manuel Lara y Parra, *La lucha universitaria en Puebla*, p. 64s; Nicolás Dávila Peralta, *Las santas batallas*, Universidad Autónoma de Puebla, Puebla, 2003, pp. 114-118.

[93] Rangel Escamilla, 27 de julio de 1960, AGN DFS, exp. 100-19-1-60, leg. 2, 58; Alfonso Vélez Pliego, "La sucesión rectoral", *Crítica* (Puebla) 1 (1978), p. 59s; Alfonso Yáñez, *La manipulación de la fe*, Imagen Pública y Corporativa, Puebla, 2000, p. 27s.

[94] El motín de Puebla no fue único; para una situación similar en Morelia, véase Eric Zolov, "*¡Cuba sí, yanquis no!*"

[95] *La Opinión*, 18 de abril de 1961, p. 1; Wil Pansters, *Politics and Power in Puebla*, p. 109s.

[96] *La Opinión*, 5 de junio de 1961, p. 1; Nicolás Dávila Peralta, *Las santas batallas*, pp. 132-145.

Sobre Glockner: *La Jornada de Oriente*, 9 de junio de 2009, suplemento.

[97] Rosemary Eustace Jenkins (coord.), *Tennessee Sunshine*, pp. 352, 358s; *Política*, 15 de agosto de 1961, p. 2; Alfonso Yáñez, *La manipulación de la fe*, p. 152.

[98] *La Opinión*, 26 de julio de 1961, p. 1; 1° de agosto, p. 1; 5 de agosto, p. 1; entrevistas con Guzmán Ramos, 28 de noviembre de 2005, 9 de agosto de 2009.

[99] *La Opinión*, 27-29 de abril de 1961, p. 1; 17-20 de junio, p. 1; Nicolás Dávila Peralta, *Las santas batallas*, p. 126s; Alfonso Yáñez, *La manipulación de la fe*, p. 182; Wil Pansters, *Politics and Power in Puebla*, p. 190 (nota 32); María Teresa Bonilla Fernández, *El secuestro del poder*, p. 160s.

[100] *Siempre!*, 16 de agosto de 1961, p. 16s; John Mraz, "Today, Tomorrow, and Always", en Gilbert Joseph et al. (coords.), *Fragments of a Golden Age: The Politics of Mexico since 1940*, Duke University Press, Durham, 2001, p. 151s.

[101] *Sobre los Sucesos de Puebla*, Movimiento de Liberación Nacional, México, 1961.

102 Resumen sin firmar (ficha), 6 de octubre de 1961, AGN DFS, exp. 63-30-61, leg. 18, 87.
103 *Nashville Tennessean*, 28 de junio de 1964, p. 4s; "Martin Shoffner, 1758-1838", placa en la Iglesia Luterana Shoffner, Thompson's Creek, Condado de Bedford, Tennessee.
104 *Nashville Tennessean,* 5 de junio de 1963, p. 6; Eustace Jenkins (coord.), *Tennessee Sunshine*, p. 346s; entrevista con Shoffner, 11 de julio de 2004.
105 *La Opinión*, 23 de agosto de 1962, p. 1; 10 de noviembre, p. 1; 20-21 de diciembre, p. 1; Wil Pansters, *Politics and Power in Puebla*, pp. 52, 93s, 117; Leonardo Lomelí Vanegas, *Breve historia de Puebla,* Fondo de Cultura Económica/El Colegio de México, México, 2001, pp. 381-383; entrevista con Efraín Castro Morales, Puebla, 22 de julio de 2006; entrevista con Sánchez Pontón, 3 de agosto de 2007.
106 Enrique Krauze, *Mexico: Biography of Power,* pp. 634, 657-660, 674; Zolov, *Last Good Neighbor.*
107 Jane to Mary Jenkins, Puebla, 23 de abril de 1962, MJWP; Eustace Jenkins (coord.), *Tennessee Sunshine*, p. 339.
108 Entrevista con Cheney, 18 de agosto de 2002.
109 Espinosa Yglesias, "Introduction", p. 23; entrevistas con R. Eustace Jenkins, 20 de agosto de 2001, 4 de julio de 2003, 19 de julio de 2004.
110 Sobre las hijas y los yernos de Jenkins: Jenkins a Mary Jenkins, Puebla, 17 de octubre de 1944, R. William a M. Hawkins, Los Ángeles, 27 de diciembre de 1960, Meadows a Erwin, 23 de julio de 1961, Jenkins a Mary, 13 de abril de 1962, y R. William a Jenkins, 19 de julio de 1962, MJWP; "Testimonio" (testamento), 29 de octubre de 1958, WAJP; *Excélsior*, 6 de junio de 1963, B4; Eustace Jenkins (coord.), *Tennessee Sunshine*, pp. 340-343; entrevistas con J. Jenkins Eustace, 27 de julio y 15 de agosto de 2001, 8 de julio de 2003; R. Eustace Jenkins, 27 de junio de 2002, 8 de junio de 2005; Cheney, 18 de agosto de 2002; Heflinger, 18-19 de agosto de 2002; W. A. Jenkins, 21 de agosto de 2007, 27 de julio de 2009; R. Eustace Jenkins, correo electrónico al autor, 11 de septiembre de 2012.
111 Libro de Actas, vol. 1, pp. 83, 91-97, FMSJ; B. Trueblood (coord.), *Mary Street Jenkins Foundation*, p. 7; entrevistas con Alicia Juárez, Puebla, 4 de octubre de 2005; R. Eustace, 19 de julio de 2004; Bunztler, 6 de junio de 2005.

La dotación 60 millones de dólares sería equivalente a 500 millones de hoy.
112 Sobre las últimas semanas de Jenkins: *Shelbyville Times-Gazette*, 5 de junio de 1963, p. 2; *La Opinión*, 5 de junio, pp. 1, 6; *El Sol de Puebla*, 5 de junio, pp. 1, 4; *Novedades*, 8 de junio, p. 12; Urbano Deloya, "William Oscar Jenkins", transcripción de *Puebla de mis amores*, XECD Radio (Puebla), 11 de marzo de 1995, FMSJ; entrevista con Cheney, 18 de agosto de 2002; entrevista con Juárez, 4 de octubre de 2005; entrevista con J. Eustace Jenkins, 22 de agosto de 2006.
113 Libro de Actas, vol. 1, p. 98s, FMSJ.

11. El más allá terrenal de Jenkins

1 *Excélsior*, 5 de junio de 1963, p. 5.
2 *La Opinión*, 5 de junio de 1963, p. 1; *El Universal*, 5 de junio, p. 1; *El Sol de Puebla*, 6 de junio, p. 1; *New York Times*, 5 de junio, p. 39; cf. *Time*, 26 de diciembre

de 1960, p. 25; *Nashville Banner,* 5 de junio de 1963, p. 1; *Nashville Tennessean,* 5 de junio, p. 1.

[3] *Novedades,* 5 de junio de 1963, p. 1; *Excélsior,* 5 de junio, p. 5.

[4] *El Sol de Puebla,* 5-6 de junio de 1963, p. 1; *La Opinión,* 1° de febrero, p. 1; B. Trueblood (coord.), *Mary Street Jenkins Foundation,* Fundación Mary Street Jenkins, México, 1988, pp. 7, 11.

[5] Libros de Actas, vol. 1, 5 de junio de 1963, FMSJ.

[6] Fátima Fernández Christlieb, *Los medios de difusión masiva en México,* Juan Pablos, México, 1996, pp. 31s, 51-54, 69-73; Rafael Rodríguez Castañeda, *Prensa Vendida,* Grijalbo, México, 1993, pp. 93, 101s; Josué Villavicencio Rojas, *Industria y empresarios en Puebla, 1940-1970,* Universidad Autónoma de Puebla, 2013, pp. 51s, 81s; *Síntesis* (Puebla), 18 de junio de 2007, p. 10.

[7] *El Sol de Puebla,* 7 de junio de 1963, p. 1; Libros de Actas, vol. 1, 4 de septiembre, 5 y 18 de diciembre de 1963, FMSJ; entrevistas con W. A. Jenkins, 29 de marzo y 27 de junio de 2001, 18 de junio de 2003, 11 de noviembre de 2005; R. Eustace, 15 de agosto de 2001; Heflinger, 18 de agosto de 2002; Guzmán Ramos, 2 de agosto de 2007.

[8] *Novedades,* 8 de junio de 1963, p. 12; Espinosa Yglesias, "Introduction", pp. 7, 11.

[9] *El Sol de Puebla,* 7 de junio de 1963, p. 1; *Novedades,* 7 de junio, p. 1; *El Universal,* 7 de junio, p. 7; *Nashville Banner,* 7 de junio.

[10] Matthew Esposito, *Funerals, Festivals, and Cultural Politics in Porfirian Mexico,* University of New Mexico Press, Albuquerque, 2010; Alan Knight, *The Mexican Revolution,* University of Nebraska Press, Lincoln, 1986, tomo II, p. 519s.

[11] *El Universal,* 5 de junio de 1968, p. 6; 5 de junio de 1971, p. 7; entrevista con Arthur Chaffee, Puebla, 11 de agosto de 2009.

[12] Wil Pansters, *Politics and Power in Puebla: The Political History of a Mexican State, 1937-1987,* Cedla, Ámsterdam, 1990, pp, 93-95, 117-120; *La Opinión,* 1-3 de noviembre de 1963, p. 1; 11 de noviembre, p. 1; *Excélsior,* 31 de octubre de 1964, p. 1; *Novedades,* 8 de noviembre, p. 1; entrevista con Guzmán Ramos, 16 de mayo de 2005.

[13] Robert Freeman Smith, *The United States and Revolutionary Nationalism in Mexico, 1916-1932,* University of Chicago Press, 1972, p. ix; *El Universal,* 4 de noviembre de 1963, p. 1; Enrique Krauze, *Mexico: Biography of Power,* HarperCollins, Nueva York, 1998, pp. 634, 667-674.

[14] Palma Gutiérrez, 9 de junio de 1964, AGN DFS, exp. 100-19-4-64, leg. 1, 12; Joseph C. Kiger (coord.), *International Encyclopedia of Foundations,* Greenwood, Nueva York, 1990, pp. 169-174.

[15] Carlos Tello, *Estado y desarrollo económico. México 1920-2006,* UNAM, México, 2011, pp. 361-367, 383-385, 401-417; Libros de Actas, vol. 1, 7 de agosto de 1963, FMSJ; entrevista con W. A. Jenkins, 15 de julio de 2003.

[16] Blas García Hernández al director, México, 1° de agosto de 1963, AGN DFS, Manuel Espinosa Yglesias, versión pública.

[17] *El Popular,* 15 de noviembre de 1956; Espinosa, "Introduction", p. 23s; entrevista con Ramón Pieza Rugarcía (sobrino de Espinosa), Puebla, 24 de agosto de 2006; entrevista con Artasánchez Villar, 23 de julio de 2005.

[18] *El Sol de Puebla,* 5 de junio de 1963, pp. 1, 4; *La Opinión,* 28 de agosto, p. 1; Palma Gutiérrez, 9 de junio de 1964, AGN DFS, exp. 100-19-4-64, leg. 1, 12; B. Trueblood (coord.), *Mary Street Jenkins Foundation,* pp. 30, 81; entrevista con

J. Jenkins Eustace, 2 de abril de 2001; entrevista con Chaffee, 11 de agosto de 2009.
19 Wil Pansters, *Politics and Power in Puebla*, pp. 109-111, 118-120.
20 Libros de Actas, vol. 2, núms. 123, 184, 555, FMSJ; *El Universal*, 5 de junio de 1965, pp. 1, 7; Manuel Lara y Parra, *La lucha universitaria en Puebla, 1923-65*, Universidad Autónoma de Puebla, Puebla, 2002 [1988], pp. 121, 126, 149s, 237-256; *Tiempo Universitario* (Puebla), septiembre de 2008, p. 5.
21 Enrique Cárdenas, *UDLA, una esperanza, una realidad. Don Manuel Espinosa Yglesias*, Fundación UDLA-Puebla, Cholula, 2000, pp. 16-21.
22 Jenkins a Tigert, 2 de abril de 1925, Tigert Papers.
23 Lara y Parra, *La lucha universitaria en Puebla*, pp. 121, 256; entrevista con Guzmán Ramos, 23 de julio de 2005.
24 Enrique Cárdenas, *UDLA, una esperanza, una realidad*, pp. 20s, 35; Libros de Actas, vol. 4, núm. 1367, FMSJ.
25 Marcos Águila, Martí Soler y Roberto Suárez, *Trabajo, fortuna y poder. Manuel Espinosa Yglesias*, Centro de Estudios Espinosa Yglesias, México, 2007, pp. 308-311; entrevista con Neil Lindley, Beaumont, Texas, 13 de julio de 2013.
26 Sobre el activismo de izquierda en la UAP en los años sesenta, véase Alfonso Vélez Pliego, "La sucesión rectoral", *Crítica*, núm. 1, octubre-diciembre de 1978, pp. 59-70; Wil Pansters, *Politics and Power in Puebla*, cap. V; Manuel Lara y Parra, *La lucha universitaria en Puebla*, caps. III, V y VII; Alfonso Yáñez, *La manipulación de la fe*, Imagen Pública y Corporativa, Puebla, 2000; Nicolás Dávila Peralta, *Las santas batallas*, Universidad Autónoma de Puebla, Puebla, 2003, cap. V.

Sobre la matrícula: *Tiempo Universitario*, 9 de julio de 1998, p. 1.
27 Rafael Artasánchez, rector de 1954 a 1956, fungió como alcalde de 1957 a 1960, mientras que otro conservador, Gonzalo Bautista O'Farrill, rector de 1953 a 1954, fungiría brevemente como alcalde y luego como gobernador de 1972 a 1973.
28 William Blum, *Killing Hope: U.S. Military and CIA Interventions since World War II*, Zed, Londres, 2003, pp. 142, 234; Samuel Schmidt, *The Deterioration of the Mexican Presidency*, University of Arizona Press, Tucson, 1991, p. 134s; Renata Keller, *Mexico's Cold War: Cuba, the United States, and the Legacy of the Mexican Revolution*, Cambridge University Press, Nueva York, 2015, pp. 223-228; conversaciones extraoficiales con el autor, Puebla, 2005-2006.
29 Jaime Pensado, *Rebel Mexico: Student Unrest and Authoritarian Political Culture During the Long Sixties*, Stanford University Press, Stanford, 2013, cap. 8; Enrique Krauze, *Mexico: Biography of Power*, pp. 688-697.
30 Libros de Actas, vol. 2, núm. 712 y vol. 3, núm. 773, FMSJ; Libros de Actas, vol. 3, núms. 744, 926 y 1172 y vol. 4. núms. 1465 y 1666, FMSJ.

Sobre el CUC: http://www.cuc.org.mx/historia/.
31 Libros de Actas, vol. 2, núm. 672, FMSJ; *Excélsior*, 3 de diciembre de 1965, pp. 1, 13; 5 de junio de 1968, pp. 1, 10s; *El Universal*, 5 de junio, pp. 1, 10. Discurso de Espinosa: www.ceey.org.mx/site/files/1968-4.pdf.
32 B. Trueblood (coord.), *Mary Street Jenkins Foundation*, p. 29 (donativos totales, 1972-1986); Alfonso Torres Robles, *La prodigiosa aventura de los Legionarios de Cristo*, Foca, Madrid, 2001, p. 53; Ángeles Conde y David Murray, *The Legion of Christ*, Circle Press, North Haven, 2004, p. 248s; Libros de Actas, vol. 3, núms. 1142 y 1217, vol. 4, núm. 1907, etc., FMSJ.

NOTAS – CAPÍTULO 11

33 Jason Berry y Gerald Renner, *Vows of Silence,* Free Press, Nueva York, 2004, pp. 3, 159s.
34 *Ibidem,* pp. 158-165, 170s, 256-258; *Wall Street Journal,* 23 de enero de 2006, p. 1; *National Catholic Reporter,* 16 de abril de 2010, p. 1; 30 de abril, p. 15; Amparo Espinosa Rugarcía, *Manuel Espinosa Yglesias,* México, 1988, p. 90. En 2006, el papa Benedicto retiró a Maciel de su ministerio, luego de varias revelaciones de su abuso sexual de seminaristas.
35 *Excélsior,* 5 de junio de 1968, p. 10.
36 "The Philanthropic Ogre" (1979), en *The Labyrinth of Solitude and Other Writings,* Grove, Nueva York, 1985; Enrique Krauze, *Mexico: Biography of Power,* pp. 747-749; Manuel Espinosa Yglesias, *Bancomer. Logro y destrucción de un ideal,* Planeta, México, 2000, caps. 5 a 7; Marcos Águila, *et al., Trabajo, fortuna y poder,* caps. IX y X; Gustavo del Ángel Mobarak, *BBVA Bancomer. 75 años de historia,* BBVA Bancomer, México, 2007, 120-144, 160-169.
37 Libros de Actas, vol. 4, núms. 1504 y 1752, FMSJ; B. Trueblood (coord.), *Mary Street Jenkins Foundation,* pp. 156-159.
38 Erico Verissimo, *Mexico,* p. 163; Samuel Schmidt, *The Deterioration of the Mexican Presidency,* pp. 121-126; *El Universal,* 18 de octubre de 1976, p. 1.
39 Libros de Actas, vol. 4, núm. 1778, FMSJ; Claudia Fernández y Andrew Paxman, *El Tigre: Emilio Azcárraga y su imperio Televisa,* Grijalbo, México, 2013, pp. 246-249.
40 Gustavo del Ángel Mobarak, *BBVA Bancomer,* pp. 129-135; Wil Pansters, *Politics and Power in Puebla,* pp. 129-131; Efraín Huerta, *Poesía completa,* Fondo de Cultura de Económica, México, 2014, p. 418s.
41 "Repression at UDLA", *Latin American Perspectives,* vol. 3, núm. 4, 1976, pp. 2, 122; Samuel Schmidt, *The Deterioration of the Mexican Presidency,* cap. 4; Enrique Krauze, *Mexico: Biography of Power,* pp. 747-751; entrevista con Edward Simmen (historiador de la UDLA), Cholula, Puebla, 9 de agosto de 2012.
42 Gustavo del Ángel Mobarak, *BBVA Bancomer,* pp. 128, 171s.
43 Libros de Actas, vol. 5, núm. 2217, FMSJ; Joseph C. Kiger (coord.), *International Encyclopedia of Foundations,* pp. 169, 174.
44 *Ibidem,* p. 169; Manuel Espinosa Yglesias, "Texto original del libro sobre la Fundación Amparo, prólogo", 1991, CEEY, caja 40, II.A.3.a/1991-2.
45 Manuel Espinosa Yglesias, *Bancomer,* pp. 124, 129; *Town & Country,* noviembre de 1980, pp. 227, 324s.
46 Stephen Haber, *et al., Mexico Since 1980,* Cambridge University Press, Cambridge, 2008, pp. 57-65; Amparo Espinosa Rugarcía y Enrique Cárdenas Sánchez (coords.), *La nacionalización bancaria, 25 años después,* Centro de Estudios Espinosa Yglesias, México, 2010, 3 vols.; Enrique Krauze, *Mexico: Biography of Power,* pp. 757-761.
47 Manuel Espinosa Yglesias, *Bancomer,* pp. 166s, 171-193; Racial Trejo, *Carlos Slim: Vida y Obra,* Quién es Quién, México, 2013, pp. 120-123, 131s; *Proceso,* 8 de abril de 1985, p. 28.
48 Sobre Espinosa y Jenkins: Espinosa, "Introduction", pp. 18-24; Manuel Espinosa Yglesias, *Bancomer,* pp. 17-42; Enrique Cárdenas, *Manuel Espinosa Yglesias. Ensayo sobre su historia intelectual,* Centro de Estudios Espinosa Yglesias, México, 2006, pp. 16-36; entrevistas con W. A. Jenkins, 2000-2009; R. Eustace Jenkins, 2001-10; J. Jenkins Eustace y R. Eustace, 2002-2005; Espinosa Rugarcía, 19 de julio

de 2005; Gustavo del Ángel, Ciudad de México, 16 de junio de 2007; E. Meyer, 9 de agosto de 2007; R. y G. Jenkins de Landa, 4 de noviembre de 2008; Paul Rich, Washington, 9 de enero de 2012; Enrique Cárdenas, Ciudad de México, 13 de agosto de 2012; Álvaro Conde, Ciudad de México, 15 de agosto de 2012.

[49] Libros de Actas, vol. 1, 5 de junio de 1963, FMSJ; *cf.* Marcos Águila, *et al.*, *Trabajo, fortuna y poder*, pp. 171, 180-185.

[50] Manuel Espinosa Yglesias, *Bancome*, pp. 70-72, 121-133; *Excélsior*, 5 de junio de 1963, p. 13.

[51] Wil Pansters, *Politics and Power in Puebla*, pp. 158-162; Miko Viya, *Puebla ayer*, Cajica, Puebla, 1989, pp. 174-179; Leonardo Lomelí Vanegas, *Breve historia de Puebla*, Fondo de Cultura Económica / El Colegio de México, México, 2001, pp. 398-400.

[52] B. Trueblood (coord.), *Mary Street Jenkins Foundation*, p. 26s; Alejandro Manjarrez, *Crónicas sin censura,* Imagen Pública, Cholula, 1995, pp. 343-345; Wil Pansters, *Politics and Power in Puebla*, p. 157; Libros de Actas, vol. 5, núm. 2557, FMSJ; entrevista con W. A. Jenkins, 29 de julio de 2009.

[53] Miko Viya, *Puebla ayer*, pp. 178, 187-193; Wil Pansters, *Politics and Power in Puebla*, p. 163.

[54] B. Trueblood (coord.), *Mary Street Jenkins Foundation*, p. 3; Alejandro Manjarrez, *Crónicas sin censura*, pp. 343-345; entrevista con W. A. Jenkins, 29 de marzo de 2001; entrevistas con R. Eustace Jenkins, 2 de agosto de 2001, 4 de julio de 2003.

[55] Manuel Espinosa Yglesias, *Bancomer*, pp. 195-209; *El Universal*, 9 de junio de 1990, p. 1; *Unomásuno*, 27 de abril de 1991, p. 17; entrevista con W. A. Jenkins, 27 de septiembre de 2009.

[56] Marcos Águila, *et al.*, *Trabajo, fortuna y poder*, pp. 308, 317, 330s; entrevista con Gustavo del Ángel (por teléfono), 2 de septiembre de 2010.

Sobre las subastas de los bancos: Stephen Haber, *et al.*, *Mexico Since 1980*, pp. 100-106.

[57] Racial Trejo, *Carlos Slim*, p. 170; *Proceso*, 22 de marzo de 1993, pp. 6-11; Manuel Espinosa Yglesias, *Bancomer*, pp. 154, 181s.

[58] Marcos Águila, *et al.*, *Trabajo, fortuna y poder*, pp. 286-288; Manuel Espinosa Yglesias, *Bancomer*, p. 177s.

[59] B. Trueblood (coord.), *Mary Street Jenkins Foundation*, p. 3; "Testimonio", 29 de octubre de 1958, WAJP, cláusula 14, partes (e) y (g); entrevista con Cheney, 18 de agosto de 2002; entrevista con R. y G. Jenkins de Landa, 4 de noviembre de 2008.

[60] Entrevista con W. A. Jenkins, 29 de julio de 2009.

[61] *Reforma*, 24-25 de octubre de 1996, 27A; 11 de marzo de 1997, 25A; Libros de Actas, vol. 6, núms. 2689, 2720, 2745, 2767, 2878, 2909-20, 2881, 2898, FMSJ; entrevistas con W. A. Jenkins, 20 de agosto de 2001, 27 de junio de 2002; entrevista con Rich, 9 de enero de 2012.

[62] *Chronicle of Higher Education*, 54:16 (14 de diciembre de 2007); Enrique Cárdenas, *UDLA, una esperanza, una realidad*; entrevista con W. A. Jenkins, 3 de marzo de 2005; entrevista con Cárdenas, 22 de septiembre de 2005.

[63] Enrique Cárdenas, *UDLA, una esperanza, una realidad*, pp. 89, 101; *El Universal*, 15 de septiembre de 1999, p. 4; entrevista con Rich, 9 de enero de 2012.

⁶⁴ Terminado en 1994, el libro se publicó tras la muerte de Espinosa, en 2007; Marcos Águila, *et al., Trabajo, fortuna y poder.*
⁶⁵ Manuel Espinosa Yglesias, *Bancomer*; entrevista con Del Ángel, 16 de junio de 2007.
⁶⁶ Enrique Cárdenas, *Manuel Espinosa Yglesias*, p. 35; Marcos Águila, *et al., Trabajo, fortuna y poder*, p. 179.
⁶⁷ Marcos Águila, *et al., Trabajo, fortuna y poder*, p. 321s; *Art News*, abril de 1994, p. 139.
⁶⁸ *El Universal*, 20 de febrero de 2008; *Reforma*, 4 de junio de 2012, 18 de abril de 2013. Gabriel Alarcón murió en 1986.
⁶⁹ Por ejemplo: *Cambio* (Puebla), 12 de junio de 2013; *Reforma*, 11 de diciembre de 2013, Neg. 10; *Proceso*, 29 de junio de 2014, pp. 36-38; *Reforma*, 9 de diciembre de 2015, Neg. 1; *Proceso*, 17 de abril de 2016, pp. 35-37.
⁷⁰ "La Otra Opinión", Imagen Radio, 15 de enero de 2014; *cf.* Susan Glantz, *El ejido colectivo de Nueva Italia*, Instituto Nacional de Antropología e Historia, México, 1974.
⁷¹ *El Sol de Puebla*, 5 de junio de 1963, pp. 3 y 4.
⁷² *La Opinión*, 5 de junio de 1963, p. 1; *El Día*, 6 de junio, p. 3.
⁷³ Gómez a Antonio Hidalgo, 24 de julio de 1963, en Marte R. Gómez, *Vida política contemporánea*, Fondo de Cultura Económica, México, 1978, vol. II, pp. 516s. *Cf.* Cándido Gadea Pineda, *74 años de historia en la vida real de Atencingo*, Atencingo, Puebla, 1995, p. 137s.
⁷⁴ *La Jornada de Oriente*, 21 de agosto de 2002, p. 7.
⁷⁵ *Diccionario Porrúa*, Porrúa, México, 1964, p. 778s (y cinco ediciones posteriores hasta 1995); Enrique Cordero y Torres, *Diccionario biográfico de Puebla*, Centro de Estudios Históricos, Puebla, 1972, pp. 346-352.
⁷⁶ *New York Times*, 1° de octubre de 1982; *Diario de los Debates de la Cámara de Diputados*, 5 de octubre de 1982, pp. 85-87.
⁷⁷ *Proceso*, 11 de agosto de 1980, pp. 16-18; José Martínez, *Las enseñanzas del profesor*, Océano, México, 1999.
⁷⁸ Ángeles Mastretta, *Arráncame la vida,* Cal y arena, México, 1985, pp. 28s, 50-52, 72, 75-79, 83-87, 109-112, 270; *La Jornada*, 11 de junio de 1985, p. 25; *Nexos*, abril de 1987, p. 5; *Vuelta*, agosto de 1987, p. 59; Bárbara Mújica, "Angeles Mastretta: Women of Will in Love and War", *Américas*, núm. 4, 1997, pp. 36-43.
⁷⁹ La Quinta Columna (Puebla), septiembre de 2008 (laquintacolumna.com.mx); *Milenio*, 25 de noviembre de 2008; *Arráncame la vida*, consúltese: <www.imdb.com/title/tt1130981>; *El fantástico mundo de Juan Orol*, consúltese: <www.imdb.com/title/tt2122443>. El documental se titula *La historia negra del cine mexicano*; consúltese: http://cultura.elpais.com/cultura/2016/05/13/actualidad/1463093939_519814.html.
⁸⁰ Espinosa M., *Zafra de odios,* citado como historia en Horacio Crespo (coord.), *Historia del azúcar en México,* Fondo de Cultura Económica, México, 1988, tomo I, p. 111; Donald Hodges, *Mexican Anarchism After the Revolution,* University of Texas Press, Austin, 1995, p. 36; María Teresa Bonilla Fernández, *El secuestro del poder. El caso William O. Jenkins,* Universidad Autónoma de Puebla, Puebla, 2004, pp. 51s, 55, 103, 119, 130-134; Ruiz Harrell, *El secuestro de William Jenkins,* Planeta, México, 1992; Sealtiel Alatriste, *Conjura en La Arcadia,* Tusquets, México, 2003.

81 Thomas Benjamin, *La Revolución: Mexico's Great Revolution as Memory, Myth, & History,* University of Texas Press, Austin, 2000, cap. 6.
82 Fernando Cardoso y Enzo Faletto, *Dependency and Development in Latin America,* University of California Press, Berkeley, 1979.

Para una popularización, véase Eduardo Galeano, *Open Veins of Latin America,* Monthly Review Press, Nueva York, 1975; para una crítica, véase S. Haber, "Introduction", en Stephen Haber (coord.), *How Latin America Fell Behind,* Stanford University Press, Stanford, 1997.
83 Manuel González Ramírez, *La revolución social de México,* Fondo de Cultura Económica, México, 1960, tomo I, pp. 662-666. *Cf.* Luis Zorrilla, *Historia de las relaciones entre México y E. U. A.,* Porrúa, México, 1966, tomo II, p. 343s; Daniel Cosío Villegas (coord.), *Historia general de México,* El Colegio de México, México, 1976, vol. 2, pp. 1178-1180; Álvaro Matute, *Historia de la Revolución Mexicana* (v. 7). *Las dificultades del nuevo Estado,* El Colegio de México, México, 1995, pp. 60-71.
84 Isidro Fabela (coord.), *Documentos históricos de la Revolución Mexicana,* Jus, México, 1970, vol. 18, pp. 316-330; Bertha Ulloa, "La lucha armada", en D. Cosío Villegas (coord.), *Historia General de México,* pp. 95, 108; véase también la edición de 1981, pp. 1171, 1178-1180; la edición de 2000 utiliza el mismo lenguaje: p. 819s.
85 María Teresa Bonilla Fernández, *El secuestro del poder,* en particular, pp. 23, 49, 82s, 117-123. *Cf. Proceso,* 4 de noviembre de 1991, p. 22s; *Intolerancia,* 17 de noviembre de 2002, Semanario 8-13.
86 David Ronfeldt, *Atencingo: The Politics of Agrarian Struggle in a Mexican Ejido,* Stanford University Press, Stanford, 1973, pp. 9, 88.
87 Stephen Niblo, *Mexico in the 1940s: Modernity, Politics, and Corruption,* Scholarly Resources Books, Wilmington, 1999, pp. 52, 283, 326; *cf.* también la referencia espuria en p. 230.
88 Véase el capítulo 9, nota 26. Foto de Jenkins: García y Aviña, *Época de oro,* p. 32s; *cf. Ambiance* (Puebla), enero de 2006, p. 88.
89 David LaFrance, "Revisión del caso Jenkins", *Historia Mexicana,* vol. 53, núm. 4, 2004, p. 951; "Presentación premios 2004", Comité Mexicano de Ciencias Históricas, disponible en <www.mora.edu.mx>; LaFrance, conversación con el autor, 21 de marzo de 2006.
90 Jo Tuckman, *Mexico: Democracy Interrupted,* Yale University Press, New Haven, 2012, pp. 167, 206; Shannon O'Neil, *Two Nations Indivisible,* Oxford University Press, Nueva York, 2013, pp. 27, 53-55; *Wall Street Journal,* 9 de septiembre de 2013, p. 11.
91 Paolo Riguzzi y Patricia de los Ríos, *Las relaciones México-Estados Unidos, 1756-2010,* UNAM, México, 2012, tomo II, pp. 213 (el énfasis es mío), 592.

Epílogo. El legado mixto de William O. Jenkins

1 Sobre Slim, véase: *Wall Street Journal,* 4 de agosto de 2007, 1; *New Yorker,* 1° de junio de 2009, 52-67; Andrew Paxman, "Slim Helú, Carlos", en E. Zolov (coord.), *Iconic Mexico,* ABC-CLIO, Santa Barbara, 2015; Diego Enrique Osorno, *Slim. Biografía política del mexicano más rico del mundo,* Debate, México, 2016.

² Paxman, "Simbiosis imperativa y conveniente".
³ Hansen, *Politics of Mexican Development*, cap. 4; *Growing Unequal?: Income Distribution and Poverty in OECD Countries*, OECD, París, 2008; Tuckman, *Democracy Interrupted*, cap. 5; Mark Weisbrot, Stephan Lefebvre y Joseph Sammut, *Did NAFTA Help Mexico?: An Assessment After 20 Years*, Center for Economic and Policy Research, Washington, 2014; "The two Mexicos" (artículo de portada), *The Economist*, 19 de septiembre de 2015.
⁴ Según un estudio de PricewaterhouseCoopers, al medir el PIB de 2008 en términos de paridad de poder adquisitivo, México generó 390 mil millones de dólares, Monterrey 102 mil millones, Guadalajara 81 mil millones y Puebla 42 mil millones; "Global city GDP rankings, 2008-2025", www.ukmediacentre.pwc.com.
⁵ *Guardian*, 20 de diciembre de 2007, 5; www.animalpolitico.com/2011/10/moreno-valle-contra-los-medios-en-puebla; www.poblanerias.com/2015/04/la-democradura-de-rmv-como-plataforma-presidencial/; *Libertad de expresión en venta*, Article 19/Fundar, 2015, México, 48-53.
⁶ Stephen Morris, *Gringolandia: Mexican Identity and Perceptions of the United States*, Lanham, MD, Rowman & Littlefield, 2005, en particular, caps. 4 y 8.
⁷ Obsérvese por ejemplo la campaña publicitaria gringófoba "Burton Helms" de Telmex en 1996-97; *New York Times*, 14 de noviembre de 1996, 1; *Financial Times*, 31 de diciembre de 1996, 3.
⁸ George Grayson, *Mexican Messiah: Andrés Manuel López Obrador*, Pennsylvania State Press, Pennsylvania, 2007, 54s, 230, 244s. *Cf.* el artículo de portada de *Proceso* "La entrega", 10 de agosto de 2014.
⁹ *El Sol de Puebla*, 12 de diciembre de 2015; www.proceso.com.mx/428951/moreno-valle-inaugura-su-museo-barroco-con-obras-prestadas.
¹⁰ *Chronicle of Higher Education*, 14 de diciembre de 2007 y 10 de octubre de 2008; "QS University Rankings", www.topuniversities.com/latin-american-rankings; entrevista con Luis Ernesto Derbez, Puebla, 8 de agosto de 2012.
¹¹ *National Catholic Reporter*, 16 de abril de 2010, 1; *Vida Anáhuac*, marzo de 2014, 8s; "QS University Rankings"; *Expansión*, 1° de marzo de 2014.
¹² "Título", 18 de octubre de 1954, cláusula 3, FMSJ.
¹³ Cárdenas, *UDLA, una esperanza*, 28s, 48s; entrevistas con Derbez y Simmen, 8 y 9 de agosto de 2012.
¹⁴ Trueblood, coord., *Mary Street Jenkins Fundación*, 148s; entrevistas con Chaffee, 11 de agosto de 2009, 28 de junio de 2016.
¹⁵ Libros de Actas, vol. 7: 3071 (17 de diciembre de 1999), FMSJ; *El Universal*, 17 de mayo de 2012, Clase.In 34-36; *Reforma*, 20 de mayo de 2012, Sociales 4; *Quien*, junio de 2012, 164s; entrevista con W.A. Jenkins, 7 de agosto de 2012.
¹⁶ Trueblood, coord., *Mary Street Jenkins Fundación*, 5, 169-75; entrevista con Sergio Suárez, Puebla, 9 de agosto de 2012; www.clubalpha.com.mx/fundacion.php.
¹⁷ Para consultar las fuentes, véase el cap. 11 fn 69.
¹⁸ Joel Fleishman, *The Foundation: A Great American Secret*, Public Affairs, Nueva York, 2007, 26-45.
¹⁹ Entrevista telefónica con Diana Campoamor (Hispanics in Philanthropy), 7 de septiembre de 2010; entrevista con Derbez, 8 de agosto de 2012.

[20] David Winder, "Mexico", en H. Anheier, A. Simmons y D. Winder, coords., *Innovation in Strategic Philanthropy*, Springer, Nueva York, 2007; Nuno Themudo, *Nonprofits in Crisis: Economic Development, Risk, and the Philanthropic Kuznets Curve*, Indiana Univ. Press, Bloomington, 2013; entrevista con Carlos Cordurier (ex investigador, CEMEFI), Ciudad de México, 15 de agosto de 2009; entrevista con Campoamor, 7 de septiembre de 2010.

Índice onomástico

Abed, Miguel, 27, 186, 205, 211, 306, 377
Aguirre Berlanga, Manuel, 161
Aguirre, José (Pepe), 359
Alamán, Lucas, 87
Alarcón, Gabriel, 11, 264, 288, 298-301, 306, 312-314, 318, 320, 323, 325, 354, 358, 367, 368, 370-373, 377, 390, 392, 395, 397, 401, 407, 413, 415, 418, 426, 427, 428, 449, 451, 465, 473, 474, 476
Alarcón, Herminia de, 390, 391
Alarcón, Hilda, 314
Alarcón, Óscar, 355
Alatriste, Baraquiel, 160
Alemán Valdés, Miguel, 24, 293, 306, 337, 345, 347-350, 352, 356, 357, 360, 365, 366, 368, 370, 372-376, 378, 385, 387, 388, 402, 403, 417, 421, 426
Alfaro Siqueiros, David, 172
Alger, Horatio, 51
Alston, Wally, 429
Álvarez, Sofía, 295
Amescua, Ernesto, 410, 413
Anda, Raúl de, 371, 397
Andreu Almazán, Juan, 127, 261, 306
Andreu Almazán, Leónides, 252, 253, 256-260, 272, 275, 276, 292, 293, 305-307, 326
Anstead, Robert, 254, 333
Antuñano, Estevan de, 78
Applegate, Rex, 417
Arango, Manuel, 489

Arenas, Domingo, 110
Ariza, Ramón, 223
Artasánchez, Luis, 354, 430
Artasánchez, Luis (hijo), 355, 412
Artasánchez, Rafael, 409
Ávila Camacho, familia, 21, 25, 270, 401, 402, 424, 434, 435, 438, 440
Ávila Camacho, Manuel, 11, 25, 26, 270, 277, 304, 305, 307, 314, 315, 318, 321, 322, 325-331, 337, 339, 340, 342-345, 347, 348, 350, 373, 374, 378, 402, 422
Ávila Camacho López, Manuel (hijo de Maximino), 280
Ávila Camacho, Maximino, 12, 25, 29, 270-281, 283-291, 293-295, 301-307, 310-314, 331, 334-337, 340, 345, 357, 362, 378, 379, 388, 401, 402, 476, 479, 485
Ávila Camacho, Rafael, 274, 295, 341, 342, 388, 401, 402, 409, 435, 437
Ayaquica, Fortino, 201
Azcárraga Milmo, Emilio, 14
Azcárraga Vidaurreta, Emilio, 11, 128, 325, 343, 370, 371, 375, 395, 415
Azcárraga Vidaurreta, Gastón, 318

Baillères, Raúl, 410, 412, 415
Barba González, Silvano, 339
Batista, Fulgencio, 295
Bautista, Gonzalo, 310, 314, 335, 377, 388
Bautista O'Farrill, Gonzalo, 358, 435
Becket, Thomas, 242

ÍNDICE ONOMÁSTICO

Benítez, Eusebio, 249, 338
Betancourt, Carlos, 337, 362, 378, 380, 381, 388
Beteta, Ramón, 403
Biddle Jenkins, Betty (madre de William J.), 35, 37, 41
Biddle, Joseph, 97
Bizet, Georges, 355
Blanco Moheno, Roberto, 431, 432
Bonilla Fernández, María Teresa, 478
Bonilla, S. M., 235
Bonillas, Ignacio, 148, 161, 166, 168
Bosques, Gilberto, 271-278
Brandon, Gerald, 155
Branscomb, Harvie, 20, 333, 355, 434
Bravo Izquierdo, Donato, 197, 204, 205, 256, 270
Bryan, William Jennings, 100
Buckley, William F., 175
Buntzler, Anne, 247, 334
Buntzler Jr., Paul, 359
Buñuel, Luis, 397
Burgos, Sabino P., 230-232, 234, 235, 240, 241, 282
Bush, George W., 480

Cabañas Pavía, Manuel, 263, 302, 313, 361, 407, 408, 445, 446, 449, 454
Cabrera, Alfonso, 130, 134, 135, 143-146, 151, 155-157, 159, 160, 162-164, 166, 167, 182, 202
Cabrera, Luis, 130, 151, 162
Calderón Hinojosa, Felipe, 480
Calderón, Fanny, 81
Calles, Plutarco Elías, 127, 179, 195-198, 201, 209, 210, 217, 230, 231, 252, 253, 256, 259, 260, 261, 272, 274, 276, 277, 281
Camarillo, Lauro, 272
Campa, Valentín, 288
Campos, Dolores, 230, 233-235, 251, 253, 259, 281, 282, 286, 289, 339, 364
Campos, José, 222
Campos, Rafael, 241
Canteli, Indalecio, 380-382
Cantinflas, *véase* Moreno, Mario

Capone, Al, 261, 413
Cárdenas del Río, Lázaro, 19, 20, 22, 23, 25, 156, 225, 235, 241, 258, 270, 273-278, 281-285, 289, 293, 296, 297, 304, 305, 307, 310, 312, 327, 339, 347, 360, 365, 393, 402, 421, 426, 427, 430, 439, 441, 474, 485
Cárdenas, Enrique, 470, 471
Cargill, William, 65
Carnegie, Andrew, 28, 49, 205, 404
Carranza, Venustiano, 101, 102, 106, 110, 118, 122, 125, 130, 140-143, 145-164, 166-169, 182, 187, 189, 207, 242, 253, 269, 366, 478
Carrillo Flores, Antonio, 404, 413, 414
Carson, Rachel, 433
Casares, Adolfo, 358
Casasús, familia, 415
Cash, W. J., 37
Caso, Alfonso, 333
Castro, Cesáreo, 207
Castro, Fidel, 19, 388, 420-422, 436
Castro, Luis, 448
Cedillo, Saturnino, 190, 307
Cervantes Saavedra, Miguel de, 474
Chandler, Harry, 321, 322
Chaplin, Charlie, 186, 346
Cheney, Matt, 443
Christie, Agatha, 243, 398
Chumacero, Blas, 283, 285, 288
Cienfuegos, Jesús, 272, 298, 299, 301, 309-313, 390
Clavijero, Francisco Javier, 82
Cobel, Edmundo, 302, 358
Colón, Cristóbal, 223
Comte, Auguste, 68, 69, 85
Concha, Manuel, 272
Conde de Conde, Ángela, 124, 192-194, 213
Conde y Conde, hermanos, 132, 133
Conde, familia, 185, 186, 211, 232
Conklin, Paul, 49, 50
Contreras Torres, Miguel, 366, 367, 369, 370, 394, 397, 424-426, 477, 479

ÍNDICE ONOMÁSTICO

Cooper, Henry, 44
Cordero y Torres, Enrique, 165, 280, 475
Córdoba, Federico, 141-143, 155, 158, 159, 164, 478
Cortés, Hernán, 14, 224, 473
Cosío Gómez, Moisés, 341
Cosío Villegas, Daniel, 22, 357, 422
Coss, Francisco, 103
Craik, Dinah, 55
Crockett, Davy, 62
Crump, Edward, 294, 230
Cue, Lorenzo, 341, 451
Cué, Luis, 272
Cumberland, Charles, 166

Daniel, Jack, 58
Daniels, Josephus, 148, 210, 284, 285, 422
Davis, Norman, 284
De la Hidalga, familia, 192, 232
De Landa, familia, 415, 416
De Mier, familia, 415
Derbez, Luis Ernesto, 487
Díaz, Félix, 110, 147
Díaz, Porfirio, 19, 22, 44, 65, 69, 70, 76, 77, 80, 83, 86-89, 91, 93, 94, 98, 99, 101, 110, 112, 113, 125, 126, 128, 130, 133, 161, 168, 169, 175, 192, 224, 226, 373, 374, 415, 416, 451
Díaz Ordaz, Gustavo, 21, 306, 379, 441, 453, 458
Díaz Rubín, Álvaro, 124
Díaz Rubín, Ángel, 124, 227, 302
Díaz Rubín, familia, 93, 126, 132, 181-183, 191, 194, 207, 211, 227, 232, 240
Díaz Rubín, José, 124, 227
Díaz Rubín, Pedro, 125, 191, 302
Díaz Soto y Gama, Antonio, 190, 201, 230, 233
Disney, Walt, 347
Doheny, Edward L., 65, 122, 130, 133, 149, 158, 169, 173, 175, 423
Domínguez, Augusto, 410, 413
Dorticós, Osvaldo, 421

Echeverría Álvarez, Luis, 461, 462
Elizondo, Salvador, 373, 397
Espinosa, Celestino, 222, 230, 233, 234
Espinosa, Rafael, 233-235
Espinosa Bravo, Ernesto, 160
Espinosa Rugarcía, Amparo, 465
Espinosa Rugarcía, Ángeles, 468, 470, 472
Espinosa Rugarcía, Guadalupe, 468
Espinosa Rugarcía, Manuel, 472
Espinosa Yglesias, Manuel, 11, 29, 298, 299, 300, 301, 312, 314, 318-320, 323, 324, 341, 354, 358, 363, 367, 368, 370-373, 377, 392, 395, 397, 401, 407, 410-415, 418, 428, 430, 442, 445, 446, 448, 449, 451-476, 483, 484, 488, 489
Euless, Mary, 34, 35
Eustace, Ronnie, 353-355, 359, 381-383, 405, 418, 425, 444, 445, 450, 466, 473
Eustace Jenkins, John, 444, 446
Eustace Jenkins, Rosemary, 354, 420, 441, 442, 444, 466, 468, 470
Evans, Rosalie, 106, 136, 201, 209, 243

Fairbanks, Douglas, 186
Fall, Albert, 28, 141, 146, 147, 149, 150, 152-155, 158, 161, 162, 169, 189, 204, 481
Félix, María, 369, 372
Ford, Henry, 173
Foster, Stephen, 56
Fox Quesada, Vicente, 485, 487
Franco, Francisco, 127, 312, 439
Fuentes, Carlos, 127
Fuentes, Fernando de, 297

Galicia de Pérez Salazar, Loreto, 119
García, Adalberto, 336, 362, 363
García, Amelia (Mía), 209, 354, 356, 434, 445, 446
García Bustos, Arturo, 364
García Eguiño, Felipe, 407, 445, 449, 454

ÍNDICE ONOMÁSTICO

García Riera, Emilio, 316
Garduño, Eduardo, 389, 393
Gavaldón, Roberto, 397
Getty, Paul J., 266, 267
Gildred, Theodore, 319, 323, 324
Glockner, Julio, 436, 439
Goethe, Johann Wolfgang von, 201
Gómez Carpinteiro, Francisco, 227, 231
Gómez, Marte R., 263, 265, 475
Gompers, Samuel, 151
González, Luis, 429
González de la Vega de Zevada, Josefina, 119
Granat, hermanos, 417
Granat, Oscar Samuel, 417
Grant, Ulysses, 69, 261
Griffith, D. W., 186
Grovas, Adolfo, 319, 397
Gruening, Ernest, 196, 197
Guerrero, Alberto, 196
Guerrero, Vicente, 87
Guggenheim, Meyer, 65, 73
Gutiérrez, Eulalio, 104, 106, 109
Guzmán Jr., Sergio, 359, 363
Guzmán, Alejandro, 359
Guzmán, Daniel, 269
Guzmán, Fernando, 144, 145, 155, 156
Guzmán, Roberto, 269, 297
Guzmán, Sergio B., 131, 132, 265, 269, 270, 272, 273, 294, 295, 297, 354, 359, 363, 407, 430, 449, 454, 473, 476

Hank González, Carlos, 476
Hansen, J. Salter, 155, 162
Hardaker, William, 103, 131, 142, 159, 183
Harding Davis, Richard, 108
Harding, Warren, 28, 189
Harris, Isham, 44
Hearst, William Randolph, 45, 65, 130, 141, 152, 169, 175, 349
Henderson, John, 261
Henry II, rey, 242
Hernández, Antonio J., 378-384
Hernández, Vicente, 378, 379

Heuer, Federico, 396
Hidalga, Agustín de la, 227
Hidalga, Vicente de la, 192, 227
Higgins, Lawrence, 255, 289, 359, 404, 405
Hill, Benjamín, 127
Hoover, Herbert, 155
Houston, Frank, 51, 60, 61
Houston, Sam, 62
Howse, Hilary, 230
Huerta, Adolfo de la, 171, 234, 270, 297
Huerta, Efraín, 462
Huerta, Victoriano, 99, 101, 107, 108, 110, 121, 132, 146, 168, 187, 233
Humboldt, Alexander von, 473
Huntington, Collis, 65

Ibáñez, Joaquín, 358
Infante, Pedro, 316, 346
Iturbide, Aníbal de, 412, 413
Ivie, Charles, 45, 61

Jackson, Andrew, 69
Jaramillo, Porfirio, 238, 289, 339-341, 476
Jaramillo, Rubén, 339, 364
Jardón, Edmundo, 475, 476
Jenkins Bunztler, Anne (hermana de William J.), 37, 41, 90, 97, 139, 440, 445, 446
Jenkins Eustace, Jane (hija de William J.), 15, 119, 177, 236, 237, 254, 255, 259, 264, 265, 331, 332, 353, 418, 420, 441, 443-445, 455
Jenkins Moore, Mamie (hermana de William J.), 37, 41, 54, 71, 72, 97, 256, 355, 439, 440, 445
Jenkins, Daniel (tío de William J.), 35
Jenkins, Elizabeth (hija de William J.), 72, 119, 136, 142, 143, 152, 178, 255, 265, 289, 318, 320, 321, 355, 358, 359, 404, 405, 442, 465
Jenkins, John Whitson (padre de William J.), 35-37, 58, 63, 90, 261, 262
Jenkins, Joseph (hermano de William J.), 37, 256, 440

ÍNDICE ONOMÁSTICO

Jenkins, Katherine (hermana de William J.), 37, 61, 71, 355, 440, 445
Jenkins, Margaret (hija de William J.), 90, 119, 177, 236, 237, 254, 255, 265, 352, 405, 418, 443, 445, 446
Jenkins, Mary (hija de William J.), 266, 289, 405-407, 441, 443
Jenkins, Percy (Jake, hermano de William J.), 37, 61
Jenkins, Ruth (hermana de William J.), 37, 90, 97, 256, 355, 440
Jenkins, Tita (hija de William J.), 15, 237, 255, 265, 289, 332, 406, 419, 441, 443-445
Jenkins, William (abuelo de William J.), 33-36
Jenkins, William Anstead (Billy, o Bill; nieto de William J.), 332, 333, 355, 407, 415-418, 433, 441, 445, 446, 449, 465, 469, 470, 489
Jenkins de Landa, Guillermo, 469
Jenkins de Landa, Roberto, 469
Jiménez Morales, Guillermo, 468, 469
Johnson, Richard, 11
Johnston, B. F., 27, 128, 129, 134, 218, 260, 287, 288, 321
Jones, Chester Lloyd, 122, 133, 134, 136
Juárez, Alicia, 445, 446
Juárez, Benito, 44, 79, 82-84, 87

Kahlo, Frida, 364
Keim, T. Beverly, 177
Kennedy Jr., Diego, 183
Kennedy, Diego, 131, 132, 183, 192, 200, 221-223
Kennedy, John Fitzgerald, 18, 421, 434, 436, 457
Kindle Futcher, Herminne, Medea de Novara (alias), 366
Kipling, Rudyard, 106
Kirkland, James, 50
Knight, Alan, 25, 99, 170, 190
Krauze, Enrique, 357
Kubrick, Stanley, 429

Kullmann, Edgard, 251, 252
Kurián, Samuel, 309, 310

LaFrance, David, 162, 480
LaGuardia, Fiorello, 159
Landa Irízar, Elodia Sofía de (Chacha), 415, 417, 441
Landa y Escandón, Guillermo de, 415, 416
Landrith, Ira, 43
Lane, Franklin, 149
Lansing, Richard, 141, 144, 146-149, 152-156, 161, 162, 169
Lara de Miera, Lucrecia, 119
Lara y Parra, Manuel, 456, 457
Larrazolo, Octaviano, 151
Lavender, Ron, 13
Leduc, Renato, 437
Legorreta, Luis, 318
Leone, Sergio, 429
Lerdo, Miguel, 226
Leyva Velázquez, Gabriel, 339
Lima, José, 338
Limantour, familia, 415
Limantour, José, 70
Lindbergh, Charles, 251
Lindley, Ray, 456-458
Llera de la Hidalga, Herlinda, 192-194, 213, 231
Lodge, Henry Cabot, 149, 150
Lombardo Toledano, Vicente, 198, 203, 204, 274, 285, 289, 379
London, Jack, 107
López Mateos, Adolfo, 18, 19, 396, 408, 409, 420, 421, 423, 424, 428-430, 439-441, 452-454, 467
López Obrador, Andrés Manuel, 486
López Portillo, José, 461-463, 475
López, Crescenciano, 235
Louisiana, (ex esclava), 57
Lozano Cardoso, Francisco, 159, 160

Maciel, Marcial, 459, 460, 487
Macomb Flandrau, Charles, 83, 134
Madero, Francisco I., 91-93, 98, 99, 101, 110, 111, 113, 117, 168, 179, 278

ÍNDICE ONOMÁSTICO

Madrid, Miguel de la, 464, 468
Magaña, Gildardo, 108, 109, 147, 154
Manjarrez, David, 221, 222
Manjarrez, Froylán, 193, 196, 221, 223, 233
Márquez, Francisco, 283
Márquez, José Ignacio, 352, 361, 436, 437, 446
Márquez, Manuel L., 291, 292
Márquez, Octaviano, 361, 435
Martínez, Mucio P., 76-78, 92, 93, 109, 124, 131, 207, 227, 293
Marx, Karl, 478
Mascarúa, Alfonso, 389-391, 400, 407, 475, 476
Mason, Gregory, 134
Mastretta, Ángeles, 165, 476, 477
Mathews, John, 61
Matienzo, familia, 211
Maurer, familia, 194, 201, 214, 218, 240, 241
Maurer, Roberto, 200, 243
Maximiliano de Habsburgo, 44, 82, 87
Maycotte, Fortunato, 207
Mayer, Louis B., 347, 349
Mayo, hermanos, 265
McKinley, William, 67
Meadows, Feland, 245, 433, 445, 446
Medina, Hilario, 144, 148, 151
Mellon, Andrew, 180
Mencken, H. L., 204
Méndez de Gavito, Adela, 211
Mendoza, Francisco, 222
Mestre, Eduardo, 131, 132, 141-143, 145, 156, 159, 189, 190, 195, 358
Mestre, Manuel, 358
Meyer, Jean, 190
Mijares Palencia, José, 260, 261, 272-274, 276, 278, 306
Miranda y Gómez, Miguel Darío, 415
Mitchell, Julio, 145, 155, 156, 160, 167
Monroe, James, 134
Montes, Manuel P., 196-199
Morales Conde, familia, 185, 302, 327, 331

Moreno Valle, Rafael, 485
Moreno, Francisco Martín, 474
Moreno, Mario (Cantinflas), 317, 318, 372
Morgan Jr., J. P., 65, 173
Morlet, Héctor, 354, 355
Morones, Luis Napoleón, 184, 185, 196, 376, 378, 379
Múgica, Francisco, 307
Muñoz, Ignacio, 171, 422
Murad, Jorge, 467, 468
Mussolini, Benito, 277, 292
Myers, Henry, 141

Napoleón III, 44, 82
Nava Castillo, Antonio, 440, 441, 451, 452, 458
Negrete, Jorge, 318, 346
Niblo, Stephen, 280, 479

Obregón, Álvaro, 24, 103, 109, 110, 127, 132, 133, 156, 160, 163, 168, 171, 173, 179, 180, 182, 183, 187-191, 194, 196-198, 202, 204, 209, 210, 212, 219, 222, 225, 230, 231, 234, 253, 270
O'Farrill, Rómulo, 290, 292, 301, 314, 354, 375, 377, 409, 415
Orozco, José Clemente, 172
Orozco, Pascual, 92
Orr, Carey, 150
Ortega, Fausto, 409, 435, 437, 440
Ortega, Mario, 338
Ortiz Mena, Antonio, 428
Ortiz Rubio, Pascual, 258

Padilla, Ezequiel, 337, 347, 388
Palafox, Manuel, 272
Palavicini, Félix, 106
Pani, Alberto, 179, 180, 348
Paz, Octavio, 461
Pearson, Weetman, 88, 175
Peláez, Manuel, 147, 158, 159
Peña Nieto, Enrique, 480
Peoples, Henry, 38, 43
Peralta, Alejo, 377
Pérez Treviño, Manuel, 281

ÍNDICE ONOMÁSTICO

Pérez, Fernando, 336, 338, 339, 362
Pérez, Manuel, 183, 214-216, 218, 219, 223, 225, 234-246, 248, 249, 258, 282, 286, 301, 335, 336, 338, 339, 362-364, 383
Pershing, John, 154, 168
Pickford, Mary, 186
Piña Olaya, Mariano, 470
Poinsett, Joel, 87
Polk, James Knox, 86
Poole, Tom, 405, 418, 443
Portes Gil, Emilio, 253
Posada Noriega, Juan, 408
Power, Tyrone, 349
Presno, Marcelino, 192, 200, 211
Puig, José Manuel, 171

Ramírez Vázquez, Pedro, 461
Rasst, Leon, 75, 84, 86, 94, 95, 166
Rathvon, Peter, 349
Reed, John, 106
Rees Street, Ann, 39, 49
Rees, Albert 41, 51, 52
Rees, Annie 39, 54, 57, 61
Rees, Bettie, 39, 63
Rees, Ernest, 51
Rees, John, 39, 46-49, 51-54, 56, 59-63, 97, 98
Rees, Mattie, 39, 49
Rees, William Harrison, 49
Revueltas, José, 368
Reynaud, Adrian, 212
Riach, J. C., 184
Río, Dolores del, 316, 347
Rivera, Diego, 172-174, 472
Robert, Sébastien, 96
Rockefeller, John D., 28, 49, 50, 96, 173, 174, 205, 333
Rockefeller, Nelson, 296, 347, 349
Rodó, José Enrique, 88, 89, 172, 423
Rodríguez, Abelardo, 13, 127, 213, 225, 262-264, 348, 369, 371, 385, 386, 391, 392, 431, 476
Rodríguez, Franco, 430
Rodríguez, Margarito, 222
Roettinger, Phil, 417, 458
Rojas, Rafael, 160, 198, 202, 203

Ronfeldt, David, 479
Roosevelt, Franklin D., 155, 210, 284, 296, 347, 422
Roosevelt, Theodore, 62, 88, 180
Rothschild, Barón, 129
Rugarcía, Amparo, 465
Ruiz Cortines, Adolfo, 370, 384, 385, 387-394, 397, 398, 403, 408, 409, 414, 426
Ruiz Harrell, Rafael, 12, 166, 477

Sáenz, Aarón, 127, 213, 254, 260, 288, 301, 327, 337, 341, 348, 415
Salinas de Gortari, Carlos, 12, 469, 485
Sánchez, Abelardo, 438
Sánchez, Facundo, 245, 358, 363, 364, 450
Sánchez, José María, 189, 193, 196, 197, 199, 207
Sánchez, Manuel, 363, 364
Sánchez-Navarro, Juan, 413, 415
Sánchez y Paredes, Enrique, 136, 137, 208
Santos, Gonzalo N., 271, 307
Saragoza, Alex, 11
Senderos, Manuel, 411, 413
Serdán, Aquiles, 92, 110
Serna, Clemente, 343
Sevilla, Manuel, 302, 313, 446
Shakespeare, William, 55, 88
Shanklin, Arnold, 100, 103, 104
Shelby, Jo, 44
Sheridan, Ann, 349
Shoffner, familia, 35, 57, 59, 440
Shoffner, Martin, 33, 34, 57, 439
Sidar, Pablo, 251, 252
Sierra, Justo, 89
Signoret, Leon, 212
Skipsey, Harold, 218
Slim Haddad, Julián, 127
Slim Helú, Carlos, 127, 464, 470, 483, 484
Soler, Fernando, 318
Spencer, Herbert, 68
Stanford, Leland, 49
Stewart, J., 280, 281, 287, 288

Stillman, James, 65
Street Jenkins, Mary Lydia, 39-41, 43, 45-47, 49, 51-61, 63-65, 70-75, 78, 80, 85, 90, 94, 95, 97-99, 103, 104, 118, 119, 126, 128, 136, 139-144, 152, 157, 163, 177, 178, 186, 195, 196, 208, 212, 213, 216, 218, 236, 242, 243, 254, 255, 262, 265, 269, 289, 331-334, 342, 354, 399, 404, 418-420, 439, 440, 442, 445, 453, 465, 466, 473
Street, Donald, 39, 90, 94, 95, 98, 103, 119, 140, 162, 184, 440
Street, Hugh, 39, 46-48, 53, 59, 61-63, 90, 97, 98
Street, John William, 39
Suárez, Manuel, 27, 424
Sumner, William Graham, 68, 69

Taft, William, 89
Taylor, J. W., 141
Téllez Vargas, Pedro, 390
Tennyson, Alfred, 55, 243
Thielheim, Arturo, 74, 75, 94
Thompson, David E., 134
Tigert, John, 51-53, 61, 212, 217, 281, 284, 285, 289, 332, 334
Tirado, Claudio N., 196, 198, 204, 206
Treviño, Jacinto B., 385-387
Trouyet, Carlos, 413
Trujillo, Francisco, 329, 330
Truman, Harry S., 347, 349
Turner, John Kenneth, 106

Ubera, Juan, 157, 158
Ugarte, Salvador, 301, 409, 410, 414, 415, 471
Ulloa, Bertha, 166
Utay, Simon, 302

Valencia, Daniel V., 156
Vanderbilt, Cornelius, 49
Vanderbilt, familia, 51
Vasconcelos, José, 172

Vázquez, Nicolás, 401, 402, 409, 435, 449
Vega, Gil, 222, 230, 235, 236, 248, 282
Velasco, Francisco de, 79, 132, 213
Velázquez, Fidel, 288, 330
Vélez Pliego, Alfonso, 13
Vera y Zuria, Pedro, 208, 209, 251
Villa, Francisco (Pancho), 92, 101-104, 106-108, 110, 118, 147, 154, 161, 168, 179, 187
Villasana, Vicente, 324, 325
Virgilio, 243

Walerstein, Gregorio, 372, 397, 448, 466
Walker, William, 43, 44
Washington, George, 69
Wayne, John, 349
Weber, Max, 55
Welles, Orson, 349
Wellington, duque de, 408
Wells, Annie, 119
Wenner-Gren, Axel, 27, 424
Whitaker, familia, 63
Whitaker, John J., 48
Whitaker, John, Peg-leg, 48, 49
Whitaker, Mary, 49
Whitaker, Sarah, 49
Wilder, Billy, 267
William, Robert, Robert Lord III, 405, 406, 418, 443, 450
Wilson, Woodrow, 107, 148-150, 152-154, 170, 180, 481
Wishñack, Sam, 372
Wright, Harry, 128, 129, 133
Wyatt-Brown, Betram, 126

Young, Andrew, 45, 60, 61

Zapata, Emiliano, 92, 93, 99, 101, 102, 104, 107-109, 158, 179, 200, 210, 222, 224, 226, 228, 229, 230, 232, 233, 252, 272, 364
Zaragoza, Ignacio, 82, 159
Zedillo Ponce de León, Ernesto, 471

En busca del señor Jenkins de Andrew Paxman
se terminó de imprimir en mayo 2017
en los talleres de
Litográfica Ingramex, S.A. de C.V.
Centeno 162-1, Col. Granjas Esmeralda, C.P. 09810,
Ciudad de México.